Herman Wouk, Jahrgang 1915, lebt als freier Schriftsteller in New York. Von 1942 bis 1946 war er Marineoffizier. Die persönlichen Erfahrungen aus dieser Zeit bilden den Hintergrund für seinen Kriegsroman »Die ›Caine‹ war ihr Schicksal«, der ihm Weltruhm eintrug und für den er den Pulitzer-Preis erhielt. Neben zahlreichen satirischen Gesellschaftsromanen, von denen vor allem »Marjorie Morningstar« bekannt wurde, schrieb er einen weiteren Roman über den Zweiten Weltkrieg, »Der Feuersturm«. Auch dieses Buch wurde ein internationaler Bestseller. Diesen Welterfolg setzt er mit seinen langerwarteten Werken »Der Krieg« und »Weltsturm« fort.

Von Herman Wouk ist außerdem als Knaur-Taschenbuch erschienen:

»Weltsturm« (Band 1078)
War and Remembrance 2. Teil
Von Stalingrad bis Dresden und Hiroshima

Vollständige Taschenbuchausgabe
Droemersche Verlagsanstalt Th. Knaur Nachf. München
Lizenzausgabe mit freundlicher Genehmigung des
Hoffmann und Campe Verlags, Hamburg
Titel der Originalausgabe »War and Remembrance« (1)

Aus dem Amerikanischen von Werner Peterich

Umschlaggestaltung Atelier Blaumeiser, München
Umschlagfoto mit freundlicher Genehmigung
des Amerika Dienstes, München
Druck und Bindung Clausen & Bosse, Leck
Printed in Germany 11 10 9
ISBN 3-426-00820-3

Herman Wouk: Der Krieg

»War and Remembrance« 1. Teil

Von Pearl Harbor bis zur Wende
an der Ostfront

Roman

Knaur

ISBN 3-426-00820-3 980

Dem Andenken an
Abraham Isaac Wouk
›Abe‹
erstgeborener Sohn von
Betty Sarah und Herman Wouk
2. September 1946 – 27. Juli 1951

בִּלַּע הַמָּוֶת לָנֶצַח

Er wird den Tod verschlingen auf ewig
Jesaja 25,8

»Schreibe das zum Gedenken in ein Buch . . .
daß der Herr streiten wird wider Amalek,
von Kind zu Kindeskind.«
2. Mose 17, 14–16

Vorwort

›Der Krieg‹ ist ein historischer Roman. Sein Thema ist der Zweite Weltkrieg, beschrieben aus amerikanischer Sicht.

Ein 1972 veröffentlichter Prolog, ›Der Feuersturm‹, setzte den historischen Rahmen für diese Arbeit und schilderte die Ereignisse, die zu Pearl Harbor führten. Dies ist ein Roman über Amerika im Krieg, in den es nach Pearl Harbor eintrat.

Ich erzähle hier die Geschichte, um die es mir vor allem ging. Obwohl ich natürlich hoffe, daß einige Leser in unserer schnellebigen Zeit noch die Muße finden, beide Romane zu lesen, ist dieses Buch in sich abgeschlossen und kann auch ohne den Prolog gelesen werden.

Das Grundthema beider Romane ist das gleiche. Es wird deutlich, wenn Victor Henry am Schluß seines Kommentars zur Schlacht im Golf von Leyte sagt:

»Entweder der Krieg ist zu Ende, oder wir sind es.«

Diesem Thema habe ich mit den Mitteln des Erzählers Farbe und Bewegung zu geben versucht, auf daß der, ›der herumhetzt, lese‹ und sich noch einmal an das erinnere, was in der schlimmsten aller Weltkatastrophen geschehen ist. Was die historischen Einzelheiten betrifft, die ich in beiden Romanen beschrieben habe, so wird man hoffentlich feststellen, daß sie sorgfältig und verantwortungsbewußt dargestellt wurden.

Beide Romane legen einen Schluß nahe: daß der Krieg eine alte Denkgewohnheit ist, ein alter Gemütszustand und eine alte Methode der Politik – Dinge, die wir jetzt überwinden müssen, so wie wir Menschenopfer und Sklaverei überwunden haben. Ich bin zuversichtlich, daß der menschliche Geist der langen und schwierigen Aufgabe, den Krieg zu überwinden, gewachsen ist. Entgegen der pessimistischen Stimmung unserer Zeit, glaube ich daran, daß der menschliche Geist – trotz der dunklen Seite, die hier geschildert wird – seinem Wesen nach heroisch ist. Die in diesem Roman erzählten Erlebnisse zielen darauf ab, dieses Wesen in Aktion zu zeigen.

Der Anfang vom Ende des Krieges liegt im Gedenken.

Washington, 23. März 1978 Herman Wouk
Purimfest, 5738

Erster Teil

»Wo ist Natalie?«

1

Eine Hafenbarkasse voll müder und verkaterter Seeleute machte scheppernd längsseits der U.S.S. *Northampton* fest, und ein stämmiger Captain in weißer Uniform sprang zum Fallreep hinüber. Der schwere Kreuzer, dessen grauer Rumpf und lange Geschützrohre von den Strahlen der aufgehenden Sonne rosig überhaucht waren, schwoite im Hafen von Pearl Harbor bei einlaufender Tide an seiner Boje. Während die Barkasse in Richtung auf die Liegeplätze der Zerstörer in West Loch davontuckerte, kam der Captain klappernd die steile Leiter herauf und grüßte die Flagge und die Offiziere.

»Bitte um Erlaubnis, an Bord zu kommen.«

»Erlaubnis erteilt, Sir.«

»Mein Name ist Victor Henry.«

Die Augen des wachhabenden Offiziers weiteten sich. In seiner gestärkten weißen Uniform mit den glänzenden Goldknöpfen und mit den weißen Handschuhen, das rituelle lange Fernrohr unter den Arm geklemmt, war dieser Fähnrich mit dem frischen Gesicht schon steif genug; jetzt wurde er womöglich noch steifer. »Ach! Jawohl, Sir! Ich werde sofort Captain Hickman Bescheid geben, Sir – Läufer!«

»Stören Sie ihn noch nicht. Er erwartet mich nicht. Ich sehe mich ein bißchen an Deck um.«

»Sir, ich weiß, daß er wach ist.«

»Dann, bitte.«

Henry ging über die Back, auf der sich bereits Gruppen von Männern in Arbeitszeug zu schaffen machten und den Wasserstrahlen auswichen, mit denen Matrosen das Deck spritzten. Das eiserne Deck unter den Füßen fühlte sich gut an. Die würzig-frische Hafenbrise roch gut. Das war Pug Henrys Welt, die saubere, überschaubare Welt der großen Kriegsschiffe, mächtiger Maschinen, eifriger junger Seeleute, schwerer Geschütze und der See. Nach langem Exil war er wieder zu Hause. Seine Freude legte sich ein wenig bei dem tragischen Anblick, der sich ihm steuerbords voraus bot. Aus der öligen Fläche des Hafenbeckens herausragend, verkündete die streifige rote Unterseite der gekenterten *Utah* wie ein obszönes Symbol die Schande der gesamten

Pazifik-Flotte. Nicht zu erkennen in dem heillosen Durcheinander, das am Liegeplatz der Schlachtschiffe herrschte, saß die U.S.S. *California*, das Schiff, über welches das Kommando zu übernehmen er nach Hawaii gekommen war, bis zu den Geschützen unter Wasser im Schlick; selbst jetzt, zehn Tage nach der Katastrophe, lösten sich immer noch kleine Rauchwölkchen aus dem Wrack.

Die *Northampton* war nicht die *California*: ein Vertrags-Kreuzer von nahezu der gleichen Länge – einhundertzweiundachtzig Metern –, jedoch nur halb so breit, mit einem Viertel der Tonnage, Geschützen kleineren Kalibers und einem wesentlich leichter gepanzerten Rumpf, der für Torpedos viel zu verwundbar war. Trotzdem: nach viel zu langem Dienst an Land wirkte sie auf Captain Henry entschieden groß. Als er bei der knatternden blauen Gösch und der Ankerkette stand und zurückschaute zu den Geschütztürmen und dem Dreibeinmast, unter dem eine Brücke über der anderen ins Sonnenlicht hineinstieß, beschlichen ihn Zweifel an sich selbst. Dieses Schiff war um ein Vielfaches massiger als ein Zerstörer, sein letztes Kommando. Das Kommando über ein Schlachtschiff war sein Traum gewesen; daß er die *California* bekommen sollte, hatte er nie recht glauben können, und die Katastrophe hatte ihm die Erfüllung dieses Traums endgültig verwehrt. Gewiß, er hatte schon auf Schweren Kreuzern Dienst getan – aber das Kommando über einen zu führen, war etwas ganz anderes.

Der pummelige Läufer, der aussah wie dreizehn, kam heran und grüßte. Die Mannschaft schien durch die Bank besonders jung. Auf den ersten Blick hatte Pug ein paar junge Männer mit den Ärmelstreifen von Kapitänleutnants für frisch ernannte Leutnants gehalten. Sicher hatten sie nicht die fünfzehn Jahre Knochenarbeit abreißen müssen, die es ihn gekostet hatte, die zweieinhalb Streifen zu erwerben. Mit raschen Beförderungen wurde einem die Kriegszeit versüßt.

»Captain Henry, Sir! Captain Hickman läßt grüßen. Er duscht gerade. Er läßt ausrichten, oben bei ihm sei Post für Sie, die von der Schreibstube der *California* an Land hergeschickt worden sei. Er läßt anfragen, ob Sie nicht mit ihm frühstücken wollen, Sir. Bitte, mir zu folgen.«

»Wie heißen Sie – welcher Rang?«

»Tilton, Sir! Bootsmannsmaat, Sir.« Frische, eifrige Antworten auf die Fragen des neuen Kommandanten.

»Und wie alt sind Sie, Tilton?«

»Zwanzig, Sir.«

Das war das Alter; alle anderen fingen an, einem viel zu jung vorzukommen.

Die Unterkunftsräume des Kommandanten hatten durch den philippinischen

Steward etwas Aristokratisches: schneeweiße Messjacke, rundes, olivfarbenes Gesicht, dunkle Augen und dickes schwarzes Haar. »Ich bin Alemon, Sir.« Der lächelnde, verschmitzte Blick und das würdevolle Neigen des Kopfes, mit dem er Captain Henry die Briefe reichte, verrieten mehr Stolz als Unterwürfigkeit. »Captain Hickman wird gleich kommen, Sir. Kaffee, Sir? Orangensaft?«
Der geräumige Vorraum, der Steward, die hübsche blaue Ledergarnitur und der königliche Schreibtisch hoben Pug Henrys Stimmung. Bald würde er hier das Kommando führen, und die elegante Umgebung schmeichelte seiner Eitelkeit. Er konnte einfach nicht anders. Ein langer, langer Weg! Viele neue Pflichten und nicht mehr Geld, sagte er sich und warf einen Blick auf den Packen dienstlicher Umschläge. Es war ein Brief von Rhoda dabei. Der Anblick der Handschrift seiner Frau, der ihn früher mit solcher Freude erfüllt hatte, beeinträchtigte seine momentane Hochstimmung, wie die gekenterte *Utah* seine Freude darüber beeinträchtigt hatte, wieder ein Deck unter den Füßen zu haben. Mit einem Aufwallen von Niedergeschlagenheit und Verdruß riß er den rosa Umschlag auf, las den Brief und trank dabei den Kaffee, der ihm mit einem silbernen Sahnekännchen mit Navy-Monogramm auf silbernem Tablett serviert worden war.

7. Dezember

Pug, Liebling –
gerade eben habe ich das Telegramm an Dich aufgegeben, mit dem ich diesen *idiotischen* Brief zurücknehme. Im Radio reden sie immer noch von der schrecklichen Pearl Harbor-Geschichte. Noch nie in meinem Leben bin ich so außer mir gewesen! Diese gräßlichen kleinen gelben Affen! Ich weiß, daß wir sie vom Antlitz der Erde verjagen werden, aber vorerst habe ich einen Sohn in einem Unterseeboot und einen anderen in einem Sturzkampfbomber, und wo *Du* im Augenblick steckst, weiß der liebe Himmel. Ich kann nur beten, daß der *California* nichts passiert ist. Und um alledem noch die Krone aufzusetzen, habe ich Dir vor nicht mal sechs Tagen diesen wirklich *gemeinen und unverzeihlichen* Brief geschrieben. Was gäbe ich nicht dafür, diesen Brief ungelesen wieder zurückzukriegen! Warum habe ich ihn bloß geschrieben? Ich muß völlig den Kopf verloren und in einem Wolkenkuckucksheim gelebt haben!
Ich denke *nicht* mehr an Scheidung, falls Du mich wirklich noch willst, nachdem ich mich so hirnverbrannt aufgeführt habe. Wie Du Dich auch entscheidest, gib nicht Palmer Kirby die Schuld oder hasse ihn. Er ist grundanständig; ich nehme an, das weißt Du.

Pug, ich bin so wahnsinnig einsam und – ich weiß nicht, vielleicht mache ich gerade eine Veränderung oder was auch immer durch – aber ich leide seit Monaten an den allerverrücktesten Stimmungsumschwüngen, himmelhoch jauchzend, zu Tode betrübt. Ich komme mir enorm labil vor. Ich glaube, mir fehlt doch was. Jetzt fühle ich mich wie ein Verbrecher, der auf die Urteilsverkündung wartet, und ich glaube nicht, daß ich viel Schlaf bekomme, bis Dein nächster Brief eintrifft.

Soviel stimmt: Ich liebe Dich und habe nie aufgehört, Dich zu lieben. Von sowas scheint man nicht loszukommen, oder? Ich bin *ganz und gar* durcheinander. Ich kann einfach nicht mehr schreiben, ehe ich von Dir gehört habe.

Nur – Natalies Mutter hat vor einer halben Stunde angerufen und war schrecklich aufgeregt. Merkwürdig, daß wir uns vorher nie kennengelernt oder miteinander gesprochen haben. Sie hat seit Wochen nichts von ihrer Tochter gehört. Das letzte, was sie hörte, war, daß Natalie mit dem Baby am 15. von Rom aus zurückfliegen würde. Was jetzt? Die Flugpläne gelten doch überhaupt nicht mehr; und was wird, wenn wir Deutschland und Italien den Krieg erklären? Byron muß sich wahnsinnige Sorgen machen. Ich habe ihm, meine ich, nie Vorwürfe gemacht, daß er ein jüdisches Mädchen geheiratet hat, aber die Schwierigkeiten, die sich daraus ergeben, werden immer gleich riesengroß. Laß uns beten, daß sie es schafft, so oder so rauszukommen.

Mrs. Jastrow spricht fabelhaft, nicht die Spur von einem ausländischen Akzent; sie kann unmöglich woanders herkommen als aus New York. Falls Du irgendwas über Natalie erfährst, schick der armen Frau ein Telegramm, da tust Du ein gutes Werk.

Ach, Pug, jetzt sind wir doch im Krieg! Unsere ganze Welt bricht auseinander. Du bist ein Fels, ich nicht. Versuch, mir zu verzeihen. Vielleicht gelingt es uns doch noch, die Scherben wieder zusammenzuflicken.

Alles Liebe,
Rho

Nicht gerade ein beruhigender Brief, dachte er, aber typisch Rhoda. Der Absatz über seine Schwiegertochter verstärkte Pugs Kummer. Er wußte um ihre mißliche Lage und hatte dieses Wissen aus seinem Kopf verdrängt; er hatte selbst genug am Hals und wußte nicht, was er für sie tun sollte. Er lebte in einer Welt, in der alles aufeinanderprallte, und in seinem Privatleben prallte auch alles aufeinander. Ihm blieb nichts anderes übrig, als die Dinge zu nehmen, wie sie kamen.

»Schön! Hat Alemon Sie gut versorgt? Willkommen an Bord!« Ein hochgewachsener Offizier mit dickem, blondem Haar, einem Blähhals wie ein Frosch unterm Kinn und einem Bauch, der durch den Gürtel in zwei Wulste auseinandergezwängt wurde, stürmte aus seiner Kabine heraus und knöpfte dabei ein fabelhaft gebügeltes Khaki-Hemd zu. Sie schüttelten sich die Hände. »Haben Sie Lust, mit mir zu essen?«

Das Frühstück, das Alemon ihnen auf blütenweißem Leinen und mit blitzendem Besteck servierte, war besser als alles, was Victor Henry seit Monaten zu sich genommen hatte: eine halbe frische Ananas, heiße Brötchen, dampfender Kaffee und ein reichhaltiger Eiteller mit Speck, Spinat und geschmolzenem Käse. Um das Eis zu brechen, sagte Pug, er habe das Protokoll kurzgeschlossen und sei auf diese Weise an Bord gekommen, weil er gehört habe, daß die *Northampton* möglicherweise mit einem Flugzeugträgerverband auslaufen sollte, um die Insel Wake zu entsetzen. Falls Hickman daran gelegen sei, daß der Kommandowechsel vor dem Auslaufen des Schiffes stattfände, stehe er zu seiner Verfügung.

»Himmel, ja, ich bin verdammt froh, daß Sie aufgekreuzt sind. Ich gehe zwar nicht gern an Land, ausgerechnet jetzt, wo der Krieg losgeht; aber ich muß mich unbedingt einer kleinen Operation unterziehen, die ich immer wieder hinausgeschoben habe. Außerdem wird es Zeit, daß ich abgelöst werde.« Hickmans großes, freundliches Gesicht legte sich in kummervolle Falten. »Und um ehrlich zu sein, Henry – ich habe Schwierigkeiten mit meiner Frau. Ist grade im Oktober passiert. Irgendein Schreibstubenhengst von der Army in Washington . . .« Er ließ die breiten Schultern kläglich sacken. »Ach, zum Teufel! Nach neunundzwanzig Jahren Ehe, und sie ist dreifache Großmutter! Aber Ruth ist immer noch Klasse, wissen Sie? Ich schwöre Ihnen, sie hat eine Figur wie ein Revuegirl. Hab' sie ja auch die Hälfte der Zeit über allein gelassen – ja, ja, das war schon immer ein Problem. Sie wissen ja, wie das so ist.«

Wie oft, dachte Pug, hatte er sich derlei Klagen nicht schon anhören müssen; das gängigste Pech, das man haben konnte, wenn man bei der Navy war. Trotzdem hatte er sich nicht im entferntesten vorstellen können, wie unglaublich schmerzlich es war, bis er es am eigenen Leibe hatte erfahren müssen.

Wie konnte Hickman oder überhaupt irgendein Mann sich darüber so freimütig äußern? Er selbst brachte es nicht fertig, auch nur ein einziges Wort darüber zu verlieren; weder einem Pfarrer noch einem Psychiater noch Gott im Gebet gegenüber, von einem Wildfremden ganz zu schweigen. Er war dankbar, als Hickman seine leicht vorquellenden Augen auf ihn richtete, kläglich grinste und sagte: »Ach, was soll's – zum Teufel damit! Wie ich gehört habe, waren Sie als Marineattaché in Berlin und Moskau, stimmt's? Verdammt ungewöhnlich.«

»Ich war mit der ersten Verhandlungsdelegation für den Leih- und Pachtvertrag in Moskau. Das war nur ein kurzer Sonderauftrag. Aber in Berlin bin ich Marineattaché gewesen.«

»Muß faszinierend gewesen sein, ausgerechnet in einer Zeit, wo alles losging.«

»Mir ist die *Northampton* lieber.«

Als Hickman Victor Henry in bitterem Ton von der Enttäuschung über seine Jahre an Land reden hörte, blinzelte er ihm gutmütig zu. »Ja, Henry, das muß ich schon sagen: es ist ein gutes Schiff mit einer tüchtigen Mannschaft. Nur, daß sie uns bei diesem Wahnsinnstempo, mit der sie die Flotte ausbauen, einfach ausbluten. In letzter Zeit sind wir nur noch ein gottverdammtes Schulschiff.« Hickman riß das klingelnde Telephon aus seiner Halterung am Schott. »Himmel, Halseys Barkasse kommt längsseits.« Noch rasch einen Schluck Kaffee hinunterstürzend, sprang er auf, setzte die Mütze mit dem vielen Gold am Schirm auf und griff nach einem schwarzen Schlips.

Pug war überrascht. Die *Northampton* war das Flaggschiff von Konteradmiral Spruance, dem Halseys Aufklärungseinheiten unterstanden. Es war Spruances' Sache, Halsey einen Besuch abzustatten, und nicht umgekehrt. Den Schlips und die Mütze geraderückend, sagte Hickman: »Machen Sie sich's hier bequem. Frühstücken Sie zu Ende. Mit der Ablösung können wir noch heute vormittag anfangen. Mein Verwaltungsmann hat alle Unterlagen klar, und zum Glück haben wir grade eine B-Inventur gemacht. Die Aktenverzeichnisse sind auf dem neuesten Stand, und der Übergabebericht ist fertig. Sie können sich die Unterlagen jederzeit ansehen.«

»Kommt Halsey oft an Bord?«

»Heute zum ersten Mal.« Mit seinen vorquellenden Augen reichte Hickman Pug ein Klemmbrett mit Meldungen. »Irgendwas kommt also auf uns zu. Also gut. Vielleicht sehen Sie sich mal diese Meldungen hier an. Es ist ein langer Funkspruch dabei, den wir von Wake abgefangen haben.«

Durchs Bullauge konnte Pug hören, wie Halsey mit Trillerpfeifen an Bord begrüßt wurde. Als er die dünnen Papiere durchsah, schwand sein Schmerz über Rhoda. Der Anblick von Navy-Meldungen, sie in der Hand zu halten, die elektrische Ladung in den vom Kohlepapier leicht verschmierten Vordrucken – all das bewirkte, daß es in ihm lebendig wurde. Hickman war bald wieder zurück.

»Richtig, es war der Alte. Muß fuchsteufelswild über irgendwas sein. Gehen wir rüber in die Schreibstube.«

Makellose Akten. Rechnungsbücher und technische Unterlagen wurden Victor

Henry von jungen Verwaltungsgasten in blütenweißen Uniformen vorgelegt; er inspizierte sie unter dem blitzenden Auge eines grauhaarigen Ersten Offiziers. Die beiden Kommandanten waren in die Unterlagen vertieft, als der Flaggleutnant anrief. Admiral Spruance bittet Captain Victor Henry zu sich herüber. Hickman schaute seinen Gast verblüfft an, als er ihm das weitersagte.
»Soll ich Sie hinbringen, Henry?«
»Ich kenne den Weg.«
»Wissen Sie, um was es geht?«
»Keine Ahnung.«
Hickman kratzte sich am Kopf. »Kennen Sie Spruance?«
»Flüchtig, von der Kriegsschule.«
»Glauben Sie, daß Sie mich ablösen können, bevor wir auslaufen? Wir sollen in zweiundsiebzig Stunden bereit sein.«
»Das hatte ich eigentlich vor.«
»Großartig.« Hickman klatschte in die Hände. »Wir müssen uns unbedingt noch über die Trimmlage des Schiffes unterhalten. Da gibt es Probleme.«

»Hallo, Pug«, sagte Halsey.
Es waren immer noch die alten listigen Augen unter den buschigen Augenbrauen; aber die Brauen waren ergraut, die Augen eingesunken. Das war nicht mehr Billy Halsey, der leicht aufbrausende Skipper des Zerstörers *Chauncey*. Das hier war Vizeadmiral William F. Halsey, ComAirBatForPac mit drei Silbersternen auf dem Kragenspiegel. Halseys Bauch war erschlafft, sein einst fülliges braunes Haar war grau geworden und hatte sich gelichtet, und sein Gesicht war fleckig und vom Alter gerunzelt. Aber das kantige Kinn, das natürliche, breite und verschmitzte Lächeln, das Hinstrecken der Hand und sein fester Griff waren immer noch die gleichen. »Wie geht's Ihrer schönen Frau?«
»Vielen Dank, Admiral. Rhoda geht's gut.«
Halsey wandte sich Raymond Spruance zu, der, die Hände auf den Hüften, neben ihm stand und die auf dem Tisch ausgebreitete Übersichtskarte des Pazifik studierte. Spruance war nur einige Jahre jünger als Halsey, aber längst noch nicht so sehr von der Zeit gezeichnet: vielleicht wegen seiner mäßigen Lebensweise. Seine Farbe war frisch, seine Haut rein, und sein volles Haar zeigte nur hier und da einen Hauch von Grau; er schien sich, seit Pug auf der Kriegsschule einen Lehrgang bei ihm absolviert hatte, überhaupt nicht verändert zu haben. Von Halsey hieß es, er traue niemandem, der nicht trinke oder rauche. Spruance tat weder das eine noch das andere, und trotzdem waren sie alte Freunde. In Halseys Zerstörer-Verband war Spruance, als Pug zum

erstenmal Dienst auf einem Schiff getan hatte, einer der jüngeren Kommandanten gewesen.
»Wissen Sie, Ray, daß dieser Schlawiner von allen Fähnrichen in der alten Crew die schmissigste Braut hatte?« Als der Kettenraucher Halsey sich mit der alten eine neue Zigarette anzündete, zitterte seine Hand ein wenig. »Haben Sie sie jemals kennengelernt?«
Spruance schüttelte den Kopf. Seine großen Augen blieben ernst und wie weit entfernt. »Captain Henry, Sie haben an der Schule doch an dem Übungsprojekt ›Schlacht um Wake Island‹ mitgearbeitet, nicht wahr?«
»Jawohl, Sir.«
»Wenn man so überlegt, Ray – wieso sind Sie eigentlich schon sechsunddreißig darauf gekommen, eine Aufgabe zu stellen, bei der Wake im Mittelpunkt stand?« fragte Halsey. »Damals gab es dort doch nichts als Gebüsch und dumme Vögel.«
Spruance sah zu Victor Henry hinüber, der das Wort ergriff. »Admiral, Zweck der Übung war damals, anhand eines Problems, bei dem es um orange-beherrschte Gewässer, extrem weite Entfernungen und um die Luftüberlegenheit des Gegners von Landbasen aus ging, taktische Lehrsätze auf ihren Gehalt hin zu überprüfen.«
»Kommt Ihnen das bekannt vor?« sagte Spruance zu Halsey.
»Ach was! Was soll eine taktische Übung am grünen Tisch, die so lange her ist, denn beweisen?«
»Die gleichen Entfernungen. Die gleichen Leistungen der Schiffe und Flugzeuge.«
»Und die gleichen Lehrsätze – wie zum Beispiel: *Stöbere den Feind auf und vernichte ihn.*« Halsey reckte das Kinn vor. Pug war diese Geste wohlbekannt. »Kennen Sie schon den Witz, der in Australien die Runde macht? Dort erzählt man sich, sehr bald würden die beiden gelben Rassen im Pazifik wirklich aufeinander losgehen – die Japaner und die Amerikaner.«*
»Nicht schlecht.« Spruance tippte mit dem Stechzirkel auf die Karte. »Aber bis Wake sind es über zweitausend Meilen, Bill. Selbst angenommen, wir laufen morgen aus, was eigentlich kaum zu schaffen ist, aber . . .«
»Darf ich gleich mal einhaken? Wenn es sein muß, schaffen wir es.«
»Und wenn auch. Überlegen Sie doch, was geschieht.«
Die beiden Admiräle beugten sich über die Karte. Wie Pug rasch mitbekam, lief das Unternehmen der Entsetzung von Wake Island bereits. Die Flugzeugträger *Lexington* und *Saratoga* und ihre Versorgungsschiffe waren in Richtung

* »gelb« (yellow) heißt im Amerikanischen zugleich »feige«.

Westen unterwegs – der eine, um die Flugzeuge der von den Marshall-Inseln aus operierenden Japaner zu vernichten, der andere, um der Marineinfanterie Verstärkung zu bringen und jedes japanische Kriegsschiff anzugreifen, dem er möglicherweise begegnete. Halseys *Enterprise* dagegen hatte Order, sich auf einer Linie nicht ganz in der Mitte zwischen Wake und Hawaii aufzuhalten, von wo aus er die Hawaii-Inseln decken konnte. Er wollte ganz hin und führte ins Feld, daß die japanischen Verbände es nicht noch einmal wagen würden, Hawaii heimtückisch anzugreifen, da jetzt das Army Air Corps in Alarmbereitschaft läge; daß Flugzeugträger, die zusammen operierten, über eine unvergleichlich größere Schlagkraft verfügten; und daß er, falls die Japaner wirklich versuchen sollten, noch einen letzten Schlag gegen Hawaii zu führen, immer noch umkehren und sie rechtzeitig abfangen könnte.

Die Reißbrett-Übung des Jahres 1936, so ging Pug auf, war prophetisch gewesen. Bei dieser Übung war die Marineinfanterie auf Wake nach einem heimtückischen japanischen Überfall auf Manila belagert worden. Die Pazifik-Flotte war hingedampft, um sie zu entsetzen und den japanischen Flottenverband zum Handeln zu zwingen. Das Unternehmen war ein Fehlschlag gewesen: die Luftwaffe von ›Orange‹ hatte den Flottenverbänden von ›Blau‹ dermaßen zugesetzt, daß sie kehrtmachen mußten. Den ›blauen‹ Flugzeugträgern sei es nicht gelungen, die Inselflugplätze zu zerstören, hatten die Schiedsrichter geurteilt, und zwar wegen schlechten Wetters, Unerfahrenheit der Piloten und unerwartet starker Flak und Luftwaffe.

Spruance ratterte Entfernungen, Zeiten und Risiken herunter, bis Halsey explodierte. »Herrgott im Himmel, Ray, das weiß ich doch alles! Ich suche nur ein überzeugendes Argument, das ich beim Oberkommandierenden Pazifik vorbringen kann, um mich loszueisen.«

Spruance ließ den Stechzirkel auf die Karte fallen, zuckte mit den Achseln und sagte: »Ich vermute ohnehin, daß das ganze Unternehmen abgeblasen wird.«

»Abgeblasen, verdammt nochmal? Warum? Diese Marineinfanteristen halten sich doch phantastisch!«

Weil alle seine Sympathien bei Halsey lagen, warf Pug Henry ein, er sei während des Fluges von Manila nach Hawaii an Bord eines PanAm-Clippers auf Wake Island unter Beschuß geraten.

»Was sagen Sie? Sie waren dort?« Halsey funkelte ihn wütend an. »Was haben Sie gesehen? Wie stehen ihre Chancen?«

Pug beschrieb die Verteidigungsstellungen der Marineinfanteristen und sagte, seiner Meinung nach könnten sie wochenlang Widerstand leisten. Er erwähnte den Brief vom Kommandeur der Marineinfanterie-Einheit, den er dem Oberkommandierenden Pazifik überbracht hatte, und zitierte die

Abschiedsworte des Obersten in dem Korallenunterstand: *»Letzten Endes werden wir wohl hinter Stacheldraht landen und uns nur von Fisch und Reis ernähren; aber wir können es den Schweinen zumindest schwermachen, die Insel einzunehmen.«*
»Haben Sie *das* gehört, Ray?« Halsey pochte mit seiner knochigen grau-behaarten Hand auf den Tisch. »Und meinen Sie etwa, daß es nicht unsere verdammte Pflicht und Schuldigkeit ist, ihnen Verstärkung zu schicken und sie zu unterstützen? Mann, die Zeitungen zu Hause schreiben doch über nichts anderes mehr als über die Helden von Wake Island! *›Schickt uns mehr Japse!‹* Etwas Hirnverbrannteres habe ich noch nie gehört!«
»Ich wage zu bezweifeln, daß diese Meldung von Wake stimmt. Das haben sich die Zeitungen aus den Fingern gesogen«, sagte Spruance. »Henry, waren Sie in Manila stationiert?«
»Ich bin über Manila aus der Sowjetunion gekommen, Admiral. Ich war Marine-Berater bei den Verhandlungen über den Pacht- und Leihvertrag.«
»Was? Im ›Lande Rus‹?« Halsey stupste Victor Henry spielerisch mit zwei Fingern vor die Brust. »Ja, richtig. Jetzt fällt's mir wieder ein! Hab' von Ihnen gehört! Ganz auf Tuchfühlung mit dem Präsidenten und wer weiß wem sonst noch! Ach ja, der alte Moose Benton hat mir erzählt, Sie wären sogar in einem Tommy-Bomber zum Vergnügen über Berlin rumgeflogen! Sagen Sie, haben Sie das wirklich getan?«
»Admiral, ich habe Beobachter gespielt. Und was mir dabei vor allem aufgegangen ist, war, was für eine Heidenangst ich haben kann.«
Halsey rieb sich das Kinn und sah ihn verschmitzt an. »Sie sind an Bord, weil Sie Sam Hickman ablösen sollen, nicht wahr?«
»Jawohl, Admiral.«
»Hätten Sie nicht Lust, stattdessen zu mir zu kommen und Operationen zu leiten?«
Viktor Henry wehrte ab. »Ich habe meine Befehle, Admiral.«
»Die könnte man ändern.«
Pug kannte diesen Mann aus seiner Zerstörer-Zeit gut genug. Lieutenant Commander Halsey hatte ihm als erster seine ›überragende‹ Befähigung zum Dienst auf See bestätigt. Wenn Bill Halsey mit seinen Verbänden erst einmal in Aktion trat – und das würde er früher oder später bestimmt tun; er war schon immer auf Kampf und Ruhm erpicht gewesen –, konnte sein Operationsoffizier möglicherweise den Verlauf einer großen Schlacht entscheiden. Halsey verließ sich sehr auf seine Untergebenen. Es war schon eine gewisse Versuchung; eine wesentlich verlockendere jedenfalls als der Posten im Stab des Oberkommandierenden Pazifik, vor dem Pug sich gedrückt hatte.

Aber Victor Henry war es müde, ein Speichellecker der Mächtigen zu sein; er hatte es satt, namenlos Verantwortung für Probleme größerer Art zu tragen. Die *Northampton* bedeutete die Rückkehr zur soliden alten Karriere-Leiter: Dienst auf See, Zwischenspiele an Land, weiterer Dienst auf See; zuletzt ein Kommando im Schlachtschiffverband und die strahlende Hoffnung, einmal Admiral zu werden. Die *Northampton* war in jeder Beziehung eine wichtige Sprosse auf der Leiter zu einer wirklich verantwortlichen Führungsaufgabe auf See. Im Kampf würde er Fünfzehn-Zentimeter-Granaten abfeuern. Und er war Artillerist bis in die Knochen.
Gleichwohl war es ein heikles Unterfangen, Vizeadmiral Halsey persönlich einen Korb zu geben. Pug zögerte und überlegte sich, wie er das anstellen solle, da beugte sich Raymond Spruance mit dem Stechzirkel über die Karte und bemerkte: »Bill, ist das nicht eine Planstelle für jemand mit drei Streifen?«
Woraufhin Halsey sich ihm zuwandte und sagte: »Das sollte nicht so sein, verdammt nochmal. Jedenfalls jetzt nicht mehr, wo die Unternehmungen sich so ausweiten. Und ich könnte dafür sorgen, daß sich das sehr rasch ändert.«
Durch die beiläufige Bemerkung von Spruance war Victor Henry vom Haken. Er brauchte nicht einmal mehr etwas zu sagen. Halsey sah Pug abschätzend an und griff dann nach seiner Mütze. »Nun, ich gehe zum Oberkommando Pazifik zurück, Ray, und ich bin entschlossen, diesen Streit zu gewinnen. Halten Sie sich bereit, morgen auszulaufen. War schön, Sie zu sehen, Pug. Sie haben sich sehr gut gehalten.« Die knotige Hand beschrieb ihren charakteristischen Bogen, als der Admiral sie ihm hinstreckte. »Spielen Sie immer noch Tennis?«
»So oft ich kann, Admiral.«
»Und lesen auch noch jeden Morgen die Bibel und abends Shakespeare?«
»Naja, einigermaßen. Ich versuch's jedenfalls.«
»Ihr Gesundheitsapostel macht mich ganz krank.«
»Nun, ich rauche und trinke inzwischen wie sonstwas.«
»Ehrlich?« Halsey grinste. »Das ist immerhin ein Fortschritt.«
Spruance sagte: »Ich gehe an Land, Bill.«
»Dann kommen Sie doch mit. Wie steht's mit Ihnen, Pug? Soll ich Sie mit rübernehmen?«
»Ja, vielen Dank, Admiral, wenn ich darf.«
Auf der Back hinterließ er beim wachhabenden Offizier eine Nachricht für Hickman, kletterte dann die Leiter zu der prächtigen schwarzen Barkasse hinunter und setzte sich ein wenig abseits von den beiden Admirälen. Das Schiff kreuzte wie eine Fähre zwischen dem stinkenden Öl und dem Treibgut, das seit dem japanischen Angriff den Hafen verpestete. Am Landesteg der

Navy stand ein grauer Navy-Chevrolet mit Drei-Sterne-Standern an den vorderen Kotflügeln. Ein steifer Marineinfanterist in weißer Uniform riß den Wagenschlag auf. »Nun, meine Herren«, sagte Halsey, »kann ich irgend jemand mitnehmen?«
Spruance schüttelte den Kopf.
»Vielen Dank, Admiral«, sagte Victor Henry. »Ich muß hinauf zum Haus meines Sohnes.«
»Wo wohnt Ihr Sohn denn?« fragte Spruance, als der Chevrolet davonfuhr.
»Oben in den Bergen, noch hinter Pearl City, Sir.«
»Gehen wir zu Fuß?«
»Es sind fünf Meilen, Admiral.«
»Haben Sie es eilig?«
»Nun, eigentlich nicht, Sir.«
Spruance marschierte mit weitausgreifenden Schritten durch die Hafenanlagen der Navy, in denen überall geräuschvoll gearbeitet wurde. Nachdem er eine Woche lang unmäßig getrunken hatte, um die nächtlichen Gedanken an Rhoda auszulöschen, hatte Pug Mühe, mit ihm Schritt zu halten. Sie folgten einer Asphaltstraße, die durch die grünen Hügel hinaufführte. Obgleich Spruances' Khaki-Hemd sich vom Schweiß dunkel färbte, verlangsamte er den Schritt nicht. Er redete auch nicht, doch nicht etwa, weil er keine Luft mehr bekam. Pug war peinlich berührt über sein eigenes heftiges Schnaufen, verglichen mit den gleichmäßigen Atemzügen des älteren Mannes. Als sie eine Kehre der in die Höhe führenden Straße umrundeten, hatten sie einen weiten Überblick über den Stützpunkt: Docks, Kräne, Reihen von Zerstörern und U-Boten – und die furchtbar zugerichteten, halb gesunkenen Schlachtschiffe, die ausgebrannten Flugzeuge und die rauchgeschwärzten Skelette der Hangars.
Spruance sagte: »Guter Ausblick.«
»Zu gut, Admiral.« Das Gesicht des Admirals wandte sich ihm zu. Die großen, nüchternen Augen blitzten zustimmend. »Ich hatte vor, nur den Tag an Bord der *Northampton* zu verbringen, Sir.« Jetzt, wo sie redeten, japste Pug nach Luft, »aber wenn Admiral Halsey meint, daß wir morgen schon auslaufen sollen, hole ich lieber mein Gepäck.«
»Nun, ich bezweifle, daß es wirklich so eilig ist.« Spruance betupfte sich mit einem zusammengefalteten weißen Taschentuch die schweißnasse Stirn.
Daß Wake so weit entfernt sei und die Navy im Augenblick so schwach, sagte er, schlösse einen Kampf eigentlich aus. Admiral Kimmel, der nach dem 7. Dezember selbstverständlich versuchte, soviel Gesicht wie möglich zurückzugewinnen, hatte das Rettungsunternehmen befohlen, unmittelbar bevor der

Präsident ihn entließ. Aber die Flotte wartete auf einen neuen Oberkommandierenden Pazifik, und der augenblickliche Kommandeur, Vizeadmiral Pye, überlegte es sich lieber zweimal, ehe er etwas so Heikles tat. Von dem Entsetzungs-Unternehmen jetzt Abstand zu nehmen, würde zu einem Riesenstreit führen; beide Seiten könnten gute Argumente ins Feld führen. Doch nach Spruances' Meinung war es den Marineinfanteristen von Wake wie den Phantomen der Kriegsschul-Übung nun einmal bestimmt, den Krieg in Gefangenenlagern zu verbringen.

Spruance redete mit der gleichen Gelassenheit wie an der Kriegsschule und schlug dabei eine Gangart an, die Henrys Herz bis zum Hals herauf pochen ließ. Der 7. Dezember, sagte er, habe das Kräfteverhältnis im Pazifik grundlegend verändert. Die Vereinigten Staaten seien praktisch zur Hälfte entwaffnet. Jetzt stünden zehn oder elf Flugzeugträger gegen drei, zehn einsatzfähige Schlachtschiffe gegen kein einziges mehr, und kein Mensch wisse, wo diese schlagkräftigen feindlichen Verbände eigentlich liegen. Die Japaner hätten hervorragende Kampfeigenschaften und logistische Fähigkeiten bewiesen. Sie hätten gezeigt, daß sie über ebenso gute Schiffe, Flugzeuge und Soldaten verfügten wie nur irgend jemand. Die Philippinen, Südost-Asien und die Ostindischen Inseln seien, da die Engländer nur so schwach vertreten seien, ihrem Zugriff preisgegeben. Im Augenblick könne die Navy nur kleine Überraschungsschläge ausführen und sich sofort wieder zurückziehen, um einerseits Kampferfahrungen zu sammeln und die Japaner andererseits nicht zur Ruhe kommen zu lassen. Dabei müsse sie, koste es, was es wolle, über jenen Inselbogen, der außerhalb der Reichweite der japanischen Luftwaffe läge, eine Linie von Hawaii bis Australien halten. Neue Flugzeugträger und Schlachtschiffe müßten so bald wie möglich die Flottenverbände verstärken. Und von Hawaii und Australien ausgehend, würde man anfangen, Japan vom Osten und Süden her zurückzudrängen. Doch das liege noch in weiter Ferne – in einem Jahr etwa könne man damit anfangen. Inzwischen müsse Australien gehalten werden, denn das sei ein Erdteil des Weißen Mannes. Würde er von Nicht-Weißen überrannt, hätte das möglicherweise eine Umwälzung zur Folge, der die gesamte Zivilisation zum Opfer fallen könne. Nach dieser erschreckenden Bemerkung verfiel Raymond Spruance in Schweigen.

Unter friedlichem Vogelgezwitscher und zwischen den hohen, süßlich duftenden grünen Wänden aus Zuckerrohr schleppten sie sich unter der immer heißer heruntersengenden Sonne weiter bergauf.

»Sie zeichnen da ein pessimistisches Bild, Admiral«, meinte Victor Henry.

»Nicht unbedingt. Ich glaube nicht, daß Japan auf Dauer durchhalten kann. Das Land hat eine viel zu schwache Industrie und kann einen langen Krieg schon vom Material her nicht durchstehen. Jetzt, wo wir am Anfang stehen, wird Japan sich überschlagen; aber gewinnen werden *wir* den Krieg, sofern der Kampfgeist zu Hause nicht erlahmt. Aber wir haben einen starken Präsidenten, und so müßte es eigentlich gehen. Nur haben wir es mit einem Zwei-Fronten-Krieg zu tun, und die entscheidende Front ist die deutsche; deshalb kommen wir hier erst an zweiter Stelle. Und wir gehen von einer enormen Schlappe aus. Folglich sprechen die Umstände im Pazifik gegen frühe Heldentaten – etwa einen Kampf auf Biegen und Brechen, um Wake zu entsetzen.«

Inmitten von Rasenflächen und Gärten, ziemlich weit von der Straße zurückliegend und mit den weiträumigen und großzügigen Veranden machte Warrens Haus den Eindruck, eher für einen Admiral gebaut zu sein als für einen einfachen Marineflieger. Als sie schweißüberströmt stehenblieben, sagte Spruance: »Hier wohnt Ihr Sohn?«

»Sein Schwiegervater hat es ihnen gekauft – Senator Lacouture von Florida. Sie ist ein Einzelkind. Und von drinnen ist es gar nicht so groß.«

Sich das rote Gesicht mit dem Taschentuch abtupfend, sagte Spruance: »Senator Lacouture! Ah, ja. Der hat, was den Krieg betrifft, auch umdenken müssen, was?«

»Admiral, viele gute Leute waren der ehrlichen Überzeugung, daß wir uns raushalten sollten.«

Lacouture war bis zum 8. Dezember ein führender und lautstarker Isolationist gewesen.

»Selbstverständlich.«

Spruance lehnte es ab, mit hineinzukommen und sich auszuruhen. Er bat um ein Glas Wasser und trank es vor der Haustür. Als er das Glas zurückreichte, sagte er: »So, Sie bringen also heute Ihr Gepäck an Bord?«

»Jawohl, Sir. Ich meine, nach Lage der Dinge sollte ich das Kommando so bald wie möglich übernehmen«, sagte Pug.

In Spruances' ernsten Augen blitzte es auf. »Oh ja! Jeden Befehl unverzüglich ausführen!« Keiner von beiden brauchte Halseys Idee zu erwähnen, Pug für seinen Stab zu gewinnen. »Dann lassen Sie uns zusammen zu Abend essen. Ich würde gern von Ihrem Flug über Berlin hören«.

»Es ist mir eine Ehre, Admiral!«

Janice hockte auf einem großen, frisch umgegrabenen Rasenstück hinterm Haus; sie trug ein rückenfreies lila Oberteil, verdreckte graue Shorts und Sandalen. Ihr weizenblondes Haar war zerzaust, ihre langen nackten Beine und Arme braungebrannt. Der besonderen Kontrollen wegen, denen die japanischen Gemüsegärtner unterworfen wurden, wurde frisches Gemüse bereits

knapp. Sie hatte begonnen, einen ›Victory-Garten‹ anzulegen, und schien viel Vergnügen daran zu haben.
Lachend richtete sie sich auf und fuhr sich mit dem Arm über die Stirn. »Mein Gott, sieh dich bloß mal an! Hast du auch im Garten gearbeitet?«
»Der Admiral hat mich vom Navy-Hafen bis hierher begleitet. Zu Fuß.«
»Ach, *der*! Wie ich gehört habe, verstecken sich alle jüngeren Offiziere, wenn er an Deck kommt. Das Kommando über die *Northampton* zu übernehmen, wird gut für dich sein – falls es dich nicht umbringt. Warren hat angerufen. Er kommt zum Mittagessen nach Hause.«
»Gut, dann kann er mich mit meinem Gepäck zur Anlegestelle bringen.«
»Du willst schon fort?« Ihr Lächeln schwand. »Wir werden dich vermissen.«
»Dad?« vernahm er einige Zeit später Warrens Stimme durch die Tür seines Zimmers. Pug öffnete und schob zwei halbgepackte Schiffskoffer beiseite. Uniformen und Bücher lagen auf dem Bett. »Hallo! Ich hab' beim Office der *California* vorbeigeschaut. Sie schicken deine Post auf die *Northampton*, aber das hier war gerade angekommen.«
Der Anblick der englischen Briefmarke versetzte Pug einen Stich. Alistair Tudsburys Adresse prangte auf dem Umschlag. Zunächst machte er das Telegramm auf und reichte es wortlos an Warren weiter.

WO IST NATALIE BITTE DRINGEND WIEDERHOLE DRINGEND UM NACHFRAGE BEIM AUSSENMINISTERIUM RÜCKKABELT DEVILFISH U-BOOT-STÜTZPUNKT MARIVELES

BYRON

Warren runzelte die sonnengebräunte Stirn. In seiner Fliegermontur, die ewige Zigarette zwischen den zusammengepreßten Lippen, machte er einen abgespannten und verbissenen Eindruck. »Wen kennst du denn im Außenministerium, Dad?«
»Naja, ein paar Leute.«
»Warum versuchst du nicht, sie anzurufen? Briny ist in Manila ziemlich abgeschnitten.«
»Mach' ich! Hätte ich schon früher machen sollen.«
Warren schüttelte den Kopf. »Sie könnte verdammt in der Klemme sitzen.« Er wies auf den Brief aus London. »Alistair Tudsbury. Ist das der englische Radiokommentator?«
»Ja. Deine Mutter und ich haben ihn auf der Überfahrt nach Deutschland kennengelernt.«
»Rednerisch enorm begabt. In einer halben Stunde gibt's Essen, Dad.«
Als Warren hinausgegangen war, machte Pug den Brief auf. Gleich nach seiner

Ankunft in Pearl Harbor hatte er traurig einen nüchternen kurzen Brief an Pamela Tudsbury geschrieben und endgültig mit ihr gebrochen. Diesen Brief konnte sie unmöglich schon erhalten, geschweige denn beantwortet haben; die Briefe mußten sich gekreuzt haben. In der Tat, der Brief war, wie er sah, schon vor einem Monat abgestempelt.

17. November 1941

Liebster,

ich hoffe, daß dieser Brief Dich irgendwie erreicht. Es gibt Neuigkeiten. Die BBC hat meinen Vater gebeten, eine Art Phileas-Fogg-Rundfunkreise rund um den ganzen gequälten Planeten zu machen und dabei die wichtigsten Militär-Stützpunkte kurz zu berühren: Alexandria, Ceylon, Singapore, Australien, Pearl Harbor, den Panama-Kanal und so weiter. Thema: Wo der Union Jack weht, geht die Sonne nicht unter; außerdem gibt es neben Hitler noch einen bösen Feind – nämlich Japan –, und die englischsprechenden Völker (auch die widerspenstigen Amerikaner) müssen Gewehr bei Fuß stehen. Daddy hat vertraglich ausgehandelt, daß ich mitkomme. Wenn er müde und zerschlagen oder wetterfühlig ist (seine Augen werden übrigens immer schlechter), kommt es immer häufiger vor, daß die Tochter nicht nur die Sendungen schreibt, sondern auch die Artikel. Und mittlerweile ist das, was dabei herauskommt, wenn auch immer noch ›Ersatz‹, so doch brauchbar.

Als er es mir sagte, hörte ich nur den Namen: *Pearl Harbor*. Wenn das ganze Unternehmen nicht noch platzt, und wenn es uns gelingt, unseren knappen Terminplan mit den Schiffen und Flugzeugen einzuhalten, müßten wir etwa in einem Monat auf Hawaii eintreffen. Wo Du dann mit Deiner *California* sein wirst, weiß ich zwar nicht, aber ich werde Dich finden.

Da hast Du es nun! Ich weiß, wir hatten abgemacht, erst solltest Du schreiben, ehe ich das Schweigen brach. Tut mir leid, daß ich die Regel gebrochen habe, aber nach allem, was ich weiß, wird Dein Brief oder Telegramm erst nächste Woche eintreffen, und dann bin ich längst fort. Vielleicht ist schon ein dicker Brief von Dir für mich aus Wladiwostok oder Tokio oder Manila unterwegs. Falls es so ist, hoffe ich, daß es ein Liebesbrief ist und nicht ein rational-besonnener Korb, den ich eigentlich fürchte und erwarte. Aber was es auch ist, Pug, ich habe es noch nicht erhalten.

Liebster, Du kannst Deine Frau lieben und mich auch. Schockiere ich Dich damit? Nun, Tatsache ist doch, daß Du es schon tust. Das weißt Du ganz genau. Du hast es mir sogar gesagt. Jetzt gilt es nur, realistisch zu handeln. Um es unverbrämt zu sagen: Deine Frau kann schließlich genausogut Dich und noch einen anderen Mann lieben. Vielleicht schockiert Dich das noch mehr. Aber sowas passiert alle Tage, Liebster, das schwöre ich Dir – ganz besonders in Kriegszeiten passiert das durchaus anständigen und ehrbaren Menschen. Du und Deine Frau, Ihr habt doch ein Vierteljahrhundert hindurch abgekapselt in einer Kirche- und Navy-Muschel ganz eigener Art gelebt. Ach du lieber Gott, ich habe keine Zeit, das jetzt nochmal zu tippen. Sonst würde ich den letzten Absatz weglassen. Ich weiß, es ist hoffnungslos, zu argumentieren.

Es fällt mir schwer, jetzt, wo ich mich endlich dazu überwunden habe, aufzuhören, Dir zu schreiben. Es ist, als wäre der Damm gebrochen. Aber ich muß aufhören. Wenn wir Glück haben, *hörst* Du als nächstes nicht von mir, sondern *siehst* mich!

Das Wetter in London ist unaussprechlich scheußlich – und die Nachrichten aus dem Kriege auch. Es sieht wirklich so aus, als wären wir keine Minute zu früh aus Moskau fort; durchaus möglich, daß die Deutschen es einnehmen – wie Napoleon. Was für Aussichten! Doch für mich, da bin ich ganz ehrlich, ist die einzige Nachricht, die zählt – und die wunderbar ist – die, daß plötzlich eine Chance besteht, Dich wiederzusehen. Ich hatte in Moskau ein entsetzliches Gefühl, als sähe ich Dich trotz aller Deiner Freundlichkeit und liebevollen Art zum letzten Mal. Und jetzt – toi, toi, toi! – komme ich!

Alles Liebe,
Pam

Er sah das junge Gesicht, hörte die junge, warme, elegant akzentuierende Stimme, die überstürzt diese Worte hervorsprudelte. Die wehmütige, hoffnungslose kleine Liebelei mit Tudsburys Tochter, die in Moskau kurz aufgeflammt war, erstickte man besser. Pug wußte das. Er hatte es versucht. Ja, bis zu diesem Augenblick hatte er sogar geglaubt, es sei ihm gelungen. Was von dieser merkwürdigen und zerbrechlichen Beziehung in Kriegszeiten – ein bißchen mehr als ein Flirt, und rührend weniger als eine Affäre – blieb, war ein besseres Verständnis für das, was Rhoda zugestoßen war, und ein langer Anlauf, ihr zu verzeihen. Er wollte seine Frau wiederhaben. Das hatte er ihr bereits mit Nachdruck klargemacht. Eine Zukunft mit dieser jungen Frau, die neunundzwanzig oder dreißig Jahre alt war und sich im Kielwasser ihres berühmten Vaters treiben ließ, war nicht denkbar.

Am besten auslöschen; dennoch rechnete er sich aus, wo sie im Augenblick wohl sein mochten. Ob sie es wohl vor dem 7. Dezember bis Singapore geschafft hatten? Tudsbury war alles andere als ein gemächlicher Reisender – er war eher ein menschlicher Bulldozer. Wenn es ihm gelang, von

Kriegsschiffen und Bombern mitgenommen zu werden, würde er weiterreisen und sich nirgendwo Ruhe gönnen. Angenommen, die Tudsburys tauchten durch irgendeinen dummen Zufall in Honolulu auf? Welche Ironie, daß Pam, ohne es zu wissen, Rhoda verteidigte! Pug zerriß den Brief.

Beim Mittagessen auf der rückwärtigen Veranda sahen Warren und Janice einander an, als Pug ein Lied summend in seiner blauen Uniform herauskam.

»Wie elegant«, sagte Janice.

»Die Uniform kriegt weniger Falten, wenn ich sie auf dem Leib an Bord trage, als wenn ich sie in den Koffer stopfe.«

»Sehr witzig«, meinte Warren.

»Das sind die Aussichten auf die Sonderzulagen für den Dienst auf See.« Pug ließ sich am Eisentisch mit der Glasplatte auf einen Stuhl fallen. Er verzehrte einen großen Teller voll von dem sehr schmackhaften Stew und bat um noch mehr Zwiebeln und Kartoffeln; soviel hatten sie ihn, seit er nach Pearl Harbor gekommen war, noch nicht essen sehen.

»Sehr guter Appetit«, bemerkte Warren, als er zusah, wie sein Vater zulangte. Er und Janice hatten keine Ahnung von Rhodas Scheidungsbrief; daß Pug getrunken hatte und so niedergedrückt gewesen war, was sich jetzt übrigens zu geben schien, hatten sie auf den Verlust der *California* zurückgeführt.

»Admiral Spruance hat mich fünf Meilen den Berg raufgescheucht.«

»Dad, die Geschichte mit Natalie – Jan hat da eine Idee . . .«

»Ja, warum rufst du nicht einfach meinen Vater an oder schickst ihm ein Telegramm?« Pug warf seiner Schwiegertochter einen durchdringenden Blick zu. »Wenn überhaupt jemand, dann schafft er es, den Leuten im Außenministerium Beine zu machen.«

»Wie spät ist es jetzt in Washington? Da ist er doch, oder?«

»Fünf Stunden Zeitunterschied. Vermutlich ist er gerade dabei, sein Büro im Senat zu verlassen. Versuch lieber, ihn etwas später zu Hause anzurufen.«

»Das war ein guter Gedanke, Janice.«

Als Warren seinem Vater half, die Schiffskoffer hinauszutragen, war Janice dabei, das Baby zu baden. Der kleine Victor prustete und spritzte seine Mutter voll; eine gerötete, glückliche junge Frau, sexy und keineswegs geniert, daß ihre Brüste sich unter dem völlig durchnäßten Oberteil abzeichneten. Pug erinnerte sich flüchtig daran, daß Rhoda in ihrem Bungalow auf dem Stützpunkt von San Diego Warren gebadet hatte. Ein Vierteljahrhundert und noch mehr, vergangen wie ein Atemzug! Und ein kleines Kind, das diesem hier glich, hatte sich in einen hochgewachsenen jungen Mann mit hartem Gesicht in einer Fliegerkombination verwandelt, der lächelnd seinen eigenen kleinen Sohn betrachtete. Pug schüttelte das Gefühl ab, daß die Zeit wie im Flug

verging, witzelte noch darüber, Janice den ganzen Schnaps weggetrunken zu haben und gab ihr einen Kuß auf die nasse glatte Wange.
»Komm wieder, wann immer du nach Pearl Harbor kommst, Dad. Dein Zimmer wird immer bereit und die Bar immer voll sein.«
Er reckte die Hand und hielt ihr den Handteller entgegen. »Solange ich ein Kommando auf See habe, rühre ich keinen Tropfen an!«

Warren fuhr den Jeep von der Fahrbereitschaft eigenhändig hinunter. Die auf- und abwippende Zigarette im Mund, sagte er nach einer Weile des Schweigens:
»Läuft die *Enterprise* ganz bis Wake Island, Dad?«
»Wie kommst du darauf?«
»Du hast es immerhin verdammt eilig, das Aufklärungsflaggschiff zu übernehmen.«
»Und du bist scharf auf einen richtigen Kampf, nicht wahr?«
»Das habe ich nicht gesagt.« Warren warf ihm durch den Zigarettenrauch hindurch einen Blick zu. »Ich hab' da so meine Bedenken, mit unserem letzten Flugzeugträger loszudampfen. Ich traue dem Army Air Corps einfach nicht zu, daß sie diesen Stützpunkt hier verteidigen und damit meine Frau und mein Kind beschützen. Nun? Willst du nicht reden?«
»Ich weiß es nicht, Warren.«
»Auf der gesamten *Enterprise* ist es rum, daß Halsey beim Oberkommando Pazifik Zeter und Mordio schreit und Himmel und Hölle in Bewegung setzt, damit wir vom Leder ziehen können.«
»Könnte sein. Wie machen sich denn eure neuen Piloten?«
»Dad, die sind grün. *Grün,* sag' ich dir! Viel zu wenig Flugstunden. Das Geschwader braucht sie, und folglich werden sie sich entweder an den Fangleinen den Hals brechen, ertrinken oder lernen. Solange sie hier im Hafen sind, nehm' ich sie ran, bis ihnen das Wasser sonstwo kocht.«
»Du bist jetzt Ausbilder? Das ist aber schnell gegangen.«
»Mein Kommandeur hat mir die Ausbildungsvorschriften in die Hand gedrückt, und ich hab mich nicht lange gewehrt. Er hat mich übrigens auch als Ausbilder für die Staaten vorgeschlagen, aber da mach' ich noch ziemlich viel Stunk. Das ist nicht der richtige Augenblick, den Pazifik zu verlassen.«
Warren setzte seinen Vater bei der Telephonvermittlung ab und sagte, er werde die Schiffskoffer bis zur Anlegestelle für die Navy runterbringen. Ihr Abschied war so beiläufig, als hätten sie vor, noch zusammen zu Abend zu essen. Immerhin schüttelten sie sich die Hand, was sie nur selten taten, und sahen einander einen Moment lächelnd in die Augen.
Die kleine verräucherte Telephonvermittlung war überfüllt von wartenden

Matrosen und Offizieren. Die Dienststellenleiterin, eine üppige Dame von etwa vierzig Jahren mit ausgeprägtem Südstaatenakzent, strahlte, als Pug ihr den Namen Lacouture nannte. »*Das* ist ein großer Mann. Wenn der Präsident wär', steckten wir jetzt nicht so drin, oder, Captain? *Ich* versuch mein Bestes, um durchzukommen.«
Nach einer halben Stunde meldete sich Senator Lacouture in seinem Haus im vornehmen Washingtoner Georgetown-Viertel. Er war überrascht, von Pug zu hören, erfaßte die Situation jedoch rasch und stellte nur ein paar knappe Fragen. »Richtig. Richtig. Okay. Hab' verstanden. Erinnere mich von der Hochzeit her an sie. Natalie Jastrow Henry. Brünett, sehr hübsch, spricht auffallend schnell. Daß sie Jüdin ist, könnte Probleme ergeben. Aber Italien ist in der Beziehung nicht so schlimm, und daß sie mit einem so berühmten Schriftsteller unterwegs ist, müßte eigentlich auch hilfreich sein. Von Aaron Jastrow habe sogar *ich* schon gehört!« Lacouture kicherte heiser. »Vermutlich ist alles in Ordnung mit ihr, aber besser wär's natürlich, man wüßte es mit Sicherheit. Und wie erreiche ich Sie wieder?«
»Rufen Sie bitte Captain Dudley Brown von der Personalabteilung an. Der läßt es dann über die Navy an mich weiterleiten. Und schicken Sie die gleiche Nachricht auch an Byron auf der *Devilfish*.«
»Notiert. Und Sie befehligen die *California*, stimmt's?«
»Die *Northampton*, CA-26, Senator.«
Pause. »Was ist denn mit der *California* geschehen?«
Pug machte gleichfalls eine Pause. »Ich befehlige die *Northampton*.«
Mit tiefer und ernster Stimme sagte der Senator: »Pug, werden wir mit denen da draußen überhaupt fertig?«
»Leicht wird es nicht sein. Von heute auf morgen wohl nicht.«
»Möglich übrigens, daß ich den Senat aufgebe und wieder Uniform anziehe. Was halten Sie davon? Die Army wird bei den Papier- und Holzlieferungen von hinten und vorn betrogen. Ich könnte dem Staat jährlich mehrere Millionen Dollar einsparen. Man hat mir den Rang eines Obersten angeboten, aber ich warte noch, bis sie mit dem Brigadegeneral winken.«
»Ich hoffe, Sie bekommen ihn.«
»Jedenfalls herzliche Grüße an die Kinder. Was das jüdische Mädchen betrifft, hören Sie von mir.«

Nach vierundzwanzig Stunden hatte Victor Henry das Gefühl, schon eine Woche an Bord der *Northampton* zu sein. Er hatte das ganze Schiff von den Bilgen bis zu den Feuerleitständen durchstreift, hatte die Offiziere kennengelernt, die Mannschaft bei der Arbeit beobachtet, die Maschinenräume, die

Heizräume, die Magazine und die Geschütztürme inspiziert und sich ausgiebig mit dem Ersten Offizier, Jim Grigg, unterhalten, einem wortkargen, spitzschädligen Commander aus Idaho mit dunklen Ringen um die Augen, der blassen Hautfarbe der Überarbeiteten und jenem Hauch ständiger Verzweiflung, der zu einem perfektionsbesessenen Ersten Offizier gehörte. Pug sah keinerlei Grund, Hickman nicht sofort abzulösen. Grigg führte ohnehin das Schiff. Jeder Dummkopf konnte es übernehmen; seine Unfähigkeit würde aufgefangen werden. Pug hielt sich nicht für einen Dummkopf, er war nur aus der Übung und nervös.

Die Kommandoablösung fand am nächsten Tag statt, mit einer kleinen Feier, zu der allerlei Friedenspomp und Schnörkel aufgeboten wurden. Offiziere und Mannschaften in weißen, in der Sonne strahlenden Uniformen, die in der warmen Brise leicht flatterten, nahmen auf dem Achterdeck beiderseits von Geschützturm drei Aufstellung. Ein wenig abseits, mit Hickman und Grigg zusammenstehend, las Victor Henry vor einem Mikrophon seinen Befehl zur Kommandoübernahme vor. Als er die Augen von dem flatternden Papier erhob, sah er hinter den Reihen der Mannschaft den ölverschmierten dunkelroten Boden der *Utah.*

Er wandte sich Hickman zu, grüßte und sagte. »Ich löse Sie ab, Sir.«

»Vielen Dank, Sir.«

Das war alles. Victor Henry war Kommandant. »Commander Grigg, sämtliche ständigen Befehle für die Schiffsroutine bleiben in Kraft. Bitte, lassen Sie die Mannschaft abtreten.«

»*Aye, aye, Sir!*« Grigg grüßte wie ein Sergeant von der Marineinfanterie und gab den entsprechenden Befehl. Die Leute gingen auseinander. Pug sah, wie sein Vorgänger von Bord gepfiffen wurde. Hickman benahm sich, als hätte er Geburtstag. Ein neuer Brief von seiner Frau, in dem es hieß, vielleicht sei noch nicht alles verloren, machte ihn ungeduldig wie einen jungen Mann, zu ihr zurückzukommen. Ohne auch noch ein einziges Mal zurückzuschauen, stieg er die Leiter zur Gig hinab.

Den ganzen Nachmittag las Pug Funksprüche und Schiffsdokumente, die Commander Grigg ihm auf den Schreibtisch legte. Alemon servierte ihm in majestätischer Einsamkeit ein Abendessen: Schildkrötensuppe, Filet Mignon, Salat und Eis. Als er im Lehnsessel saß und Kaffee trank, brachte ein Läufer eine handschriftliche Nachricht. Umschlag und Briefpapier waren mit zwei blauen Sternen bedruckt. Die Handschrift war steil, klar und einfach:

29. Dez. 1941

Captain Henry –
freue mich, daß Sie das Kommando übernommen haben. Wir laufen morgen aus. Die Einsatzbefehle haben Sie bis Mitternacht in Händen. Neuer Oberkommandierender Pazifik wird Nimitz. Die Entsetzung von Wake sieht damit noch zweifelhafter aus. Mast- und Schotbruch und gute Jagd!

R.A. Spruance

Am nächsten Morgen legte der Kreuzer bei ruhigem, sonnigem Wetter ab. Die Decksmatrosen führten das Ablegekommando mit großer Gelassenheit durch. Als die Tide umschlug, wies der Bug kanalabwärts. Mit einer Ruhe, die das Brückenpersonal zu täuschen schien, sagte Victor Henry: »Langsame Fahrt voraus.« Der Quartermaster gab den Befehl über den Maschinentelegraphen weiter. Das Deck erzitterte – eine unaussprechlich herzerwärmende Empfindung für Pug – und die *Northampton* lief aus dem Hafen aus, um unter dem neuen Kapitän auf Feindfahrt zu gehen. Bis jetzt hatte er von Senator Lacouture nichts über Natalie Jastrow Henry gehört.

2

Natalie befand sich an Bord eines ganz anderen Schiffes – eines rostigen, fleckig gestrichenen, von Ungeziefer wimmelnden türkischen Küstenfrachters namens *Redeemer,* der zu Reparaturzwecken an einem Pier im Hafen von Neapel festgemacht hatte; die *Redeemer* sollte dem Vernehmen nach in die Türkei fahren, in Wirklichkeit jedoch nach Palästina. Zwar war schon eine stürmische Woche vergangen, seit sie an Bord gekommen war, doch der alte Kahn hatte sich noch nicht gerührt. Er hatte zum steinernen Kai hin Schlagseite, zerrte mit dem Steigen und Fallen der Flut an den Halteseilen und dümpelte, wenn die Wellen an der Mole vorbei hereinrollten.

Auf dem schmalen Achterdeck unter einer flatternden roten Fahne mit schlimm verdrecktem Halbmond und gelbem Stern saß Natalie mit ihrem Baby. Endlich hatte es einmal aufgeklart, und sie hatte den Jungen in den nachmittäglichen Sonnenschein heraufgebracht. Bärtige Männer und in Schals eingehüllte Frauen drängten sich bewundernd um sie. Es gab an Bord der *Redeemer* zwar ein paar magere Kinder mit traurigen Augen, aber Louis war das einzige Baby, das noch auf dem Arm getragen wurde. Auf ihrem Schoß sitzend, blickte er sich mit lebhaften blauen Augen um und blinzelte im frostigen Wind.

»Aber das ist doch die reinste ›Anbetung‹«, sagte Aaron Jastrow. Sein Atem verdichtete sich vor seinem Mund zu weißem Dampf. »Die ›Anbetung‹, lebendiger geht's nicht. Und Louis ist ein bezaubernder kleiner Christus.«

»Aber ich bin als Madonna schlichtweg eine Fehlbesetzung«, sagte Natalie.

»Fehlbesetzung? Doch wohl kaum, meine Liebe.« Eingehüllt in seinen dunkelblauen Reisemantel, den grauen Hut tief in die Stirn gezogen, fuhr sich Jastrow gelassen über den gestutzten Bart. »Der Typ ist sogar gut besetzt, würde ich sagen – nach Gesicht, Figur und Rasse.«

Überall sonst auf dem leicht geneigten Deck drängten sich Juden; sie kamen aus den übelriechenden Laderäumen, um sich in der Sonne zu ergehen. Sie zwängten sich zwischen Rettungsbooten und Kisten, Fässern und Decksaufbauten hindurch oder versammelten sich auf den Ladeluken und redeten in einem Babel von Sprachen, wobei Jiddisch vorherrschte. Nur Jastrow und

Natalie saßen, in Wolldecken gehüllt, auf Deckstühlen. Der palästinensische Organisator des Unternehmens, Avram Rabinovitz, hatte die Deckstühle in der Bilge gefunden; sie waren zwar verspakt und von Ratten angenagt, aber sie taten noch ihren Dienst. Die Babyverehrer zerstreuten sich und ließen um die Amerikaner herum respektvoll ein rostiges Geviert frei, wenn auch Vorübergehende immer wieder einen Blick auf sie warfen. Seit sie an Bord gekommen waren, hatte Jastrow, der überall als *der groiser Amerikaner Shriftshteller* bekannt war, kaum mit jemandem gesprochen, was nur dazu beigetragen hatte, sein Ansehen zu steigern.

Natalie wies mit der Hand zu dem blauen Doppelkegel jenseits der Bucht hinüber. »Sieh doch, der Vesuv! So scharf und klar, zum erstenmal.«

»Ein schöner Tag, um Pompeji zu besuchen«, sagte Jastrow.

»Pompeji!« Natalie deutete auf den fetten Polizisten, der im grünen Feldmantel auf dem Kai Wache schob. »Man würde uns sofort aufgreifen, wenn wir von der Gangway herunterstiegen.«

»Dessen bin ich mir wohl bewußt.«

»Außerdem: Pompeji ist so deprimierend! Findest du nicht? Tausend verwunschene Häuser ohne Dach. Eine Stadt des Massentodes. Ach, ich kann ohne Pompeji auskommen; die obszönen Fresken und so weiter können mir gestohlen bleiben.«

Herbert Rose kam mit wiegendem Gang übers Deck. Er überragte fast alle anderen um Haupteslänge; sein kalifornisches Sportsakko leuchtete in der schäbigen Menge wie eine Neonreklame. Natalie und Jastrow hatten nur wenig von ihm zu sehen bekommen, obgleich er es war, der ihre Flucht von Rom in die Wege geleitet und dafür gesorgt hatte, daß sie an Bord der *Redeemer* kamen. Er hatte sein Lager unten im Laderaum bei den Flüchtlingen aufgeschlagen. Der mit allen Wassern gewaschene Filmverleiher, über den bis zur Kriegserklärung der Verleih der meisten amerikanischen Filme in Italien gelaufen war, hatte seine zionistische Ader entdeckt und lehnte es ab, die Kabine des Organisators zu teilen, weil er – wie er sagte – jetzt nur noch ein Jude auf der Flucht sei. Außerdem wollte er hebräisch sprechen üben.

»Natalie, Avram Rabinovitz möchte Sie sprechen.«

»Nur Natalie?« fragte Jastrow.

»Nur Natalie.«

Sie steckte Louis in das Körbchen unter der dicken braunen Wolldecke. Rabinovitz hatte dieses Körbchen zusammen mit der Babyausstattung in Neapel aufgetrieben, dazu ein paar Dinge für Natalie und ihren Onkel; beide waren zusammen mit Rose nur mit dem aus Rom geflüchtet, was sie auf dem Leib getragen hatten. Rabinovitz hatte auch die Büchsenmilch an Bord gebracht, von der Louis lebte. In Rom – selbst in der amerikanischen Botschaft – war die Büchsenmilch längst ausgegangen. Auf ihre erstaunte Frage: »Wo um alles auf der Welt haben Sie die her?« hatte Rabinovitz nur gezwinkert und das Thema gewechselt.

»Aaron, würdest du ihn im Auge behalten? Wenn er schreit, steck ihm den Schnuller in den Mund.«

»Geht es um unsere Abfahrt?« fragte Jastrow Rose, als Natalie fort war.

Rose ließ sich in den freigewordenen Deckstuhl fallen und zog die langen hageren Beine hoch. »Er wird ihr sagen, um was es geht.« Er war glattrasiert, kahlköpfig, mager und hatte eine semitische Nase, wie sie im Buche stand. Seine Art, sich zu geben, war ganz und gar amerikanisch: selbstsicher, salopp, immer obenauf. »Solider Komfort«, sagte er und räkelte sich in dem Stuhl.

»Irgendwelche Bedenken jetzt, Herb?«

»Worüber?«

»Daß wir mit diesem unseligen Kahn abfahren?«

»Ich glaube nicht, daß es sich um einen unseligen Kahn handelt.«

»Nun, es ist nicht gerade die *Queen Mary*.«

»Die *Queen Mary* schafft keine Juden nach Palästina. Alle Wetter! Die könnte zwanzigtausend auf einen Schlag rüberschaffen und bei jeder Fahrt eine glatte Million verdienen!«

»Warum haben wir denn jetzt eine ganze Woche lang hier festgelegen!«

»Zwei Tage hat es gedauert, die Armaturen einzubauen. Dann kam Sturm, der drei Tage angehalten hat. Wir fahren schon ab, keine Sorge!«

Eine kalte Böe riß Louis' Wolldecke hoch. Rose stopfte sie wieder fest.

»Herb, sind wir drei in Rom nicht einfach in Panik geraten? Bei dem Mob, der sich um die amerikanische Botschaft herum drückte – das war doch bloß ein Haufen Faulenzer, da bin ich sicher, die sich nach der Kriegserklärung ein bißchen Aufregung erhofften.«

»Und links und rechts hat die Polizei Leute verhaftet, die reinzukommen versuchten. Das haben wir doch beide gesehen. Weiß der Himmel, was mit ihnen geschehen ist! Vermutlich waren es noch nicht mal Juden!«

»Ich wette«, sagte Jastrow, »wenn ihre Pässe in Ordnung waren, egal, ob sie Juden waren oder nicht, dann hat man sie jetzt in irgendeinem hübschen Hotel untergebracht, und sie warten darauf, gegen Italiener ausgetauscht zu werden, die in den Vereinigten Staaten überrascht worden sind.«

Rose versetzte bissig: »Ich würde nicht nach Rom zurückkehren, selbst wenn ich könnte. Ich bin heilfroh, daß ich hier bin.«

In fehlerlosem Hebräisch sagte Jastrow: »Und wie steht es mit der neuen Sprache, machen Sie Fortschritte?«

»Himmelherrgott!« Rose starrte ihn an. »Sie könnten Unterricht darin geben, nicht wahr?«
»Es geht eben nichts über eine polnische Yeshiva-Erziehung«, sagte Jastrow lachend, strich sich den Bart und kehrte zu seinem Bostoner Englisch zurück. »Warum zum Teufel haben Sie es dann aufgegeben? Ich habe noch nicht mal Bar Mitzvah gefeiert. Das werde ich meinen Eltern nie verzeihen.«
»Ach, die Verlockungen der Fremde«, erklärte Jastrow. »Ich konnte es einfach nicht erwarten, aus der Yeshiva herauszukommen. Sie war wie ein Gefängnis.«
Natalie arbeitete sich inzwischen bis zu Rabinovitz' Kabine unter der Brücke durch. Sie war noch nie darin gewesen. Er bot ihr seinen Stuhl hinter dem Schreibtisch an, auf dem sich Papiere, schmutzige Kleidung und öliges Werkzeug türmten; er selbst setzte sich auf die ungemachte Koje und lehnte sich mit dem Rücken gegen das Schott, das mit Nuditäten aus Zeitschriften vollgeklebt war. Die einzige Glühbirne, die von der Decke herunterhing, war so schwach und der Tabakqualm so dicht, daß Natalie die Bilder gerade erkennen konnte. Auf ihr verlegenes Grinsen hin zuckte Rabinovitz nur die Achseln. Er trug einen unförmigen, ölverschmierten Overall, und sein rundes Gesicht war schmutziggrau vor Erschöpfung.
»Das ist die Kunstgalerie des Ersten Offiziers. Ich habe seine Kammer übernommen. Mrs. Henry, ich brauche dreihundert US-Dollars. Können Sie und Ihr Onkel aushelfen?« Bestürzt schwieg sie. Er fuhr fort: »Herb Rose hat sich erboten, die ganze Summe zu übernehmen, aber er hat schon soviel berappen müssen. Ohne ihn wären wir nie so weit gekommen. Ich hoffe, Sie und Ihr Onkel geben jeder hundert Dollar. Das wäre nicht ganz so ungerecht. Alte Männer sind oft knauserig, und da dachte ich, ich frag' lieber Sie.« Rabinovitz' Englisch war klar, doch sprach er mit sehr ausgeprägtem Akzent, und sein Slang war überholt, als hätte er ihn aus der Lektüre alter Romane.
»Wozu wird das Geld denn gebraucht?«
»*Fetchi-metchi.*« Er ließ seinen dicken Daumen über zwei Finger hin- und herfahren und lächelte lahm. »Bestechung. Der Hafenmeister will uns die Schiffspapiere nicht geben. Warum, weiß ich nicht. Zuerst war er ganz freundlich, aber dann hat sich das geändert.«
»Und Sie meinen, Sie können ihn bestechen?«
»Oh, *ihn* nicht. Unseren Kapitän. Sie haben ihn ja gesehen, diesen betrunkenen bärtigen Schlawiner im blauen Rock. Wenn wir illegal auslaufen, kriegt er seine Papiere nicht wieder. Die hält das Büro des Hafenmeisters zurück. Ich bin überzeugt, er hat das schon oft gemacht. Er ist Schmuggler von Beruf. Aber es kostet was.«
»Ist das denn nicht furchtbar gefährlich?«

»Das glaube ich nicht. Wenn die Küstenwache uns stoppt, sagen wir einfach, wir probierten nur mal unsere reparierten Maschinen aus, und laufen zurück. Dann sind wir auch nicht schlimmer dran als vorher.«
»Wenn wir gestoppt werden – bekommen wir dann das Geld von ihm zurück?«
»Gute Frage. Die Antwort lautet, daß er es erst dann bekommt, wenn wir die Dreimeilenzone hinter uns haben.«
Die ganze Woche hindurch hatte Natalie ausgiebig Zeit gehabt, nachzudenken und sich alle möglichen verhängnisvollen Gründe ausgemalt, warum das Schiff nicht auslaufen könnte. Sie hatte schon überlegt, ob es überhaupt klug gewesen sei, aus Rom zu fliehen. Die Aussicht, das Mittelmeer in diesem Pott zu überqueren, erschien ihr von Tag zu Tag weniger verlockend. Dennoch hatte sie sich an den Gedanken festgeklammert, daß sie zumindest ihr Baby vor den Deutschen in Sicherheit bringen müsse. Jetzt aber sollte man auch noch die faschistischen Gesetze übertreten und es auf einen Wettlauf mit den Kanonenbooten der Küstenwache ankommen lassen.
Während sie stumm dasaß, sagte Rabinovitz in hartem, aber nicht unfreundlichem Ton: »Ach, lassen Sie nur – dann nehm' ich's eben doch von Rose.«
»Nein, ich beteilige mich«, sagte Natalie. »Und Aaron auch, da bin ich sicher. Mir gefällt die Sache nur einfach nicht.«
Auf einer Ladeluke in der Nähe von Dr. Jastrow, der etwas in sein Notizbuch schrieb, stritten sich zwei junge Männer über einem aufgeschlagenen, arg mitgenommenen Talmudband. Rose war gegangen. Jastrow hielt inne, um ihrer Auseinandersetzung über einen Punkt im *Gittin*, der Abhandlung über die Scheidung, zu folgen. In der polnischen Yeshiva hatte Jastrow von seinen Lehrern so manchen Kuß dafür bekommen, daß er irgendwelche Probleme im *Gittin* aufgedröselt hatte. Er entsann sich lebhaft des erhebenden Gefühls, in das ihn diese haarigen Lobesküsse versetzt hatten, und ein Lächeln stahl sich um seinen Mund. Die beiden Streithähne bemerkten das und erwiderten das Lächeln scheu. Einer berührte seine abgewetzte Kappe und sagte auf jiddisch: »*Der groiser Shriftshteller* versteht die kleinen schwarzen Punkte?«
Jastrow nickte gütig.
Der andere junge Mann – ausgemergelt, gelbgesichtig, mit wirrem spärlichen Bart und leuchtenden, eingesunkenen Augen, der reine Typ des Yeshiva-Schülers – sagte aufgeregt: »Würden Sie zu uns kommen und es uns lehren?«
»Als Knabe habe ich einst den Talmud studiert«, sagte Jastrow in kaltem, fehlerlosem Polnisch, »doch das ist lange her, fürchte ich. Ich habe viel zu tun.«
Gedämpft nahmen die beiden ihr Streitgespräch wieder auf. Bald entfernten sie sich zu Jastrows großer Erleichterung. Vielleicht wäre es amüsant gewesen, sich den beiden Burschen anzuschließen und sie mit seinem glanzvollen

Gedächtnis in Erstaunen zu versetzen. Nach fünfzig Jahren erinnerte er sich noch genau an die Passage, um die es ihnen ging. Wie leicht man als Junge Dinge behielt! Aber sie hatten eine lange Reise vor sich. Wenn man so eng aufeinanderhockte, blieb einem nichts anderes übrig, als auf Distanz zu achten – insbesondere unter diesen von Stammes wegen immer auf Tuchfühlung miteinander bedachten Juden.

Jastrow war dabei, ein neues Buch zu schreiben – einmal, um sich die Zeit zu vertreiben, und dann auch, um aus den widrigen Umständen Nutzen zu ziehen. In bewußter Anlehnung an seinen großen Erfolg *Eines Juden Jesus* wollte er es *Eines Juden Reise* nennen. Freilich dachte er nicht so sehr an ein Reisetagebuch. Wie Marc Aurel bei Kerzenlicht auf dem Schlachtfeld klassische Gedanken formuliert hatte, gedachte Jastrow seine Flucht in Kriegszeiten in leuchtende Gedanken über den Glauben, den Krieg, die Grundlagen des Menschseins und sein eigenes Leben umzumünzen. Dieser Einfall, hoffte er, müsse den Beifall seines Verlegers finden, und wenn er es schaffte, könnte ein Hauptvorschlagsband bei einem Buchclub daraus werden. Auf jeden Fall wäre es in seinem Alter ein heilsamer Rechenschaftsbericht über den Zustand seiner Seele. In diesem Sinne, in dem er das Tiefsinnige und Phantasievolle mit dem Nützlichen verband, war Aaron Jastrow schon weit in dem Heft vorangekommen, das er sich von Rabinovitz geliehen hatte. Er wußte, das Buch konnte nie ein ähnlicher Erfolg werden wie *Eines Juden Jesus*, das bei den Buchclubs ein ganz großer Erfolg geworden und auf die Bestsellerlisten gekommen war, weil er etwas getan hatte, was bisher noch nie jemand gewagt hatte: Christus in seiner häuslichen Realität als Talmudwunderknaben und palästinensischen Wanderprediger zu zeichnen; aber er hatte immerhin etwas zu tun.

Nachdem die Yeshiva-Schüler gegangen waren, fand er, es lohne sich vielleicht, die kleine Szene festzuhalten. Ins einzelne gehend legte er den heiklen Punkt im *Gittin* aus, um den es ging und über den er vor so langer Zeit mehr oder weniger in denselben Termini disputiert hatte wie sein kluger junger Cousin Berel Jastrow in der lärmerfüllten Studierstube der Yeshiva von Oswiecim. Er beschrieb die ferne Szene. Dann machte er sich darüber lustig, wie er selber sich nach und nach in einen kalten westlichen Agnostiker verwandelt hatte. Wenn Berel noch lebte, schrieb er, und wenn man ihn aufgefordert hätte, sich an dem Streitgespräch über Seite 27A des *Gittin* zu beteiligen, würde er den Faden mit Feuereifer wieder aufgreifen und die *Yeshiva*-Jungen in seine Argumente eingesponnen haben. Berel war dem alten orthodoxen Judentum treu geblieben. Wer vermochte jetzt zu sagen, ob Berel oder er selbst die klügere Wahl getroffen hatte?

Aber was ist aus Berel geworden? Lebt er noch? Nach dem letzten Bild von ihm, das ich vor mir sehe, und zwar durch die Augen meiner unternehmungslustigen und vielgereisten Nichte, steht er inmitten der rauchenden Trümmer des Warschauer Jüdischen Viertels 1939 unter deutscher Beschießung – aufrecht, tätig, gealtert, doch rüstig wie ein Bauer, mit dem grauen Vollbart des Strenggläubigen, ein Paterfamilias, ein Haupt der Gemeinde, ein wohlhabender Kaufmann; und unter dieser konventionellen Oberfläche ein stahlharter Überlebender, ein Ahasver der christlichen Legende, der unausrottbare Ewige Jude. Sieben oder acht Jahre jünger als ich, diente Berel die ganzen vier Jahre des Ersten Weltkrieges. Er war Soldat; er geriet in Gefangenschaft; er floh aus der Gefangenschaft; er kämpfte an verschiedenen Fronten, in drei verschiedenen Armeen. Und aus dieser ganzen Zeit, aus all diesen Gefahren (so schrieb er mir einmal, und das glaube ich ihm) ging er nicht nur unversehrt hervor – nein, nicht der kleinste Bissen verbotener Speisen kam ihm je über die Lippen. Ein Mann, dem so viel an unserem alten Gott und unserem alten Gesetz gelegen war, beschämt, was Mut und Tapferkeit betrifft, seinen assimilierten Cousin, der über Jesus schreibt, und stellt ihn bei weitem in den Schatten. Und doch könnte die Stimme des aufgeklärten Humanismus, ich sage das mit allem Respekt, sehr wohl fragen, ob das Leben in einem Traum, und sei er noch so tröstlich und machtvoll . . .

»Verdammt nochmal, Aaron! Wie lange liegt er jetzt schon so da?« Sich über das Körbchen beugend, breitete Natalie die flatternde Decke ärgerlich wieder über Louis, der anfing zu schreien, und stopfte sie fest.

»Ach, liegt er schon wieder bloß?« sagte Jastrow erschrocken. »Tut mir leid. Er ist still gewesen wie eine Maus.«

»Nun, es ist Zeit, daß er etwas zu essen kriegt.« Sie nahm den Korb auf und funkelte ihn zornig an. »Das heißt, falls er dazu noch nicht zu sehr friert.«

»Was hat Rabinovitz gewollt?«

Sie sagte es ihm unverblümt.

»Aber Natalie! Soviel Geld! Und dann illegal auslaufen! Das bringt mich schrecklich durcheinander. Wir müssen vorsichtig mit unserem Geld umgehen, weißt du. Es ist unsere einzige Chance.«

»Wir müssen hier raus! Darin liegt unsere Rettung.«

»Aber vielleicht quetscht Rabinovitz die reichen Amerikaner nur ein wenig aus – aber, aber, Natalie, jetzt funkele mich nicht so an, ich meine doch nur . . .«

»Hör zu, wenn du ihm nicht traust, dann geh an Land und stell dich der Polizei. Ich teile mir die dreihundert mit Rose.«

»Grundgütiger Himmel, warum so bissig! Ich mach' ja mit!«

Starke Vibrationen weckten sie. Sie setzte sich auf, zog den Sweater um sich, den sie überm Nachthemd trug, und spähte durch das offene Bullauge. Kalte, dunstige, nach Fisch riechende Luft kam herein. Der Pier blieb in der nebligen Nacht zurück. Sie konnte das Rauschen der Schiffsschrauben hören. In der Koje über ihr schnarchte Aaron. Das Baby röchelte und atmete pfeifend in dem neben ihr stehenden Körbchen.

Sie kuschelte sich wieder unter die rauhen Wolldecken, denn es war bitter kalt. Es ging los! Eine Abfahrt war immer etwas Belebendes, und erst recht dieses Sich-Davonschleichen aus der Falle von Nazi-Europa. Schläfrig dachte sie weiter, dachte sie an Palästina, daran, Byron Nachricht zukommen zu lassen, nach Hause zurückzukommen. Von der Geographie des Mittleren Ostens hatte sie nur ziemlich verschwommene Vorstellungen. Ob sie wohl von Suez aus nach Australien fahren konnte und von dort nach Hawaii? Das Ende des Krieges in Palästina abzuwarten, war unmöglich. Schließlich handelte es sich bestenfalls um ein von Krankheiten verseuchtes, unfruchtbares Land. Die Deutschen in Nordafrika stellten keine geringere Bedrohung dar als die Araber.

Jedesmal, wenn das Geräusch der Maschinen sich veränderte, wurde sie wacher. Das Rollen und Stampfen war hier im Hafen schon schlimm; wie sollte das erst auf dem offenen Meer werden? Die zusätzlichen Öltanks, die oben auf Deck festgeschweißt worden waren, beeinträchtigten offensichtlich die Gleichgewichtslage des Schiffes. Wie lange brauchte man, um die Dreimeilenzone hinter sich zu bringen? Die Morgendämmerung war ein fahlvioletter Kreis im Bullauge. In diesem Nebel mußte der Kapitän bestimmt besonders langsam fahren, und mit zunehmendem Tageslicht wuchs auch die Gefahr, gestoppt zu werden. Welch ein Unternehmen! Welch scheußliche Lage! So lag Natalie verkrampft und sorgenvoll da, hielt sich während der langen halben Stunde, da das Bullauge zu einem weißlichen Grau wurde, in der schwankenden Koje fest.

WUMM!

Mit einem Satz war sie aus der Koje, lief mit nackten Füssen über das Eisendeck und zog einen rauhen Bademantel über. Natalie hatte in Warschau viel Kanonendonner gehört. Dieses Geräusch kannte sie. Kalter feuchter Wind, der durchs Bullauge hereindrang, zerzauste ihr Haar. Der Nebel hatte sich ein wenig gelichtet, man erkannte etwas von der rauhen See, und weit draußen sah sie ein graues Schiff mit einer weißen Nummer am Bug. Von diesem Bug löste sich ein rauchiger gelber Blitz.

WUMM!

Die Maschinen stampften, das Deck erzitterte und neigte sich auf die Seite, das Schiff drehte bei. Hastig zog sie sich an, in der eisigen Luft zitternd. Die Kabine

war so klein, daß sie sich am Waschtisch, an der Koje und am Türgriff Ellbogen und Knie aufschürfte.
Aaron schlief weiter. Noch wollte sie ihn nicht wecken. Er würde sich nur schrecklich aufregen.
Eine gewaltige 22 tauchte im Bullauge auf und verdeckte die schwarzen Wellen und den grauen Himmel. Das Geschütz glitt langsam voran und wurde sichtbar – nicht sonderlich groß, grau angestrichen und bemannt mit jungenhaft aussehenden Seeleuten in kurzen schwarzen Regenmänteln. Beide Schiffe verlangsamten die Fahrt. Die Kanoniere sahen zur *Redeemer* herüber und lachten. Warum, konnte sie sich denken. Wie buntscheckig der Rumpf gestrichen war: hier mit roter Mennige, dort mit weißer Deckfarbe, hier noch der nackte Rost; die zusätzlichen Öltanks, an Deck aufgereiht wie schlechte Zähne im Mund eines alten Mannes. Draußen wurden heftige Worte gewechselt – auf italienisch.
Das Deck erzitterte. Das Fahrzeug der Küstenwache blieb zurück. Durchs Bullauge erkannte Natalie die grünen Felsen von Capri und Ischia; dann glitten die Berge von Neapel mit den weißen Häusern im schwachen Sonnenschein in ihr Blickfeld. All dies verschlief Aaron Jastrow. Sie warf sich auf die Koje, vergrub das Gesicht im Kopfkissen. Die Fahrt, die sie so sehr gefürchtet hatte, kam ihr jetzt vor wie eine Reise in die verlorene Glückseligkeit. Wieder stieg das Gefühl des Gehetztseins in ihr hoch.
»Meine Güte, was für ein Gerüttel!« Aaron steckte sein verschlafenes Gesicht zur Koje heraus. Sonnenlicht fiel durch das Bullauge, und die Besatzungsmitglieder draußen riefen und fluchten unbekümmert. Die *Redeemer* machte am alten Liegeplatz fest; der dickbäuchige Polizist in der grünen Uniform patrouillierte auf dem Pier. »Aber es ist ja schon hellichter Tag. Und du bist schon angezogen! Was ist passiert? Fahren wir ab?«
»Wir sind ausgelaufen und wieder zurückgekehrt. Die Küstenwacht hat uns angehalten.«
Jastrow setzte ein ernstes Gesicht auf. »Ach du lieber Gott – zweihundert Dollar!«
Rabinovitz kam an ihre Tür, frisch rasiert, in fleckigem dunklem Anzug, grauem Hemd und mit roter Krawatte. Sein verbissenes Gesicht ließ harte Falten erkennen. Er hielt ihnen amerikanische Geldscheine hin: »Tut mir leid, aber ich kann Ihnen nur die Hälfte wiedergeben. Er wollte überhaupt nicht ablegen, wenn ich nicht die Hälfte vorgeschossen hätte. Ich mußte es darauf ankommen lassen!«
»Vielleicht brauchen Sie den Rest«, sagte Natalie. »Behalten Sie's!«
»Falls ich's brauche, komme ich wieder.«

Jastrow sprach von der oberen Koje herunter. »Wir haben nie darüber gesprochen, was die Überfahrt kosten sollte, wissen Sie . . .«
Rabinovitz klatschte Natalie das Geld in die Hand. »Entschuldigen Sie! Ich muß diesem verdammten Hafenmeister mal eins auf den Deckel geben. Wir sind ein neutrales Schiff und haben Neapel nur wegen dringender Reparaturen angelaufen. Uns hier solange festzuhalten, ist eine verdammte Schweinerei.«

Sie waren gerade beim Mittagstee, als Rabinovitz an ihrer Kabinentür erschien. »Ich war etwas barsch heute morgen. Tut mir leid.«
»Kommen Sie herein«, sagte Natalie liebenswürdig. »Tee?«
»Danke, ja. Was ist denn mit Ihrem Baby?« Louis wimmerte in seinem Körbchen.
»Er hat sich erkältet. Gibt es irgendwas Neues?«
Rabinovitz hockte mit dem Rücken zur Tür da, hielt das Glas in beiden Händen und nippte daran. »Dr. Jastrow, als wir Rom so Hals über Kopf verlassen mußten, schienen Sie sehr beunruhigt wegen eines Manuskriptes, das Sie zurücklassen mußten.«
»Das regt mich immer noch auf. Vier Jahre meines Lebens!«
»Wie lautete der Titel dieses Buches?«
»*Der Konstantinsbogen.* Warum?«
»Kannten Sie in Rom jemanden bei der Deutschen Botschaft?«
»Bei der Deutschen Botschaft? Selbstverständlich nicht.«
»Sind Sie da ganz sicher?«
»Ich hatte mit der Deutschen Botschaft nichts zu tun.«
»Dann haben Sie noch nie von einem Mann namens Werner Beck gehört?«
»Werner Beck?« wiederholte Jastrow halb zu sich selbst. »Ja richtig. Ich kannte einen Werner Beck – vor Jahren. Was ist mit ihm?«
»Ein Dr. Werner Beck steht unten an der Gangway. Er ist einer von den beiden Deutschen, die ich in Rom in Ihrer Hotelsuite sah, als Rose und ich Sie suchten. Er ist gerade in einem Mercedes vorgefahren. Er behauptet, er käme von der Deutschen Botschaft in Rom und sei ein alter Freund von Ihnen. Und er sagt, er habe Ihr Manuskript *Der Konstantinsbogen* mitgebracht.«
In dem nüchternen Schweigen, das nur vom Schnaufen und Keuchen des Babys unterbrochen wurde, blickten Natalie und ihr Onkel sich an. »Beschreiben Sie ihn«, sagte Jastrow.
»Mittelgroß. Eher dicklich, volles blondes Haar und eine hohe Stimme. Angenehme Umgangsformen.«
»Brille?«
»Eine dicke, randlose Brille.«

»Dann ist es wahrscheinlich Werner Beck, wenn er damals auch nicht dick war.«
Natalie mußte sich räuspern, bevor sie sprach. »Wer ist es denn, Aaron?«
»Ach, Werner war einer der Studenten in meinem letzten Oberseminar in Yale. Einer von den guten deutschen Studenten, ein Mensch, der unheimlich arbeiten konnte. Er hatte Sprachschwierigkeiten, und ich habe ihm über ein paar Hürden hinweggeholfen. Seitdem habe ich nie wieder von ihm gehört.«
»Er sagt, er hätte das Manuskript aus Ihrer Suite mitgenommen«, sagte Rabinovitz. »Und daß er da war, kann ich beschwören. Er war der höflichere von den beiden. Der andere war verdammt gemein.«
»Aber wie hat er meine Spur bis hierher verfolgen können?« Jastrow schien wie benommen. »Das sieht wie ein böses Omen aus, nicht wahr?«
»Naja, ich kann das nicht sagen. Wenn wir leugnen, daß Sie an Bord sind, kommt die OVRA an Bord und durchsucht uns. Die tun alles, was die Gestapo will.«
Zitternd warf Natalie ein: »Und was ist mit der türkischen Flagge?«
»Bis zu einem gewissen Grade ist die türkische Flagge recht nützlich.«
Jastrows Stimme klang entschlossener. »Es gibt keine Alternative, nicht wahr? Soll ich an die Gangway gehen?«
»Ich bringe ihn zu Ihnen.«
Für Natalie war es einigermaßen tröstlich, daß Rabinovitz nicht weiter besorgt schien. In ihren Augen nahm das Ganze einen katastrophalen, einen schrecklichen Verlauf. Sie bangte bis ins Herz hinein um ihr Kind. Rabinovitz ging. Nachdenklich sagte Jastrow: »Werner Beck! Du lieber Gott! Hitler war noch nicht an der Macht, als ich Werner Beck kannte.«
»War er denn für Hitler?«
»Oh nein! Er gehörte eher zu der konservativen, sanften und lerneifrigen Sorte. Ziemlich fromm, wenn ich mich nicht irre. Stammte aus einer guten Familie. Sein Ziel war übrigens der Auswärtige Dienst, das weiß ich noch genau.«
Das Baby nieste. Natalie beschäftigte sich damit, ihm die verstopfte kleine Nase freizumachen. Sie war viel zu schockiert, um klar denken zu können.
»Professor Jastrow, hier ist Dr. Werner Beck.« Rabinovitz trat in die Kabine. Ein Mann in grauem Mantel und mit grauem Hut verneigte sich unter der Tür, lüpfte den Hut und schlug die Hacken zusammen. Unterm Arm trug er einen schnurumwickelten, dicken gelben Umschlag.
»Sie erinnern sich an mich, Professor Jastrow?« Seine Stimme klang hoch und geziert. Verlegen, entschuldigend fast, lächelte er und schloß dabei halb die Augen. »Es ist zwölfeinhalb Jahre her.«

»Ja, Werner.« Jastrow reichte ihm vorsichtig die Hand. »Sie sind nur etwas dicker geworden, das ist alles.«
»Ja, viel zu dick. Nun, hier ist Ihr *Konstantinsbogen.*«
Jastrow legte das Paket auf die Koje neben das unruhige Baby, löste mit zitternder Hand die Schnur und durchblätterte den Stapel des dünnen, aber festen Papiers. »Natalie, es ist vollständig!« Feucht glänzten die Augen, als er den Mann an der Tür ansah und sagte: »Was kann ich anderes sagen, Werner, als vielen Dank? *Vielen Dank*!«
»Es war nicht einfach, Professor. Aber ich wußte, was das Manuskript für Sie bedeutet.« Dr. Beck wandte sich an Rabinovitz. »Mein Kollege von der Gestapo, wissen Sie, hat es der OVRA abgeluchst. Ich glaube nicht, daß ich das geschafft hätte. Es tut mir leid, daß Sie Streit hatten, aber Sie wissen ja auch, daß Sie ihm ein paar ziemlich knappe Antworten gegeben haben.« Rabinovitz zuckte die Achseln; sein Gesicht verriet nichts. Beck wandte den Blick wieder Jastrow zu, der in seinem Manuskript blätterte. »Ich habe mir erlaubt, das Werk zu lesen, Professor. Welch ein Fortschritt gegenüber *Eines Juden Jesus*! Sie haben ein ganz besonderes Verständnis für Byzanz und die Ostkirche. Es gelingt Ihnen, diese ganze verlorene Welt wieder zum Leben zu erwecken. Dieses Werk wird Ihren Ruhm besiegeln, und diesmal werden auch die Wissenschaftler Ihre Gelehrsamkeit loben. Es ist Ihr bisher bestes Buch.«
»Hm, ja, sehr freundlich von Ihnen, Werner.« Jastrow gab sich Bewunderern gegenüber nie ganz natürlich. »Und was Sie betrifft, Ihr Englisch ist erstaunlich viel besser als früher. Erinnern Sie sich noch an die Schwierigkeiten, die Sie mit dem mündlichen Examen hatten?«
»Und ob ich mich erinnere. Sie haben meine Karriere gerettet.«
»Nun, das denn wohl doch nicht.«
»Ich bin seither sieben Jahre lang an der Botschaft in Washington gewesen. Meine Jungen – ich habe vier – sind zweisprachig aufgewachsen, englisch und deutsch. Jetzt bin ich Erster Botschaftssekretär in Rom. Und das alles verdanke ich Ihnen.«
»Vier Jungen! Nun, wer hätte das gedacht!«
Natalie fiel es schwer zu glauben, daß die beiden da einfach miteinander plauderten. Es war wie ein Dialog in einem Traum. Da stand dieser Mann in der Kabinentür, ein offizieller Vertreter Nazi-Deutschlands, ein untersetzter, harmlos aussehender Mensch mit einer Brille, die ihm fast ein gelehrtes Aussehen verlieh. Die Hände, mit denen er den Hut hielt, hatte er friedlich gefaltet, priesterlich fast. Da redete er über seine Söhne, lobte Aarons Buch und schien das Wohlwollen selbst, wirkte – vor allem seiner Altstimme und seiner guten Manieren wegen – ein wenig weich und professoral. Das Baby hustete,

und Werner schaute sie an. »Geht es Ihrem Kind gut, Mrs. Henry?«
Rauh entfuhr es ihr: »Woher kennen Sie meinen Namen? Woher wußten Sie, daß wir im Excelsior abgestiegen waren? Und wie haben Sie herausgefunden, daß wir hierher sind?«
Sie sah Aaron an, daß ihr Verhalten ihm weh tat. Rabinovitz' Miene blieb unbewegt. Beck erwiderte in höflichem Ton: »Selbstverständlich gibt es bei der Gestapo eine Liste der Ausländer, die in den römischen Hotels absteigen; sie wird ständig auf dem laufenden gehalten. Und die OVRA hat der Gestapo berichtet, daß Sie an Bord dieses Schiffes gegangen sind.«
»Dann sind Sie bei der Gestapo?«
»Nein, Mrs. Henry. Wie gesagt, ich bin beim Auswärtigen Amt. Würden Sie und Ihr Onkel mir die Freude machen, mit mir im Grand Hotel Mittag zu essen? Es soll den schönsten Speisesaal von ganz Neapel haben.«
Schweigend vor Verblüffung öffneten sich ihre Lippen. Natalie sah zu Jastrow hinüber, der sagte: »Das meinen Sie doch nicht im Ernst, Werner.«
»Warum nicht? Warum sollten Sie nicht noch ein gutes Essen und guten Wein genießen. Sie werden morgen zu einer langen Reise auslaufen.«
»Morgen? Da wissen Sie mehr als ich«, meldete Rabinovitz sich zu Wort, »und ich komme gerade vom Hafenmeister.«
»Ja, so lauten meine Informationen.«
Natalie bellte fast, als sie sagte: »Sobald wir den Fuß auf italienischen Boden setzen, werden wir verhaftet und interniert. Und das wissen wir.«
»Ich habe Polizeipässe für Sie beide.« Heftig den Kopf schüttelnd, sah sie Jastrow an. Beck ließ sich jedoch nicht beirren. »Wie wär's, wenn ich mich zurückzöge, damit Sie sich darüber unterhalten können? Falls Sie Bedenken haben, können wir noch unten an der Gangway reden, bevor ich abfahre. Aber Sie brauchen nicht das Geringste zu befürchten, wenn Sie mit mir an Land kommen; und es gibt wirklich eine Menge zu besprechen.«
Hart schlug Jastrow zu. »Was hatten Sie in meinem Hotelzimmer zu suchen, Werner?«
»Professor, als Mussolini in den Krieg eintrat, dachte ich daran, Ihnen meine Hilfe anzubieten. Ich habe den Gestapomann mitgebracht, um mit der italienischen Polizei fertigzuwerden.«
»Warum haben Sie mich denn nicht schon längst vorher besucht?«
Mit einem plötzlichen Armesünderblick zu Natalie hinüber antwortete Beck: »Soll ich ganz aufrichtig sein? Ich wollte Ihnen die Gesellschaft einer hassenswerten Person ersparen.« Damit lüftete er den Hut, verneigte sich und ging.
Zweifelnd blickte Jastrow von Rabinovitz zu seiner Nichte.

»Aaron, ich lasse mich nicht von Louis trennen. Nicht für eine einzige Minute!« Natalies Stimme bekam etwas Kreischendes. »Ich gehe nicht einmal von hier zur Gangway.«

»Was meinen Sie?« wandte Jastrow sich an Rabinovitz, der die Hände hochhielt. »Glauben Sie, das ist ein ausgeklügelter Plan, um meiner habhaft zu werden? Jetzt, wo er mich gefunden hat – brauchte er da nicht bloß zur OVRA zu gehen, damit sie mich von Ihrem Schiff herunterschleppt – wenn es das ist, was er will?«

»So würde er eine Menge Aufsehen vermeiden.«

»Wieviel Aufsehen denn?«

Rabinovitz grinste bitter: »Nicht viel.«

Jastrow warf seiner zornigen Nichte einen langen Blick zu und zerrte an seinem Bart. Dann griff er nach Hut und Mantel. »Ach, Natalie, ich habe mich die ganze Zeit über schon wie ein Schwachkopf aufgeführt. Ich kann zur Abwechslung ebensogut mal meiner Natur folgen. Ich gehe mit Werner Beck an Land.«

»Nur zu! Nur zu!« Das Baby greinte jetzt, und Natalie war außer sich. »Genieß dein Essen! Vielleicht trefft ihr auch seine Kumpane von der Gestapo, damit's lustiger ist.«

Rabinovitz half Jastrow mit dem Mantel. »Versuchen Sie, alles über unsere Abfahrt herauszufinden.«

»Ich werde mein Möglichstes tun. Wenn ich nicht wiederkomme«, sagte Jastrow zu Natalie, die das schreiende Kind auf dem Arm wiegte, »bist du doch bloß einen Klotz am Bein los, oder?«

Zwei Stunden vergingen. Heftiger Regen hatte die Spaziergänger vom Deck vertrieben. Unter einem Regenschirm stand Natalie allein an der Gangway, wartete und beobachtete den pitschnassen Polizisten, der auf dem Pier hin und her ging. Schließlich tauchte ein schwarzer Mercedes im Regen auf. Dr. Beck stieg aus, um Dr. Jastrow den Wagenschlag zu öffnen, winkte ihr zu und fuhr davon. Die Gangway heraufkommend, breitete Jastrow die Arme unter dem blauen Mantel aus. »Nun, meine Liebe, wie du siehst, bin ich wieder da.«

»Gott sei Dank dafür.«

»Ja. Und jetzt müssen wir mit Rabinovitz reden.«

»Bist du sicher, daß du nicht erst schlafen willst?«

»Ich bin nicht müde.«

Auf ihr Klopfen hin öffnete der Palästinenser in seinem verschmierten Overall die Kabinentür. In dem kleinen Raum roch es streng nach Schweiß, Fett und Zigarettenasche. Jastrow zwinkerte angesichts der nackten Frauen an der Wand. »Bitte, nehmen Sie Platz«, sagte Rabinovitz. »Irgendwie muß ich diese

hübschen Damen wohl mal loswerden. Ich bemerke sie zwar nicht, dafür aber alle anderen. Bin ich froh, daß Sie wieder da sind! Sie haben Mumm. War's ein interessantes Mittagessen?«
»Das kann man wohl sagen.« Jastrow saß steif auf dem Schreibtischstuhl, Natalie daneben auf einem Hocker. »Zu allererst einmal hat Ihr türkischer Kapitän Sie verraten. Er hat der Küstenwache gesteckt, daß Sie versuchen würden, heimlich auszulaufen. Deshalb wurden Sie gestoppt. Behauptet Werner.«
Rabinovitz nickte, das Gesicht verdrossen verzogen. »Das hab' ich mir fast schon gedacht. Aber wir können kein anderes Schiff chartern, folglich bleibt mir gar nichts anderes übrig, als es zu vergessen – vorläufig jedenfalls.«
»Außerdem hat der Türke auch unsere Ankunft an Bord vor einer Woche gemeldet. Der Hafenmeister beschloß, die OVRA in Rom zu benachrichtigen und die Sache mit den beiden flüchtigen Amerikanern zu klären, ehe man Sie auslaufen ließ. Deshalb die Verzögerung von nunmehr einer Woche.«
»Hm. So paßt eins zum anderen.« Rabinovitz ballte seine Hand auf dem Schoß und entspannte sie wieder. »Und was ist mit dem Auslaufen morgen?«
»Ja, er sagt, Sie werden auslaufen. Jetzt aber mal zu Folgendem.« Jastrows Stimme bekam eine gewisse Schärfe. »Hieß dieses Schiff früher *Izmir*?«
»Es ist die *Izmir*.«
»Ist sie in letzter Zeit auf Seetauglichkeit untersucht worden?«
»Ein Hafeninspektor ist gekommen, um unser Zertifikat zu überprüfen, ja.«
»Werner behauptet, er habe eine Seite Kommentar darangeheftet. Das Schiff ist überladen, es sind zuviele Passagiere an Bord. Die Zusatztanks an Deck haben die Stabilität gefährlich beeinträchtigt. Falls es zu einer Panik käme und die Passagiere plötzlich alle auf eine Seite liefen, könnte das Schiff sogar kentern. Stimmt das?«
»Sie sind sehr diszipliniert«, erklärte Rabinovitz müde. »Sie geraten nicht in Panik.«
»Ihre Einrichtungen für die Verpflegung, Wasser und sanitäre Anlagen entsprechen nicht den geltenden Vorschriften«, fuhr Jastrow fort. »Das haben Natalie und ich selbstverständlich längst bemerkt. Die Maschinen sind fünfundreißig Jahre alt. Im Log sind in letzter Zeit verschiedentlich Maschinenschäden verzeichnet. Ihre Seetüchtigkeit bezieht sich nur auf die Küstenbereiche, nicht auf die Hochsee.«
Rabinovitz' Ton wurde schneidend. »Haben Sie erwähnt, daß Juden solche Risiken eingehen müssen, um sich der Verfolgung durch die Deutschen zu entziehen?«
»Fast mit genau diesen Worten. Das gefiel ihm gar nicht. Aber er hat gesagt,

wenn Palästina unter deutschem Mandat stünde, hätte man die meisten europäischen Juden längst in seetüchtigen Fahrzeugen dorthin gebracht. Daß Sie solche schwimmenden Särge benutzen, dafür sei die Politik der Alliierten verantwortlich, nicht die der Deutschen. England habe die Grenzen Palästinas geschlossen, um die Araber zu gewinnen – eine alberne Geste, denn die sind mit Herz und Seele für Hitler. Amerika hat seine Tore zugemacht. Daher müsse Ihre Organisation, über die er genauestens informiert ist, versuchen, Flüchtlinge nach Palästina hineinzuschmuggeln, und zwar in Schrottkähnen wie der *Izmir.*«

»In der Tat«, sagte Rabinovitz, »die Deutschen sind glühende Zionisten. Das wissen wir.«

Jastrow nahm einen Umschlag aus der Brusttasche seines Jacketts. »Dies hier sind die italienischen Polizeirichtlinien für internierte Amerikaner. Sie werden nach Siena geschickt und warten dort darauf, ausgetauscht zu werden. Wie der Zufall es will, lebe ich in Siena. Meine Leute sind immer noch da.«

Rabinovitz schaute die vervielfältigten Blätter durch; seine Augen waren traurig und glanzlos.

»Diese Richtlinien könnten gefälscht sein«, rief Natalie.

»Nein, sie sind echt.« Rabinovitz reichte sie ihr. »Ja, ist es damit entschieden? Gehen Sie beide jetzt von Bord und fahren Sie nach Siena?«

»Ich habe Werner gesagt, daß alles bei Natalie liegt«, sagte Jastrow. »Wenn sie mit Ihnen fährt, fahre ich auch mit. Falls sie es vorzieht, nach Siena zurückzukehren, werde ich das gleiche tun.«

»Verstehe. Sehr nett.« Mit einem kurzen Blick auf Natalie, die blaß und stumm dasaß, fragte Rabinovitz: »Was hat Dr. Beck denn dazu gesagt?«

»Nun, als Mutter, hat er gesagt, wird sie ohne Zweifel eine weise Entscheidung treffen. Die Risiken einer Schiffsreise seien für ihr Kind sinnlos und unerträglich. Sie sei kein staatenloser Flüchtling. Das wollte er ihr zu verstehen geben.«

»Du hast diesen Mann zwölf Jahre hindurch nicht gesehen, Aaron.« Ums Haar versagte Natalie die Stimme in der Mitte des Satzes. Ihre Hände zerknüllten die vervielfältigten Richtlinien. »Er versucht, dich zurückzuhalten. Warum?«

»Ja, warum eigentlich? Meinst du, er will mich ermorden?« sagte Jastrow mit zitterndem Spott in der Stimme. »Warum sollte er? Ich habe ihm im Seminar immer nur die allerbesten Noten gegeben.«

Rabinovitz sagte: »Er will Sie nicht ermorden.«

»Nein. Ich glaube, er möchte seinem alten Lehrer helfen.«

»Herrgott im Himmel!« Natalie schrie fast. »Wirst du denn nie auch nur einen Funken gesunden Menschenverstand aufbringen? Dieser Mann ist ein hohes

Tier bei den Nazis. Woher deine Bereitschaft, auch nur ein Wort von dem zu glauben, was er sagt?«
»Er ist kein Nazi.« Jastrow sprach ruhig und pedantisch. »Er ist Berufsdiplomat. Für ihn sind die Nazis nur ein Haufen ungehobelter, schlecht erzogener Opportunisten. Er bewundert Hitler, weil er Deutschland geeinigt hat, aber was den Verlauf des Krieges betrifft, hat er größte Bedenken. Die Politik, die den Juden gegenüber eingeschlagen wird, erschreckt ihn. Werner hat früher einmal Geistlicher werden wollen. Ich glaube nicht, daß er auch nur im geringsten Antisemit ist. Im Gegensatz zu manchen amerikanischen Konsuln, mit denen wir es zu tun gehabt haben.«
Es wurde zweimal an die Tür gepocht. Der ziemlich wild aussehende Mann, der Rabinovitz' Assistent war, steckte den Kopf herein und reichte ihm einen mit rotem Wachs versiegelten Umschlag. Rabinovitz las den Brief, stand dann auf und zog den Overall aus, unter dem er ein sauberes weißes Hemd und eine dunkle Hose trug. »Na schön. Wir reden später weiter.«
»Was ist es denn?« entfuhr es Natalie.
»Wir sind ausklariert und können auslaufen. Ich soll die Schiffspapiere sofort vom Hafenmeister abholen.«

3

Berel Jastrow, eingehüllt in einen zerfetzten sowjetischen Militärmantel, stapft in Südwestpolen bis zu den Knöcheln im Schnee eine Straße entlang. Die lange Kolonne russischer Gefangener schlängelt sich durch flache weiße Felder einer Gegend, die von den Historikern Oberschlesien genannt wird. Karabiner oder Maschinenpistolen in der Hand, bewachen SS-Männer in feldgrauer Uniform die Kolonne. An der Spitze der Kolonne fahren zwei klappernde Wehrmachtslaster mit noch mehr SS-Leuten darauf. Das Arbeitskommando, zusammengestellt aus den kräftigsten Gefangenen des Stalag Lamsdorf, ist schon den ganzen Tag unterwegs. Durch den Tod ist es unterwegs auf ein Drittel seiner ursprünglichen Stärke zusammengeschmolzen. Die tägliche Mahlzeit um zehn Uhr bestand aus einer Scheibe schwärzlich-sägemehligem Zeug, das von Ferne an Brot erinnerte, einer lauwarmen Suppe aus Nesseln, verdorbenen Kartoffeln, verfaulten Wurzeln und ähnlichem. Selbst diese Hungerration wurde häufig nicht ausgegeben; man ließ die Gefangenen einfach los, damit sie sich unter den Gewehren der SS Futter auf den Feldern suchten wie die Ziegen. Zwischen zwölf und vierzehn Stunden pro Tag müssen sie mit dem Tempo der kräftigen und gesunden Wachen mithalten, die zwei Stunden marschieren und dann wieder zwei Stunden gefahren werden.
Berel Jastrow ist trotz seiner baumstarken Konstitution kurz vorm Zusammenklappen. Um ihn herum sind die ganze Zeit über immer wieder Männer zusammengebrochen, wo sie gingen: häufig schweigend, manchmal mit einem Aufstöhnen oder einem Schrei. Wem Fußtritte und Kolbenstöße nicht wieder auf die Beine helfen, der bekommt eine Kugel durch den Kopf. Das ist Routinesache; es könnte ja sein, daß Partisanen sich ihrer annehmen, sie gesundpflegen und zu den ihren machen. Ruhig, aber gewissenhaft, zertrümmern die Deutschen jedem den Schädel, bis am Kragen des russischen Feldmantels ein roter Brei im Schnee liegt.
Die Kolonne bewegt sich jetzt von Krakau in Richtung Katowice; neue Richtungsschilder in deutscher Schrift geben es als *Kattowitz* wieder. Berel Jastrow nimmt an, daß der Treck bald zu Ende ist. Katowice ist ein Industrie- und Bergwerkszentrum. Sein Lebensmut ist viel zu sehr gesunken, durch

Kälte, Hunger und bleierne Müdigkeit viel zu sehr geschwächt, als daß er sich noch über Zufälliges wundern könnte, das vertraute Szenen vor seine Augen bringt. Seine ganze, immer mehr schwindende Aufmerksamkeit ist darauf gerichtet, seinen Vordermann im Auge zu behalten und trotz steifer Knie die Beine zu bewegen, denn er fürchtet, wenn er die Knie durchdrückt, könnte er einknicken, hinschlagen, und dann wird man ihm den Kopf zerschießen.
Die alte Straße hat sich in den letzten vierzig Jahren kaum verändert. Berel kann jede Biegung voraussagen. Er weiß, wann im pulverigen, trockenen, wehenden Schnee das nächste Bauernhaus oder die nächste Holzkirche auftaucht. Ist die Kolonne für die Kohlenbergwerke von Katowice bestimmt? Kein schlechtes Los. In Bergwerken ist es im Winter wärmer als im Freien. Bergarbeiter müssen gut ernährt werden, sonst schaffen sie nichts.
Trotz allem, was er auf diesem Marsch hat erleiden müssen, ist Berel Gott dankbar, daß er zu dieser Arbeitseinheit gehört und aus dem Stalag heraus ist. Nichts von seinen Erlebnissen im letzten Krieg, nichts im Warschauer Ghetto ist mit dem zu vergleichen, was er in Lamsdorf gesehen hat. Das Stalag ist kein richtiges Gefangenenlager – es gibt keine Baracken, keine Häuser, keine Appelle, keine Verwaltung; keine ordnende Kraft außer den bemannten Maschinengewehren auf den Wachttürmen und den grellen, blendenden Scheinwerfern nachts. Das Lager ist nichts weiter als eine offene Stacheldrahteinfriedung, die sich weiter erstreckt, als das Auge sehen kann; darin eingepfercht zweihunderttausend hungernde Menschen. An der Ostfront gilt keine Genfer Konvention. Die Sowjetunion hat sie nie unterschrieben.
Die Deutschen sind ohnehin nicht bereit, so riesige Mengen von Gefangenen zu ernähren. Wasser und Lebensmittel sind rar. Die Lebensregel Nummer eins in Lamsdorf ist Selbsterhaltung – Dreck, Gestank und zähnefletschende Hundekämpfe über Eßbarem, Krankheiten, um die sich niemand kümmert. Leichen liegen in Kot und Schnee herum. Tag für Tag werden die Toten zusammengetragen und mit Hilfe von Holz und Abfallöl außerhalb des Stacheldrahtzauns verbrannt. Die Scheiterhaufen lodern weit hinaus in die Nacht. Im Lager stinkt es, als arbeitete ganz in der Nähe eine riesige Fleischfabrik, wo Schmalz gekocht und Borsten abgesengt werden.
Die Arbeitseinheit besteht aus Leuten, die im November während des deutschen Vorstoßes auf Moskau in Gefangenschaft geraten sind. Diejenigen, die in Lamsdorf sterben, sind bereits im Sommerfeldzug in Gefangenschaft geraten. Jetzt, da sie nur noch wandelnde Skelette sind, brechen sie Tag und Nacht überall zusammen. Von den vielen Schrecken in Lamsdorf verletzt einer immer noch Jastrows Seele. Er selbst hat in dem nächtlichen Halbdämmer hinter den Suchscheinwerfern die kleinen Gruppen von Gefangenen gesehen,

die, halb wahnsinnig vor Hunger, die gefrorenen Lagerabfälle durchstöbert und die weichen Innereien der frisch gefallenen Leichen verzehrt haben. Bei Tage hat er die verstümmelten Leichen gesehen. Die Wachen auf den Wachttürmen schießen auf die Kannibalen, wenn sie sie entdecken. Andere Gefangene, die sie dabei erwischen, treten oder prügeln sie zu Tode. Aber der Selbsterhaltungstrieb ist stärker als die menschliche Natur in diesen Geschöpfen, er fegt die Angst beiseite. Die Kannibalen sind wie Schlafwandler, Idiotenmünder, die einfach gestopft werden wollen, und die in ihren entleerten Gehirnen dennoch genug Verstand zurückbehalten haben, um nachts auf Nahrungssuche zu gehen und sich wie Kojoten im Dunkeln zu bewegen. Was immer sie in Katowice erwartet – Berel Jastrow weiß, daß nichts so schlimm sein kann wie Lamsdorf.

Trotzdem sieht es so aus, als ginge die Kolonne nicht nach Katowice. Die Vorhut biegt scharf nach links ab. Das bringt die Einheit, wie Berel weiß, südwärts nach Oswiecim; aber was gibt es in Oswiecim für eine so große Arbeitseinheit zu tun? Der Ort, in dem er in seiner Knabenzeit die Yeshiva besucht hat, ist eine Stadt mit kleinen Manufakturen; sie liegt abseits in dem Marschland, wo die Sola in die Weichsel mündet. Vor allem ist es ein Eisenbahnknotenpunkt. Schwerarbeit gibt es dort bestimmt nicht zu verrichten. An der Biegung erkennt er ein neues, pfeilförmiges Schild über dem verblaßten Schild Oswiecim mit neuen Lettern in Frakturschrift. Die Deutschen benutzen den alten Namen, an den Berel sich aus seiner Kindheit erinnert, als Oswiecim noch österreichisch war. Es klingt nicht nur härter, wie es bei deutschen Namen so ist; *Auschwitz* klingt überhaupt kaum noch so wie Oswiecim.

4

Rabinovitz kehrte mit einem rostigen Lastwagen voller Vorräte zurück; dahinter fuhren zwei Tankwagen, der eine mit frischem Wasser, der andere mit Dieselöl beladen. Damit begann eine hektische Geschäftigkeit, die durch die ganze Dämmerung bis tief in die Nacht anhielt. Rufend, lachend und singend reichten die Juden die Vorräte von Hand zu Hand die Gangway hinauf, übers Deck und hinunter in die Laderäume: Säcke mit Mehl und Kartoffeln, Netze voll verwurmter Kohlköpfe und anderem, nicht mehr ganz frischem Gemüse, Bündel von getrocknetem Fisch und Kartons mit Konservendosen. Die abgerissenen türkischen Seeleute schlossen die Schläuche für Treibstoff und Wasser an, es pumpte und ächzte und stöhnte; sie machten die Luken dicht, bastelten an der Ankerwinde, schossen Taue auf, fluchten, hämmerten und waren beschäftigt. Der alte Kahn selbst, als wäre er angesteckt von der Erregung der unmittelbar bevorstehenden Abreise, knarrte, rollte und zerrte an den Haltetauen. Eisige Böen trieben Dünungswellen an der Mole vorüber in den Hafen; doch trotz des Windes drängten sich auf dem schwankenden Deck glücklich durcheinanderredende Passagiere und verfolgten die Vorbereitungen. Als sie unter Deck gingen, um zu essen, steigerte sich der Wind unterm glitzernden Halbmond nahezu zu Sturmstärke.

In einem violetten Crêpe-Kleid, ein wenig Wangenrot und Lippenstift im Gesicht, stand Natalie zögernd auf dem unsicheren Deck vor Rabinovitz' Kabinentür. Aarons grauen Schal hatte sie sich eng um die Schultern gezogen. Sie seufzte und klopfte dann an.

»Ach, Sie sind's, Mrs. Henry.«

Anstelle der Pinup-Girls gab es am unansehnlichen Schott nur noch blaßgelbe Rechtecke. Sonst herrschte das gleiche heillose Durcheinander wie vorher: die ungemachte Koje, Zeitungsstapel, wirbelnder Rauch, Arbeitsgeruch aus den Kleidungsstücken, die an Haken hingen. »Ist das nicht Sarah Elowskys Kleid?« fragte er, als er die Tür schloß.

»Ich hab' es ihr abgekauft.« Natalie hielt sich am Türrahmen fest. »Ich habe dieses ewige braune Wollkleid zuletzt nicht mehr ausstehen können, wirklich.«

»Sarah hat es angezogen, wenn wir mit den Behörden in Nizza verhandeln mußten. Sie versteht es sehr gut, mit Franzosen umzugehen.«
»Ich kenne sie kaum. Ich weiß überhaupt so wenig von all Ihren Leuten.«
»Und wie gehts Ihrem Jungen?«
»Er ist so unruhig. Er hält sich immer wieder das rechte Ohr zu, und außerdem ist er fiebrig.«
»Sind Sie schon mit ihm auf der Krankenstation gewesen?«
»Ja. Sie haben mir Pillen für ihn gegeben.«
»Ja und? Fahren Sie jetzt mit uns?«
»Ich bin dabei, einen Entschluß zu fassen.«
»Das sollte so schwer nicht sein.« Er bot ihr seinen Schreibtischstuhl an und hockte sich selbst auf das eiserne Deck.
»Überlegen Sie klar, was das Beste für Sie ist, und handeln Sie entsprechend.«
»Warum haben Sie uns überhaupt an Bord gebracht? Damit haben Sie sich selbst doch nur Ungelegenheiten bereitet.«
»Das war eine Regung des Augenblicks, Mrs. Henry.« Er zog heftig an seiner Zigarette. »Als wir von Nizza abfuhren, hatten wir durchaus nicht die Absicht, hier anzulegen. Der Generator ist durchgebrannt. Ich brauchte Ersatzteile und noch etwas Geld aus Rom. Ich setzte mich mit Herb Rose in Verbindung, der mir erzählte, Ihr Onkel sei da. Nun bin ich einer seiner Bewunderer. Und . . .«
»Kommen Ihre Passagiere alle aus Nizza?«
»Kein einziger. Es sind zionistische Pioniere, jetzt Flüchtlinge; die meisten von ihnen stammen aus Polen und Ungarn. Eigentlich sollten sie von Konstanza am Schwarzen Meer aus in See gehen – das ist die normale Route für sie –, aber ihr rumänischer Manager ist mit dem ganzen Geld durchgebrannt. Die jüdischen Büros haben sie monatelang hin- und hergeschoben, bis sie zuletzt im italienisch besetzten Frankreich landeten. Das ist für Juden noch nicht mal das Schlechteste. Aber sie wollten nach Palästina, egal wie. Und das mache ich – ich schaffe Juden nach Palästina. Das ist die ganze Geschichte.«
»Fahren Sie direkt nach Palästina, oder über die Türkei? Von beiden Möglichkeiten habe ich gerüchteweise gehört.«
»Ich weiß es noch nicht genau. Darüber erwarte ich auf See Funkanweisung.«
»Falls es über die Türkei geht, müssen Sie Ihre Leute illegal durch die syrischen Berge bringen, nicht wahr? Also durch feindliches arabisches Gebiet?«
»Das wäre nicht das erste Mal. Aber falls wir direkt nach Hause fahren können, tun wir das selbstverständlich.«
»Werden Ihre Maschinen unterwegs auf See ausfallen?«
»Nein. Ich bin Schiffsingenieur. Das Schiff ist zwar alt, aber es stammt aus Frankreich. Und die Franzosen bauen gute Schiffe.«

»Und wie steht es mit der Überbelegung? Diese langen Reihen übereinandergetürmter Kojen unten – diese langen offenen Latrinentröge? Mal angenommen, es kommt wieder zu einem dreitätigen Sturm. Müssen dann nicht Krankheiten ausbrechen?«

»Mrs. Henry, diese Leute sind auf harte Bedingungen vorbereitet.«

»Sind Sie eigentlich noch nie auf den Gedanken gekommen« – sie wickelte sich den Schal um die Hand – »daß Sie vielleicht überhaupt nicht auslaufen können? Daß die Ausklarierung nur ein Trick ist, um meinen Onkel still vom Schiff herunterzulocken? Sollte es wirklich Zufall sein, daß Sie Ihre Papiere unmittelbar nach Werner Becks Auftauchen bekommen haben?« Rabinovitz setzte ein skeptisches Gesicht auf. Rasch fuhr sie fort. »Übrigens ist mir folgendes eingefallen. Falls wir die *Redeemer* verlassen – ich sage nicht, daß wir es tun werden –, nur, falls wir es tun, könnte Aaron darauf bestehen, sofort zum türkischen Konsulat zu gehen. Dort könnten wir auf ein Signal von Ihnen warten, das durch die Küstenwacht zu übermitteln wäre, daß Sie die Drei-Meilen-Zone hinter sich haben. Trifft dieses Signal nicht ein, könnten wir den Türken um Asyl bitten, und dann . . . Worüber lachen Sie?«

»Es gibt hier kein türkisches Konsulat.«

»Aber Sie haben doch gesagt, es gäbe eins.«

»Es gibt einen türkischen Honorarkonsul – einen italienischen Bankier. Zufällig ist es ein getaufter Jude, und er hat sich als hilfreich erwiesen. Das nächste Konsulat ist in Bari, auf der Adriaseite.«

»Oh, zum Teufel!«

»Außerdem kann ein Konsulat kein Asyl gewähren wie eine Botschaft, die auf extraterritorialem Boden liegt.« Sein Grinsen wurde noch breiter. »Aber Sie haben Ihr Köpfchen ganz schön angestrengt, nicht wahr?«

»Ach, ich hab' mir sogar schon das Signal ausgedacht.«

»Wirklich? Und, wie lautet das?«

»Hm« – mit einer gewissen Verlegenheit brachte sie es heraus – »*nächstes Jahr in Jerusalem*: die letzte Zeile vom Passah-Seder.«

»Ich kenne sie.« Sein Lächeln schwand, seine Miene wurde nüchtern und sachlich. »Hören Sie, Mrs. Henry, die Italiener können mit einem Haufen staatenloser und hungriger Juden nichts anfangen. Wir werden auslaufen. Und Sie sollten mitkommen.«

»Ach, wirklich? Und warum?« Der schwankende Boden des verräucherten kleinen Raums, das Anprallen des Schiffes gegen die Kaimauer bereitete Natalie Übelkeit.

»Sagen wir mal, weil Ihr Baby Jude ist und in die Heimat der Juden gehen sollte.«

»Es ist nur zur Hälfte jüdisch.«
»So? Fragen Sie mal die Deutschen.«
»Hören Sie – verstehen Sie denn nicht, daß ich für Palästina keinerlei Gefühle aufbringen kann? Überhaupt keine! Ich bin Amerikanerin, völlig areligiös und verheiratet mit einem christlichen Marineoffizier.«
»Erzählen Sie mir von Ihrem Mann.«
Die Frage verblüffte sie. Verlegen antwortete sie: »Ich habe ihn seit einer Ewigkeit nicht mehr gesehen. Er ist irgendwo auf dem Pazifik, in einem Unterseeboot.«
Er zog eine abgegriffene Brieftasche hervor und zeigte ihr den Schnappschuß einer vollbusigen brünetten Frau mit wallendem Haar. »Das ist meine Frau. Sie starb, als die Araber ihren Bus in die Luft sprengten.«
»Wie entsetzlich!«
»Das war vor acht Jahren.«
»Und dorthin, meinen Sie, soll ich mein Baby bringen?«
»Juden leben überall gefährlich.«
»In Amerika nicht.«
»Auch dort sind Sie Fremde! Unsere Heimat ist Palästina.«
Natalie entnahm ihrer Geldtasche ein kleines Farbphoto, das Byron in Uniform zeigte. »Das ist mein Mann.«
In ihrer Erinnerung wurde Byron lebendig. Rabinovitz betrachtete stirnrunzelnd das Photo. »Er sieht jung aus. Wann haben Sie geheiratet?«
Monatelang hatte sie die Tatsache, daß sie verheiratet war, verdrängt, hatte ihre Ehe aus ihrem Denken ausgeschlossen – dieses verschwommene Durcheinander blödsinniger Entscheidungen hatte offenbar dazu geführt, daß sie allein, in einem ausländischen Krankenhaus, umgeben von fremden Gesichtern und dem nur halbverstandenen italienischen Gerede der Ärzte viel zu lange in den irrsinnigsten Wehen gelegen hatte. Wenn auch heute ein köstliches Gefühl der Liebe sie durchströmte, wenn sie das winzige verhutzelte Babygesicht sah – damals hatte sie das Gefühl gehabt, ihr Leben sei völlig zerstört. Mehr oder weniger hatte sie dieses Gefühl immer noch. Doch während sie dem Palästinenser die Geschichte in kurzen Zügen umriß, wurden Byron Henrys Charme und sein stürmisches Wesen, sein Einfallsreichtum und sein jungenhafter Reiz wieder lebendig; auch die erschreckende Süße ihrer viel zu rasch vergangenen Flitterwochen in Lissabon, so unbesonnen das Ganze auch gewesen sein mochte. Wenn sie dies Rabinovitz auch nicht sagte – sie dachte, daß ein gewaltsam verkürztes Leben doch ein gerechter Preis sei für ein solches Glück. Außerdem hatte sie Louis.
Rabinovitz zündete sich, während er zuhörte, eine neue Zigarette an der alten

an. »Und Sie haben nie einen jüdischen jungen Mann wie ihn kennengelernt?«
»Nein. Alle, mit denen ich ausging, hatten nichts anderes im Kopf, als Arzt, Anwalt, Schriftsteller, Buchprüfer oder Lehrer zu werden.«
»Bürgerliche Typen.«
»Ja.«
»Bringen Sie Ihren Sohn nach Palästina. Dann wird aus ihm ein Mann der Tat wie sein Vater.«
»Und die Gefahren?« Schon hier am Pier fürchtete Natalie, seekrank zu werden. Die Bewegung des Schiffes schlug sich ihr auf den Magen. Sie stand auf und lehnte sich an die Wand. »Hoffentlich schafft dies Schiff es übers Mittelmeer – aber was dann? Etwa in einem britischen Gefangenenlager enden? Oder ein Kleinkind durch die arabischen Berge hindurchbringen, damit es erschossen wird oder in Gefangenschaft gerät?«
»Mrs. Henry, es ist auch gefährlich, ihn nach Siena zu bringen.«
»Das weiß ich nicht. Mein Onkel hat während des Essens mit Beck am Telephon mit unserem Geschäftsführer in Rom gesprochen. Der Geschäftsführer hat Aaron geraten, nach Siena zu gehen. Er meinte, diese Fahrt sei eine unnötige Gefahr, der wir uns aussetzten.«
»Ihr Geschäftsführer hat ihm gesagt, er solle sich auf einen Hitler-Beamten verlassen?«
»Er hat gesagt, er kenne Beck gut. Er sei kein Nazi. Unser eigener Auswärtiger Dienst schätzt ihn. Beck hat sich anerboten, uns morgen nach Rom zurückzufahren, und zwar direkt in die Botschaft. Ich weiß nicht, was ich glauben soll, und offen gesagt . . . Oh!« Der Boden der kleinen Kabine senkte sich in einer jähen Erschütterung. Natalie strauchelte. Er sprang auf, um sie festzuhalten, und sie fiel gegen ihn und prallte mit ihren Brüsten gegen seine Brust. Er packte sie fest an den Oberarmen und hielt sie sanft von sich.
»Ruhig!«
»Tut mir leid.«
»Okay.«
Er ließ sie los. Sie zwang sich zu einem Lächeln, und es kribbelte in ihren Armen und Brüsten.
»Der Wind springt dauernd um. Die Wetterberichte sehen nicht gut aus. Trotzdem laufen wir aus, sobald es hell wird.«
»Vielleicht löst sich mein Problem damit von selbst. Vielleicht kommt Beck nicht so früh her.«
»Er kommt. Sie sollten sich entscheiden. Eine verdammt schwere Entscheidung, die Sie da treffen müssen. Das erkenne ich jetzt.«
Aaron Jastrow, in blauem Bademantel und mit windzerzaustem, schütterem

grauem Haar, klopfte und machte die Tür auf. »Verzeihung, wenn ich störe. Aber das Kind verhält sich so sonderbar, Natalie.« Ihr Gesicht verzerrte sich vor Angst. »Nur nicht gleich in Panik geraten. Komm und sieh ihn dir an.« Rabinovitz nahm ihren Arm, und sie gingen zusammen hinaus. Als sie über das mondhelle, windige Deck eilten, wehte Natalie das Haar wild ums Gesicht. Louis lag in seinem Körbchen auf der Koje, hatte die Augen geschlossen und schlug mit den kleinen Fäusten hierhin und dorthin.

»Louis!« Sie beugte sich über ihn, legte beide Hände auf den sich windenden kleinen Körper. »Baby! Baby! Wach auf . . .! Ach, er will die Augen nicht aufmachen! Was hat er bloß? Er zuckt so!«

Rabinovitz nahm das Kind in seiner Wolldecke hoch. »Das sind Krämpfe, die vom Fieber kommen.« Louis' Kopf ruckte über der Wolldecke hin und her. Er hatte die Augen immer noch geschlossen. »Keine Angst. Das gibt sich bei Kindern rasch. Bringen wir ihn ins Krankenrevier.«

Natalie lief hinter ihm her, folgte ihm in den Gestank und das Dämmerlicht der unteren Decks, in die Pestgerüche der Aborte, den Dunst dicht gedrängter, ungewaschener Körper und Kleider und abgestandener, verbrauchter Luft. Rabinovitz drängelte sich an der Schlange vorbei, die auf dem Gang vor der Krankenstation wartete. In der engen, weißgestrichenen Kabine drückte er das Baby dem Arzt in den Arm, einem ausgemergelten, graubärtigen Mann in schmutzigem weißem Kittel. Der Arzt wickelte Louis aus, betrachtete den sich hin- und herwerfenden Körper und bestätigte, daß es Krämpfe seien. Ein Medikament dagegen konnte er ihnen nicht geben. Mit heiserer Stimme und in einem sehr deutsch klingenden Jiddisch versicherte er Natalie: »Das kommt vom entzündeten rechten Ohr, wissen Sie. Ich bin überzeugt, es ist nur ein vorübergehendes Fieber – nichts, was das Gehirn in Mitleidenschaft zieht. Sie können davon ausgehen, daß es bald vorüber ist und das Baby nichts nachbehält.« Sein Gesichtsausdruck war nicht so hoffnungsvoll wie das, was er sagte.

»Wie wär's denn mit einem warmen Bad?« fragte Rabinovitz.

»Ja, das könnte etwas nützen. Aber wir haben kein heißes Wasser auf dem Schiff, nur kaltes.«

Rabinovitz nahm Louis und sagte zu Natalie: »Kommen Sie!«

Sie eilten den Gang zur Kombüse entlang. Selbst wenn die Kombüse sauber und aufgeräumt und für die Nacht abgeschlossen war, roch es darin unangenehm, und alles klebte von Fett. Ein Gerät jedoch schimmerte im flackernden Licht: ein gewaltiger Kessel. Suppe war die Hauptnahrung der Flüchtlinge. Irgendwo hatte Rabinovitz diesen Boiler, wie er in Restaurants benutzt wird, aufgetrieben und einbauen lassen. Zuversichtlich legte er einen

Hebel um und drehte einen Hahn auf. Wasser ergoß sich in den Kessel, und aus einer Tülle unten am Boden quoll Dampf herauf.
»Fühlen Sie mal«, sagte er nach wenigen Sekunden. »Zu heiß?«
Sie langte mit einer Hand hinein. »Nein.«
Sie zog das zuckende Kind aus, schob die violetten Ärmel ihres Kleides hoch und tauchte den kleinen Körper bis zum Kinn in das lauwarme Wasser. »Gießen Sie ihm auch ein bißchen was auf den Kopf.« Sie gehorchte. Bald entspannte sich Louis' versteifter Rücken. Rabinovitz ließ mehr kühles Wasser hinein. Die Verkrampfungen lösten sich, ihr Sohn erschlaffte in ihren Händen, und sie schaute Rabinovitz mit nervöser Hoffnung an.
»Wenn mein kleiner Bruder Krämpfe kriegte«, sagte er, »hat meine Mutter das auch immer so gemacht.«
Die blauen Augen öffneten sich, und das Kind richtete den Blick auf Natalie; matt lächelte es sie an, so daß sich ihr das Herz zusammenzog. »Gott segne Sie!« sagte sie zu Rabinovitz.
»Bringen Sie ihn zurück und halten Sie ihn warm«, sagte Rabinovitz. »Mein Bruder hat hinterher immer stundenlang geschlafen. Lassen Sie's mich wissen, wenn Sie wieder Schwierigkeiten haben. An Land gibt es auch eine Klinik, zu der wir können, wenn's sein muß.«
Später kam er und schaute noch in ihre Kabine, in der zwei Kerzen brannten. Seine Hände und sein Gesicht waren von Öl verschmiert. Aaron schlief in der oberen Koje. Natalie saß im Bademantel, mit hochgestecktem Haar, eine Hand auf dem Körbchen mit der Wolldecke darauf bei ihrem Baby.
»Wie geht's ihm?«
»Er schläft fest, aber er reibt sich immer wieder am Ohr.«
Rabinovitz brachte eine kleine flache Flasche zum Vorschein und goß ein Gläschen ein. »Trinken Sie das«, sagte er zu Natalie. »Sliwowitz, falls Sie wissen, was das ist.«
»Ich habe schon Sliwowitz getrunken. Viel sogar.« Sie leerte das Glas. »Vielen Dank. Was ist mit dem elektrischen Strom los?«
»Wieder dieser blöde Generator. Ich versuche gerade, ihn wieder zu reparieren. Kerzen haben Sie genug?«
»Ja. Können Sie denn auslaufen, wenn er nicht funktioniert?«
»Er wird funktionieren, und wir werden auslaufen. Noch einen Sliwowitz?«
»Nein. Das war wunderbar.«
»Bis später dann.«
Als gegen zwei Uhr nach Mitternacht die Lampen flackernd aufleuchteten, packte Natalie einen Pappkoffer, den sie einem Passagier abgekauft hatte. Es dauerte nur wenige Minuten, dann nahm sie ihre Nachtwache wieder auf. Es

war eine lange, schlechte Nacht: immer wiederkehrendes Bedauern und nachträgliche Erklärungen, Dinge, die bis in ihre Kindheit zurückreichten; und dazwischen döste sie unter Alpdrücken immer wieder für kurze Zeit ein. Das Baby schlief unruhig, drehte und wälzte sich hin und her. Alle Augenblicke fühlte sie ihm die Stirn, die freilich kühl zu sein schien; trotzdem schwitzte es, als das Tageslicht durchs Bullauge drang, dermaßen, daß sie es frisch wickeln und anziehen mußte.
Herb Rose begegnete ihr auf dem windumtosten Deck, als sie den Koffer zur Gangway trug. Es tagte bereits, der Tag versprach schön und klar zu werden. An Deck wimmelte es von jubelnden Passagieren. Auf einer Ladeluke umringten ein paar von ihnen singend einen Mann, der Ziehharmonika spielte, und hatten einander dabei die Arme um die Schultern gelegt. Die türkischen Seeleute brüllten zur Pier hinunter und von dort zurück aufs Schiff, und geräuschvoll wurde das Tauwerk zusammengerollt.
»Guter Gott«, sagte Rose, »Sie tun's doch nicht wirklich, Natalie? Sie begeben sich doch nicht etwa in die Hände von diesem Deutschen?«
»Mein Baby ist krank.«
»Hören Sie, Süße, Fieber bei Babies macht einem zwar Angst, aber es ist erstaunlich, wie rasch sie sich wieder erholen. Ein paar Tage auf See, und Sie sind ein für allemal in Sicherheit. Frei und in Sicherheit!«
»Es könnte aber sein, daß Sie wochenlang auf See sind. Möglicherweise müssen Sie über ganze Bergzüge hinüber.«
»Wir werden hinkommen! Und Ihrem Baby wird es gut gehen! Sehen Sie doch das Wetter – das ist ein gutes Omen.«
Was er über das Wetter sagte, traf zu. Im Hafen hatte es sich beruhigt, die Brise war geradezu wohlig lind, und der Vesuv stand wie getuscht vor dem apfelgrünen Horizont. Wie Blütenduft legte sich ein Glücksgefühl über das ganze von Menschen wimmelnde Deck. Doch als Natalie Louis gewindelt hatte, hatte er gezittert, wieder an seinem Ohr gerieben und gewimmert. Ihre Erinnerung an die Krämpfe, die Krankenstation und den Pestgestank unter Deck waren übermächtig. Sie setzte den Koffer an der Gangway ab. »Den wird mir ja wohl niemand klauen. Bitte, haben Sie doch mal einen Moment ein Auge darauf.«
»Natalie, Sie machen einen Fehler.«
Bald kehrte sie zurück, trug das warm eingewickelte Baby im Körbchen, und Jastrow kam in Hut und Mantel hinter ihr her. Becks Mercedes mit dem Diplomatenzeichen am Heck kam den Pier entlanggefahren und hielt. Rabinovitz stand neben Rose an der Gangway; seine Hände, sein Gesicht und der Overall waren schwarz von Öl. Er wischte sich die Hände an einem Tuch ab.

Das unbeschwerte Geplapper der Reisenden auf Deck war mit der Ankunft des Mercedes wie abgeschnitten. Regungslos starrten sie zum Wagen und zu den Amerikanern hin. Die rauhkehligen Rufe der Seeleute, das Schwappen des Wassers und die Schreie der Möwen waren das einzige, was man hörte. Rabinovitz nahm den Koffer auf und Natalie den Korb ab. »Okay, lassen Sie mich Ihnen helfen.«

»Sie sind sehr gütig.«

Als sie den Fuß auf die Gangway setzte, schoß Herb Rose auf sie zu und packte sie am Arm. »*Natalie!* Um Gottes willen, lassen Sie Ihren Onkel aussteigen, wenn er unbedingt will. Der hat sein Leben gelebt! Aber nicht Sie und Ihr Kind!«

Rabinovitz schob den Amerikaner beiseite und knurrte ihn an: »Seien Sie doch kein gottverdammter Narr!«

Fesch in Tweedmantel und Kordsamtmütze sprang Dr. Werner Beck aus dem Mercedes, riß die beiden Wagenschläge vorn und hinten auf, verneigte sich und lächelte. Alles um Natalie herum schwamm. Jastrow stieg vorn ein, während Beck die beiden Koffer hinten im Kofferraum verstaute. Vorsichtig setzte Avram Rabinovitz das Körbchen auf dem Rücksitz ab.

»Also, leben Sie wohl, Dr. Jastrow«, sagte er. »Und auf Wiedersehen, Mrs. Henry.«

Beck setzte sich hinters Steuer.

Mit halb erstickter Stimme sagte sie zu Rabinovitz: »Tue ich auch wirklich das Richtige?«

»Es ist bereits getan.« Er legte ihr eine rauhe Hand an die Wange. »Nächstes Jahr in Jerusalem.«

Tränen schossen ihr in die Augen. Sie küßte sein stoppeliges, ölverschmiertes Gesicht und stieg unsicher in den Wagen. Er machte die Tür hinter ihr zu. »Legen wir ab!« rief er auf italienisch den Matrosen zu. »Zieht die Gangway hoch!«

Beck und Jastrow waren bereits selbstvergessen ins Gespräch vertieft, als der Mercedes den Pier hinunterfuhr. Natalie beugte sich über den Babykorb; trockene, unterdrückte Schluchzer stiegen ihr in die Kehle. Als der Wagen Neapel in nördlicher Richtung auf einer leeren Asphaltstraße verließ, stieg weißglühend die Sonne hoch. Ihre schrägen Nachmittagsstrahlen badeten die Via Veneto in ihrem Licht, als Werner Beck seinen Wagen vor der Amerikanischen Botschaft zum Stehen brachte und Natalie heraushalf. Louis hatte hohes Fieber.

Das Rote Kreuz hatte die Verteilung der Post für die Internierten übernommen. Bevor Natalie nach Siena abfuhr, schrieb sie Byron, was geschehen war.

»Jetzt, da ich wieder in die Zivilisation zurückgekehrt bin – falls man Mussolinis Italien so bezeichnen will –, sehe ich, daß ich das Klügste getan habe, was ich tun konnte. Wir sind in Sicherheit, es geht uns gut. Ein amerikanischer Arzt kümmert sich um Louis, der sich auf dem Wege der Besserung befindet. Das Schiff war grauenhaft. Gott weiß, was aus diesen Menschen wird! Und doch wünschte ich, ich hätte nicht ein so wahnsinnig schlechtes Gefühl dabei. Ich werde nicht ruhen, bis ich weiß, was aus der *Redeemer* geworden ist.«

5

Bis auf die schlafraubende Ungewißheit, was das Schicksal seiner Frau und seines Kindes anging, genoß Byron Henry den neuen Krieg mit Japan. Vorläufig war er frei von der *Devilfish* und ihrem anspruchsvollen Kapitän; er hatte mit Aufräumungsarbeiten in den Trümmern des Navy-Stützpunktes Cavite zu tun. Unter zerbombten Trümmern und verkohlten Balken lag in angesengten Kisten und Kartons bergeweise kostbares Material: elektronisches Gerät, Kleidung, Maschinen, Lebensmittel, Minen, Munition – all die tausend Dinge, die man braucht, um eine Flotte zu versorgen; vor allem aber waren dort Ersatzteile begraben, die jetzt gesuchter waren als Diamanten. Mit einer ziemlich großen Arbeitsgruppe förderte Byron Tag für Tag das Zeug zutage und schaffte es auf Lastern westwärts nach Bataan.

Daß er während der Angriffe auf Cavite unter Beschuß Torpedos gerettet hatte, diese Großtat hatte ihm direkt von Admiral Harts Hauptquartier diesen Auftrag eingetragen. Er hatte in den ausgebrannten Ruinen freie Hand, solange er das Material auf die Halbinsel schaffte, welche die Bucht nach Westen hin einschloß, und auf der sich die Amerikaner in die Berge eingruben, um sich auf eine längere Belagerung vorzubereiten. Die Handlungsfreiheit beflügelte Byron. Die Verachtung von Papierkrieg und Dienstvorschriften, die ihn an Bord der *Devilfish* so sehr hereingeritten hatte, galt bei den Bergungsmannschaften als eine Tugend. Um überhaupt etwas in Gang zu bringen, unterzeichnete er jedes Papier, das man ihm vorlegte, und log das Blaue vom Himmel herunter. Er setzte Männer und Fahrzeuge ein, als wäre er der Admiral persönlich. Um Widerstände zu überwinden und Streitigkeiten zu schlichten, setzte er aus einem Riesenvorrat, auf den er unter den Ruinen gestoßen war, angesengte Kartons mit Bier und stangenweise Zigaretten ein; sie wirkten wahre Wunder, als wären es Goldstücke. Seine Fahrer und Belader bekamen gleichfalls reichlich davon, und er sorgte dafür, daß sie anständig zu essen bekamen. Wenn nötig, nahm er sie sogar in Offiziersmessen mit und hatte dann die Stirn, zu behaupten, es handele sich um einen Notfall.

Einmal, während eines Luftangriffs, ließ er seine siebzehn Mann in den Grill-Room des Manila-Hotels marschieren. Dort tat sich seine verdreckte und

verschwitzte Mannschaft an weißgedeckten Tischen bei Streichermusik an einem üppigen Mahl gütlich, während unten am Hafen die Bomben einschlugen. Die Rechnung bezahlte er mit Navy-Coupons mit viel Kleingedrucktem auf der Rückseite und drückte dem Kellner aus eigener Tasche noch ein Trinkgeld von fünf Dollar in die Hand; dann marschierte er eilends hinaus und ließ den verdatterten Oberkellner zurück, der zweifelnd das dünne blaue Papier anstarrte. Auf diese Weise regierte Byron seine kunterbunt zusammengewürfelte Arbeitsgruppe, die aus Matrosen, Schauerleuten, Marineinfanteristen und Lastwagenfahrern bestand – aus Filipinos, Amerikanern, Chinesen, ihm war das gleichgültig – und brachte sie dazu, von Morgengrauen bis zum Abend fröhlich zu schuften. Sie hielten zu ihm, weil er sie in Trab hielt, sie belohnte, wie ein Tierpfleger, der seinen Robben Heringe zuwirft, und weil er beide Augen zudrückte, wenn sie auf eigene Faust in den Trümmern etwas beiseiteschafften.
Der stinkende, völlig zusammengebombte Stützpunkt Cavite erinnerte ihn an das zerschossene Warschau, wo er zusammen mit Natalie von Hitlers Einmarsch überrascht worden war. Doch dies hier war ein anderer Krieg: hier kam es aus azurblauem, tropischem Himmel herab zu sporadischen Bombenangriffen, die Schiffe in Brand setzten und zwischen den Palmen am Hafen hübsche Flammen hochschlagen ließen; nicht zu vergleichen mit dem Hagel deutscher Bomben und Geschosse, die die polnische Hauptstadt verwüstet hatten. Außerdem griff auch noch nicht die Angst um sich, der Feind rücke näher. Cavite war ein Paradebeispiel gewesen. Hier war eine militärische Einrichtung wirklich ausradiert worden. Doch der Stützpunkt selbst war nur ein kleiner Fleck an der hundert Meilen langen Bucht von Manila. Die Stadt selbst sah aus wie in Friedenszeiten; wabernde Hitze, gleißende Sonne, dichter Autoverkehr und langsam sich vorwärtsschiebende Ochsenkarren, wenige Weiße und Schwärme von Filipinos, die die Bürgersteige bevölkerten. Sirenen, Brände, Sandsäcke, winzige japanische Bomber, blitzend über grünen, palmenbetupften Hügeln, hoch über den platzenden schwarzen Flakgranaten – all das verlieh dem Ganzen etwas Kriegerisches; nur hatte man das Gefühl, es handelte sich um einen Operettenkrieg.
Byron wußte, daß es schlimmer kommen würde. Pessimistische Gerüchte grassierten mehr als genug – zum Beispiel, daß die gesamte Pazifik-Flotte samt Flugzeugträgern und Schlachtschiffen in Pearl Harbor versenkt worden sei, und daß der schuldige Präsident jetzt die Katastrophenmeldungen unterdrükke; oder daß McArthurs Meldung von feindlichen Landungen ›kleineren Ausmaßes‹ auf Luzon Lügen wären; daß die Japaner bereits festen Fuß gefaßt hätten und mit Tausenden von Panzern auf Manila zurollten. Und so weiter.

Die meisten Menschen glaubten, was General McArthur ihnen sagte; daß es sich bei den japanischen Landungen im Norden um Ablenkungsmanöver handele, mit denen man gut fertig werde, und daß massive Unterstützung unterwegs sei. Es gab auch optimistische Gerüchte über einen riesigen Geleitzug, der mit einer Division von Marineinfanteristen und motorisierten Army-Divisionen von San Francisco aus unterwegs sei und zu dem auch zwei Flugzeugträger gehörten, zum Bersten vollgeladen mit Jagdflugzeugen und Bombern.

Byron machte sich weder so noch so viel daraus. Ein U-Boot konnte Luzon binnen einer halben Stunde verlassen. Was seinen Vater und seinen Bruder in Pearl Harbor betraf, konnte Byron sich einfach nicht vorstellen, daß man Victor Henry etwas anhaben könnte; und er bezweifelte, daß die *Enterprise* versenkt worden war. Eine solche Nachricht wäre durchgesickert. Er wäre überhaupt ganz glücklich gewesen, hätte er nur sicher sein können, daß Natalie und das Baby sich auf der Fahrt nach Hause befänden. Die Arbeit kam ihm wie gerufen. Tagsüber hatte er zuviel zu tun, und nachts war er viel zu ausgepumpt, um sich übertriebene Sorgen zu machen.

Diese angenehme Zeit fand ein jähes Ende. Als er mit seiner Lastwagenkolonne in der Innenstadt von Manila hielt, um über seine Fortschritte zu berichten, lief er Branch Hoban in die Arme, der mit einem dicken Umschlag aus dem Marsman-Building herauskam und in die Sonne blinzelte.

»Sieh mal einer an, Briny Henry höchstpersönlich mal wieder auf Achse!« Der Kommandant der *Devilfish* packte ihn am Arm. »Das vereinfacht alles.«

Hobans hübsches Gesicht hatte etwas Entschlossenes; das Kinn weit vorgereckt, schien das Clark Gable-Bärtchen sich zu sträuben. Er kniff die Augen zusammen und ließ sie über die vier schwerbeladenen Laster und über Byrons Arbeitsgruppe schweifen, die sämtlich mit nacktem Oberkörper oder in schmutzigen Unterhemden dastanden und warmes Bier aus Dosen tranken.

»Auf dem Weg nach Mariveles, was?«

»Jawohl, Sir. Aber erst wollte ich Meldung machen.«

»Ich fahre mit! Sie sind von dieser Aufgabe entbunden.«

»Sir, Commander Percifield erwartet mich, und . . .«

»Ich weiß, was mit Commander Percifield ist. Gehen Sie nur hinein. Ich warte hier.«

Percifield eröffnete Byron, Admiral Hart wolle ihn sehen, und fügte dann noch hinzu: »Sie haben eine erstklassige Leistung hingelegt, Fähnrich Henry. Sie werden uns fehlen. Übergeben Sie ihre Leute und Fahrzeuge in Mariveles an Captain Tully.«

Ein Verwaltungsoffizier brachte Byron vor den Oberkommandierenden der

Asien-Flotte, einen kleinen, verrunzelten alten Mann in weißer Uniform an einem überdimensionalen Schreibtisch, von dem aus man eine überwältigende Aussicht auf die gesamte palmengesäumte Bucht hatte.

»Sie sind Pug Henrys Sohn, nicht wahr? Der Bruder von Warren?« Schnarrend kam das heraus, ohne jede andere Begrüßung. Sein rundes Gesicht, rotbraun und wettergegerbt, streifig und gefleckt, hatte etwas Gehetztes und Verbittertes. Sein Nacken sah aus, als bestünde er nur aus sonnenverbrannten Wülsten und Bändern. Er hielt sich betont aufrecht und steif auf seinem Drehsessel.

»Jawohl, Admiral!«

»Hatte ich mir schon gedacht. Als ich Leiter der Akademie war, war Warren Abteilungsleiter. Ein richtiger Aufsteiger, dieser Warren. Und Ihr Vater ist ein ganz außergewöhnlicher Offizier. Lesen Sie mal!« Er schob Byron einen Funkspruch hin:

VON: PERSONALABTEILUNG CAPTAIN VICTOR (KEIN MITTELNAME) HENRY ABKOMMANDIERT CALIFORNIA (BB-44) LÖST AB KOMMANDANT NORTHAMPTON (CA-26)

Also war die *California* doch nicht einsatzbereit, und sein Vater hatte stattdessen einen Kreuzer bekommen! Das war eine Neuigkeit. Aber warum interessierte sich Thomas Hart, der für die Navy im gesamten asiatischen Kriegsschauplatz verantwortlich war, für einen Fähnrich?

»Vielen Dank, Admiral.«

»Kein schlechter Trostpreis, die *Northampton*«, sagte Hart abgehackt und in schnarrendem Ton. »Die *California* liegt in Pearl Harbor mit einem Riesentorpedoloch auf Grund. Aber das bleibt unter uns, ja? Also gut. Sie scheinen ein Original zu sein, Fähnrich?« Der Admiral nahm zwei von einer Büroklammer zusammengehaltene Papierbögen zur Hand. »Man hat Sie, scheint's, für ein Belobigungsschreiben vorgeschlagen, weil Sie in Cavite unter Beschuß einen Haufen Torpedos gerettet haben. Ich bin selbst U-Boot-Mann und weiß das zu schätzen. Wir sitzen ziemlich auf dem Trockenen. Und soweit ich weiß, haben Sie seither noch 'ne Menge anderes Material geborgen, unter anderem Minen. Gut gemacht! Auf der anderen Seite, junger Mann« – er drehte das Blatt um, und verzog säuerlich das Gesicht – »haben Sie sich zum Dienst auf dem Atlantik beworben.« Hart lehnte sich zurück, faltete die Hände unterm Kinn und funkelte Byron an. »Ich wollte mir diesen Sprößling von Pug Henry mal ansehen, der es fertigbringt, in einer Zeit wie dieser mit einem solchen Gesuch zu kommen.«

»Sir, meine Frau . . .«

Harts feindseliger Blick wurde weich, seine Stimme desgleichen. »Ja, man hat mir berichtet, Ihre Frau ist Jüdin und möglicherweise in Italien mit einem Baby vom Krieg überrascht worden. Das ist eine schlimme Sache, und Sie haben mein ganzes Mitgefühl, aber – was wollen Sie daran ändern?«

»Sir, ich wäre immerhin zehntausend Meilen näher bei ihr, falls ich zufällig doch etwas tun könnte.«

»Aber wir brauchen hier U-Boot-Offiziere. Ich kratze sie mir überall zusammen, vom Stranddienst und von den Tendern. Soweit Sie wissen, könnte Ihre Frau inzwischen schon wieder zu Hause sein. Ist das nicht letzten Endes die Wahrheit?«

»Es ist nicht wahrscheinlich, aber selbst wenn . . . Ich habe meinen Sohn noch nie gesehen, Admiral.«

Hart starrte Byron an und schüttelte dann müde den Kopf. »Abtreten.«

Es war eine lange, bedrückende Fahrt nach Bataan, bei der Branch Hoban neben Byron auf dem Fahrersitz eines Army-Lasters saß, der unter der Last der in Kisten verpackten Minen stöhnte. Im Navy-Hauptquartier von Mariveles verabschiedete er sich von seiner Arbeitseinheit. Die Reaktion war lässiges Winken und Geknurre, als sie anfingen abzuladen. Er bezweifelte, daß sie noch länger zusammenbleiben würden.

»Also dann«, sagte Hoban jovial, als das Beiboot an der grünen Felseninsel Corregidor vorbei in die windige Bucht hinauslief, »ist zunächst die Frage, wo die *Devilfish* liegt.« Er starrte über das leere Wasser ringsum. Manila lag dreißig Meilen entfernt hinterm Horizont. Man konnte es an einer Rauchwolke erkennen, die von einem Luftangriff herrührte. Kein Schiff war in Sicht; nicht einmal ein Schlepper oder ein Leichter mit Abfällen. Angst vor den Bombern hatte die Bucht leergefegt. »Das Geschwader liegt hier irgendwo auf dem Meeresgrund, Byron. Wir warten einfach.« Etwa eine Stunde lang tauchten immer wieder Periskope kurz aus dem Wasser auf, drehten sich und verschwanden wieder, während sie mit dem Beiboot beigedreht dalagen und dümpelten. Zuletzt tauchte ein Periskop auf, drehte sich suchend, fixierte das Beiboot wie der nasse Kopf einer Seeschlange und glitt dann darauf zu. Der dunkle Rumpf brach durch die Oberfläche, weißschäumendes Wasser lief daran herunter, und gleich darauf war Byron wieder an Bord der engen *Devilfish*; und ob ihm das gefiel oder nicht, es roch darin wie zu Hause.

Der erste Wachoffizier verblüffte ihn mit der Nachricht, seine Ablösung habe sich an Bord gemeldet. Als er ungläubig schnaubte, beharrte Lieutenant Aster: »Doch, wie ich gesagt habe: er ist hier. Fähnrich Quayne. Sie kennen ihn doch, diesen Langweiler, den wir von der armen alten *Sealion* aufgefischt haben. Sie setzen alle Offiziere wieder neu ein. Sie waren für einen Belobigungsbrief vorgeschlagen, mein Lieber, aber der Admiral hat Sie statt dessen zum Atlantik abkommandiert.«

Mit vorgetäuschtem Gleichmut sagte Byron: »Und wann kann ich weg, Lady?«

»Nun mal nicht so schnell! Quayne hat vier Monate Erfahrung auf See und muß sich erst bewähren. Übrigens, in ein paar Minuten Offiziersbesprechung in der Messe.«

Fähnrich Quayne, ein blasser Nägelkauer, der frisch von einem U-Boot kam, das in Cavite versenkt worden war, war ein neues Gesicht an dem kleinen, grünbespannten Tisch. Captain Hoban erschien frischrasiert zur Besprechung. So sah er nicht nur jünger aus, dachte Byron, sondern auch weniger unangenehm; hier mauserte sich offensichtlich jemand, der in Friedenszeiten ein flotter Hecht und *homme à femmes* gewesen war, zu einem Offizier, der es bitter ernst meinte.

»Falls sich jemand von Ihnen über unser Sieb wundern sollte«, sagte Hoban grinsend und faltete die alte Seekarte vom Nord-Pazifik auseinander, »so müssen wir uns damit abfinden; das ist im Krieg nun mal so. Es besteht keine große Chance, sie auf See richtig getrimmt zu halten, und daher, meine Herren, die Weisung vom Hauptquartier, sich vorrangig für Patrouillenfahrten bereitzuhalten. Entweder schaffen wir sämtliche Reparaturen innerhalb von drei Tagen, oder es ist Sense. Wir schließen die Arbeiten ab, übernehmen Proviant und Torpedos und laufen aus. Soweit wir wissen, hat ein Riesenhaufen von Truppentransportern unter dem Schutz von Schlachtschiffen, Flugzeugträgern, Kreuzern und weiß der Himmel, was sonst noch, die japanischen Mutterinseln verlassen, um in großem Stil auf Luzon zu landen. Ziel ist vermutlich der Golf von Lingayen. Sieht also aus, als würde die *Devilfish* mit dem größten Teil des Geschwaders Weihnachten auf Feindfahrt sein. Unsere Befehle sind schlicht und einfach. Ziele in der Reihenfolge der Wichtigkeit: Zuerst beladene Truppentransporter. Zweitens: die größeren Kriegsschiffe, und drittens: überhaupt alle Kriegsschiffe. Viertens: alle japanischen Schiffe.«

Ein Schauder lief Byron über den Rücken. Um den Tisch herum sah er verbissene schmale Lippen, geweitete Augen, Ernüchterung auf den Gesichtern; auf Carter Asters langem Gesicht ein gewisses flüchtiges Grinsen.

Der Kommandant klopfte auf die blau-gelbe Karte. »Okay. Zuerst noch einmal das Grundsätzliche. Wir sind hier tausendachthundert Meilen von Tokio entfernt. Vom Luftwaffenstützpunkt auf Formosa, von dem aus die Bomber über uns hergefallen sind, sind es fünfhundert Meilen. *Und von San Francisco, Leute, sind es siebentausend Meilen bis hier.* Von Pearl Harbor über

viertausend Meilen. Wie Sie wissen, können Guam und Wake sich nicht mehr lange halten. Vermutlich werden das in einer Woche japanische Luftwaffenstützpunkte sein.« Hobans Finger sprang auf der abgegriffenen, zerknitterten Karte von einem Punkt zum anderen. »Mit anderen Worten: wir sind abgeschnitten. Wir hocken im Hinterhof der Japse, sitzen praktisch in der Falle und sind von ihnen eingekreist. So sieht es aus. Wie wir in diesen Schlamassel reinrutschen konnten, danach fragen Sie besser die Politiker. Im Augenblick kann Nachschub für die Philippinen nur auf dem Seeweg kommen, und zwar über Samoa und Australien, außerhalb der Reichweite der japanischen Luftwaffe. Zehntausend Meilen hin und zehntausend Meilen zurück!« Bedeutsam sah er sich in der Runde um.
»Weiter: die Geschichte vom großen Geleitzug aus San Francisco ist ein Märchen. Damit soll nur die Moral der Zivilbevölkerung gehoben werden. Das können Sie vergessen! Wir gehen auf Feindfahrt in Gewässern, die vom Feind beherrscht werden. Der Rest der Asien-Flotte dampft mit Südkurs auf Java zu. Sie werden mit den Bombenangriffen nicht fertig. Zurück bleiben nur die U-Boote. Unsere Aufgabe ist es, dem Hauptexpeditionskorps der Japaner die Landung so schwer wie möglich zu machen. Und das in Gewässern, in denen – das versteht sich von selbst – Zerstörer rumhüpfen werden wie Flöhe auf einem Hunderücken.« Nochmals ging sein Blick in die Runde; ein verbissenes, aufmunterndes Lächeln. »Noch irgendwelche Fragen?«
Lässig zurückgelehnt, hob Aster die Hand. »Wie war das noch mit Punkt vier der Prioritäten, Sir? Jedes japanische Schiff?«
»Richtig!«
»Unbewaffnete Frachter und Tanker auch?«
»Ich habe gesagt, *jedes* japanische Schiff.«
»Wir halten uns natürlich an die Vorschriften der Genfer Konvention: Warnung, Durchsuchung, Ausbooten der Mannschaft und so weiter?«
Hoban ließ rauhes Vervielfältigungspapier aus einem gelben Umschlag gleiten. »Okay, hier sind unsere Befehle, was *diesen* Punkt betrifft.« Er blätterte die Seiten durch. Seine Stimme bekam etwas Eintönig-Deklamatorisches. »Also, folgendes: Am 8. Dezember erhielt diese Einheit vom Oberkommandierenden der Pazifik-Flotte folgenden Flottenbefehl: *Führen Sie unbeschränkten wiederhole unbeschränkten U-Boot-Krieg gegen Japan*!« Hoban hielt inne und bedachte seine Offiziere mit einem vielsagenden Blick. »Die *Devilfish* wird sich entsprechend verhalten.«
»Captain«, sagte Byron, »haben wir den Deutschen nicht 1917 den Krieg erklärt, weil sie genau dasselbe getan haben?«
»Gut, daß Sie das zur Sprache bringen. Das war damals anders. Die Deutschen

haben neutrale Schiffe versenkt. Wir dagegen werden nur feindliche Schiffe angreifen. ›Unbeschränkt‹ heißt hier soviel wie: einerlei, ob Kriegsschiffe oder Schiffe der Handelsmarine. Da wird kein Unterschied gemacht.«
»Sir, und was ist mit Artikel zweiundzwanzig?« fragte Fähnrich Quayne und hob einen knochigen Finger mit abgekautem Nagel.
Ohne Bärtchen wirkte Hobans Lächeln jungenhaft. »Richtig. Sie haben diesen Artikel ja gerade für Ihre Prüfung auswendig lernen müssen. Sagen Sie ihn mal auf.«
Emotionslos und mit eintöniger Stimme sagte Quayne verlegen:
»*Nur wenn ein Handelsschiff sich nach mehrmaliger Aufforderung beizudrehen weigert, darf ein Unterseeboot dieses versenken oder manövrierunfähig schießen, ohne zuvor Passagiere, Mannschaft und Schiffspapiere in Sicherheit gebracht zu haben. Dabei gelten die Rettungsboote des Schiffes nicht als Sicherheit, es sei denn, die Sicherheit von Passagieren und Mannschaft wäre bei den herrschenden See- und Wetterbedingungen, Landnähe oder der Anwesenheit eines anderen Fahrzeugs, das imstande ist, sie an Bord zu nehmen, gewährleistet.*«
»Hervorragend!« sagte Hoban. »Streichen Sie das aus Ihrem Gedächtnis!« Quayne sah aus wie eine aufgeschreckte Henne. »Meine Herren, die Japaner haben ohne jede Warnung und mitten in Friedensgesprächen Pearl Harbor angegriffen. Nicht wir haben die Regeln zivilisierter Kriegsführung beiseite geworfen, sondern sie. Das hier ist nicht der Krieg, für den wir ausgebildet wurden; aber es ist der Krieg, auf den wir uns einstellen müssen, verdammt nochmal! Vielleicht ist das sogar besser so. Wenn wir diesen ganzen Eiertanz vorher ausführen, hätte unser Ziel längst ein SOS losgelassen, und die japanischen Flugzeuge würden sich wie ein Bienenschwarm auf uns stürzen.«
»Captain, damit wir uns klar verstehen, möchte ich es nochmal wiederholen.« Aster hielt ein Streichholz an eine dicke graue Zigarre. »Bedeutet das, daß wir sie versenken, sobald wir sie sehen?«
»Wir sehen sie, Lady, wir *identifizieren* sie, und dann versenken wir sie.« Ein wildes Grinsen erhellte sein Gesicht. »Im Zweifelsfalle bekommen sie die Wohltaten des Zweifels zu spüren. Dann schießen wir. Noch Fragen? Das wäre dann alles, Gentlemen!«
Als die Offiziere die Messe verließen, sagte der Kommandant:
»Briny?«
»Jawohl, Sir?«
Byron drehte sich um. Hoban reichte ihm die Hand und lächelte. Die wortlose Geste, das jugendliche Lächeln schien sechs Monate feindseliger Spannungen hinwegzuwischen. Das war Führertum, dachte Byron. Er ergriff die Hand des

Kommandanten. Hoban sagte: »Ich freue mich, daß Sie wenigstens *eine* Feindfahrt mit uns machen werden.«

»Ich freue mich auch, Captain.«

Er war seit Morgengrauen auf und hatte schwer gearbeitet; er arbeitete mit dem Leitenden Ingenieur und den Matrosen bis spät in die Nacht in den Torpedoräumen und bereitete alles auf eine richtige Feindfahrt vor. Einzuschlafen war für Byron Henry selten ein Problem, doch in dieser Nacht kehrten seine Gedanken immer wieder zu seiner Frau und seinem kleinen Sohn zurück. Die Kabine, die er jetzt mit Quayne teilte, war voll von Erinnerungsstücken: ihr Bild, am Schott festgeklebt, ihre vom Lesen und immer wieder Lesen abgegriffenen und zerknitterten Briefe, das Tuch, das er ihr in Lissabon stibitzt hatte, ein einzelner, rissiger Schnappschuß seines Kindes. Während er hellwach in der Koje lag, durchlebte er noch einmal die schönsten Augenblicke dieser überstürzten Liebe – wie sie sich kennengelernt hatten, ihre Abenteuer in Polen, ihre Liebeserklärung im rosa Boudoir von Jastrows Villa, das Rendezvous in Miami, ihre hemmungslose Liebe während der drei Tage in Lissabon und ihr Abschied im nebligen Morgengrauen. Er konnte sich diese Dinge in allen Einzelheiten ins Gedächtnis zurückrufen, ihre Worte und das, was er gesagt hatte, die kleinste ihrer Gesten, den Ausdruck ihrer Augen – aber diese Erinnerungen nutzten sich ab wie alte Platten, die man zu oft gespielt hat. Er versuchte sich vorzustellen, wo sie jetzt war und wie sein Kind wohl aussehen mochte, und erging sich in Phantasien einer leidenschaftlichen Wiedervereinigung. Wie ein köstlicher Edelstein war das Wissen, daß seine Ablösung bereits an Bord war; daß seine erste Feindfahrt auch seine letzte Fahrt auf der *Devilfish* sein würde; und daß er, wenn er sie überlebte, danach auf dem Atlantik Dienst tun würde.

6

An dem Tag, an dem Pamela Tudsbury ihren Brief an Captain Henry schrieb – drei Wochen vor dem Überfall auf Pearl Harbor –, hatte ein eisiger Novembernebel London seit einer Woche in Dunkel gehüllt; er drang durch Fenster und Schlüssellöcher, durch verschlossene Türen und durch die feinste Ritze. Türgriffe und Treppengeländer fühlten sich schlüpfrig an. Ob drinnen oder draußen – überall atmete man Nebel ein; es gab kein Entrinnen vor der Feuchtigkeit. Pamela hatte eine Bronchitis und leichtes Fieber, sie zitterte und hustete Schleim, als sie ihre Sachen für eine Reise in die Tropen packte.

Die Sechs-Uhr-Nachrichten, die aus dem Radio auf dem Nachttisch dröhnten, waren keine geringere Gemütsbelastung als der Nebel. Die Drohung der Japaner, in den Krieg einzutreten, wurde immer deutlicher. Sie hatten Roosevelts letzte Friedensformel zurückgewiesen und zogen an der Küste von Französisch-Indochina Truppen und Schiffe zusammen; eine eindeutige Bedrohung von Malaya und Singapore. Zwar dementierte Radio Moskau, daß Rostow, der Schlüssel zum Kaukasus und seinen ausgedehnten Ölfeldern, von den Deutschen besetzt worden sei, doch war in letzter Zeit jede Siegesmeldung, die die Nazis hinausposaunten, nach einer Woche von den Sowjets lahm bestätigt worden; mittlerweile hatten sie auch zugegeben, daß Leningrad abgeschnitten und von den Deutschen belagert war, und daß die Wehrmacht jetzt auf Moskau zumarschierte. Außerdem hatte ein deutsches U-Boot – wie Radio Berlin bereits seit Tagen behauptete – vor Gibraltar den Flugzeugträger *Ark Royal* versenkt. Der Sprecher verlas diese Schreckensmeldungen mit jener BBC-Ruhe, die nachgerade fadenscheinig geworden war. Gleichwohl packte Pamela fröhlich ihre Sachen: immerhin war es möglich, daß sie am anderen Ende der Welt Victor Henry wiedersah. Die Nachrichten ließen sie völlig kalt. Es hatte seit Monaten nur schlechte Nachrichten gegeben. Das Telephon klingelte. Sie drehte das Radio ab und nahm den Hörer.

»Pamela? Hier spricht Philip Rule.«

Eine Stimme aus der Vergangenheit; eine tiefe, selbstsichere, unwillkommene Stimme. Einen Moment war sie versucht, einfach aufzulegen, doch dann sagte sie: »Ja?«

»Das ist aber ein zaghaftes ›Ja‹, Pam. Wie geht's dir?«
»Ich bin scheußlich erkältet.«
»Das hört man. Tut mir leid. Was treibst du so?«
»Im Augenblick? Ich bin beim Packen.«
»Ach? Für diesen Trip rund um die Welt, den Talky angekündigt hat?«
»Ja.«
»Liegt Singapore auf der Reiseroute?«
»Ja. Warum?«
»Ich fliege nächste Woche für den *Express* hin. Ein Blenheim-Bomber nimmt mich mit.«
Pamela ließ zu, daß die Pause sich in die Länge zog.
»Pam, Leslie Slote ist in London. Er kommt gerade aus Moskau und fragt nach dir. Ich dachte, wir könnten uns zum Abendessen treffen. Er hat mir eine ganze Menge über deinen Freund, Captain Henry, erzählt.«
»Ach? Gibt's da was Neues?«
»Nun, Pam, ich weiß nicht, wie weit du in Bezug auf Captain Henry auf dem laufenden bist.«
»Was macht Leslie denn hier?«
»Er ist auf der Durchreise zur US-Botschaft in Bern. Das ist sein neuer Posten.«
»Merkwürdig. Er war doch erst ein paar Monate in Moskau.«
»Irgendwie hat er sich da in die Nesseln gesetzt.«
»In welcher Beziehung?«
»Ach, irgendwas wegen der Juden, nehme ich an. Das ist ein wunder Punkt bei ihm. Sprich ihn bitte nicht darauf an.«
»Wo eßt ihr denn?«
»Im Savoy.«
»Ich kann aber in diesem Nebel und bei der Verdunkelung unmöglich ins Savoy kommen.«
»Ich hole dich ab, Liebling. Um sieben, okay?«
Pamela hörte den leicht intimen Ton und fragte deshalb: »Und wie geht es deiner Frau?«
»Das mag der liebe Himmel wissen. Das letzte, was ich gehört habe, war, daß sie in einer Fabrik außerhalb von Moskau arbeitet. Also um sieben?«
Pamela zögerte. Sie war entschlossen, die Beziehung zu Philip Rule abzubrechen; andererseits reizte es sie, von Slote zu erfahren, wo Pug Henry sich aufhielt. Leslie Slote war ein trockener Karrierediplomat, der in den guten alten Pariser Tagen Natalie Jastrow den Laufpaß gegeben hatte, nachdem die vier etwa ein Jahr lang ein lustiges Leben geführt hatten. Er und Phil waren ihr damals völlig herzlos vorgekommen. Jetzt empfand sie etwas freundlichere

Gefühle für Slote; offensichtlich bereute er, was er getan hatte. Es erschien ihr äußerst seltsam, daß ausgerechnet er etwas mit jüdischen Dingen zu tun haben sollte; er hatte Natalie vor allem deshalb sitzen lassen, um Problemen im Auswärtigen Dienst zu entgehen, die sich ergaben, wenn man eine Jüdin zur Frau hatte.
»Bist du noch da, Pamela?«
»Also gut. Um sieben.«

Auf den ersten Blick schien es im voll besetzten Grill-Room des Savoy trotz des Krieges hoch herzugehen. Doch die trüben Wandleuchter, die vom vielen Waschen fadenscheinig gewordene Tischwäsche und die ältlichen, langsamen Kellner in schwarzen Anzügen, die an Ellbogen und Manschetten grün geworden waren, ließen erkennen, in welcher Zwangslage man sich befand. Auch die Gäste, immerhin Londoner Oberschicht, wirkten schäbig und spitznasig. Slote probierte einen Löffel von der klebrigen Bouillon, auf die sie fünfundzwanzig Minuten gewartet hatten, verzog das Gesicht und ließ den Löffel fallen. »Das Savoy ist auch nicht mehr, was es mal war.«
»Wo wäre das anders?« Pamela befingerte das engsitzende Perlenhalsband an ihrem mageren Hals. Slote erriet, daß sie Fieber hatte; rote Flecken auf den Wangen, glitzernde Augen, ab und zu Husten, hochgeschlossene graue Strickjacke.
»In Singapore zum Beispiel«, sagte Philip Rule. »Ich habe heute einen General auf Genesungsurlaub interviewt. Singapore strotzt nur so von schweren Geschützen und Flugzeugen; sie sind bereit, den Japanern einen heißen Empfang zu bereiten. Die lassen sich nicht kleinkriegen. In den Clubs fließt der Schnaps in Strömen; selbst das altehrwürdige Raffles-Hotel ist voll belegt, und es geht darin hoch her. Sagte er jedenfalls. London macht für seine Begriffe einen erschreckend heruntergekommenen Eindruck.«
»Wie seine Bewohner«, sagte Pamela hustend.
Rule zupfte an seinem roten Schnurrbart und grinste. »Du, Darling? Du hast selten so begehrenswert ausgesehen wie heute.«
Vor langer Zeit hatte dieses durchtriebene Grinsen auf sie gewirkt wie Alkohol. Rules kantiges Gesicht war dicker geworden, sein einst fülliges Haar hatte sich stark gelichtet; doch der eindringliche Blick seiner blauen Augen berührte sie immer noch. Dabei hatte sie geglaubt, längst über ihn hinweggekommen zu sein. Nun, nicht ganz!
Glatt war ihre Affäre in Paris nie gelaufen. Sie hatte dauernd Krach geschlagen wegen seiner Kellnerinnen und Huren, niedrigen Neigungen, die ihretwegen aufzugeben er nie in Betracht gezogen hatte. Im Ernst aufgeregt hatte sie sich

wegen eines hübschen Studenten von Yale, eines Antinous aus Bridgeport, mit dem er drei himmlische Wochen auf Mallorca verbracht hatte. Entsprechende Neigungen hatte er im Internat entwickelt, obwohl er im großen und ganzen Frauen vorzog. Nach seiner Rückkehr hatte sie es zu einer wilden Szene kommen lassen, in deren Verlauf er ihr eine schallende Ohrfeige gegeben hatte; woraufhin sie, vor Wut und vor Scham über diese Demütigung, halb von Sinnen eine halbe Flasche Jodtinktur ausgetrunken und er um drei Uhr morgens die Sich-Windende und Sich-Übergebende in ein Krankenhaus gefahren hatte. Seit dieser Episode war es aus gewesen zwischen ihnen. Rule hatte weitergelebt, als sei nichts geschehen – und von ihm aus gesehen, war ja auch wirklich kaum etwas passiert.

Wie Slote hatte er in Paris russisch gelernt; sie hatten sich deshalb ein gemeinsames Zimmer geteilt. Als Korrespondent in der Sowjetunion hatte er ein Mädchen aus dem Ensemble des Bolschoi-Theaters kennengelernt. Sie war so schön, daß er sie sogar heiratete – so hatte er Pamela geschrieben –, um sie überhaupt zu bekommen, denn sie war außerordentlich spröde und wollte von nichts anderem wissen. Die Zeremonie im kommunistischen Heirats-Palast hatte er als Riesenulk beschrieben: eine dicke ernste Dame im Schneiderkostüm habe ihnen einen Kurzvortrag über die kommunistische Ehe gehalten; Valentinas Eltern, Verwandte und Kollegen vom Bolschoi hätten dieweil feixend herumgestanden, während die Braut sich puterrot im Gesicht mit einem Arm an ihrem hübschen englischen Mann festklammerte, den sie sich geangelt hatte, und mit der anderen einen Strauß welkender gelber Rosen an sich drückte. Seither hatte Rule eine russische Frau. Wenn er nicht in Rußland war, kümmerte er sich nicht um sie.

Pamela versuchte, seinen anzüglichen Blicken auszuweichen und sagte heiser: »Und du glaubst all das über Singapore?«

»Warum nicht? Unsere Monopolkapitalisten haben sich hier in England vor unserer Nase mit Hilfe etlicher pazifistischer Regierungen eine ungeheuer schlagkräftige Luftwaffe und ein fabelhaftes Verteidigungssystem aufgebaut. Davon waren unsere eigenen Leute genauso überrascht wie die Jerries. Singapore ist der Nabel des British Empire, Pam. Wenn wir weiterhin eine halbe Milliarde Asiaten unterdrücken und auspowern und den dummen Eingeborenen Neuseelands und Australiens ihre Schätze abluchsen wollen, muß Singapore eine uneinnehmbare Festung sein. Folglich ist es das auch.«

»Ach, mit dem Empire ist es so oder so aus«, sagte Slote.

»Da bin ich mir nicht ganz so sicher, Les. Hat Winston es nicht fertiggebracht, daß andere ein Bündnis mit uns eingehen, damit das Empire, lendenlahm oder nicht, weiter am Leben bleibt? Die Russen werden den Deutschen schon für uns die Hucke vollhauen. Und früher oder später werdet Ihr verschlafenen Amerikaner anrollen und die Japse vertrimmen. Das gesamte monopolkapitalistische System samt seinen Kolonien ist durch und durch verrottet und muß verschwinden; aber noch ist es nicht so weit. Der weiße Ausbeuter ist ein zäher Beherrscher der Welt. Um ihn loszuwerden, bedarf es schon einer weltweiten Revolution. Und meiner Schätzung nach müssen wir darauf noch ein halbes Jahrhundert warten.«

»Wie um alles auf der Welt kommst du auf den Gedanken, daß die Russen die Deutschen schlagen könnten?« warf Pamela ein.

»Hast du die Abendnachrichten nicht gehört?«

Wieder dieses schiefe Grinsen, abermals das vertraute träge Sich-Drehen dieses großen Körpers auf dem Stuhl und die weit ausholende Geste mit beiden behaarten Händen. »Liebling, du kennst die Sowjetunion nicht.«

»Ich kenne sie«, sagte Slote. »Ich war bis letzten Donnerstag in Moskau. Wie die die Nerven verloren haben, das habe ich noch nie erlebt. Wer sich Räder oder ein Pferd besorgen konnte, ist Hals über Kopf getürmt.«

»Das ist doch nur menschlich! Sie werden sich schon wieder fangen.« Rules Stimme wurde zu einem honigsüßen Gesäusel. »Schließlich ist es kein Pappenstiel zu wissen, daß Hitlers Hauptstreitmacht nur noch hundert Kilometer von einem weg ist.«

»Ich habe das zweimal mitgemacht. Es ist die Hölle. Gut, ich bin ein ausgemachter Feigling. Aber von den Russen hätte ich mehr erwartet.«

Pamela und Rule lachten. Pamela gefiel seine Ehrlichkeit, wenn auch sonst nichts dazu angetan schien, ihn attraktiv zu machen. Dieser hagere, blasse ehemalige Rhodes-Stipendiat mit seiner randlosen Brille, der angeknabberten Pfeife und den fahrigen Gesten war für sie von jeher ein physisches Neutrum gewesen. Er hatte in Moskau versucht, sich an sie heranzumachen; doch sie hatte ihn gelangweilt abgewehrt. Natalie Jastrows alte Leidenschaft für ihn hatte sie nie verstanden.

Ein Schauer überlief sie. »Leslie, wie lange ist Captain Henry denn noch in Moskau geblieben?« Um ihn danach zu fragen, war sie trotz ihrer Erkältung ins Savoy gekommen.

»Ja, mal sehen. Du und Talky, ihr seid am sechzehnten abgereist, stimmt's? Als die Bedrohung am größten war.«

»Ja.«

»Danach ist er noch eine Woche geblieben und hat versucht, Fahrkarten zu bekommen, die ihn über Kuybischew hinausbringen sollten. Ich hielt das bei der Panik, die damals herrschte, für ausgeschlossen, aber es ist ihm zuletzt doch gelungen. Folglich ist er abgefahren – via Sibirien nach Hawaii.«

»Dann müßte er dort inzwischen eingetroffen sein.«
»Das meine ich auch.«
»Großartig.«
Auf die liebenswürdigste Weise fragte Rule Pamela: »Hast du mit ihm geschlafen?«
Ihr Ton war nicht minder liebenswürdig, als sie sagte:
»Das geht dich einen feuchten Dreck an.«
»Leslie sagte«, fuhr Rule fort und blinzelte ob dieser Abfuhr nur kurz, »daß die Jastrow hingegangen ist und ausgerechnet den Sohn von deinem Captain geehelicht hat. Einen U-Bootoffizier, wesentlich jünger als sie. Außerdem gesteht er – woraus er ein großes Geheimnis macht –, daß sein Herz Natalies wegen immer noch blutet. Warum hat sie sowas Groteskes nur tun können? Hat der Bursche sie geschwängert?«
Pamela zuckte mit den Achseln. »Frag doch Leslie.«
»Sie waren isoliert und allein in einer Villa außerhalb von Siena«, sagte Slote mit umwölkter Stirn. »Das habe ich dir doch schon gesagt. Und das monatelang! Bevor er zur Navy ging. Er hat als Rechercheur für Aaron Jastrow gearbeitet. Ich glaube, sie waren die beiden einzigen Amerikaner, die jünger als sechzig und noch in der Toskana geblieben waren. Zweifellos nahm die Natur ihren Lauf. Ich habe in Washington eine ganze Nacht aufgesessen und mich mit ihr über diese Mesalliance gestritten. Sie war überhaupt nicht ansprechbar und ließ sich durch nichts beeindrucken.«
»Womit du sagen willst, sie liebte ihn«, sagte Pamela, »und hatte aufgehört, dich zu lieben.«
»Ja, genau das meine ich«, erwiderte Slote mit einem plötzlichen traurigen Grinsen, das ihn für Pamela einnahm. »Früher war sie die Vernunft in Person, und jetzt hat sie ein Spatzengehirn. Heiratete diesen jungen Spund, blieb bei Jastrow in Italien und ist, soweit ich weiß, immer noch da – mit einem Kind obendrein.«
Rule gluckste in sich hinein. »Du hättest die Nacht in Washington nicht damit verbringen sollen, zu streiten.«
»Alles andere hätte mir nur ein blaues Auge eingetragen.«
»Nun, falls dich das tröstet«, sagte Pamela, »Captain Henry hat auch versucht, das zu verhindern, und hat es nicht geschafft. Wo die Liebe hinfällt . . .«
»Das ist jemand, den ich mal kennenlernen möchte«, sagte Rule. »Diesen Captain Henry.«
»Nichts leichter als das. Verschaff dir den Auftrag, den Kommandanten der U.S.S. *California* in Hawaii zu interviewen«, versetzte Pamela.
»Was gefällt dir so an ihm, Pam?«

»Daß er anständig ist bis auf die Knochen.«
»Verstehe. Der Reiz der Neuheit.«
Das Essen ging vorüber. Den Nachtisch – faden, glibberigen, bonbonfarbenen Pudding – rührten sie nicht an. Der Kellner hatte kassiert. Slote wünschte, daß Rule ginge. Er war entschlossen, sich noch einmal an sie heranzumachen, ob sie nun Fieber hatte oder nicht; er hatte seit Monaten keine Frau mehr gehabt, und im Gegensatz zu Rule mochte er keine Huren. Rule bezeichnete sich selbst als einen vergnügungssüchtigen Menschen; in Slotes Augen war er eher ein Tier. Er selbst hatte Natalie falsch behandelt, niemals jedoch auf so brutale Weise wie Rule, der Pamela zum Selbstmordversuch getrieben hatte. In Moskau hatte sie Slote, wie er glaubte, nur Captain Henrys wegen abblitzen lassen. Doch Victor Henry war jetzt weit fort. Pamela war liebenswert und hübsch; außerdem war sie freizügig und leichtlebig – zumindest hoffte Slote das.
»Nun, Les ist erst einen Tag aus Stockholm hier, Pam«, sagte Rule. Offenbar gingen seine Gedanken in eine ähnliche Richtung. »Wir sollten ihn wohl nicht zulange aufhalten. Komm, ich fahr' dich zurück in deine Wohnung.«
»Ach, ich höre Musik«, sagte Pam. »Ich würde gern tanzen.«
»Aber Darling, seit wann denn das? Seit ich dich kenne, hast du nie auch nur einen Schritt getanzt.«
»Das ist der Einfluß meiner amerikanischen Freunde. Schade, daß du nicht tanzt. Wie steht's mit dir, Leslie?«
»Mit Vergnügen.«
Rule erhob sich und steckte grinsend seine Niederlage ein. »Dann grüß Talky von mir. Ich fliege Montag nach Singapore. Da sehen wir uns dann ja ohne Zweifel.«
Pamela starrte hinter ihm her; die Flecken auf ihren Wangen leuchteten tiefrot.
Slote sagte: »War das dein Ernst, das mit dem Tanzen?«
»Wie bitte? Aber selbstverständlich nicht. Mir ist hundeelend. Ich wollte bloß dieses Ferkel loswerden.«
»Dann komm rauf mit mir auf mein Zimmer und laß uns noch ein Glas trinken.« Die Einladung war eindeutig, hatte aber nichts Schmieriges.
Ein rasches Lächeln – wissend, amüsiert, einen Hauch leichtfertig – ging über ihr Gesicht, das selbst jetzt, mit diesem Hauch von Kränklichkeit immer noch bezaubernd war. Sie legte ihm eine feuchtkalte Hand an die Wange. »Ach du lieber Gott, Leslie – nährst du immer noch unanständige Gedanken in Bezug auf mich? Wie süß von dir. Tut mir aber leid, ich bin in einem hoffnungslosen Zustand. Ich glühe vor Fieber, und überhaupt – nein.«
»Ist schon gut«, sagte Slote und zuckte resigniert die Achseln.

»Du hättest Natalie in Paris heiraten sollen, mein Lieber. Sie wollte doch nichts anderes.«
»Ach Pamela, du kannst mich mal . . .«
Sie brach in Lachen aus, nahm seine Hand und legte sie an ihre feucht-heiße Stirn. »Fühlst du das? Ehrlich, ich sollte versuchen, ein Taxi zu finden, und nach Hause fahren, meinst du nicht? Viel Glück in der Schweiz! Und vielen Dank für die guten Nachrichten von Captain Henry.«
Den überschwenglichen Brief schrieb sie, nachdem sie wieder in ihrer Wohnung war.

In dem Flugboot, das über Singapore kreiste, riß Alistair Tudsbury sich den Schlips herunter, knöpfte das weiße Leinenjackett auf, das sich über seinem Bauch spannte, und fächelte seinem feuchten Kinn mit dem Strohhut Kühlung zu.
»Das wird noch schlimmer als Ceylon, Pam. Wir müssen uns darauf gefaßt machen, in das reine Inferno zu geraten.«
»Ein friedliches kleines Inferno«, sagte Pamela und blickte durch das schräge Fenster hinunter. »Wo sind denn die gewaltigen Festungswälle, die kanonenstrotzenden Forts und die Schwärme von Spitfires und Hurricanes?«
»Davon ist natürlich nichts zu sehen. Aber ein Stich von diesem kleinen grünen Skorpion dort unten kann höllisch weh tun. Ich sag's ja – die *Prince of Wales*! Die Geschütztürme sind unverkennbar.«
Aus der Luft betrachtet, bildete Singapore die abgebrochene Spitze der zerklüfteten malayischen Berge; ein grünes Dreieck in der leicht gekräuselten See, durch einen haardünnen Damm mit dem Festland verbunden. Zwei graue Warzen verunzierten die Dschungelschönheit: im Südosten eine mit roten Dächern gesprenkelte moderne Stadt; weiter im Norden, in der Nähe des Dammes, ein riesiges Areal von Schuppen, Kränen, Unterkünften, Straßen, Häusern und enormen grünen Sportplätzen: der Marinestützpunkt Singapore. Der Stützpunkt wirkte merkwürdig ruhig. In den Docks und an den weiten Liegeplätzen lag kein einziges Schiff. Auf der anderen Seite der Insel dagegen, unten am Zivilhafen, drängten sich Frachter und Kriegsschiffe.
»Hallo, ihr da!«
In der Einwanderungshalle drängte sich Philip Rule durch die Menge und an der hölzernen Absperrung vorbei. Er trug Army-Shorts und -Hemd; sein Gesicht und die Arme waren rotbraun verbrannt; in der geschwollenen und bandagierten Hand hielt er eine violette Orchidee. »Gerade noch rechtzeitig! Sie sind beide eingeladen zum Empfang, den Admiral Philips an Bord der *Prince of Wales* gibt.«

»Admirals-Empfang!« Tudsbury hinkte vorwärts und schüttelte ihm die Hand. »Gute Leistung!«
Rule überreichte Pamela die Orchidee. »Willkommen in der Hauptbastion des Empire, Darling! Diese Dinger wachsen hier als Unkraut am Wegesrand. Kommt, ich bringe euch durch die Abfertigung.«
»Was ist denn mit deiner Hand, Phil?«
»Ach, draußen bei den Dschungelmanövern mit den Regimentern Argyll und Sutherland Highlanders bin ich von einem Tausendfuß gebissen worden. Ein abscheuliches Biest – dreißig Zentimeter lang. Ich wußte nicht, ob ich drauftreten oder lieber schießen sollte. Tropenzauber!« Rule redete unbekümmert über die Schulter hinweg und geleitete sie in ein kleines Amtszimmer. Dort drückte ein schwitzender, rotgesichtiger, kleiner Mann in weißer Jacke mit Messingknöpfen Stempel in ihre Pässe.
»Aha, Mr. Alistair Tudsbury! Welche Ehre! Die Korrespondenten kommen zwar massenweise, aber Sie sind bis jetzt der berühmteste.«
»Schönen Dank.«
»Mit den Japsen war es bisher immer blinder Alarm. Das gab sich bald. Die Aasgeier kommen vergebens, wenn ich so sagen darf. Bitte, nehmen Sie's nicht persönlich, Sir. Wünsche angenehmen Aufenthalt, Sir.«
Rule sammelte ihr Gepäck ein, verstaute es in seinem Wagen und raste mit ihnen in die Stadt; dort fuhr er langsam durch enge Gassen, über denen eine erstickende Hitze lag, und auf denen sich Asiaten aller Altersstufen und Hautschattierungen drängten: manche im Nationalkostüm, manche westlich gekleidet, manche offenbar wohlhabend und fett, andere hingegen bis auf ein paar Lumpen nackt und knochig. Süße, würzige und widerwärtige Gerüche drangen nacheinander durch die Wagenfenster herein. Leuchtendbunte Ladenschilder mit fremden Schriftzeichen säumten die Straßen.
Als das Auto auf einen der großen Boulevards einbog, verwandelte sich die Szene: breite Prachtstraßen, palmengesäumte grüne Parks, Straßenschilder auf englisch, hochragende Gebäude; rasche Durchblicke zum Hafen hinunter und Böen erfrischender Seeluft; dunkelgesichtige Bobbies, die mit weißen Handschuhen den Verkehr regelten – eine britische Hafenstadt, die unter völlig unbritischer Hitze stöhnte und deren Bürgersteige voll waren von den Gesichtern von Farbigen. Im riesigen, ein wenig baufälligen Raffles-Hotel lud Rule das Gepäck ab. Eine Navy-Barkasse nahm sie an einem Stahl- und Beton-Pier mit hochgewölbtem Dach auf und brachte sie zu dem buntgetarnten Schlachtschiff hinüber, das an einer Boje lag. Mit Rules Hilfe, den dünnen Rock schürzend, stieg Pamela die Gangway hinauf. Tudsbury ächzte schmerzlich hinterher.

»Oho!« sagte sie, als sie den Fuß aufs Deck setzte. »Die Briten! Ich hatte mich schon gefragt, wo sie denn wohl wären.«
»Alles, was Rang und Namen hat, ist hier versammelt«, sagte Rule.
Lachend und plaudernd standen die Gäste unter einem braunen Sonnensegel, tranken Cocktails oder warteten in der Schlange, die sich bis zum sonnigen Vordeck erstreckte, um den Gastgeber zu begrüßen. Die Männer trugen weiße Leinenanzüge oder Blazer in leuchtenden Farben, die Frauen geblümte Kleider, die sich in der Brise bauschten. Alle Gesichter waren weiß – es sei denn, die Besitzer trügen ein Tablett in der Hand.
Vier lange Geschützrohre, grellbunt bemalt, streckten sich weit über das Sonnensegel hinaus.
»Mr. Tudsbury«, sagte ein junger Offizier an der Gangway. »Der Admiral läßt freundlichst grüßen, Sir. Bitte, mir zu folgen.«
Sie begaben sich an die Spitze der Schlange. Der Admiral, ein überraschend kleiner Mann mit goldgeflochtenen Schulterstücken auf der weißen Uniform, hielt ihnen eine kleine, gerötete Hand hin. »Freut mich mächtig! Bin sehr gespannt auf Ihre Sendung!«
Er stellte sie einer Reihe steifer alter Herren vor, die neben ihm Aufstellung genommen hatten. Ihre knapp geschneiderten Tropenuniformen ließen knochige graubehaarte Knie und Ellbogen sehen. Ihre Rangbezeichnungen waren majestätisch: die militärische Crème de la Crème von Singapore. Flugzeuggedröhn unterbrach den Austauch von Höflichkeiten; Welle auf Welle kam von See her im Tiefflug heran, streifte ums Haar die Masten der *Prince of Wales*, brauste dann über den Hafen weiter. In der Ferne vernahm man Geschützdonner. Hinter der Stadt sprangen am blauen Himmel weiße Wölkchen auf. Tudsbury rief dem Admiral zu: »Sind das Ihre berühmten Küstengeschütze?«
»Ganz recht! Schwerstes Kaliber in der ganzen Welt. Und prächtig treffsicher, melden meine Scheibenschlepper. Sich Singapore von See her in feindlicher Absicht zu nähern, empfiehlt sich durchaus nicht.«
»Die Geschütze würde ich mir gern einmal ansehen.«
»Das läßt sich einrichten.«
All dies vollzog sich in höchster Lautstärke angesichts des Höllenlärms der Luftmanöver. Tudsbury wies mit der Hand nach oben: »Und diese Flugzeuge?«
Einem hochgewachsenen Grauhaarigen in RAF-Uniform, der neben dem Admiral stand, leuchtete der Stolz aus den matten, verrunzelten Augen: »Vildebeest- und Blenheim-Bomber führen das Geschwader an. Die Jäger sind amerikanische Buffalos. Können es zwar mit unseren Spitfires nicht aufneh-

men, sind aber sonst in Ordnung. Besser jedenfalls als alles, was die Japaner haben.«

»Woher wissen Sie das, Sir?«

»Ach, schließlich sind in China genug japanische Flugzeuge abgestürzt, wissen Sie.« Schlau zogen sich die grauen Brauen zusammen. »Wir wissen haargenau über sie Bescheid. Ziemlich zweitrangig.«

Rule und Pamela standen an der Reling inmitten einer Menge strahlender Briten, die den Manövern der Flugzeuge folgten. Er nahm Gläser von einem Tablett, das ein chinesischer Boy herumreichte. »Mein Gott, Pam, dein Vater weiß wirklich, wie man mit diesen alten Militärs umgeht! Das ist Air Chief Marshal Brooke-Popham, mit dem er sich gerade unterhält. Der oberste Boss hier, Oberkommandierender Fernost. Sie unterhalten sich wie zwei alte Schulkameraden.«

»Nun, jeder wünscht sich eine gute Presse.«

»Ja, und sie wissen, daß er bei den Massen ankommt, nicht wahr? Säuerlich und illusionslos im Ton, und dann, am Schluß, der reinste Kipling! Mit Gott und für das Empire, nicht, Pam?«

»Paßt dir daran irgendwas nicht?«

»Aber im Gegenteil – nichts ist besser. Was die Zukunft betrifft, zwar grundfalsch – aber was sollte ihn dabei stören, solange er daran glaubt.«

Die Flugzeuge entschwanden ihren Blicken. Pamela nippte an ihrem Glas und ließ den Blick vom Heck bis zum Bug über das gigantische Deck schweifen. »Weißt du, Phil – Captain Henry stattete diesem Schiff einen Besuch ab, als es Churchill nach Neufundland brachte. Jetzt spazieren wir vor Malaya auf seinem Deck umher, und er befehligt ein ähnliches Monstrum in Hawaii. Wie unwirklich!«

»Immer noch nicht vergessen, dein Yankee-Captain?«

»Darum bin ich hier. Mein Ziel ist Pearl Harbor. Talky weiß das.«

Rule verzog das Gesicht und zupfte an seinem Bart. »Weißt du, ich wohne im Haus von Jeff McMahon, dem Intendanten von Radio Malaya. Laß uns doch heute abend alle zusammen im Raffles essen, ja? Jeff möchte deinen Vater kennenlernen und eine Sendung mit ihm machen. Und Talky wird an Elsa Gefallen finden. Sie ist die schönste Frau von Singapore.«

»Dann muß ihr Mann verrückt sein, dich in seinem Haus aufzunehmen.«

»Aber, Darling, ich würde doch die Gastfreundschaft eines Mannes nie mißbrauchen!« Pamelas Antwort bestand in einer hochgezogenen Braue und verächtlich gesenkten Mundwinkeln.

»Du kommst also zum Dinner?«

»Ich habe nichts dagegen. Aber ich kann nicht für Talky zusagen.«

Aber der dicke alte Korrespondent, der bester Laune war, erklärte sich mit Freuden bereit, mit der schönsten Frau von Singapore zu Abend zu essen. »Aber selbstverständlich, mein Lieber. Fabelhaft. Ich muß schon sagen, der Air Chief Marshal ist schon ein großartiger Mann! Ich darf die allergeheimsten militärischen Einrichtungen hier besichtigen. Keine Tür, die mir verschlossen bleiben soll. Und ich kann darüber schreiben, was ich will.«

Elsa McMahon trug enganliegenden, elfenbeinfarbenen Seidenjersey, das einzige modische Kleid, das Pamela in der Kolonie gesehen hatte. Ihr fülliges, schwarzschimmerndes Haar hätte in Paris frisiert sein können. Vier Kinder tobten durch das weiträumige Haus, und schimpfende Diener liefen hinter ihnen her; dabei hatte die Frau eine gertenschlanke Figur, ein gemmenhaft feingeschnittenes Gesicht und die reine glatte Haut eines jungen Mädchens, rosig-bernsteinfarben überhaucht vom Tennisspielen. Sie zeigte Pamela ihr Haus, ihre Bücher, ihre Plattensammlung, die eine ganze Wand einnahm, und – bevor die untergehende Sonne das unmöglich gemacht hätte – ihren Tennisplatz und den Garten: einen ausgedehnten, nicht sehr ordentlich gehaltenen Rasen, ragende Palmen, blühende Büsche und Bäume – Gardenien, Hibiskus, Jasmin und Jakaranda –, die in einer so duftgeschwängerten Luft blühten, daß man kaum atmen konnte.
Ihr müheloses Englisch hatte einen leicht skandinavischen Anklang; ihr Vater war ein norwegischer Kapitän gewesen. Ihr Mann ließ die Augen immer wieder wohlgefällig auf ihr ruhen, als wären sie erst seit einem Monat verheiratet.
Sie vertrieben sich die Zeit mit Trinken und warteten, bis Tudsbury, der ein Interview mit dem Gouverneur hatte, schließlich anrief. Der Gouverneur habe ihn gerade gebeten, im Tanglin Club mit ihm zu essen. Dort sei er jetzt. Ob Pamela und ihre Freunde ihm verzeihen und auf Einladung des Gouverneurs auf ein Glas herüberkommen würden?
Pamela hatte den Hörer noch in der Hand, als Rule ärgerlich sagte: »Pamela, das ist verdammt gemein von ihm. Unser Dinner war doch fest abgemacht. Sag ihm und diesem hochgestochenen Gouverneur, sie sollen sich beide zur Hölle scheren.«
»Unsinn! Er kann doch dem Gouverneur keinen Korb geben«, sagte Jeff McMahon liebenswürdig. »Der Tanglin Club liegt auf unserem Weg. Lassen Sie uns gehen.«
Vom Haus der McMahons war es nur ein kurzes Stück Weg. Der Intendant von Radio Malaya brachte das Auto vor dem Eingang des Clubs zum Stehen und wandte sich Pamela zu: »Da wären Sie! Elsa und ich fahren weiter und setzen

uns solange in die Bar vom Raffles. Lassen Sie sich mit dem Dinner ruhig Zeit. Die Musik spielt bis Mitternacht.«
»Unsinn! Stellen Sie den Wagen ab und kommen Sie mit rein. Der Gouverneur hat uns alle eingeladen.«
»Pam, ich bin aus dem Tanglin ausgetreten, als ich Elsa heiratete.«
»Wie bitte?«
Elsa McMahon auf dem Vordersitz drehte den Kopf nach hinten. Ihre dunklen Augen waren feierlich, ihr bezaubernder Mund ironisch verzogen. »Meine Mutter war eine Birmanin, meine Liebe. Wir sehen uns im Raffles.«
Der Tanglin Club war weiträumig und verschmockt. Lebensgroße Hofporträts des Königs und der Königin beherrschten das Foyer; Londoner Zeitschriften und Zeitungen lagen herum; und unter den langsam wirbelnden Ventilatoren boten farbige Boys in weißen Jacken unentwegt Drinks an. Ein alles überdeckender, schrillstimmiger Lärm erfüllte den Club; der Abend war bereits fortgeschritten. Tudsbury hockte inmitten derselben Leute an der Bar, die Pamela an Bord der *Prince of Wales* gesehen hatte. Die Männer betranken sich nachgerade. Die Abendkleider der Frauen waren ebenso hausbacken wie ihre Tageskleider. Der Gouverneur war ein selbstgefälliger, unglaublich langweiliger Mensch. Pamela und Rule tranken ein Glas und gingen dann.
»Nun, viel ist den McMahons nicht entgangen«, sagte sie, als sie in die nach Blumen duftende, mondhelle Nacht hinaustraten. Durch und durch Britin, glaubte Pamela an die Überlegenheit der weißen Rasse, wenn sie auch niemals davon sprach. Sie wußte, daß Clubs wie dieser solche Regeln hatten; dennoch hatte die Tatsache, daß Elsa McMahon hier ausgeschlossen war, ihren ganzen Zorn erregt.
»Aber, aber, Pam! Du kommst doch den harten Tatsachen des Imperialismus wohl nicht erst jetzt auf die Spur, oder?« Rule winkte einem wartenden Taxi. »Wie sonst, meinst du, bringen zwanzigtausend Weiße, von denen die meisten auch noch Schwächlinge und Trottel sind, es fertig, viereinhalb Millionen Malayen zu beherrschen? Doch gewiß nicht, weil sie mit ihnen dick befreundet sind!«
»Sie ist ebensowenig eine Eingeborene wie ich.«
»Ausnahmen kann es nicht geben, Liebling! Die Dämme des imperialen Snobismus halten ein ganzes wogendes Meer von Farbigen zurück. Ein einziger Riß, und sie brechen! Das ist die Lehre. Elsa ist nun mal ein Halbblut.« Aristokratisch näselnd fuhr er fort: »Wie jammerschade! Aber jetzt gehen wir rein und gesellen uns zu deiner Halbblut-Freundin.«
Auf dem offenen, palmengesäumten Hof des Raffles spielten fünf alte weiße Männer schwunglosen Jazz von Anno dazumal. Es war sehr heiß und feucht.

Die McMahons saßen an einem Tisch und sahen drei graumelierten Paaren zu, die in der Mitte tanzten. Sie begrüßten Pamela und Rule ohne jeden Groll. Tolerant und amüsiert klatschten sie beim Essen über den Gouverneur.
Als Sohn eines Geistlichen gehöre er noch zu der harmlosen Sorte, sagten sie. Die Hitze, die Büroarbeit, die Konfusionen und Komplikationen, die mit seinem Amt verbunden seien, hätten ihn in sieben Jahren zu einem wohlwollenden Wackelpudding gemacht. Die Malayischen Bundesstaaten seien verwaltungstechnisch das reinste Tollhaus – es gäbe allein elf verschiedene Regionalregierungen, darunter ein paar äußerst empfindliche Sultane, mit denen er es zu tun habe. Dabei komme die Hälfte des gesamten Zinns und ein Drittel des gesamten Kautschuks, den die Demokratien brauchten, aus diesem Durcheinander. Man könne dabei viel Geld verdienen, und es werde verdient. Es sei ein ständiger Dollarfluß in die britische Kriegskasse. Die Menschen, die die Arbeit verrichteten – zwei Millionen moslemische Malayen, zwei Millionen buddhistische Chinesen und rund eine halbe Million Inder –, könnten sich gegenseitig nicht riechen; das einzige, was sie vereine, sei die Abscheu gegen die Handvoll Weiße, die dafür sorgten, daß alles laufe; und an der Spitze stehe dieser rückgratlose Mensch, der auf einem hohen Hügel und in einem weitläufigen Park wohne, weit entfernt vom Gedränge und den Gerüchen der Eingeborenenviertel. Sieben Jahre sei er ununterbrochen von London aus gestützt worden, weil er dafür gesorgt hätte, daß die Räder nicht zum Stillstand kämen. Dabei habe er buchstäblich nichts getan, außer zuzulassen, daß sie sich drehten. Und das, so Jeff McMahon, grenze im britischen Kolonialdienst schon an Genie.
»Man sieht das hier offenbar unterschiedlich«, meinte Rule. »So habe ich heute eine drei Stunden lange Tirade gegen ihn gehört. Tim Boyle von Associated Press sagt, er sei ein hartgesottener Leuteschinder, der es besonders mit der Zensur habe. Tim hat einen Artikel über das Nachtleben von Singapore geschrieben, das der Zensor schlichtweg unterdrückt hat. Daraufhin hat Tim um ein Gespräch mit dem Gouverneur gebeten, und der hat ihn runtergemacht wie den letzten Kuli. Die ersten Worte des Gouverneurs waren: ›Ich hab' Ihre Geschichte gelesen. Wenn Sie Asiate wären, hätte ich Sie hinter Gitter gesteckt.‹«
»Ach, das hat ganz andere Gründe«, sagte Elsa. »Das Kolonialministerium hat ein langes Gedächtnis. Amerika hat auch als Kolonie angefangen. Einmal ein Eingeborener, immer ein Eingeborener.«
Die McMahons aßen nur wenig. Nach dem Kaffee standen sie auf und tanzten zu der kargen Musik. Rule hielt die Hand hin. »Pamela?«
»Sei doch kein Esel. Ich breche hier bei jeder Bewegung, die ich mache, in

Schweiß aus. Außerdem weißt du genau, daß du gar nicht tanzen kannst. Und ich auch nicht.«

»In London hast du aber Slote aufgefordert, mit dir zu tanzen.«

»Nur um dich loszuwerden.«

»Aber Darling, du kannst doch unmöglich immer noch böse auf mich sein.« Der rote Schnurrbart sträubte sich zu einem gekränkten Grinsen. »Das alles ist doch schon eine Ewigkeit her.«

»Zugegeben, Phil. Du bist ein vergilbendes Diplom an der Wand. Bleib einfach hängen.«

»Wieder abgeblitzt! Nun, es gefällt mir, wie du dich wegen Elsa aufregst. Aber sie ist sehr beliebt, und der Tanglin Club ist die gähnende Langeweile, ohne die sie sehr gut auskommt. Was ist denn mit den Chinesen und Indern, die du oben in der Stadt gesehen hast? Die leben doch wie Ratten auf einem Abfallplatz. Da hast du Singapores eigentliches Rassenproblem.«

Pamela konnte ihm nicht sofort antworten. Sie kannte keine politischen, gesellschaftlichen oder religiösen Gewißheiten. Für sie war das Leben ein farbenprächtiges, schmerzliches Schauspiel, in dem Recht und Unrecht ziemlich unsichere Größen darstellten. Werte und Moralvorstellungen änderten sich mit der Zeit und mit dem Ort. Alles hinwegfegende Rechtschaffenheit wie etwa Victor Henrys christliche Moral oder Rules militanter Sozialismus waren nur dazu angetan, den Menschen das Leben zur Hölle zu machen und das bißchen Glück, das ihnen blieb, zu beschneiden. So dachte sie jedenfalls.

»Davon verstehe ich nichts, Phil, das weißt du doch. Asien war nicht immer so – ein paar Radschas und Sultane, die von goldenen Tellern essen, Tempel und Tadsch Mahals bauen, während die Massen sich in Kuhmist und Schlamm vermehren?«

»Aber wir sind hierhergekommen, um das alles zu ändern, Liebling! Behauptet zumindest Kipling. Und Alistair Tudsbury.«

»Haben wir es denn nicht zum Besseren verändert?«

»In gewisser Beziehung. Eisenbahnen, Verwaltungsapparat, eine moderne Sprache. Aber Pam, gerade hier im Tanglin Club haben sie sich etwas Ungeheuerliches geleistet. Sie haben den indischen Offizieren verboten, ihren Swimming Pool zu benutzen – ich wiederhole: den *Offizieren* vom Fünften Indischen Regiment! Gebildeten Militärs, die hier stationiert sind, um Soldaten zu führen und für den Tanglin Club zu sterben! Eine Entscheidung, die ihre Wirkung nicht verfehlt hat. Damit sind fünfzig Jahre Kipling zunichte gemacht.«

Die McMahons gingen frühzeitig, um zu ihren Kindern zurückzukehren; sie verabschiedeten sich höflich, aber dadurch, daß Talky sie versetzt hatte, war der Abend für sie sinnlos geworden. Philip Rule ging mit Pamela durch die Hotellobby. »Stopf dein Moskitonetz fest zu, Darling«, sagte er an der Treppe. »Prüfe jede Seite nach. Ein paar von diesen Viechern können dir das Blut aussaugen wie Dracula.«

Pamela ließ den Blick durch die Hotelhalle schweifen, in der die chinesischen Boys in weißen Jacken mit Tabletts hin- und herschossen. »Dieses Trinken! Dieses Trinken! Hört das denn überhaupt nicht auf?«

»Das hat man mir gleich am ersten Tag erzählt«, sagte Rule, »und seither habe ich es in den Clubs des Weißen Mannes mindestens vierzigmal zu hören bekommen: Singapore ist eine Stadt, ›in der man trinkt, in der es stinkt und man Chinesen linkt‹.« Er gab ihr einen Kuß auf die Wange. »Gute Nacht. Ich hänge mich jetzt wieder an die Wand.«

Die ersten Bomben fielen um vier Uhr morgens auf Singapore. Pamela lag halbwach und verschwitzt unterm Moskitonetz, als sie es über sich dröhnen hörte. Flüchtig dachte sie an eine Nachtflugübung der Jäger. Doch bei den ersten dumpfen Detonationen in der Ferne fuhr sie hoch, schob das Moskitonetz beiseite und lief in den Salon hinüber. Tudsbury tappte schwerfällig aus seinem Zimmer, blinzelte wie blind und hielt den Pyjama über dem behaarten Bauch zusammen. »Das sind Bomben, Pam.«

»Ich weiß.«

»Ach, diese gelben Hunde! Die versuchen's wirklich, was? Na, das werden sie noch bedauern.«

Das Dröhnen der Flugzeuge über ihnen kam näher. Die Bomben explodierten jetzt in größerer Nähe und entsprechend lauter. Sich die Pyjamajacke herunterreißend, stolperte Tudsbury zurück in sein Zimmer. Pamela rief vom Fenster her: »Talky, sie haben nicht mal verdunkelt!« Die Straßen waren strahlend hell erleuchtet. Die Wolken über ihnen warfen den Widerschein zurück. Sie sah weder Scheinwerfer noch Leuchtspurmunition, hörte weder Sirenen noch das Tacktack von Flakgeschützen. Mit einem der Angriffe auf London ließ sich das überhaupt nicht vergleichen. Der einzige Unterschied zu anderen warmen und duftgeschwängerten Singaporer Nächten bestand darin, daß unsichtbare Flugzeuge Bomben fallen ließen, welche die Stadt nicht zur Kenntnis nahm.

Gedämpft kam eine Antwort: »Nun, damit hat natürlich niemand gerechnet. Es gibt keine Luftbasen, von denen die Japaner aus operieren könnten, um Singapore zu erreichen. Das hat Brooke-Popham mir selbst gesagt.«

»Und wie erklärst du dir das hier?«

»Nun, vielleicht kommen die von einem Flugzeugträger. Selbstverständlich wird die *Prince of Wales* jeden dieser schwimmenden Flugplätze versenken, der hier aufkreuzt, falls die RAF das nicht vorher besorgt. Mit selbstmörderischem Wahnsinn kann man beim Feind doch nicht rechnen.«
Dann kam er, unordentlich angezogen, aus seinem Zimmer. Die Bomben fielen mittlerweile weiter weg, doch noch immer dröhnten Flugzeuge über den Himmel. Pamela saß halbnackt in ihrem kurzen Nachthemd am Schreibtisch und ließ benommen ein maschinegeschriebenes Manuskript durch ihre Finger gleiten. Das Haar fiel ihr wirr ins Gesicht. »Damit ist die Sendung hier überholt, Talky.«
»Wieso? Mein Überblick über die militärische Situation ist nach wie vor gültig, und das ist doch der Hauptteil. Die Sendung kommt jetzt genau zum richtigen Zeitpunkt. Ich brauche nur eine neue Einleitung über diesen Überfall und einen Schluß, der dazu paßt. Fang doch bitte schon an damit, ja? Ich diktiere deinen Entwurf nochmal runter, wenn ich zurückkomme.«
»Wohin, zum Teufel, willst du eigentlich – mitten in einem Bombenangriff?«
»Army-Öffentlichkeitsarbeit. Ich habe Major Fisher angerufen. Er ist in diesem Augenblick dabei, eine Pressekonferenz abzuhalten, und – was ist denn?«
Der Kopf sank ihr auf die nackten Arme auf der Schreibtischplatte. »Ach, ich finde es nur so niederdrückend! Das Ganze – daß jetzt alles noch einmal von vorn anfängt.«
»Kopf hoch, Mädchen! Das hier sind keine Deutschen. Die Flugzeuge, die du da hörst, bestehen aus Bambus und Reispapier. Mit diesem Gelump werden wir schon fertig. Meine Herren, sieh dir diese Beleuchtung an! Diese Stadt brennt wirklich wie ein Weihnachtsbaum! *Irgendwer* wird sich verdammt die Finger verbrennen, weil er geschlafen hat! Ich gehe jetzt. Und du schreibst das unter den neuen Gesichtspunkten nochmal um, ja?«
»Ja, ja! Geh nur!« murmelte sie in die Arme hinein.
Pamela dachte daran, daß Flüge mit dem Clipper bestimmt sofort eingestellt wurden; daß es auf den Seewegen nach Hawaii von japanischen Unterseebooten wimmelte; daß sie vielleicht jahrelang von Victor Henry getrennt sein würde, möglicherweise für immer. Soweit gekommen zu sein, und dann vergebens! Ob man überhaupt noch aus Singapore hinauskam?
Der Morgen graute bereits, und ein Hauch einer kühlen Brise trug Gartendüfte durch die hohen Fenster herein, als ihr Vater hereingepoltert kam, trompetend wie ein wildgewordener Elefant. »Pam! Pam! Hast du gehört?« Immer noch im Nachthemd, schaute sie erschöpft von der Schreibmaschine auf.
»Was gehört?«

»Ach, du Dummerchen, WIR HABEN DEN KRIEG GEWONNEN!« Tudsburys Augen quollen förmlich aus den Höhlen, seine Hände zitterten. »Die gelben Schweine haben *Pearl Harbor* angegriffen.«
»Was?«
»Du hast richtig gehört! Ein Riesenangriff von Flugzeugträgern aus! Der Schaden ist noch nicht abzusehen! Damit hängen die Yankees drin, Pam! Bis zum Hals stecken sie diesmal mit drin! Und was könnte sonst wichtig sein? Wir haben den verdammten Krieg gewonnen, sag ich dir! Darauf muß ich ein Glas trinken, sonst komm ich um!«
Er ließ Whisky in ein Glas plätschern, kippte ihn runter und mußte husten. »Du lieber Gott – wir haben ihn gewonnen, *gewonnen!* Das ist um Haaresbreite nochmal gut gegangen! Wir haben diesen verdammten Krieg wirklich und wahrhaftig gewonnen! Ich muß diese Sendung von Seite eins an nochmal ganz neu schreiben, aber bei Gott – was für ein erhebender Augenblick, das erleben zu dürfen! Wir leben im Zeitalter der Giganten, Pam. Ihre Schritte lassen die Erde erzittern . . .«
»Welche Schiffe sind getroffen worden?«
»Ach, darüber reden die Yankees selbstverständlich nicht. Aber der Schaden ist immens. Soviel kann man selbst den Funksprüchen aus Honolulu entnehmen. *Uns* hier hat es *nicht* erwischt, Gott sei Dank! Sie haben versucht, am Flugplatz Khota Baru zu landen, aber wir haben sie zurückgeworfen ins Meer. In Thailand haben sie allerdings einen Brückenkopf bilden können. Aber da marschieren wir heute morgen hin und geben ihnen eins auf den Deckel! Zwei Elitedivisionen sind an der Grenze stationiert, bereit, jederzeit hinzugehen. Diesmal haben die Japse ihren Kopf selbst in die Schlinge gesteckt, und – ja, aber was hast du denn nur?«
Den Handrücken vor die Augen gelegt, eilte Pamela mit großen Schritten in ihr Schlafzimmer. »Nichts, nichts, nichts!« Mit einer Handbewegung wies sie auf die Schreibmaschine. »Da hast du deinen verdammten Entwurf.«

Tudsburys Kommentar trug ihm Anrufe und Glückwunschtelegramme aus London, Sydney und New York ein. Er hatte von ausgedehnten geheimen Materiallagern und Befestigungsanlagen gesprochen, die er mit eigenen Augen gesehen habe; von enormen Verstärkungen, die unterwegs seien, wie er aus bestunterrichteter militärischer Quelle wisse; von der erstaunlichen Kaltblütigkeit, die Europäer wie Asiaten während des Bombenangriffes bewiesen hätten. Daß in Singapore die Straßenlaternen gebrannt hätten, hatte er in seinem Manuskript als lustiges Beispiel für die Ruhe hingestellt, die man hier bewahrt habe. Zögernd und unter tausend Entschuldigungen hatte der

Zensor ihn gebeten, diesen Satz herauszunehmen, womit er sich liebenswürdigerweise einverstanden erklärt hatte.
Er rasselte Statistiken über die gigantischen Industriereserven der Vereinigten Staaten herunter und schloß mit folgendem Aufruf: *Kriege werden zwar nicht mit kalten Statistiken gewonnen, das stimmt schon, sondern mit lebenden, leidenden Männern. Gleichwohl lassen Statistiken das Endresultat voraussahnen. Wenn dieser Krieg auch eine Tragödie über die Welt bringt – er wird gewonnen werden. Das wissen wir jetzt.*
Singapore, das kann ich berichten, ist für den bitteren Endkampf gerüstet. Die Festung Singapore erwartet keine Tee-Party. Aber sie ist sehr wohl auf ungeladene Gäste vorbereitet. Eines möge die Welt draußen zur Kenntnis nehmen: Der bittere Trank, der sie in Singapore erwartet, wird den Japanern nicht schmecken – falls sie überhaupt nahe genug herankommen, um davon zu kosten!
Als er nach der Sendung die Bar des Tanglin Club betrat, erhoben die Gäste sich wie ein Mann und applaudierten, bis ihm Tränen über die feisten Wangen liefen.

Die Bomber kamen in Singapore nicht noch einmal, und von Kämpfen im Norden der Halbinsel hörte man auch nicht viel. Für Pamela war es eine sonderbare, erinnerungsträchtige tropische Neuauflage des ›drôle de guerre‹, wie sie es 1939 erlebt hatte; die gleiche Erregung, die gleiche merkwürdige Unwirklichkeit, das gleiche ›zurück zur Normalität‹! Die Verdunkelung wurde als unbequemer Jux betrachtet, obwohl der Mangel an dunklem Stoff den Damen des Clubs, die in den schwülen Blumengärten saßen und Verbandszeug rollten, Grund zu aufgeregtem Gezwitscher gab. Luftschutzwarte stolzierten mit Blechhelmen auf dem Kopf und im vollen Bewußtsein ihrer Wichtigkeit auf den Straßen auf und ab. Nur an Schutzbunkern fehlte es.
Dieser Mangel machte Tudsbury zu schaffen. Er nahm den Gouverneur ins Gebet. »Feuchter Untergrund, mein Lieber«, sagte der Gouverneur. Tudsbury wies darauf hin, daß er im Marinestützpunkt gigantische Betonbunker gesehen habe, die tief in die Erde hineingingen und endlos vollgestopft seien mit Granaten, Lebensmitteln und Treibstoff. Wie sich das mit feuchtem Untergrund vereinbaren lasse? Der Gouverneur lächelte ob seiner Unnachgiebigkeit. Gewiß, diese Höhlen seien um der Sicherheit des Empire willen unter ungeheurem Kostenaufwand in den Boden hineingesenkt worden. In der Stadt aber würden derlei drastische Maßnahmen – mal ganz abgesehen von den Kosten – nur die asiatische Bevölkerung beunruhigen. Ein umfassender Evakuierungsplan liege bereit und könne, falls nötig, augenblicklich durchge-

führt werden. Widerwillig gab Tudsbury sich damit zufrieden. Er war der Held des Tanglin Club, die beruhigende Stimme, mit der Singapore zur Welt sprach. Aber er hatte Mühe, die Sendezeit, die ihm zur Verfügung stand, zu füllen. Nach den ersten Army-Kommuniqués zogen die japanischen Landungsschiffe sich zurück; die wenigen Truppen, die sie auf den in die Zange genommenen Brückenköpfen zurückließen, wurden planmäßig ausgelöscht. Danach waren die Informationen spärlicher geworden. Die Ortsnamen, die genannt wurden, verschoben sich merkwürdigerweise immer weiter nach Süden, und eines Tages hatte das gesamte Kommuniqué aus folgenden Worten bestanden: *Nichts Neues zu berichten.* Woraufhin in den Clubs des Weißen Mannes sich eine bestimmte Theorie durchsetzte: wie die Russen in ihrem Kampf gegen Hitler gebe das Oberkommando klugerweise Gebiete preis, um Zeit zu gewinnen, und ließe die japanischen Streitkräfte sich im Dschungel aufreiben, der den Truppen genausoviel abverlange wie der russische Winter.

Daneben kursierte die Monsun-Theorie. Militärfachleute waren schon immer der Meinung gewesen, daß Singapore sich nach dem Oktober für ein halbes Jahr in Sicherheit wiegen könne, weil der Feind während des Nordost-Monsuns nicht landen könne. Nun waren die Japaner doch gelandet. Jetzt erklärten dieselben Fachleute, man könne zwar überstürzt jeden denkbaren militärischen Plan ausführen, doch müßten die japanischen Invasionsstreitkräfte, die in der Monsun-Brandung schwere Verluste erlitten hätten, sich im Dschungel ohnehin zu Tode laufen.

Obgleich Tudsbury diese Theorien per Radio verbreitete, wurmte ihn, daß er nichts Handfestes zu berichten hatte. Die Art, wie man ihn willkommen geheißen und die Wirkung, die sein erster Kommentar gezeitigt hatte, hatte ihn in die Rolle eines Optimisten gedrängt: gleichwohl hatte er das Gefühl, sich in einer prekären Lage zu befinden.

Dann kam die Nachricht von der Versenkung der *Prince of Wales* und der *Repulse.* Das waren bittere Nachrichten. Katastrophen zu Beginn, das Ganze behaftet mit dem starken Geruch von Böcken, die geschossen worden waren; Dinge, die einen krank machen konnten, erklärten sie sich nicht aus der britischen Art, Krieg zu führen. Zwei Korrespondenten, die auf der *Repulse* gewesen waren, kamen mit dem Leben davon; sie waren zwar zutiefst erschüttert und krank, hatten jedoch historische Schlagzeilen machen können. Damit mußte Tudsbury konkurrieren. Er hängte sich folglich an hohe militärische Freunde, bestand darauf, die Wahrheit zu erfahren und bekam sie zu hören. Der mutige kleine Admiral war nach Norden abgedampft in der Absicht, die Invasionsstreitkräfte zu überraschen, sie schnell zu schlagen und dann vor den japanischen Bombern, die von ihren Flugplätzen an Land aus

operierten, zu fliehen. Auf Unterstützung aus der Luft hatte er völlig verzichten müssen. Der nächste britische Flugzeugträger lag in Indien. Die RAF von Singapore verfügte entweder nicht über die entsprechenden Maschinen, oder sie hatte die Signale nicht erhalten; darüber ließ sich nichts Genaues herausfinden. Jedenfalls hatten japanische Torpedoflugzeuge und Sturzbomber Angriffe geflogen und beide Schlachtschiffe versenkt. Der Admiral war ertrunken. Das Empire lag jetzt dem Zugriff der japanischen Flotte preisgegeben, und dazu gehörten zehn Schlachtschiffe und sechs größere Flugzeugträger; über die stark angeschlagene amerikanische Navy brauchten sie sich kaum noch Sorgen zu machen.
Tudsbury hastete ins Raffles, diktierte Pamela diese heiße Geschichte und betonte vor allem das Zentralthema Luftwaffe. Seine Sendung war ihm halb zum Leitartikel geraten. Unter blutigen Verlusten habe England die Erfahrung gemacht, daß Kriegsschiffe gegen Flugzeuge, die von Landbasen aus operierten, nichts ausrichten können. Eindringlich forderte er: Wendet diese Lehre gegen den Feind an! Die Royal Air Force sei die größte Luftstreitmacht der Welt. Rasche und massive Verstärkung aus der Luft für Malaya könne die japanischen Eindringlinge stoppen und vernichten. Das sei eine Gelegenheit, für die es sich wohl lohnte, an anderen Fronten Opfer zu bringen; ein Opfer, das die Katastrophe abwenden und das Empire retten könne.
Er schickte das Manuskript per Boten ins Büro des Zensors. Drei Stunden vor der Sendezeit rief der Zensor ihn an. Sein Kommentar sei schon in Ordnung, nur eines könne er unmöglich sagen: daß es den Schiffen an Unterstützung aus der Luft gefehlt habe. An solche Eingriffe nicht gewöhnt, eilte Tudsbury per Taxi schwitzend und halblaut vor sich hinfluchend ins Büro des Zensors. Der Zensor, ein zerbrechliches blondes Männchen mit lächelnd geschürzten Lippen, zitterte vor Angst, als Tudsbury loslegte, und starrte ihn mit runden, feuchten kleinen Augen an. Sein militärischer Berater war ein Captain von der Navy, ein rundlicher, weißhaariger Mann mit rosigen Wangen in makellosem Tropenweiß, der keinen weiteren Grund für ein Eingreifen nannte außer ein ständig wiederholtes: »Tut mir entsetzlich leid, mein Lieber, aber wir können das nicht zulassen.«
Nach langem Streit schob Tudsbury dem Captain seine blauroten Hängebäckchen direkt vors Gesicht und blökte: »Also gut, ehe ich mich direkt an Air Chief Marshal Brooke-Popham wende – WARUM können Sie es nicht zulassen?«
»Weil es sich um Informationen von größter militärischer Bedeutung handelt. Wir dürfen das dem Feind gegenüber nicht zugeben.«
»Dem *Feind* gegenüber? Aber wer, meinen Sie, hat die Schiffe denn versenkt? Meine Sendung kann Singapore eine solche Masse von Jagdflugzeugen

bescheren, daß so etwas nie wieder vorkommt.«
»Jawohl, Sir, der Teil ist wunderbar geschrieben, das muß ich Ihnen zugestehen.«
»Aber wenn ich nicht *sage*, daß es keinerlei Luftunterstützung gegeben hat, ist das Ganze doch sinnlos! Begreifen Sie das denn nicht? Unverständlich! Hirnverbrannt!«
»Tut mir entsetzlich leid, Sir, aber wir können es nicht zulassen.«
Mit einem Satz schoß Tudsbury zum nächsten Telephon. Der Air Chief Marshal sei nicht zu sprechen. Der Gouverneur sei draußen und inspiziere die Verteidigungsanlagen. Die Zeit vor seiner Sendung schrumpfte immer mehr. Als er schließlich völlig außer sich vor Wut im Studio erschien, schlug er Jeff McMahon vor, ein ungekürztes Manuskript zu senden und das Ganze auf die eigene Kappe zu nehmen.
»Aber Herrgott, wir sind schließlich im Krieg, Tudsbury«, verwahrte sich McMahon. »Wollen Sie uns alle ins Gefängnis bringen? Wir müßten Sie abschalten.«
Nachgerade versagten dem dicken alten Korrespondenten Verachtung und Energie. »Ich habe vier Jahre lang aus Berlin gesendet, McMahon«, krächzte er. »Nicht einmal Goebbels hat es gewagt, so mit meinen Manuskripten umzugehen. Nicht ein einziges Mal! Die britische Verwaltung von Singapore hingegen wohl! Wie finden Sie das?«
»Mein lieber Freund, die Deutschen reden nur davon, die Herrenrasse zu sein«, erklärte Elsa McMahons Ehemann trocken. »In zehn Minuten sind Sie dran.«

7

Bei schwerer See stampfte die U.S.S. *Devilfish* im Dunkel der Frühwache an der Westküste von Luzon entlang, mit Kurs auf den Golf von Lingayen. Eingeengt durch den Tochterkompaß, stand Byron in klammem Ölzeug auf der winzigen Brücke; jedesmal, wenn der Bug auf eine Woge aufschlug, flog ihm warmer weißer Gischt ins Gesicht. Die Ausgucks waren schweigende Schatten. Heute nacht dösten sie bestimmt nicht, dachte Byron. Bis auf das Gefühl, mit abgeblendeten Lichtern auf etwas Unheilvolles zuzulaufen, verlief Byrons erste Wache auf Feindfahrt wie jede andere; es galt, auf einer zugigen und schwankenden Brücke stundenlang in die Finsternis hineinzuspähen, ohne daß irgend etwas vorfiel.

Von den Schwierigkeiten, auf die sie zuliefen, wußte er mehr als die anderen Besatzungsmitglieder. Diese Feindfahrt war weniger eine Jagd als ein Himmelfahrtskommando. Aster hatte ihm auf der Karte des Golfes von Lingayen die Zahlenangaben für die Untiefen und Riffe gezeigt, welche die Einfahrt zum Golf nahezu blockierten. Vor der freien Osteinfahrt mußte es von japanischen U-Boot-Jägern wimmeln. Sollte es einem amerikanischen U-Boot trotzdem gelingen, durchzuschlüpfen, einen Truppentransporter zu torpedieren und dadurch die gesamte Invasionsstreitmacht aufzuscheuchen – nun, von da an könnte, wie Aster es ausgedrückt hatte, das Leben an Bord recht unangenehm werden, vor allem aber verdammt schnell zu Ende sein.

Byron fand sich mit alledem ab. Priens Einbruch in die Bucht von Scapa Flow, um die *Royal Oak* zu versenken, war ein ebenso waghalsiges Abenteuer gewesen. Dieser U-Boot-Kommandant hatte es geschafft; er war heil heimgekehrt, hatte sich als Held feiern lassen und aus Hitlers Hand persönlich einen Orden bekommen. Daß auch Byron sich jetzt in einem einsamen Unterseeboot im Schutz der Dunkelheit einer gewaltigen feindlichen Streitmacht näherte, die den Himmel ebenso beherrschte wie das Meer, erfüllte ihn mit hochgespannter Erwartung. Möglich, daß das eine dumme Gefühlsregung war, das wußte er; dafür war sie aber wirklich. Der Erste Wachoffizier war offensichtlich vom gleichen Hochgefühl durchdrungen. Carter Aster rauchte heute abend eine lange braune Havanna. Das bedeutete, daß er besonders gut

gelaunt war; sonst rauchte er abscheuliche, graue philippinische Stumpen. Und Captain Hoban sprudelte förmlich über vor Kampfgeist.
Byrons Groll auf den Kommandanten hatte sich gelegt. Der Captain hatte ihn gezwiebelt wie sonstwas, doch jetzt schien es, als wäre dieses Messen der Kräfte und des Willens seine eigene Schuld und seine Dickköpfigkeit kindisch gewesen. Branch Hoban war ein ausgezeichneter Navigator; bei der schwierigen Fahrt durch die neuen Minenfelder, die die Bucht von Manila vor japanischen U-Booten schützen sollten, hatte er es bewiesen. Außerdem war er ein geschickter U-Boot-Ingenieur, jederzeit bereit, sich die Hände an einem Dieselmotor schmutzig zu machen oder sie sich mit Batteriesäure zu verätzen. Er hatte die gleichen Fehler wie andere eifrige Absolventen der Marine-Akademie auch, er brannte darauf, sich auszuzeichnen, war ungeheuer stur, wenn es beim Papierkrieg um Genauigkeit ging, und neigte dazu, Vorgesetzten mit vier Streifen am Ärmel und Admirälen um den Bart zu gehen. Na und? Während seiner Ausbildung als Schiffsingenieur und als Torpedofachmann hatte er die besten Noten bekommen, und das waren Dinge, auf die es im Ernstfall ankam. Jetzt, da sie auf den Feind zuliefen, war Hoban durchaus eine Beruhigung.
Als es im Osten leicht graute, kam der Kommandant herauf, um einen Blick auf den Himmel zu werfen. »Lady will schon um sechs auf Tauchfahrt gehen. Warum zum Teufel eigentlich, bei so guter Sicht? Bis Lingayen ist es noch weit! Ich habe keine Lust, mit drei Knoten weiterzuschleichen und zu erleben, daß die *Salmon* und die *Porpoise* mir beim Angriff zuvorkommen. Setzen Sie noch vier Mann als Ausguck ein. Führen Sie ständige Sektorensuche über den Himmel aus und im übrigen: volle Kraft voraus!«
»Aye, aye, Sir.«
Der Tag wurde heller. Die *Devilfish* rollte übelkeiterregend und kämpfte sich mit zwanzig Knoten durch die grauen, windgepeitschten Wogen. Hoban trank einen Becher Kaffee nach dem anderen und rauchte ununterbrochen Zigaretten, die er in der gekrümmten Hand geschützt hielt; er scherte sich nicht im geringsten um das Spritzwasser, das ihn völlig durchnäßte. Als Byrons Wache vorüber war, fand er Aster in der Zentrale über die Seekarte gebeugt und verdrossen an einer erloschenen Zigarre kauend. Er grunzte kaum in Erwiderung auf Byrons »Guten Morgen.«
»Was ist denn, Lady?«
Mit einem Seitenblick auf den Rudergänger, knurrte Aster: »Woher wissen wir, daß die Flugzeuge der Japse kein Radar haben? Die stecken doch voll von Überraschungen, diese gelben Affen. Und was ist mit japanischen U-Booten? Bei Tageslicht sind wir die reinste Zielscheibe. Ich will ja auch möglichst schnell nach Lingayen. Aber ich möchte dort auch *ankommen!*«

Über Asters Schulter hinweg betrachtete Byron die Karte. Die Halbinsel stieß in nordwestlicher Richtung von der Hauptmasse der Insel Luzon ins Meer hinaus wie der Daumen eines gelben Fausthandschuhs. Der u-förmige blaue Raum zwischen Daumen und Hand war der Golf von Lingayen. Die Kurseintragung zeigte, daß sie etwa die Hälfte des Daumens passiert hatten. Der eingezeichnete Kurs, dem sie folgen wollten, verlief über die Spitze der Halbinsel an den Riffen und Untiefen vorüber in östlicher Richtung, um dann nach Süden abzubiegen und die ganze Daumenlänge wieder hinunterzuverlaufen – bis zu der Stelle, an der die Japaner, wie angenommen wurde, landen würden: an eben jenem Punkt, der Manila am nächsten gelegen war.
»Sagen Sie, Lady, haben Sie jemals von Günther Prien gehört?«
»Klar doch. Das ist doch der Deutsche, der die *Royal Oak* bei Scapa Flow versenkt hat. Was ist mit ihm?«
»Er hat in Berlin einen Vortrag gehalten. Ich war dabei.« Byron fuhr mit dem Finger die Rifflinie entlang. »Er ist bei Scapa Flow durch sowas Ähnliches wie dies durchgestoßen. Hat ein Loch gefunden und ist über Wasser durchgerutscht.«
Stirnrunzelnd wandte Aster Byron das Gesicht mit den langen Kieferknochen zu, die Mundwinkel zu seinem merkwürdig kalten Lächeln verzogen. »Ach nein, Briny Henry – auch scharf auf einen schönen Orden? Ausgerechnet Sie?«
»Naja, wir wären schneller da, wenn wir durch die Riffe durchkämen, oder? Und die Zerstörer an der Zufahrt zur Bucht hätten das Nachsehen.«
Asters satirisches Lächeln schwand. Er griff nach dem Lotsenbuch für die Küstenschiffahrt.
A-OOGHA! A-OOGHA! A-OOGHA!
»Alarm! Alles auf Tauchstationen!« tönte Branch Hobans Stimme drängend, aber doch ruhig durch das Schiff. Das U-Boot wurde rasch vorlastig. Die Ausgucks kamen durch die triefende Luke heruntergeklappert; ihnen folgten der Wachoffizier, der Kommandant und zuletzt der Steuermannsmaat, der die Luke schloß und zuschraubte. Byron hörte das vertraute Zischen und Blubbern, als wäre das Schiff ein lebendiges schnaubendes Monstrum, das tief Atem holte; er spürte den plötzlichen Druckanstieg in den Ohren, noch ehe der I.W.O. rief: »Druck ins Boot!« Die *Devilfish* verlangsamte ihre Fahrt und gewann unter Gurgeln und Zischen allmählich an Tiefe.
Hoban wischte sich das triefnasse Gesicht. »Whitey Pringle hat ein tieffliegendes Flugzeug gesichtet. Vielleicht war's aber auch bloß eine Möwe. Pringle hat gute Augen. Aber warum sollte ich mich streiten! Die Sonne kommt sowieso gleich durch. Lady: bei neunzig Boot horizontal legen!«
»Aye, aye, Sir«, sagte Aster.

Byron rutschte in die Zentrale hinunter und eilte über die geneigten Flurplatten nach vorn. Der Weihnachtsbaum aus kleinen Lichtern am Backbordschott, der den Zustand aller Schotts im Boot angab, zeigte nur solides Grün. Die Tiefensteuerer an ihren großen Rädern hatten die Augen ruhig auf die Tiefenmesser gerichtet; hier war nicht die Spur von Kampfnervosität zu spüren.
»Noch vorlastiger trimmmen!«
Dieser Routinevorgang berührte Byron kaum. Im vorderen Torpedoraum waren der Torpedoingenieur Hansen und seine Leute dabei, zwei frisch an Bord genommene Torpedos mit Gefechtsköpfen auszustatten. Byrons Augen brannten; er hatte seit der Abfahrt aus Manila nicht geschlafen, wollte sich jedoch persönlich davon überzeugen, daß alle Torpedos schußbereit seien. Hansen meldete, alle sechs Bugrohre seien geladen; sämtliche Torpedos gefechtsklar; die neuen geheimen Zünder waren klar zum Einbau in die Gefechtsköpfe. An den Schotten entlang waren gelbe Übungsköpfe aufgestellt, die in Friedenszeiten mit Wasser gefüllt worden waren; das Wasser ließ sich mittels Druckluft herauspressen, so daß die Torpedos nach oben getrieben wurden und wieder aufgefischt werden konnten. Jetzt trugen die Torpedos Sprengköpfe, die mit TNT geladen waren; es war unmöglich, sie ohne Zünder zur Detonation zu bringen; trotzdem hatte Byron gesehen, daß die Mannschaft diese grauen Sprengköpfe wegen der ihnen innewohnenden Kraft, Tod und Zerstörung auszulösen, mit wahrem Heidenrespekt behandelte.
Während Byron mit den Torpedomännern Kaffee trank, in einer Hängematte liegend, die über einem Torpedo aufgehängt war, erschien Lieutenant Aster.
»Beim Allmächtigen, Briny, der Alte versucht's.«
»Versucht was?«
»Na, genau das, was Sie gemeint hatten. Er hat sich die Karte und die Schiffsrouten angesehen. Wir werden auftauchen und nach einer Lücke im Riff Ausschau halten. Er möchte mit Ihnen über den Vortrag reden, den dieser deutsche U-Boot-Kommandant gehalten hat.«

In funkelnder Mittagshelle durchbrach der schwarze Buckel des Unterseeboots die Wasseroberfläche. Byron kletterte auf schwankenden Beinen hinaus in den strahlenden Sonnenschein und auf das sich hebende und senkende Vorschiff, über das immer noch gurgelnd Meerwasser hinwegschäumte. Ausgucks und Lotgasten in unförmigen Schwimmwesten kamen stolpernd und schliddernd hinter ihm her. Er konnte nicht anders: er mußte rasch erst einmal einen Blick in den wolkenlosen blauen Himmel hinaufschicken. Nach der verbrauchten Luft unten empfand man den frischen Wind so köstlich wie immer, doch die

Gefahr ließ die Freude darüber noch ausgeprägter empfinden. Geradeaus, dort, wo der dunkle Ozean in grüne Untiefen überging, rauschten schaumgekrönte Brecher gegen winzige Palmeninseln und gezackte braune Felsen. Weiße Möwen zogen kreischend und krächzend über das U-Boot hinweg.
»Langsame Fahrt voraus! Loten!« Hobans Befehl von der Brücke herunter klang gedämpft vom Rauschen des Wassers am Rumpf und dem Tosen der Brecher. Korallenspitzen zeigten sich tief unten – rosa Türme, gewölbte graue Kuppeln. Die *Devilfish* lief auf einen Einschnitt zwischen zwei kleinen Felsinseln zu.
»Achtung! Vier Faden Steuerbord!«
Byron nahm gelben Korallensand wahr, der eine steile Böschung bildete, erkannte riesige, im Wasser wogende Venusfächer. Jetzt, da sie alle Tauchzellen ausgeblasen hatten, hatte die *Devilfish* einen Tiefgang von nicht ganz vier Metern.
»Achtung! Drei Faden Backbord!«
Fünfeinhalb Meter. Das bedeutete anderthalb Meter Raum unterm Kiel. Mit jeder Dünungswoge hob und senkte sich das Boot; seine Leute mußten sich festhalten und wurden vom Gischt bis auf die Haut durchnäßt. Die kleinere der beiden Inseln rückte so nahe, daß er die Kokosnüsse in den Baumkronen zählen konnte. Auf der Brücke, auf dem Turm und auf der Schwanzflosse suchten Ausgucks unablässig mit Ferngläsern den Himmel ab. Doch das einzige, das in dieser sonnenhellen Unendlichkeit aus Luft, Wasser, Palmen und Felsen auf die Anwesenheit von Menschen hingewiesen hätte, war das groteske schwarze Schiff, das aus der Tiefe aufgetaucht war.
»Beide Maschinen stop!«
Aster hatte die Hände trichterförmig vor den Mund gelegt und schrie von der Brücke herunter: »Nach Echolot haben wir viereinhalb Meter, Briny. Was sehen Sie?«
Hin- und herrutschend und durchnäßt bis auf die Haut, wies Byron armeschwenkend vorwärts. »Okay. Weiterlaufen!« brüllte er; das Wasser wurde jenseits der Rinne wieder blau. Zu beiden Seiten des Unterseebootes donnerten drohende Brecher aufschäumend über angefressene braune Felsen. Die Schrauben droschen weiter; eine Dünung hob das Fahrzeug und ließ es wieder heruntersinken. Metallisch hallend erbebte die *Devilfish* und machte einen Satz nach vorn. Byron bekam vorübergehend den Duft von Palmwedeln in die Nase, als die Inseln vorüberglitten – so nahe, daß man eine Mütze hätte hinüberwerfen können.
»Vier Faden Backbord!«
»Vier Faden Steuerbord!«

Korallenköpfe blieben unterm Rumpf des U-Bootes zurück wie verankerte Seeminen und versanken tiefer und tiefer. Der Bug stieß jetzt direkt auf blaues Wasser zu. Über das Schwappen und Rauschen der Brecher ertönten die Befehle des Kommandanten: »Lotgasten und Ausgucks, zurück ins Boot! Alles auf Tauchstation!«

Byron stand nackt in einem Haufen klatschnasser Kleidung in seiner Kabine und rieb sich mit einem rauhen und ziemlich dreckigen Handtuch trocken. Von einem Ohr bis zum anderen grinsend, steckte Aster den Kopf zur Tür herein; seine grünen Augen leuchteten wie Smaragde. »Na, wie haben wir das gemacht, was? Fabelhaft!«

»Sie haben das Loch gefunden«, sagte Byron.

»Schwein gehabt! Die Karte ist verdammt genau! Wir können von Glück sagen, daß die japanischen Aufklärungspiloten grade ihr mittägliches Sukiyaki oder was weiß ich gegessen haben.«

»Und was ist passiert? Hatten wir irgendwo Grundberührung?«

»Die Steuerbordschraube hat einen Korallenkopf gestreift. Aber die Welle hat nichts abgekriegt. Der Alte freut sich unbändig, Briny! Und jetzt holen Sie sich eine Mütze Schlaf!«

Gähnend und nochmals gähnend kroch Byron in die muffigheiße Koje. Die *Devilfish* hatte sich selbst in eine verdammt heikle Lage gebracht; es würde nicht leicht sein, wieder herauszukommen. Aber das war das Problem des Kommandanten. Byron schaltete sein Denken aus wie eine Lampe – ein Kunststück, das seiner Gesundheit sehr förderlich war, obwohl er damit seinen Vater und seine Vorgesetzten bei der Navy häufig bis zur Weißglut geärgert hatte – und schlief ein. Er erwachte, als man ihn schüttelte und ihm etwas zuflüsterte. Er roch den Kautabak-Atem von Derringer, dem Leitenden Ingenieur des Unterseebootes. »Auf Gefechtsstation, Mr. Henry!«

»Wie? Was?« Byron schob den Vorhang beiseite und starrte in dem dämmerigen Licht, das vom Durchgang hereinkam, in das breite, säuerlich riechende Gesicht. »*Gefechtsstation?*«

»Schraubengeräusch.«

»Aha!«

Jetzt hörte auch Byron durch die dünnen Wände des Rumpfes hindurch, daß sich unter Wasser etwas rührte, sowie ein leises, klirrendes *ping* – einen vertrauten Laut, den er von den Angriffsübungen auf See und von Lehrgängen her kannte. Nur klang dieses Sonar-Echo anders: schriller, vibrierender und mit einer ganz besonderen Note.

Der Feind!

Er begriff, daß sich das Boot auf Schleichfahrt bewegte. Die Ventilatoren waren abgestellt. Die Luft war zum Ersticken. Chief Derringers grobes Gesicht war verkniffen von Sorgen und Aufregung. Einer plötzlichen Regung nachgebend, streckte Byron die Hand aus. Der L. I. ergriff sie mit seiner schwieligen Pranke, drückte sie ihm und ging. Ein Blick auf seine Uhr zeigte, daß er eine Stunde geschlafen hatte.

Bei Gefechtsbereitschaft war er der Tauchoffizier. Als er auf seine Gefechtsstation eilte, stärkte ihm das gelassene Arbeitsverhalten der Leute in der Zentrale ein wenig das Rückgrat – die Tiefenrudergänger für Heck- und Bugruder an den großen Steuerrädern hatten nur Augen für den Tiefenmesser, Derringer und seine Navigationsgruppe drängten sich um den Kursschreiber, Whitey Pringle starrte auf das Trimmanzeigegerät – wie zur Friedenszeit bei Übungen vor Pearl Harbor. Tausendmal hatten sie das durchexerziert. Jetzt, so dachte Byron, zahlte Hobans eintöniger, unerbittlich eingehaltener Ausbildungsplan sich aus. Aster stand neben dem Leitenden Ingenieur und sah zu, wie sich die Lage entwickelte. Das Sonar wurde lauter; desgleichen die verschiedenen Schraubengeräusche. Fähnrich Quayne stand am Platz des Tauchoffiziers. Von allen Männern in der Zentrale hatte er als einziger die Augen weit aufgerissen, und seine Lippen bebten vor Angst. Quayne gehörte einfach noch nicht richtig zur Besatzung und war erst vor kurzem bei einer Versenkung mit dem Leben davongekommen; auch hatte er die U-Bootschule noch nicht lange hinter sich. Mit diesen verständnisvollen Gedanken löste Byron ihn ab.

»Lady, wann ist das denn alles losgegangen?«

»Wir haben dieses Sonar aufgenommen. Wie aus heiterem Himmel. Wir müssen aus einer Thermalschicht herausgekommen sein.«

»Hört sich nach 'ner ganzen Menge an«, sagte Byron.

»Hört sich an, als wäre es die ganze Landungsstreitmacht. Das Zeug verteilt sich über hundert Grad. Bis jetzt ist noch nichts Genaues zu erkennen.« Aster stieg behende die Leiter zum Turm hinauf und packte im Vorbeigehen Byrons Schulter.

Byron spitzte die Ohren, um etwas von der Unterhaltung zwischen Aster und dem Kommandanten mitzubekommen. Ein Kommando kam das Sprachrohr herunter, ruhig und spannungsgeladen: »Briny, gehen Sie bis zu einundzwanzig Meter rauf. Aber nicht höher! Hören Sie? *Einundzwanzig Meter!*«

»Einundzwanzig Meter. *Aye, aye,* Sir!«

Die Rudergasten drehten an ihren Rädern. Der Bug der *Devilfish* hob sich. Die Tiefenmesser zeigten den Aufstieg an. Die Außengeräusche wurden noch lauter: *pings* und Schraubendreschen deutlich voraus.

»Einundzwanzig Meter, Captain.«

»Sehr gut. Und jetzt hören Sie gut zu, Briny. Ich fahre Sehrohr zwei jetzt ganz

aus.« Die Stimme des Kommandanten klang fest und gedämpft. »Und dann möchte ich, daß Sie genau einen halben Meter weiter hochgehen und stehenbleiben – dann noch einen halben Meter und stehenbleiben – genau so, wie wir es beim letzten Anpirschen an die *Litchfield* gemacht haben. Ganz sachte und schön, verstanden?«
»Aye, aye, Sir.«
Der schmale Schaft des Angriffssehrohrs fuhr leise hinter Byron in die Höhe und blieb dann stehen.
»Zwanzig Meter fünfzig, Sir!«
»Sehr gut.«
Wieder das Boot in Trimmlage bringen. »Zwanzig Meter, Sir!«
Die Tiefenruderer waren die besten, die sie an Bord hatten, ein höchst ungleiches Paar: Spiller, der sommersprossige Texaner, von dem jedes dritte Wort *fuck* war, und Marino, der ernste Italiener aus Chicago, der nie ohne Kruzifix um den Hals zu sehen war und nie auch nur ein *damn* über die Lippen brachte; aber sie waren aufeinander eingespielt wie Zwillinge und ließen das Boot Zentimeter um Zentimeter in die Höhe steigen.
»Okay! So bleiben! So ist's gut!« Hobans Stimme ging plötzlich in die Höhe, wurde laut, erregt fast. »Donnerwetter! *Himmelherrgott! Drin!* Zielwinkel voraus vierzig Grad Steuerbord, Sehrohr runter!«
Grabesstille. Knistern im Lautsprecher.
P-i-i-i-n-g . . . p-i-i-i-n-g . . .
Die Stimme des Kapitäns drang durch das stille Schiff – beherrscht, und doch vor Kampfgeist zitternd: »Jetzt alle Mann herhören. Ich habe drei in Kolonne fahrende große Truppentransporter vor mir, zwei Zerstörer als Feger drum herum, einen Strich Backbord. Der rote Sonnenball ist an allen Flaggen zu erkennen wie der lichte Tag. Oben scheint nämlich die Sonne. Das wär's. Wir schleichen uns auf normalem Kurs an sie heran. Bugrohre bewässern!«
Ein heißes Kribbeln ging Byron über Schultern und Arme. Er konnte hören, wie der Kommandant und Aster sich über die Reichweite stritten. Das Sehrohr hinter ihm schob sich in die Höhe und kam dann wieder ganz herunter. Erregt wurde im Kommandoturm über die Masthöhe geredet, und der Kommandant schickte den Steuermann nach den Erkennungshandbüchern. Das Sonar-Echo wurde klarer und deutlicher, die Schraubengeräusche lauter. Byron hatte lange genug am Torpedovorhaltrechner gearbeitet, um sich die Trigonometrie vorzustellen. Auf dem Koppelschreiber war das Problem deutlich zu erkennen: die *Devilfish* war ein sich bewegender Lichtpunkt, der Kurs des Feindes und ihr eigener Kurs zwei aufeinander zulaufende bleistiftdünne Linien. Aber die Linie des Gegners war gezackt. Das heißt, die Transporter liefen einen Zickzackkurs.

Nach Asters Meinung waren sie noch außerhalb der Reichweite ihrer Torpedos, und nach Meinung des Kommandanten gerade innerhalb. Die beiden Männer verstanden beide gleich viel vom Entfernungsschätzen nach Mastspitzenhöhe. An Bord eines Unterseebootes gab es keinen genaueren Entfernungsmesser. Im Augenblick liefen die Transporter einen Schlag von ihnen weg, und zwar mit größerer Geschwindigkeit als das dahinkriechende U-Boot.

Im Turm herrschte völliges Schweigen. Stille im ganzen Boot. Was an Geräuschen kam, kam von außen, eine Kakophonie von Schraubengeräuschen und das laute Tönen der japanischen Sonargeräte.

Piiing! piiiing pi-i-i-n-g. p-i-i-i-i-n-g.

»*Sehrohr ausfahren! Okay! Da sind sie. Sie haben kehrt gemacht.* Festhalten! Entfernung viertausendfünfhundert Meter. Festhalten! Peilung null-zwo-null. Festhalten! Zielwinkel siebzig Steuerbord. Sehrohr einfahren.«

Eine Pause. Die Stimme des Kapitäns kam gedämpft und dringlich über die Bordlautsprecher: »*Alle herhören! Wir gehen jetzt ran. Mündungsklappen auf!*«

Dann wieder seine natürliche Stimme im Turm. »Verdammt, die liegen wie auf dem Tablett serviert vor uns, Lady – nur zu weit draußen. Aber bei diesem Winkel kommen wir nicht viel dichter ran. Was für ein hundsgemeines Pech!«

»Captain, warum warten wir nicht noch und pirschen uns ran? Das ist doch eine phantastische Chance! Auf ihrem Zickzackkurs kommen die auch nur langsam voran. Vielleicht können wir sie sogar überholen und kommen dichter ran.«

»Nein, nein, nein. So eine Chance haben wir nie wieder, Lady! Die laufen fünfzehn Knoten nach festgelegtem Plan. Wenn die wieder auf Gegenkurs gehen, gehen die uns womöglich noch durch die Lappen. Ich habe die technische Anordnung, habe eine Lösung, und ich werde feuern.«

»Aye, aye, Sir.«

»Mündungsklappen sind offen, Sir!«

»Sehr gut!«

Byron konzentrierte sich so sehr darauf, immer die gleiche Tauchtiefe zu halten, daß er es kaum begriff: jetzt war es ernst! Nicht der Abschuß eines Übungstorpedos, sondern ein Angriff mit TNT-Sprengköpfen auf Schiffe, die bis zum Rand voll waren mit japanischen Soldaten. Bis auf das unterschiedliche Sonargeräusch und die erstickende Spannung verlief alles wie bei einer Angriffsübung auf der Kriegsschule oder einer Übung auf See. Jetzt ging alles sehr schnell, spielte sich nach vertrautem Muster ab. Hoban hatte die Torpedos sogar auf die gleiche lange Laufzeit einstellen lassen, mit der er den Treffer auf

der *Litchfield* gelandet hatte, der ihm seine gute Note eingetragen hatte.
»Sehrohr ausfahren! Gut! Peilung null-zwo-fünf. Entfernung viertausend. Sehrohr einfahren!«
Bei langen Laufstrecken war das Zielen schwieriger, die Chance vorbeizuschießen größer; dazu stieg die Wahrscheinlichkeit, daß die Blasenspur des Torpedos vom Gegner entdeckt wurde. Mit dem Entschluß, seinen ersten Feindschuß auf weite Entfernung abzugeben, akzeptierte Hoban die mißlichsten Bedingungen. Fünfzehn Jahre Erfahrung als Navy-Offizier, davon zehn Jahre als brillanter U-Boot-Mann lagen hinter diesem Entschluß.
In Byrons Kopf hämmerte es, sein Mund war ausgetrocknet . . .
»Rohr eins Feuer! . . . Rohr zwei Feuer! . . . Rohr drei Feuer! . . . Rohr vier Feuer!«
Mit dem üblichen Rückstoß und den gewohnten Wassergeräuschen verließen die Torpedos die *Devilfish.*
»Sehrohr hoch! Oh, seht euch das an! Vier Blasenspuren! Wunderschön, wie gemalt! Sie laufen fabelhaft, toll, geradeaus und normal! Sehrohr runter!«
Wieder erwartungsvolle Stille, daß einem fast das Herz stehenblieb; so erging es jedem in der *Devilfish.* Byron ließ den Sekundenzeiger der Uhr in der Zentrale nicht aus den Augen. Es war leicht abzuschätzen, wie lange die Torpedos bei der angegebenen Reichweite bis zum Ziel brauchten.
»Sehrohr hoch!«
Langes, langes Schweigen. Der Zeitpunkt, zu dem alle vier Torpedos hätten detonieren müssen, verstrich. Byron fuhr der Schrecken in die Glieder. Kein Treffer; dabei war das Sehrohr jetzt schon seit zehn Sekunden oben und blieb oben! Als Maximum für die Sicherheit galten sechs Sekunden.
»Sehrohr runter! Viermal vorbei, Lady. Himmelherrgott!« Der Kapitän schien ganz krank. »Mindestens zwei Spuren mußten unter dem ersten Transporter durchgehen. Ich hab *gesehen,* wie sie drauf zuliefen! Ich weiß nicht, was schiefgegangen ist. Jetzt haben sie die Blasenbahnen entdeckt und abgedreht. Der Feger, der uns am nächsten war, kommt auf uns zu. Gehen wir auf zehn Knoten.« Durch das Sprachrohr rief er: »Byron! Gehen Sie auf fünfundsiebzig Meter runter!«
Über Lautsprecher klang seine Stimme plötzlich monoton und gereizt. »Alle Mann, stellt euch auf Wasserbomben ein – es wird hart!«
Fünfundsiebzig Meter? Der gesamte Golf von Lingayen war nirgends tiefer als fünfzig Meter. Dieser unmögliche Befehl des Kommandanten schockierte und verblüffte Byron. Dankbar registrierte er, daß Aster sich sofort ins Mittel legte: »Sie meinen fünfundvierzig Meter, Captain! Damit stecken wir fast schon im Schlick.«

»Richtig. Vielen Dank, Lady! – Fünfundvierzig Meter, Byron.«
Ruckhaft beschleunigend, aber lautlos wurde das U-Boot vorderlastig und ging in die Tiefe. Wieder sprach Aster. »Welcher Kurs, Captain?«
Die Frage war fast überflüssig. Aber Hoban hatte nicht befohlen, was in diesem Augenblick am allerwichtigsten war: den Kurswechsel, um jedem möglichen Bombardement zu entgehen. An der Wasseroberfläche führten vier weiße Blasenspuren mit Gewißheit zum Standort der *Devilfish*. Der Zerstörer mußte an diesen Wegweisern mit einer Geschwindigkeit von vierzig Knoten entlangrasen. Das Sonargeräusch schwoll bis zum Kreischton an, die Echos folgten einander Schlag auf Schlag: *ping, ping, ping, ping!*
»Kurs? Ach ja, ja, Ruder hart Backbord! Bis auf – ach, bis auf zwo-sieben-null.«
»Backbord zwo-sieben-null, Sir«, wiederholte der Rudergänger.
Das tauchende U-Boot schwenkte seitwärts weg. Das herannahende japanische Schiff hörte sich fast so an wie die *Litchfield* bei Übungsläufen, nur lauter und zorniger, wenn das auch vielleicht nur in Byrons Einbildung so war: wie ein Eisenbahnzug, der sich auf lockeren alten Gleisen nähert, ker-da-trum, ker-da-trum, KER-DA-TRUM!
Überall in der *Devilfish* Rufe, das Schlagen der Schotts, das Rauschen des Wassers in den Tauchtanks.
Der Zerstörer kam immer näher, lief direkt über sie hinweg – ker-da-TRAMM-TRAMM-TRAMM – und war vorüber.
Der Pfeifton des Sonars klang tiefer. Weiße Gesichter in der Zentrale schauten einander an.
Byron vernahm ein deutliches *Klick*, als wäre ein Kugellager vom Rumpf des U-Boots abgeprallt. Noch eine lautlose Sekunde, und dann explodierte die Wasserbombe.

8

Weihnachtslieder drangen krächzend durch die laute, vom Alkohol angeregte Unterhaltung und über das Klack-Klack der Eisenbahnräder. Palmer Kirby hatte etwas gegen Salonwagen, und Weihnachtslieder legten sich ihm nur aufs Gemüt, aber er brauchte einen Drink. Der Express, der durch die verschneite Nacht nach Washington raste, führte keinen verdrießlicheren, trübsinnigeren Fahrgast mit als ihn.
An der Union Station würde Rhoda Henry ihn abholen. Er war darüber gierig froh, schämte sich aber gleichzeitig seines Verlangens. Sie war die Frau eines anderen, eines Schlachtschiffkommandanten, der auf See gegen die Japaner kämpfte. Nachdem er einmal in diese Affäre hineingestolpert war, hatte er versucht, alles wieder zurechtzurücken, indem er Rhoda vorschlug, ihn zu heiraten; sie hatte das ernstlich erwogen, dann jedoch Abstand davon genommen. Die sexuelle Beziehung danach wieder aufzunehmen, hatte etwas Verruchtes gehabt; zumindest fand er das in seiner augenblicklichen, ohnehin niedergeschlagenen Stimmung. Dr. Kirby ließ sich nicht von moralischen oder religiösen Skrupeln einengen; er war ein freudlos-anständiger Atheist, ein Witwer mit altmodischen Gewohnheiten. Dieser verkrampfte und schmutzige Ehebruch war nur ein verdammt schlechter Ersatz dafür, keine Frau zu haben. Um einen Skandal zu vermeiden, mußte er seine Aufmerksamkeit beschränken; gleichzeitig band sein Ehrgefühl ihn an sie wie einen Ehemann. Wenn er reiste, übersah er jetzt attraktive Sekretärinnen und Empfangsdamen, deren Augen bisweilen blitzten, wenn sie den hochgewachsenen Mann mit dem knochigen Gesicht und dem dichten graumelierten Haar erblickten. Er hatte Rhoda regelmäßig angerufen. Pugs Telegramm aus Pearl Harbor, das sie ihm vorgelesen hatte, GEHT MIR GUT, HABE GERADE ANGEFANGEN ZU KÄMPFEN, hatte Kirby einerseits froh gemacht, ihn andererseits aber auch gedemütigt. Er mochte und bewunderte den Mann, dem er Hörner aufsetzte. Es war schon eine vertrackte Angelegenheit.
Der Hauptgrund für Dr. Kirbys düstere Stimmung jedoch war der Krieg. Er war in einem Land herumgereist, das sich zwar de facto im Krieg befand, das jedoch gleichwohl wie gelähmt war von Leichtfertigkeit, Mangel an echter

Führung – und vor allem von Weihnachten, Weihnachten und nochmals Weihnachten! Dieser Rummel des Kaufens, Verkaufens, Verschlingens und Runtergießens unter dem endlosen Geschmachte von Bing Crosbys unentrinnbarer Schmalzstimme! Dieser Jahr für Jahr wiederkehrende Kriegstanz, der fatalerweise zu Ehren des Christkindes aufgeführt wurde, dieser alljährliche winterliche Wahn schlug das Land in seinen Bann, als ob es Hitler nicht gäbe, als ob Pearl Harbor friedlich daläge wie eh und je, als ob Wake Island nicht im Begriff stünde zu fallen. Die Reklame für Lucky Strike zeigte einen fröhlichen rotbäckigen alten Nikolaus, der einen keck aufgesetzten Blechhelm trug. In diesem Bild spiegelte sich die Haltung Amerikas; es konnte einen schon krank machen.

An der Westküste hatte Kirby so etwas wie Kriegsstimmung gefunden: hysterische Fliegeralarme, aufwallendes Panikgefühl, Verdunkelung, durch die hier und da Licht hindurchschien, verworrene, widersprüchliche Anordnungen der Army und der Zivilverteidigung, Gerüchte, U-Boote beschössen San Francisco, Angst vor den Japanern, durchsetzt mit einer unerklärlich-tolldreisten Überzeugung, Amerika werde den Krieg gewinnen. Je weiter man nach Osten kam, desto mehr schwand jedoch auch noch dieses Wenige an Bewußtsein. Schon in Chicago war der Krieg zu einem Gesprächsstoff beim Drink verwässert, oder er lieferte neue Möglichkeiten zum Geldverdienen. Daß man unter Umständen auch eine Niederlage würde einstecken müssen, kam so gut wie niemandem in den Sinn. Wer konnte Amerika schon besiegen? Und was das Armageddon betraf, das sich vor Moskau abspielte, wo die Rote Armee der Wehrmacht ungeheure Gegenschläge versetzte – nun, für die meisten Amerikaner hatte der Nikolaus mit dem Blechhelm auf dem Kopf mehr Wirklichkeit als das.

Vielleicht tat sich ja etwas in Franklin Roosevelts Verwaltungsapparaten, in den Produktionsausschüssen und Notkomitees, die jetzt in Washington wie die Pilze aus dem Boden schossen. Vielleicht war in den Army Camps, den Navy-Stützpunkten, auf den Werften und in den Flugzeugwerken die Fähigkeit zum Kriegführen im Wachsen begriffen. Kirby war sich nicht sicher. Er wußte nur, daß er von einer verzweifelten Reise zurückkehrte – er hatte sämtliche Produktionsstätten im Land besucht, die imstande sein konnten, Actino-Uran herzustellen. Er hatte ein riesiges Industriepotential erlebt, aber dermaßen desorganisiert und von Kriegsanforderungen überschwemmt, daß die Fabriken, selbst wenn es den Wissenschaftlern gelang, das Problem der Nuklearsprengstoffe zu lösen, niemals in der Lage sein würden, diese Waffen herzustellen. Überall hörte man das Klagelied: nicht genug Kupfer, Mangel an Arbeitskräften, Fehlen von Ersatzteilen, Mangel an Werkzeugmaschinen, steigende Preise, ahnungslose Beamte, Vetternwirtschaft, Korruption und allgemeines Durcheinander. Er hatte von Washington aus gute Beglaubigungsschreiben mit auf die Reise bekommen; nur: Männer mit solchen Beglaubigungsschreiben reisten zu Dutzenden durchs Land. Es war ihm nicht gelungen, den Leuten klarzumachen, was er eigentlich wollte. Selbst wenn es ihm gelungen wäre – und er war ein paarmal durchaus deutlich geworden –, es hätte nichts genützt. In den Köpfen der geplagten Fabrikdirektoren gehörten Atombomben in den Bereich der Science Fiction oder auch zu *Time* und *Life*. Die Menschen begriffen einfach nicht, daß diese Zukunftsschrecken bereits über sie gekommen waren. Und dennoch war es so.

Seit Äonen war das Uran dabei, harmlos zu zerfallen. Seit noch nicht einmal fünfzig Jahren wußten die Menschen, daß es so etwas wie Radioaktivität gab. Vierzig Jahre hindurch hatte man darin eine Laune der Natur gesehen, eine Mißbildung, der weiter keine Bedeutung zukam. Dann, im Jahre 1933, demselben Jahr, in dem Roosevelt und Hitler an die Macht kamen, hatte ein Engländer die Neutronen entdeckt, ungeladene Atomteilchen; und nach nur sieben weiteren Jahren beunruhigender Forschungen in Italien, Frankreich, Deutschland und Amerika – sieben Jahre, historisch gesehen eine Mikrosekunde – hatten die Deutschen bewiesen, daß man mittels Neutronenbeschuß Uran-Atome spalten und ungeheure Mengen Energie freisetzen konnte.

1939 hatte Kirby an einer Physikertagung teilgenommen, bei der erschreckende Neuigkeiten erst geflüstert worden waren, um dann einen allgemeinen Aufschrei auszulösen. Wissenschaftler der Columbia-University hatten die Experimente der Deutschen nachvollzogen und bewiesen, daß ein gespaltenes Uran-Atom im Durchschnitt mehr als nur ein Neutron freigab. Damit war die Antwort auf eine Schlüsselfrage gegeben: war im Uran eine Kettenreaktion möglich? Die schicksalsschwere Antwort lautete: ja! Damit tat sich die Tür auf für ein neues Goldenes Zeitalter frei verfügbarer Energie. Gleichwohl hatte das Ganze jedoch noch einen weiteren, sehr bedenklichen Aspekt. Ein nur vier Jahre zuvor entdecktes Isotop, das sogenannte U-235 oder Actino-Uran, hatte die Fähigkeit, mit einer Explosion von unberechenbarer Gewalt zu zerfallen. Aber konnte irgendein Land genug reines U-235 herstellen, um damit Bomben zu bauen, die man in diesem Krieg einsetzen konnte? Oder würde man auf irgendein natürliches Lager stoßen, das große Mengen von diesem Stoff enthielt anstatt der winzigen Mengen, die man im Labor herstellen konnte und die das gesamte Weltuntergangsprojekt von vornherein zum Mißlingen verurteilten, zu einer physikalischen Unmöglichkeit, zu etwas, das sich einfach nicht realisieren ließ? Kein Mensch auf Erden wußte das bis jetzt mit Sicherheit.

Folglich galt es, alles in Bewegung zu setzen, um genug von diesem furchtbaren Isotop zu isolieren. Man müßte versuchen, die Bomben zu bauen. Nach allem, was Palmer Kirby wußte, würden Adolf Hitlers Wissenschaftler dieses Wettrennen gewinnen, ohne sich sonderlich anstrengen zu müssen. Sie hatten einen enormen Vorsprung. Die britische Wissenschaft und Industrie war schon allzusehr in Anspruch genommen, als daß sie alles hätte auf eine Karte setzen und versuchen können, die Atombombe zu bauen. Wenn es den Vereinigten Staaten nicht gelang, die Deutschen zu überholen, dann würde die phantastische deutsche Kriegsmaschinerie dem wahnsinnigen Führer bald genug U-235-Bomben zur Verfügung stellen, um eine Hauptstadt der Welt nach der anderen auszulöschen, bis alle Regierungen vor ihm auf dem Bauch krochen.

So sah Palmer Kirby das Actino-Uran-Bild. Wenn die Zukunft wirklich so aussah, welche anderen militärischen Vorhaben spielten dann überhaupt noch eine Rolle? Und vor allem: welche menschlichen Beziehungen?

Schon lange vor der Ankunft des Zuges wanderte Rhoda Henry in schwarzem Tuchmantel mit Silberfuchskragen, keck aufgesetztem grauem Hütchen und grauen Handschuhen vor der Bahnsteigsperre auf und ab. Sie ging das Risiko ein, gesehen zu werden, wie sie ihn abholte; aber er war fast einen Monat fort gewesen, und dieses Wiedersehen mußte die Entscheidung bringen. Kirby wußte noch nicht, daß sie Pug geschrieben und um eine Scheidung gebeten hatte, daß dann der Überfall auf Pearl Harbor dazwischengekommen war und daß sie jetzt wieder dabei war, einen Rückzieher zu machen. All dies zu enthüllen, lag noch vor ihr.

Der Brief an Pug war eine Verzweiflungstat gewesen. Eine Reihe von Dingen war schiefgelaufen und hatte Rhoda veranlaßt, aufzuspringen wie eine erschrockene Katze. Zunächst war sein Brief aus Moskau über die *California* eingetroffen; und wenn das an sich auch eine gute Nachricht gewesen war, so hatte sie doch Angst gehabt, er könnte sie bitten, nach Hawaii zu kommen. Palmer Kirby, ein wesentlich weniger gehemmter Mann als Pug, hatte späte Begierden in ihr geweckt. Sie hatte Angst davor, ihn aufgeben zu müssen. Sie liebte Washington, und sie haßte das Leben auf Navy-Stützpunkten in Übersee.

Kirby war hier in Washington und mit seiner Geheimarbeit beschäftigt, was immer das sein mochte. Sie hatte ihn nie danach gefragt; worauf es ankam, war, daß er da war.

Doch um die Zeit, als Pugs Brief eintraf, hatte ihre Beziehung zu Kirby schon einen Knacks bekommen. Sein Beruf zwang ihn, lange Reisen zu unternehmen. Der Todestag seiner Frau hatte ihn niedergeschlagen gemacht. Er hatte wieder angefangen, etwas von Schuldgefühlen zu murmeln und von einem Abbruch ihrer Beziehung zu reden. Nach einem Gespräch, das sie beim Dinner in einem Restaurant geführt hatten, war sie eines Abends völlig verängstigt mit zu ihm in seine Wohnung gegangen, statt ihn in ihr Haus mitzunehmen. Wie das Pech es wollte, hatten sie unten in der Halle ausgerechnet Madge und Jerry Knudsen in die Arme laufen müssen. Madge war eine Klatschbase, und so schnell, wie unter den Frauen von Navy-Offizieren etwas herum war, arbeitete kein Nachrichtensystem auf der ganzen Welt. Wer weiß, was für eine häßliche Geschichte Pug in Hawaii zu Ohren kam!

So in die Ecke gedrängt, unter dem Eindruck von drei Tagen Regen und Hagel, die sie allein in ihrem Zwölf-Zimmer-Haus in der Foxhall Road verbracht hatte, weil Kirby wieder einmal auf Reisen war und nicht anrief, hatte Rhoda den Sprung gewagt. Jetzt, wo die Kinder groß waren – zu diesem Schluß war sie gekommen –, blieben ihr nur noch fünf oder acht annehmbare Jahre, bis sie zu einer vertrockneten alten Matrone zusammenschrumpfte. Das Leben mit Pug hatte seinen Tiefpunkt erreicht. Kirby war ein leidenschaftlicher Liebhaber, ein wohlhabender Mann, der es aus eigener Kraft zu etwas gebracht hatte. Er war verrückt nach ihr, wie Pug es schon seit Jahren nicht mehr war. Vielleicht war das Zerbrechen ihrer Ehe ihre eigene Schuld, und vielleicht war sie auch kein besonders guter Mensch (einiges von diesen Überlegungen hatte Eingang in ihren Brief an Pug gefunden), aber es hieß: jetzt oder nie! Scheidungen bei Offizieren mit vier Goldstreifen am Ärmel waren gang und gäbe, die Familien von Navy-Offizieren wurden größer und lebten sich auseinander; die langen Trennungen forderten ihren Tribut. Was das betrifft, so wußte sie durchaus um ein paar anrüchige Geschichten über Madge Knudsen.

So war der Brief abgeschickt worden. Unmittelbar darauf hatten die Japaner – ein unseliger Zufall, mit dem Rhoda nicht hatte rechnen können – ihren Angriff geflogen und all ihre kleinen Berechnungen zunichte gemacht. Wie Rhoda auf den Überfall auf Pearl Harbor reagiert hatte, das war vielleicht nicht bewundernswert gewesen, dafür aber menschlich. Nach dem ersten Schock hatte sie sich überlegt, daß der Kriegsausbruch rasche Beförderungsaussichten für Navy-Offiziere eröffnete. Das Kommando über ein Schlachtschiff im Pazifik war eine fabelhafte Ausgangsposition für Pug Henry, alles Mögliche zu werden. Admiral bestimmt, vielleicht sogar Oberkommandierender der Navy! Ihn ausgerechnet jetzt um eine Scheidung zu bitten, war ebenso unbedacht, wie wenn ein Wall-Street-Makler, der zwanzig Jahre auf Ölaktien gesessen hatte, sie eine Woche, bevor die Gesellschaft ein neues Ölfeld erschloß, verkaufte.

Hand in Hand mit diesen praktischen Überlegungen ging das Bedauern, ihren Mann zu einem denkbar schlechten Zeitpunkt verletzt zu haben. Sie liebte ihn noch immer, wie sie auch ihre erwachsenen Kinder noch liebte. Er gehörte zu ihrem Leben. Folglich hatte sie das Telegramm abgeschickt, mit dem sie alles zurücknahm, und den kurzen aufgewühlten Brief, den er an Bord der *Northampton* gelesen hatte, in dem sie ihr Scheidungsbegehren zurücknahm. Seine Erwiderung hatte sie mit Zerknirschung, Stolz und Erleichterung zugleich erfüllt: Zerknirschung über den Schmerz, der aus jedem seiner Sätze sprach, und Stolz und Erleichterung darüber, daß Pug sie immer noch wollte. So wußte Pug jetzt das Schlimmste, und sie hatte ihn noch nicht verloren. Aber was war mit Kirby? Ein Blick auf ihn, wie er mit seinen langen Beinen den Bahnsteig entlangeilte, ohne Mantel und Hut, verriet Rhoda, daß sie auch diesen Mann noch hatte. Ihr riskanter Sprung schien sich gelohnt zu haben. Man konnte es eben nie genau wissen. Die graubehandschuhten Hände ausgestreckt, die glänzenden Augen geweitet, stand sie da und wartete. Sie küßten sich nicht; das taten sie in der Öffentlichkeit nie.
»Palmer, ohne Mantel? Draußen herrscht eine *arktische* Kälte!«
»Ich habe in Chicago lange Unterhosen angezogen.«
Sie bedachte ihn mit einem koketten, zärtlichen Blick. »Lange Unterhosen! Da denkt man doch gleich an Präsident McKinley, Liebling!«
Seite an Seite verließen sie den überfüllten Bahnhof, in dem es von Zugankündigungen und Bing Crosby-Geplärr widerhallte. Dr. Kirby blinzelte durch den wirbelnden Schnee, als sie in die lampenerhellte Nacht hinaustraten.
»Hmhm! Die Kuppel des Kapitols nicht erleuchtet! Dann haben wir wohl wirklich Krieg.«
»Ach, der Krieg macht sich überall bemerkbar. Schon werden manche Sachen knapp. Und die Preise!« Sie drückte seinen Arm an sich, ihre Bewegungen waren federnd und glücklich. »Ich gehöre zu diesen schrecklich unpatriotischen Hamsterern, mein Lieber. *Verachtest* du mich jetzt? Ich habe mir gestern zwei Dutzend Paar Seidenstrümpfe gekauft – und doppelt soviel dafür bezahlt, wie noch vor drei Wochen. Jetzt gibt's sie in meiner Größe in zwei Geschäften nicht mehr. Die ganze Seide geht in die Herstellung von Fallschirmen, heißt es, und bald können wir froh sein, wenn wir wenigstens noch Nylon-Strümpfe bekommen. *Nylon*! Die bauschen sich so an den Knöcheln, und außerdem sind sie so feucht!«
»Was von Pug gehört?«
»Kein einziges Wort.«
»Rhoda, an der Westküste heißt es, wir hätten in Pearl Harbor sämtliche Schlachtschiffe verloren – auch die *California*.«

»Das habe ich auch gehört! Auch aus Pugs Brief konnte man das mehr oder weniger herauslesen. Richtig niedergeschlagen! Aber wenn es stimmt, bekommt er sicher ein anderes großes Kommando. Das läßt sich jetzt gar nicht umgehen.«

Auf dem dunklen Parkplatz warf Kirby seinen Koffer in Rhodas Wagen. Als sie drinnen saßen, küßten sie sich und flüsterten sich Zärtlichkeiten zu, und seine Hand verirrte sich unter ihren Mantel. Allerdings nicht für lange. Rhoda setzte sich gerade hin, schaltete die Scheinwerfer ein und ließ den Motor an. »Ach, Madeline ist übrigens da, Lieber.«

»Madeline? Wirklich? Seit wann?«

»Sie ist heute nachmittag einfach bei mir aufgetaucht.«

»Bleibt sie lange?«

»Wer weiß? Sie redet davon, Hilfsschwester bei der Navy zu werden.«

»Und was ist mit ihrer Arbeit beim Funk?«

»Ich nehme an, sie will kündigen – ach VERFLUCHT, so ein TROTTEL!« Ein roter Buick, der vor ihr am Straßenrand geparkt war, wollte sich in den Verkehr einreihen und zwang sie, auf die Bremse zu treten und mit dem Steuer herumzufuhrwerken. »Ach, diese IDIOTEN, die sich heutzutage Autos leisten können! Auf den Baum kann einen das bringen!«

Diese Art von Zornesausbruch war normal für Rhoda. Ihrem Mann wäre dergleichen überhaupt nicht weiter aufgefallen. Für Palmer Kirby hingegen war es neu, und es tat ihm insgeheim weh. »Nun, in Kriegszeiten breitet der Wohlstand sich auch nach unten aus, Rhoda. Das ist eines der wenigen guten Dinge, die dabei herauskommen.«

»Möglich. Ich weiß nur, daß man hier in Washington bald nicht mehr leben kann.« Ihr Ton blieb schrill und hart. »Es WIMMELT hier nur so von rücksichtslosen Fremden.«

Kirby ließ es darauf beruhen und überlegte insgeheim, was Madelines Anwesenheit im Haus zu bedeuten hatte. Ob Rhoda bereit war, mit zu ihm in seine Wohnung zu kommen? Gern tat sie es nicht; sie kannte zuviele Menschen im Hause. Folglich sah ihr Wiedersehen mehr nach einem Fiasko aus, zumindest, was den ersten Abend betraf. Seine Freundin hatte Familie, damit mußte er sich abfinden.

Tatsächlich zählte Rhoda darauf, daß Madelines überraschender Besuch ihr half, diesen schwierigen Abend zu überstehen. Glücklicherweise zwang Madelines Anwesenheit sie dazu, gewisse taktische und moralische Fragen zu vertagen; zum Beispiel die, ob sie mit Palmer schlafen sollte, nachdem sie Pug geschrieben hatte, sie wolle ihre Ehe aufrechterhalten. In verzwickten Lagen ging Rhoda stets nach dem Grundsatz vor: ›Wenn es irgend möglich ist, tu nichts.‹ Und da ihre Tochter im Haus war, wurde es ihr leicht gemacht, nichts zu tun. Hinter dem scheinbaren Gleichmut, mit dem sie Madelines Anwesenheit erwähnt hatte, verbarg sich eine gespannte Erwartung, wie Kirby die Nachricht aufnehmen würde; sie verbarg sich auch hinter ihrem Ausbruch über den Buick. Daß sie ihrer natürlichen Quirligkeit bei Kirby freien Lauf ließ, war bisher undenkbar gewesen; wenn sie in seiner Gegenwart irritiert gewesen war, hatte sie sich bisher immer auf die Zunge gebissen und die Galle heruntergeschluckt; ihr Gesicht hatte weiter gelächelt, ihre Stimme honigsüß geklungen. Es belustigte und erleichterte sie gleichermaßen, daß er reagierte wie Pug: nach einem ermahnenden Wort sprach er nicht weiter. Auch mit ihm konnte man umgehen.

Sie fuhren an dem verdunkelten Weißen Haus vorüber, auf der Seite, wo auf dem Rasen unter Scharen von Gaffern der Weihnachtsbaum stand. »Vermutlich weißt du, daß Churchill drin ist«, sagte sie fröhlich, als sie spürte, daß das Schweigen schon zu lange anhielt. »Churchill höchstpersönlich! In was für einer Zeit wir leben, Liebling!«

»Ja, wirklich, in was für einer Zeit«, erwiderte er tief verdrossen.

Wie die meisten hübschen jungen Mädchen, hatte Madeline Henry einen stillen Verehrer, aus dem sie sich nichts weiter machte. Sie hatte sich bei ihrem ersten Akademie-Tanz in Oberfähnrich Simon Anderson verliebt, weil seine weiße Uniform so gut saß und er so fabelhaft Rumba tanzte. Er hatte sich gleichfalls in sie verliebt, sich nach ihr verzehrt, sich weiterhin bemüht; er hatte mit der hübschen Henry-Tochter angegeben und ihr schauderhafte Gedichte geschickt; und nach bestandenem Examen hatte er vergeblich um ihre Hand angehalten. Sie war kaum siebzehn gewesen. Wiewohl entzückt, schon so früh einen blutigen Skalp am Gürtel zu tragen, hatte sie ihm doch einen Korb gegeben.

Skalpiert oder nicht – Simon Anderson war ein verbissener Kunde, und fünf Jahre später stellte er Madeline Henry immer noch nach. So war er auch heute zu Besuch bei ihr. Sie hatte ihn am Nachmittag von New York aus angerufen, und er hatte sich für sie frei genommen. Auf der Akademie ein mit Preisen ausgezeichneter Physik-Student, arbeitete Lieutenant Anderson jetzt im Waffenamt an einer hochgeheimen Weiterentwicklung der Zündung von Flakgranaten. Für Madeline jedoch blieb er der ungeliebte Verehrer, jemand, der sich vorzüglich dazu eignete, von einer Stunde zur anderen abends zur Verfügung zu stehen oder ihr Selbstbewußtsein aufzumöbeln, wenn es darum gar zu schlecht bestellt war. Anderson akzeptierte diesen Status, duldete, daß sie auf ihm herumtrampelte, und wartete seine Zeit ab.

Rhoda und Dr. Kirby fanden sie im geräumigen Wohnzimmer des Hauses in der Foxhall Road mit Gläsern bewaffnet vorm brennenden Kamin. Rhoda zog sich in die Küche zurück. Kirby nahm dankend einen Whisky-Soda und streckte die Beine vorm Feuer aus; trotz der langen Unterhosen fror ihn. Ihm fiel auf, wie unverhohlen verführerisch Madeline ihre Reize zur Schau stellte. Ihr rotes Wollkleid war tief ausgeschnitten, ihre übereinandergeschlagenen, seidenbestrumpften Beine ließen das Knie sehen; überhaupt hatte sie etwas sprühend Durchtriebenes an sich. »Ach, Dr. Kirby – Sie sind genau der Mann, mit dem ich mich gern unterhalten möchte.«

»Das freut mich aber. Worüber denn?«

Madeline dachte selbstverständlich nicht im Traum daran, daß zwischen ihrer Mutter und Kirby etwas anderes sein könnte als eine Freundschaft zwischen älteren Menschen. Rhoda war nach wie vor für die Kirche tätig, ihr prüdes Verhalten und ihre spröde Redeweise hatten sich nicht im geringsten geändert. Kirby war in Madelines Augen ein netter alter Herr, der offenbar durchaus einen Blick für Frauen hatte, etwas, das vor Jahrzehnten vielleicht verführerisch gewesen war.

»Ach, wir haben die allerverrückteste Unterhaltung geführt! Mein Kopf dreht sich. Sime behauptet, es wäre möglich geworden, radioaktive Bomben zu bauen, mit denen man die ganze Welt in die Luft sprengen könnte.«

Mit einer gewissen Schärfe in der Stimme sagte Anderson:

»Ich habe gesagt, es ist denkbar.«

Kirby war auf der Hut und blickte Anderson vorsichtig an. Dieser blonde, mittelgroße Lieutenant sah aus wie jeder andere jüngere Navy-Offizier: jung, anständig, nichts Besonderes. »Sind Sie Physiker, Lieutenant?«

»Physik war mein Hauptfach, Sir. Ich habe an der technischen Hochschule von Kalifornien studiert. Jetzt bin ich Linienoffizier.«

»Wo sind Sie stationiert?«

Aufrecht auf seinem Stuhl sitzend, ratterte Anderson seine Angaben herunter, als wären es Antworten bei einer mündlichen Prüfung. »BuOrd Proving Ground, Sir.«

»Ich habe an der Technischen Hochschule von Kalifornien promoviert. Wie würden Sie es denn anstellen, diese schreckliche Bombe zu bauen?«

»Nun, Sir« – er blickte zu Madeline hinüber – »dazu braucht man eine ganz neue Technologie. Sie wissen das selbstverständlich. Ich habe nur gesagt, daß die Deutschen damit schon weit vorangekommen sein können. Ihr technisches Können ist überragend. Sie haben die ersten Entdeckungen auf diesem Gebiet gemacht, und außerdem steht bei ihnen die militärische Motivation dahinter.«

»Aber ich müßte ja zu Stein erstarren«, rief Madeline aus, »wenn ich das glauben sollte! Man stelle sich vor: Hitler läßt eins von diesen Dingern auf dem Nordpol fallen, bloß, um seine Macht zu zeigen, und sie bringt die halbe Polkappe zum Schmelzen und erhellt den nächtlichen Himmel bis zum Äquator! Und was geschieht hinterher?«

»Das ist eine gute Frage«, erwiderte Kirby traurig. »Ich weiß es nicht. Wie lange bleiben Sie in Washington, Madeline?«

»Vielleicht bleibe ich überhaupt hier.«

Kirby sah, wie sich frohe Überraschung auf Andersons Gesicht malte. »Was – du willst deine Arbeit beim Funk aufgeben?« Während er das sagte, kam Rhoda herein; sie hatte sich eine rüschenbesetzte Schürze vor das graue Seidenkleid gebunden.

»Ich bin mir nicht ganz sicher. Es fällt immer schwerer, sich damit abzufinden – immer die gleiche idiotische Fröhlichkeit, die gleichen dämlichen Werbesendungen, egal, ob wir Krieg haben oder nicht. Alles nur verlogener Patriotismus. Hatten wir doch gestern abend einen Liedermacher in unserer Sendung, der ein brandneues Kriegslied zum besten gab: ›Ich such' einen *fellow*, der ist durch und durch *yellow*, und den schlag' ich grün und blau.‹ Das ist doch zum Schlechtwerden!«

Andersons nüchternes Gesicht verzog sich zu einem jungenhaften Lachen. »Das kann doch nicht dein Ernst sein, Mad!« Ihre Mutter fragte: »Nun, wie steht's, meine Liebe? Hast du nun gekündigt oder nicht?«

»Ich versuche, mir darüber klar zu werden. Und was Hugh Cleveland angeht, diesen Superegoisten, für den ich arbeite – was glaubst du, Mom, wie sein Beitrag zu den Kriegsbemühungen aussieht? Nun, er hat seiner Frau einen Zobelmantel gekauft! Und hat sie nach Palm Springs gebracht. Die ganze Arbeit hat er einfach mir überlassen, und einem Blödian von Komödianten namens Lester O'Shea, der die Amateure interviewen soll. Himmel, war das ein Mantel, Mom! Riesenkragen und Riesenaufschläge am Ärmel, alles Zobel, bis runter zur halben Wade. Ich meine, im Krieg sowas zu tragen, das ist einfach vulgär! Das hat mich dermaßen angewidert, daß ich nach Hause gekommen bin. Ich habe auch einen Urlaub nötig!«

Madeline hatte Rhoda mit größter Entrüstung von Mrs. Clevelands ungerechtfertigtem Verdacht im Hinblick auf sie und Cleveland berichtet. Jetzt hatte die Mutter einen Schlüssel für Madelines Verhaltensweise. »Madeline, war das wirklich verantwortungsbewußt gehandelt?«

»Warum nicht? Ist *er* nicht einfach auf und davon und hat mich sitzen lassen?« Sie sprang auf. »Komm, Sime, führ mich zum Essen aus.«

»Wollt ihr beide nicht hier essen? Es ist reichlich da.«

Madelines ironischer Blick auf Kirby machte ihm sein Alter bewußt; denn er

ließ so offenkundig ihren Mangel an Interesse an diesem Vorschlag erkennen. »Wir essen nur rasch einen Happen vorm Kino, Mom. Vielen Dank.«
Rhoda behandelte ihren Geliebten, was leibliche Genüsse betraf, genau so, wie sie ihren Mann behandelt hatte. Sie tischte ihm Lamm und Reis auf und einen guten Wein, danach eine scharfe, würzige Fleischpastete und starken italienischen Kaffee, den er so gern mochte. Den Kaffee nahmen sie mit hinüber ins Wohnzimmer, wo sie sich vorm Kamin niederließen. Kirby legte lässig seine langen Beine aufs Sofa und lächelte voller Wohlbehagen über die Kaffeetasse.
Das war genau der richtige Augenblick, dachte Rhoda, und schickte sich an, ihren Drahtseilakt zu wagen.
»Palmer, ich muß dir etwas sagen. Ich habe Pug vor einem Monat geschrieben und ihn um Scheidung gebeten.«
Sein Lächeln schwand. Die buschigen Brauen rückten zusammen. Er setzte die Kaffeetasse ab und straffte sich. Rhoda war nicht überrascht, obwohl sie enttäuscht war; er hätte immerhin zu erkennen geben können, daß er sich freute. In schönem Gleichgewicht eilte sie leichtfüßig weiter übers Seil. »Nun hör zu, Liebling: du bist frei wie ein Vogel in der Luft. Vergiß das nicht! Ich bin nicht einmal sicher, ob ich jemals wieder heiraten möchte. Ich könnte es einfach nicht ertragen, dich zu verlassen. Folglich hab' ich's getan, und jetzt ist es nicht mehr rückgängig zu machen.«
»Welchen Grund hast du ihm angegeben, Rhoda?«
»Ich habe einfach gesagt, wir wären miteinander befreundet, und ich sei so hoffnungslos verliebt, daß es unrecht wäre, ihm das nicht zu sagen.«
Langsam und schwerfällig schüttelte er den Kopf. »Das war wirklich der denkbar schlechteste Augenblick dafür.«
»Zugegeben. Aber ich bin keine Hellseherin, mein Lieber. Ich konnte schließlich nicht wissen, daß die Japse gerade dabei waren, Pearl Harbor zu bombardieren.«
»Hast du schon eine Antwort von ihm?«
»Ja. Einen bezaubernden Brief, daß einem das Herz bricht.«
»Laß ihn mich sehen.«
Sie ging ins Schlafzimmer, um ihn zu holen.
Kirby verschränkte die Hände zwischen den Knien und starrte ins Feuer. Ihm kam augenblicklich die Idee, seinen Antrag zu wiederholen. Unter diesen Umständen schien das geradezu seine verdammte Pflicht und Schuldigkeit. Doch Rhoda Henry zu heiraten, das sah jetzt ganz anders aus als in seinen Hotelzimmerphantasien. Hier war er an Ort und Stelle. Diese Entwicklung kam Kirby vor wie ein geschicktes Manöver. Er war ein hartgesottener Mann,

er wußte, was manövrieren hieß, und er hatte grundsätzlich etwas dagegen, sich ausmanövrieren zu lassen.
Wieder mußte er an den Krieg denken. Um wieviel besser war er eigentlich als all diese weihnachtsseligen Leute, die er so verachtete? Vollgestopft mit Lamm, Reis, Fleischpastete und Wein, erfüllt von der Hoffnung, mit der Frau eines anderen zu schlafen und sie ihm möglicherweise für immer wegzunehmen, während dieser Mann draußen kämpfte; konnte selbstgefällige Charakterschwäche noch tiefer sinken? Genau in diesem Augenblick war sein Platz in seiner Wohnung; er gehörte an den Schreibtisch und sollte eigentlich einen Bericht für die Unterredung mit Vannevar Bush schreiben . . .
Rhoda las mittlerweile in ihrem Schlafzimmer noch einmal den Brief ihres Mannes durch, und zwar gleichsam mit den Augen des Ingenieurs. Einen flüchtigen Augenblick sah sie sich als seicht, gefallsüchtig und nicht wert, die Frau des einen oder des anderen zu sein. Sie suchte nach einem Vorwand, Kirby den Brief nicht zu zeigen, aber sie hatte in seinen Augen gelesen, daß er sie begehrte. Und darum ging es vor allem. Mochte alles andere gehen, wie es wollte. Sie brachte ihm, der jetzt zusammengekauert vorm Feuer hockte und in der Glut herumstocherte, den Brief. Er las ihn, betrachtete den zerknitterten Schnappschuß von Natalie und Louis und reichte ihr dann ohne ein Wort den Umschlag zurück. Er legte den Kopf auf die Sofalehne und rieb sich die Augen.
»Was hast du, Liebling?«
»Ach, nichts. Ich muß heute abend noch einen Bericht schreiben.«
»Es ist schon sehr peinlich, nicht wahr – ich meine, daß Madeline hier ist und so?«
Das Gesicht verzerrend und eine Schulter hochziehend, sagte Palmer Kirby: »Es macht wirklich nichts.«
Diese Worte waren so frostig, daß Rhodas gesamte wiedergewonnene Sicherheit plötzlich wie fortgeblasen war. »Palmer«, sagte sie mit belegter Stimme, »nimm mich mit zu dir.«
Daraufhin kam wieder Leben in seine müden Augen. »Was? Willst du das wirklich?«
»Was glaubst du denn, du Dummer!« Sie sahen einander an. In Rhodas Gesicht leuchtete es auf, und ein zaghaftes Lächeln umspielte ihre schmalen hübschen Lippen. »Oder willst du es etwa nicht?«

Gegen eins kehrte sie nach Hause zurück. Im Wohnzimmer war es dunkel, und Madeline war auch nicht in ihrem Schlafzimmer. Rhoda hatte bereits in Kirbys Wohnung gebadet; sie zog nur einen Hausmantel über und ging wieder nach unten. Ihr kam dieses ganze überstürzte Sichanziehen und -ausziehen etwas

albern vor. Sonst jedoch fühlte sie sich sehr gut. Ihr Körper war noch erfüllt von Wohligkeit und ihre Seele von neuem Frieden. Kirby hatte sie gebeten, seine Frau zu werden – erwartungsgemäß, nachdem sie miteinander geschlafen hatten. Und sie hatte ihn entschieden zurückgewiesen. Einen solchen unter Druck zustandegekommenen Antrag könne sie nicht annehmen, hatte sie ihm gesagt. Eine glänzende Antwort. Er war richtig glücklich gewesen, und sein Pflichtbewußtsein drückte sich in einem breiten Grinsen und einer kräftigen Umarmung aus.
»Nun, Rhoda – wollen wir uns vorläufig weiter sehen?«
»Mein Lieber, falls du dies hier ›sehen‹ zu nennen beliebst – ja, unbedingt! Ich fand es heute abend himmlisch, von dir ›gesehen‹ zu werden. Eine sehr eindringliche Sehweise.« Rhoda genoß solche schlüpfrigen Reden Kirby gegenüber; Victor Henry gegenüber konnte sie dergleichen nur selten mit gutem Gewissen tun. Ihre Bemerkung hatte Kirbys gewohntes Lächeln zur Folge, bei dem man seine Zähne und sein ganzes Zahnfleisch sah. Und als sie etwas später heimfuhr, brachte seine unbesonnene Frage: »Wann sehe ich dich wieder?« sie beide dazu, sich vor Lachen zu krümmen.
Sie warf Holzscheite auf die rote Glut, mixte sich einen Drink und las Pugs Brief noch einmal. Jetzt, nachdem Kirby um sie angehalten hatte, berührte er sie auf andere Weise. Sie war bereits zweimal Großmutter, und es gab zwei fabelhafte Männer, die sie beide haben wollten. Seit ihrer Jungmädchenzeit, wo das Telephon ständig geklingelt, ihr Tanzeinladungen eingetragen und sie zwei Jungen abgesagt und darauf spekuliert hatte, daß ein dritter, den sie lieber sah, auch noch anrufen würde, hatte sie nicht mehr soviel Freude darüber empfunden, anziehend auf andere zu wirken.
Unter derlei Gedanken sprang sie förmlich auf, als das Telephon klingelte. Es war ein Ferngespräch aus Palm Springs für Madeline Henry.
»Sie ist nicht hier. Ich bin ihre Mutter.«
Rhoda hörte Clevelands unverkennbare Stimme: »Vermittlung! Vermittlung! Ich möchte mit dem Teilnehmer sprechen . . . Hallo, Mrs. Henry? Tut mir leid, daß ich Sie störe.« Das berühmte volltönende Organ bezauberte und tat dem Ohr gut. »Ist Maddy wirklich in Washington?«
»Ja, aber heute abend ist sie aus.«
»Hören Sie, wie ernst meint sie das, Schwesternhelferin zu werden? Ich meine, nichts gegen den Patriotismus, Mrs. Henry, aber ist das nicht ein bißchen lächerlich? Jedes Niggermädchen kann Schwesternhelferin werden.«
»Offen gestanden bewundere ich sie, Mr. Cleveland. Schließlich haben wir Krieg!«
»Das ist mir durchaus klar.« Cleveland seufzte tief auf. »Aber die moralische

Wirkung von *Die glückliche Stunde* ist durchaus ein Beitrag zu den Kriegsanstrengungen, das versichere ich Ihnen. Sie sollten sich mal die Briefe von Admirälen und Generälen ansehen, die ich gerahmt in meinem Büro hängen habe.« Die Stimme wurde wärmer und herzlicher. »Rhoda – wenn Sie gestatten, daß ich Sie so nenne –, ist Ihr Beitrag zu den Kriegsanstrengungen mit zwei Söhnen und einem Mann bei den Soldaten nicht groß genug? Bringen Sie nicht Opfer genug? Stellen Sie sich doch mal vor, sie wird nach Übersee geschickt? Dann wären Sie den ganzen Krieg über allein!«

»Madeline hat es gar nicht gefallen, daß Sie ausgerechnet jetzt in Urlaub gefahren sind, Mr. Cleveland. Sie hat das Gefühl, der Krieg ist Ihnen gleichgültig. Und dann hat sie irgendwas von Zobeln gesagt. Ein Zobelmantel für Ihre Frau, glaube ich.«

Aus tiefster Seele aufstöhnend, sagte Cleveland: »Himmel, wenn es das eine nicht ist, dann ist es das andere. Sie schmeißt den Laden hinter den Kulissen, Rhoda. Ich kann mir schon mal eine Woche frei nehmen, aber sie nicht. Wir müssen jemanden anlernen, der sie notfalls ersetzt. Bitte, sagen Sie ihr, sie soll mich anrufen, wenn sie nach Hause kommt.«

»Dann werde ich vermutlich schon schlafen. Aber ich kann ihr einen Zettel hinlegen.«

»Danke! Schreiben Sie's mit Lippenstift auf ihren Spiegel.«

Das brachte Rhoda zum Lachen. »Es ist mir ernst – ich muß sie unbedingt heute abend noch sprechen.«

Rhoda war gerade dabei, vorm Kaminfeuer ihr Glas zu leeren, da hörte sie draußen in der Halle Madeline, die sich von Sime Anderson verabschiedete. Munter marschierte Madeline herein. »Hallo, Mom – ein Betthupferl? Ich glaube, ich trinke auch noch einen.«

»Hugh Cleveland hat angerufen, Liebling.«

Die Tochter blieb unvermittelt stehen und runzelte die Stirn.

»Wann?«

»Gerade eben. Seine Nummer in Palm Springs liegt auf dem Telephontischchen.«

Die Nase rümpfend wie ein kleines Kind, ließ Madeline sich neben dem verglimmenden Feuer nieder und nahm den Schnappschuß zur Hand, der neben dem Brief ihres Vaters lag. »Oh – Brinys Baby, ja? Arme Natalie! Auf diesem Bild wirkt sie fett wie eine Kuh. Mom, kannst du nicht herausfinden, was aus ihnen geworden ist?«

»Ihre Mutter hat ans Außenministerium geschrieben. Seither habe ich nichts von ihr gehört.«

»Es ist sowieso eine komische Ehe. Wie überhaupt die meisten Ehen. Nimm mal Claire Cleveland. Sie hat sich nicht weiterentwickelt wie Hugh, und deshalb ist sie wahnsinnig eifersüchtig. Hat Dad irgendwas über den blöden Brief geschrieben, den ich ihm geschickt habe?«

»Nur nebenbei.«

»Und was hat er gesagt?«

Rhoda sah die drei Blätter durch.

»Hier steht es. Es ist nur kurz. ›Ich weiß nicht, was in Madeline gefahren ist. Das Ganze macht mich krank, und ich habe nicht die Absicht, mich länger darüber auszulassen. Wenn der Bursche sie heiraten will, wäre die Sache damit bereinigt. Wenn nicht, wird er von mir hören.‹«

»Ach du lieber Himmel! Armer, armer Dad!« Madeline hieb mit der Faust auf das Sofa. »Sie würde sich nie von Hugh scheiden lassen! Ich hätte nicht schreiben sollen, aber ich bin einfach in Panik geraten, nachdem sie mir diese Gemeinheiten an den Kopf geworfen hat.«

»Schreib ihm nochmals, Liebling. Und erkläre ihm, das sei alles Unsinn.«

»Das werde ich tun!« Madeline stand gähnend auf. »Sime ist irgendwie süß, findest du nicht? So am Boden zerstört! Er frißt mir förmlich aus der Hand. Wenn ich von ihm verlangte, er sollte sich den eigenen Kopf abhacken, würde er eine Axt holen und es tun. Langweilig, im Grunde.«

»Jetzt geh und ruf Mr. Cleveland an, Madeline.«

Die Tochter ging hinaus. Später rief Hugh Cleveland noch einmal an. Das Telephon klingelte, bis Rhoda abnahm. Sie ging ins Zimmer ihrer Tochter und rief durch die Badezimmertür über das Rauschen des einlaufenden Wassers, sie solle ihr Gespräch annehmen.

»Was, zum Teufel, will er?« rief Madeline kreischend. »Ich hab jetzt keine Zeit. Sag ihm, ich bin gerade eingeseift.«

Cleveland sagte, er werde warten, bis Madeline sich abgetrocknet habe.

»Himmeldonnerwetter! Sag ihm, ich läge gern eine halbe Stunde in der Wanne, ehe ich zu Bett gehe. Es ist unerhört – mich um halb drei morgens zu belästigen!«

»Madeline, ich mach dieses idiotische Gebrüll durch die Tür nicht mehr mit! Trockne dich jetzt ab und komm raus!«

»Nein, das tue ich *nicht*! Und wenn es ihm nicht paßt, dann sag ihm, ich kündige! Soll er doch einen Strick nehmen und sich aufhängen!«

»Hallo? Mr. Cleveland? Ich glaube, Sie sollten besser bis morgen früh warten. Sie ist wirklich in außerordentlich schlechter Laune.«

»Er wird *dich* morgen früh anrufen«, rief sie jubelnd, und ihr hänselnder Ton deutete an, daß Madeline gesiegt hatte.

»Nichts könnte mir gleichgültiger sein«, kam es verdrossen von Madeline.

Eine Stunde lang wälzte Rhoda sich von einer Seite auf die andere, dann stand sie auf, nahm Block und Feder und setzte sich im Bett auf.

Liebster Pug –

ich könnte vierzig Seiten vollschreiben und Dir sagen, wie mir zumute ist, über unser gemeinsames Leben und was für einen wunderbaren Brief Du mir geschrieben hast, aber ich werde es kurz machen.

Zunächst einmal Madeline. Das Ganze ist eine lange Geschichte, doch im Grunde läuft es darauf hinaus, daß sie Angst hat vor einer völlig blödsinnigen Beschuldigung und einer wirklich äußerst ausgefallenen Bedrohung. Ich bin überzeugt, daß sie nichts Schlechtes getan hat. Sie ist hergekommen und will über Weihnachten bei mir bleiben, damit ich nicht ganz und gar allein bin. Und ich muß schon sagen, sie hat sich zu einem todschicken New Yorker Girl gemausert. Ob Du's glaubst oder nicht. Sime Anderson scharwenzelt immer noch um sie herum! Heute abend hat er sie ausgeführt. Sie hat die Situation fest in der Hand; über dieses Problem brauchst Du Dir den Kopf nicht mehr zu zerbrechen.

Falls Du es fertigbringst, zerbrich Dir auch meinetwegen die nächsten paar Monate nicht mehr den Kopf; ich sollte für Dich nichts weiter sein als die kleine alte Dame, die daheim auf Dich wartet. Du mußt jetzt an den Krieg denken. Was ich in meinem letzten Brief geschrieben habe, gilt immer noch, aber da ist dieser entsetzliche Zeitunterschied, der zwischen unseren Briefen liegt; so können wir einfach nichts bereinigen. Ich habe jetzt lange rumgesessen und werde nichts Drastisches unternehmen. Wenn Du heimkommst, werde ich hier in der Foxhall Road sitzen, wie es sich für eine gute Offiziersfrau gehört – in meinem Sonntagsstaat und mit einem vollen Krug Martini.

Mir sind die Tränen gekommen, als ich Dein Angebot las, alles zu vergessen und weiterzumachen wie zuvor. Wie bezeichnend für Dich! Ich kann das kaum annehmen, dazu ist es fast zu großmütig, und wir sollten uns beide Zeit nehmen, darüber nachzudenken. Durchaus möglich, daß ich ›kein Schulmädchen mehr‹ bin und daß das, was ich durchgemacht habe, eine Art von Torschlußpanik war. Ich werde mein Bestes tun, ›mir über alles klarzuwerden‹. Daß Du bereit bist, mir zu verzeihen, ist nahezu unvorstellbar – für jeden, der Dich nicht so gut kennt wie ich! Glaub mir, ich habe nie mehr Achtung vor Dir gehabt oder Dich mehr geliebt oder bin stolzer auf Dich gewesen, als in dem Augenblick, in dem ich Deinen Brief las.

Bis jetzt noch nichts Neues über Natalie und ihr Baby, oder? Hier jedenfalls

nicht. Bitte, falls Du etwas erfährst, laß es sofort Byron wissen. Und herzliche Grüße an Warren, Janice und den kleinen Vic . . .
Und selbstverständlich für immer an Dich . . .

Rho

Nachdem sie dies geschrieben und jedes Wort ernst gemeint hatte, knipste Rhoda das Licht aus und schlief den Schlaf der Gerechten.

9

Klopfen an der Tür.
Die Dielen des Schlafzimmers im alten Raffles-Hotel knarrten, als Pamela, hastig ihr Negligé überwerfend, hinauslief.
»Wer ist da?«
»Phil Rule.«
Sie öffnete die Tür und bekam einen Schock.
Das letztemal hatte sie ihn am Morgen nach dem japanischen Angriff gesehen; tollkühn war er da gewesen, in einer Art Dschungelkrieg-Aufmachung, und kurz davor, mit einem gemieteten Privatflugzeug an die Front zu fliegen. Rule war Sportflieger, und wenn es darum ging, eine Geschichte von echten Kämpfen zu ergattern, konnte er ein Draufgänger sein. Anfangs hatte er Pamela mit Erzählungen von seinen gefährlichen Flügen während des spanischen Bürgerkrieges fasziniert; seine romantischen Geschichten, die er mit marxistischer Rhetorik würzte, hatten sie an Malraux denken lassen. Jetzt war er völlig durchnäßt, das Haar hing ihm in wirren Strähnen um den Kopf, sein unrasiertes Gesicht war ausgemergelt und er hatte tiefliegende Augen; seine bandagierte Hand war schrecklich geschwollen. Neben ihm, ebenso durchs Wasser gezogen, stand ein kleiner Army-Offizier mit hartem Gesicht und eisengrauem Haar, der sich mit einem tropfenden Stöckchen auf die Handfläche klatschte.
»Mein Gott, Phil! Komm rein!«
»Dies ist Major Denton Shairpe.«
Tudsbury kam in hängendem gelbem Seidenpyjama aus seinem Schlafzimmer gehumpelt. »Himmel, Sie sind ja völlig durchnäßt!« sagte er und gähnte.
»Draußen schüttet es. Könnten wir einen Schluck Brandy bekommen? Penang ist gefallen. Wir kommen gerade von dort.«
»Guter Gott, *Penang?* Nein!«
»Gefallen, sage ich Ihnen. Gefallen!«
»Sind sie denn schon *so weit* im Süden? Aber die Insel ist doch eine Festung.«
»*War* es. Ganz Malaya fällt. Wir sind heillos auf der Flucht, und Ihre Sendungen im Radio sind geradezu verbrecherische Lügen. Warum in

Dreiteufels Namen kriechen Sie eigentlich diesen verlogenen Nichtskönnern in den Hintern, die uns das alles eingebrockt und wahrscheinlich das Empire verspielt haben – wenn es sich überhaupt lohnte, es zu bewahren?«
»Ich habe die Wahrheit gesagt, Phil.« Tudsbury war puterrot im Gesicht, als er den beiden Männern ihre Gläser reichte. »So, wie sie sich mir dargestellt hat.«
»Unsinn! *Rule Britannia*-Honig, den man Ihnen um den Bart geschmiert hat. Malaya ist verloren – verloren!«
»Muß schon sagen, verdammt anständiger Brandy, den Sie da haben!« Die Stimme des Majors klang erstaunlich hoch und lieblich, wie die eines Mädchens. »Lassen Sie Phil nur reden, er ist nervös. Und einen Rückzug wie diesen hat er noch nie mitgemacht. Malaya ist nicht verloren. Wir können die kleinen Kerle immer noch schlagen.«
»Denton war bei General Dobbies Stab«, wandte Rule sich mit heiserer Stimme an Tudsbury. »Ich kann ihm da nicht zustimmen. Aber hören Sie ihn sich immerhin an. Er erzählt Ihnen was, wovon Sie im Radio berichten können.«
Pamela ging in ihr Zimmer, um sich einen Bademantel überzuziehen, da Philip Rule immer wieder auf die dünne Seide starrte, die sich über ihren Brüsten und Schenkeln spannte.
»Haben Sie eine Karte von Malaya hier?« zwitscherte Shairpe, als Tudsbury ihnen nachschenkte.
»Aber gewiß doch.« Tudsbury ging und schaltete über einem Korbtisch in der Mitte des Zimmers eine Hängelampe an.
Sein Stöckchen als Zeigestock benutzend, erklärte Shairpe, daß dieser Kriegsverlauf durchaus nicht überraschend gekommen sei. Er selbst habe geholfen, General Dobbies Stabsübungen zu planen. Vor Jahren hatten sie bereits vorhergesagt, an welcher Stelle die Japaner vermutlich landen und auf welchem Wege sie weiter vorrücken würden. Dobbie hatte während des Monsuns sogar ein Landemanöver vornehmen lassen, um zu beweisen, daß dergleichen durchaus machbar war. Doch von den Herren, die im Moment das Oberkommando in Malaya führten, scheine sich keiner dieser Studien von Dobbie zu entsinnen. Die indischen und britischen Truppen im Norden, die während eines heftigen nächtlichen Sturms vollkommen überrascht worden seien, hätten sich in heillosem Durcheinander von dem japanischen Brückenkopf zurückgezogen. Vorbereitete Auffangstellungen um Jitra, die gebaut und ausgestattet waren, um darin monatelang standzuhalten, waren innerhalb von Stunden gefallen. Und seither befinde die Army sich auf planloser, ungeordneter Flucht.
Außerdem seien die Truppen nur locker über die ganze Halbinsel verteilt –

Shairpe tippte mit dem Stöckchen leicht hierhin und dorthin –, um Flugplätze zu sichern, die von der RAF leichtsinnigerweise angelegt worden seien, ohne daß man die Army vorher konsultiert hätte. Ihre Verteidigung lasse sich nicht koordinieren; etliche dieser Flugplätze seien bereits in Feindeshand. Infolgedessen hätten die Japaner die Herrschaft über den Luftraum übernehmen können. Im übrigen verfügten sie über Panzer, wogegen die Briten in ganz Malaya keinen einzigen hätten. Das Kriegsministerium in London habe entschieden, Panzer seien für den Dschungelkrieg nicht geeignet. Unglücklicherweise, sagte Shairpe mit hoher, trockener und näselnder Stimme, habe man diese Erkenntnisse den Japanern nicht mitgeteilt. Wenn es sich bei ihren Panzern auch um armselige Gefährte handelte, so rückten sie doch vor, ohne auf Widerstand zu stoßen, und verbreiteten Panik unter den Eingeborenentruppen. In Singapore seien Spanische Reiter gestapelt, doch stelle niemand sie auf.

Trotz alledem hätten die Verteidiger immer noch die Oberhand; davon wollte Shairpe sich nicht abbringen lassen. Drei japanische Divisionen seien gelandet. Die Briten könnten fünf auf die Beine stellen, und Verstärkungen für RAF und Army seien in reichem Maße unterwegs. Die Japaner seien leicht gekleidet, seien es gewohnt, von Früchten und Wurzeln zu leben, und mit Fahrrädern ausgerüstet, mit denen sie auf den eroberten Straßen schnell vorwärtskämen – aber Japan greife im gesamten Pazifik-Raum an, und aller Wahrscheinlichkeit nach müßten die Landungsstreitkräfte mit dem leben und kämpfen, was sie mitgebracht hätten oder in ihre Hand bringen könnten. Wenn die Verteidiger ihnen verbrannte Erde überließen und die Eindringlinge mit Hinhalteunternehmen zwängen, ihre Lebensmittel, ihren Treibstoff und ihre Munition auf dem langen Marsch in den Süden zu verbrauchen, dann würde ihr Vormarsch zum Stillstand kommen. Woraufhin man sie vernichten könne.

Shairpe zeigte auf der Karte, wo eigentlich starke Auffangstellungen vorhanden sein sollten. Sie hätten nach General Dobbies Plan schon im Frieden errichtet werden sollen. Man habe es jedoch versäumt – das sei ein kapitaler Fehler gewesen –, doch könne das noch nachgeholt werden. Das Material liege in den Lagerhäusern bereit. An Arbeitskräften stünden zwei Millionen Chinesen und Malayen zur Verfügung, die die Japaner durch die Bank haßten und fürchteten. Sie könnten die notwendigen Arbeiten in einer Woche oder zehn Tagen zustande bringen. Was man brauche, wären zwei starke dicht beieinander liegende Verteidigungslinien: eine in Johore auf der anderen Seite der Meerenge, die andere am Nordufer der Insel Singapore, komplett mit Unterwasserhindernissen, Treibstoffleitungen, Suchscheinwerfern, Bunkern, Stacheldrahtverhauen, Maschinengewehrnestern . . .

»Aber das ist doch längst gemacht worden«, unterbrach Tudsbury ihn. »Das Nordufer ist doch undurchdringlich.«
»Da irren Sie sich«, erwiderte Shairpe; seine Mädchenstimme klang nach dem Brandy merkwürdig rauh. »Am Nordufer dieser Insel gibt es nichts weiter als Morast.«
Nach einer Pause fassungslosen Erstaunens sagte Alistair Tudsbury: »Ich habe die massiven Befestigungen dort selbst gesehen.«
»Was Sie gesehen haben, waren die Außenmauern des Stützpunkts, die dazu dienen, allzu Neugierige fernzuhalten. Der Stützpunkt selbst ist nicht zur Verteidigung geeignet.«
»Wollen Sie damit sagen, daß die BBC von den höchsten militärischen Würdenträgern in Singapore bewußt belogen worden ist?«
»Ach, mein Lieber – die BBC ist ein Propagandakanal. Man benutzt Sie. Deshalb bin ich doch jetzt hier. Ich hoffe, Sie schaffen es irgendwie, das Oberkommando Malaya so aufzuscheuchen, daß es endlich mal was unternimmt.« Shairpe lächelte dünn und hieb sich mit dem Stöckchen auf die Handfläche. »Phil sagt, Sie hätten ein Herz von Eiche und so weiter. Das Empire ist in den Grundfesten erschüttert, Tudsbury. Das ist jetzt kein Journalismus. Das ist eine militärische Tatsache.«
Tudsbury starrte den ruhigen, durchnäßten und ungemein überzeugenden Offizier an. »Also gut. Können Sie um neun Uhr heute morgen nochmals wiederkommen?« Aufgeregt hinkte er im Zimmer hin und her. »Ich bleibe die ganze Nacht auf, um diese Geschichte zu schreiben. Und danach möchte ich, daß Sie das, was ich geschrieben habe, genau unter die Lupe nehmen.«
»Wirklich? Um neun? Sehr schön! Stehe gern zu Diensten.«
»Aber Sie müssen Denton decken«, sagte Rule, »selbst wenn man Sie mit rotglühenden Zangen zwickt.«
Shairpe verabschiedete sich. Rule bat bleiben und auf einem Lehnstuhl schlafen zu dürfen. Er habe vor, sobald es hell werde, ins nächste Krankenhaus zu gehen.
»Ziehen Sie doch das nasse Zeug aus, hängen sie es zum Trocknen und nehmen Sie ein Bad«, sagte Tudsbury. »Und dann nehmen Sie das Extrabett in meinem Zimmer.«
»Da bin ich Ihnen schrecklich dankbar. Ich stinke wie sonstwas. Bei Jitra mußten wir durch tiefen Morast waten. Ich mußte mich eigenhändig von vierzig Blutegeln befreien. Abscheuliche kleine Biester das!«
»Was ist denn mit deiner Hand?« sagte Pamela. »Das sieht ja schrecklich aus!«
»Ach, irgendein Army-Arzt bei Jitra hat sie geschnitten.« Rule betrachtete die Hand mit kläglicher und besorgter Miene. »Hoffentlich verliere ich sie nicht.

Vielleicht habe ich eine kleine Blutvergiftung, Pam. Ich zittere von Kopf bis Fuß.«
Pamela lächelte. Bei all seiner Waghalsigkeit war Rule immer ein Hypochonder gewesen. Tudsbury fragte: »Wo ist denn Ihr Flugzeug, Phil?«
»Das steht auf dem Malakka-Airfield. Von da aus hat uns ein Army-Laster mitgenommen. Sie wollten mich nicht auftanken lassen. Denton und ich sind von Penang dorthin geflogen. In Penang mußten wir praktisch Leute rausschmeißen – und zwar Weiße, Talky. Genauer gesagt: Offiziere der Army.«
Pamela ließ das Badewasser einlaufen und legte Handtücher bereit. Doch als sie zurückkam, schlief er bereits in seinen Sachen. Sie zog ihm die Stiefel und die nach Sumpf riechende Uniform aus und stopfte das Moskitonetz um ihn fest. Als sie ihn umdrehte, murmelte er im Schlaf. Erinnerungen überfielen sie. Bis jetzt war er hier in Singapore der einstige Liebhaber gewesen – älter, leicht anzüglich, abstoßend. Doch der völlig ausgepumpte und zerzauste blonde Mann in seiner feuchten Unterwäsche, die alles sehen ließ, kam ihr wieder viel mehr vor wie der Phil aus ihrer Pariser Zeit. Trotz seiner russischen Frau und allem – er war jedenfalls nicht gewöhnlich. Auf seine abgerissene und quälende Art war er in Paris immer ein Spaßvogel gewesen.
»Worauf wartest du denn noch, Pamela?« rief Tudsbury. »Setz dich an die Schreibmaschine und laß uns arbeiten.«
Hin- und herstampfend und mit den Armen fuchtelnd diktierte er den Text für eine Sendung, die er ›Unterhaltung mit einem Defaitisten‹ nannte. Im Golf Club, so berichtete er, habe er sich mit einem verknitterten alten Colonel im Ruhestand unterhalten, der die aufsehenerregendsten Meinungen vertreten habe. Denton Shairpes Ansichten wurden als die des alten Krittlers hingestellt. Defaitismus neige dazu, solche Alpträume heraufzubeschwören, deutete Tudsbury an; die Geschichte zeige die menschliche Seite der Verteidiger von Singapore. Er selbst sei sicher, daß die angegebenen Verteidigungslinien wirklich existierten, daß die Rückzugsgefechte sich planmäßig vollzögen und daß das Nordufer der Insel Singapore eine einzige Todesfalle sei. Die ganze Episode zeige nur, daß in der Festung Singapore immer noch jeder frei seine Meinung sagen könne, daß die Demokratie in Malaya immer noch Selbstvertrauen genug besitze.
Nachdem er fertig war, zog Pamela die Verdunkelung auf. Der Himmel war grau, und es regnete in Strömen.
»Gut gedeichselt, was?« fragte ihr Vater, als sie nichts dazu sagte. »Damit ist alles klar gesagt, aber sie können mir nicht an den Karren fahren.«
Sich die Augen reibend, sagte sie: »Damit kommst du nie durch.«

»Das wird sich zeigen. Ich schlafe jetzt noch eine Stunde.«

Major Shairpe, adrett hergerichtet und mit Tropenhelm, war pünktlich zur Stelle. Rasch ein paar Berichtigungen mit dem Bleistift hinkritzelnd, meinte er mit piepsiger Stimme: »Ich muß schon sagen, Tudsbury, Sie haben ein fabelhaftes Gedächtnis.«

»Das macht die lange Übung.«

»Nun, jedenfalls rüttelt der Artikel auf! Sehr einfallsreich! Ich gratuliere! Hoffentlich nützt es noch was. Ich werde es mir oben im Norden anhören. Jedenfalls bin ich froh, daß Phil mich mitgenommen hat.«

Pamela gab das Manuskript im Büro des Zensors ab und ging einkaufen. Massen von Käufern drängten in die Läden, die zumeist von Chinesen betrieben wurden und immer noch mit Friedenswaren vollgestopft waren, zu weit geringeren Preisen als in London – Seidenwäsche, Schmuck, Feinschmeckergerichte und Weine, feine Lederhandschuhe, elegante Schuhe und Geldbörsen. Doch in fast jedem Geschäft hing jetzt ein frischgedrucktes, von ferne an chinesische Schrift erinnerndes rotes Plakat: VERKAUF NUR GEGEN BARZAHLUNG, BITTE – KEIN ANSCHREIBEN UND KEINE GUTSCHEINE MEHR!

»Bist du das, Pam?« rief Tudsbury, als sie ihre Päckchen auf den Kartentisch fallen ließ.

»Ja. Irgendwas Neues?«

»Kann man wohl sagen! Man hat mich aufgefordert, ins Government House zu kommen.« Frisch rasiert und rosigen Gesichts, in weißem Leinenanzug, den Hut keck schief auf dem Kopf und mit kämpferisch blitzenden Augen kam er aus seinem Zimmer. »Das gleiche wie in Berlin!«

»Ist Phil aufgewacht?«

»Schon längst. Er hat einen Zettel in dein Zimmer gelegt. Wiedersehen!«

In kindlicher Blockschrift hatte Rule geschrieben:

Entschuldige mein linkshändiges Gekrakel, Liebling. Bin dankbar für das Moskitonetz. Tut mir leid, daß Du meiner plötzlich aufwallenden Erinnerung und meines Begehrens wegen einen Bademantel überziehen mußtest. Meine Hand bringt mich noch um!

A toi, Malraux.

Sie warf den Zettel in den Papierkorb und war auf der Couch bald

eingeschlafen. Das Telephon weckte sie. Eine Stunde war vergangen.
»Hallo, Pam?« Tudsbury klang aufgeregt und froh. »Pack ein paar Sachen für mich zusammen. Ich werde ungefähr eine Woche unterwegs sein.«
»Unterwegs? Wohin denn?«
»Kann jetzt nicht sprechen.«
»Soll ich auch packen?«
»Nein.«
Er war bald da, mit dunklen Schweißflecken unter den Armen.
»Wo ist die Tasche?«
»Auf deinem Bett, fix und fertig.«
»Laß mich schnell noch einen Gin mit Bitters trinken. Die Sache läuft, Pamela. Ich fliege nach Australien.«
»Australien!«
»Ich habe da ein sehr, sehr heißes Eisen angefaßt, Pam.«
Er warf die Jacke hin, lockerte den Schlips und ließ sich in den knirschenden Lehnsessel fallen. »Es ist noch viel schlimmer als in Berlin. Bei Gott, das Manuskript hat bloßliegende Nerven berührt! Der Gouverneur und Brooke-Popham sind vor Wut fast an die Decke gegangen. Man hat mich behandelt wie einen widerspenstigen Eingeborenen. Die beiden Herren der Schöpfung haben mich in die Mangel genommen und einzuschüchtern versucht. Diese Dummköpfe – dabei sind doch sie es, die in der Patsche sitzen. Sie sind entschlossen, jeden mundtot zu machen, der sie aus ihrer Traumwelt aufscheuchen will. Es war eine Stunde der Offenbarung, Pam, der bitteren und schlimmen Offenbarung. Wohin ich auch blickte, es war verrottet; es war schrecklich, ganz oben an der Spitze. Ah, vielen Dank.« Er kippte den Gin hinunter.
»Und was soll ich tun? Nachkommen?«
»Nein. Brooke-Popham kann jeden Tag abgelöst werden. Finde heraus, was du kannst. Mach dir Notizen. Ich komme so schnell wie möglich zurück und berichte über diese Schlacht; aber das Manuskript muß gesendet werden.«
»Talky, in Australien gibt es auch eine Zensur.«
»Aber nicht so wie hier. Das kann nicht sein. So etwas Unwirkliches, so etwas Unwirkliches! Sich selbst so zu widersprechen! Weißt du, zuerst sagten sie, sie hätten die festgelegten Verteidigungsstellungen. Dann gaben sie zu, nein, sie hätten sie nicht, weil keine Arbeitskräfte zur Verfügung ständen! Und als ich mit Shairpes eingeborenen Arbeitskräften kam, taten sie das einfach als dummes Zeug ab. Malayas Aufgabe sei es, Geld zu verdienen. Jeder Eingeborene, den man aus Gummiplantagen oder Zinnminen abzöge, sei den Kriegsbemühungen abträglich, wohlgemerkt, aus Plantagen und Minen, die

jeden Tag in die Hände der Japaner fallen können! Auch könne die Regierung nicht mit den Löhnen konkurrieren, die die Pflanzer und Minengesellschaften zahlten. Um Arbeitskräfte zu Regierungslöhnen zu requirieren, müßte man mindestens drei Monate mit dem Kriegsministerium korrespondieren. So läuft das Denken bei denen ab, Pamela – und das, nachdem Penang verloren ist und die Japaner mit aller Macht nach Süden vorstoßen.«

»Singapore wird fallen«, sagte Pam und überlegte gehetzt, wie sie hier nur herauskommen könnte.

»Nicht, wenn Shairpes Ansichten sich durchsetzen. Ich habe mich zu diesem selbstmörderischen Betrug der Regierung hergegeben und muß das jetzt richtigstellen. Gott sei Dank, daß Phil Shairpe angeschleppt hat. – Hallo, da kommt's schon!« Das Telephon klingelte, er sprang auf. »Ja? ja? — Ah, wunderbar! Großartig! Vielen Dank – Pam, sie haben's geschafft! Sie haben einen armen amerikanischen Geschäftsmann ausgebootet – aus dem Flugboot, meine ich. Und jetzt fliege ich mit.«

»Dann wirst du Weihnachten in Australien sein. Und ich bin hier.«

»Pam, was soll man machen? Wir haben nun mal Krieg. Es handelt sich um eine Sendung von historischer Bedeutung! Hinterher kann die BBC mich meinetwegen rausschmeißen, das ist mir egal. Wenn die Tat vollbracht ist und der Staub sich absetzt, komme ich wieder, oder du fliegst nach Australien.« All dies floß Tudsbury aus dem Mund, während er sich die Haare kämmte, den Schlips geradezog und hinüberlief, um seine Tasche zu holen. »Tut mir leid, daß jetzt alles so überstürzt geht. Aber es ist doch nur für ein paar Tage.«

»Und was ist, wenn die Japaner in diesen paar Tagen herkommen? Darüber habe ich nachgedacht.«

»Meinst du, ich würde dich dem aussetzen? Sie sind noch dreihundert Meilen entfernt und kommen pro Tag immer nur ein paar Meilen voran.«

»Na, gut. Wenn ich die Wahl hätte, ließe ich mich lieber nicht von ganzen Kompanien geifernder Asiaten vergewaltigen.«

»Meinst du wirklich, ich behandle dich schlecht?«

»Ach, Talky, mach schon, daß du fortkommst! Fröhliche Weihnachten!«

»So kenn ich dich wieder! Cheerio!«

Major Shairpe hatte die reine Wahrheit gesagt. Die Festung Singapore war ein Phantom. Was die Tudsburys von der einfliegenden Maschine aus gesehen hatten, war wirklich alles. Eine *Festung* Singapore gab es nicht.

Wenn ein Imperium stirbt, vergeht es wie ein wolkenverhangener Tag, ohne ein Aufleuchten der Sonne. Über sein Ableben hört man weder im Rundfunk, noch liest man davon in der Morgenzeitung. Das britische Empire hatte sich in der gewaltigen, wenngleich äußerst langsamen Anstrengung, Hitler zurückzuwerfen, bis auf den Tod verausgabt, und die Briten selbst hatten das Ende des Empire längst eingeleitet, indem sie pazifistische Führer wählten, welche die Budgets fürs Militär zusammenstrichen, wo es nur ging. Doch gleichviel – als das Ende herankam, war es alles andere als einfach, sich damit abzufinden. Die Illusion ist ein schmerzlinderndes Mittel, das aus der Lücke zwischen Wunsch und Wirklichkeit herauswächst. Eine solche Illusion war die Festung Singapore.

Es handelte sich nicht um einen Bluff. Nichts geht deutlicher aus Churchills Memoiren hervor als die Tatsache, daß er selbst an die Existenz der Festung Singapore glaubte. Unter allen Menschen, die dort lebten – Army-Offizieren, Navy-Offizieren, Verwaltungsbeamten vom kleinsten Schreiber bis hinauf zum Gouverneur – war nicht ein einziger, der dem Premierminister gesagt hätte, daß es die Festung Singapore gar nicht gab. Der britische Glaube an das ›Bollwerk des Empire‹ war überdies ansteckend; zumindest unter den Europäern. Einige Wochen, bevor Japan zuschlug, warnte Hermann Göring einen japanischen General, der in Deutschland zu Besuch weilte, daß die Festung Singapore anderthalb Jahre aushalten würde. Der gleiche General eroberte Singapore später innerhalb von siebzig Tagen.

Auch kam diese Illusion nicht von ungefähr. Singapore beherrschte in der Tat an der Wasserstraße zwischen dem Indischen Ozean und dem Südchinesischen Meer die wichtigsten asiatischen Handelsrouten. In den mageren Pazifistenjahren hatte man viele Millionen in Militärausgaben investiert; immerhin ahnte man die japanische Bedrohung voraus. Die Engländer selbst hatten schließlich zu Anfang des Jahrhunderts die moderne japanische Kriegsmarine aufgebaut, und die britischen Werften hatten enorm daran verdient. Die eigenartig feudal orientierten Japaner hatten äußerst schnell gelernt und unter dem bewundernden Beifall der britischen Presse die Flotte des Zaren geschlagen. Doch als der Qualm des Ersten Weltkriegs sich verzogen hatte, ließ die Verschiebung des Kräfteverhältnisses in der Welt es denkbar erscheinen, daß die Söhne Nippons eines Tages versuchen könnten, an den Grundfesten des Empire zu rütteln. Infolgedessen hatte man den Navy-Stützpunkt Singapore ausgebaut, der die gesamte Royal Navy versorgen konnte. Falls Japan jemals bedrohliche Scherereien machen würde, würde die Hauptflotte nach Singapore dampfen, um diesen Schwierigkeiten entweder durch die Furcht und den Schrecken zu beenden, welche ihr Erscheinen verbreitete, oder mit Gewalt. Daß die Deutschen zur selben Zeit Schwierigkeiten machen und die Hauptflotte zwingen könnten, zu Hause zu bleiben, schien man übersehen zu haben.

Folglich wurde Singapore mit Lebensmitteln, Treibstoff und Munition für siebzig Tage ausgestattet. Das war der Zeitraum, den die Flotte brauchte, um sich zu sammeln und dorthin zu gelangen. Große, feststehende Geschütze waren aufs Meer hinaus gerichtet, um jeden Angriffsversuch der japanischen Flotte abzuschlagen, bis von See her Hilfe eintraf. All das vermittelte den Eindruck, es gäbe so etwas wie eine Festung.
Aber Singapore war nicht nur von der schützenden See umringt. Es war auch ein Angriff aus dem Norden möglich, über die wilde malayische Halbinsel und die schmale Meerenge von Johore. Doch die Planer glaubten, vierhundert Meilen Dschungel seien ein unüberwindlicheres Hindernis als Festungswälle. Sie hatten das Gefühl, Festungswälle auf der Nordseite der Insel könnten eine gewisse Angst verraten, daß die Japaner eines Tages von Norden her kommen und die britische Army nicht in der Lage sein könnte, sie aufzuhalten. Die Briten herrschten in Asien mit einer Aura der Unbesiegbarkeit. Wenn die Hauptflotte ohnehin nur siebzig Tage weit weg war, welche dringende Notwendigkeit bestand da, so gründliche Vorsichtsmaßnahmen zu ergreifen? Die Festungswälle wurden nicht gebaut. Stattdessen – um alles narrensicher zu machen – wurden die Vorräte verdoppelt, so daß sie jetzt für mindestens einhundertundvierzig Tage reichten.
Und so entstand die Vorstellung von der ›Festung Singapore‹. Die jahrelange Planung, die gewaltigen Ausgaben, die Ströme von Druckerschwärze in Zeitungen und Zeitschriften, die politischen und militärischen Debatten, die weithin Widerhall fanden, all das war dazu angetan, ein Hirngespinst entstehen zu lassen, dem selbst die höchsten Persönlichkeiten in Großbritannien und der ganzen westlichen Welt erlagen. Das Lebensblut der britischen Arbeiterklasse floß in einen zwanzig Quadratmeilen großen Navy-Stützpunkt mit den größten Docks der Welt, mit Kränen, Reparaturwerkstätten, allen nur denkbaren Ersatzteilen und Maschinen, ausgedehnten Unterkünften und Erholungsmöglichkeiten und mit genug Munition, Lebensmitteln und Treibstoff, um die gesamte Flotte monatelang zu versorgen. All das wurde in gigantischen Betonhöhlen eingelagert, die man in die Sümpfe hineinbaute. Auf seine Weise war der Stützpunkt kein geringeres Wunder der Ingenieurkunst als die Maginot-Linie.
Doch bis zum allerletzten Augenblick, als die letzte schottische Brigade im Februar unter Dudelsackklängen über den Damm herüberkam und Sprengladungen die einzige Verbindung mit dem Festland unterbrachen, auf dem es bereits von japanischen Soldaten wimmelte, blieb die Nordseite von Singapore ohne Verteidigungsanlagen – Verteidigungsanlagen, von denen Churchill ebenso überzeugt war, daß sie dort wären, wie er – nach seinen eigenen Worten

davon ausging, daß man ›ein Schlachtschiff nicht ohne Boden vom Stapel lassen kann‹.

Wie sich ergab, traf die Flotte nie ein. Die hatte viel zuviel damit zu tun, die Deutschen auf dem Atlantik, im Mittelmeer und in den heimatlichen Gewässern zu bekämpfen. Die gewaltigen Anlagen standen leer, bis die Briten, als die japanische Armee nur noch eine Meile entfernt war, ihr Bestes taten, sie zu sprengen oder in Brand zu setzen. Dennoch fielen sie in brauchbarem Zustand in die Hände der Japaner, eine überwältigend große militärische Beute. Daß Churchill darauf bestand, den Versuch zu unternehmen, zumindest einen kümmerlichen Rest des Siebzigtageplans zu verwirklichen und die *Prince of Wales* und die *Repulse* hinzuschicken, lief nur darauf hinaus, das Schicksal beider Schiffe zu besiegeln.

Man hatte in Malaya auch Flugplätze angelegt und reichlich ausgestattet – nur nicht mit Flugzeugen. Die RAF fiel zahlenmäßig nie recht ins Gewicht. Sie hatte viel zuviele Flugzeuge verloren, als sie England vor der Luftwaffe rettete, und hatte außerdem Hunderte in die Sowjetunion geschickt, von denen freilich ein Großteil nie zum Einsatz gelangte, weil sie in den Schiffen auf See deutschen Torpedos zum Opfer fielen. Die wenigen Maschinen, die in Malaya zur Verfügung standen, wurden rasch vom Himmel geholt. Die japanischen Flugzeuge, die ›aus Bambussprossen und Reispapier‹ bestanden, waren, wie sich zeigte, *Zeroes,* die modernsten Jagdflugzeuge, die es damals auf dem Planeten gab. Die Japaner besetzten die fabelhaften Flugplätze und nannten sie ›Churchill-Lufthäfen‹; und von diesen reich ausgestatteten Flugplätzen aus starteten ihre Flugzeuge, um Singapore zu bombardieren, bis es sich ergab.

So lesen sich die verworrenen Berichte über Singapore heute. Der amerikanische Kongreß untersuchte Pearl Harbor, doch das britische Parlament unternahm nichts, um den Fall Singapore zu klären. Churchill nahm die Schuld auf sich, ging deshalb um ein paar Zentimeter mehr gebeugt und setzte den Kampf fort.

Die Verwirrung erstreckte sich sogar bis auf den Namen. Was war ›Singapore‹ eigentlich? Singapore war die Stadt; Singapore war die Insel; Singapore war der Navy-Stützpunkt; Singapore war das ›Bollwerk des Empire‹. Doch im Grunde war Singapore ein berauschender Mythos, der den Schmerz linderte, als die zupackende Hand, mit der das weiße Europa nach Asien griff, abgehackt wurde.

Die nie genutzte Strategie von General Dobbie – das stellte sich nach dem Kriege heraus – war völlig vernünftig gewesen: die Invasoren langten in der Tat auf dem letzten Loch pfeifend vor Singapore an; und zahlenmäßig weit überlegene Verteidiger standen ihnen gegenüber. Sie hatten ihren Treibstoff und ihre Munition nahezu aufgebraucht, und in einem allerletzten Ansturm verbrannten und verschossen sie mutig alles, was ihnen noch geblieben war. Das Oberkommando von Singapore brach zusammen, und die farbigen Malayen hatten neue Herren mit farbiger Haut.

Alistair Tudsburys Kommentar wurde im australischen Rundfunk gesendet. Pamela hörte ihn im Gästehäuschen der McMahons, in dem Philip Rule, den Arm in der Schlinge, seine Hand auskurierte. Sie hatte noch einmal geschnitten werden müssen, und er mußte eine Woche das Bett hüten. Die McMahons und ihre Dinnergäste hatten wenig Interesse gezeigt, sich Pamelas Vater anzuhören. Nach reichlich genossenem *Pahit* und einer reichhaltigen Mahlzeit mit mehreren Weinen umstanden sie jetzt das Klavier und sangen Lieder. Durch die Dunkelheit, über das Trommeln des Regens und das tiefe Quaken der Ochsenfrösche aus den nahegelegenen Mangrovendickichten drangen ihre Stimmen gedämpft zur Hütte herüber, in der Pamela unter einem langsam wirbelnden Ventilator saß, der ihr Haar bewegte und ihren dünnen, langen Rock bauschte. Ungefähr halb so hell wie eine Kerzenflamme, verbreitete die Einstellscheibe des Radios einen schwach orangefarbenen Schimmer im Raum. Durch das offene Fenster drangen Regenspritzer und der Duft von Frangipaniblüten herein.

Der Empfang war gut, der Text nahezu unverändert. Der fiktive Colonel behauptete nicht mehr, daß die Nordküste der Insel unbefestigt sei; es bedürfe »einiger Befestigungsmaßnahmen im Eiltempo«. Der Vorwurf, daß die Royal Air Force Flugplätze angelegt hatte, ohne Rücksicht darauf, wie man sie verteidigen sollte, war gestrichen worden; und Tudsburys Widerruf am Ende war noch etwas stärker formuliert.

»Hat sich das jetzt gelohnt, Phil?« fragte Pamela, drehte den Ton weg, ließ jedoch die Scheibe leuchten.

Rule zog an seiner Zigarette, sein Gesicht zeigte die tiefen Falten bitterer Ironie. Er sah besser aus als vorher. Er war sehr kräftig, und ein paar Tage Ruhe ließen ihn die meisten Unpäßlichkeiten überstehen. »Ein ganz klein wenig zu klug. Der tatterige alte Kauz ist durchaus lebensecht angekommen. Aber niemand wird es ernst nehmen – jedenfalls niemand von Wichtigkeit.«

»Wie hätte Talky es denn sonst machen sollen?«

»Ich weiß es nicht. Ich staune sogar, daß er damit überhaupt durchgekommen ist.«

»Phil, wird Singapore fallen?«

Rule lachte rauh auf. »Darling, ich fürchte, ja. Aber dem Gouverneur oder Brooke-Popham oder Duff Cooper oder sogar Churchill die Schuld in die

Schuhe zu schieben, wäre sinnlos. Es ist ein allgemeiner Zusammenbruch. Nichts funktioniert. Das System ist eben durch und durch verrottet und reif, auseinanderzufallen. Weiter oben im Norden gibt es doch gar keine Führung. Die Leute wollen ja kämpfen. Sie versuchen sogar zu kämpfen – sogar die indischen Truppen. Aber immer und immer wieder diese kleinmütigen Befehle aus Singapore – zurückzugehen, sich rauszuhalten, wieder Rückzug. Ich habe gesehen, wie die Männer über diese Befehle geweint haben. Die Oberbonzen vom Tanglin Club hier haben ein schlechtes Gewissen, Pam. Die schlottern doch vor Angst. Sie haben Schiß vor den Japsen; sie haben sogar vor unseren eigenen Eingeborenen Angst. Wenn du's genau überlegst, ist diese Beherrschung Asiens durch die weißen Europäer von jeher idiotisch gewesen. Das konnte nur eine vorübergehende Sache sein. Warum trauern, nur weil es zu Ende geht?«

»Wie komme ich aus Singapore heraus?«

»Ach, du wirst schon rauskommen. Noch sind die Japse ja weit weg. Es liegen Schiffe bereit, die weißen Frauen und Kinder zu evakuieren. So haben sie das in Penang gemacht, weißt du. Die Europäer haben sie rausgeholt – samt den Soldaten –, und den Asiaten mit ihren Frauen und Kindern haben sie es dann überlassen, mit den Japanern fertigzuwerden. Weißt du das? Und dann stellte Duff Cooper sich vors Mikrophon und verkündete, *sämtliche Bewohner von Penang konnten gerettet werden.* Das hat er sogar ernst gemeint, Pamela. Für Duff Cooper gehörten die Asiaten zur Tierwelt von Penang. Jetzt gibt es einen Aufruhr über das, was geschehen ist und das, was er gesagt hat. Ich glaube nicht, daß die Asiaten viel drum geben, wer nun hier das Sagen hat. Vielleicht sind wir sogar noch sanfter als die Japaner, dafür sind sie aber immerhin Farbige. Mit Brutalität wird der Asiate besser fertig als mit Verachtung.«

»Du glaubst nicht an die amerikanische Rettungsaktion, von der alle Welt redet?«

»Das sind Wunschvorstellungen! Die Amerikaner haben keine Flotte. Die ist in Pearl Harbor versenkt worden.«

»Kein Mensch weiß, was in Pearl Harbor passiert ist.«

»Denton Shairpe weiß es. Sie haben sämtliche acht Schlachtschiffe verloren. Für zwei Jahre sind die Amerikaner im Pazifik aus dem Rennen, wenn nicht gar für immer. Eine Rettungsaktion für Singapore steht eher aus der Schweiz zu erwarten als aus Amerika, aber – ja, was hast du denn nur?« Pamela Tudsbury verbarg das Gesicht in der Armbeuge. »Pamela! Was ist denn?« Sie gab keine Antwort. »Ach, verdammt, du denkst an deinen Yankee. Tut mir leid, Mädchen. Als ich es von Denton hörte, habe ich zuerst selbst an ihn denken müssen, Pam. Wieviel Tote es gegeben hat, weiß ich nicht. Es besteht jede

Chance, daß deinem Idol nichts passiert ist. Die Schiffe sind im Hafen versenkt worden, in seichtem Wasser.«
Immer noch sagte sie nichts und bewegte sich nicht. Draußen rauschte der Regen, quakten die Ochsenfrösche und sang ein ferner Chor –

God rest ye merry, gentlemen,
Let nothing you dismay . . .

Plötzlich unmittelbar vorm Fenster ein wildes Gezeter und Gekecker, wie von einem Wahnsinnigen, der es mit der Angst zu tun bekommt. Pamela stieß einen entsetzten Schrei aus und fuhr in die Höhe. »Oh, mein Gott, was ist *das*?«
»Ruhe, jetzt! Das ist unser Hausäffchen. Das kommt und geht in den Bäumen. Hört sich schaurig an, ist aber ganz harmlos.«
»Herrgott im Himmel, ich hasse Singapore! Schon in Friedenszeiten hätte ich es gehaßt.« Pamela raffte sich auf und wischte sich die feuchte Stirn. »Sollen die Japaner es doch nehmen, dann sind wir es endlich los! Ich gehe jetzt wieder ins Haus. Ist mit dir alles in Ordnung? Brauchst du irgendwas?«
»Ich werde mich einsam fühlen, aber das ist für dich kein Grund, auf den Spaß zu verzichten. Geh nur!«
»Spaß? Ich möchte meinen Gastgebern gegenüber nicht unhöflich sein. Die würden doch sonst denken, ich wäre mit einem Kranken ins Bett gegangen.«
»Nun, warum tust du es nicht, Pam?« Sie starrte ihn an. »Wirklich, wäre das nicht bezaubernd? Am Weihnachtsabend? Erinnerst du dich noch an Weihnachten auf dem Montmartre? Als Slote und Natalie bei Morgengrauen diesen Mordskrach hatten und wir uns davonschlichen, um in den Hallen eine Zwiebelsuppe zu essen?« Sein Bart verzog sich langsam zu einem verführerischen Lächeln, dessen sie sich sehr wohl erinnerte, und das im sanften Schimmer des Radios kaum zu erkennen war. Er streckte ihr seinen gesunden Arm entgegen: »Komm, Tudsbury.«
»Du bist ein Schwein, Philipp, und wirst immer eines bleiben« – Pams Stimme zitterte und brach – »und du bist auch noch alles andere, was ich dich anläßlich unserer kleinen Bastille-Unterhaltung genannt habe.«
»Darling, ich bin nun mal in ein durch und durch korruptes System hineingeboren worden und bin vielleicht ein Verderber, falls dieses Wort irgendeine Bedeutung hat. Laß uns bloß diesen alten Streit nicht wieder aufwärmen. – Aber findest du nicht, daß du nicht ganz konsequent bist? Wenn alles andere zusammenbricht, bleibt nichts außer dem Vergnügen. Das ist doch auch deine Überzeugung. Nur nehme ich das Vergnügen leicht, während du

immer alles tierisch ernst nimmst. Aber daran wird sich nichts ändern, das kann ich dir garantieren. Ich liebe dich.«
»Und deine Frau? Ich bin bloß neugierig. In Paris hattest du zumindest keine Frau.«
»Süße, ich weiß ja nicht mal, ob sie überhaupt noch lebt. Falls sie das tut, dann hoffe ich, vögelt sie mit irgendeinem netten russischen Soldaten von der Front, bis er nicht mehr weiß, wo ihm der Kopf steht. Was ich allerdings bezweifle. Sie ist nämlich noch prüder als die meisten Engländerinnen heutzutage.«
Pamela machte, daß sie zur Tür hinauskam.
»Du brauchst den Schirm«, rief er hinter ihr her.
Sie kam noch einmal zurück, nahm den Schirm und schoß sofort wieder hinaus. Sie hatte in der Dunkelheit noch keine zehn Schritte gemacht, als unversehens der Affe sein Gekreisch anhob, daß ihr das Blut in den Adern gefror. Mit einem Schrei schoß Pamela vorwärts und rannte gegen einen Baum, an dessen Rinde sie sich das Gesicht aufschürfte. Die Zweige rissen ihr den Schirm aus der Hand, und die Tropfen prasselten auf sie herunter. Sie holte ihn sich wieder und stand völlig durchnäßt und wie erstarrt da. Unmittelbar vor sich hörte sie, wie gesungen wurde:

There'll always be an England
While there's a country lane . . .

Aber die Nacht war so dunkel, daß man die Hand vor Augen nicht sah. Herausgekommen war sie beim Sternenlicht zwischen zwei Güssen. Sie wußte nicht genau, wie sie weitergehen sollte. Der Weg wand sich steil zwischen Mauern aus Oleander und Bougainvillea.
Es war ein schlimmer Augenblick für Pamela. Die Sendung ihres Vaters hatte sie deprimiert. Die vertraute Stimme, die aus so großer Ferne kam, hatte ihr nervöses Bewußtsein, allein und ungeschützt zu sein, nur noch vertieft. In den letzten Tagen hatten bedrohliche japanische Sendungen in gebrochenem Englisch ihr Angst eingeflößt. Die kehligen fremden Stimmen hatten so nahe, so schrecklich geklungen. Sie hatte nahezu das körperliche Gefühl gehabt, als rissen schwielige Hände ihr die Unterwäsche vom Leib und zwängen ihre Beine auseinander. Genauer als die meisten bedrohten Frauen wußte sie, wie schwach Singapore war.
Und jetzt hatte Rule von Shairpe erfahren, daß Victor Henrys Schiff versenkt worden war. Selbst wenn Victor noch lebte – dieses Kommando war für ihn verloren. Selbst wenn sie aus Singapore herauskam, würde sie ihn wahrscheinlich niemals wiedersehen. Und wenn sich dennoch ein merkwürdiger Zufall

ergab – was dann? Hatte er nicht eine Frau? Pamela hatte sich aufgemacht, ihn um die ganze Welt zu verfolgen, und jetzt stand sie da, naß bis auf die Haut und verloren in dieser heißen, pechdunklen Nacht, unter einem Regenschirm im Garten von Fremden, in einem Platzregen, an einem Weihnachtsabend, der vielleicht ihr letzter war.

There'll always be an England
And England shall be free . . .

Sie hatte keine Lust, sich diesen betrunkenen Singaporer Briten bei ihrem Gesang anzuschließen. Das billige Lied erinnerte sie unerträglich an die ersten Kriegstage, an den strahlenden Sommer der Schlacht um England und an den schönsten Augenblick in ihrem Leben, als Commander Henry von dem Flug über Berlin zurückgekehrt war und sie sich ihm in die Arme geworfen hatte. All diese Herrlichkeit war jetzt zerschlissen. Sie mochte die McMahons, aber ihre Freunde waren Langweiler aus dem Club oder von der Army. Zwei junge Staff Lieutenants hatten ihr vom *Pahit*-Trinken an den Hof gemacht; beide waren überwältigend langweilig und zugleich hübsche Tiere, insbesondere der Blonde mit dem langen Gesicht und dem schmachtenden Leslie Howard-Gehabe. Sobald sie ins Haus zurückginge, würden sie wieder um sie herumscharwenzeln – falls es ihr gelang, den Weg zurück zu finden, ohne mit dem Gesicht im Schlamm zu landen. Offensichtlich hatten beide es darauf abgesehen, mit ihr zu schlafen; wenn nicht in dieser Nacht, dann in irgendeiner anderen.
Was war falsch daran? Was spielte es für eine Rolle? Was war die Enthaltsamkeit, die sie sich im Augenblick um Victor Henrys willen auferlegt hatte, anderes als ein dummer Witz, der ganz und gar nicht zu ihr paßte – nach den vielen Affären, die sie in ihrem Leben gehabt hatte?
Hinter ihr war das offene Fenster des Gästehäuschens als schwach orangefarbenes Rechteck zu erkennen. Wer nicht wußte, daß es wirklich da war, hätte es für eine optische Täuschung halten können. In der alles verschlingenden Schwärze und dem Regen war es der einzige Lichtfleck, der einzige Weg, den sie gehen konnte.

10

Weder Byron noch irgendein anderer an Bord der *Devilfish* hatte jemals eine Wasserbombenexplosion erlebt.

Ein grauenhaftes, ohrenzerreißendes BONG dröhnte durch das gesamte Boot; es klang wie ein Schlag mit einem Vorschlaghammer gegen eine Riesenglocke. Die Zentrale stampfte übelkeiterregend wie bei einem Erdbeben; Glas zersplitterte, Gegenstände, die nicht festgezurrt waren, flogen durch den Raum; die Signallampen blinkten alarmierend wie im Nachzittern eines Donnerschlags. Die Tiefenruderer schafften es zwar, sich an ihren Ventilrädern festzuklammern, die Führungsmannschaft dagegen ging schliddernd zu Boden; Derringer, der L. I., landete auf Händen und Füßen, die anderen wurden gegen die Schotten geschleudert. Byron spürte so stechende Schmerzen in den Knöcheln, daß er schon Angst hatte, sie wären gebrochen. Ein Instrumentenkasten kam von oben herunter, baumelte an einem Elektrokabel, versprühte blaue Funken und verströmte den beißenden Gestank von verbranntem Gummi. Wirre Schreie hallten im Boot wider.

BONG!

Der zweite metallische Donnerschlag löschte alle Lichter und riß die Flurplatten bugwärts hoch. Die blauen Funken sprühten weiter, entsetztes Stöhnen und Schreien übertönte das Donnergetöse draußen; ein schwerer Körper mit um sich schlagenden Armen preßte Byrons Rücken schmerzhaft gegen die Aluminiumleiter zum Kommandoturm.

Diesmal schien wirklich alles zu Ende, der Bug des Bootes schoß in die Höhe, überall Knirschen und Brechen, Derringer lag erdrückend auf ihm wie eine warme Leiche – er konnte seinen Tabakatem riechen –, und das japanische Sonar-Echo tönte in kurzen Abständen triumphierend: *Ping-ping-ping-ping!* Eine dritte Explosion ließ den gemarterten Rumpf nochmals hallend aufdröhnen. Ein Strahl kalten Wassers fuhr Byron ins Gesicht.

Von dem Tod abgesehen, der in ihren Torpedos lauerte, war die *Devilfish* sehr schwach und sehr langsam. Selbst aufgetaucht lief sie nur halb so schnell wie der Zerstörer, der über ihr dahinbrauste. Unter Wasser konnte sie elf Knoten erreichen, lief aber normalerweise nur drei Knoten. Der Zerstörer konnte sie immer und immer wieder umkreisen und versuchen, sie mit dem Sonar zu orten; außerdem brauchten die heruntertaumelnden Wasserbomben sie nicht einmal direkt zu treffen. Wasser vermittelt eine Explosion in einer Schockwelle. Schon ein Fehltreffer in zehn Metern Entfernung konnte das Ende der *Devilfish* sein; schließlich handelte es sich nur um eine aus neun langen, engen Zylindern zusammengeschweißte Röhre, um so etwas wie ein bewohnbar gemachtes Kanalisationsrohr. Ihr Druckkörper war nicht einmal einen halben Zentimeter stark.

Der einzige militärische Vorteil, mit dem sie ihre Schwäche und ihre Schwerfälligkeit wettmachen konnte, lag im Überraschungsmoment; und dieser Vorteil war jetzt verspielt. Die *Devilfish* wand sich wie ein Skorpion im Strahl einer Taschenlampe. Nur durch Tauchen hätte sie sich in Sicherheit bringen können; je tiefer sie tauchte, desto geringer wurde die Möglichkeit, aufgestöbert und von Sonar-Echos erfaßt zu werden. Nur – im Golf von Lingayen gab es diese Möglichkeit nicht. Die Testtiefe eines Flotten-U-Boots, damals ein gehütetes Geheimnis, betrug einhundertundachtundzwanzig Meter bei einer Sicherheitsmarge von nahezu hundert Prozent. Im äußersten Notfall konnte ein U-Boot-Kommandant bis zu hundertundachtzig Meter in die Tiefe gehen und hoffen, daß seine arme Röhre die Lecks überstand, die an den Stopfbuchsen auftraten. Noch tiefer, und die schwarze Faust der See würde den Stahlrumpf zerknüllen wie Silberpapier. Hoban wäre mit Freuden mit der *Devilfish* über die Testtiefe hinausgegangen; doch im größten Teil des Golfes von Lingayen begann nach etwa dreißig Metern seichter Schlick.

Es gab noch andere Risiken. Ein Überwasserfahrzeug hielt sich von selbst im Gleichgewicht; ein tauchendes U-Boot dagegen war vom Wasser abhängig. Luftblasen in den Tauchtanks hielten es in der Schwebe – ein schwer zu manövrierendes, unsicheres Gefährt. Wasser und Treibstoff, durch ein Gewirr von Röhren hierhin und dorthin gepumpt, sorgten dafür, daß die lange Röhre vorder- oder achterlastig wurde, sich senkte oder aufrichtete; wie bei einem Flugzeug hielten die Flächen der Tiefenruder das Boot im Gleichgewicht. Nur mußte das Fahrzeug in Bewegung sein, sonst funktionierten die Tiefenruder nicht.

Mußte es längere Zeit stilliegen, war es um ein U-Boot wie die *Devilfish* geschehen. Entweder sank es dann langsam unter seine Testtiefe – oder in diesem Falle in den Schlick –, oder es trieb nach oben, in den Bereich der Fünfzehn-Zentimeter-Geschütze des Zerstörers. Außerdem konnte es sich nur ein paar Stunden unter Wasser fortbewegen. Denn unter Wasser gibt es für Verbrennungsmotoren keine Luft zum Verbrennen. Genauso, wie die

Atemluft für die Mannschaft begrenzt war, stand auch für die Fortbewegung nur ein begrenztes Maß an Energie zur Verfügung. War sie verbraucht, mußte das Boot auf dem Boden stilliegen, oder auftauchen, um mit Hilfe der Luft den Treibstoff zu verbrennen und wieder in Gang zu kommen.
Über Wasser lud ein U-Boot sich gleichsam selbst für die Unterwasserfahrt auf. Die Dieselmotoren trieben das Boot nicht nur vorwärts, sondern luden auch die zwei gewaltigen Batteriereihen bis zur Grenze ihrer chemischen Kapazität mit Energie. Unter Wasser wurde die *Devilfish* von Elektromotoren angetrieben, die von diesen Batterien gespeist wurden. Je größer die Geschwindigkeit unter Wasser, desto schneller leerten sich die Batterien. Bei einer Geschwindigkeit von drei oder vier Knoten konnte ein U-Boot etwa vierundzwanzig Stunden unter Wasser bleiben. Versuchten sie dagegen, mit zehn Knoten zu entkommen, würden die Batterien in rund einer Stunde leer sein. Bei extremer Gefahr konnte der Kommandant sich mit seinem Verfolger auf eine Geduldsprobe einlassen und am Grund liegenbleiben, bis die Mannschaft die zur Verfügung stehende Luft verbraucht hatte. Weiter ging es nicht mehr: achtundvierzig bis zweiundsiebzig Stunden untätig auf Grund, und ein Unterseeboot stand vor der Wahl, entweder unten zu ersticken oder oben von den Geschützen des Zerstörers empfangen zu werden.

Gelblich flackernd gingen die Lichter an. Byron wischte sich das Salzwasser aus dem Gesicht – es war aus einer Röhre herausgespritzt, die unter der Explosion gelitten, aber Gott sei Dank gehalten hatte. Der L. I. stieß sich von Byron ab, wobei sein Mund entschuldigende Worte formte, die der Fähnrich gar nicht hören konnte, so taub war er. Wie durch dicke Wattelagen hindurch hörte er jedoch Aster, der unmittelbar über ihm brüllte: »Captain, er hat unsere Tiefe im Sonar. Jetzt deckt er uns bestimmt ein. Warum gehen wir nicht auf fünfzehn Meter rauf und zeigen ihm, was 'ne Harke ist?«
Die Stimme des Kommandanten kam scheppernd durchs Sprachrohr: »Briny, geh'n Sie rauf bis auf fünfzehn Meter! *Fünfzehn Meter!* Bestätigen!«
»Fünfzehn Meter, *aye, aye,* Sir.«
Die Tiefenrudergänger trimmten das Boot so aus, daß es steigen konnte. Sie reagierten mit Ruhe und Können, obwohl sie beide mit geweiteten Augen in den aschgrauen Gesichtern über die Schultern zu Byron herüberblickten. Während sie durch die Turbulenzen der Wasserbombe hindurch an Höhe gewann, vollführte die *Devilfish* eine jähe Wendung; sie verstärkte dadurch die Turbulenzen und irritierte auf diese Weise das gegnerische Sonar. Die Matrosen hielten sich an allem fest, was gerade in Griffnähe war. Sich mit einem Ellbogen an der Aluminiumleiter festklammernd, bemerkte Byron an

den Tiefenmanometern, daß die E-Motoren immer noch liefen. Im augenblicklichen Winkel und bei dieser Steigungsrate machte das Boot zehn Knoten. Vier weitere Explosionen ließen die Flurplatten scheppern; grauenhafte Geräusche, doch weiter weg jetzt. Diesmal gab es keine Schäden in der Zentrale, nur die Matrosen schwankten und stolperten, und Teile von irgendwelchen Geräten, die bereits ausgefallen waren, flogen Byron ins Gesicht.

»Auf fünfzehn Meter eingetrimmt, Captain!«

»Sehr gut. Alles okay dort unten?«

»Scheint so, Sir.« Derringer riß an dem defekten, funkensprühenden Kabel. Die anderen fluchten mit erstickten Stimmen vor sich hin und hoben Instrumente und Bruch von den Flurplatten auf. Eine Reihe von Wasserbomben brummelte und grummelte unter ihnen, jede weniger laut und weiter weg als die vorhergehende. Dann machte Byrons Herz einen Satz, als das Stakkato der Sonarimpulse des japanischen Zerstörers zu einem langgezogenen *p-i-i-i-n-g! p-i-i-i-n-g!* wurde. Das war bei den Gefechtsübungen in Pearl Harbor das Zeichen des Triumphs gewesen – das traurig-klagende Eingeständnis des Jägers, daß er die Spur verloren hatte und gezwungen war, sich wieder auf die Routinesuche zu begeben. Der Doppler-Effekt – der tiefere Klang – verriet, daß der Zerstörer von der *Devilfish* abgedreht hatte.

Eine Freude, nicht geringer als zuvor die Angst, eine Woge warmen körperlichen Wohlbehagens erfaßte Byron. Sie hatten den Verfolger abgeschüttelt, und das Boot war noch am Leben. Die *Devilfish* hatte einen Wasserbombenangriff überstanden! Sie hatte einiges abbekommen, aber sie war ihrem Verfolger entwischt. Sämtliche U-Boot-Geschichten, die er je gelesen hatte, verblaßten ein für allemal, waren nichts weiter als graue Theorie. Alle Übungen in Friedenszeiten schienen dagegen ein Kinderspiel. Niemand konnte einen Wasserbombenangriff beschreiben – man mußte ihn mitgemacht haben. Im Vergleich dazu waren die Bombenteppiche von Warschau und Cavite gelinde Schrecken gewesen. Das hier war das wahre Erlebnis, das kalte Schädelgrinsen des Todesengels, vor dem sich jeder Mann im Krieg zu bewähren hatte. Solche Gedanken schossen Byron Henry freudig-erleichtert durch den Kopf, als er hörte, wie das Sonar-Echo des Zerstörers durch dem Doppler-Effekt wieder zu einem langgedehnten *p-i-i-i-n-g* wurde. Alles wurde etwas ruhiger. Die Navigationsgruppe versammelte sich wieder um den Koppeltisch. Aster und Captain Hoban kletterten vom Kommandoturm herunter, um zuzusehen, wie das Bild sich formte. Bald verdeutlichte sich ihre Position an zwei Kurslinien; der Zerstörer mit Kurs auf den Brückenkopf bei Lingayen und die *Devilfish*, die sich in entgegengesetzter Richtung entfernte.

Vor Erleichterung grinsend, sagte Aster: »Ich nehme an, der glaubt, wir laufen immer noch auf das Landungsgebiet zu.«
»Keine Ahnung, was er glaubt – es ist ganz einfach phantastisch!« Hoban wandte sich an Byron. »Also gut! Machen Sie den Rundgang durch alle Räume, Briny, und berichten Sie über das Ausmaß des Schadens.«
»*Aye, aye*, Sir.«
»Und sprechen Sie mit den Leuten. Sehen Sie mal zu, wie's ihnen geht. Wir haben da eine Meldung über Wassereinbruch im achteren Torpedoraum. Vielleicht ist zeitweilig ein Ventil undicht gewesen oder sonstwas.«
Der Kommandant sprach gefaßt und schien in jeder Beziehung er selbst; und doch hatte er sich irgendwie verändert. Ob es an dem fehlenden Bärtchen lag? Nein, das war es nicht. Es war der Ausdruck seiner Augen, dachte Byron; sie schienen größer, leuchtender, dazu dunkel umringt, als wäre er völlig erschöpft. Hobans braune Augen beherrschten jetzt sein Gesicht: wach, besorgt und glänzend. Der Boß hatte das volle Ausmaß seiner Verantwortung zu spüren bekommen. Das genügte, um jeden Menschen zu ernüchtern. Als Byron die Zentrale verließ, befeuchtete Lady Aster das Ende einer Havanna und bedachte ihn mit einem schiefen Zwinkern.
Jede Abteilung hatte irgendwelche geringen Schäden und Ausfälle zu melden – da waren Kojen aus der Verankerung gerissen, Glühlampen zersprungen, Tische umgeworfen, Wasserleitungen verklemmt; dennoch hatte die *Devilfish* sich unter dem Hagel von Schlägen als bemerkenswert widerstandsfähig erwiesen; das ging aus allem hervor, was Byron sah. Kein Ausfall, der die Einsatzfähigkeit des Bootes beeinträchtigt hätte. Bei der Mannschaft sah es anders aus. Ihre Verfassung ging von gelindem Schock bis zu rüdem Trotz, doch war die Grundstimmung im ganzen U-Boot Niedergeschlagenheit; und zwar nicht so sehr wegen der Wasserbomben, wenngleich darüber so mancher saftige Ausdruck fiel – und es in einer Abteilung stark danach roch, als hätte jemand in die Hose gemacht –, sondern weil die Torpedos ihr Ziel verfehlt hatten. Man hatte sich für nichts und wieder nichts verprügeln lassen. Das war schon ein trauriges Erlebnis nach all dem Lob während der Ausbildung. Einige Matrosen wagten es sogar, sich Byron gegenüber Luft darüber zu machen, daß der Kommandant übereilt auf langer Laufstrecke gefeuert hatte.
Als Byron sich mit seinem Bericht in der Messe meldete, hatten Aster und Hoban die Köpfe über eine Skizze für den Gefechtsbericht gebeugt. Der Kapitän zeichnete seinen Angriff mit orangefarbener Tinte für den Kurs des Gegners, blauer für die *Devilfish* und roter für die Torpedos. Hobans graphische Darstellungen waren immer schulbuchreif. »Ich hab' die Blasenspuren gesehen, verdammt nochmal, Lady«, sagte er sinnend und zeichnete

mit dem Lineal die Linien ein. »Diese neuen Magnetzünder taugen nichts. Das werde ich ins Journal schreiben, so wahr mir Gott helfe, und in den Gefechtsbericht auch. Und wenn sie mich dafür hängen! Ich weiß, die Entfernung war groß, aber wir hatten eine ausgezeichnete Lösung. Die Bahnen gingen genau unter dem ersten und dem dritten Schiff hindurch. Die hätten in die Luft gehen müssen. Die Torpedos haben nicht gezündet.«
»Vielleicht sehen Sie sich erst mal den Kurs an, den wir laufen, bevor Sie die Wache übernehmen«, sagte Aster wie beiläufig zu Byron. »Wir haben Kurs auf die Zufahrt.«
»Auf die Zufahrt zur Bucht?«
In den dunkelumringten Augen des Kapitäns leuchtete es auf, als er den überraschten Ton hörte. »Selbstverständlich. Im gesamten Landungsgebiet ist doch jetzt U-Boot-Alarm, Briny. Da können wir überhaupt nichts machen. Oben an der Zufahrt gibt es vielleicht noch ein paar fette Happen für uns.«
»Jawohl, Captain!«
Über Hobans Kopf hinweg, der sich über seine graphische Darstellung beugte, zwinkerte Aster abermals grotesk. Was das zu bedeuten hatte, war Byron klar. Es traf ihn im Innersten. Die Aufgabe der *Devilfish*, die einzige Möglichkeit, jetzt zwanzig Jahre Unterhalt und Ausbildung zu rechtfertigen, bestand darin, die Japaner an der Landung zu hindern, einerlei, wie groß das Risiko war. Sie bekamen ja auch Gefahrenzulagen zur Heuer! Byron war davon ausgegangen, daß Hoban nach Verlassen der Gefahrenzone fraglos einen Bogen schlagen und sich den Truppentransportern an die Fersen heften würde. Das war Aufgabe und Zweck eines U-Bootes; dazu hatte man es gebaut und bemannt. Mochten Branch Hobans Argumente noch so vernünftig sein – er gab den Einsatz eines intakten U-Bootes auf, das noch immer zwanzig Torpedos an Bord hatte.

Sie waren dem Zerstörer ausgewichen, aber sie hatten ihn nicht abgeschüttelt. Sein langgedehntes *p-i-i-i-n-g* klang leise und trauervoll immer noch im Sonar-Empfänger der *Devilfish* auf.
Auf Derringers Koppeltisch wurde der Plan, nach dem die Japaner beim Suchen vorgingen, bald sichtbar: ein Muster immer größerer Quadrate, ähnlich dem Muster, nach dem die Amerikaner bei der U-Boot-Abwehr vorgingen. Hatte ein Unterseeboot bei den Friedensübungen vor Pearl Harbor es geschafft, seinem Verfolger zu entkommen, so pflegte es ein Sonarsignal abzugeben, woraufhin der Zerstörer hinjagte, um noch einen Angriff zu fahren. Die Phase des Suchens war ein ermüdender und langweiliger Vorgang, bei dem man nur Zeit und Treibstoff vergeudete. Hier jedoch war der gleiche Vorgang alles andere als langweilig; diesmal war es bitterer Ernst: scheußlich, spannungsge-

laden und außerordentlich gefährlich. Die Sucher oben hatten schließlich nichts anderes im Sinn, als die *Devilfish* aufzuspüren und zu versenken, und ihre Chancen standen noch immer gut.
Denn wenn der Skorpion jetzt auch nicht mehr im Lichtstrahl der Taschenlampe lag, sondern sich im Dunkel davonschlich – es gab keine wirklich geeignete Stelle, sich zu verbergen. Hoban hatte die Batterien bedenklich geleert. Der frisch und mit vollen Treibstoffbunkern aus Japan kommende Verfolger lief gut das Acht- bis Zehnfache von Hobans normaler Unterwassergeschwindigkeit. Noch ein paar Stunden, und die *Devilfish* hatte keinen Saft mehr in den Batterien. Viel hing jetzt davon ab, ob man schlichtweg Glück hatte oder nicht.
Hoban entfernte sich auf gerader Linie von dem Punkt, an dem der Zerstörer ihn verloren hatte. Das entsprach der allgemeinen Regel, obwohl Byron (und augenscheinlich auch Aster) den Kurs auf die Zufahrt des Golfs für einen Fehler hielten. Der Zerstörerkommandant hatte zwei Quadrate abgefahren und war dabei, ein noch umfassenderes abzulaufen. Wenn der Zufall es wollte und er sich dazu entschloß, jeweils nach rechts zu schwenken, konnte es sein, daß er den unsichtbaren Kriecher wieder zu fassen bekam. Doch die nächtliche See war eine schimmernde, wogende Leere, es gab unendlich viele Möglichkeiten; im übrigen waren Mißerfolge entmutigend. Außerdem konnte es sein, daß er zu anderen Aufgaben abgerufen wurde. Das waren die hoffnungsvolleren Faktoren des Problems; nur, daß ›Problem‹ ein Wort aus Friedenszeiten war, viel zu nichtssagend für diese verbissene, anonyme Bedrohung.
Während Byron im Kommandoturm Wache ging, hörte er den Kapitän und den Ersten Wachoffizier über das weitere taktische Vorgehen sprechen. Die Zeit des Sonnenuntergangs war vorüber, und Aster wollte auftauchen. Mit den Dieselmotoren konnten sie mit Höchstgeschwindigkeit aus den Suchfeldern des Zerstörers hinauslaufen und die Batterien für weitere Unterwasseraktionen aufladen, möglicherweise sogar für einen Angriff auf ihren Verfolger.
Hoban war kategorisch dagegen. »Verdammt nochmal, Lady, auftauchen? Gegen unbekannte Größen spielen? Wer weiß denn, wie das Wetter oben ist? Mal angenommen, es ist eine kristallklare Nacht? Wir könnten zwischen ihm und dem Mond liegen – haben Sie daran schon gedacht? Eine schwarze Blechente im Mondlicht! Schon das Sehrohr könnte im Fernglas aufblinken! Wie verläßlich ist denn unsere Sonarreichweite? Wir rechnen mit plus minus einer Meile; aber solange da oben Fünfzehn-Zentimeter-Geschütze auf uns warten, gehen wir doch wohl besser von *zwei* Meilen aus, oder? Na also! Auf der Gefechtsskizze ist er jetzt wo – siebentausend?«
»Siebentausendfünfhundert zunehmend, Sir. Doppler stark abnehmend.«
»Na gut. Aber selbst wenn! Bei einer Entfernung von drei- oder viertausend

Metern kann ein Ausguck uns schon mit dem Fernglas ausmachen. Daß die Japse im Dunkeln nichts sehen können, ist purer Unsinn. Wenn der Zerstörer uns aufgetaucht und mit leeren Batterien entdeckt, sind wir erledigt. In einer Entfernung von acht bis zehn Meilen könnte es vielleicht Sinn haben, aufzutauchen. Ja, genau das sollten wir versuchen. Byron! Gehen Sie auf sieben Knoten.«

»Auf sieben Knoten, Sir?«

»Sind Sie taub? Sieben Knoten.«

»Sieben Knoten, *aye, aye*, Sir.«

Die Entscheidung verblüffte Byron. Aster ließ gleichsam die Jalousie herunter. Bei sieben Knoten hatte die *Devilfish* nur noch Strom für etwa eine Stunde in den Batterien. Bei seinem Versuch, Vorsicht walten zu lassen, schien Captain Hoban um die Sicherheit nicht allzu besorgt zu sein.

Auf dem Koppeltisch sah man, daß der japanische Zerstörer wendete; nach kurzer Zeit erfolgte eine zweite Wendung. Der Sonargast meldete sich. »Doppler zunehmend!« Der Zerstörer kam näher an die *Devilfish* heran. Die Zeit verstrich, und Zeit bedeutete Energieverbrauch. Im Kommandoturm stellten der Kommandant und der L. I. Überlegungen darüber an, was das letzte Manöver des Verfolgers zu bedeuten hätte. Hatten die Japaner ein verirrtes Sonar-Echo aufgefangen? Vielleicht von einem Fischschwarm, der sich in ihrer Richtung aufhielt? Sollte man den Kurs wechseln? Hoban beschloß, weiter auf die Zufahrt zuzulaufen. Die Sonar-Entfernung fiel nach und nach auf sechseinhalbtausend Meter; zwanzig Minuten später waren es schon nur noch fünfeinhalbtausend – drei Seemeilen. War die Nacht dunkel und regnerisch, überlegte Byron, so konnten sie immer noch auftauchen und mit einundzwanzig Knoten machen, daß sie wegkamen. Warum fuhr der Alte nicht einmal ein Sehrohr aus, um festzustellen, wie das Wetter war? Als die Entfernung sich auf viertausendsechshundert Meter verringerte, schwand auch mehr und mehr die Möglichkeit, das zu tun. Der helle Klang des Sonars wurde jetzt leise im ganzen Boot hörbar. Byrons ganze Hoffnung richtete sich darauf, daß der Zerstörer über sie hinweglaufen würde, ohne ein Echo aufzufangen; doch auch diese Hoffnung schwand, als er Derringer unten mit Grabesstimme melden hörte, der Zerstörer gehe auf Kollisionskurs.

Aster kam die Leiter heraufgeklappert; seine Augen waren ganz schmal, und die Zigarre hatte er zwischen den Zähnen verbissen. »Auf Gefechtsstation, Briny.«

»Was ist denn nun?«

»Er hat uns gefunden. Der Captain geht auf Grund.«

»Klappt das?«

»Kommt drauf an.«
»Worauf?«
»Naja, erstmal darauf, wie gut sein Sonar ist. Vielleicht kann er Bodenreflexe nicht rausfiltern.«
An diese Taktik erinnerte sich Byron von den Übungen der U-Boot-Schule vor New London her. Echopeilungen auf ein am Meeresgrund liegendes Fahrzeug waren ungenau; Echos von überallher ließen keine exakte Angabe zustandekommen. Als er die Leiter hinunterhastete, um auf seine Gefechtsstation als Tauchoffizier zu gehen, sah er, wie Captain Hoban auf den Kursschreiber starrte: die bleistiftdünne Linie des Zerstörerkurses lief bogenförmig Punkt für Punkt auf einen beweglichen weißen Punkt zu: *die Devilfish.*
»Tanks fluten! Sonardom einfahren!« Hoban machte einen Satz auf die Leiter zu und schrie durch das Luk hinauf: »Lady, melden Sie mir die Echolotwerte und sagen Sie allen, sie sollen sich drauf vorbereiten, daß wir auf Grund gehen! Ruder hart steuerbord!«
Das Unterseeboot rauschte in die Tiefe, verlangsamte dabei seine Fahrt und wendete gleichzeitig. Byron pendelte das Boot ein gutes Stück über Echolottiefe ein. Kurz darauf ein Ruck, dann noch einer, und die *Devilfish* legte sich schwankend und mit leisem Knirschen auf den Schlammgrund; laut Tiefenmesser haargenau nach den Echolotangaben: bei 26,5 Meter.
Schweigen. Lautloses Warten in der *Devilfish*; draußen langgedehntes *p-i-i-i-n-g* und Schraubenrauschen. Auf dem Kursschreiber kam die Spur des Zerstörers näher und immer näher an den stilliegenden Lichtpunkt heran. Die Schraubengeräusche wurden stärker. Derringer fing keine Sonar-Echos mehr auf, dazu war der Angreifer zu nahe; er berechnete den Kurs des Zerstörers, indem er sich auf seine Ohren und seinen gesunden Menschenverstand verließ. Als Byron fast nicht mehr zu atmen wagte, ging die Bleistiftlinie über den Blickpunkt hinweg und entfernte sich langsam von ihm. Ein rascher Abfall der langgezogenen Sonarlaute zu abnehmendem Doppler-Effekt bestätigte, daß Derringers Mutmaßungen der Wahrheit entsprochen hatten. Alle in der Kommandozentrale hörten es – die jungen Matrosen, der junge Offizier, der Leitende Ingenieur – alle blickten einander an, und Hoffnung keimte wieder in ihnen auf.
Wie total ein U-Bootfahrer doch vom Kommandanten abhängt, dachte Byron, und wie sehr es dabei auf Vertrauen ankommt! Wenn er Hoban auch einst gehaßt hatte – sein Können hatte er bis jetzt noch nie angezweifelt; das, wogegen er aufbegehrt und was ihn so verbiestert hatte, war ja gerade seine erdrückende Überlegenheit gewesen. Jetzt nagte die Ratte der Panik an Byrons Gemüt. War er etwa doch zitternden oder inkompetenten Händen anvertraut,

in dreißig Meter Tiefe, eingeschlossen in einer langen, verwundbaren Metallröhre? Wartete er darauf, daß ein Schiff von der Oberfläche her das Boot in die Luft sprengte und ihn dem scheußlichen Tod des Ertrinkens überantwortete? Die dünne Rumpfwand lag unter dem schrecklichen Druck des schwarzen Meerwassers da; eine gerissene Schweißnaht, ein verklemmtes Ventil, und das Leben in ihm würde durch das hereinbrechende Salzwasser ausgelöscht werden. Er würde Natalie nie wiedersehen, nicht ein einziges Mal das Kind zu sehen bekommen, das er gezeugt hatte. Er würde auf dem Grund des Golfes von Lingayen vermodern, und die Fische würden durch sein Gerippe ein- und ausschwimmen.

Das Bewußtsein, unter Wasser in Gefahr zu sein, das U-Bootfahrer zwar ständig unterdrücken, nie jedoch auch nur für einen einzigen Augenblick vergessen können, packte Byron Henry. Vor knapp achtundvierzig Stunden, kurz bevor er sich im Marsman-Building gemeldet hatte, war er auf der Ladefläche eines Lasters unter heißer Sonne auf einer Minenkiste sitzend und mit seinen Arbeitern Bier trinkend in Manila einen Boulevard hinuntergerattert. Jetzt dagegen . . .

Heiser sagte Derringer: »Mr. Henry, ich glaube, er kommt zurück.«

Das Sonargeräusch ging wieder zum Stakkato über.

Die Furcht schoß Byron in die Eingeweide. Diesmal hatte der Zerstörer das U-Boot aufgespürt; es entdeckt, wie es regungslos und fast ohne Energie in den Batterien auf dem Meeresboden lag, und ihn hatte es mit erwischt; und all dies war kein Traum, so traumhaft ihm dieser Schrecken auch vorkam. Jetzt kam der Tod unter Wasser auf ihn zu und kreischte ihm in bösartigen Pfeiftönen frohlockend ins Ohr: *»Gefunden, gefunden, gefunden!«*

Die Gesichter in der Kommandozentrale nahmen alle denselben Ausdruck an – den Ausdruck schieren Entsetzens. Der Leitende Ingenieur starrte nicht auf seinen Koppeltisch, sondern unbestimmt in die Höhe; er hatte den breiten Mund weit aufgerissen, das große dicke Gesicht eine griechische Maske der Angst; der Mann hatte fünf Kinder und zwei Enkel. Die Schrauben vollführten ihr Mahlen und Rauschen direkt über ihnen – KER-DA-TRAMM! TRAMM! TRAMM! Morelli am Bugtiefenruder faßte sein Kruzifix, bekreuzigte sich und sprach ein Gebet.

Klick, klick, klick, wie kleine Steinchen oder Bälle, die vom Rumpf abprallten; es war die Einstellung der Wasserbomben auf ihre augenblickliche Tiefe, wenn Byron auch nicht wußte, was das Geräusch bedeutete. Auch er betete; nichts Kompliziertes, sondern nur: »Lieber Gott, laß mich leben, lieber Gott, laß mich leben!«

11

Die Schreie und Flüche des Blockältesten scheuchten die russischen Gefangenen um halb fünf in der Frühe aus ihrem unruhigen Schlaf. Es ist der einzige Schlaf, den sie bekommen, zu dritt in der Kälte und dem Gestank der Blockhäuser des Quarantänelagers auf eine Lagerstatt gezwängt, auf Strohschütten, in denen es von Ungeziefer wimmelt. Während er von seiner oberen Lagerstätte herunterklettert, um zum Appell zu gehen, murmelt Berel Jastrow das morgendliche Pflichtgebet: *Höre, o Israel!* Eigentlich müßte er sich vorher waschen, doch das geht nicht; der Wasserhahn ist hundert Meter entfernt, und um diese Zeit ist es verboten, dorthin zu gehen. Er läßt noch das Gebet für Zeiten der allgemeinen Bedrängnis aus dem Talmud folgen und schließt mit den Worten: »*Yehi ratzon sheekhye* – laß mich leben!« Was ihn als nächstes erwartet, ist eine Stunde oder länger in Reih und Glied im eisigen Wind und der Dunkelheit des tiefsten polnischen Winters, angetan mit der dünnen Gefangenenkleidung aus gestreiftem Drillich.

»Laß mich leben«, ist eine immer passende, aus dem Herzen kommende Bitte. Unter den kräftigen Schlägen bei der geringsten Provokation oder auch gar keiner, bei den körperlichen Schindereien, die andauern, bis die Schwächsten umfallen, bei den Hungerrationen, den langen Appellen fast nackter Männer bei Frost, bei der harten Arbeit – dem Ausheben von Entwässerungsgräben, dem Stapeln von Holz, dem Schleppen von Feldsteinen, dem Abreißen von Bauernhäusern in den evakuierten Dörfern und dem Transportieren von Baumaterial bis zu dem Platz, wo die neuen Baracken entstehen – und bei diesen Wachen, die jeden, der wankt oder zusammenbricht, auf der Stelle niederschießen oder mit dem Kolben ihrer Gewehre erledigen, wird die Liste der Russen im Quarantänelager von Oswiecim rasch immer kürzer.

Die sowjetischen Kriegsgefangenen sind in der Tat für den Kommandanten eine große Enttäuschung.

Ein Transport nach dem anderen, treffen sie ein – krank, ausgemergelt, fast nicht mehr gehfähig vor Erschöpfung; überdies nur noch die Hälfte derer, die man ihm versprochen hat; die anderen sind unterwegs draufgegangen. Und

mit diesem schäbigen Rest als Arbeitskraft soll er nicht nur eines, sondern eine ganze Reihe von dringenden Bauvorhaben fertigstellen; die Größe des in den Gebäuden der Tabakmanufaktur und der alten polnischen Kaserne untergebrachten Basislagers verdoppeln; die ehrgeizigen landwirtschaftlichen Versuchsbetriebe und Fischereistationen, die nach den Vorstellungen des Reichsführers-SS Himmler die Paradestücke des Lagers Auschwitz sein sollen, anlegen und mit Arbeitskräften ausstatten; außerdem ein neues Lager von bisher noch nicht dagewesener Größe in dem drei Kilometer weiter im Westen gelegenen Brzezinka (wie es auf polnisch heißt; auf deutsch wird man es Birkenau nennen) errichten, in dem *hunderttausend Gefangene* untergebracht werden können, die in den Rüstungsbetrieben arbeiten sollen; endlich soll er mit dem Vermessen und der Vorbereitung der Fabrikanlagen beginnen! Kein deutsches Konzentrationslager hat bis jetzt mehr als zehntausend Gefangene fassen können. Es ist eine atemberaubende Aufgabe, etwas, worauf man stolz sein kann, eine große Chance, befördert zu werden. Der Kommandant ist sich darüber durchaus im klaren.
Nur gibt man ihm nicht die richtigen Mittel in die Hand. Das Ganze wäre ein Ding der Unmöglichkeit, könnte er nicht auf eine solide Grundlage von politischen Gefangenen aus Polen und der Tschechoslowakei zurückgreifen, die immer noch kräftig zupacken können, und auf die unablässig eintreffenden Neuankömmlinge. Nur die kräftigsten der Russen, von jedem Transport etwa zehn Prozent, sind in den Arbeitstrupps zu verwenden. Gibt man ihnen nur ein wenig zu essen, so kommen sie auch wieder auf die Beine und sind verwendungsfähig. Robuste Kerle! Aber genau da liegt auch das große Problem: Verwirrung von der obersten Spitze bis zu den Wachmannschaften, wozu Auschwitz überhaupt dienen soll, diese vierzig Quadratkilometer morastigen Ackerlandes, die dem Befehl des Kommandanten unterstellt sind. Weil er sich der Verantwortung bewußt ist, die ihm, einem einfachen Sturmbannführer, anvertraut wurde, ist er sehr darauf bedacht, seine Sache gut zu machen. Anderthalb Jahre hindurch hat er in Oswiecim mit Herz und Hand geschuftet. Als er 1940 hierherkam, um das Lager aufzubauen, war das Ganze nichts weiter als ein trostloser Morast mit einigen wenigen verstreuten Dörfern. Jetzt sieht es schon nach etwas aus! Aber was erwartet man wirklich von ihm? Ein Höchstmaß an kriegswichtiger Produktion oder ein Höchstmaß an Ausmerzung der Reichsfeinde? Er ist sich darüber immer noch nicht klar. Der Kommandant sieht sich selbst als Soldaten. Er wird das eine wie das andere tun; nur nicht beides zur gleichen Zeit. Trotzdem: unablässig kommen die widersprüchlichsten Befehle von oben. Ein Beispiel dafür: die Sache mit diesen russischen Kriegsgefangenen. Zur Vergeltung für die unmenschliche Behand-

lung, welche die deutschen Kriegsgefangenen in der Sowjetunion erfahren, sollen sie ›mitleidslos‹ eingesetzt werden. Alle, die auch nur eine Spur von politischer Verantwortung getragen haben, sind sofort zu exekutieren; der Rest soll sich rasch zu Tode arbeiten, soll Sklavenarbeit leisten bei Rationen, die unter dem liegen, was ein Hund zum Überleben braucht.

. . . *Jawohl, Reichsführer; aber was ist mit den Hunderten und Aberhunderten von Baracken, die Sie mir in Birkenau zu bauen befohlen haben? Jawohl, die Baracken; und jawohl, die landwirtschaftlichen Versuchsbetriebe; und jawohl, die Fabriken! Soll Sturmbannführer Höß sich darüber den Kopf zerbrechen! Höß ist jemand, der was zustande bringt, der was schafft. Gewiß, er beschwert sich, schickt lange pessimistische Berichte, erklärt, daß bestimmte Aufträge unmöglich sind. Aber am Ende führt Höß seine Befehle aus. Ein Mann, auf den Verlaß ist* . . .

Der Kommandant weiß den Ruf zu schätzen, in dem er steht. Selbst unter diesen Bedingungen ist er entschlossen, ihm alle Ehre zu machen; er bemüht sich nach Kräften. Wie jeder andere auch, möchte er befördert werden, mit seiner Familie Ehre einlegen und so weiter. Aber der Reichsführer-SS nutzt seine Gewissenhaftigkeit aus, und das bedrückt ihn. Das ist einfach nicht gerecht.

Um die bewölkte Mittagsstunde, durch einen schweren Mantel vor dem schneidenden Wind geschützt, wartet der Kommandant im Schnee vor dem Krematorium auf die Ankunft der dreihundert Russen. Aus mehreren Transporten als höhere Offiziere oder politische Kommissare ausgewählt, sind sie vom Militärgericht in Kattowitz zum Tode verurteilt. Der Kommandant hadert nicht mit diesem Urteil. Der ganze Krieg ist schließlich nichts weiter als ein Kampf mit dem Bolschewismus auf Leben und Tod. Wenn die abendländische Kultur gerettet werden soll, darf man mit dem barbarischen Feind aus dem Osten kein Mitleid haben. Ein Jammer nur, daß einige von den Verurteilten, wie es scheint, körperlich in so guter Verfassung sind.

Auf jeden Fall wird ihr Tod nicht völlig sinnlos sein. Er wird ihm wichtige Aufschlüsse geben. Sturmbannführer Höß gibt sich nicht mit optimistischen Meldungen von Untergebenen zufrieden. Als Rapportführer in Sachsenhausen hat er auf die Ochsentour gelernt, sich immer mit eigenen Augen zu überzeugen. Auf dem Dienstweg in einem Konzentrationslager neigt man zum Lügen, zum Vertuschen, dazu, Dinge reibungsloser darzustellen, als sie in Wirklichkeit laufen. Über die Vergasung einiger verurteilter Russen mit dem stärksten im KZ verfügbaren Insektenvernichtungsmittel, die im Keller von Block 11 vorgenommen wurde, während der Kommandant beim Reichsführer in Berlin war, liegen widersprüchliche Berichte vor. Der Untergebene, dessen

Idee das Ganze war, behauptet, alle seien fast auf der Stelle tot gewesen. Andere Meldungen besagen, es habe ewig gedauert, ehe die Russen hinüber gewesen wären; daß sie, noch während sie vergast wurden, gegen eine Kellertür angerannt wären und sie um ein Haar aufgebrochen hätten. Unvorstellbar, was passiert wäre, wenn sie tatsächlich rausgekommen wären und eine Wolke von diesem stark riechenden, giftigen blauen Zeug sich über das ganze Hauptlager ausgebreitet hätte!

Immer das gleiche: mangelnde Aufmerksamkeit im Detail. Die Tür war nicht hinreichend verstärkt worden, und zur Abdichtung des Kellers hatte man Lehm benutzt; eine solche Dummheit! Dieses Experiment im Leichenraum des Krematoriums läuft jedenfalls unter der persönlichen Überwachung des Kommandanten. Daß der Raum luftdicht versiegelt ist, wurde mit Chlor unter Druck zufriedenstellend ausprobiert; in Türnähe nur ein leichter Geruch wie nach einem Schwimmbecken, doch inzwischen wurden die Gummidichtungen nochmals verstärkt. Das Krematorium liegt ein wenig abseits auf dem grasbewachsenen Areal hinterm Lager und nicht mitten in einer der Hauptabteilungen wie Block 11! Ein bißchen gesunder Menschenverstand!

Die Russen kommen näher – ausgemergelt, gespenstisch, mit tief eingesunkenen Augen und weißen Ringen drum herum, in ihren abgerissenen Uniformen mit den großen schwarzen Lettern SU auf dem Rücken. Neben ihnen Wachen mit Maschinenpistolen. Die Gesichter der Russen zeigen, daß sie sich bewußt sind, in den Tod zu gehen. Trotzdem ist an ihrer Marschkolonne nichts auszusetzen. Ihre Holzpantoffeln knirschen im Schnee – ein gespenstisches Echo militärischer Präzision. Merkwürdiges Volk! Er hat sie in ihren Arbeitsbereichen gesehen, wie sie sich wie die Wölfe um ein bißchen Abfall aus der SS-Küche geschlagen haben, sich um einer verrotteten Kartoffel willen an die Gurgel sprangen und dabei knurrten und fluchten; er hat sie marschieren sehen wie die Schlafwandler, nur noch Haut und Knochen und kaum noch lebendig, unempfindlich gegenüber den Schlägen und Drohungen der Wachen; wie sie klaglos zusammenbrachen und blutig zu Boden gingen. Aber man lasse sie in einer Formation antreten, gebe ihnen einen Befehl, vermittle ihnen das Gefühl, einer Gruppe anzugehören – und mögen sie noch so schwach und verschreckt sein, diese Russen werden wieder lebendig und marschieren wie Menschen.

Die Gefangenen verschwinden einer nach dem anderen in dem grauen, flachgedeckten Gebäude. Auf dem Dach warten Wachen mit Kanistern neben Rohröffnungen, die erst vor kurzem eingebaut wurden. Dreihundert Mann faßt der große Betonraum mit der niedrigen Decke. Das ist vorher ausprobiert worden. Die Klappen an den Öffnungen lassen sich dicht verschließen; auch das wurde ausprobiert. Der Kommandant geht im Schnee auf und ab und schlägt mit den Armen, um sich warm zu halten; drei Adjutanten folgen ihm, auch sie alle in gutsitzenden, feldgrauen Uniformen. Schlampiges Aussehen bei den Wachmannschaften ist der Anfang vom Ende der Lagermoral. Das hat er bei seinem ersten Dienst in Dachau erlebt . . .

Und jetzt tut sich etwas auf dem Dach!

Als es soweit ist, betritt er mit seinen Adjutanten das Gebäude. Die SS-Männer, die drinnen mit Gasmasken Dienst tun, erinnern ihn flüchtig an Erlebnisse im Ersten Weltkrieg. Er nimmt eine Gasmaske entgegen und setzt sie auf; dabei fällt ihm auf, daß sich das Geschehen in der Leichenhalle nicht lautlos vollzieht. Soviel steht fest! Gedämpfte Schreie, Kreischen, Rufe dringen durch die Tür; freilich gelangt nichts davon nach außen. Er wirft einen Blick auf die Armbanduhr. Sieben Minuten, seit die Tätigkeit auf dem Dach begonnen hat. Er tritt an das dickverglaste Sehloch in der Tür.

Die grellen Lampen in der Leichenhalle brennen, aber dieses verdammte Glas muß ausgewechselt werden; schlechte Qualität; alles wird gelb, und die Einzelheiten verschwimmen. Die meisten Gefangenen sind bereits zusammengebrochen und liegen übereinander; manche regungslos, andere hingegen krümmen sich oder wälzen sich hin und her. Rund fünfzig stehen noch, springen oder stolpern umher. Etliche stehen an der Tür und hämmern dagegen, kratzen daran, die Münder in verzerrten Gesichtern zum Schreien aufgerissen. Ein wahnsinniger Anblick. Doch noch während er hinsieht, fallen sie einer nach dem anderen auf die Seite – wie Fliegen, die man mit Insektenpulver bestäubt. Der Kommandant hat sehr viele Auspeitschungen, Erhängungen und Erschießungen erlebt; schließlich ist er zur Zeit der Weimarer Republik selbst – zu unrecht – aus politischen Gründen verurteilt worden und tut seit nunmehr acht Jahren Dienst in einem Konzentrationslager. Man lernt, mit so etwas fertigzuwerden; man wird hart. Dennoch wird ihm bei diesem Vorgang leicht übel. Dies ist etwas anderes. Aber was kann man tun? Man führt schließlich Befehle aus.

Das Zeug wirkt, kein Zweifel. Wenn der Raum anständig abgedichtet ist, scheint es zu funktionieren. Einen Augenblick hebt der Kommandant seine Gasmaske hoch. Kein Geruch hier draußen auf dem Gang, nicht die Spur davon. Das ist wichtig; nur seine Leute nicht in Gefahr bringen! Vielleicht kann man später sogar auf die Gasmasken verzichten.

Allmählich wird es still. Die Masse der Körper liegt regungslos da, nur hier und da hebt sich noch ein Rücken – ein Sichaufbäumen und Zusammenfallen. Kein Grund, noch länger zu bleiben. Er geht und reicht seine Gasmaske einer Wache an der Tür. Draußen füllt er die Lungen mit der kalten Luft des verschneiten

Auschwitz, die ihm nach der widerlichen, nach Gummi riechenden, durch die Maske gefilterten Luft süß und köstlich vorkommt.
Eingehend befragt er den Untersturmführer, der für die Lüftung in der Halle zuständig ist. Bis die Sache nicht völlig sicher ist, möchte er nicht, daß angeberische Draufgänger hineingehen, auch nicht mit Gasmasken. Die Lüftung sei schlecht, gibt der Untersturmführer zu. Man wird große, tragbare Ventilatoren benutzen. Binnen einer Stunde sollten die damit fertig werden. Der Kommandant erteilt daraufhin einen schlichten Befehl: bis drei Stunden nach Beginn der Lüftung darf niemand die Leichenhalle betreten. Zweihundertprozentige Sicherheit; so hat man bei Gefahr vorzugehen.
Sein persönlicher Adjutant fährt ihn im Dienstwagen in sein Wohnhaus hinüber, wo seine Frau und seine Kinder ihn zum Weihnachtsessen erwarten. Der Kommandant ist nicht in Festtagslaune. Er hat während der ganzen Angelegenheit keine Miene verzogen. Er muß mit gutem Beispiel vorangehen! Aber auch er ist nur ein Mensch, wenn auch kein Mensch in Auschwitz ihn dafür hält. Aber so muß es bei den Befehlen, die er auszuführen hat, auch sein. Er duscht heiß, reibt sich kräftig ab und zieht eine frische Uniform an; dabei ist die andere auch noch frisch und riecht nicht im geringsten. Er kann in seinem Arbeitsbereich nicht entspannen, er trägt immer Uniform, wenn er nicht schläft; und dann hat es auch etwas Unpassendes, sich zum Heiligabendessen in derselben Uniform niederzulassen, die er zuvor getragen hat.
Während er duscht, sich anzieht und versucht, in seinen Gedanken kalt und sachlich zu bleiben, empfindet er Freude über die Ergebnisse. Der Reichsführer-SS hat ihn schon im vergangenen Juli mit einer langen Unterredung unter vier Augen in seinem Arbeitszimmer geehrt und ihm von diesem großen Judenvorhaben erzählt. Eine so hochgeheime Angelegenheit, daß nicht einmal er darüber nachzudenken wagt. Die Befehle kommen unmittelbar vom Führer; folglich gibt es keine Widerrede. Eine Reihe anderer Lager wird einiges von der Last übernehmen; doch Auschwitz soll das Zentrum der Vernichtung sein.
Wenn er auch immer gehofft hat, daß es ein übertriebener Plan sei – viele von Himmlers Ideen erschöpfen sich in Worten –, hat der Kommandant sich doch gezwungen gesehen, sich mit der Sache zu beschäftigen. Besuche von Lagern, in denen solche Aktionen in kleinerem Umfang bereits betrieben werden, haben ihn zu der Überzeugung gebracht, daß keines der vorhandenen Mittel ausreicht, das zu schaffen, was Himmler sich vorstellt. Das Ersticken durch Kohlenmonoxyd, wie man es in Treblinka macht, ist langwierig und unangenehm, eine Verschwendung von Brennstoff und Zeit; dabei noch nicht einmal hundertprozentig sicher. Erschießungen in dem Ausmaß, wie das Vorhaben es vorsieht, kommen überhaupt nicht in Frage. Die psychologischen

Wirkungen auf die Erschießungskommandos wären unerträglich, von dem Munitionsproblem ganz zu schweigen.
Nein, die Tötung mittels Giftgas in Räumen von großem Fassungsvermögen war eine Idee, welche auszuprobieren sich schon gelohnt hat; aber was für ein Gas? Das heutige Experiment beweist, daß Zyklon B, jenes wirkungsvolle Insektenvertilgungsmittel, das sie schon die ganze Zeit über im Lager verwendet haben, um Baracken auszuräuchern, eine überraschend einfache Lösung darstellt. Man glaubt, was man mit eigenen Augen gesehen hat. In luftdicht verschlossenem Raum und bei reichlich bemessener Dosis dieser blaugrünen Kristalle haben die dreihundert Mann nicht lange gebraucht. Wesentlich größere Räume, sorgfältig gebaut, um einen menschlichen und ordentlichen Belegungsvorgang zu ermöglichen, werden zufriedenstellende Ergebnisse zeitigen. Nur noch ein Problem bleibt: wohin mit den Leichen? Das überläßt man eben ihm, wie gewöhnlich. Von oben keine klugen Vorschläge; laßt den Höß nur machen! Das kleine Krematorium, das sie jetzt haben, wird kaum mit den Gefangenen fertig, die eines natürlichen Todes sterben, und mit den verschiedenen Gesetzesübertretern, die erschossen oder gehängt werden.
Nun, es ist Zeit zum Weihnachtsessen. Der Kommandant gesellt sich zu seiner Familie. Aber es ist nicht besonders lustig heute, obgleich überall im schön eingerichteten Haus Weihnachtsschmuck prangt und sich in der Halle an einem hübschen Christbaum das Licht in den Kugeln bricht. Seine Frau füllt ihm immer wieder das Glas mit Moselwein und blickt ihn besorgt an. Die Kinder sind feiertäglich angezogen und ihre Gesichter frisch gewaschen, aber auch sie sehen bedrückt aus. Der Kommandant würde gern eine heimelige Atmosphäre verbreiten, aber dafür ist die Last zu groß, an der er trägt. Er schafft es nicht, der gute deutsche Ehemann und Vater zu sein, der er gern wäre. Er ist mürrisch. Seine Unterhaltung hat etwas Knurrendes. Die gebratene Gans ist ausgezeichnet, die Bedienung durch die flinken polnischen Mädchen tadellos – aber der Kommandant hat einen scheußlichen Tag hinter sich, einerlei, ob Weihnachten ist oder nicht, und damit hat sich's.
Die Kinder tun ihm leid. Als er mit der Kognakflasche fortgeht, um allein eine Zigarre zu rauchen und zu trinken, denkt er wieder darüber nach, ob er sie nicht doch besser in Deutschland zur Schule schicken soll. Seine Frau ist dagegen. Das Leben hier ist auch so schon langweilig genug, sagt sie immer wieder. Selbstverständlich weiß sie nicht, was jenseits der Straße hinter dem Stacheldraht vorgeht. Sie kann nicht verstehen, daß die Atmosphäre von Oswiecim für heranwachsende Kinder nicht gerade die beste ist. Er wird das noch einmal gründlich überlegen müssen. Privatunterricht von gebildeten jungen SS-Führern – das ist nicht das richtige für deutsche Kinder. Sie

brauchen gleichaltrige Freunde, fröhliche Spiele, Sport, ein normales Leben.
Während der Kommandant methodisch die Kognakflasche leert und sich trotz zunehmender Benebelung durch den Alkohol Sorgen um seine Kinder und ein Dutzend dringender Lagerprobleme macht, wobei ihn flüchtig unangenehme Bilder von sich aufbäumenden Russenleibern bedrängen, wie er sie durch das Guckloch gesehen hat, legt sich die Abenddämmerung über die langen Barackenreihen des Quarantänelagers. Die russischen Kriegsgefangenen kommen nach getaner Arbeit vom Bauplatz Birkenau zurück. Manche wanken unter der Last schlaffer Körper in gestreiften Drillichanzügen. Zum Abendappell müssen sämtliche Leichen mit zurückgebracht werden: die Abzählung der Lebenden und der Toten muß genau die Zahl jener Männer ergeben, die am Morgen das Lager verlassen haben – wie um zu beweisen, daß niemand Auschwitz verlassen kann, außer dadurch, daß er stirbt. Die Gefangenenkapelle bläst einen Marsch; die Arbeitskommandos verlassen das Lager unter fröhlicher Blasmusik und kehren auch so zurück.
Berel Jastrow beugt sich unter einem sehr leichten Leichnam. Der Kopf pendelt hin und her wie ein Stein an einem Seil. Der Tote ist ihm nicht bekannt; er ist kurz vor Ende der Arbeit vor seinen Augen auf dem Holzplatz zusammengebrochen und gestorben. Berel legt den Körper auf dem Appellplatz in die Reihe der Leichen und eilt zu seinem Platz unter den Angetretenen. Als der Appell zu Ende geht, ist es bereits dunkel. In seinen Block zurückgekehrt, stellt Berel fest, daß die Baracke nicht so überfüllt ist wie sonst. Einige der vergasten Männer stammten aus diesem Block.
»Yuri Gorachow!« ruft der Blockälteste. Das ist der falsche Name, unter dem Berel in Moskau in die Rote Armee eingetreten ist. Er strafft sich, nimmt die gestreifte Mütze vom Kopf und legt die Hände an die Hosennaht. Der Blockälteste, ein ukrainischer Kapo, ein ganz übler Bursche, nähert sich ihm im Dämmer mit einem Stück Papier in der Hand.
»Hol deine Sachen!«
Mit dem löcherigen kleinen Sack marschiert Jastrow hinter ihm in den Schnee hinaus und an den taghell erleuchteten Gebäuden entlang. Berel ist viel zu erschlagen, viel zu hungrig und durch die Kälte und die ständigen Schrecken viel zu benommen, um sich Sorgen um das zu machen, was auf ihn zukommt und ohne weiteres sein Tod sein kann. Gottes Wille geschehe!
Sie betreten einen Block in der Nähe des Lagertors. In diesem Block ist die Beleuchtung heller. Die zahlreichen Häftlinge sehen sauberer und besser ernährt aus. Auch sind es keine Russen; Berel sieht nirgends das schwarze SU, das er selbst auf dem Rücken trägt.
Der Ukrainer übergibt das graue Papier einem großen Mann mit Kapoarmbin-

de, der einen gewaltigen roten Bart und winzige, in viele Falten eingebettete blaue Augen hat; er zeigt auf Berel, brummelt etwas in verstümmeltem Deutsch und geht. Den Häftling rauh am Ellbogen packend, scheucht ihn der Rotbärtige an den Reihen der hölzernen Bettgestelle entlang bis ans Ende des Blocks. Dort erkennt Berel Samuel Mutterperl, der mit dem Rücken gegen einen Bettpfosten gelehnt dasitzt und sich mit einem anderen Häftling unterhält.

Das ist eine ebenso überwältigende und frohe Überraschung, als wäre er vor einer Exekution begnadigt.

Denn Berel hatte, als er Mutterperl am Nachmittag im Holzlager erkannte, kurz bevor er sich den Leichnam auf die Schulter lud, sein Leben aufs Spiel gesetzt und ihm etwas zugeflüstert. Auf Unterhaltung zwischen den Häftlingen steht die Todesstrafe durch Erschlagen mit Keulen oder Peitschen oder durch Erschießen. Aber Mutterperl war offensichtlich ein privilegierter Häftling – kein Kapo, aber eine Art Vorarbeiter –, denn er schrie einer Gruppe kräftiger Polen, die Holz stapelten, Befehle zu. Kein Zweifel – das war Mutterperl, Bauunternehmer aus Oswiecim, ein ehemaliger Mitschüler auf der Yeshiwa; ein sehr frommer, stämmiger und starker Mann, der sich bei einem Unfall auf der Baustelle die Nase eingeschlagen hatte. Berel hatte es gewagt, ganz nahe an ihm vorbeizugehen und ihm seinen Namen und seine Blocknummer zuzuflüstern. Mutterperl, in seiner gestreiften Häftlingskleidung ebenso wohlgenährt und kräftig aussehend wie immer, das dichte braune Haar und der Bart fast noch ohne jeden Anflug von Grau, gab durch nichts zu erkennen, daß er ihn erkannt oder auch nur gehört hatte.

Der rothaarige Kapo gibt Berel mit Gesten zu verstehen, daß er im obersten Bett jener Reihe zu schlafen habe, an die Mutterperl sich lehnt; dann geht er. Ohne ihn anzusehen, läßt Mutterperl in seine polnische Unterhaltung mit dem anderen Häftling ein kurzes *«Sholem aleichem, Reb Berel«* einfließen.

Für Berel Jastrow ist das der erste Hinweis, daß Gott ihn vielleicht doch am Leben läßt.

12

Diesmal geriet die *Devilfish* in einen wahren Bombenhagel. Das metallische Donnergetöse, die gewaltigen Stöße, das schmerzhafte Dröhnen in den Ohren, das Erlöschen der Beleuchtung, das entsetzliche Aufprallen und Entlangschaben des völlig verdunkelten U-Boots auf dem Meeresboden, das Krachen zerschellender Geräte, die Entsetzensschreie, Dinge, die Byron ins Gesicht trafen – eines davon, offenbar gezackt, schnitt ihm die Wange auf –, all das kam ihm auf unheimliche Weise natürlich vor, war Teil einer ganz simplen Erfahrung, einer plötzlichen Katastrophe: seines Sterbens in der *Devilfish.* Selbst der zweite Wasserbomben-Angriff war nichts im Vergleich zu dem pechschwarzen, ohrenbetäubenden Tollhaus, diesem Chaos von Leben, das zerfetzt wurde.

»*Ich geh' rauf mit ihr! Tanks anblasen! Auftauchen! Auftauchen!*« Er konnte das verklemmte Gebrüll des Kommandanten im Sprachrohr kaum verstehen, doch noch bevor er Befehle an die Rudergänger weitergeben konnte, kam ein weiterer heiserer Aufschrei: »*Kommando zurück, Byron! Ich geh' jetzt bis auf fünfzehn Meter rauf! Anblasen! Volle Kraft voraus!*«

Die Lampen flackerten auf. Noch immer klammerten sich die Rudergänger wie ums liebe Leben an ihre Räder. Die anderen Matrosen hielten sich an eisernen Streben, Ventilen und an allem fest, was sie davor bewahrte, sich in diesem wildschüttelnden engen Raum voll eiserner Kanten und Spitzen die Glieder oder den Schädel zu brechen. Ohne Unterlaß explodierten die Wasserbomben; sie entfesselten eine Hölle. Bücher, Becher, Meßinstrumente klirrten und flogen umher; Korkteilchen stoben durch die Luft. Trotzdem führten die Rudergänger die Befehle aus, wirbelten ihre Räder wie gehetzt herum, und mit einem knirschenden Satz schoß das Unterseeboot voran, rollte, erzitterte und bockte im kochenden Wasser. Dabei zeigte sich, daß es ein solides Fahrzeug war. Allem Aufruhr zum Trotz hielt der Rumpf, es war immer noch etwas Kraft in den Batterien, und die Motoren liefen. Nur in der Zentrale sah es böse aus. Zwei der Seeleute bluteten – auch als Byron sich an die feuchte Wange griff, klebte Blut an seiner Hand –, und der L. I. Derringer, schnappte würgend nach Luft und erbrach sich hinter dem stromlosen Koppelschreiber. Der Tod schien immer noch sehr nahe.

Doch hatte das U-Boot durch den Angriff auch einen ganz, ganz kleinen Vorteil. Selbst im tiefen Ozean hätten die schweren Explosionen einen Turbulenzschirm entstehen lassen, den kein Sonar durchdrang; darin lag eine Chance, sich davonzuschleichen. Und weil die *Devilfish* auf Grund gelegen hatte, hatten die Wasserbomben eine gewaltige Schlammwolke hochgewirbelt, durch die das Boot, vorübergehend vom Sonar des Gegners nicht zu erfassen, davonglitt. Achteraus explodierten dumpf noch weitere Bomben. Offensichtlich pflasterte der Zerstörerkommandant, der seine Zünder nach dem Echolot einstellen ließ, das ganze Gebiet mit ihnen, um durch auftreibende Trümmer den Beweis für seinen Sieg zu erhalten.
Doch Byrons Bewußtsein von dieser taktischen Situation war gleich null. Irgendwie bewegten sie sich wieder vorwärts; das war alles, was er wußte. Er war dabei, das Blut an seiner Wange zu stillen, als Carter Asters Stimme über den Lautsprecher ihn zusammenfahren ließ: »*Sanitätsmaat sofort in die Zentrale!*« Der Steuermann kam die Aluminiumleiter heruntergeklappert und berichtete Byron halblaut, der Kommandant sei durch eine der Explosionen umgeworfen worden, in der Dunkelheit zu Boden gegangen und habe sich am Kopf verletzt. Als das Licht wieder anging, habe Aster ihn mit blutender Stirnwunde und geschlossenen Augen auf den Flurplatten gefunden. Bis jetzt sei er noch nicht wieder zu sich gekommen. Der I. W. O. wolle die Mannschaft nicht beunruhigen; deshalb habe er den Steuermann zu ihm, Byron, geschickt, um ihm zu erklären, warum er eine Zeitlang Befehle nur durchs Sprachrohr empfangen werde.
An Hobans taktischem Vorgehen änderte Aster nichts. Die *Devilfish* lief knapp überm Meeresgrund weiter, verbrauchte mit zehn Knoten so ziemlich den letzten Rest an Energie, der noch in den Batterien war, während der Sanitätsmaat sich um den Kommandanten bemühte. Die Detonationen der Bomben achteraus verstummten. Das p-i-n-g p-i-n-g des Sonars ging weiter, und zwar mit zunehmendem Doppler-Effekt, was darauf schließen ließ, daß der Zerstörer sie wieder verfolgte und die Entfernung zwischen ihnen sich verringerte. Auf der Suche oder in direkter Verfolgung – wer wollte das wissen?
Und jetzt nahm das Horchgerät auch noch die Schraubengeräusche zweier weiterer Fahrzeuge auf, die von der Zufahrt zur Bucht her mit hoher Fahrt heranrauschten. Derringer zeichnete sie auf dem Koppeltisch ein, als sie noch fünf Meilen entfernt waren. »Da haben wir noch zwei von diesen verdammten Fegern, Mr. Henry«, sagte der L. I. und rollte ausdrucksvoll mit den Augen. »Mit dreißig Knoten.« Er gab die Meldung übers Telephon an die Brücke weiter.

Asters Stimme durchs Sprachrohr, erstickt und größte Spannung verratend: »Auf Sehrohrtiefe, Briny!«

»*Aye, aye*, Sir. Auf Sehrohrtiefe.«

Die Rudergänger drehten an ihren Rädern. Lautlos glitt der glänzende, ölige Schaft des Angriffssehrohrs hinter Byron in die Höhe. Das Boot stieg.

»Sir, wir gehen bei acht Meter in Trimmlage . . .«

Ein jubelnder Ruf schnitt Byron das Wort ab. »Himmel! Es regnet! Es gießt! Ein Schauer, und draußen ist es dunkel wie im Bauch einer Kuh!« Aster sprach jetzt ins Mikrophon: »Auftauchen! Auftauchen! *Beide Diesel klar für einundzwanzig Knoten.*«

Selten hatte Byron Henry etwas Willkommeneres gehört oder Geräusche, die er lieber vernommen hätte, als das Gegurgel und Rauschen des Anblasens in den Tauchtanks. Rasch stieg die *Devilfish*. Er spürte wieder etwas von der Bewegung der See, wie sie hochging und sich wieder verlief, und er wußte, daß das U-Boot in eine regnerische Nacht hinauftauchte. In den Ohren spürte er den Druckunterschied. Süße feuchte Luft drang durch die Zulüfter. Die Diesel heulten jäh auf und wurden röhrend lebendig. Die *Devilfish* preschte vorwärts, war wieder ein Oberwasserfahrzeug, das atmete und die freie Luft verbrannte.

In jeder Abteilung des langen Bootes ertönten rauhe Rufe und großsprecherische Verwünschungen. Zumindest vorläufig war die Zeit zum Beten vorüber.

Sie waren noch auf Gefechtsstation. Ein rotgeflecktes Taschentuch an die Wange drückend, stieg Byron die Leiter zu seinem Posten auf der Brücke hinauf. Aster am Kartentisch sagte: »Halten Sie sich zur Verfügung, Briny.«

Der Sanitätsmaat beugte sich über den Kommandanten, der mit offenen Augen und bläulichem Gesicht, einen Verband um den Kopf und in blutbespritztem Khaki-Hemd mit dem Rücken zum Torpedo-Vorhaltegerät saß. Hoban lächelte Byron unsicher an. »Na, wie ich sehe, hat es Sie auch erwischt.« Seine Stimme klang heiser und schwach.

»Ach, nur eine Schnittwunde, Sir.«

»Dann haben Sie mehr Glück gehabt als ich.«

Aster sagte: »Captain, wollen Sie nicht versuchen, ein paar Schritte zu gehen?«

»Gleich. Sie laufen nach Süden, sagen Sie? Warum nach Süden?« Eine in müdem, quengeligem Ton vorgebrachte Frage. »Die Zufahrt liegt doch in der entgegengesetzten Richtung.«

»Genau, Sir. Aber er hat uns aufgespürt und weiß natürlich, wohin wir wollen. Eine Linie zwischen den beiden Kontaktpunkten beweist ihm das. Wo aber noch zwei weitere Blechpötte auf uns zulaufen, meine ich, tun wir gut daran, einen weiten Bogen zu schlagen. Zehn Meilen nach Süden, zehn Meilen nach Osten, und dann an der Ostküste rauf zur Zufahrt.«

»Sehr gut! Helfen Sie mir auf.« Aster und der Sanitätsmaat hoben ihn an den Ellbogen hoch. Als er stand, wankte er und griff nach einer Strebe. »Himmel, ist mir schwindlig! Nicht schlecht, der Plan, Lady. Aber lassen Sie die Männer auf Gefechtsstation. Ich hau' mich besser eine halbe Stunde aufs Ohr.«
»*Aye, aye,* Sir.«
Gestützt vom Sanitätsmaat, schlurfte der Kapitän unsicher zum Niedergang, und der Kopf mit dem blutigen Verband versank im Luk. Aster nahm Lineal und Stechzirkel zur Hand. »Briny, lassen Sie sich lieber von Doc Hviesten verbinden.«
»Mit mir ist alles in Ordung, Lady. Ich geh' auf meinen Posten.« Byron wollte hinausklettern, die Wellen sehen und frische Luft atmen.
Sehr eindringlich sah Aster ihn an. »Tun Sie, was ich Ihnen sage! Und ziehen Sie Schlechtwetterzeug an!«
»*Aye, aye,* Sir.«
Als er endlich auf die Brücke kam, herrschten dort Dunkelheit, Gischt, Wind und kabbelige See. Für ihn war das wunderschön. Der Artillerieoffizier stand auf Deck; ein blonder Lieutenant aus Virginia, Wilson Turkell II., der bei irgendeinem Streich in Annapolis den Spitznamen *Foof* abbekommen hatte. Doch nur der Kapitän und Aster nannten ihn Foof. Er war ein tüchtiger Offizier mit zwei besonderen Eigenschaften: er überging alles, was nicht das Boot betraf, mit Schweigen, und an Land betrank er sich bis zur Bewußtlosigkeit. Turkell sagte nichts, als Byron die Brücke betrat, und schwieg auch weiterhin.
Die Brücke war die Gefechtsstation des Kommandanten. Eine halbe Stunde verstrich, und er tauchte nicht auf. Aster rief durch das offene Luk den Befehl hinunter, auf Ostkurs zu gehen. Aus dem dunklen Umriß, der Turkell hieß, lösten sich drei Wörter: »Schlimme Sache das!« – Für Byron war das ebenso erstaunlich, als wenn ein Baum gesprochen hätte.
»Was? Wieso, Wilson?«
Doch der Baum hatte einmal geknarrt und schwieg jetzt wieder. Bis auf Befehle kam von Turkell nichts mehr.
Eine halbe Stunde verging in Schweigen. Es regnete, und das Boot schwankte leicht hin und her. Das Sonar verlor die drei Zerstörer. Wieder wechselte die *Devilfish* den Kurs und lief jetzt an der Küste entlang. Krächzend kam es durch den Lautsprecher. »Jetzt wegtreten von den Gefechtsstationen. Offiziere bitte zur Besprechung in die Messe.«
Der Kommandant erschien auch zu dieser Besprechnung nicht. An seinem Platz saß mit verbissener Miene Aster, eine graue Zigarre zwischen den Zähnen. Nachdem alle Offiziere Platz genommen hatten, zog er den grünen Vorhang vor. »Okay, ich will's kurz machen«, sagte er mit tiefer, bekümmer-

ter Stimme. »Ich bin die letzte Stunde beim Captain gewesen. Die Gehirnerschütterung scheint eine ernste Sache zu sein. Doc Hviesten sagt, sein Puls sei erhöht und der Blutdruck auch. Sein Sehvermögen ist in Mitleidenschaft gezogen. Möglich, daß er einen Schädelbruch hat. Die *Devilfish* muß zurück zum Stützpunkt.«
Aster hielt inne und sah sich im Kreis der ernsten Gesichter um. Niemand sagte ein Wort oder machte eine Geste. Er zog bedächtig an seiner Zigarre. »Ich nehme an, Ihnen allen ist dabei genauso unwohl wie mir. Wir sind ausgelaufen, etwas Bestimmtes zu tun. Aber es bleibt uns keine Wahl. Die Funkstille können wir nicht brechen. Und selbst wenn wir es täten, würde ComSubRon 26 uns zurückbeordern. Captain Hoban ist nicht in der Lage, Angriffe zu fahren, und das Kommando abgeben kann er auch nicht. Und folglich geht es nur noch um die Sicherheit von Boot und Mannschaft. Wir müssen sehen, daß wir hier so schnell wie möglich wegkommen. Hoffen wir, daß die *Salmon*, die *Porpoise* und die anderen bei den Transportkähnen ein paar Treffer landen.«
»Und wie kommen wir hier raus, Lady?« fragte Turkell beiläufig. »Und wann?«
»Über Wasser, Foof, mitten durch die Zufahrt, mit einundzwanzig Knoten« – Aster warf einen Blick auf die Uhr – »und was den Zeitpunkt betrifft: in etwa vierzig Minuten.«
Turkells Reaktion bestand darin, daß er die Mundwinkel merklich herabzog und einmal nickte. »Irgendwelche Fragen?« erkundigte sich Aster, nachdem er einen Augenblick geschwiegen hatte. »Wir müssen in dieser Sache einig sein.«
Der Maschinenraum-Offizier hob die Hand – eine Formalität, die sonst unter den Offizieren der *Devilfish* nicht üblich war. Er war ein spritziger kleiner Lieutenant aus Philadelphia namens Samtow, ein Spaßvogel überall, außer wenn es um den Maschinenraum ging. »Ist der Kommandant bei Bewußtsein? Und weiß er, was vorgeht?«
»Selbstverständlich. Er ist krank und ihm ist schwindlig. Er traut sich einfach nicht zu, Angriffe zu fahren, und es hat schließlich keinen Sinn; wozu Torpedos sinnlos verpulvern?«
»Weiß er, daß wir die Zufahrt *über* Wasser durchlaufen wollen?»
»Ja.«
Turkells Lippen bewegten sich kaum merklich. »Sein Wunsch?«
»Hm, Foof, wir haben hin und her überlegt.« Aster rutschte nach vorn und ließ die Schultern sacken, paffte an seiner Zigarre und streifte ein wenig von seiner aufgesetzten Würde ab. »Es ist schon eine verdammt heikle Sache. Weiter oben im Norden wird es von Zerstörern und U-Boot-Jägern wimmeln wie von

Huren am Hafen. Das wissen wir. Vielleicht haben diese Affen die Zufahrt sogar vermint. Soweit wir wissen, haben sie Radar, obwohl unser Geheimdienst das Gegenteil behauptet.« Aster breitete beide Arme aus, hob die Schultern und ließ sie dann wieder sacken. »Auf der anderen Seite ist die Sicht hier oben gleich null, stimmt's? Mit den Dieseln können wir es in einer Viertelstunde schaffen. Die Zufahrt ist zwölf Meilen breit, und die in einer regnerischen Nacht mit Patrouillenbooten völlig abzuriegeln, ist schon verdammt schwer. Laufen wir aber mit E-Motoren, brauchen wir das Vierfache an Zeit, die Gefahrenzone hinter uns zu bringen, und die Blechpötte decken alles mit Sonar ab. Ich sage euch, fünfzig, sechzig Meter Wasser über uns bieten ganz schön Sicherheit. Zuletzt hat der Captain gesagt, ich steh' auf der Brücke und ich soll's so machen, wie ich's für richtig halte. Deshalb noch einmal die Frage: hat noch jemand was dazu zu sagen?«
Die Offiziere sahen einander an.
»Genau so wird's gemacht«, sagte Turkell.
Aster ließ etliche Sekunden verstreichen, ohne daß ein einziges Wort fiel. Dann nickte er. »Okay. Und noch was. Captain Hoban hat mir aufgetragen, Ihnen zu sagen, daß er bedauert, die Feindfahrt abzubrechen. Er sagt, das Boot, die Crew und die Offiziere hätten sich phantastisch gehalten. Hätten die Torpedos nicht versagt, so würden wir mit stolzgeschwellter Brust nach Hause laufen. Wir wissen jetzt, daß die *Devilfish* verdammt viel aushalten kann und trotzdem kampffähig bleibt. Das Treiböl ist nicht umsonst verpulvert worden, und er sagt, wir hätten unsere Sache gut gemacht.« Aster ratterte das trocken und monoton herunter. Mit natürlicher Stimme fügte er dann hinzu: »So, das wär's! Und jetzt wieder auf Gefechtsstationen. Ich hab' sie bloß eine Zeitlang aufgehoben, damit die Männer einen Happen essen und pinkeln gehen können.«
»Wollen Sie damit behaupten«, fragte Samtow, »da wäre noch jemand im Boot, der nicht in die Hose gemacht hätte?«
Die Besprechung löste sich in rauhem, erleichterndem Gelächter auf. Die Flucht durch die Zufahrt des Golfs von Lingayen war ein neuerlicher Höhepunkt des Unternehmens. Aster, Byron und Turkell standen in Ölzeug auf der Brücke und blickten angestrengt in den schwarzen, treibenden Regen hinaus. Der Sonargast stotterte vor Aufregung, als er mehr und immer mehr Schraubengerumpel und Ortungsgeräusche meldete: zuerst weit voraus, dann näherkommend, dann praktisch rund um die *Devilfish* herum. Offenbar spielte sich im Sonarempfänger ein höllisches, erschreckendes Pandämonium ab, in 360 Grad aus dem ganzen Umkreis kommend; auf der Brücke jedoch war es nur naß, dunkel und friedlich. Sie kreuzten auf geradem Kurs mitten durch die

dichte japanische Patrouillenlinie hindurch, sahen jedoch nichts davon; ohne Zwischenfall liefen sie aus dem Golf hinaus und im Schutze der Dunkelheit ins freie Meer hinein.

»Das zeigt wieder mal«, sagte Aster, als der Sonargast eine Alarmmeldung nach der anderen durchgab, »daß Nichtwissen auch ein Segen sein kann, Briny. Da wimmelt es rings um uns von diesen gelben Hunden, und wir laufen durch wie auf einer Vergnügungsfahrt. Wir können jetzt nur noch hoffen, daß wir nicht per Zufall einen rammen.«

Er hielt das Boot auf Kurs, bis das Sonar-Geräusch weit achteraus zurückblieb; dann teilte er die Wachen ein. »Briny, wenn Sie abgelöst werden, kommen Sie bitte zu mir in meine Kammer.«

»*Aye, aye*, Sir.«

Aster lag in Unterhosen auf seiner Koje und rauchte eine Zigarre, als Briny eintrat. »Hallo. Machen Sie den Vorhang zu und setzen Sie sich.« Aster stützte sich auf einen Ellbogen und sagte: »Na, wie gefällt Ihnen der Dienst auf einem U-Boot?«

Byron brauchte eine Weile, ehe er antworten konnte, doch dann sagte er wahrheitsgemäß: »Genau das Richtige für mich.«

In Asters grünen Augen blitzte es auf, und seine Mundwinkel verzogen sich zu einem höchst merkwürdigen, kalten, ja fast erbarmungslosen Lächeln. »Jetzt hören Sie mal gut zu!« Aster neigte sich weiter vor – ihre Köpfe waren keinen halben Meter voneinander entfernt – und redete fast im Flüsterton. »*Mit Captain Hoban ist überhaupt nichts weiter los – außer daß er total fertig ist vor Angst.*«

»Was? Keine Gehirnerschütterung?«

»Keine Spur. Er hat es Doc Hviesten gestanden, und der hat es mir weitergesagt. Und dann haben wir drei uns darüber ausgesprochen. Er ist zwar gestürzt, aber bewußtlos war er nicht, das hat er nur simuliert. Es ist keine Drückebergerei oder Feigheit – er schafft das ganz einfach nicht, Briny. Das ist ihm klar geworden, als die erste Wasserbombe losging. Ich hatte mir schon so etwas gedacht, als ich ihn beobachtete, wissen Sie. Es war ein Jammer. Er ist zusammengefahren wie ein Mädchen, das man nackt überrascht. Ich nehme an, er tut das Richtige – er weiß jetzt, daß er es einfach nicht schafft, einen Angriff zu fahren. Er ist in Panik geraten. Doc hat ihn mit einem starken Beruhigungsmittel zum Schlafen gebracht. Sobald wir in Manila sind, will er sich von der U-Boot-Waffe wegversetzen lassen.«

Diese Nachricht warf Byron um. »Na, das wird er sich bestimmt nochmal überlegen! Seine ganze Karriere . . .«

»Nein, das wird er nicht! Er ist fix und fertig. Er hat mir das selbst gesagt, Briny.«
»Zehn Jahre auf Unterseebooten, Lady . . .«
»Genau – er war auf dem falschen Dampfer! Er hat nur nie Gelegenheit gehabt, das rauszufinden. Ich werde nie einem Mann einen Strick draus drehen, daß er etwas nicht schafft, und er tut mir leid. Im übrigen hat er sich in seinem Zustand gut gehalten. Er hat nicht die Selbstbeherrschung verloren, und er hat unter Beschuß richtig manövriert.«
»Wer weiß sonst noch darüber Bescheid?«
»Hm, Foof hat daneben gestanden. Und Foof können Sie nichts vormachen. Aber er tratscht nicht. Doc Hviesten hält auch den Mund, er hat da seine Schweigepflicht. Die Crew, glaube ich, hatte viel zuviel Schiß, um was zu merken. Ich werde Hobans Geschichte unterstützen. Wenn er versetzt wird, kommt die Wahrheit ans Licht. Bis dahin müssen wir aber mit dem Boot hier klarkommen. Wir kehren mit eingekniffenem Schwanz zum Stützpunkt zurück, und das ist Gift für die Männer. Sollte uns daher auf der Rückfahrt ein fetter Happen vor den Bug laufen, werde ich Hoban um Erlaubnis bitten, einen Schuß zu wagen. Wir haben immerhin noch zwanzig Torpedos. Und wenn wir einen Angriff fahren, kann Foof mich mit dem Handrechner korrigieren. Und Sie übernehmen den Vorhalterechner, klar? Sie sind zwar, von mir selbst vielleicht abgesehen, der beste Tauchoffizier, den ich je erlebt habe; aber das müssen wir schon Quayne überlassen.«
»Du lieber Gott!«
»Was ist denn?«
»Ich komme nicht klar mit dem Rechner.«
»Im Angriffstrainer haben Sie sich gut gemacht, besser jedenfalls als Samtow. Und einen anderen haben wir nicht.«

»Fluuuten, fluuuten, fluuuten!« Durch den Nebel des Schlafs hindurch hörte Byron im Lautsprecher den Befehl und fast gleichzeitig das Glucksen und Gurgeln, als die Tauchzellen sich füllten. Im Nu stand er nackt vor seiner Koje. Sein Kammergenosse Samtow saß an dem winzigen Tisch und schrieb gähnend an einem Bericht. »Nur keine Aufregung! Es ist fast Morgen, deshalb geht Lady auf Tauchstation.«
»Morgen? Wirklich? Ich kann doch nicht fünf Stunden geschlafen haben?«
»Wer's kann . . . .«
»Und wie steht's?«
»Wir sind fünzig Meilen vor Manila.«
»Und der Kommandant?«

Samtow zuckte mit den Achseln. »Hab' nichts mehr von ihm gesehen.«
Byron zog sich an, trank Kaffee und ging, um die Torpedoräume vorn und achtern zu inspizieren. Das Boot stank. Hier und da wurde schwunglos aufgeräumt oder repariert, aber die Niedergeschlagenheit nach der Schlappe durchdrang das Boot wie der Geruch von verschmortem Gummi und Fäulnis. Die meisten Männer schwiegen, aber ihre Gefühle waren leicht zu erraten – sie waren wie benommen von der Demütigung, daß die perfekt gedrillte *Devilfish*-Crew sich von ihrer ersten Feindfahrt von den Japsen angeschlagen und mit leeren Händen nach Hause schleichen und kaum die nackte Haut gerettet haben sollte.
Dann meldete der Sonargast den schwachen Widerhall einer Schiffsschraube. Navigatoren und Koppler traten an. Die Zahl der Schraubenumdrehungen ergab annähernd die Geschwindigkeit, mit der das Fahrzeug fuhr. Seine im Verhältnis zu dem U-Boot sehr geringe Fahrt zeigte, daß es rund vierzig Meilen entfernt war. Die Entfernung war erstaunlich, doch je nach Seegang konnte das Horchgerät gelegentlich auch Schraubengeräusche in sehr großer Entfernung aufnehmen. Mehrere Male ging der Kontakt verloren und fand sich dann wieder, immer noch auf demselben Kurs und mit derselben Geschwindigkeit.
Im Handumdrehen war im ganzen Boot das Gerücht herum, daß Lieutenant Aster sich das Schiff holen wollte; und wie mit einem Preßluftstoß war die wehleidige Stimmung im Boot wie fortgeblasen. Die Torpedomixer wurden lebendig und prüften ihre Aale. Die Leute vom Maschinenraum bemühten sich eifrig, verklemmte Ventile, schlecht funktionierende Pumpen und gerissene Treiböl- und Wasserleitungen wieder in Ordnung zu bringen. Die Crew räumte gründlich auf. Der erhebende Duft von Brathähnchen überdeckte den Gestank lecker Rohre und verdreckter Männer. Gegen Mittag übermannte Byron die Neugier. Den Vorhang hinter sich zuziehend, betrat er Asters Kabine, wo der I. W. O. splitternackt dasaß und getippte Logeintragungen korrigierte: »Wie stehen die Aktien, Lady?«
»In welcher Beziehung?«
»Greifen wir an oder nicht?«
»Ach, Sie brauchen wohl eine Spezialunterrichtung, was?«
»Bitte um Entschuldigung, wenn ich nicht auf dem laufenden bin.«
»Nun, da Sie fragen: Ich habe die Erlaubnis des Captains, mich an seine Fersen zu heften und ihn mir mal anzusehen.« Aster war distanziert und unpersönlich.
Die Schraubengeräusche wurden Stunde um Stunde stärker. Derringers Kopplung zeigte, daß, wenn sie weiter getaucht liefen, die *Devilfish* das Schiff

kaum vor Abend sichten würde; doch tagsüber in diesen Gewässern aufgetaucht zu fahren, war zu gefährlich.
Byron hatte die Nachmittagswache. Um fünf erschien Aster frisch rasiert und in sauberem Khaki in der Zentrale. Er rauchte eine lange Havanna und summte den *Washington Post March*, ein untrügliches Zeichen dafür, daß er besonders gut gelaunt war. »Nun, meine Herren, wollen wir doch mal feststellen, ob er jetzt zu sehen ist, was? Nach der Kopplung müßte er es eigentlich sein. Sehrohr rausfahren! – Schön, schön – da haben wir unseren Freund ja. Position – festhalten! Zwo eins null. Entfernung – festhalten! Sieben Meilen. Sehrohr runter!«
Er rief ins Sprachrohr hinein: »Chief, wie auf dem Präsentierteller! Ein bißchen unter der Kimm, also noch ziemlich weit!«
Frohes Gelächter hallte in der Zentrale wider. Aster wandte sich mit glühendem Gesicht an Byron.
»Briny – alles auf Gefechtsstationen!«
Auf das Alarmschrillen hin begann der übliche Zirkus: lautes Rennen und Rufen, das Zuschlagen wasserdichter Schotts, knappe Meldungen übers Telephon.
Turkell kam, sein Is-Was um den Hals, ein kompliziertes Instrument in einem Plastikgehäuse, das Peilungen für einen Torpedoschuß angab, falls der Vorhalterechner nicht funktionierte. Byron nahm aufgeregt am Rechner Platz. Schon in der U-Boot-Schule und im Simulator an Land hatte er vor dem schwarzgesichtigen Instrument mit den unablässig sich drehenden Zeigern gesessen – aber noch nie auf See. Der Apparat faßte die drei veränderlichen Elemente eines Angriffsplans – Torpedo, U-Boot, Ziel – zusammen und verdichtete sämtliche einlaufenden Werte zu einer entscheidenden Zahl: der endgültigen Peilung, mit der man den Torpedo abschoß. Doch dieser Wert war nicht immer gleich verläßlich. Kurs und Geschwindigkeit der *Devilfish* lagen fest, doch die Werte über das Zielschiff ergaben sich aus Sonarergebnissen und Blicken durchs Sehrohr, die ungenau und veränderlich waren. Der Offizier am Vorhalterechner mußte, indem er ständig neue Werte in den Apparat eingab, versuchen herauszufinden, welche Angaben untauglich waren und welche mehr oder weniger zutrafen. Wilson Turkell besaß dafür ein seltenes Gespür. Die Verantwortung lastete auf Byron, erregte ihn aber auch.
Auf dem Koppeltisch und im Vorhalterechner näherten sich Unterseeboot und Angriffsziel immer mehr. Aster ging rauchend auf und ab und wartete auf den Sonnenuntergang, um das Sehrohr noch einmal auszufahren. »Ich will unseren dicken kleinen Freund da oben nicht verjagen«, sagte er zu Turkell. Sein sonst so blasses Gesicht war rosig überhaucht, und daß er nervös hin- und

herging und ab und zu mit den Fingern schnippte, versetzte die anderen – Byron sah es ihren Gesichtern an – zunehmend in Spannung.
»Na, schön«, sagte Aster zuletzt und ging am Sehrohrschaft in die Hocke, »dann mal Sehrohr ausfahren!« Er packte die Handgriffe und ließ sie einrasten. Sich mit dem Sehrohr genauso elegant in die Höhe schiebend, wie Hoban es getan hatte, spähte er ins Okular. »Entfernung. Festhalten! Zweitausend. Peilwinkel. Festhalten! Zwo zwo vier!« Das Sehrohr war kaum oben, als er es auch schon wieder einfahren ließ. »Okay. Winkel am Bug, zwanzig Strich Backbord. Ein mittelgroßer Tanker, Foof. Etwa fünftausend Tonnen.«
»Japanische Silhouette?«
»Wie Tanker eben aussehen! Wer außer Japanern schippert denn sonst noch hier im Südchinesischen Meer herum?«
»Eben das wissen wir nicht, Lady«, sagte eine melancholische Stimme.
Wie ein Gespensterkopf tauchte Branch Hobans stoppeliges Gesicht im Luk auf. Er kletterte auf die Brücke. Seine Augen hatten etwas Gehetztes, sein Kopf war mit einem blutigen Verband umwickelt, und seine hagere, in seinen alten Bademantel mit Tigerfellmuster gehüllte Gestalt war gebückt. »Vielleicht irgendein vernagelter Holländer, der es immer noch nicht kapiert hat. Vielleicht aber auch eines von unseren eigenen Schiffen, das irgendwo auf hoher See jemanden auftanken soll. Wir wissen es nicht.«
»Sir, wie ein Amerikaner sieht er nicht aus! Das ist mal sicher!«
»Lady, ich muß es *wissen!*«
»Okay! Erkennungshandbuch, japanische Handelsschiffe, Tanker«, bellte Aster den Steuermannsmaat an. Abermals fuhr er das Sehrohr aus, um Entfernung, Peilwinkel und Bugwinkel anzugeben. »Nun mal 'n bißchen dalli, Baudin! Wo bleibt das Handbuch!«
»Hier, Sir!« Hastig legte der Maat das aufgeschlagene Buch auf den Navigationstisch. »Tankersilhouetten!«
»Das sehe ich selber!« Aster starrte auf die Abbildungen, nahm einen Rotstift, zog einen Kreis um eine Silhouette und zeigte sie Hoban. »Das hier ist der Typ, fünfundvierzigtausend Tonnen. Die gebrochene Linie des Brückenaufbaus ist unverkennbar. Sieht aus wie eine verdammte Pagode! Sehen Sie sich's an, Sir! Es liegt wie ausgestanzt vor uns.«
»Sehrohr ausfahren!« befahl Hoban. Seine Bewegungen hatten etwas Langsames und Schlaffes. Er rief keinerlei Daten, als er durchs Periskop spähte. »Also gut, Sehrohr runter . . . Wir haben leichtes Spiel, Lady. Ich sehe zwar nur sehr verschwommen, aber Sie haben es identifiziert. Also los!«
»Angriff, Captain?«
»Ja. Wenn Sie wollen, holen Sie sich ihn!«

»Byron! Normaler Annäherungskurs?«
»Normaler Annäherungskurs eins sechs null, Sir«, kam es wie aus der Pistole geschossen von Byron.
»Rudergänger, auf eins sechs null gehen!«
»Eins sechs null liegt an, Sir!«
»Gehen Sie auf zehn Knoten!«
Aster nahm das Lautsprechermikrophon. »Alle Mann herhören! Die *Devilfish* fährt jetzt einen Angriff auf einen Tanker!«
Überstürzt und heiser sagte Hoban noch: »Noch ein Ratschlag. Die neuen Magnetzünder taugen nichts. Ich habe diesen Kampf im BuOrd vor Jahren gekämpft. Ich weiß das. Gestern haben sie mich zwei Treffer gekostet. Stellen Sie die Torpedos so ein, daß sie den Rumpf treffen, sonst schießen Sie vorbei, wie ich gestern!«
»Wir haben Befehl, drei Meter unter den Kiel zu schießen, Sir!«
»Richtig, Lady. Aber wie ich gehört habe, bauen die Japaner jetzt Tanker mit flachem Kiel.« Hoban zwinkerte. Sein kreideweißes trauriges Gesicht wirkte wie das eines Clowns. »Wissen Sie das nicht? Ein Tiefgang von fünfzehn Zentimeter und weniger.«
Mit einem stechenden Blick auf den Kapitän, befahl Aster, die Torpedos flach einzustellen. Dieser zweite Angriff glich von Anfang an so sehr einer Übung am Angriffstrainer in Cavite, daß er Byron gänzlich unwirklich vorkam. Aster hatte Dutzende von simulierten Torpedoangriffen gefahren, bei denen Turkell ihm assistiert und Byron das Torpedozielgerät bedient hatte. Die Situation ähnelte in allem einer Schulaufgabe, bei der es unablässig Meldungen, Befehle, Fragen und Kursänderungen hagelte, daß der Offizier am Vorhalterechner kaum mitkam. Der Kommandoturm im Trainer an Land hatte genauso ausgesehen wie dieser, ja, er hatte sogar genauso gerochen – vor allem nach schwitzenden Matrosen, Asters Zigarre und dem beißenden Ozondunst der Elektroausrüstung. Byron konnte an nichts anderes mehr denken. Er wollte seine Sache gut machen, er wollte Lob einheimsen. Er begriff zwar, daß sie getaucht waren, und daß die Daten, die sie bekamen, von einem echten Schiff herrührten; aber es war ihm nur vage bewußt, verglichen mit der wachen Spannung, mit der er sich auf seine Zahlen und Berechnungen konzentrierte, auf die kreischenden Zeiger und den Augenblick, wo die Werte sich einer Lösung näherten – die endgültige Peilung, den Schußwinkel des Torpedos bestimmte.
Alles schien in rasender Geschwindigkeit abzulaufen. Aster ging womöglich noch näher heran als bei den Übungen in der Schule. Der Vorhalterechner wies das Ziel in einer Entfernung von 913 Metern auf, als er mit gepreßter Stimme

sagte: »*Endgültig Peilung und los.* Sehrohr rauf! Peilungswinkel eins neun acht. Festhalten! Sehrohr runter!«
»Peilungswinkel steht«, rief Byron. »Schußwinkel eins sieben backbord.«
»Los!«
»Torpedo eins, Feuer!« Der Torpedogast drückte auf den Feuerknopf. »Torpedo zwo, Feuer!«
Erst der Rückstoß brachte Byron zum Bewußtsein, daß jetzt zwei mit TNT geladene scharfe Torpedos durchs Wasser rasten, um ein Schiff mit seiner ahnungslosen Crew zu vernichten; daß seine Berechnungen über Tod und Verderben entschieden. Der Tanker hatte nicht ein einziges Mal seinen Kurs geändert oder die Geschwindigkeit gewechselt. Na schön, dachte er, das ist der unbeschränkte Krieg: mit Kanonen auf Spatzen schießen. Wenn die Torpedos diesmal nur funktionieren! Die Sekunden vergingen . . .
WRAMM!
WRAMM!
Eine weitere Überraschung: detonierende Torpedos in neunhundert Metern Entfernung rüttelten die *Devilfish* fast ebenso heftig wie Wasserbomben. Die Flurplatten ruckten in die Höhe, der Rumpf erzitterte, die Männer stolperten. Schreie hallten durch das Unterseeboot, und Lady Aster schrie: »Oh *Mann*! Oh Gott! Ist das ein Bild! Captain! Captain!«
Hoban eilte ans Sehrohr. Der Bademantel flatterte ihm um die nackten Schenkel, und er preßte das Auge ans Okular. »Oh, wunderbar! Himmelherrgott, Lady, die Feindfahrt war ein Erfolg! Das ist es! Man braucht bloß einen Treffer! Ach, ist das wunderbar! Phantastisch!«
Byron riß die Schiffskamera aus ihrer Lade und setzte sie, als der Kapitän zurücktrat, ins Okular ein. Ihm auf den Rücken klatschend, rief Aster: »Verflucht, Briny! Gut gemacht! Schieß ein paar Aufnahmen, und dann sieh' dir's an, Baby, sieh dir's genau an! So etwas siehst du nur einmal im Leben. Und dann du, Foof, du als nächster! Alle sollen sich's ansehen! Alle, die hier sind!«
Als Byron sich zum Okular hinabbückte, sprang ihm im Rund des Periskops ein spektakuläres Bild vor die Augen. Vor einem bestirnten Himmel schoß aus der Silhouette eines Tankers eine Flamme kerzengleich Hunderte von Metern in die Höhe; der Tanker selbst war halb eingehüllt in einen Feuerball von dunklerer Farbe. Schwaden von schwarzem Rauch lösten sich von der Spitze der Kerze und löschten viele Sterne aus. Das Meer war wie flüssiges Gold. Lady Aster klopfte ihm den gebeugten Rücken. »Was sagst du dazu. Du hast mit deiner Lösung den Nagel auf den Kopf getroffen, du verdammter Glückspilz du! Vollkommen! Zwei Schüsse – zwei Treffer! Phantastisch gemacht! Hast

du in deinem ganzen Leben schon mal was Schöneres gesehen?«
Byron versuchte zu begreifen, daß all dies wahr sei, daß dies ein Treffer war, die Vergeltung für die Wasserbomben, daß japanische Seeleute in diesem ungeheuerlichen Brandopfer qualvoll zugrunde gingen, doch er hatte sich immer noch nicht in die Wirklichkeit zurückgefunden. Was er ehrlich empfand, war vor allem ein erhebender Triumph über den guten Schuß, Bewunderung für dieses wilde, faszinierende Schauspiel – und eine Spur von Trauer, ungefähr wie am Ende eines Dramas oder eines Stierkampfes. In diesen wenigen Sekunden am Sehrohr suchte er in sich nach Mitleid für die brennenden japanischen Seeleute, entdeckte jedoch keins. Sie waren Abstraktionen, Feinde, Ameisen, die man zertrat.
»Ich habe in meinem Leben noch nichts gesehen, das auch nur halb so schön gewesen wäre, wie das hier«, sagte Byron Henry und überließ Turkell das Sehrohr. »Bei Gott, ich schwöre es, niemals, Sir!«
»Das kann man wohl sagen!« Aster schlang seine langen Arme um den Fähnrich und drückte ihn wie ein Gorilla an sich. »Frohe Weihnachten! Jetzt kannst du deiner Natalie aber was erzählen!«

13

Leslie Slote neigte dazu, in jeder hochgewachsenen, schlanken jungen Frau mit zurückgekämmtem, fülligem schwarzem Haar Natalie Henry zu sehen. Als er auf einer Party in Bern eine solche Frau erspähte, durchzuckte es ihn wie gewöhnlich. Selbstverständlich war es falscher Alarm. Natalie war es zwar zuzutrauen, daß sie an den unmöglichsten Orten auftauchte, aber Slote wußte, wo sie war.
Die vermeintliche Natalie plauderte unter einem leuchtenden Portrait König Georgs VI. in ordenübersäter Uniform mit dem Gastgeber der Weihnachtsparty, dem britischen Geschäftsträger. Slote bewegte sich durch die laut in allen möglichen Sprachen durcheinanderschnatternde Menge, um einen besseren Blick auf das ovale Gesicht zu erhaschen, auf die weit auseinanderstehenden schmalen Augen, die hohen Backenknochen und die leichten Hohlwangen darunter; sie trug sogar den orangefarbenen Lippenstift – die Ähnlichkeit war wirklich erstaunlich! Ganz bestimmt war sie Jüdin. Ihre Figur war zierlicher und daher verführerischer als Natalies, die für Slotes Geschmack immer ein wenig zu grobknochig gewesen war. Er ließ die Frau nicht aus den Augen, während er sich durch den verräucherten Empfangsraum bewegte, und sie begann, seine Blicke zu erwidern. Er folgte ihr in die getäfelte Bibliothek, wo sie stehenblieb und neben einem Globus in bronzenem Gestell an ihrem Glas nippte.
»Hallo.«
»Hallo.« Die eindringlich blickenden Augen, die sich ihm zuwandten, waren klar und unschuldig wie die eines klugen Schulmädchens; dabei mußte sie schon in den Zwanzigern sein.
»Ich bin Leslie Slote, Erster Sekretär an der Amerikanischen Gesandtschaft.«
»Ja, ich weiß.«
»Ach, kennen wir uns?«
»Ich habe mich erkundigt, weil Sie mich immerfort angestarrt haben.« Sie hatte eine angenehme sanfte Stimme und sprach wie eine Engländerin mit einem ganz leichten deutschen Akzent.
»Dann bitte ich vielmals um Entschuldigung. Sie sehen jemandem, den ich

liebe, ganz erstaunlich ähnlich. Sie ist glücklich verheiratet; es ist also ziemlich verrückt von mir – aber deshalb habe ich Sie so angestarrt.«

»Wirklich? Jetzt weiß ich aber fast schon zuviel von Ihnen, und Sie kennen noch nicht einmal meinen Namen. Ich heiße Selma Ascher.« Sie reichte ihm eine schmale Hand; ihr Druck war weniger fest und ein wenig mädchenhafter als der von Natalie. Sie trug keine Ringe. »Mein Freund sagte, Sie wären von Moskau hierher versetzt worden, weil Sie sich zu sehr für die Juden engagiert hätten.«

Das irritierte Slote. Ganz Bern kannte die Geschichte. Wer in der Gesandtschaft mochte sie nur verbreiten? »Ich wollte, ich könnte mich solchen Märtyrertums wirklich rühmen. Dabei ist es eine reine Routineversetzung. Ich bin froh, in einer Stadt zu sein, wo man gut ißt, die nachts beleuchtet ist und in der nicht geschossen wird.«

Sie drohte wie eine Lehrerin mit dem Finger und sagte: »Bitte, nicht! Bitte, schämen Sie sich dessen nicht! Sehen Sie denn nicht, wie Sie das innerhalb des diplomatischen Dienstes auszeichnet?« Mit blasser Hand drehte sie den knarrenden Globus. »Die Welt ist groß, nicht wahr? Und doch gibt es kein Land mehr, wohin die Juden gehen könnten. Früher hat jahrhundertelang zumindest immer *eine* Tür offengestanden. Jetzt sind sie alle zugesperrt.«

Slote hatte nicht erwartet, in so schweres Wetter zu kommen. War es möglich, daß diese junge Frau in ihrem eleganten Schneiderkostüm, ihrem selbstsicheren Auftreten und ihrem unverkrampften Verhalten den Männern gegenüber ein Flüchtling war? Längst war er unempfindlich geworden gegenüber den Klagen der unglücklichen Vertriebenen, die den Geschäftsträger bestürmten. Man mußte ja sonst den Verstand verlieren!

»Sind Sie in Schwierigkeiten?«

»Ich persönlich? Nein. Meine Familie hat Deutschland verlassen, als ich noch ein Kind war. Wir sind Schweizer Staatsbürger. Damals hielten die Leute Hitler für einen Witz, aber mein Vater fand ihn durchaus nicht komisch.« Sie warf den Kopf nach hinten, und ihr Ton veränderte sich. »Naja! Erzählen Sie mir von der Frau, der ich ähnlich sehen soll. Aber vorher bringen Sie mir bitte etwas Soda mit Zitronenschale.«

An der Bar nahm Slote die Gelegenheit wahr, ein Gläschen Gin zu kippen. Als er zurückkehrte, stand Selma Ascher mit gekreuzten Armen, Hüfte und Bein seitlich herausgestellt, am Globus, so daß unter dem schlanken, blauen Rock sich ein köstlicher Schenkel abzeichnete; eine alte Natalie-Pose.

»Nun, was diese Frau betrifft«, sagte er, »so handelt es sich um die Nichte des Schriftstellers Aaron Jastrow – falls Ihnen das etwas sagt.«

»Ach? *Eines Juden Jesus* und *Ein Jude namens Paulus*? Aber gewiß doch. Aus

den Büchern habe ich mir nicht sonderlich viel gemacht. Sie sind zwar glänzend geschrieben, aber etwas seicht und atheistisch. Sie ist also Jüdin! Woher kennen Sie sie, und wo ist sie jetzt?«
Gierig griff er die Geschichte Natalies auf. Selma Ascher konnte ihre durchscheinenden braunen Augen wie einen Lichtstrahl fokussieren. Slotes Blicke wanderten immer wieder zu dem kräftigen Puls, der über der blauen Spitzenbluse an ihrem Hals klopfte. Welch angespannte Nervenkraft!
»Das ist aber sehr merkwürdig. Warum hat sie diese Klette von einem Onkel denn nicht verlassen, berühmt oder nicht?«
»Sie ist nach und nach vereinnahmt worden. Als es zu spät war, hat sie versucht, mit ihrem Kind herauszukommen. Aber der Überfall auf Pearl Harbor war für sie wie eine Falle.«
»Und wo ist dieser junge Goi jetzt, der Navy-Offizier, der Vater ihres Babys?«
»Auf einem U-Boot im Pazifik.«
»Höchst merkwürdig! Sie tut mir leid, aber um ihr Urteilsvermögen muß es schlimm stehen. Woher wissen Sie, daß sie in Siena ist?«
»Ich habe mit dem Austausch internierter Staatsangehöriger zu tun. Italien hat in Siena unsere Journalisten untergebracht. Sie steht zusammen mit Dr. Jastrow auf der Liste.«
»Weiß sie, daß Sie versuchen, sie freizubekommen?«
»Ich hoffe es. Die Schweizer Botschaft in Rom übermittelt unsere Nachrichten, und ich habe ihr geschrieben.«
»Werden Sie es schaffen, sie herauszuholen?«
»Warum eigentlich nicht? Ihr Onkel hat Zeitschriftenartikel veröffentlicht, und sie hat für ihn recherchiert. In Amerika sind viele italienische Journalisten vom Krieg überrascht worden. Es wird zwar seine Zeit dauern, aber ich glaube nicht, daß es allzu schwierig sein wird.«
»Wirklich faszinierend.« Selma Ascher reichte ihm die Hand. »Sie müssen ihr von dem Mädchen in Bern schreiben, das ihr ähnlich sieht.«
»Kann ich Sie nach Hause bringen?«
»Ich habe meinen Wagen, vielen Dank.«
»Ich würde sie aber gern wiedersehen.«
»Oh nein, nein, nein!« Ihre Augen weiteten sich ironisch-amüsiert. »Ich würde Sie bloß deprimieren, weil ich Sie an Ihre verlorene Liebe erinnere.«
Mit einem Hüftschwung, der so reizvoll war wie Walzermusik, verließ sie die Bibliothek.

»Dann glauben Sie also, daß die Sowjetunion durchhält?« sagte Dr. Ascher, ein rundlicher Mann mit üppigem grauem Haar und einer großen Hakennase. Er

saß am Kopfende des Tisches, sein todmüdes Gesicht auf die Brust gesenkt.
Slote fühlte sich durch diese unverblümte Frage nicht weniger verunsichert als durch die unerwartete Einladung zum Abendessen und durch den Reichtum des Ascherschen Hauses. Man speiste von erlesenem Porzellan mit Goldrand. An den getäfelten Wänden schimmerten zwei Monets im Licht schlanker Strahlenschäfte, die aus Öffnungen in der Decke kamen. Selma lächelte Slote über den Tisch hinweg an. »Papa, ein Diplomat legt sich nie auf so direkte Art fest.«
Sie saß zwischen einem rotgesichtigen Geistlichen in Soutane, der mit großem Appetit aß und trank, und einem hochgewachsenen, sehnigen alten Engländer mit einer häßlichen Warze auf der Nase, der nur Gemüse nahm und auch davon kaum kostete. Man war zu zehnt bei Tisch; außer Selma kannte Slote niemanden. Der Vater und Selmas Bruder, ein kleiner Mann mit vorzeitig gelichtetem Haar, trugen schwarze Käppchen. Auf all seinen Reisen hatte Leslie Slote noch nie mit Juden gegessen, die bei Tisch Käppchen trugen.
Selmas Mutter berührte Slotes Hand. Auf ihren schlanken Fingern tanzte rotes und blaues Feuer in zwei großen Brillanten. »Aber Sie kommen frisch aus Moskau. Berichten Sie uns von Ihren Eindrücken.«
»Nun – als ich im November von dort fortging, hatten die Dinge wohl ihren Tiefstand erreicht. Inzwischen soll es etwas besser geworden sein.«
Slote fand sich leicht in seinen Monolog über die winterlichen Gegenangriffe: Generalsphotos in der *Prawda* über Schlagzeilen mit Siegesmeldungen, verzagte Beamte, die von Kuibyschew nach Moskau zurückströmten, bessere Lebensmittelversorgung, Abnahme der Luftangriffe, Kolonnen unrasierter ausgemergelter Deutscher, die, von Rotarmisten mit Maschinenpistolen bewacht, im Schnee den Gorki-Prospekt herunterkamen und sich die laufenden Nasen an den zerrissenen Ärmeln abwischten.
» ›Winter-Fritz‹ nennen die Russen diese Gefangenen«, sagte Slote, und seine Zuhörer lachten und machten einen glücklichen Eindruck. »Aber jetzt haben wir Mitte Januar. Die Deutschen sind zwar etwas zurückgewichen, aber noch hat Hitler Westrußland besetzt. Die Gegenoffensive scheint sich im Sande zu verlaufen. Übertriebener Optimismus ist da nicht angebracht. Aber das russische Volk beeindruckt mich mit seiner Kraft, seiner Vaterlandsliebe und seiner unendlichen Zahl.«
Dr. Ascher nickte müde. »Ja, ja. Aber der Sowjetunion fehlen jetzt neunzig Prozent ihrer Schwerindustrie – wie soll sie da mit dem Krieg weitermachen?«
»Sie haben 1941, während der Niederlagen, ihre Fabriken hinter den Ural verlegt. Was sie da geleistet haben, war geradezu übermenschlich.«
»Mr. Slote, Hitler brauchte seine Fabriken nicht zu verlegen. Sie sind die

besten in der Welt und haben ununterbrochen Berge von Waffen produziert. Sobald nach dem Tauwetter im Frühjahr der Schlamm trocknet, wird er eine neue Offensive starten. Können die verlegten Fabriken die Russen ausreichend mit Waffen versorgen?«
»Sie bekommen ja auch im Rahmen des Pacht- und Leihvertrages Waffen geliefert.«
»Aber nicht genug«, polterte der Engländer. »Weder für die Russen, noch für Großbritannien.«
»Ich befürchte nur«, sagte Ascher traurig, »daß man, wenn er 1942 den Kaukasus erobert und Leningrad und Moskau immer noch abgeschnitten sind, einen Separatfrieden nicht mehr ausschließen kann.«
»Genau das hat Lenin 1917 auch getan«, sagte der Engländer. »Die Kommunisten verkaufen ihre Verbündeten bei der ersten besten Gelegenheit. Sie sind Realisten bis auf die Knochen.«
Selmas Mutter sagte: »Das wäre das Ende der Juden in Rußland.«
Der Priester schoß einen Blick zu Slote hinüber, ließ vom Angriff auf seine halbe Ente ab und sagte: »Wie sieht es für die Juden in Rußland denn jetzt aus?«
»Hinter den deutschen Linien? Wahrscheinlich schlimm. Sonst erträglich. Das Regime scheucht sie hierhin und dorthin wie das liebe Vieh, aber so springt man in Rußland mit allen um.«
»Stimmen die Geschichten, die man aus Polen und Rußland hört?« fragte Dr. Ascher. Slote gab keine Antwoert. »Ich meine, was die großen Massaker betrifft?«
Alle am Tisch starrten Slote eindringlich an.
»Solche Dinge lassen sich schwer beweisen.« Er sprach zögernd. »Es ist Krieg. Die ausländische Presse hat zu solchen Gebieten keinen Zugang. Nicht einmal die deutsche Presse. Opfer von Massakern können nicht reden, und daß die Mörder es nicht tun, versteht sich von selbst.«
»Aber Betrunkene reden, und die Deutschen trinken«, sagte Selma.
Abermals berührte Madame Ascher seine Hand. Die grauen Strähnen in ihrem Haar, der schöne Knochenbau ihres faltigen Gesichts, das hochgeschlossene, langärmelige schwarze Kleid, all das verlieh der sechzigjährigen Dame einen vornehmen Charme. »Warum haben Sie gesagt, die Verhältnisse hinter den deutschen Linien seien schlimm?«
»Dafür habe ich dokumentarische Beweise gesehen, bevor ich Moskau verließ.«
»Was für dokumentarische Beweise?« Knapp und präzise kam diese Frage von dem Priester.

Slote wurde immer unbehaglicher zumute; er wich aus. »So ziemlich das gleiche, was man auch sonst hört.«
Der Engländer räusperte sich, klopfte mit dem Knöchel auf die Tischplatte und sagte dann mit verschnupfter Stimme: »Bern ist ein Klatschnest, wissen Sie, Mr. Slote? Man erzählt sich, Sie seien von Moskau in die Schweiz versetzt worden, weil Sie sich zuviel um die Belange der Juden gekümmert hätten.«
»Das stimmt nicht. Das Außenministerium meines Landes macht sich selbst genug Sorgen wegen der Juden.«
»Man erzählt sich sogar« – der Engländer ließ sich nicht beirren – »Sie hätten Ihr dokumentarisches Beweismaterial amerikanischen Zeitungsleuten gezeigt und sich dadurch das Mißfallen Ihrer Vorgesetzten zugezogen.«
Slote überstand diese Prüfung nur mit Mühe. »Gerüchte lohnen es selten, daß man über sie diskutiert«, war alles, was er sagte.
Während des langen Schweigens, das sich herniedersenkte, legte das Mädchen ein Gebetbuch neben jedes Gedeck. Dr. Ascher und sein Sohn stimmten auf hebräisch feierlich das Dankgebet an, während Slote ein wenig verlegen in der deutschen Übersetzung blätterte. Als die Herren und Damen sich trennten und ihren Kaffee in verschiedenen Salons einnahmen, fing Selma Leslie Slote auf dem Korridor ab und legte ihre beiden Arme auf die seinen. Ihr schwarzes Samtmieder ließ ihre hübschen Brüste erkennen, etwas kleiner als die Natalies. Sie blickte sich um, und als sie niemanden sah, neigte sie sich vor und gab ihm einen kleinen kühlen Kuß auf den Mund.
»Womit habe ich das verdient?«
»Sie sind so mager. Wir müssen Sie ein bißchen aufpäppeln.« Und damit war sie verschwunden.
Ein ganzes Stockwerk des Hauses beherbergte Dr. Aschers Bibliothek, ein langer, dunkler Raum; die bis unter die Decke reichenden Bücherregale waren voll, vornehmlich mit ledergebundenen Büchern. Es roch nach Staub, Leder und Papier. An der Wand hinter einem großen Schreibtisch, auf dem alle möglichen Dinge lagen, hingen signierte Photos von Politikern und Opernstars. Auf einem hölzernen Gestell in der Nähe stand eine Weltkarte, die gespickt war mit Stecknadeln mit farbigen Köpfen.
»Du hast wieder den Sender Berlin gehört, Jacob!« Mit zitterndem Finger tippte der Engländer auf die Malayische Halbinsel. »Die Japaner sind viel weiter im Norden zum Stehen gebracht worden.«
Ascher sagte zu Slote: »Sie sehen, ich bin töricht genug, den Krieg selbst in mein geistiges Refugium hereinzubringen.«
»Sie haben hier einen besseren Überblick als wir in der Botschaft. Wir neigen dazu, den Pazifik zu vergessen.«

»Aber, Herr Slote, das ist doch der Schlüssel zu allem, nicht wahr? Sollte Singapore fallen, so wäre damit eine Lawine ins Rollen gebracht« – er spreizte die Finger und fuhr mit der Hand von Indien bis nach Australien hinüber – »die die ganze Welt ins Chaos stürzen könnte.« Mit der Hand fuhr er hinauf zu der deutschen Front in Rußland, einer geschlängelten Linie roter Stecknadelköpfe, die sich vom Eismeer bis ans Schwarze Meer erstreckte. »Sehen Sie sich doch nur an, was Hitler besetzt hat! Die Sowjetunion ist ein Krüppel, ohne Arme und Beine.«

»Singapore wird nicht fallen«, sagte der Engländer.

»Und ein Volk, das sein Schicksal selbst bestimmt, kann neue Glieder bilden«, sagte Slote. »Das ist wie eine Urform des Lebens, wie bei einem Krebs.«

Aschers bleiches Gesicht leuchtete bei diesem Vergleich schwach auf. »Gewiß, aber Deutschland ist so stark. Wenn man es bloß von hinten angreifen könnte!« Die Finger glitten zur Atlantikküste. »Aber jetzt wird der Erdrutsch in Ostasien, Amerika und England in die andere Richtung ziehen.« Ascher seufzte tief auf und ließ sich neben Slote auf das braune Ledersofa fallen.

»Das darf einfach nicht passieren!« Der Engländer setzte sich auf die vorderste Kante eines Sessels mit gerader Lehne und fing an, Leslie Slote wegen der Erfolge deutscher Unterseeboote vor der Atlantikküste zuzusetzen. Ob denn Slotes Landsleute nicht einmal im Krieg soviel Selbstdisziplin aufbrächten, um in ihren Küstenstädten die Verdunkelung einzuführen? Der Sender Berlin brüste sich unverhohlen damit, daß gerade diese Beleuchtung den U-Booten die Jagd so leicht mache. Die BBC habe die Meldungen der Deutschen über die Versenkungen im Dezember vor der amerikanischen Küste bestätigt. Wenn das so weitergehe, seien die Alliierten verloren.

Außerdem – der alte Herr sprang förmlich von seinem Sessel hoch, so entrüstet war er –, wieso kämen die Japaner auf Luzon so atemberaubend schnell voran? Die britische Army sei über die ganze Welt verteilt und führe überdies seit mehr als zwei Jahren Krieg; kein Wunder, daß Singapore bedroht sei. Die amerikanischen Streitkräfte auf den Philippinen jedoch hätten zwei kostbare zusätzliche Friedensjahre gehabt, um sich darauf vorzubereiten, und die Vereinigten Staaten kämpften schließlich nirgend sonst auf der Welt. Warum würfe man die Eindringlinge nicht ins Meer? Wenn Amerika nicht einmal diesen Beitrag zum Kriege leiste, nun ja, dann müsse England die Zivilisation eben allein retten und hinterher dem russischen Bären entgegentreten. Doch das würde verdammt lange dauern! Amerika habe zwar die Rohstoffe, doch was ihm fehle, sei der Wille, zu kämpfen.

Die Tirade erboste Slote nicht sonderlich; die ganze Art und die krächzende Stimme des alten Herrn waren senil. Eine friedliche Nation brauche Zeit, erwiderte er gelassen, um in Kriegsstimmung zu kommen. Das habe auch England unter Chamberlain bewiesen. Doch er, Slote, würde auch gern ein paar Fragen stellen. Wie es eigentlich mit den britischen Kriegsanstrengungen zu vereinbaren sei, den Juden, die vor Hitler auf der Flucht seien, Palästina zu verschließen? Wie könne eine dem Vernehmen nach zivilisierte Demokratie Frauen und Kinder zwingen, ohne jede Hoffnung auf gefährlichen alten Kähnen im Mittelmeer umherzusegeln?

»Dafür gibt es Gründe – Gründe der Regionalpolitik, staatspolitische Gründe« – dem Engländer tränten die Augen, und er fuhr mit der Hand darüber hin – »wissen Sie, manchmal muß man zwischen zwei unangenehmen Möglichkeiten wählen – verzeihen Sie!« Er erhob sich und eilte aus dem Raum. Gleich darauf erschien seine ungeschminkte, reizlose Tochter und sagte: »Wir müssen gehen.« Mit einem vorwurfsvollen Blick auf Slote machte sie auf der Stelle kehrt und ging.

»Das tut mir leid«, sagte Slote zu Ascher.

»Als Treville hier in der Gesandtschaft Dienst tat«, sagte Ascher entschieden, »war er ein guter Freund. Es geht ihm nicht gut, er liebt sein Land, und er ist alt.«

So ging man auseinander. Slote und der Priester traten zusammen in eine bitterkalte, windige und sternenhelle Nacht hinaus. Slote schlug den Kragen hoch und sagte, er gehe zu Fuß nach Hause. Der Priester erbot sich, ihn zu begleiten; er wolle sich ein wenig die Füße vertreten. Slote glaubte, der dicke kleine Geistliche würde ihn aufhalten; in Wirklichkeit mußte er sich anstrengen, mit ihm Schritt zu halten, als sie unter unbelaubten Bäumen und an ausgetrockneten Brunnen dahingingen.

In der Stille der Nacht hörte Slote den gleichmäßigen schweren Atem des Priesters. Dampf entquoll seiner breiten Nase wie einer kleinen Dampfmaschine. Sie wechselten kein Wort und wanderten schweigend etwa anderthalb Kilometer.

»Ja, da wären wir«, sagte Slote und blieb vor dem Mietshaus stehen, in dem er wohnte. »Vielen Dank für die Begleitung.«

Der Priester sah ihn offen an und sagte: »Würde es Sie interessieren, weiteres Beweismaterial für das zu erhalten, was mit den Juden geschieht?«

»Wie? Ach so – nun ich sagte ja schon beim Essen, daß meine Regierung sich bemüht, das Leiden der Juden zu lindern.«

Die Hand des Priesters wies einladend auf einen im Dunkel liegenden kleinen Kinderspielplatz mit Schaukeln und Wippen zwischen leeren Bänken. Sie überquerten die Straße und gingen immer noch schweigend um den Spielplatz herum.

»Entsetzlich, entsetzlich, entsetzlich!« Der Priester stieß diese Worte in einem so völlig anderen Ton hervor, so unendlich bekümmert und trauervoll und mit einer solchen Heftigkeit, daß Slote erschüttert stehenblieb. Mit verzerrtem Gesicht sah der Geistliche im Schein der fernen Straßenlaternen zu ihm auf. »Herr Slote, ich bin aus Bayern gebürtig. Ich habe beobachtet, wie dieser Haufen Dreck, dieser Hitler, 1923 in München an Straßenecken vor nur zwanzig Menschen seine Reden schwang. Und ich habe gehört, wie er bei einem Prozeß 1924 nach dem Putsch seine dreisten Reden hielt. Und auf dem Parteitag von 1936 habe ich miterlebt, wie er zu Millionen Menschen gesprochen hat. Er ist immer derselbe Haufen Dreck geblieben. Er hat sich nie geändert, bis auf den heutigen Tag nicht. Immer noch dieselbe Hand auf der Hüfte, die Faust, die er schüttelt, dieselbe gewöhnliche Stimme, dieselbe schmutzige Ausdrucksweise und dieselben hirnverbrannten und primitiven Ideen. Und trotzdem ist er der Herr über Deutschland. Er ist der böse Geist meines Volkes. Er ist eine Geißel Gottes!«
Plötzlich ging der Priester weiter. Slote mußte ein paar Schritte laufen, um ihn einzuholen. »Sie müssen Deutschland verstehen, Herr Slote.« Seine Stimme klang jetzt gelassener. »Es ist eine andere Welt. Wir sind ein politisch unerfahrenes Volk, wir verstehen es nur, Befehlen von oben zu gehorchen. Das ist die Konsequenz unserer Geschichte, ein über Gebühr gedehnter Feudalismus. Anderthalb Jahrhunderte lang haben wir geschwankt zwischen unseren verträumten, wirklichkeitsfremden Optimisten und unseren romantisch materialistischen Pessimisten; zwischen süßen Visionen von Utopia und brutalen Machttheorien. Im Grunde sind wir noch heute gefangen zwischen dem liberalen Epikuräertum der westlichen Demokratien und dem radikalen Atheismus der Bolschewiken im Osten.« Der Priester breitete die Arme weit aus, während ihm diese abstrakten Sätze geläufig von der Lippe kamen. »Und dazwischen eine gräßliche Lücke – welch eine Leere, welch ein Vakuum! Beide modernistischen Humanismen glauben, sie könnten Gott ignorieren. Wir Deutschen wissen im tiefsten Herzensgrund, daß diese beiden Thesen gleichermaßen sträfliche Vereinfachungen und damit falsch sind. Und wir haben damit recht. Da machen wir uns nichts vor. Wir haben uns bemüht, Liebe und Glauben und – ja – auch Christus wieder hineinzubringen in das moderne Leben. Aber wir sind naiv, und man hat uns etwas vorgegaukelt. Der Antichrist hat uns eingelullt und führt uns jetzt mit seinem brutalen pseudoreligiösen Nationalismus auf den Weg zur Hölle. Unsere Fähigkeit zu religiösem Eifer wie zu gedankenlosem, energischem Gehorchen ist leider bodenlos. Hitler und der Nationalsozialismus sind die abscheuliche Perversion eines aufrechten deutschen Hungers nach Glauben, nach Hoffnung, nach

gesunder, moderner Metaphysik. Wir trinken Salzwasser, um unseren Durst zu löschen. Wenn dem nicht Einhalt geboten wird, wird das Ende eine grauenhafte Umwälzung sein, deren Folgen nicht abzusehen sind.«
Von dem ständig sich verstärkenden Druck seiner priesterlichen Hand bewegt und von seinem leidenschaftlichen Ausbruch tief berührt, sagte Slote: »All das glaube ich auch, und es ist gut gesagt.«
Der Kugelkopf nickte. Mit einem einfältigen Lächeln und einem Wechsel zum beiläufigen Ton, der geradezu grotesk wirkte, sagte der Priester: »Gehen Sie gern ins Kino? Ich selbst sehe mir sehr gern Filme an. Ich gestehe, es ist eine leichtfertige Zeitverschwendung.«
»Ja, ich gehe gelegentlich ins Kino.«
»Wie schön. Vielleicht können wir dann einmal gemeinsam hingehen.«
An Leute im diplomatischen Dienst wurden von Zeit zu Zeit immer wieder Angebote besonderer Informationen herangetragen, und Kinos waren beliebte Treffpunkte. Slote war das noch nie passiert, und so reagierte er zunächst abwehrend. »Wie war noch gleich Ihr Name? Tut mir leid, ich hätte ihn mitbekommen müssen, habe es aber leider nicht getan.«
»Ich bin Pater Martin. Sollen wir sagen, daß wir uns demnächst gemeinsam einen Film ansehen? Gestatten Sie, daß ich Sie anrufe.«
Nach einer beträchtlichen Pause nickte Slote.
Was lag alles in dieser kleinen Geste? Slote sollte später oft über diese Frage nachdenken; sie war entscheidend für den weiteren Verlauf seines Lebens. Das Gefühl, Amerika zu repräsentieren, sowie die Ahnung, daß Amerika im Grunde – einerlei, wie es an der Oberfläche aussah und welche Vorurteile herrschen mochten – Mitgefühl hegte; die ihn immer wieder quälende Überzeugung, daß es eine ganz große Eselei gewesen sei, ein großartiges Mädchen zurückgewiesen zu haben, bloß weil sie Jüdin war; so etwas wie Reiz, die eigene Schüchternheit zu überwinden, die er nachgerade abscheulich fand; eine Ahnung, daß die Weitergabe der Minsker Dokumente an Associated Press – ob sie seiner Karriere nun geschadet hatte oder nicht – dennoch ein Quell perversen Stolzes für ihn blieb; und zuletzt, mindestens so wichtig wie alles andere: Neugierde. Alle diese Dinge zusammen führten ihn in ein neues Leben.

Drei Wochen vergingen. Die Erinnerung an dieses merkwürdige nächtliche Gespräch verblaßte in Slotes Erinnerung. Und dann, wie aus heiterem Himmel heraus, rief Pater Martin an. »Mr. Slote? Mögen Sie Bing Crosby? Ich finde ihn so amüsant. Der neueste Bing-Crosby-Film wird im *Bijou* gegeben, wissen Sie.«

Der Priester erwartete ihn; die Eintrittskarten hatte er schon gekauft. Für die Sieben-Uhr-Vorstellung war der Zuschauerraum keineswegs voll. Pater Martin dirigierte ihn auf einen Sitz am Gang und ließ sich neben ihm nieder. Eine halbe Stunde lang sahen sie Bing Crosby zu, wie er in der Rolle eines College-Studenten mit Mädchen in sehr kurzen Röcken seine Späße trieb. Dann stand der Priester ohne ein Wort der Erklärung auf und ging weiter nach vorn. Gleich darauf kam ein schmächtiges, bebrilltes Männchen und nahm auf seinem Sitz Platz; es spielte mit seinem Hut, seinem Schirm und einem dicken Umschlag. Der Hut fiel zu Boden. »*Bitte*«, sagte er und legte Slote den Umschlag auf den Schoß, während er unter dem Sitz nach dem Hut suchte. Das picklige Mädchen auf der anderen Seite neben ihm, das offenen Mundes Bing Crosby bewunderte, merkte nichts von alledem. Der Mann fand seinen Hut und setzte sich wieder. Slote behielt den Umschag. Als der Film endete, klemmte er ihn sich unter den Arm, und als er hinausging, schlug ihm das Herz bis zum Hals herauf. Im Zwielicht draußen sah kein einziger von den Leuten, die das Kino verließen, Slote nach.
Er widerstand dem Impuls, sich zu beeilen, und kehrte gemächlich zu seiner Wohnung zurück. Hinter verschlossenen Türen und herabgezogenen Rollos entnahm er dem Umschlag einen Stapel von Photokopien mit weißer Schrift auf schwarzem Grund; es handelte sich um die Kopie eines offiziellen deutschen Dokuments. Auf manchen Seiten war die Schrift bräunlich verschmiert, so daß die Wörter ein wenig verschwammen. Ein beißender chemischer Geruch entstieg den Blättern, die er durch die Finger gleiten ließ.
Auf der ersten Seite fiel vor allem, weiß auf schwarz, ein Stempel ins Auge: GEHEIME REICHSSACHE. Der Titel des Dokuments lautete:

BESPRECHUNGSPROTOKOLL
Besprechung über die Endlösung der Judenfrage,
abgehalten im Hause Am Großen Wannsee 56/58,
am 20. Jan. 1942..

Auf den ersten Seiten waren vierzehn hohe Spitzenfunktionäre mit ihren bombastisch klingenden Titeln aufgeführt. Den Vorsitz hatte Reinhard Heydrich geführt, der Chef der Sicherheitspolizei und des SD. Slote schickte sich gerade an, das Protokoll für sich zu übersetzen, da klingelte das Telephon.
»Hallo! Hier spricht Selma Ascher. Führen Sie mich zum Abendessen aus?«
»Selma? Mein Gott, ja!« Sie lachte hell auf über seine Begeisterung. »Wann? Und wo?«
Bevor er sich umzog, überflog er flüchtig das Dokument. Zur Hauptsache ging

es um ›Überstellung‹ großer Mengen europäischer Juden zum Straßenbau in die besetzten Ostgebiete. Das war weder neu noch besonders schockierend. Russische und französische Kriegsgefangene mußten gleichfalls als billige Arbeitskräfte Sklavenarbeit leisten. Die Deutschen steckten sogar Italiener in ihre Fabriken. Sie waren harte Herren, und am unbarmherzigsten sprangen sie mit den Juden um, daher das Straßenbauprojekt. Slote fragte sich, warum dem Priester wohl so sehr daran gelegen war, ihm dieses Material zuzuspielen. Er versteckte den Umschlag unter seiner Matratze und nahm sich vor, sich den Inhalt später genauer anzusehen.
Selma holte ihn mit ihrem zweisitzigen grauen Fiat ab. Halb verborgen in einem weißen Fuchskragen, hatte sie ein ernstes Gesicht aufgesetzt, als sie ihn begrüßte; ihre Augen wirkten bei allem Leuchten schüchtern. Sie fuhren in ein winziges Restaurant in einer Nebenstraße.
»Seit ich Sie kenne, habe ich zum erstenmal in meinem Leben zwei schlimme Dinge getan.« Selma faltete ihre kleinen Hände auf dem karierten Tischtuch. »Eines davon war, einen Mann zu bitten, mich zum Essen auszuführen.«
»Das finde ich nicht schlimm. Ich freue mich, daß Sie es getan haben. Was ist denn das andere?«
»Das ist allerdings schon viel bedenklicher.«
Unversehens lachte sie herzlich auf, legte flüchtig ihre Hand auf die seine, zuckte dann aber wieder zurück.
»Selma, Sie haben ja ganz kalte Hände!«
»Kein Wunder. Ich bin schrecklich nervös.«
»Aber warum denn?«
»Nun – um eines gleich mal aus der Welt zu schaffen: es war im vorigen Monat nicht meine Idee, Sie zum Essen einzuladen. Mein Vater hat mich damit überrascht. Offenbar haben Sie nichts gegen Mädchen, die reden, wie ihnen der Schnabel gewachsen ist – nach allem, was sie über Ihre Freundin in Siena erzählt haben –, aber so eine bin ich ganz und gar nicht. Ich habe meinen Eltern erzählt, daß ich Sie kennengelernt hätte. Sie hatten von Ihnen gehört. Mein Vater ist seit Jahren Vorsitzender des Jewish Council. Für mich waren das Lehrjahre« – Selma sprach jetzt, nach den ersten zögernden Sätzen, sehr schnell – »Lehrjahre in Zynismus – zu sehen, wie die Zahl unserer Freunde hier in Bern mit jedem deutschen Sieg zusammenschmolz. Mein Vater hat das Krankenhaus, die Oper, das Theater unterstützt – alles! Früher waren wir mal eine ebenso bekannte wie beliebte Familie! Jetzt dagegen – nun ja . . .«
»Selma, wer war der Priester, den ich im Hause Ihrer Eltern kennengelernt habe?«
»Pater Martin? Ein guter Deutscher. Doch, die gibt es. Es gibt sogar viele;

wenn auch nicht genug, um wirklich etwas auszurichten. Pater Martin hat Papa geholfen, viele südamerikanische Visen zu bekommen.«

»Er hat mir geheimes Material über die Behandlung der Juden durch die Deutschen angeboten.«

»*Wirklich?*«

»Kann man sich darauf verlassen, daß diese Dinge echt sind?«

»Ich kann über einen Priester eigentlich nicht urteilen, nicht einmal, wenn er mit uns befreundet ist. Tut mir leid.« Sie vollführte mit beiden Händen eine nervöse kleine Geste, als wollte sie das Thema fortwischen. »Zu Hause herrscht ein solches Durcheinander! Ich mußte heute abend einfach mal raus. Mein Vater verlegt sein Geschäft nach Amerika. Er ist total fertig, und Mutter möchte nicht, daß er vor Kummer und Sorgen stirbt. Das Ganze ist eine höchst komplizierte Geschichte, denn dazu gehört der Verkauf von Fabriken in der Türkei und in Brasilien und was weiß ich sonst noch wo. Aber ich rede da und rede . . . «

»Ich bin froh, daß Sie mir vertrauen. Ich sage nie etwas weiter.«

»Redet Natalie auch soviel?«

»Noch viel mehr. Sie hat sehr bestimmte Ansichten und weiß sie zu vertreten.«

»Dann, glaube ich, haben wir nicht viel gemeinsam.«

»Ich fange an, die Ähnlichkeit zu vergessen.«

»Wirklich? Hab' ich ein Pech! Schließlich ist das der einzige Grund, warum Sie sich für mich interessieren.«

»Nicht mehr, seit ich Sie reden höre.«

Selma Ascher errötete und drehte den Kopf weg; dann faßte sie sich und sah ihn fest an. »Der andere Grund, der eigentliche, warum mein Vater nach Amerika will – nun, ich soll einen Amerikaner heiraten, einen Anwalt in Baltimore, der ziemlich orthodox ist.«

»Sind Sie – ja, sind Sie denn selbst gläubig? Oder tun Sie's nur Ihren Eltern zuliebe?«

»Ich habe einen vorzüglichen Hebräisch-Unterricht genossen und weiß sogar einiges aus dem Talmud, was Mädchen gar nicht wissen sollen. Und ich bin immer eine ernsthafte Schülerin gewesen. Es macht meinen Vater glücklich. Im Augenblick studieren wir beide zusammen Jesaja, und das ist wirklich phantastisch. Aber was Gott betrifft« – abermals die nervöse kleine Geste – »so werde ich immer skeptischer. Wo bleibt er denn heute? Wie kann er die Dinge zulassen, die passieren? Möglich, daß ich noch zu einer verlorenen Seele werde.«

»Ja, und wie läßt sich das damit vereinbaren, daß Sie diesen frommen jungen Mann heiraten?«

»Ach, ein anderer käme ja nie in Frage.« Sie gluckste vor Vergnügen, als sie sein verwirrtes Stirnrunzeln bemerkte. »Das verstehen Sie nicht? Nun, Sie brauchen es auch nicht zu verstehen.«
Slote hatte inzwischen begriffen, daß mit diesem Mädchen nichts anzufangen war. Sie unterhielten sich ziellos, bis das Essen kam. Er bemühte sich, bei ihr nach Dingen zu suchen, die unattraktiv waren – ein alter Trick von ihm, wenn er sich absetzen wollte. Alle Mädchen hatten irgendwelche Fehler. Selmas tropfenförmige Ohrgehänge paßten nicht zu ihr. Ihr Stilgefühl ließ zu wünschen übrig; in ihrem hochgeschlossenen Kleid, das zwar ihren Hals bedeckte, dafür jedoch provokativ die Rundungen ihrer kleinen Brüste betonte, stritten sich Prüderie und Weiblichkeit, ihre Augenbrauen waren buschig und nicht gezupft. Was er anfangs für erstaunliche Frische und Unschuld gehalten hatte, war offenbar nur im Übermaß beschützte Engstirnigkeit. Das Mädchen, mit dem er zu Abend aß, war – ausgerechnet! – eine fromme Jungfrau. Ihn beschlich das Gefühl, betrogen zu sein. Was sollte dieses Essen eigentlich?
»Tanzen Sie gern?« Selma stocherte lustlos in ihrem gedünsteten Fisch herum.
»Es geht«, sagte Slote mit einem Hauch von Unfreundlichkeit. »Und Sie?«
»Ich tanze ganz abscheulich. Ich komme zu selten dazu. Heute abend würde ich aber gern tanzen.«
»Warum auch nicht?« Das war eine wenn auch nicht sonderlich befriedigende Art, die fromme Jungfrau in die Arme zu nehmen.
»Sie sind böse auf mich.«
»Nicht im geringsten.«
»Erraten Sie denn nicht das zweite Schlimme, das ich zum allerersten Mal getan habe?«
»Leider nein.«
»Dann werde ich es Ihnen sagen: einen Goi geküßt. – Nicht, daß ich viele Juden geküßt hätte.«
Sie gingen in ein Tanzlokal, in dem zwei Kapellen sich gegenseitig übertönten. Sie trat ihm immer wieder auf die Füße, obwohl sie sich ein ganzes Stück von ihm entfernt hielt, und machte den Eindruck, bestürzt, gleichzeitig aber auch entzückt zu sein. Dieses schlanke, unbeholfen herumhopsende Mädchen im Arm zu halten, und sei es auf noch so große Distanz, und wenn er dabei auch noch so sehr auf die Zehen getreten wurde, erinnerte ihn an Feste aus seiner Schulzeit. Sie sah immer wieder auf eine große Uhr, die an der Wand hing, und Punkt Viertel nach elf sagte sie: »So, jetzt müssen wir gehen. Es war sehr nett.«
Ohne ihm die Hand zu reichen, ließ sie ihn vor seiner Wohnung aus ihrem Fiat aussteigen und fuhr mit heulendem Motor davon. Mühselig tappte er nach oben; er wußte, Selma Aschers Bild und die Erinnerung daran, wie sie sich

anfühlte und wie ihr Haar duftete, würde ihn stundenlang nicht schlafen lassen. Er mixte sich einen starken Whisky-Soda und ließ sich in einen Sessel fallen. Sein Auge fiel auf sein Bett. Aufseufzend erhob er sich noch einmal und holte sich das Wannsee-Protokoll – in der Hoffnung, die Übersetzung von trockenem Amtsdeutsch würde ihm zum Schlaf verhelfen. Einen gelben Block und einen Bleistift neben sich und den dunklen Photokopien, machte er sich daran, zu lesen und zu schreiben.

Nach einer Stunde ließ er das Blatt, das er gerade las, zu Boden fallen. »Himmelherrgott!« rief er, wacher denn je zuvor und starrte mit Entsetzen in den Augen auf sein eigenes totenbleiches Gesicht im Spiegel an der Wand. »Himmelherrgott!«

Welt im Untergang

von
General Armin von Roon

(zusammengestellt aus seinem Werk:
Unternehmungen des Zweiten Weltkrieges zu Lande,
zur See und in der Luft)

Ins Englische übersetzt von
Victor Henry

14

Vorwort des Übersetzers

(nebst einer Anmerkung zum ›Wannsee-Protokoll‹)

Marineoffiziere im Ruhestand wissen oft nicht, was sie mit ihrer Zeit anfangen sollen; doch was mich betrifft, hat mich die Übersetzung von General Armin von Roons *Die Weltherrschaft verspielt* sowie des sich daran anschließenden Werkes *Welt im Untergang* in den letzten Jahren ausgiebig beschäftigt.
Die vorliegenden strategischen Zusammenfassungen stellen Auszüge aus von Roons umfangreicher zweibändiger operativer Analyse des Zweiten Weltkrieges dar, die der Autor verfaßte, während er seine Haftstrafe als Kriegsverbrecher absaß. Ohne die Schlachtanalysen, die diesen Zusammenfassungen zugrundeliegen, könnten von Roons Urteile verallgemeinernd wirken. Doch das gesamte Werk ist für Militärspezialisten bestimmt, die Deutsch lesen können. Laien sind darauf angewiesen, von Roons Ansichten in dieser Kurzform kennenzulernen, die zunächst von einem deutschen Verleger zusammengestellt und in zwei Teilen als allgemeinverständliche Geschichte des Krieges herausgegeben wurde.
Wiewohl von Roons Nationalismus stark darauf abgefärbt hat, sollte dieser strategische Überblick alle Leser interessieren, die sich eine klare und lesbare Darstellung des Krieges im Blickwinkel der ›anderen Seite‹ wünschen. Von Roons tiefschürfende Analysen der Seeschlachten im Pazifik, auf einem Kriegsschauplatz also, weit entfernt von dem, womit er selbst es zu tun hatte, zeigen deutschen militärischen Professionalismus in seiner solidesten Form. Wo ich mich genötigt sah, mich von Roons Ansichten zu distanzieren, habe ich Bemerkungen eingefügt, die kursiv gesetzt wurden.
Vorangestellt habe ich diesem Buch einen Essay, den von Roon kurz vor seinem Tode unter dem Titel *Das Wannsee-Protokoll* für eine militärische Fachzeitschrift schrieb. Meiner Meinung nach sollte dieser Essay an sämtlichen Militärakademien zur Pflichtlektüre erklärt und von den Absolventen im ersten Studienjahr gelesen werden.
Seit der Veröffentlichung von *Die Weltherrschaft verspielt* habe ich zahlreiche Briefe erhalten, viele davon von alten Freunden und Waffenkameraden (darunter einem sowjetischen General), die fragen, wieso ich mich dazu bereitgefunden habe, die Ansichten eines zu Recht verurteilten deutschen Kriegsverbrechers zu verbreiten. Ich bin kein Fürsprecher der Deutschen. Sie haben den schrecklichsten aller Kriege in der Geschichte der Menschheit vom Zaun gebrochen und waren nahe daran, ihn zu gewinnen; und unter dem Mäntelchen kriegsbedingter

Geheimhaltung haben sie unerhörte Verbrechen begangen. Aber ich bin der Meinung, daß wir uns sehr wohl mit der Geistesverfassung der Deutschen auseinandersetzen müssen, die sie befähigte, ihren gewaltigen (und militärisch so bemerkenswerten) Angriff ins Werk zu setzen und sich in unverbrüchlicher Treue einem wahnsinnigen Tyrannen zu verschreiben. Ohne die Armin von Roons, die sich ihm anschlossen und bis zuletzt für ihn kämpften, wäre Adolf Hitler nichts weiter gewesen als ein fanatisches Großmaul und wäre auch als solches gestorben, statt zum mächtigsten Ungeheuer der Geschichte zu werden, das beinahe die gesamte zivilisierte Welt vernichtet hätte. Deshalb habe ich Armin von Roon übersetzt; und deshalb bin ich dafür, daß *Das Wannsee-Protokoll* zur Pflichtlektüre für angehende Offiziere erklärt werden sollte.

Victor Henry

Oakton, Virginia
12. September 1970

Bemerkung zur dritten Auflage

Ich erhalte immer noch Briefe von Lesern, die sich mit mir auseinandersetzen wollen, als verträte ich Armin von Roons Ansichten; dabei habe ich seine Bücher nur deshalb übersetzt, weil sie mich erschrecken.
Als militärhistorischer Analytiker hat von Roon oft recht. Die Fakten, die er vorträgt, stimmen fast immer. Wo das nicht der Fall ist, habe ich das in meinen Anmerkungen deutlich gemacht. Die Deutungen freilich, die er diesen Fakten gibt, leiden an jenem deutschen Nationalismus, der Hitler an die Macht brachte; und wenn ich an jeder Stelle erklärt hätte, wo ich mit ihm nicht übereinstimme, wäre das Buch doppelt so lang geworden. In jedem Fall gibt es Einblick in das Wirken eines fähigen, aber irregeleiteten Geistes. Leser, die sich dabei ertappen, daß sie mit Armin von Roon einer Meinung sind, sollten sich und ihre Vorstellungen gründlich überprüfen; Leser, die nicht mit ihm übereinstimmen, stehen wahrscheinlich auf meiner Seite.

Victor Henry

Oakton, Virginia
17. Oktober 1973

Das Wannsee-Protokoll

von General Armin von Roon

Militärschriftsteller gehen dem Thema dieses Aufsatzes gern aus dem Wege; dabei hat die Judenfrage den Verlauf des Zweiten Weltkriegs sowie sein Ende entscheidend beeinflußt. Das Problem kann nicht für alle Zeiten ignoriert werden. Auch braucht man eine freimütige Untersuchung nicht zu fürchten, denn die Ehre des deutschen Soldaten wird dadurch nicht besudelt.

Schon lange vor dem Krieg hatte die nationalsozialistische Politik dem Judentum gegenüber militärisch Verwirrung gestiftet. Elf Millionen Menschen, über ganz Europa verstreut, waren zum Erzfeind unseres Volkes erklärt worden. In Deutschland waren die Juden durch die Nürnberger Gesetze aus dem öffentlichen Leben, der Geschäftswelt und den akademischen Berufen ausgeschlossen worden. Das Dritte Reich mußte von dem Augenblick an, da es mit der Waffe in der Hand angetreten war, um normale Verhältnisse in Europa herzustellen, mit einer eng verknüpften Gemeinschaft rechnen, die über ganz Europa verzweigt war, und die mächtige Verbindungen und starken Rückhalt in Übersee hatte. Die Wehrmacht konnte nicht bis zu den Ursprüngen des Problems zurückgehen. Mit der bestehenden Sicherheitslage dagegen mußte sie sich befassen.

Die Juden hatten als ein zahlenmäßig enorm großer, an Intelligenz und Mitteln reicher Untergrund zu gelten. Der gefährlichste Gegner ist stets der Verzweifelte, der nichts mehr zu verlieren hat. Partisanen anderer Nationalität konnten jederzeit ihre Überzeugung wechseln und zu uns übergehen. Diese Möglichkeit war den Juden versagt. Der Wehrmacht blieb keine andere Wahl, als bei den Sondermaßnahmen des Regimes gegenüber den Juden zu kooperieren.

Das Wesen dieser Maßnahmen fiel nicht in die Verantwortlichkeit der Wehrmacht. Diese Aufgabe teilten sich verschiedene Gruppen der Polizei: das Reichssicherheitshauptamt, die Gestapo, der SD, die SS und so weiter, eine vielfältige Tarnung verschiedener Nazigrößen, die nach Einfluß und Macht strebten. Alle zusammen bildeten sie schließlich das eine eiserne Werkzeug von Hitlers Willen; die Judenpolitik des Reiches ging ausschließlich von Adolf Hitler aus. Das Ziel dieser Politik war die Vernichtung der jüdischen Rasse in Europa. Man darf nicht vergessen, daß diese Politik ein Fehlschlag war. Obwohl das nationalsozialistische Regime Europa fast vier Jahre in seinem Würgegriff hielt, überlebte ungefähr die Hälfte der europäischen Juden. Bürokratische, völlig unmilitärische Schlamperei charakterisierte die Durchführung dieser Politik von Anfang an.

Welches Ziel Hitler wirklich verfolgte, davon hatte die deutsche Wehrmacht vom

kleinsten Landser bis zum höchsten General im Oberkommando der Wehrmacht keine Ahnung; sie erfuhr erst davon, als der Krieg zu Ende war und die Todeslager durch die Armeen der Sieger befreit wurden.
Was an Dokumenten dieser geheimen Politik den Krieg überdauert hat, ist selbstverständlich spärlich. Diese Politik wurde mit großer Umsicht ausgeführt. Entscheidende Befehle wurden mündlich ›unter vier Augen‹ erteilt. Es gibt in der Tat so wenig schriftliche Unterlagen, daß einige Autoritäten nicht anstehen zu behaupten, die sogenannte Ausrottung habe überhaupt nie stattgefunden. Ihrer Ansicht nach sind alle Juden – bis auf ein paar Hunderttausend – in die Sowjetunion, in den Westen oder nach Palästina entkommen; die sogenannten Todeslager waren Konzentrationslager für mißliebige Elemente, in denen verständlicherweise äußerst harte Bedingungen herrschten; bei den Krematorien handelte es sich um hygienische Einrichtungen zur Beseitigung jener, die in der Gefangenschaft verstarben.
Unseligerweise beweisen die schriftlichen Unterlagen, mögen sie auch noch so spärlich sein, das genaue Gegenteil. So beweisen zum Beispiel die erhalten gebliebenen Lagerlisten nur sehr wenig Tode durch Hinrichtungen; dafür starben aber etliche Tausend Gefangene an ein und demselben Tag an ›Herzversagen‹. Es liegt auf der Hand, daß ein derartiges massenhaftes Herzversagen nur künstlich herbeigeführt worden sein kann. Solche Todesfälle von Hinrichtungen unterscheiden zu wollen, wäre legalistische Haarspalterei.
Es gibt überdies SS-Dokumente, in denen die Vorteile von Zyklon B-Gas für Euthanasiezwecke gegenüber den Methoden des Erschießens oder Erstickens durch Kohlenmonoxyd usw. erörtert werden; auch gibt es einen sehr ins einzelne gehenden Schriftverkehr zwischen deutschen Rüstungsfirmen und SS-Funktionären über die Planung und den Bau riesiger Krematorien usw. Aus all diesen zweifellos authentischen Unterlagen geht hervor, daß Pläne bestanden, auf systematische Weise eine große Anzahl menschlicher Leichen zu beseitigen. Folglich muß man einsehen, daß dieser Ausrottungsprozeß tatsächlich stattgefunden hat.
Von sämtlichen auf uns überkommenen deutschen Dokumenten ist keines aufschlußreicher als das Protokoll der Wannsee-Konferenz vom 20. Januar 1942.

Das Wannsee-Protokoll

Ans Licht kam das Protokoll aufgrund des plötzlichen Zusammenbruchs unserer Fronten. Viele Tonnen der allergeheimsten deutschen Aufzeichnungen, die nach geltenden Sicherheitsvorschriften hätten verbrannt werden müssen, fielen in amerikanische, britische und russische Hände. Unter diesen Papieren befand sich das Wannsee-Protokoll.
Wäre Moskau im Dezember 1941 von unserer Heeresgruppe Mitte eingenommen

worden, würden ähnlich kompromittierende Dokumente in unsere Hände gefallen sein. Stalin war ebenso skrupellos wie Hitler. Er befahl manches geheime Massaker unter seinen eigenen russischen Landsleuten – Befehle, die seine Handlanger gehorsam ausführten. Man hat die Zahl der Opfer mit sechzig Millionen angegeben. Nur sind keine offiziellen Unterlagen ans Licht gekommen, um das Entsetzen der Welt zu erregen. Folglich brandmarkte auch kein Mensch die Russen als ein Volk von Mördern.

Oder angenommen, wir hätten London durch einen Blitzangriff über den Ärmelkanal besetzt, für den ich mich 1940 vergeblich eingesetzt habe. Was für schändliche Whitehall-Unterlagen hätten wir nicht ans Licht zerren können, bei denen es um Episoden von beispielloser Grausamkeit in Indien, Ägypten, Malaya, Südafrika, ja, überall ging, wohin immer der britische Imperialismus den Union Jack trug und wo britische Waffen eingeborene Bevölkerungen brutal unterdrückten, die sich dagegen wehrten, um der Bereicherung der Angelsachsen willen ausgepowert zu werden? Doch diese Dinge bleiben ins Dunkel gehüllte Geheimnisse.

Nur Deutschland mußte die Schande erleiden, seine Unterlagen ans Licht zerren zu lassen. Nur Deutschland wurde der Nacktheit preisgegeben. Selbst die besiegten Japaner durften ihren Kaiser und ihre Regierungsform behalten, was darauf hinauslief, daß ihre Dokumente über die Plünderung Nankings und den Todesmarsch von Bataan unterdrückt werden konnten.

›Wannsee-Protokolle‹ gibt es in den Geheimarchiven eines jeden Volkes. Die menschliche Natur ist überall gleich. Soll doch Amerika einmal seine Unterlagen über die Ausrottung der Indianer veröffentlichen, über die Art und Weise, wie man den Mexikanern Texas geraubt hat, und über die Unterdrückung der amerikanischen Staatsbürger japanischer Abstammung nach Pearl Harbor. Dann würde sich zeigen, wie diese Dinge sich im Vergleich zu dem ausnehmen, was im Wannsee-Protokoll zutage gekommen ist.

Die Wannsee-Konferenz

Das Protokoll, ein aus fünfzehn Seiten bestehendes, vervielfältigtes Geheimdokument, wurde von amerikanischen Forschern aufgefunden, die sich durch die gewaltigen Mengen von Unterlagen unseres Auswärtigen Amtes hindurcharbeiteten. Der Verteiler zeigt, daß ursprünglich dreißig Kopien davon existiert haben. Einzig Nummer 16, die Kopie des Auswärtigen Amtes, ist erhalten geblieben. An einem so dünnen Faden hing der Einblick der Weltgeschichte in Hitlers Judenpolitik. Um ein Haar wäre das Geheimnis für immer ein Geheimnis geblieben!

Das Dokument beschreibt den Verlauf einer Konferenz, die am 20. Januar 1942 im Gebäude der Internationalen Kriminalpolizeilichen Kommission, Am Großen Wannsee 56/58, kurz nach Amerikas Eintritt in den Krieg stattfand. Den Vorsitz

führte Heydrich, ein undurchsichtiger, aus der Marine ausgestoßener Offizier, der in der Nazi-Ära, in der alles drunter und drüber ging, Chef der Sicherheitspolizei und des Reichssicherheitshauptamtes wurde. Dieser Heydrich war nach dem widerlichen Himmler der zweite Mann der SS. Bereits 1942 hatte die SS die Kontrolle über unsere Sicherheits- und Polizeiorgane erlangt. Folglich kamen Spitzenfunktionäre von Partei und Regierung diensteifrig herbeigeeilt, als Heydrich diese Konferenz einberief. Man traf sich für etwa anderthalb Stunden mit sechs SS-Männern, von denen einer, Obersturmbannführer Adolf Eichmann, festhielt, was gesprochen wurde. Diese von Heydrich redigierten Aufzeichnungen stellen das Wannsee-Protokoll dar.
Die acht hohen Beamten kamen aus dem Justizministerium, dem Innenministerium, dem Auswärtigen Amt, dem Reichsministerium für die besetzten Ostgebiete, der Verwaltung des Generalgouvernements, der Reichskanzlei und dem Amt des Beauftragten für den Vierjahresplan. Mithin war jede wichtige Regierungsabteilung mit Ausnahme der Wehrmacht vertreten. *Es ist durch nichts belegt, daß irgendein Angehöriger der Wehrmacht jemals von dieser Konferenz erfuhr.*
Das ist die entscheidende Tatsache, die aus dem Wannsee-Protokoll hervorgeht. Die Ehre des deutschen Volkes wurde der Wehrmacht anvertraut, und die Wehrmacht war unschuldig. Es handelte sich lediglich um eine gemeinsame Sitzung der Geheimpolizei und der Zivilverwaltung. Das Eichmann-Heydrich-Dokument beweist das.

Anmerkung des Übersetzers: *Für gewöhnlich nimmt General von Roon in seinen Schriften nicht zu einer solchen Häufung von Tatsachen Zuflucht. Hier ist er jedoch nicht Militärhistoriker, sondern ein besonderer Fürsprecher. Wenn an der Wannsee-Konferenz auch kein Vertreter der Deutschen Wehrmacht teilnahm, so sprechen doch die Dokumente, die eine Teilnahme der deutschen Wehrmacht an der Judenpolitik Hitlers beweisen, eine nur allzu überzeugende und erschreckende Sprache. – V.H.*

Heydrich scheint die Konferenz einberufen zu haben, um Eindruck auf seine Vorgesetzten zu machen. Ein halbes Jahr zuvor, am 31. Juli 1941, als unser Einmarsch in die Sowjetunion in vollem Gange war, hatte Reichsmarschall Hermann Göring ihm in einem hochgeheimen Brief den Befehl erteilt, einen Plan für die Lösung des Judenproblems zu entwickeln; andere Regierungsstellen seien nötigenfalls mit hinzuzuziehen und Göring »so bald wie möglich« ein Entwurf zu schicken, aus dem hervorgehe, welche Maßnahmen ergriffen worden seien und welche weiteren Pläne vorlägen. Trotz allgemeiner SS-Praxis, solche Dinge nicht zu Papier zu bringen, verdankt das Wannsee-Protokoll seine Existenz offensichtlich der Tatsache, daß Heydrich Göring mit seinem Pflichteifer beeindrucken wollte.
In Görings Brief findet sich die Formel von der ›Endlösung der Judenfrage‹. Seit

Bekanntwerden des Protokolls hat der Ausdruck ›Endlösung‹ in der deutschfeindlichen Literatur eine unangenehme Nebenbedeutung. Heydrich bediente sich eines sehr viel präziseren Ausdrucks: »die territoriale Lösung«. Diesen Ausdruck übernehmen wir hier.

Die territoriale Lösung

Was die Judenfrage betrifft, hatten sich im Laufe der Jahre drei alternative Lösungen herausgeschält: die *Lösung durch Auswanderung*, die *Vertreibungslösung* und die *territoriale Lösung.*

Zu Anfang glaubten die Nazis, wenn sie erst einmal die Macht erlangt hätten, würden die meisten Juden auswandern. Doch wie sich herausstellte, zeigten die deutschen Juden wenig Neigung, ihr Heim, ihr Geschäft und die Gräber ihrer Vorfahren zu verlassen, selbst nachdem sie durch Hitlers Nürnberger Gesetze zu Parias erniedrigt wurden. Sie wiegten sich in der Hoffnung, das Naziregime möge sich als vorübergehender Sturm erweisen. Im europäischen Ausland schienen nur wenige Juden an den Ausbruch eines Krieges zu glauben – oder daran, daß Deutschland ihn gewinnen würde, wenn es doch dazu kam. Infolgedessen überstieg die Zahl der Juden, die in Deutschland blieben, die der Auswanderer. Außerhalb unserer Staatsgrenzen war die jüdische Auswanderung gleich Null.

Doch selbst die Auswanderungswilligen stießen auf ernsthafte Hindernisse. Waren die Hebräer in Deutschland nicht mehr willkommen, so nahm man sie anderwärts auch nicht mit offenen Armen auf. Westeuropa verstärkte nach Hitlers Machtergreifung Jahr für Jahr seine Restriktionen hinsichtlich der Einwanderung von Juden. Die nur spärlich besiedelten Länder der Neuen Welt unter der Führung des »Hafens für die unterdrückte Menschheit«, der USA, warfen den Juden die Tür mit lautem Knall vor der Nase zu. Das ist ein schwarzes Kapitel in der Geschichte der Unmenschlichkeit unter den Menschen.

Als es dem Hitlerregime klar wurde, daß die Juden nicht auswandern wollten und es auch schwer fanden, woanders aufgenommen zu werden, griff man auf die Vertreibungslösung zurück. Man wollte sie mit Gewalt vertreiben; doch nun stellte sich die peinliche Frage: wohin?

Von allen Vertreibungsideen nimmt der *Madagaskar-Plan* in den uns überkommenen Papieren die bedeutendste Stelle ein. Die zwangsweise Wiederansiedelung der europäischen Juden auf der französischen Insel vor der Küste Südafrikas wurde ernsthaft ins Auge gefaßt. Doch angesichts der ungeheuren Schwierigkeiten – mangelnder Schiffsraum, um elf Millionen Menschen zu transportieren, die Herrschaft des Gegners über die Meere, die ungeheuren Kosten, die Kränkung der Vichy-Franzosen, um deren Kooperation wir uns bemühten, sowie die Lebensfeindlichkeit dieser tropischen Insel für Europäer – ist es schwer zu sagen, wie ernst man es mit diesem Vorhaben jemals gemeint hat. Als die Kriegsmarine Hitler

darauf hinwies, daß die Briten eines Tages auf Madagaskar landen könnten, um ihre Schiffahrtswege auf dem Indischen Ozean zu schützen, hörten alle Erörterungen über eine Ansiedlung der Juden auf dieser Insel auf. Der Führer erklärte, die Briten würden »den Bazillus nur wieder auf die Welt loslassen.«
Damit ergab sich die Notwendigkeit, das Problem auf europäischem Boden zu lösen; die *territoriale Lösung*. Auf der Wannsee-Konferenz lüftete Heydrich den Schleier des Geheimnisses, damit die Verwaltungsbeamten ein für allemal begriffen, was von ihnen erwartet wurde.

Das Programm

Diese drakonischen Maßnahmen paßten gewiß nicht ins zwanzigste Jahrhundert. Aber ach! Dresden, Katyn und Hiroshima zeigen, daß diese Art moralischen Versagens im Kriege nicht auf Deutschland beschränkt blieb. Die territoriale Lösung der Judenfrage war ein schlecht durchdachtes Vorhaben, ausgeheckt von irgendwelchen ebenso unverantwortlichen wie unfähigen Schreibtischfunktionären in Berlin. Verwaltungstechnisch gesehen, war es von Anfang an ein heilloses Durcheinander. Wie die meisten Projekte, die in den behaglichen Diensträumen irgendwelcher Behörden ausgetüftelt wurden, hatte auch dieser Plan auf den ersten Blick etwas Bestechendes. Doch als er sich in der Praxis bewähren sollte, brach er zusammen. Im Verlauf der ganzen Angelegenheit gingen viel zu viele Juden zugrunde, und insgesamt stellte sie ein monumentales Fiasko dar.
Der Schlüssel zur Verwirklichung der territorialen Lösung lag in den ausgedehnten Eroberungen, die wir 1941 machten. *Die besetzten Ostgebiete waren der lange gesuchte Ort, an den man die Juden verbringen konnte.* Hier brauchte keine Regierung um Erlaubnis gefragt, keine einheimische Bevölkerung beschwichtigt zu werden. Es handelte sich um einen dünn besiedelten Halb-Kontinent, beherrscht von deutschen Kanonen.
Heydrich umriß einen ebenso einleuchtenden wie einfachen Plan. Mit den Juden Europas sollte »von Westen bis Osten« aufgeräumt werden; sie sollten vorübergehend in Übergangs-Ghettos zusammengefaßt, in riesigen Arbeitskolonnen in die besetzten Gebiete verbracht und nach Geschlechtern getrennt werden. Dort sollten sie Straßen bauen, die in diesen rückständigen Gebieten aus militärischen Gründen dringend benötigt wurden. Im Verlaufe dieser Aktion »würde ein Großteil der Juden zweifellos durch natürliche Ursachen ausgemerzt werden«, das heißt, durch schlechte Bedingungen und kräftezehrende Schwerarbeit. Die wenigen, die diese schwere Prüfung überlebten, so erklärte Heydrich unverblümt, müßten eben »entsprechend behandelt« werden; als widerstandsfähiges Produkt der natürlichen Zuchtwahl würden sie sonst womöglich eine Keimzelle für die Wiedergeburt des jüdischen Volkes bilden. So sah die unerbittliche Ideologie der Regierung damals aus.

Die Reaktion der Partei- und Regierungsbeamten war einmütig begeistert; es kam sogar noch zu einer Reihe von Vorschlägen, wie man den Plan noch verbessern und seine Ausführung beschleunigen könne. Die Konferenz endete in einer Atmosphäre herzlicher Übereinstimmung, und dem Stil hochgestellter Bürokraten entsprechend, schloß sich noch ein gemeinsames Mittagessen an.
Doch das Vorhaben scheiterte fast von Anfang an. Die Arbeitskolonnen wurden nie zusammengestellt, die Straßen nie gebaut. Von 1943 an bekam das Heer auf seinen Gewaltmärschen auf dem Rückzug diesen Mißerfolg bitter zu spüren. Gewiß, die Juden wurden in ganz Europa zusammengetrieben, nach Osten transportiert und in Übergangsghettos in Polen zusammengefaßt. Doch da blieben sie – eine gewaltige Zahl von Gefangenen, eine immense zusätzliche Belastung der deutschen Vorratswirtschaft und in der Etappe eine schwärende Bedrohung der Gesundheit und der Sicherheit.
Es ist kein späteres SS-Protokoll überliefert, das erklären würde, warum man Heydrichs Plan fallenließ. Die territoriale Lösung wurde höchst willkürlich modifiziert, das heißt, man baute in der Nähe der aus allen Nähten platzenden Übergangsghettos große Fabriken und nutzte die jüdische Arbeitskraft gleichsam ›vor Ort‹ aus. Der erhofften natürlichen Verminderung versuchte man durch reduzierte Verpflegung und drastischen Arbeitseinsatz nachzuhelfen. Doch die Entwurzelung und Neuansiedlung von elf Millionen Menschen erwies sich als nahezu unlösbare administrative Aufgabe, die bei weitem alle Möglichkeiten der mit der Abwicklung des Programms beauftragten Berliner Stümper überstieg. Die Folge war, daß die Hälfte der Juden, wie bereits festgestellt, der Ausmerzung entging. Nicht mehr als fünfeinhalb, den höchsten Schätzungen zufolge vielleicht sechs Millionen wurden von dem Vorhaben erfaßt.

Gnadentod

Wir wissen immer noch nicht genau, wann oder wie man zur Euthanasie (Gnadentod) in Gaskammern überging. Dieser heikle Aspekt ist weitgehend verzerrt und mißverstanden worden.
Heydrichs Plan erwies sich als eine Riesendummheit, von verweichlichten Bürokraten ersonnen, die anders als Soldaten von Leiden in großem Ausmaß, von Entbehrungen und Tod keine Ahnung haben. Die Reserven des menschlichen Körpers und Geistes sind bemerkenswert. Kriegsgefangene ertragen jahrelang die miserabelsten Lebensbedingungen. Sie lernen, nahezu alles zu essen und zu trinken. Die Bedürfnisse ihres ausgemergelten Körpers schrumpfen beim natürlichen Überlebensdrang fast auf ein Nichts zusammen. Zu all diesen Phänomenen kam es in den Übergangsghettos. Daß es mit der Zermürbung so langsam ging, war schon besorgniserregend. Epidemien brachen aus, und Epidemien machen keinen Unterschied zwischen Gefangenen und Bewachern. Die geschwächten

Juden wurden infolgedessen zu einer ständigen Bedrohung der einheimischen Bevölkerung und unserer Soldaten.
Diese Entwicklungen ließen folgende Überlegung aufkommen: da diese Menschen in jedem Fall dem Tode geweiht sind, würde nicht ein rasches, unerwartetes und schmerzloses Ende sie vor langen Leiden bewahren? Und würden unsere bewaffneten Streitkräfte nicht gleichzeitig ein außerordentlich hemmendes Problem loswerden, über dessen Ausmaß man sich nicht rechtzeitig klargeworden war?
In diesen wesentlich humanen Überlegungen lag der Anstoß zur Idee der Gaskammern. Die Juden zu retten, kam nicht in Frage. Adolf Hitler hatte ihr Ende beschlossen, und sein Wille war Gesetz. Es blieb also nichts anderes übrig, als diese Idee auf die anständigste, praktikabelste und zivilisierteste Weise zur Ausführung zu bringen. Man hat oft auf die unleugbare Tatsache hingewiesen, daß auf diese Weise Millionen Kinder den Tod im Gas fanden; eine Episode, deren man sich nicht gern erinnert. Trotzdem: der Tod durch Verhungern hätte für die Kinder ein langsameres und schmerzlicheres Ende bedeutet; zudem hätten ihre Eltern noch die leidvolle Erfahrung machen müssen, zuzusehen, wie sie dahinschwanden.
Was die Plünderung der Juden, ja sogar der Leichen dieser Unglücklichen betrifft, können derlei Gepflogenheiten nicht beschönigt werden. Die SS raffte auf diese Weise Gold, Juwelen und Güter im Werte von mehreren Millionen Mark zusammen. Ob die deutsche Kriegswirtschaft davon profitierte, bleibt zweifelhaft; die Himmler-Heydrich-Clique war ebenso verschwenderisch wie korrupt. Die Geschichte von der Seifengewinnung aus den Leichen war selbstverständlich ein britisches Lügenmärchen aus dem Ersten Weltkrieg, das jeder Grundlage entbehrte.

Militärische Auswirkungen: (1) Menschenmaterial

Das Ganze war keineswegs eine Etappenangelegenheit ohne jede militärische Bedeutung. Die territoriale Lösung hat unseren Kriegsanstrengungen materiell schwer geschadet.
Der bedeutendste Schaden war mit dem Menschenmaterial verbunden. Eine beträchtliche Anzahl gesunder deutscher Männer wurde von den Kriegsaufgaben abgezogen und mußte die Juden bewachen. Einheiten, die die Juden zusammentrieben, Bewacher usw. wurden aus der einheimischen Bevölkerung rekrutiert; trotzdem müssen Deutsche bis zur Stärke von mehreren Divisionen damit beschäftigt gewesen sein, sich in Büros und Lagern mit den Juden zu befassen, statt zu kämpfen.
Der Mangel an Arbeitskräften war auch in unseren Fabriken chronisch. Die Kriegsgefangenen und die Zwangsarbeiter aus den besetzten Ländern leisteten

bestenfalls halbherzige Dienste und trieben immer wieder Sabotage, einerlei, wieviele deshalb erschossen wurden. Die Juden hingegen stellten ein enormes Reservoir an intelligenten Arbeitern, Handwerkern und Akademikern dar, die man rasch anlernen konnte, jede Facharbeit zu leisten. Daran waren sie ja gewöhnt, bis die unerbittlichen Häscher sie zusammentrieben und nach Osten verfrachteten. Sie betrieben nur in sehr geringem Umfang Sabotage; vielmehr ließen sie ein verzweifeltes Bemühen erkennen, ihr eigenes Leben und das ihrer Angehörigen zu retten, indem sie hervorragende Arbeit leisteten. Auf diese Weise verloren wir die Arbeitskraft von mehreren Millionen Arbeitern von großer Zuverlässigkeit, Motivation und Produktivität.

Zum Schluß sei noch angemerkt, daß es unter dem Nationalsozialismus Mode war, sich über die Kriegstauglichkeit der Juden lustig zu machen. Tatsächlich erwiesen sie sich in den Händen der SS als fügsam und verwundbar. Doch daß das ein Zustand war, der auch seine Kehrseite hatte, ist durch die Nachkriegsereignisse in Palästina bewiesen worden. Wie gut hätten wir an der Ostfront ein oder zwei Millionen Mann vom Kaliber der heutigen jüdischen Armeen gebrauchen können! Damals wäre diese Vorstellung ein Witz gewesen. Heute, da es zu spät ist, können wir uns nur an den Kopf fassen.

Militärische Auswirkungen: (2) Versorgung und Dienstleistungen

Die Belastung der Reichsbahn war niederdrückend und nahm nie ein Ende. Mochte man die Züge noch so vollstopfen – daß dies bis zum Exzess getrieben wurde, ist allgemein bekannt –, der Bedarf an rollendem Material blieb ein schwerwiegendes Problem. Für die Front standen nie genug Züge und Lokomotiven zur Verfügung. Vor Kälte zitternd, saßen einsatzbereite Divisionen in rückwärtigen Eisenbahnknotenpunkten fest, während Züge, mit denen Juden transportiert wurden und die vollbeladen nach Osten fuhren und leer wieder zurückrollten, für alles andere ausfielen. Diesen nicht unmittelbar dem Kampf dienenden Zwecken wurde insgeheim ein so großer Vorrang gegeben wie in den Vereinigten Staaten nur dem Bau der Atombombe.

Militärische Auswirkungen: (3) Die Kampfmoral

Obwohl das letzte Ziel dieser Politik geheim blieb, wurden viele deutsche Heeresverbände Zeuge dessen, was geschah. Das muß festgehalten werden. Bedauerlicherweise halfen manche Einheiten nicht nur beim Transport oder bei der Bewachung der Juden, sondern sogar bei den Liquidierungen.

Örtliche Wehrmachtsoffiziere versorgten bisweilen die mobilen Exekutionskom-

mandos und sorgten auch für deren Transport, da sie Regierungsaufgaben wahrzunehmen hatten. Diese SS-Einheiten, genannt *Einsatzgruppen*, kamen unmitteabar im Gefolge unserer vorrückenden Armeen nach Rußland. Sie hatten Befehl, politische Kommissare ohne Gerichtsverfahren zu erschießen, um jede Partisanentätigkeit bereits im Keim zu ersticken; all das geht auf den berühmten ›Kommissar-Erlaß‹ vom März 1941 zurück. Diese Einsatzgruppen wurden außerdem instruiert, sämtliche Juden, deren sie habhaft werden könnten, da sie eine Hauptbedrohung der deutschen Sicherheit darstellten, standrechtlich zu erschießen. Einheimische meldeten sich freiwillig zu diesen Einsatzgruppen, um gegen ihre Juden vorzugehen; die Folgen waren entsetzlich, insbesondere in Litauen, Rumänien und Ungarn. Die wesentlich disziplinierteren deutschen Einsatzgruppen erschossen systematisch mit Wissen der Wehrmachtsdienststellen in diesen Gebieten Hunderttausende von Juden.
Vor diesen Geschehnissen konnten deutsche Soldaten nicht immer die Augen verschließen. Vereinzelt kam es sogar vor, daß irregeleitete örtliche Wehrmachtskommandeure ihren Leuten gestatteten oder sogar befahlen, daran teilzunehmen. Infolgedessen gibt es authentische Photos, auf denen zu sehen ist, wie Männer in Wehrmachtsuniform jüdische Frauen erschießen, die Kleinkinder auf dem Arm halten. Solche Vorkommnisse machten unter unseren Landsern unzweifelhaft rasch die Runde und hatten einen entsprechenden Verfall der Kampfmoral zur Folge; es kam zu einer unleugbaren Diffamierung der Ziele, für die man kämpfte. Greift so etwas in einer Armee um sich, ist das dem Kampfgeist abträglich. Wie so viele Aspekte der territorialen Lösung läßt sich auch der moralische Schaden, der unserer Armee damit zugefügt wurde, nicht in Prozent oder anderen faßlichen Größenordnungen messen. Dennoch war es an der Ostfront ein ernstzunehmender Faktor. Wie der Defaitismus, stellt auch der Zweifel an sich selbst eine unsichtbare, aber gleichwohl schwere Belastung der Kriegsanstrengungen dar.
Soldaten sind im Handwerk des Tötens ausgebildet. Krieg bedeutet für sie das Leben des Feindes oder das eigene Leben; das ist Soldatentum in seiner reinsten Ausprägung. Gelegentlich müssen Soldaten auch traurigere, schmutzigere Arbeiten auf sich nehmen. Sie müssen Spione und Partisanen erschießen, die mit verbundenen Augen hilflos vor ihnen stehen. Auf Befehl müssen sie bisweilen Jungen, Mädchen und Frauen aufknüpfen, die gute Partisanen sein könnten. Doch das bedeutete nicht, daß der Soldat – insbesondere der deutsche Soldat, der auf Anstand und Ehre ebenso gedrillt ist wie auf Härte und Ausdauer im Feld – mit derlei Aufgaben immer und in jedem Falle fertig wird. Was die Nazis unserer deutschen Jugend in dieser Hinsicht angetan haben, kann man nicht so ohne weiteres vergessen oder entschuldigen.

Das Wesen des Feindes

Wir kommen zur Kernfrage der Sache: war die Lösung trotz all ihrer nachteiligen Auswirkungen wirklich eine kriegswichtige Sicherheitsmaßnahme? Stellten die Juden wirklich jene äußerste Bedrohung der Sicherheit des Reiches dar, auf die Hitler immer wieder hinwies? Und in dieser Frage noch eine zweite: *welchen Reiches?*

Seit der Französischen Revolution waren aus unserer Philosophie und unserer Politik zwei Reichskonzeptionen hervorgegangen, von denen eine die andere ausschloß:

(a) Das *liberale* Konzept: ein friedfertiges Reich, universell in seiner Kultur, mit größter Freiheit für die Juden, die Etablierung einer bürgerlichen Demokratie in Nachahmung Frankreichs und Englands, sowie eine untergeordnete militärische Stellung Deutschlands.

(b) Das *nationalistische* Konzept: das Reich als aufsteigende Weltmacht, der natürliche Nachfolger des britischen Empire; eine von fremden Einflüssen gereinigte deutsche Kultur; bewaffnete Streitkräfte auf der bonapartistischen Grundlage eines ›Volks in Waffen‹; strenge mystische Bindung an den König, die Scholle und die altchristlichen Werte.

Beide Konzepte überlagernd, entwickelte sich der *Sozialismus* mit seinem sentimentalen und giftigen Mischmasch von Weltverbrüderung, Gleichheitswahn und der Abschaffung des Privateigentums. Doch die Grundlage des deutschen Wesens war der *Nationalismus*. Immer, wenn dieses nationalistische Reich im Vordergrund stand – 1866, 1870-71, 1914 und 1917 – waren wir siegreich und stark. Immer, wenn das liberale und sozialistische Element zum Durchbruch kam, ging es mit Deutschland bergab.

Adolf Hitlers politischem Genie blieb es vorbehalten, die nationalistische Reichsschwärmerei mit den aufrührerischen Idealen des Sozialismus zusammenzuschmieden. Hier liegt der Ursprung des *Nationalsozialismus*, einer explosiven Massenbewegung. Gegen den modifizierten Sozialismus Hitlers konnte die Armee keine Einwände haben. Er führte zu spartanischer Wirtschaftskontrolle, Vollbeschäftigung, Volksgesundheit und Wohlfahrtsmaßnahmen für das ganze Volk – mit Ausnahme der Juden.

Die Juden aber waren das Rückgrat des deutschen Liberalismus. Unter dem Liberalismus hatten sie das Bürgerrecht erhalten. Der Liberalismus hatte ihnen die Möglichkeit gegeben, ihre Energie und ihre Begabung im Finanzwesen, in den akademischen Berufen und in den Künsten zur Entfaltung zu bringen. Diese Menschen, die bisher immer im Abseits gestanden hatten, sah man jetzt überall – wohlhabend und fremdartig, besetzten sie hohe Stellungen und stellten protzig das, was sie neu gewonnen hatten, zur Schau. Für die Juden war der Liberalismus

die Rettung. Folglich mußten die Juden einem eingefleischten Nationalisten wie Adolf Hitler als Erzfeinde erscheinen.
Tragischerweise war all das nur eine Frage des Standpunkts, den man einnahm.

Die tatsächliche Macht der Juden

Gleichwohl scheiterten sämtliche Versuche, die territoriale Lösung zu rechtfertigen, angesichts einer unumstößlichen historischen Wahrheit. Die Juden erwiesen sich als unfähig, sich selbst zu retten. Es gelang ihnen auch nicht, andere dahingehend zu beeinflussen, daß sie sie retteten; und Selbstbehauptung ist nun einmal das Maß, an dem sich die wahre Macht eines Volkes erweist.
Die Juden, die Hitlers Zugriff entzogen waren, sahen hilflos zu, wie ihre europäischen Blutsbrüder einem ungewissen, auf jeden Fall aber grausamen Schicksal entgegengingen. Wo blieb ihr politischer Würgegriff an der Kehle des Westens, der für Hitler ein Glaubensartikel war? Wo blieb ihr unermeßlicher Reichtum, da sie doch kein einziges Land – nicht einmal eine kleine südamerikanische Republik – dazu bewegen oder bestechen konnten, ihnen die Tür zu öffnen? Wo blieb denn 1944 ihr alles durchdringender Einfluß, als das Geheimnis allmählich ans Licht kam und sie die Anglo-Amerikaner vergeblich anflehten, Auschwitz zu bombardieren?
Diese Dinge sprechen für sich selbst. Hitler hat die Bedrohung durch die Juden übertrieben und das deutsche Volk, allem guten Willen zum Trotz, böse in die Irre geführt. Die Juden wären uns sehr zustatten gekommen. Hätten wir ihr Gewicht an Arbeitskraft, an Können und internationalem Einfluß den Dingen hinzugeschlagen, über die wir selbst verfügten, statt sie davon abzuziehen, so wäre das im höchsten Maße willkommen gewesen. Möglicherweise wäre dann sogar der Krieg anders ausgegangen.
Denn wenn es den Juden außerhalb Europas auch an Macht gebrach, die Rettung zu bewirken, verfügten sie doch über eine kräftige Stimme. Ihr Aufschrei verlieh Roosevelts und Churchills ungerechtfertigter Charakterisierung unseres Volkes als Hunnen und Wilde Glaubwürdigkeit, während wir den Kampf des Christentums gegen die roten Horden kämpften. Auf diese Weise entstanden die beiden für unsere Sache tödlichen politischen Doktrinen – »Deutschland zuerst« und »bedingungslose Kapitulation« –, welche die beiden mächtigen Plutokratien unwiderruflich an die Seite des eurasischen Bolschewismus brachte.
Hätte das Naziregime die Millionen Juden in unserem Herrschaftsbereich mit Weisheit behandelt, nichts von alledem hätte zu geschehen brauchen. Das ist das tragische militärische Paradoxon der territorialen Lösung. Die Juden waren zwar keine starken Feinde; sie hätten aber sehr wohl starke Freunde sein können. In diesem Licht betrachtet, war die Nazipolitik den Juden gegenüber ein grober militärischer Fehler, für den wir teuer bezahlen mußten. Die Wehrmacht wurde

nicht gefragt; folglich kann man ihr auch keine Vorwürfe machen. Das ist die unausweichliche Schlußfolgerung, die man aus dem einzig bedeutenden Dokument, das wir haben – dem Wannsee-Protokoll – ziehen muß.

Anmerkung des Übersetzers: *Als ich diesen Essay in meiner Übersetzung an die Zeitschrift* U.S. Naval Institute Proceedings *schickte, sandte der Herausgeber, Vizeadmiral Turnbull C. »Buck« Fuller, USN, ihn mir mit dem in roter Tinte hingekrakelten handschriftlichen Vermerk zurück: »Was hat es für einen Sinn,* Proceedings *dieses dümmliche, kaltschnäuzige und Übelkeit erregende Gefasel zuzuschicken?« Er war ein alter Hase und ein guter Freund von mir. Unter seine Worte schrieb ich: »Um uns selbst vor Augen zu führen, wozu wir hätten imstande sein können«, und schickte es ihm noch einmal zurück. Sechs Monate später erschien der Essay in* Proceedings. *Ich habe Buck Fuller hinterher bei vielen Gelegenheiten getroffen. Er hat Armin von Roons Essay bis heute noch mit keinem Wort erwähnt. – V.H.*

15

U.S.S. NORTHAMPTON
Tagesbefehl, 1. Februar 1942

1. Ab Sonnenaufgang wird Kampfgruppe 8. 1 (bestehend aus *Northampton, Salt Lake City* und *Dunlap*) das Wotje-Atoll in den nördlichen Marshall-Inseln beschießen.

a) Luftangriffe von der *Enterprise* werden Luftwaffe und Küstenbatterien des Gegners außer Gefecht setzen, bevor die Beschießung beginnt.

b) Da die Seekarten dieser Gewässer alt und unzuverlässig sind und Korallenriffe eine besondere Gefahr darstellen, gilt ab 00.00 Uhr erhöhte Alarmbereitschaft.

2. Die *Northampton* ist stolz darauf, im Verband der Kampfgruppe 8 unter Vizeadmiral Halsey Flaggschiff der Artilleriegruppe Nord zu sein, während die Pazifikflotte im Bereich der Marshall- und Gilbert-Inseln die Japaner zurückschlägt.

3. »Mast- und Schotbruch!« Alle Mannschaften verhalten sich entsprechend.

James C. Grigg
Erster Offizier

»Feuer frei!«

Die drei Türme der *Northampton* spien weißen Rauch und fahle Flammen. Das Deck ruckte und erzitterte. Victor Henrys Ohren dröhnten, obwohl er sich Watte hineingestopft hatte. Das Aufblitzen, der Krach und der Geruch des Pulvers seiner ersten Salve auf jenen Feind, der Pearl Harbor und die *California* auf dem Gewissen hatte, versetzten ihn in Hochstimmung. Im gleichen Augenblick feuerte achteraus die *Salt Lake City*; die beiden Salven von Zwanzig-Zentimeter-Geschossen flogen, mit dem Fernglas deutlich zu erkennen, in hohem Bogen hinüber zu den in der Lagune ankernden Schiffen.

Backbords tauchte der glühende Rand der Sonne über der scharfgezogenen Horizontlinie auf. Die beiden Kreuzer und der Zerstörer *Dunlap* hatten riesige

Kriegsflaggen gesetzt und dampften mit voller Kraft in Kiellinie, die Breitseite dem dunstigen grünen Haufen auf dem Wasser zugekehrt, der Wotje Island hieß. Die Flugzeuge von der *Enterprise* (darunter zweifellos auch Warrens Maschine), am Himmel nur winzige Punkte, nahmen wieder Kurs auf den Flugzeugträger, der im Norden gerade noch zu sehen war. Wie vorgesehen, waren sie bei Morgengrauen über die Insel hergefallen.

Pug schäumte immer noch über den verheerenden Start, den seine eigenen vier Aufklärungsflugzeuge hingelegt hatten. Eines wäre ums Haar ins Meer gestürzt. Ein anderes hatte geschlagene zwanzig Minuten gebraucht, um am Katapult startklar zu sein; der Kran hatte geklemmt. Ein miserabler Anfang! Konteradmiral Spruance, der im aufhellenden Dämmerlicht neben ihm auf der Brücke stand, hatte kein Wort gesagt, aber man hatte ihm die Enttäuschung über die fragwürdige Leistung anmerken können. Außerdem schien er über den Mangel an lohnenden Zielen auf Wotje enttäuscht zu sein. Hier lagen keine Kriegsschiffe, nur ein paar Frachter. Mit Halseys erstem Feuerüberfall auf die Japaner war nicht viel Staat zu machen, zumal wenn die Ausbeute auf den anderen Inseln auch nicht größer war.

Doch selbst diese nicht sonderlich lohnende Beschießung hatte katastrophal begonnen. Die Schiffe des Gegners lichteten den Anker und entwickelten Rauch; sie liefen in der Lagune hin und her und waren infolgedessen schlecht zu erkennen und noch schlechter zu treffen. Trotz schwerem Beschuß wurde keines beobachtet, das sank oder brannte. Die Aufklärungsflugzeuge meldeten Wasserfontänen als Treffer, um sich gleich darauf zu korrigieren. Ein tollkühnes Minensuchboot lief aus der Lagune heraus und ballerte im Zickzack-Kurs mit seinen lächerlich kleinen Geschützen. Der Zerstörer *Dunlap* feuerte auf kürzeste Entfernung ganze Salven von Zwölf-Zentimeter-Granaten darauf ab, so daß um das Boot herum immer wieder ganze Reihen von Fontänen aufschossen. Sodann meldeten die Ausgucks auf allen drei Schiffen Sehrohre – eine hysterische Woge unbestätigter Meldungen. Weder Pug Henry noch der Admiral konnten die Sehrohre entdecken, doch blieb Spruance kaum eine andere Wahl. Er befahl eine Kursänderung. Der Angriff zerfiel. Weit vor der im Morgendunst daliegenden Insel kreuzten die drei Kriegsschiffe auf der stillen, sonnigen See durcheinander, versuchten vermeintlichen Torpedospuren auszuweichen und mußten ständig auf der Hut sein, sich nicht gegenseitig zu rammen. Zuletzt beschloß Pug Henry, sich um unsichtbare Sehrohre und Torpedospuren nicht mehr zu kümmern. Auf Gefechtskurs lief er auf Wotje zu, schoß auf die kaum sichtbaren Frachter und verpulverte kostspielige Munition, nur um seinen Männern das Erlebnis des Versagens unter dem anhaltenden Feuer der Küstenbatterien zu verschaffen

und ihnen Übung darin beizubringen, Granaten im Eiltempo aus dem Magazin in die Geschützverschlüsse zu befördern, und um sie an den Geruch, den Lärm und die Angst eines echten Kampfes zu gewöhnen; allen sollte die demütigende Wahrheit aufgehen, daß diese Kriegsmaschine noch unter friedenszeitlicher Verfettung litt.
Konteradmiral Spruance, der auf der Verbandswelle einen Befehl nach dem anderen hinausjagte, gewann zuletzt den Anschein von Kontrolle zurück. Die *Dunlap* versenkte das Minensuchboot. Die drei Schiffe gingen in Formation, liefen nahe ans Ufer heran und setzten die meisten der leichtgebauten Häuser der Insel in Brand. Doch auch die Küstenbatterien schossen sich ein, und rings um die Angreifer spritzten bunte Wasserfontänen hoch. Als Spruance sah, daß die *Salt Lake City* zweimal eingedeckt wurde, ließ er das Feuer einstellen und befahl Captain Henry, die Einsatzgruppe 8.1 in den Geleitschutz der *Enterprise* zurückzuführen. Dann verließ der Admiral steinernen Gesichts die Brücke. Die ganze Aktion hatte anderthalb Stunden gedauert.
»Sämtliche Offiziere der Freiwache zur Besprechung in die Messe«, sagte Pug zu Jim Grigg.
»*Aye, aye, Sir*«, sagte der Erste Offizier, unter dem neuen, blaulackierten Helm ein ebenso unbewegtes Gesicht wie Spruance.
Eine kleinlaute Schar von jungen Männern in Khaki-Uniform erhob sich, als der Kapitän in den langen, schmalen Raum trat. Er ließ sie während seiner kurzen Ansprache stehen. Sie hätten, erklärte er ihnen, gerade an einem Störangriff teilgenommen. Nur hätten sie nicht sonderlich gestört. Ein langer Krieg liege vor ihnen. Die *Northampton* werde jetzt anfangen, ihren Ausbildungsstand zu verbessern. Abtreten!
Für den Rest des Tages bis weit nach Mitternacht wurden die Ressortoffiziere in die Kommandantenkajüte beordert, wo Pug ihnen, ohne sich auf irgendwelche Notizen zu stützen, sämtliche Schwachstellen vorhielt und unverzügliche Bereinigung befahl. Die miserable Leistung der *Northampton* hatte Pug Henry nicht überrascht. Im ersten Monat an Bord, während er sich mit dem Schiff vertraut gemacht hatte, hatte er Augen und Ohren aufgesperrt und mehr oder weniger geschwiegen. Es gab viel zuviel junge Rekruten und Frischeinberufene an Bord; die erfahrenen Leute, Mannschaften wie Offiziere, waren weit in der Minderzahl. Die Bordroutine lief einigermaßen; an der äußerlichen Sauberkeit war nicht viel auszusetzen; dennoch ging es überall ein wenig lasch zu, behäbig und bequem – irgendwie hatte alles etwas Ziviles. Trotzdem machten die Männer einen guten Eindruck auf Pug, und er hatte auf eine Gelegenheit wie diese gewartet, um sie seine Hand spüren zu lassen.
Er überraschte sämtliche Offiziere, vom Ersten Offizier angefangen bis

hinunter zum jüngsten Fähnrich, durch seine unbeugsame Haltung und seine präzise Kritik. Sie hatten ihn schon für jemand gehalten, der eine ruhige Kugel schob, nicht viel sagte und nach der langen Zeit an Land ein wenig aus der Übung gekommen war. Die Besprechungen zogen sich ununterbrochen über vierzehn Stunden hin. Alemon kochte eine Kanne frischen Kaffee nach der anderen und machte zum Abendessen Hamburgers, die der Kapitän und der Erste Offizier während der Besprechung aßen. Als Grigg, der sich in einem Notizbuch mit der Aufschrift ›Dringend‹ Hunderte von Notizen gemacht und Dutzende von Tassen Kaffee getrunken hatte, um sich wach zu halten, im Begriff stand, zusammenzuklappen, machte Pug Schluß. »Bereiten Sie einen Funkspruch an ComCruPac vor«, sagte er, »und veranlassen Sie, daß ein Schlepper mit Scheibe klar ist, wenn wir in den Stützpunkt einlaufen.«
»Wir dürfen die Funkstille nicht unterbrechen, Sir«, sagte Grigg nervös. »Jedenfalls nicht für sowas.«
»Ich weiß. Schicken Sie ein Aufklärungsflugzeug.«

Als Halseys Kampfgruppe, eine lange Reihe grauer Kriegsschiffe mit Kriegsflaggen am Heck, in den Hafen von Pearl Harbor einlief, brach ein wildes Willkommenskonzert los: Sirenen heulten, Trillerpfeifen ertönten, Glocken wurden geläutet und Hochrufe ausgebracht; jedes Schiff im Hafen hatte über die Toppen geflaggt. Für Journalisten und Radiokommentatoren war der Überfall eine große Sache gewesen. Sie bejubelten Admiral Halseys gewaltigen Angriff auf die Marshall- und Gilbert-Inseln und feierten Amerikas Wiedererstarken im Pazifik, den Umschwung der Machtverhältnisse, den Beweis für die Schwungkraft einer freien Demokratie, und so weiter und so fort. Verschlüsselte Berichte über den Verlauf des Unternehmens, die Victor Henry abgefangen hatte, ergaben ein ganz anderes Bild. Bei den Luftangriffen auf Kwajalein waren ein paar Flugzeuge vernichtet und wahrscheinlich ein paar kleinere Schiffe versenkt worden. Die aufeinander abgestimmten Luftangriffe von der *Yorktown* aus auf den Gilbert-Inseln hatten keinerlei nennenswerte Ergebnisse gezeitigt. Und die Artilleriebeschießungen waren nirgends sonderlich wirkungsvoll gewesen.
Unmittelbar nachdem die *Northampton* festgemacht hatte, rief der Kapitän seine Offiziere in der Messe zusammen. Sie waren sämtlich an Deck gewesen und hatten den jubelnden Empfang genossen, als hätten sie einen großen Sieg errungen; alle sahen froh und munter aus. »Über eines sollten wir uns klar sein«, sagte er. »Der Zweck des ganzen Geschreis da draußen ist es, die Moral der Zivilbevölkerung zu stärken. Was wir bei diesem Unternehmen ausgerichtet haben, bereitet Hirohito bestimmt keine schlaflose Nacht. Die Leistungen

der *Northampton* dagegen – nun, je weniger Worte wir darüber verlieren, desto besser. Wir laufen bei Tagesanbruch aus zum Übungsschießen.«

Es kostete ihn einige Mühe, einen Scheibenschlepper zu bekommen. Er wurde per Boten zum ComCruPac beordert, um zu erklären, warum er seiner Crew nach dieser anstrengenden Kreuzfahrt keinen Landurlaub gab. Er ging also an Land und legte sich mit dem Stabschef an, einem alten Jahrgangskameraden von der Akademie. Die *Northampton* müsse mit einem Ruck in Kriegszustand versetzt werden, sagte er. Frauen und Freundinnen, Bars und Betten – all das sei ja auch noch da, wenn der Kreuzer nach achtundvierzig Stunden harten Drills zurückkäme.

Er bekam eine Seezielscheibe versprochen.

An Bord zurückgekehrt, fand er auf seinem Schreibtisch einen Stapel persönlicher Post vor; zwei Briefe von Rhoda, einen dicken von Madeline, einen von seinem Vater, der mit einundachtzig nur noch selten schrieb, einen von seinem Bruder, einem Getränkehändler in Seattle, und einen von Senator Lacouture, den er sofort aufriß, nachdem er es sich auf dem Sessel in seiner Kabine bequem gemacht hatte. Die Nachricht, daß Natalie mit einer Gruppe von Journalisten in Siena interniert sei, beunruhigte ihn, obwohl die beigefügte Nachricht vom Außenministerium über ihre Aussichten, nach Hause zu kommen, beruhigend klang. Es war immerhin besser, als überhaupt nicht zu wissen, wo sie war; zumindest hoffte er, daß Byron diese Nachricht so auffassen würde.

Rhodas Brief, den sie Weihnachten geschrieben hatte, war lang, versöhnlich und nachgiebig. »Wenn Du zurückkehrst, sitze ich hier wie eine gute Seemannsfrau im Sonntagsstaat in der Foxhall Road und warte mit einem vollen Krug Martini auf Dich . . . Nie habe ich Dich mehr geachtet und geliebt . . .« In dem anderen, kürzeren Brief stand eigentlich nur Klatsch, als wäre nie etwas zwischen ihnen vorgefallen; sie berichtete von einem starken Schneefall am Neujahrsabend und dem Dinner im *Army and Navy Club*.

Daß der Brief von Madeline so dick war, erwies sich als Täuschung. Es handelte sich um ein mit doppeltem Abstand vollgetipptes dickes Blatt Schmierpapier, dazu eine mehrfach gefaltete Seite aus einer Theaterzeitschrift. Madeline erklärte wortreich, sie hasse es, so im Rampenlicht zu stehen, und habe keine Ahnung, wieso die Sache in Druck gegangen sei, aber da stehe es nun mal.

. . . Herzliche Grüße an Byron und Warren, falls Du sie siehst. Sag ihnen, ich schriebe beiden sehr bald einen langen Brief. Und Dir auch. Dieser hier zählt nicht. Hugh schreit schon, ich soll mit der Redaktionsbesprechung anfangen.

Wollte Dir nur rasch schreiben, daß es Deiner kleinen Tochter, die immer auf Achse ist, gut geht. Sie ist glücklich und nicht mehr ganz und gar unbekannt.

Herzlichst,
Madeline

P.S. – Übrigens, noch zu meinem dummen Brief neulich. Tu bitte so, als hättest Du ihn nie bekommen. Mrs. Cleveland ist sehr krank. Man kann von Glück sagen, daß sie keine von ihren vielen Drohungen wahrgemacht hat – auch die nicht, mit denen sie *mich* bedacht hat. Ich glaube, so verrückt ist sie nun doch wieder nicht. Ich hätte gerichtlich gegen sie vorgehen können.

Auf der aus *Variety* herausgerissenen Seite stand ein angestrichener Artikel über Madeline Henry, Hugh Clevelands Assistentin. ›Mady‹ stamme aus einer großen Seemannsfamilie. Ihr Vater sei Kommandant eines Flugzeugträgers, ein Bruder führe ein Kampfflieger-Geschwader und der andere sei Käpt'n auf einem Unterseeboot. Offensichtlich hatte irgendein Werbemensch den Familienhintergrund der Henrys ausgeschlachtet, um für Cleveland Reklame zu machen, der viermal im Text genannt wurde. Abgesehen von den Unrichtigkeiten und dem klugscheißerischen Ton fand Pug das Ganze abstoßend. Seine hübsche, kluge Tochter, einst sein Liebling, war tief gesunken. Sie lebte in einer Welt ausgemachter Narren und wurde selbst zu einer ausgemachten Närrin. Er konnte nichts daran ändern; am besten ließ man dieses Unglück einfach nicht an sich herankommen.
Der Brief in dem braunen, mit grüner Tinte adressierten Umschlag war in Washington abgestempelt; das Datum des Poststempels war verwischt. Der einzelne Bogen trug weder Datum noch Unterschrift.

Lieber Pug –
diese Zeilen kommen von einer Freundin, die es gut meint. Von jemandem, der Sie und Rhoda seit Jahren kennt. Ich weiß, wie dieser Krieg sich auf eine Ehe auswirken kann, aber ich kann einfach nicht zusehen, wie das ausgerechnet dem ›Musterehepaar‹ passiert, als das Ihr beide mir immer erschienen seid.
Schreiben Sie Rhoda und fragen Sie sie nach dem *sehr* großen Mann (sein Name beginnt mit einem K), mit dem sie bei St. Albans Tennis spielt. Aber das ist nicht das einzige, was sie ›spielt‹. Man hat sie zur falschen Zeit und am falschen Ort mit ihm gesehen – falls Sie wissen, was ich meine; Sie wissen es,

davon bin ich überzeugt. Jeder in Washington, der Euch beide kennt, redet darüber. Rhoda hat einen Heidenrespekt vor Ihnen, wie wir alle, und ein Wort von Ihnen bringt sie vermutlich rasch wieder zur Raison. Warten Sie nicht damit, bis es zu spät ist. Dies soll nur ein Hinweis von jemandem sein, der Ihnen alles Gute wünscht.

Der Brief war nicht per Luftpost gekommen. Er konnte Monate unterwegs gewesen und noch geschrieben worden sein, bevor Rhoda ihn um die Scheidung gebeten hatte. Dennoch brachte er ihm wieder den Schmerz der vollen Erkenntnis zum Bewußtsein – und dazu das bittere Wissen, daß sein Unglück jetzt in aller Munde war.

Während die Mannschaften der anderen Schiffe, die zu Halseys Kampfgruppe gehört hatten, an Land den Sieg feierten, ging die *Northampton* wieder in See. Das Wort, daß mit dem »Neuen« nicht zu spaßen war, hatte inzwischen die Runde gemacht. Nachdem das erste Murren sich gelegt hatte, gab es nur wenig Unzufriedenheit. Die Mannschaft hatte erfahren, wie demütigend schlechtes Schießen sein konnte. Sie waren durch Sprühfontänen warmen Salzwassers hindurchgelaufen – feindliche Salven, die sie um ein Haar getroffen hätten. Sie hatten gesehen, wie die *Salt Lake City* eingedeckt wurde, und sie hatten gehört, daß die fünfköpfige Bedienung eines Vierzentimeter-Zwillingsturms getroffen und zu blutigem Brei zerfetzt worden war. Sie waren bereit, kämpfen zu lernen. Vom ersten Drill an, zu dem sie mit Sirenen und Alarmgongs geweckt wurden, noch während sie sich im Kanal befanden, reagierten die Seeleute auf die Zuchtpeitsche. Katapultieren und Wieder-an-Bord-Nehmen der Flugzeuge, ein chronisches Leiden seit Hickmans Tagen – das lief nach einem Tag ständigen Übens glatt. Die Zeit, die das Schiff brauchte, um gefechtsklar zu sein, wurde auf die Hälfte reduziert. Mit überraschenden Übungen – Feuer an Bord, Luftangriff, Verlassen des Schiffes – mußte man zu jeder Stunde rechnen. Es war die Hölle, aber um 23 Uhr, als Pugs drastischer Übungsplan schließlich endete, war die Crew nicht nur völlig erschöpft, sondern auch gehobenster Stimmung.

Nicht so Pug. Der anonyme Brief hatte ihn tief getroffen. Noch lange nach Mitternacht saß er in seiner Kabine und blätterte die Nachrichtenmagazine durch, die sich in den vergangenen drei Wochen angesammelt hatten. Sie zeigten ein Land, das sich noch immer in albernen Reklamebildern spiegelte, das es noch immer nicht schaffte, auf irgendeine Weise – ob nun auf dem Gebiet der Kriegsproduktion, der Kriegsvorbereitung oder regelrechter kriegerischer Unternehmungen – Einsicht zu zeigen, daß eine Niederlage nicht nur im Bereich des Möglichen lag, sondern daß man im Begriff stand, eine einzustecken. Das ganze Land hatte Ähnlichkeit mit der *Northampton* vor Wotje. Inzwischen hatten die deutschen U-Boote wie die reißenden Wölfe unter den amerikanischen Schiffen gehaust. Die Angaben über die Menge des versenkten Schiffsraums waren unfaßlich hoch; *über eine Million Tonnen* innerhalb eines Monats. Rommel trieb auf dem Vormarsch in Nord-Afrika die britischen Armeen vor sich her. Die Amerikaner zogen sich auf Bataan zurück und die Briten auf die Festung Singapore. Pug sah nirgends eine rechte Hoffnung – es sei denn in den russischen Gegenangriffen. Doch selbst die schienen den Gegner nur aufzuhalten, während sich die zähe, gigantische Wehrmacht auf den sommerlichen Schlag vorbereitete.

Auf der Kriegsschule hatte Victor Henry den Bestand an bewaffneten Streitkräften und natürlichen Rohstoffen auf dem Planeten kennengelernt. Wie das Bild sich jetzt veränderte, schien ihm erschreckend. Java, Borneo und Sumatra, die im Begriff standen zu fallen, stellten ungeheure Beutestücke dar, flächenmäßig und dem militärischen Potential nach größer als Japan selbst. Der japanische Vormarsch in Burma bedrohte die Vereinigten Staaten, weil er an der Festigkeit rüttelte, mit der die Briten Millionen und Abermillionen murrender Inder beherrschten. Der Verlust Indiens würde den Persischen Golf abriegeln, die beste Route für Pacht- und Leihlieferungen an die Sowjetunion, sowie die größte Quelle des Erdöls, das dieses weltweite Desaster in Gang hielt. Alle Landmassen und alle Ozeane waren in diesem Krieg strategisch miteinander verzahnt. Überall, mit Ausnahme der russischen Front, war die Lage katastrophal; und nichts war schlimmer in diesem ganzen flammenden Panorama als die Sattheit und Ignoranz des amerikanischen Volkes.

Die Geheimpost, die er an diesem Tage erhalten hatte, verstärkte seine düstere Stimmung. Das Programm zum Bau von Landungsfahrzeugen war zusammengebrochen. Die Produktion hinkte weit hinter dem Zeitplan her, den er selbst in der Abteilung für Kriegsplanung aufgestellt hatte. Wie eine tausend Meilen entfernte Gezeitenwelle lief eine Krise auf Präsident Roosevelt zu; ein Mangel, der eines Tages größere Landungsunternehmungen zum Erliegen bringen oder zu erbärmlich abgeschlagenen Angriffen und blutigen Niederlagen führen konnte. Pug glaubte sie verhindern zu können. Er kannte das Problem in allen Einzelheiten. Er hatte sich mit den entscheidenden Leuten in Planung und Produktion herumgeschlagen. Er kannte die Prioritäten für die Rohstoffe. Die Entscheidungsträger der Navy – sogar Ernest King – hörten auf ihn, wenn es um Landungsfahrzeuge ging. Einen Kreuzer befehligen, das konnte mancher mit vier goldenen Streifen am Ärmel. Aber diesen wichtigen Aspekt der Kriegführung hatte sonst niemand im Griff.

Einer Tatsache mußte er ins Auge sehen: er suchte Vergessen in einer Vergangenheit, über die er hinausgewachsen war. Das Kommando auf einem großen Schiff zu führen, war eine Herausforderung und eine Ehre; aber es war nicht das Beste, das er im Kriege zu leisten imstande war. Was den strategischen Wert schwerer Kreuzer betraf, hatte die Erfahrung von Wotje seine Zweifel nur bestätigt. Die U-Boot-Panik hatte nur die Befürchtungen des Kommandanten der *Salt Lake City* gespiegelt – Befürchtungen, die er teilte –, daß diese wunderschönen, schwerbewaffneten, dünnwandigen Ungeheuer allzu verwundbar waren. Die Hauptrolle eines jeden modernen Einsatzplans spielten die Flugzeugträger. Mit den Schlachtschiffen war es aus; und war die *Northampton* etwas anderes als die kleinere Ausgabe eines Schlachtschiffes, dem ein einziger Torpedo, eine einzige Bombe den Garaus machen konnte? Überdies hatte ihn das Unternehmen Wotje noch einmal mit der Nase auf den großen Fehler in seiner Laufbahn gestoßen: daß er sich der Artillerie verschrieben hatte und nicht der Marinefliegerei. Sein Sohn Warren in einem dieser Sturzbomber, die so harmlos und klein aussahen wie eine Mücke, hatte mit seinem Bombenschützen auf Kwajalein mehr Schaden angerichtet als er mit einem Zehntausend-Tonnen-Kreuzer und einer Besatzung von zwölfhundert Offizieren und Mannschaften auf Wotje.
Die Sorge um Warren hatte ihn gequält. Als er den ComCruPac aufgesucht, von dort aus Warrens Nummer angerufen und das fröhliche und völlig unbeschwerte »Hallo« seines Sohnes gehört hatte, hatte sein Herz vor Erleichterung einen Satz gemacht. Warren, wie er abstürzte, Warren, wie er verbrannte – das waren Schreckensbilder, die in bösen Nächten in ihm aufstiegen, und dies war eine solche Nacht. Um zwei Uhr morgens ging er und weckte den Schiffsarzt, einen dickbäuchigen alten Berufsoffizier, und bat ihn um eine Schlaftablette. Verschlafen meinte der Arzt, er solle sich aus medizinischen Gründen doch lieber einen Brandy hinter die Binde gießen; das werde dem Käpt'n besser zum Schlummer verhelfen als Pillen, sagte er, und besser schmecken täte es auch. Victor Henry, der in einem alten Bademantel in der Tür der Krankenstation stand, röhrte ihn an: »Damit kommen Sie mir gefälligst nie wieder, Doc! Nicht mir! Und auch keinem anderen Offizier oder Seemann auf diesem Schiff, wenn er mal nicht schlafen kann!«
Der Arzt wußte nicht, wie ihm geschah. »Hm, äh, Captain«, stotterte er, »manchmal, bei übergroßer nervlicher Belastung – Sie wissen, Captain Hickman, der . . .«
»Schlaflosigkeit und Nervenüberlastung sind in Kriegszeiten auf einem Kriegsschiff keine Notfälle, sondern gewöhnliche Unannehmlichkeiten. Sie verordnen Schnaps, und ich habe hinterher die Messe voll von Besoffenen!

Und wenn die anderen keinen bekommen, bekomme ich auch keinen, kapiert?«
»Ah – kapiert, Captain!«
Am nächsten Tag konzentrierten sie sich auf das Schießen. ComCruPac schickte ein Minenräumboot mit einem Schleppziel und außerdem ein Flugzeug, das eine rote Luftscheibe hinter sich herschleppte. Die Leistungen der Artillerie – Feuergeschwindigkeit, Munitionstransport, Kommunikation, Zielsicherheit und Anzahl der Treffer – verbesserten sich. Damit hellte sich auch Pugs Stimmung wieder auf. Ob Rekruten oder Einberufene – diese Seeleute lernten schnell. Als die *Northampton* bei Sonnenuntergang in Pearl Harbor festmachte, verkündete der Erste Offizier, daß, bis auf das Allernotwendigste an Wache, die gesamte Mannschaft Landurlaub bekäme. Mit dem Hochruf, der sich daraufhin erhob, wurde Captain Henrys Status gleichsam besiegelt; er war nicht mehr der neue Käpt'n, von nun an war er *der Alte.*
Der Adjutant des Admirals überbrachte Pug einen handschriftlichen Brief:

Captain – werden Sie an Land bei Ihrer Familie essen? Falls nicht, kommen Sie doch bitte zu mir! *Armed Forces Network* wiederholt um acht eine Sendung Ihres Freundes Tudsbury aus Singapore.

R.A. Spruance.

Seit der Admiral vor Wotje von der Brücke gegangen war, hatte Victor Henry ihn nicht ein einziges Mal zu sehen bekommen. Trotz mehrerer Tage andauernd schönen Wetters hatte er sich nicht an Deck blicken lassen. Pug duschte und war gerade dabei, sich zum Abendessen umzukleiden, als die Ordonnanz mit der Post eintrat. Es befand sich nur ein einziger Privatbrief darunter, wieder ein brauner, mit grüner Tinte adressierter Umschlag. Diesmal war das Datum des Poststempels klar zu erkennen. 25. Januar – ein Monat nach Rhodas zerknirschtem Weihnachtsbrief.

Lieber Pug –
möglich, daß Sie mich ›unbesehen‹ hassen. Die Wahrheit tut oft weh. Aber die Sache fängt jetzt an, zum Himmel zu schreien, und falls Sie nicht umgehend etwas unternehmen, können Sie Ihre Ehe abschreiben. Die beiden gehen jetzt gemeinsam ins Theater, besuchen gemeinsam Restaurants und treiben was weiß ich sonst noch miteinander. Jeder, der Sie beide jemals gekannt hat, zerreißt sich jetzt das Maul darüber! Schreiben Sie doch mal einem beliebigen

alten Kameraden, der gerade in Washington stationiert ist. Sagen Sie ihm, Sie bekämen dauernd Briefe von einer schrecklichen Person (mir), und fragen Sie ihn auf Ehre und Gewissen, was er über Rhoda weiß. Mehr kann man wirklich nicht dazu sagen.

Mit dieser Natter an seinem Herzen ging Pug Henry, um mit dem Admiral zu Abend zu essen.

Er fand Spruance proper und aufrecht wie immer, aber mürrisch und ohne Glanz in den Augen. Das Schweigen erstreckte sich über die ganze Mahlzeit, brachte sie jedoch nicht in Verlegenheit; mittlerweile kannten sie einander. Beide brauchten sie Bewegung, das war etwas, was sie verband. Bei schönem Wetter pflegte Spruance eine Stunde und noch länger auf dem Hauptdeck auf und ab zu gehen, und wenn sie im Hafen lagen, machte er Spaziergänge zwischen fünf und zehn Meilen pro Tag. Wenn er konnte, begleitete Pug ihn dabei, und bei diesen Spaziergängen wurde gleichfalls kaum geredet. Wenn Spruance ihn hin und wieder zum Essen in seine Kabine lud, sprachen sie manchmal über ihre Söhne, die beide bei den U-Booten waren, und bisweilen auch über sich selbst. Pug dachte manchmal voller Bedauern, daß es dumm von ihm gewesen sei, bei den Überwasserschiffen geblieben zu sein. Daß Halsey so weitblickend gewesen war, noch mit fünfzig Fliegen zu lernen, hielt Spruance für sagenhaft. Er war nicht glücklich mit der Kreuzerflottille und sah sich schon den ganzen Krieg mit obskurer Plackerei verbringen. Pug meinte, das Wotje-Fiasko müsse ihn belasten und ihm wie Mehltau auf seiner Karriere vorkommen.

Beim Nachtisch – Pfirsiche aus der Dose – überraschte Spruance Pug mit der Aufforderung, sich am nächsten Morgen auf eine Ordensverleihung einzustellen. Er, Spruance, werde aus Nimitz' eigener Hand für besondere Verdienste bei der Beschießung von Wotje die *Navy Commendation Medal* erhalten. Bitterer Humor glomm in den Augen des Admirals auf, als er das sagte: »Im Augenblick braucht die Navy Helden. Um ausgezeichnet zu werden, genügt es, wenn auf einen geschossen worden ist. Dabei hat meine Leistung darin bestanden, die Kontrolle über eine kleine Kampfgruppe zu verlieren. Schalten Sie den Kasten ein, Ihr Freund müßte gleich kommen. Übrigens, Kompliment für das, was Sie mit der *Northampton* gemacht haben. Nötig war's.«

Tudsburys Stimme klang erschüttert und ernst. Über die Johore-Landenge hinweg beschieße schwere japanische Artillerie Singapore, berichtete der Korrespondent, und dabei fänden Tag für Tag Hunderte von Zivilisten den Tod. Der Feind sei auf dem gegenüberliegenden Ufer mit bloßem Auge zu sehen und bereite sich in großem Stil darauf vor, die Meerenge zu überqueren. Die Militärbehörden gäben jetzt zu – und hier bekam Tudsburys Stimme etwas Schneidendes –, Singapores Hoffnung liege einzig und allein darin, die demokratische Welt wissen zu lassen, wie verzweifelt die Lage sei; wenn überhaupt noch Hilfe käme, dann müsse sie jetzt kommen.

Spruance und Pug Henry tauschten gegen Ende der Sendung spöttische Blicke, als Tudsbury sagte: *»Meine amerikanischen Freunde werden mir verzeihen, wenn ich einen der vielen von Galgenhumor zeugenden Witze zitiere, die hier kursieren: ›Wissen Sie, wo die amerikanische Flotte steckt? Sie kann nicht eingreifen, weil sie noch bei Metro-Goldwyn-Mayer unter Vertrag steht.‹ Nun, ob Entsatz kommt oder nicht, ich glaube immer noch, daß die Europäer und die Einheimischen in Singapore, wenn sie nur fest zusammenstehen, selbst zu dieser späten Stunde noch eine Wende herbeiführen und die völlig ausgepumpten Invasoren vernichten können. Ich verwette meine vollgefressene alte Haut für diesen Glauben, nicht jedoch die Person meiner Tochter Pamela, einer klugen und bezaubernden jungen Frau, die mir bei meiner Arbeit hilft. Folglich verläßt sie morgen zusammen mit den anderen Frauen und Kindern, die evakuiert werden, die Stadt. Sie hat mir vor noch nicht zwei Stunden eine Geschichte erzählt, von der ich meine, daß Sie sie hören sollten. Hier jetzt Pamela.«*

Unter Aufbietung aller Willenskräfte schaffte Pug es, mit gelassener Miene zuzuhören.

»Meine Geschichte ist ganz kurz.« Die belegte Stimme, an die er sich erinnerte, löste in ihm eine heftige, freudige, nahezu qualvolle Empfindung aus. *»In den letzten beiden Wochen habe ich als Freiwillige in einem Lazarett gearbeitet. Heute verließ ein Schwerverwundeter sein Bett, nahm mich beiseite und steckte mir eine sogenannte Mills-Bombe zu. Das ist eine Art Handgranate. ›Madam, Sie waren sehr nett zu uns. Wenn Sie glauben, daß ein Japaner Sie vergewaltigen will, Madam‹, sagte er mit seiner bezaubernden australischen Aussprache, wobei sein Gesicht ganz ruhig und ernst blieb, ›ziehen Sie nur an diesem Ring; dann spüren Sie nichts mehr‹!*

Dem habe ich nur hinzuzufügen, daß ich Singapore nur unter Protest verlasse. Guten Abend.«

»Einen guten Abend«, sagte auch die andere Stimme, *»wünscht Ihnen Alistair Tudsbury aus Singapore.«*

»Die taktischen Probleme in Malaya und auf Luzon zeigen interessante Parallelen, Henry«, sagte Spruance und stellte das Radio ab. »Weiße Garnisonen verteidigen gemeinsam mit Eingeborenentruppen wasserumringte Landmassen mit asiatischer Bevölkerung. Ein asiatischer Eindringling rückt von Norden nach Süden vor. Die Verteidiger sind in Rückzugsgefechte verwickelt und ziehen sich auf eine schwer befestigte Insel zurück. Wir scheinen mit dem Problem ein bißchen besser fertig zu werden als die Engländer. Nach dem Krieg wird es aufschlußreich sein, beide Feldzüge in allen Einzelheiten miteinander zu vergleichen.«

»Jawohl, Sir«, sagte Pug. Er hatte, was sonst so gut wie nie vorkam, nicht die blasseste Ahnung, wovon der Admiral redete.

16

Leslie Slote gab die Wannsee-Photokopien an den amerikanischen Geschäftsträger in Bern weiter und beschrieb sie als »Material von brisantester Dringlichkeit«.

William Tuttle war ein Eisenbahnmillionär aus Kalifornien, der sich aus dem Geschäftsleben zurückgezogen hatte. Außerdem war er Schüler der Militärakademie West Point gewesen. Der Verlust eines Auges durch ein deutsches Schrapnell im Ersten Weltkrieg hatte seiner Offizierslaufbahn ein Ende gesetzt. Statt dessen war er reich geworden. Dieser hochgewachsene, enorm beleibte, grauhaarige Republikaner haßte Roosevelts New Deal und hatte heftig gegen eine dritte Amtsperiode dieses sozialistischen Mistkerls im Weißen Haus opponiert. Doch als im Sommer 1940 Frankreich gefallen war und im Juli mit Wendell Willkie ein politischer Amateur zum Präsidentschaftskandidaten seiner Partei nominiert wurde, war Tuttle zu der Überzeugung gelangt, es wäre doch wohl besser, wenn dieser sozialistische Mistkerl im Weißen Haus bliebe. Er war deshalb an die Spitze der ›Republikaner-für-Roosevelt‹-Gruppe getreten, hatte sich vor der Wahl den Abscheu seiner Freunde und seiner Familie eingehandelt und hinterher als Belohnung den Posten im diplomatischen Dienst in Bern. Slote mochte diesen Außenseiter. Wenn es dem Eisenbahner auch an diplomatischer Erfahrung gebrach, hatte er dafür eine Menge Pferdeverstand und war imstande, aus dem Handgelenk schwerwiegende Entscheidungen zu treffen.

Drei Tage lang hörte Slote nichts von Tuttle, dann rief der Gesandte ihn am Vormittag an. »Ach, Les, kommen Sie doch mal rauf und lassen Sie uns ein wenig plaudern.«

Für den Geschäftsträger der Vereinigten Staaten in der Schweiz war es ein bescheidenes Arbeitszimmer: Bücherregale, vollgestopft mit vielen unbenutzt wirkenden Bänden offizieller Veröffentlichungen, dunkle alte Möbel und drei Fenster, vor denen man nebelverhangene Bäume, an klaren Tagen aber die Alpen sehen konnte.

Der Gesandte verwirrte Slote mit unverbindlichem Geplauder über den Krieg, faltete die dicken Finger über seinem Embonpoint und lehnte sich auf seinem

Drehstuhl zurück. Daß es der *Scharnhorst* und der *Gneisenau* gelungen war, aus Brest zu entkommen, sagte er, sei ein schlimmeres Anzeichen für den Niedergang der Briten als die Tatsache, daß Malaya über kurz oder lang fallen werde. »Bei allen guten Göttern, Les! Malaya liegt immerhin auf der anderen Seite der Erde. Aber wenn die Royal Navy und die Royal Air Force es nicht mal gemeinsam schaffen, zwei angeschlagene deutsche Schlachtschiffe daran zu hindern, durch den Ärmelkanal direkt vor ihrer Nase und ihren Kanonen zu entwischen, dann ist da doch irgend etwas faul – bei ihrem Geheimdienst, bei ihrer Kampfbereitschaft oder bei beidem.«
Ein Hauch von Tabak, der mit Rum parfümiert war, streifte Slote: August Van Winaker, der Dritte Gesandtschaftssekretär, kam mit der Mappe herein, in die Slote die Wannsee-Papiere gesteckt hatte. Slote war irritiert. Van Winaker war der unzugänglichste Mann in der ganzen Botschaft, wenn es um jüdische Angelegenheiten ging; sei es, weil er ursprünglich aus dem Konsulardienst kam – er war erst vor kurzem in den diplomatischen Dienst übergewechselt – oder aufgrund eines tiefsitzenden vornehmen Antisemitismus; Slote wußte es nicht. Er wußte nur, daß Jastrow einmal in Florenz mit eben diesem Van Winaker Schwierigkeiten gehabt hatte. Er hielt Van Winaker für einen aufgeblasenen Störenfried, der sich in geradezu absurdem Maße für Ahnenforschung interessierte.
»Les, Augie hat einiges Geheimdienstliche dazu zu sagen«, sagte Tuttle. »Haben Sie was dagegen, wenn er dabei ist?«
»Durchaus nicht, Sir.«
Van Winaker lächelte und setzte sich, schlug die kurzen dicken Beine übereinander und legte die Mappe auf den Schreibtisch.
»Also gut«, sagte der Gesandte, »wie schätzen Sie das Material ein, Les? Und was, meinen Sie, sollten wir unternehmen?«
»Ich halte es für ein echtes Dokument, dessen erschreckender Inhalt gar nicht ernst genug genommen werden kann. Die Gesandtschaft sollte dem Außenminister telegraphisch eine Zusammenfassung des Inhalts übermitteln und ihm das Dokument per Sonderkurier zustellen.«
Der Gesandte blickte zu Van Winaker hinüber, dessen Lächeln sich nachsichtig vertiefte. »Augie ist da anderer Auffassung.«
»In der Tat. Um es freundlich zu umschreiben, würde ich sagen, es handelt sich um eine Fälschung aus Mitleid.«
Slote zwang sich zu einem Grinsen. »Dann lassen Sie ihre Gründe hören, Augie.«
Van Winaker paffte durch sein Lächeln blauen, nach Rum duftenden Rauch. »Okay. Fangen wir mit der Kontaktaufnahme an. Sie lernen auf einer Party ein

hübsches Mädchen kennen. Bald darauf werden Sie von ihrem Vater, einem gewissen Dr. Jacob Ascher, unerwartet zum Abendessen eingeladen. Sie sind ein Neuling, der sich hier in Bern noch nicht sonderlich gut auskennt, und stehen in dem Ruf, besonders viel Mitgefühl für die Juden aufzubringen. Woraufhin ...«

»Also, Moment mal ...«

»Lassen Sie mich dort erstmal zu Ende kommen, Les.« Van Winaker warf dem Gesandten einen Blick zu und fuhr sich mit der Hand durch das kurzgeschorene blonde Haar. »Woraufhin ein Priester auf dieser Abendgesellschaft sich erbietet, Ihnen dokumentarisches Material über die Lage der Juden zukommen zu lassen. Interessant! Jacob Ascher ist zufälligerweise Präsident des Jewish Council hier in Bern, ein reicher Mann, der alle ausländischen Vertretungen um Visa für Flüchtlinge anbettelt. Ein aufrechter Mann immerhin; sagen wir daher, irgendein gerissener Fälscher jubelt ihm das unter, und Ihr Priester versuchte – möglicherweise mit diesem sogenannten Dokument – bei der Gelegenheit Ascher ein rundes Sümmchen abzuknöpfen. Selbstverständlich fliegt er darauf; schließlich ist es wunderbares Propagandamaterial für ihn.«

»Augie, das ist doch reine Theorie! Wenn die Deutschen unter dem Deckmantel des Krieges Massenmorde begehen – und ich glaube, das tun sie –, dann kann der Präsident mit einem solchen Dokument wie diesem die Weltöffentlichkeit gegen sie mobilisieren.«

»Aber, aber, Freund! Die schlechte Behandlung der Juden durch die Nazis, das ist doch schon ein alter Hut! Das zieht doch einfach nicht mehr. Und als Beweis für Massenmorde ist das Dokument doch reine Phantasterei!«

»Wieso?«

»Wieso? Aber um Gottes willen! Da treffen sich Regierungsvertreter auf Kabinettsebene; sie besprechen ein so ungeheuerliches Thema in solcher Ruhe – und halten das dann auch noch schriftlich fest! Dergleichen würde man doch nie dem Papier anvertrauen! Man höre doch nur die geschraubte Sprache, den gezwungen witzigen Ton, wie bei einem Kaffeekränzchen! Hier hat sich ein Amateur im Schreiben versucht, Leslie, und zwar sehr schlecht.« Van Winaker griff mit schlaffer Geste nach der Mappe und ließ die schwarzen Blätter herausgleiten. Ein unangenehmer chemischer Geruch breitete sich aus. »Sehen Sie sich doch nur diese Pfuscharbeit an! Die Deutschen haben die besten Photokopiergeräte auf der ganzen Welt. Kopien mit weißer Schrift auf Schwarz sind bei ihnen völlig unüblich. Sie kopieren vom Negativfilm, und dabei kommt es Schwarz auf Weiß raus. Ich meine, ich habe ja größtes Verständnis für Ihr Mitgefühl, aber ...«

»Nun lassen Sie doch endlich mein Mitgefühl beiseite«, versetzte Slote bissig.

»Selbstverständlich bin ich mir durchaus darüber im klaren, wer Dr. Ascher ist. Was aber den Text betrifft – ich halte ihn für echt. Der Stil ist so schwülstig und trocken wie die meisten deutschen Dokumente, durch die wir beide uns hindurchgefressen haben. Jeder Teilnehmer an dieser Besprechung ist ein Langweiler und ein Pedant. Wie die Deutschen nun mal sind, scharwenzelt jeder um den Vorsitzenden herum – um Heydrich. Hier haben wir doch deutsche Beamtensprache in Reinkultur! Und dann: einen so unmenschlichen Plan zu Papier zu bringen« – Slote wandte sich an Tuttle – »Sir, nichts ist deutscher als das! Ich habe im Hauptfach deutsche Geschichte studiert. Hören Sie, Augie – lesen Sie Treitschke! Lesen Sie Lueger! Lesen Sie Lagarde! Himmel, lesen Sie *Mein Kampf*! Auch bei Hitler, diesem autodidaktischen Straßenagitator, findet man diesen politischen Jargon, dick aufgetragen und pseudophilosophisch verbrämt, um die blutrünstigen Vorschläge zu rechtfertigen. Ich will Ihnen ja kein Privatissimum halten, aber . . .«
»Ich habe *Mein Kampf* gelesen«, erklärte Tuttle.
Slote hieb mit der Faust auf den Tisch. »Gut, Sir – ich behaupte, daß jemand, der zum untergetauchten Deutschland gehört, zum freiheitlich gesonnenen Deutschland, dieses Dokument photokopiert hat. Ich behaupte, er hat damit Folter, Tod und die Enttarnung seiner Widerstandsgruppe riskiert. Ich behaupte, er hat eine Kamera in das Zimmer mit den strenggeheimen Unterlagen eingeschmuggelt. Das Herz hat ihm bis zum Hals herauf geklopft, und er hat in fieberhafter Eile gearbeitet. Diese Kopie herzustellen, war genauso riskant, wie die Aufnahmen zu machen. Wahrscheinlich kann man in Deutschland nicht mal mehr Schwarz-auf-Weiß-Photokopierpapier kaufen, ohne eine Empfangsbescheinigung zu unterschreiben, die einen an den Galgen bringen kann.«
»Sie sind ein hochherziger Befürworter, Les.« Van Winaker lächelte wieder. »Aber sehen Sie doch mal her. Das Dokument trägt das Datum vom 20. Januar. Ein strenggeheimes Sitzungsprotokoll, geschrieben, abgesegnet, vervielfältigt, abgelegt, dann nochmals kopiert und insgeheim nach Bern weitergeleitet? Und das in weniger als drei Wochen? Nein, Les, ich habe größtes Verständnis für Ihr Mitgefühl, aber . . .«
»Himmelherrgott, Augie«! Slote platzte. »Hören Sie auf mit Ihrem Mitgefühl! Selbstverständlich gibt es nichts Eiligeres, als das nach draußen zu bringen! Immerhin geht es um ein Verbrechen, das menschliche Vorstellungskraft fast übersteigt!«
»Aber wieso, ich bewundere Mitgefühl, Les«, erwiderte Van Winaker sanft. »Aber lassen Sie mich Ihnen eine kleine Geschichte erzählen! In Florenz wurden mir einmal auf sehr ähnliche wildromantische Weise strenggeheime

italienische Kriegspläne zugespielt. Der Sprache und dem Aussehen nach war daran – im Gegensatz zu diesem miesen Machwerk hier – nichts auszusetzen. Dennoch ahnte ich, daß es sich um eine Fälschung handeln müßte. Und das habe ich auch *gesagt*! Unsere Botschaft in Rom schluckte es jedoch und leitete das Ding an die Briten weiter. Nun, die analysierten es und lachten sich halbtot darüber. Es war ein Machwerk, das nur darauf abzielte, die gesamte britische Strategie in Nordafrika in eine falsche Richtung zu lenken. Da sehen Sie! Sowas ist eine Kunst, und das da« – er wedelte mit schlaffen Fingern in Richtung der Photokopien – »ist die Arbeit eines Stümpers!«

»Okay, Augie«, sagte Bill Tuttle. »Vielen Dank.«

Mit einem freundlichen, ja, um Verzeihung bittenden Lächeln zu Slote und einer Bewegung mit seiner Pfeife erhob sich der Dritte Sekretär und ging. Tuttle vollführte mit seinem Drehstuhl eine halbe Wendung und verschränkte die Finger im Nacken. »Tut mir leid, Les, aber ich teile Augies Meinung. Das Zeugs da ist der Pfeifentraum eines Ignoranten, der eine Schauergeschichte erfunden, seine Sache aber verdammt schlecht gemacht hat.«

Das war ein echter Schock für Slote; dabei hatte er Van Winakers Reaktion vorausgesehen. »Dürfte ich fragen, warum Sie das sagen?«

Tuttle zündete sich eine Zigarre an. Genußvoll drehte er sie im Mund und wies dann damit auf die Mappe. »Wegen des Eisenbahnteils. Seit ich hier bin, befasse ich mich mit Unterlagen über das europäische Eisenbahnsystem. General Marshall hat mich gebeten, das für ihn zu tun. Ich kenne George seit einer Ewigkeit. Jetzt schicke ich ihm von Zeit zu Zeit Zusammenfassungen. Das gesamte rollende Material im ganzen von den Deutschen besetzten Europa könnte diese Aufgabe nicht bewältigen. Hier geht es doch darum, Millionen und Abermillionen von Zivilisten zu transportieren. Leslie, bei einem Eisenbahnsystem, das immer schlechter funktioniert, ist das illusorisch. Hitler hat schon Schwierigkeiten, seine Truppen zu bewegen, seinen Nachschub zu transportieren und seine ausländischen Arbeitskräfte hin und her zu werfen. Überall stapeln sich Lager von Dingen wie Lebensmitteln, Treibstoff, Panzern und Munition. Ganze Divisionen stehen auf Abstellgleisen, weil die Züge sie nicht an die Front bringen können und die Engländer ihre Lokomotivfabriken und ihre Rangierbahnhöfe bombardieren. Und der Zustand wird nicht etwa besser, sondern schlimmer. Okay? Wie will man also mit einem dermaßen zusammengebrochenen System elf Millionen Menschen über den ganzen Erdteil verschieben, bloß um irgendwelcher verrückten Vernichtungsabsichten willen?« Tuttle schüttelte den Kopf. »Das ist kompletter Unsinn! Der Mann, der dieses Dokument zusammengeschustert hat, hat von Eisenbahnen jedenfalls keine Ahnung. Der hätte sich erst ein bißchen informieren sollen.«

Slote kaute während der Tirade des Gesandten zusammengesackt auf seinem Sessel auf seiner alten Pfeife herum; ein Bild bleicher Entmutigung. »Sir, auf die Gefahr hin, aus Mitgefühl zu reden – darf ich etwas sagen?«

»Nur zu!« Tuttle grinste.

»Ich glaube, so groß ist die Sache gar nicht. Man braucht nur Westeuropa zu durchkämmen« – Slote fuhr mit gespreizten Fingern durch die Luft – »Skandinavien, Holland, Belgien, Frankreich, dann Italien und den Balkan: alles hinein nach Polen und in das eroberte Rußland. Außer Reichweite des Roten Kreuzes und der Presse. Weg von allen freiheitlich gesonnenen Bevölkerungen. In rückständige Gebiete, wo die Nachrichtenverbindungen schlecht sind oder überhaupt nicht existieren und wo der Antisemitismus blüht. *Und da, Sir, sind die meisten Juden ja schon, in Polen oder im besetzten Rußland.* Das ist es doch! Man braucht sie nicht weit zu transportieren – wenn überhaupt! Die Juden erst aus dem Westen heranzuholen, würde die Möglichkeiten der Eisenbahn nicht übersteigen. Im Westen wird schließlich nicht gekämpft.«

Der Gesandte paffte an seiner Zigarre und sah Slote mit seinem gesunden Auge eindringlich an. »Wie würden Sie vorgehen, um die Authentizität dieses Dokuments zu beweisen?«

»Womit wäre es für Sie bewiesen, Sir?«

»Das ist das Problem. Ich glaube an die ganze Sache nicht – kein bißchen! Ich sage, das Eisenbahnproblem ist unüberwindlich. Womit ich nicht sage, daß Sie die ganze Sache vergessen sollen. Beweisen Sie mir die Echtheit, falls Ihnen das möglich ist, und bis dahin behandeln Sie das Papier als strenggeheime Verschlußsache!«

»Das werde ich, Sir.«

»Eine strenggeheime Verschlußsache ist zum Beispiel nichts für Reporter von Associated Press!«

Puterrot im Gesicht und mit einem Rauschen in den Ohren sagte Slote: »Kein Mensch wird es zu sehen bekommen, es sei denn, Sie ermächtigen mich dazu.«

»Gut, dann.«

Als Slote mit der Mappe in sein Arbeitszimmer zurückkehrte, kam er sich ausgelaugt, geschlagen und fix und fertig vor; er hatte keine Ahnung, was er jetzt tun sollte. Während der Mittagspause quälte er sich durch irgendwelche Akten, und das Gefühl seiner Niederlage ließ seine Lippen zittern. Gegen drei Uhr schaute eine Sekretärin herein. »Wollen Sie Dr. Jean Hesse sehen?«

»Unbedingt!«

Der schweizerische Diplomat trat schwungvoll ein: ein redlicher, trauriger kleiner Mann mit einem buschigen roten Kinnbart, den Slote seit Warschau

kannte. Sie spielten manchmal miteinander Schach, wobei Hesse in spenglerischen Tönen schwermütig über den Untergang des europäischen Menschen meditierte. »Nun, ich war in Siena und habe mit Mrs. Natalie Henry gesprochen«, sagte Hesse und zog den Reißverschluß seiner Aktenmappe auf.
»Eine hübsche Frau. Jüdin, nicht wahr?«
»Ja, sie ist Jüdin.«
»Mmmm!« Der Seitenblick und das Zupfen am Bart drückte aus, daß man für einen eigentlich unzulässigen erotischen Geschmack Verständnis hatte. »Ich habe ihr Ihren Brief gegeben, und hier ist die Antwort.«
»Vielen Dank, Jean. Wie geht es den anderen Journalisten?«
»Sie langweilen sich zu Tode. Sind den ganzen Tag betrunken. Was das betrifft, könnte ich sie beneiden. Ich berichte jetzt Ihrem Geschäftsträger. Sie werden vermutlich im März oder April rauskommen, so wie die Verhandlungen laufen.«
Slote schloß die Tür seines Arbeitszimmers, riß den Brief auf und las am Fenster:

Lieber guter Slote –
ach, war das eine herrliche Überraschung! Dein netter Dr. Hesse trinkt draußen im Zitronenhäuschen eine Tasse Tee mit Aaron, während ich diesen Brief in die Maschine hämmere.
Zunächst einmal: Mir geht es gut, und Louis auch. Es ist verrückt, wie behaglich wir es hier haben. Dabei wird mir jedesmal hundeelend zumute, wenn ich an die *Izmir* denke. Ums Haar hätten wir dieses Schiff genommen, Leslie! Ein deutscher Diplomat, der Aaron kannte, hat uns runtergeholt und nach Rom gefahren. Welche Motive ihn dazu bewogen haben, weiß ich bis heute nicht; auf jeden Fall hat er uns vor großer Gefahr, möglicherweise vor dem Tod bewahrt. Die BBC hat wohl nicht viel davon hergemacht, aber offenbar ist die *Izmir* einfach verschwunden, nachdem die Türken sie gezwungen hatten, Istanbul zu verlassen. Was in Gottes Namen mag aus ihr geworden sein? Weißt Du das? Wir erfahren hier nur so selten was Neues. Ich habe immer noch Alpträume deswegen! Was für eine Welt ist das! Ich habe mein Baby gerettet und nehme an, ich sollte wohl dankbar dafür sein; dabei muß ich immer wieder an diese Menschen denken.
Das Haus haben wir in gutem Zustand vorgefunden. Wir haben die Schonbezüge abgenommen, die Betten bezogen, ein Feuer angezündet, und da waren wir! Maria und Tomaso machen ihre Arbeit genau so wie früher. Das Wetter ist, wenn die Morgennebel steigen, empfindlich kalt, aber herrlich. Nur

die Internierten unten im Excelsior Hotel erinnern uns an den Krieg. Sie kommen zum Mittagessen hier heraus – einzeln oder zu zweit. Die Polizei drückt da ein Auge zu. Journalisten, ihre Frauen, ein Sänger, ein paar Geistliche – ein bunt zusammengewürfelter Haufen, zu Tode gelangweilt, und die meiste Zeit leicht besäuselt von toskanischem Wein und voll von verschrobenen kleinen Beschwerden, aber sonst ganz in Ordnung.
Herrgott, ich kann gar nicht sagen, wie froh ich bin, Deinen Brief bekommen zu haben! Als Dr. Hesse gerade eben das Zimmer verließ, habe ich erst einmal geheult. Es war so wahnsinnig einsam hier! Und Du bist in Bern, so nahe, und setzt Dich dafür ein, daß wir freikommen! Das hat mir schier den Atem verschlagen!
Nun, eines nach dem anderen. Am besten komme ich gleich zu dem, was mir am meisten auf der Seele liegt.
Slote, Aaron spielt mit dem Gedanken, hierzubleiben, ob nun Krieg ist oder nicht.
Der Erzbischof und der Polizeichef, beides alte Freunde von ihm, behandeln ihn wie einen König im Exil. Es ist unheimlich – wie im Frieden. Letzten Sonntag hat er sogar Erlaubnis bekommen, bei Bernard Berenson in dessen Villa bei Florenz zu Mittag zu essen – Du weißt, der alte amerikanische Kunstkritiker. Nun, Berenson hat Aaron gesagt, er habe keinerlei Absicht, zu gehen. Er sei viel zu alt, um noch zu reisen. Italien sei sein Zuhause etc. etc., und er werde bleiben, komme, was da wolle. Berenson ist ja auch Jude – wie Aaron, wenn man will. Mit diesem Floh im Ohr kam Aaron zurück. Wenn Berenson das kann, warum dann nicht ich? Was mich betreffe, könne ich selbstverständlich nach Hause fahren.
Bernard Berenson, darauf habe ich ihn hingewiesen, verfügt über wichtige und einflußreiche Beziehungen. Er hat für Milliardäre, Lords, bedeutende Museen und Könige Zuschreibungen von Gemälden vorgenommen. Durchaus denkbar, daß er unter Mussolinis persönlichem Schutz steht. Doch all das trifft nicht im geringsten auf Aaron zu, was er zähneknirschend zugibt. Aber er sagt jetzt auch, er sei zu alt. Italien sei auch sein Zuhause. Sein Rheuma sei schlimmer geworden (was stimmt). Bei einer langen Eisenbahnfahrt und einer Überfahrt über den Atlantik könne das noch schlimmer werden und ihn möglicherweise völlig lähmen. Das Buch, mit dem er jetzt begonnen hat, betrachtet er als sein allerwichtigstes, als sein ›Alterswerk‹ – über Martin Luther und die Reformation. Der Anfang liest sich wirklich gut, und ich muß gestehen, daß wir beide vollauf damit beschäftigt sind.
Was er sich aber offensichtlich nicht vorstellen kann, ist die Lage, in die er gerät, wenn wir abfahren. Seine Isolation wird erschreckend sein. Wenn er

krank wird, ist er in den Händen feindseliger Fremder. *Er befindet sich in Feindesland!* Das ist die brutale Tatsache, der er nicht ins Auge sehen will. Er behauptet, daß Mussolini Amerika den Krieg erklärt hat, sei eine Komödie, um die Deutschen zu beruhigen. Er hat eine Antwort auf alles.
Er glaubt, noch einen Trumpf in der Hand zu haben, Leslie. Im Verlauf irgendeiner Liebelei in seiner Jugend, aus der dann nichts geworden ist, ist Aaron zum Katholizismus übergetreten. Hast du das gewußt? Davon ist er dann schnell wieder abgekommen, nur – er ist nie wieder aus der Kirche ausgetreten. Ein Freund von ihm im Vatikan hat Kopien der amerikanischen Dokumente beschafft und sie ihm gegeben. Und in diesen alten verknitterten Photokopien sieht er jetzt seinen Schirm und Schild. Es ist ein Fluch, daß er sie überhaupt bekommen hat.
Verstehst Du, er hat sich genau über die Nürnberger Gesetze informiert. Ich kenne mich in den Einzelheiten nicht aus, aber anscheinend macht eine Bekehrung vor 1933 für deutsche Juden einen ungeheuren Unterschied; vielleicht aber gilt das auch nur für Halbjuden. Jedenfalls behauptet Aaron, er wird mit den Italienern fertig; und was die Deutschen betrifft – nun, mit seinen kostbaren Konversionsbeweisen und in seiner Stellung als amerikanischer Journalist weigert er sich einfach, sich Sorgen zu machen. Kurz, er hat nur noch ein paar Jahre zu leben; was ihm das meiste bedeutet, ist seine Arbeit, und arbeiten kann er hier am besten.
Ich bitte Dich, laß Aaron irgendwie Nachricht zukommen, daß er mit seinen Vorstellungen falsch liegt und daß er sie aufgeben soll. Auf mich hört er nicht mehr. Mir gegenüber bringt er tausend Ausflüchte und Entschuldigungen vor, und dann versucht er, mich zu besänftigen. Er hat mich zur Erbin seines ganzen Vermögens und seiner Copyrights eingesetzt. Aaron ist ein sparsamer Mann und recht wohlhabend. Aber ich bin wütend auf ihn und mache mir Sorgen.
Ich weiß wirklich nicht, warum ich mich Aarons wegen so aufregen soll. Es ist schließlich sein Leben. Ich habe seinerzeit doch nur angefangen, für ihn zu arbeiten, weil ich mehr in Deiner Nähe sein wollte – damals, in jenen unkomplizierten, ruhigen Tagen, in denen ich von morgens bis abends an nichts anderes dachte als an meine verpfuschte Liebelei. (Mein Gott, war ich damals jung!) Damals kannte ich ihn kaum, und jetzt ist mein Schicksal eng mit dem seinen verknüpft. Mein Vater ist gestorben. Meine Mutter ist körperlich wie geistig eine Million Meilen von uns entfernt, spielt Kanasta und geht in Miami zu Hadassah-Versammlungen, während die Welt auseinanderbricht. Abgesehen von Louis, scheint Aaron der einzige Blutsverwandte zu sein, den ich habe. Sogar Byron ist nur eine entkörperlichte Idee, eine leuchtende Erinnerung, verglichen mit Aaron. Und selbst Dich kenne ich

besser als den Vater meines Kindes. Ogott – ich höre die Stimmen von Aaron und von Deinem Schweizer Freund, also muß ich zum Schluß kommen . . .
Ach, Slote, mein Lieber, Du kannst Dir nicht vorstellen, wie gut es ist, zu wissen, daß Du in der Nähe bist. Du warst ein Dummkopf, daß Du mich in Paris nicht geheiratet hast, als ich mich Dir antrug. Wie ich Dich geliebt habe! Ach, wenn man bloß früher begriffe, daß Dinge nur *einmal* passieren und dann vorüberrollen, Vergangenheit werden, und einen geprägt und für immer verändert zurücklassen – ach, dieses überstürzte Geschwafel hat keinen Sinn. Überleg Dir, was Du für Aaron tun könntest, mein Lieber, bitte!
Auf dem beigelegten Bild bin ich wieder viel dünner als damals, und zumindest lächle ich. Ist Louis nicht süß?

Herzlichst,
Natalie

Slote saß an seinem Schreibtisch, starrte auf den Schnappschuß und verglich im Geiste Selma Ascher mit dieser jungen Frau im einfachen Hauskleid mit dem hübschen Baby auf dem Arm. Wie Selma da verblaßte! Irgend etwas stimmte nicht mit ihm, dachte er. Wenn man ein Mädchen verlor, sollte das sein, als würde einem ein Zahn gezogen; ein kurzer heftiger Schmerz, und hinterher rasches Verheilen der Wunde. Jeder machte das durch! Aber diese Natalie Jastrow, für ihn für immer verloren, beschäftigte seine Gedanken wie eine lockende Geliebte. Allein der Anblick ihres Briefes rief ein deutlich erkennbares bittersüßes Gefühl in ihm hervor. Ach, die leidenschaftlichen Ergüsse, die er auf den gleichen gelben Bögen erhalten hatte, getippt mit derselben Remington mit dem schiefstehenden Y! Vorbei, alles vorbei, diese feurige Liebe, diese goldene Chance, die man nur einmal im Leben erhält!
Obgleich es noch Wochen dauern konnte, ehe ein Brief auch nur anfangen konnte, über diplomatische Kanäle den Weg zu ihr anzutreten, unterbrach er seine Arbeit und schrieb ihr eine drei Seiten lange Antwort. Natalie Henry etwas zu verstehen zu geben, war an sich schon ein reales, wenn auch frustrierendes Vergnügen. Dann schrieb er einen kurzen Brief an Jastrow und warnte ihn davor, in Italien zu bleiben. Er zerriß ein Konzept, in dem er auf ›neue Dokumente‹ über die Gefahren anspielte, die den Juden drohten. Er wollte Natalie nicht unnötig Angst machen. Und die Vorhaltungen, die der Gesandte ihm gemacht hatte, Sicherheit komme vor den Beweisen für die Echtheit, beunruhigten ihn gleichfalls.
Aber womit wollte er die Echtheit beweisen?

17

Zitternd, aber mit angeregtem Kreislauf, trat Natalie unter der eiskalten Dusche hervor und frottierte sich kräftig und schnell vor dem hohen antiken Spiegel mit dem rosa-golden verzierten Rahmen; sie drehte sich nach links und nach rechts und empfand Dankbarkeit über den flachen Bauch, den sie sah. Louis' Erscheinen in der Welt hatte nur ein paar bereits blasser werdende bläuliche Dehnungsnarben hinterlassen. Selbst ihre Brüste waren noch ganz annehmbar. Die magere Kriegsnahrung trug ihr Teil dazu bei. Sie konnte für zwanzig durchgehen.

Der Anblick ihrer Nacktheit weckte kurz Erinnerungsbilder an ihre Flitterwochen in Lissabon. Manchmal wußte sie kaum noch, wie Byron aussah – es sei denn auf den paar alten Schnappschüssen, die sie noch hatte. Doch jetzt gelang es ihr, sich vorzustellen, wie seine Lippen sich zu dem vertrauten verführerischen Lächeln schürzten, und sie glaubte, sein dichtes, rötlichbraunes Haar zwischen den Fingern zu spüren. Was für ein trockenes Totsein-inmitten-des-Lebens das doch war, was für eine Verschwendung an Liebe, an jungen Jahren! Sie beugte ein Knie in der weiblichen Pose, die der Venus von Milo und Rabinovitz' Mädchenbildern gemeinsam war. Der flüchtige Gedanke an Rabinovitz wirkte ernüchternd. »Eitle dumme Pute«, sagte sie laut und überlegte sich, was sie für den ungewöhnlichen Gast heute abend anziehen sollte.

Das Telephon klingelte. Sie zog das feuchte Handtuch fest um sich und nahm den Hörer ab.

»Hallo, Mrs. Henry. Hier spricht Werner Beck. Ich bin mit meiner Besprechung in der Bank fertig, könnte also den Sieben-Uhr-Zug von Florenz nach Rom noch schaffen. Dürfte ich vorher mit Ihnen und dem Professor noch eine Tasse Tee trinken?«

»Tee? Aber wir erwarten Sie zum Abendessen.«

»Das ist sehr freundlich, aber Essensgäste am Abend – das ist in Kriegszeiten nicht ganz einfach. Tee dagegen . . .«

»Dr. Beck, wir haben Kalbfleisch.«

»Kalbfleisch! Erstaunlich!«

»Der Erzbischof hat es zu Aarons Geburtstag geschickt. Und wir haben es eigens für Sie aufgehoben. Kommen sie doch, bitte!«
»Ich fühle mich geschmeichelt. Und ich bin hungrig. Der Frühzug ist ohnehin schneller. Kalbfleisch! Ich komme.«

Die schwarz-weiß gestreifte Kathedrale, die sich im schrägen Sonnenlicht über den alten Mauern und roten Dächern Sienas erhob, bot durch die hohen Fenster von Jastrows Wohnzimmer ein prachtvolles Bild. Aber Italien war voll von prachtvollen Bildern; was es dort praktisch überhaupt nicht gab, war schottischer Whisky. Die Flasche *Haig and Haig*, die Natalie mit Gläsern, Soda und Eiswürfeln brachte, machte Eindruck auf Dr. Beck. Jastrow erklärte, Bernard Berenson habe sie ihm geschenkt – »aus reiner Dankbarkeit dafür, wieder einmal eine amerikanische Stimme zu hören«. Natalie brachte kurz sogar das Baby herein. Dr. Beck gurrte freundlich mit Louis; die Gläser seiner Brille beschlugen. »Ach, meine Kinder fehlen mir auch«, sagte er.
Der Whisky weckte Jastrows Vergnügen an spielerischer Persiflage. Der Philosoph George Santayana hatte zusammen mit ihm bei Berenson zu Mittag gegessen; und nun machte sich Jastrow über die Eigenheiten beider Männer bei Tisch lustig – zum Beispiel darüber, daß Santayana eine ganze Flasche Wein getrunken, Berenson dagegen die ganze Unterhaltung bestritten und dabei das Spiel der eigenen wohlgeformten Hände bewundert habe. Jastrow zeigte sich von bissiger Lustigkeit; Dr. Beck wollte sich ausschütten vor Lachen, und selbst Natalie gestattete sich, ein paarmal zu kichern.
Nach und nach konnte sie sich etwas mehr für den Besucher erwärmen. Sie würde ihn nie wirklich mögen oder ihm vertrauen können, doch die Bewunderung, die er ihrem Baby entgegenbrachte, tat ihr wohl; außerdem verdankten sie ihm ihre augenblickliche Sicherheit. Sein kantiges Gesicht mit der Fülle dicker blonder Haare war nicht unhübsch, und er verfügte über einen gewissen täppischen Humor. Sie fragte ihn, wann er das letztemal Kalb gegessen habe. »Ich weiß es nicht genau, Mrs. Henry«, sagte er. »Man hat mir zwar vor zwei Wochen in Rom Kalbfleisch vorgesetzt, aber ich hatte das Gefühl, das Tier, von dem es stammte, war schon eine ganze Zeitlang zugeritten gewesen.«
Das Abendessen war ein Erfolg. Glücklich, wieder einmal Kalbfleisch zu haben, hatte die Haushälterin vorzügliche Scaloppini in Marsala bereitet. Der Erzbischof hatte Aaron zum Geburtstag sogar Champagner geschickt, und jetzt brachen sie beiden Flaschen den Hals. Natalie trank mehr, als sie wollte, vor allem jedoch, damit Aaron nicht ihren Anteil bekäme. In seiner Isolation, vielleicht auch durch den depressiven Zustand seiner Nerven wurde Aaron

nachgerade zum Trinker; und wenn er zuviel trank, war er manchmal unberechenbar, und es konnte sein, daß er kein Blatt mehr vor den Mund nahm. Gegen Ende der Mahlzeit, als sie Himbeertörtchen und Eis aßen, schwebte ein exquisiter Duft herein.
»Mein lieber Professor, *Kaffee?*« sagte Beck.
Jastrow lächelte und legte die Fingerspitzen zusammen. »Der Schweizer Gesandte bringt Berenson kleine Geschenke. Und da hat mein großzügiger Freund mir ein halbes Pfund überlassen.«
»Ich fange an zu begreifen«, sagte Beck, »weshalb Berenson Italien nicht verlassen möchte.«
»Ach, die leiblichen Genüsse sind nicht alles, Werner. In I Tatti liegt manches im Argen. Das Haus ist erschreckend verfallen, B. B. ist oft ganz niedergeschlagen. Aber er sagt, I Tatti sei jetzt sein einziges Zuhause. Wie er es ausdrückt, will er den Sturm vor Anker abwarten.« Mit einem schiefen und nicht mehr ganz nüchternen Lächeln fügte er hinzu: »B. B. glaubt, es wird alles noch gut enden, womit er meint, daß Ihre Seite verlieren wird. Aber schließlich ist er Fachmann auf dem Gebiet der italienischen Malerei und kein Militärexperte.«
»Dr. Freud würde das ›Wunschdenken‹ nennen«, erwiderte Beck und kräuselte die Lippen. »Angesichts dessen, was in Singapore, Burma, auf dem Atlantik und in Nordafrika passiert. Aber welche Seite auch immer gewinnt – ein so prominenter Mann braucht sich keine Sorgen zu machen.«
»Ein prominenter Jude?« Natalies Unnachgiebigkeit ließ sich daran ermessen, daß sie das ohne Gereiztheit sagen konnte.
»Mrs. Henry, ein Sieg mildert strenge Kriegsmaßnahmen.« Becks Ton blieb gelassen. »Darauf gründet sich meine ganz persönliche Hoffnung.«
Die Haushälterin trug stolz das Kaffeegeschirr herein. Sie sahen zu, wie das dampfende Gebräu die Tassen füllte, als gösse ein Zauberer es aus einer leeren Kanne.
»Ah!« entfuhr es Beck, nachdem er den ersten Schluck getrunken hatte. »Da lohnt sich die Fahrt nach Siena.«
»Für Santayana sind das natürlich keine Probleme. Er ist weder Jude noch Amerikaner!« Jastrow sann laut und schlürfte seinen Kaffee. »Er ist schon eine merkwürdige Persönlichkeit, Werner, ein richtiger Exote. Seit zwanzig Jahren so etwas wie lebendes Inventar von Harvard, spricht und schreibt er ein erlesenes Englisch, hat aber trotzdem seine spanische Staatsbürgerschaft behalten. Er hat auch gesagt, warum, aber ich habe ihm nicht folgen können. Entweder er oder ich hatte zuviel getrunken. Er ist ein Goi bis in die Knochen, hat ein bißchen was von einem spanischen Granden, und man kann nicht gerade sagen, daß er die Hebräer besonders liebte. Das merkte man an den

feinen, bissigen Bemerkungen, die er für Berensons opulente Umgebung hatte. Santayana hat sich in einer kleinen Zelle eines römischen Klosters vergraben und schreibt dort seine Memoiren. Er sagt, ein Gelehrter, der in einem kleinen Zimmer in der Nähe einer bedeutenden Bibliothek lebt, ist der Glückseligkeit so nahe, wie ein Mensch es auf Erden nur sein kann.«

»Ein echter Philosoph«, sagte Beck.

»Nun ja, ich könnte auch so leben.« Jastrow wies mit weitausholender Gebärde auf die Wände. »Als ich das Haus hier für die Honorare der Buchklubausgabe von *Eines Juden Jesus* kaufte, war ich vierundfünfzig. Es war ein Versuch. Ich könnte hier mit einem Achselzucken fortgehen, ohne mich noch einmal danach umzusehen.«

»Sie sind eben auch ein Philosoph«, sagte Beck.

»Aber ich kann auch meine Nichte in helle Wut versetzen« – Jastrow warf ihr einen schrägen Blick zu – »wenn ich ihr vorschlage, mit ihrem Baby heimzufahren, während ich hier wie Berenson vor Anker abwarte, bis der Sturm sich legt.«

»Ich genieße meinen Kaffee«, erklärte Natalie scharf.

»Und warum sollten Sie das tun?« sagte Beck.

»Weil ein Philosoph sich über Konzentrationslager keine Gedanken macht«, erklärte Natalie. Jastrow sah sie verblüfft an. »Ist das unhöflich? Es ist nicht leicht, Aaron dazu zu bringen, der Wirklichkeit ins Auge zu sehen. Aber irgend jemand muß es ja tun.«

»Vielleicht sind auch nicht alle Deutschen glücklich über die Konzentrationslager.« Becks Stimme klang freundlich und traurig zugleich. Sein Gesicht hatte sich gerötet.

Jastrow stand auf und sprach jetzt lauter. »Lassen Sie uns im Salon einen Cognac und noch eine Tasse Kaffee trinken.«

Daß Aaron und Natalie einander unerträglich auf die Nerven gingen, war nicht zu übersehen.

»Ich gehe davon aus, Mrs. Henry«, sagte Beck, nachdem er es sich im Salon in der Sofaecke bequem gemacht und sich eine Zigarre angezündet hatte; er versuchte, seine Stimme unbefangen und versöhnlich klingen zu lassen, »ich gehe davon aus, daß Ihre Frage nicht nur provozierend gemeint war. Für Standardprovokationen habe ich Standardantworten bereit. Ich kann Ihnen aber auch meine aufrichtige Meinung zur Sicherheit Ihres Onkels sagen, falls er sich zum Bleiben entscheiden sollte.«

»Können Sie das?« Angespannt saß sie auf dem Sofarand und sah Beck an. Jastrow stand, das Cognacglas in der Hand, am Fenster und funkelte sie an. »Wieviel wissen Sie denn wirklich über das, was mit den Juden geschieht?«

»In Italien? Hier geschieht gar nichts mit ihnen.«
»Und anderswo?«
»Für die besetzten Gebiete ist das Auswärtige Amt nicht zuständig, Mrs. Henry. In den Kampfgebieten regiert das Militär. Da müssen drastische Maßnahmen ergriffen werden, und das Leben ist für Besetzte wie Besetzer schwer.«
»Für die Juden aber ohne Zweifel noch schwerer«, sagte Natalie.
»Das leugne ich nicht. Der Antisemitismus grassiert in ganz Osteuropa, Mrs. Henry. Ich bin alles andere als stolz auf die Auswüchse; aber die Juden mußten um ihrer eigenen Sicherheit willen zusammengefaßt werden. Da können Sie ganz sicher sein. Sonst hätte man sie in Litauen, Polen und in der Ukraine massenweise umgebracht und ihre Häuser geplündert. Die einheimischen Radaubrüder begriffen beim Einmarsch der deutschen Truppen einfach nicht, daß diese nicht sofort zusammen mit ihnen hingehen, die Juden ausrauben und umbringen wollten. Sie hatten freie Jagd erwartet, wenn man das so sagen darf.«
Hier mischte Jastrow sich ein. »Was sind das für Auswüchse, die bei Ihnen vorkamen?«
»Professor, Polizeieinheiten bestehen nun mal nicht immer aus besonders edlen Charakteren«, erwiderte Beck und machte ein unglückliches Gesicht. »Sie sind auch kaum dazu da, eine fortgeschrittene Kultur zu repräsentieren. Man ist schon schlimm mit den Juden umgesprungen. Sie haben einen schweren Winter hinter sich. Es sind Krankheiten ausgebrochen. Aber im Schnee vor Moskau und Leningrad haben auch unsere Soldaten furchtbar gelitten. Krieg ist nun einmal eine scheußliche Sache.« Er sah Natalie an, und seine Stimme wurde lauter. »Aber wenn Sie mich fragen, Mrs. Henry, ob die deutsche Wehrmacht Juden umbringt, dann antworte ich, daß das eine Lüge ist. Mein Bruder ist Offizier. Er war lange in Rumänien und in Polen und hat mir versichert, daß die Wehrmacht sich nicht nur vor Scheußlichkeiten zurückgehalten, sondern daß sie gelegentlich sogar eingegriffen hat, um die Juden vor den Einheimischen zu schützen. Das ist die Wahrheit, soweit sie mir bekannt ist.«
Aaron Jastrow sagte: »Ich bin in Osteuropa geboren und aufgewachsen. Ich glaube Ihnen.«
»Ich will nichts beschönigen. Unsere Regierung wird sich für vieles verantworten müssen.« Werner Beck spreizte die schwammigen Hände, zog an seiner Zigarre und trank Cognac. »Selbst wenn wir siegen, werden anständige Deutsche nichts vergessen, das verspreche ich Ihnen. Das ist ein ausgezeichneter Cognac, Herr Professor. Auch von Ihrem Freund Berenson?«

»Nein.« Mit erfreutem Blick ließ Jastrow das Glas unter der Nase hin- und hergehen. »Ich habe für französischen Cognac etwas übrig. Vielleicht war es Voraussicht, daß ich 1938 einige Kisten davon eingekellert habe.«
»Ja, mein Bruder hat mir ein paar unglaubliche Dinge erzählt. Merkwürdigerweise kann man diese schrecklichen Ghettos besuchen. Man stelle sich das vor! Elegante polnische Damen und unsere Offiziere machen gelegentlich aus Spaß einen Streifzug durch die jüdischen Elendsviertel. Es gibt dort sogar groteske kleine Nachtlokale. Helmut ist ein paarmal hingegangen. Er wollte sich mit eigenen Augen von den Bedingungen dort überzeugen, und er hat versucht, die Versorgungslage zu verbessern. Er ist bei einer Nachschubeinheit, und in Lodz hat er auch einigen Erfolg gehabt. Aber die ganze Sache bleibt schlimm. Sehr schlimm.«
»Hat Ihr Bruder auch Konzentrationslager besucht?« erkundigte sich Natalie sehr höflich.
»Lassen wir doch das Thema«, sagte Jastrow.
»Mrs. Henry, das sind geheime politische Gefängnisse.«
»Aber gerade da passieren doch die schlimmsten Dinge.« Daß er sich so betont in Geduld faßte, verfehlte seinen Eindruck auf Natalie, die immer gereizter wurde, nicht.
Sie bedauerte, das Thema überhaupt angeschnitten zu haben; warum hatte Aaron aber auch davon reden müssen, daß er mit dem Gedanken spielte, in Italien zu bleiben!
»Mrs. Henry, für Diktaturen ist Terror ein Ordnungsinstrument. Das war schon immer so. Was das deutsche Volk dazu bewog, sich einer Diktatur zu beugen, ist eine andere schwierige Frage; aber die Außenwelt – Amerika eingeschlossen – ist nicht schuldlos daran. Ich habe ein Konzentrationslager noch nicht einmal von außen gesehen. Haben Sie jemals ein amerikanisches Gefängnis besucht?«
»Das können Sie doch nicht im Ernst miteinander vergleichen.«
»Ich vergleiche nur Ihre und meine Unwissenheit in bezug auf Strafanstalten. Ich bin überzeugt, daß amerikanische Gefängnisse nicht sehr human sind. Und ich nehme an, in unseren Konzentrationslagern sieht es noch schlimmer aus. Aber« – er fuhr sich mit der Hand über die Stirn und räusperte sich – »angefangen haben wir mit der Frage nach der Sicherheit Ihres Onkels, falls er in Italien bleiben sollte.«
»Lassen wir das doch!« Jastrow runzelte die Stirn und funkelte seine Nichte an. »Wir haben Werner hergebeten, um ihm ein gutes Abendessen vorzusetzen, Natalie. Das ist nicht sein Problem. Bernard Berenson ist ein außerordentlich kluger und weltgewandter Mann; und selbst er . . .«

»Ach, laß Berenson aus dem Spiel!« rief Natalie und stieß fordernd mit dem Zeigefinger auf Becks Brust. »Angenommen, die Deutschen besetzen Italien. Ist das so unmöglich? Oder angenommen, Mussolini beschließt, sämtliche Juden in die polnischen Ghettos zu schicken. Oder auch nur angenommen, irgendein großes faschistisches Tier setzt sich in den Kopf, hier in dieser Villa wohnen zu wollen. Ich finde es so unglaublich, so kindisch, auch nur daran zu *denken*, ein solches Risiko auf sich zu nehmen . . .«
»Es wäre doch ausschließlich *ich*, der ein solches Risiko auf sich nähme«, entfuhr es Aaron Jastrow; er setzte das Glas so hart auf den Tisch, daß der Cognac überschwappte, »und offen gestanden, mich widert das jetzt allmählich an. Werner ist unser Gast. Du und dein Baby, ihr lebt, weil er uns gerettet hat. Außerdem habe ich nie behauptet, daß ich nicht fortginge.« Mit einem Ruck stieß Jastrow ein Fenster auf. Kalte Luft strömte herein, und ein Schimmer von blauem Mondlicht fiel auf den Orientteppich. Er stand mit dem Rücken zum Fenster da und ergriff das Glas mit sichtbar zitternder Hand. »Ein grundlegender Unterschied zwischen dir und mir, Natalie, besteht darin, daß du kaum jüdisch bist. Du hast keine Ahnung von unserer Kultur und unserer Geschichte, und du interessierst dich auch nicht dafür. Du hast, ohne mit der Wimper zu zucken, einen Nichtjuden geheiratet. Ich dagegen bin Jude bis auf die Knochen, ich bin ein *polnischer* Jude!« Er sagte es mit stolz funkelnden Augen. »Ein Talmud-Schüler. Ich könnte das Studium morgen wieder aufnehmen, wenn ich wollte. In all meinen Schriften geht es um meine Identität. Meine Nervenenden sind Antennen für den Antisemitismus, und in George Santayana habe ich den Antisemiten gerochen, als wir noch keine fünf Minuten im selben Zimmer waren. *Du* brauchst *mich* nicht davor zu warnen, was es bedeutet, Jude zu sein.« Er wandte sich an Dr. Beck. »Sie haben keinen einzigen antisemitischen Knochen in sich. Sie dienen einem verabscheuungswürdigen Regime, und ob Sie das tun sollten, ist eine andere, ja, eine sehr weitreichende Frage – eine, über die wir uns irgendwann einmal unterhalten sollten – aber . . .«
»Professor, das war und ist für mich immer noch ein grundlegendes ethisches Dilemma.«
»Das will ich meinen. Was Ihre die Regierung den Juden angetan hat, ist unverzeihlich. Aber das sind Traditionen, die weit zurückreichen. Es gibt antijüdische Vorschriften in der *Summa* des Thomas von Aquin, mit denen verglichen sich die Nürnberger Gesetze harmlos ausnehmen. Die Kirche hat sich bis heute nicht von ihnen distanziert! Wir sind die ewigen Fremdlinge, die Außenseiter im christlichen Europa, und in Zeiten, in denen etwas zerbricht, bekommen wir das als erste und am härtesten zu spüren. So ist das während der

Kreuzzüge gewesen, während der Pestjahre und während der meisten Kriege und Revolutionen. Die Vereinigten Staaten sind eine moderne freiheitliche Oase, voll von natürlichen Rohstoffen und geschützt durch die Meere. Wir sind begabt, und wir arbeiten hart, und infolgedessen haben wir es dort zu etwas gebracht. Aber, Natalie, wenn du dir einbildest, wir wären deshalb weniger Fremdlinge als in Deutschland, dann bist *du* naiv und nicht ich! Sollte der Krieg wirklich einen bösen Ausgang nehmen, dann würde ein besiegtes Amerika häßlicher sein als Nazi-Deutschland. Louis wäre dort nicht sicherer als hier, möglicherweise sogar noch weniger; die Italiener sind zumindest kinderlieb und nicht sonderlich gewalttätig. Das sind einfache Wahrheiten, die du nicht begreifen kannst, weil dein jüdisches Blut verwässert ist.«

»Unsinn! Alles Unsinn!« schoß Natalie zurück. »Nazi-Deutschland ist, historisch gesehen, eine ungeheuerliche Mißgeburt. Es ist nicht christlich, nicht westlich, nicht einmal europäisch. Es mit Amerika zu vergleichen, selbst einem besiegten Amerika, ist nur betrunkenes Gerede. Und was mein jüdisches Blut betrifft . . .«

»Wieso? Wieso ist Hitler eine Mißgeburt? Warum sollte es für die Deutschen mehr Unrecht sein, nach der Weltherrschaft zu greifen, als für die Briten, die das vor zweihundert Jahren getan haben und Erfolg damit hatten? Oder als wir Amerikaner, die wir heute unsere Ansprüche anmelden? Um was geht es denn deiner Meinung nach in diesem Krieg überhaupt? Um Demokratie? Freiheit? Unsinn! Es geht darum, wer als nächster herrscht, wer Rohstoffe bekommt und die ungeheuren billigen Arbeitskräfte der unerschlossenen Erdteile ausbeutet!« Jastrow war jetzt wie aufgedreht, und seine vom Wein beflügelte Zunge lief ihm davon; und zwar keineswegs verwaschen, sondern eher mit der pointiert-akzentuierten Aussprache des aufgebrachten Professors, der vor seinen Studenten redet. »Wohlverstanden, ich glaube, daß wir gewinnen werden. Und darüber bin ich froh, denn ich bin ein liberaler Humanist. Radikaler Nationalismus wie der von Hitler oder Stalin neigt dazu, das freie Denken, die Kunst und die freie Rede zu unterdrücken. Aber so alt ich bin, Natalie, ich bin mir ehrlich nicht klar darüber, ob der Mensch unter der Tyrannei mit ihren feststehenden Verhaltensweisen, ihrer erzwungenen Ruhe und ihren einfachen Pflichten nicht glücklicher ist als mit den Gewissenskonflikten und der Unordnung der Freiheit. Byzanz hat sich tausend Jahre halten können. Ob Amerika sich auch nur zweihundert Jahre wird halten können, scheint mir fraglich. Ich lebe jetzt über zehn Jahre in einem faschistischen Land und habe hier ruhiger gelebt als in dem Tohuwabohu zu Hause, wo jeder nur hinter dem Geld herjagt. Ich habe Angst davor, daß jene lieblosen Elemente, die nur durch die gemeinsame Jagd nach dem Geld zusammengehalten werden, auseinanderfallen. In der Niederlage sehe ich Schreckliches voraus, zwischen verlassenen Wolkenkratzern und grasüberwachsenen Autobahnen – Schrekken, die die des Bürgerkrieges noch übersteigen werden! Ein Blutbad, in dem eine Region gegen die andere kämpft, Rasse gegen Rasse, und jeder die Hand gegen seinen Bruder erhebt, und alle die Hand gegen die Juden.«

Werner Beck vollführte eine Geste und zwinkerte Natalie zu, als wollte er ihr sagen: *Bringen Sie den alten Herrn nicht noch mehr in Fahrt*, und schlug dann einen beschwichtigenden, geradezu salbungsvollen Ton an. »Herr Professor, Sie überraschen mich damit, wie sehr Sie Amerika durchschauen! Offen gestanden, als ich in Washington war, war ich erschüttert. Einige der bestinformierten Persönlichkeiten flüsterten mir zu, sie seien voll und ganz einverstanden mit der Haltung, die der Führer den Juden gegenüber einnimmt; auf den Gedanken, daß ich vielleicht anderer Meinung sein könnte, kamen sie dabei gar nicht.«

»Ach, der Antisemitismus in der Oberschicht ist endemisch, Werner. Eliten haben immer etwas gegen begabte und wendige Außenseiter. Wer ist denn verantwortlich für die britische Politik, die Flüchtlingsschiffe zurückzuschikken, wenn nicht die Antisemiten von Oxford und Cambridge? Die Antisemiten, die verantwortlich sind für unser Außenministerium und die alle der Oberschicht angehören, haben Nord- und Südamerika für die Flüchtlinge verschlossen. Warum ich noch hier bin? Doch nur, weil irgendwer irgendwas mit meinen Papieren treibt.«

Sichtlich um einen ruhigen Ton bemüht, sagte Natalie: »Das liegt nur an deiner Saumseligkeit, Aaron.«

»Zugegeben, meine Liebe, zugegeben.« Er versank in einem Sessel. »*Mea culpa, mea maxima culpa.* Aber es ist nun mal geschehen. Die Frage lautet, was nun? Ich habe größtes Verständnis dafür, daß die gelangweilten Zeitungsfritzen im Excelsior Hotel es nicht erwarten können, Siena zu verlassen, und ich weiß, daß du mit Louis nach Hause möchtest. Aber ich glaube, es könnte noch in diesem Jahr einen Verhandlungsfrieden geben, und ich meinerseits würde ihn begrüßen.«

»Ihn *begrüßen*!« Natalies Gesicht und das von Werner Beck wiesen nahezu das gleiche Maß an Verwunderung auf. »Du würdest einen Frieden mit Hitler begrüßen?«

»Meine Liebe, die größte Chance für das Überleben der Menschheit besteht darin, daß der Krieg aufhört. Je früher, desto besser. Das Gewebe der Zivilisation ist durch die industrielle und wissenschaftliche Revolution doch schon genug verschlissen, durch den Zusammenbruch der Religion und zwei technisch-mechanisierte Weltkriege. Wesentlich mehr Schläge kann es nicht

vertragen. Auf eine sehr bittere Art heiße ich sogar den Fall von Singapore willkommen . . .«
»Bis jetzt ist es noch nicht gefallen.«
»Ach, das ist nur noch eine Frage von Tagen«, erklärte Beck. »Soweit ich weiß, nur noch eine Sache von Stunden. Die Briten sind in Asien erledigt.«
»Geben wir's doch zu«, sagte Jastrow, »die Japaner gehören nach Asien, die Europäer nicht. Die russische Front ist zum Stillstand gekommen. Für die atlantische Front gilt das gleiche. Ein Verhandlungsfriede wäre für die Welt, für Amerika und bestimmt für die Juden das Beste. Zumindest ist er wesentlich wünschenswerter als ein fünfjähriger Rachekreuzzug, bei dem nur die Habenichtse die Zeche zahlen würden. Ich nehme an, wenn wir all unsere industrielle Kraft zusammennehmen, werden wir sie in die Knie zwingen – aber wozu? Sie haben bewiesen, was sie können. Vorherrschaft läßt sich teilen. Das haben Briten und Franzosen nach Jahrhunderten Blutvergießens gelernt. Man wird sie mit den Russen teilen müssen. Je länger der Krieg dauert, desto schlimmer wird es hinter den Nazi-Linien für die Juden werden, meine Liebe, und wenn wir Deutschland vernichten, gibt es am Ende doch nur ein sowjetisches Europa. Ist das so wünschenswert? Warum nicht statt dessen hoffen, daß der ganze Wahnsinn aufhört? Und wenn er aufhört – wie dumm stehe ich dann da, wenn ich mein Leben für nichts und wieder nichts entwurzele? Aber gut, da du nicht ohne mich gehen willst, werde ich mitkommen. Ich habe nie etwas anderes behauptet. Aber ich möchte nicht als seniler Schwachkopf gelten, bloß weil ich daran denke, hierzubleiben. Und ich möchte nicht noch einmal erleben, daß du diesen Ton mir gegenüber anschlägst, Natalie.«
Sie würdigte ihn keiner Antwort.
»Mrs. Henry, ich finde die Ansichten Ihres Onkels über den Krieg einleuchtend und bedenkenswert«, sagte Werner Beck ganz aufgeregt. »Er unterlegt dieser ganzen stupiden Schlächterei einen Sinn, gibt ihr Richtung und Hoffnung.«
»Meinen Sie wirklich? Frieden mit Hitler? Wer kann ein Wort von dem glauben, was Hitler sagt, oder Vertrauen auf ein Papier setzen, das er unterschreibt?«
»Das Problem läßt sich lösen«, erwiderte Beck leise.
»Genau! Es gibt auch andere Deutsche. Es gibt sogar andere Nazis«, sagte Jastrow. »Die Haut eines Tyrannen ist kein Panzer aus Stahl. Das lehrt die Geschichte.«
»Herr Professor, ein solches Gespräch habe ich seit Ewigkeiten nicht mehr geführt, höchstens mit meinem Bruder.« Werner Becks Augen hatten einen

seltsamen Glanz, als er Jastrow anblickte, und seine Stimme zitterte. »Ich will so tun, als hätte es diese Unterhaltung nie gegeben. Und dennoch will ich Ihnen, meinem alten und vertrauten Lehrer, sagen, daß mein Bruder und ich uns mehr als einmal bis in die frühen Morgenstunden die Köpfe heiß geredet haben über die Ethik des Tyrannenmordes.«

»Mein Baby muß gefüttert werden.« Natalie erhob sich, und Werner Beck sprang auf.

»Haben Sie vielen Dank für das beste Abendessen, das ich seit Monaten bekommen habe, Mrs. Henry.«

»Nun, wahrscheinlich verdanken wir Ihnen unser Leben. Dessen bin ich mir durchaus bewußt. Wenn ich deshalb . . .« Ohne ihren Onkel anzusehen, hielt sie inne und eilte aus dem Zimmer. Jastrow stand am offenen Fenster; sein schütteres Haar flatterte im Wind, und auf seinem Gesicht malte das helle Mondlicht tiefe Schatten.

»Professor, was Sie über den Krieg gesagt haben, hat mich tief getroffen«, sagte Dr. Beck. »Sie haben mit dem Verständnis eines Thukydides gesprochen.«

»Ach, Werner, das war nur eine wütende Tirade. Arme Natalie! Selbst eine Tiermutter fürchtet um ihr Junges. Es ist in letzter Zeit nicht leicht, mit ihr umzugehen.«

»Ich würde Ihnen dringlichst nahelegen, Dr. Jastrow, wenn Sie nach Hause kommen, ein kleines Buch zu schreiben, in dem Sie diese Gedanken entwickeln. Ein Buch wie *Der letzte Palio*, Ihre exquisite kleine Elegie über das Europa des Versailler Vertrags.«

»Ach, das haben Sie gelesen?« Jastrow schien geschmeichelt. »Das war nur ein unbedeutender *jeu d'esprit*.«

»Aber wie Sie den Krieg sehen! Daß ein Mann wie Sie, ein Humanist, ein Jude, derart verständnisvoll vom japanischen Problem sprechen kann, und von der Umwälzung, die sich in Deutschland vollzieht! Daß Sie sogar andeuten können, eine ›Aufteilung der Vorherrschaft‹, wie Sie es so treffend ausgedrückt haben, sei einem jahrelangen Blutvergießen vorzuziehen! Das ist atemberaubend. Das gibt einem den Glauben daran zurück, daß alle Menschen Brüder sind. Welch tiefempfundene Huldigung an den jüdischen Geist!«

»Das ist sehr freundlich von Ihnen, aber ich schreibe nichts über diesen verfluchten Krieg. Ich werde mit Martin Luther weitermachen. Nun, wie ist es – trinken wir noch ein Glas vorm Schlafengehen?«

»*Bitte*! Lassen Sie mich nach meinem Wagen telephonieren.«

Beck tätigte sein Telephongespräch, während Jastrow zwei Cognac-Schwenker voller einschenkte als gewöhnlich. Sie tranken im Stehen am offenen Fenster, plauderten über die Aussicht und über den stillen Zauber Sienas. »Ich verstehe

schon, daß Sie nicht gern von hier fortwollen«, sagte Beck. »Was Sie hier haben, ist ein kleines Paradies.«
»Nun, ich bin hier glücklich gewesen.« Jastrow war jetzt wesentlich besser gelaunt. »Und der Cognac hat mir geholfen, so manches flüchtige Thema und so manchen Gedanken festzuhalten.«
»Professor, wären Sie möglicherweise bereit, nach Rom zu kommen und vor Pressekorrespondenten neutraler Länder einen Vortrag zu halten? *Nur* neutraler Länder. Keinem von Goebbels' Propagandisten oder Gaydas Schreiberlingen.«
»Zu welchem Zweck?«
»Ihre Ansichten über den Krieg würden Aufmerksamkeit erregen. Sie sind originell, weitherzig und weise. Die Wirkung wäre enorm, das kann ich Ihnen sagen« – die Stimme des Diplomaten wurde leise und vertraulich – »und die besseren Elemente in Deutschland würden ermutigt werden.«
Jastrow strich sich den Bart, und sein Gesicht legte sich in tausend kleine Lachfältchen. »Wohl kaum. Ich bin nur ein unbedeutender Schriftsteller.«
»Keineswegs! Sie hätten Nachrichtenwert. Außer Ihnen haben nur Berenson und Santayana so lange unter der italienischen Diktatur gelebt. Ich möchte Ihnen dringlich ans Herz legen, sich das einmal zu überlegen.«
»Kommt nicht in Frage. Ich würde nach meiner Heimkehr gesteinigt werden.«
Ein Auto kam die Auffahrt herauf, dieselbe Limousine, die den Diplomaten hergebracht hatte. »Ach, Sie müssen gehen?« sagte Jastrow. »Schade. Ich hätte Ihnen so gern noch meine Bibliothek gezeigt.«
Beck lehnte sich aus dem Fenster und sprach ein paar Worte mit dem Fahrer. Dann führte Jastrow ihn die Treppe hinauf in die Bibliothek, wo sie, das Cognacglas in der Hand, die Runde machten. »Bei allen guten Geistern«, sagte Beck, »Sie haben hier tatsächlich die umfassendste Privatsammlung über das Christentum, die man sich vorstellen kann.«
»Pah, nein! Das ist doch nur ein rührender Kratzer an der Oberfläche! Und dennoch« – Jastrows Augen schweiften mit einem Ausdruck tiefer Trauer die Bücherregale entlang – »wissen Sie, Werner, ich hatte nie eine eigene Familie. Keine Kinder. Wenn ich etwas liebe, dann sind es diese Bücher. Santayana hat natürlich recht – eine öffentliche Bibliothek ist das Beste. Trotzdem – das hier ist etwas Persönliches; und wenn es auch sentimental klingt, für mich hat dies hier etwas Lebendiges. Diese Bücher sprechen zu mir. Ihre Autoren sind meine Freunde und Kollegen, obwohl manche von ihnen schon vor fünfzehn Jahrhunderten zu Staub geworden sind. Ich kann das Haus zwar ohne Bedauern verlassen. Was weh tun wird, wäre, die Bücher zurücklassen zu müssen und zu wissen, daß es das Ende für sie bedeuten könnte.«

»Dr. Jastrow, könnte ich sie nach Ihrer Abreise nicht für Sie in Kisten verpacken und sie Ihnen in die Schweiz oder nach Schweden nachschicken lassen? Alle Kriege haben einmal ein Ende. Dann könnten Sie sie wiederbekommen.«
Die traurigen alten Augen schimmerten vor Entzücken. »Könnten Sie das wirklich, mein Lieber? Ginge das?«
»Ich werde mich gleich, wenn ich in Rom bin, danach erkundigen. Und dann rufe ich Sie an.«
»Ach, das werde ich Ihnen nie vergessen! Dabei stehe ich schon jetzt so tief in Ihrer Schuld.«
»Bitte! Sie haben mich durch mein Doktorexamen hindurchgebracht. Das hat meinen ganzen Werdegang bestimmt. Und jetzt wünsche ich Ihnen eine gute Nacht. Vielen Dank für diesen großartigen Abend, Dr. Jastrow. Ich werde Sie doch noch bitten, Ihre prophetischen Einsichten mit einer leidenden Welt zu teilen. Seien Sie gewarnt.«
»Ich bin weder ein Prophet noch der Sohn eines Propheten, Werner«, sagte Jastrow. »Gute Reise.«

18

Nach einem allzuschweren Schweizer Mittagessen mit allzuviel Schweizer Wein kam Leslie Slote in die Gesandtschaft zurück; er hatte alles nur in sich hineingestopft, um sich über sein Gefühl bodenloser Vergeblichkeit hinwegzutrösten. Den Kopf gegen den ihm entgegentreibenden Regen gebeugt und den Mantelkragen hochgeschlagen, wäre er beinahe mit Augie Van Winaker zusammengeprallt, der gerade aus dem Gebäude herauskam. »Nun mal langsam, mein Lieber!«

»Oh, hallo.«

»Ich hoffe, Sie haben mir das gestern nicht übelgenommen.«

»Natürlich nicht.«

»Gott sei Dank! Sie hätten ganz schön dumm dagestanden – oder noch schlimmer –, wenn die Sache weitergegangen wäre.«

In seinem Büro warf Slote seinen Hut und den nassen Mantel einfach zu Boden, griff nach dem Telephon und rief Selma Ascher an. Eine matte Stimme meldete sich. »Ja? Wer spricht dort?«

»Ach – Dr. Ascher. Ich bin's, Leslie Slote.«

»So.« Pause. »Sie möchten meine Tochter sprechen? Meine Tochter ist nicht hier.«

»Es ist nicht wichtig. Vielen Dank.«

»Meine Tochter kommt um sechs zurück. Soll sie Sie anrufen?«

»Wenn sie einen Moment Zeit hat.«

Er machte sich an die Arbeit und arbeitete sich nur halb so schnell wie sonst durch den Aktenstapel, der sich auf seinem Schreibtisch angesammelt hatte. Punkt sechs Uhr klingelte das Telephon. »Hallo? Hier ist Selma Ascher.«

»Können Sie frei reden, Selma?«

»Aber gewiß doch. Was kann ich für Sie tun.«

Die kühle, förmliche Frage war Warnung genug. »Ach, wissen Sie, ich würde gern die junge Engländerin anrufen, die ich bei Ihnen kennengelernt habe.«

»Sie meinen Nancy Britten? Sie wohnt mit ihrem Vater in der Pension Gafen, Tellenstraße 19. Soll ich Ihnen ihre Nummer geben?«

»Ja, bitte. Tut mir leid, daß ich Ihnen soviel Mühe mache.«

»Oh, das macht keine Mühe. Augenblick – da haben wir's schon. Nancys Telephonnummer ist 68215.«
»Allerbesten Dank dafür.«
»Dann auf Wiedersehen, Mr. Slote.«
Verzagt packte er seine Aktenmappe, da klingelte das Telephon abermals. Diesmal klang ihre Stimme atemlos und verjüngt. »Ja, Leslie? Ich spreche von einem öffentlichen Telephon in der Garage an der Ecke.«
»Selma, dieser Geistliche, den ich bei Ihnen kennengelernt habe . . .«
»Pater Martin? Was ist mit ihm?«
»Ich muß mit ihm sprechen. Ihr Vater darf nichts davon erfahren, und ich kann ihn nicht im Pfarrhaus anrufen.«
»Ach, ich verstehe. Ist das alles?« Die mädchenhafte Stimme bekam etwas Entschlossenes. »Ich rufe Sie wieder an.«
»Ich bin im Begriff, nach Hause zu gehen. Die Nummer . . .«
»Nein, bleiben Sie, wo Sie sind.«
Eine halbe Stunde später meldete sie sich wieder. »Ecke Feldstraße und Boulevard. Wissen Sie, wo das ist?«
»Natürlich.«
»Warten Sie dort. Ich hole Sie ab.«
Kaum war er an der verkehrsreichen Ecke angelangt, kam auch schon der graue Fiat-Zweisitzer heran, und der Wagenschlag ging auf.
»Ausgerechnet Nancy Britten!« rief Selma und lächelte angeregt. »Steigen Sie ein!«
»Nun, ich mußte ja irgendwas sagen.« Er knallte die Tür zu. Der Duft der Ledersitze und ihr Parfum erinnerte ihn lebhaft an den etwas täppisch verbrachten gemeinsamen Abend. »Ihr Vater stand neben Ihnen, nicht wahr?«
»Natürlich!« Sie legte den Gang ein und spritzte im Kavaliersstart davon. »Ich kenne Pater Martin kaum, aber ich bin hingefahren und habe mit ihm gesprochen. Er gab mir ein paar merkwürdige Anweisungen. Ich kann Sie nur einen Teil des Weges bringen. Er sagte, Sie dürften mich nie wieder mit hineinziehen. Ich war noch nie in einer solchen Situation. Das ist ja wie im Kino.« Slote lachte, woraufhin sie hinzufügte: »Nein, im Ernst. Besteht denn wirklich Gefahr?«
»Nein.«
»Hat die ganze Sache mit der Information über die Juden zu tun, die er Ihnen hat zukommen lassen?«
»Vergessen Sie das.«
»Mein Vater hat herausbekommen, daß wir zusammen ausgegangen sind.«
»Wie denn?«

»Er hat mich gefragt. Ich kann ihn nicht anlügen. Außerdem handle ich gegen sein ausdrückliches Gebot, wenn ich Sie jetzt wiedersehe.«
»Was hat er denn gegen mich?«
»Ach, Leslie, reden Sie kein dummes Zeug!«
»Ich meine das ernst. Seine Haltung ist mir ein Rätsel.«
»Finden Sie mich denn nicht attraktiv?« Diese Frage stellte sie ihm unversehens, als der Wagen in eine dunkle Seitengasse einbog.
»Ungeheuer.«
»Ich finde Sie auch attraktiv. Und ich bin verlobt. Wir sind eine fromme Familie. Was also ist so rätselhaft an der Haltung meines Vaters?« In diesen flott dahingesagten Hinweisen auf den gesunden Menschenverstand konnte Slote Natalie Jastrow hören; so hatte auch sie ihn in alten Zeiten festgenagelt. Selma brachte den Wagen auf einem Hügel zum Halten, auf dem viele schöne Villen standen; unter einer nahen Straßenlaterne spielten zwei warm angezogene Kinder Himmel-und-Hölle. »Hier müssen Sie aussteigen. Sie gehen bis auf den Hügel hinauf und biegen dann links ab. Gehen Sie am Park entlang, bis Sie an ein steinernes Pfarrhaus kommen, mit einer hölzernen Gartenpforte in der Gartenmauer. Klopfen Sie an die Tür, wenn niemand in der Nähe ist.«
»Selma? Sehen wir uns nicht wieder?«
»Nein.«
Runde weiche Augen schimmerten unter einem roten Schal. Einen solchen Schal hatte Natalie auch immer getragen, wenn es kalt war. Sie hatte damit genauso ausgesehen – erregt, melancholisch und angespannt, weil sie sich so sehr beherrschen mußte. Wieder spürte er klopfenden Herzens die Erkenntnis und das Bedauern. Sie nahm seine Hand und drückte sie fest zwischen ihre kalten Finger. »Seien Sie sehr vorsichtig! Auf Wiedersehen.«

»Ja?« Eine Frauenstimme antwortete, als er an der schweren hölzernen Gartenpforte geklopft hatte.
»Mein Name ist Slote.«
Quietschend öffnete sich die Tür. Eine kleine, unförmige Person führte ihn auf ein in der Dunkelheit orangen schimmerndes Erkerfenster zu, hinter dem er den Priester an einem kerzenbeleuchteten Tisch sitzen sah. Als Slote das Haus betrat, erhob sich Pater Martin und wies einladend auf ein Essensgedeck. »Willkommen! Essen Sie mit!« Er lüftete den Deckel der Terrine. »Das sind Kutteln *à la mode de Caen*.«
»Wie schade«, sagte Slote nach einem Blick auf die dampfende, streng riechende braune Masse. Er hatte schon einmal im Leben Kutteln gegessen und

sie – wie Tintenfische – als eine gummiartige Abscheulichkeit eingestuft, der man besser aus dem Wege ging. »Ich habe schon gegessen.«
»Nun, dann«, sagte Pater Martin, als sie Platz nahmen, und schenkte roten Wein aus einem irdenen Krug, »dann versuchen Sie das hier.«
»Vielen Dank. – Oh, vorzüglich, das muß ich sagen.«
»So?« Der Priester schien erfreut. »Der stammt aus dem Weinberg der Familie meines Bruders, in der Nähe von Würzburg.«
Pater Martin schwieg, solange er methodisch und gelassen eine Stange Brot verzehrte, Stück für Stück davon abbrach, sie zusammen mit den Kutteln in den Mund steckte und braune Sauce auf seinem Teller damit auftunkte. Jedesmal, wenn er das Brot brach, zeigten seine Gesten und sein glänzendes rotes Gesicht die Freude darüber, wie gut der Laib Brot sich anfühlte und wie appetitlich er roch. Immer wieder füllte er sein und Slotes Glas. Das Mondgesicht mit den fleischigen Lippen spiegelte nichts als stupide Heiterkeit. Die rundliche Haushälterin, eine Frau in mittleren Jahren mit dichtem Bartwuchs auf der Oberlippe und einem schwarzen Rock, der bis auf den Boden reichte, trug gelben Käse und noch einen Laib Brot auf.
»Aber einen Happen Käse werden Sie doch gewiß nicht verschmähen«, sagte der Priester. »Oder?«
»Nein, vielen Dank.« Inzwischen war Slote heißhungrig geworden. Der Käse, das frische Brot und der Wein waren köstlich.
Pater Martin seufzte glücklich auf, wischte sich, nachdem er den größten Teil des Käses verzehrt hatte, den Mund und sagte: »So, und nun lassen Sie uns ein bißchen Luft schnappen.«
Draußen hatte sich ein Wind erhoben, der die hohen alten Bäume im Garten mit den unbelaubten Ästen knarren ließ. »Also, was wollen Sie?« Seine Stimme wurde sachlich. »Ich kann zwischen Wänden nicht reden, nicht einmal meinen eigenen.«
»Es geht um das Dokument. Haben Sie es gelesen?«
»Nein.«
»Ich muß seine Echtheit beweisen.«
»Man hat mir gesagt, die Echtheit liege auf der Hand.«
Schweigen. Nur das Knirschen des Kieses unter ihren Sohlen.
»Weiß Jacob Ascher davon?«
»Nein.«
»Hat er es arrangiert, daß wir uns in seinem Hause kennenlernten?«
»Nein.«
»Dürfte ich Ihnen darstellen, wie es auf meiner Seite aussieht?«
»Ich *bitte* darum!«

Slote berichtete von dem Gespräch zwischen ihm, dem Gesandten und Van Winaker und umriß in kurzen Zügen den Inhalt des Protokolls. Der Priester stieß höchst eigenartige Grunz- und Knurrlaute aus. Immer wieder gingen sie im Garten auf und ab; der Wind peitschte die Bäume.
»Grauenhaft! Grauenhaft! Aber was die Echtheit betrifft, Herr Slote – rennen Sie da nicht gegen eine Wand? *Gegen die Weigerung, zu glauben?*« Er sprach die Worte betont langsam aus, streng und verbittert, packte Slote am Ellenbogen und schwenkte einen kurzen Finger vor Slotes Gesicht. »Die Weigerung, zu glauben! Das ist nichts Neues für mich. Ich begegne ihr auf dem Totenbett und höre sie im Beichtstuhl. Ich höre sie von betrogenen Ehemännern, von Eltern, deren Kinder im Krieg gefallen sind, von Bankrotteuren, die weder ein noch aus wissen. Die Weigerung, zu glauben. Sie liegt einfach in der menschlichen Natur. Wenn wir eine grauenhafte Tatsache nicht fassen oder ihr nicht ins Auge sehen können, dann wenden wir uns ab, als könnte die Weigerung, sie zu glauben, die Wirklichkeit hinwegzaubern. Genau das ist auch Ihnen jetzt begegnet.«
»Pater Martin, unser Gesandter ist ein fähiger und nicht zimperlicher Mann. Er wird den harten Tatsachen nicht ausweichen, wenn ich ihm die Echtheit bezeugen kann.«
»Was für harte Tatsachen? Was würde Ihr Gesandter als Beweis gelten lassen, Herr Slote? Welches Argument gilt gegen die Weigerung, zu glauben? Nehmen wir an, ich kann einen Angehörigen der deutschen Botschaft bewegen, ihm Angesicht zu Angesicht gegenüberzutreten. Wissen Sie überhaupt, mit welcher Gefahr das verbunden ist? Das Netz der Gestapo überspannt ganz Bern. Es könnte den Tod des Betreffenden bedeuten. Und was wäre damit gewonnen? Ihr Gesandter argwöhnt, er hätte gefälschte Dokumente gesehen. Nun? Würde er nicht einfach argwöhnen, er hat mit dem Fälscher gesprochen?«
»Jemanden aus der deutschen Botschaft könnte ich identifizieren. Sagen Sie Ihrem Mann, daß er sich bisher umsonst in Gefahr gebracht hat. Erklären Sie ihm, die Amerikaner sagten, was den Inhalt betrifft: Unglaubhaft! Zweifelhafte Herkunft.«
Der Priester ließ seinen Arm los, öffnete die Gartenpforte und spähte die Gasse hinunter.
»Gute Nacht. Auf der anderen Seite des Parks, vor dem Café *Wilhelm Tell*, finden Sie einen Taxi-Stand.«
»Sie wollen mir nicht weiterhelfen?«
»Herr Slote, ich habe meinen Provinzial gebeten, mich aus Bern wegzuversetzen.« Die Stimme des Priesters zitterte. »Sie dürfen nicht mehr an mich

herantreten. Ihr Amerikaner versteht Europa nicht. Und um Gottes willen – ziehen Sie nicht wieder die Aschers mit herein!«

Ein paar Tage später steckte August Van Winaker den Kopf in Slotes Büro. »Hallo! – Ich habe gerade eine lange Sitzung mit einem Freund von Ihnen hinter mir. Er würde Ihnen gern guten Tag sagen.«
»Gewiß doch. Wer ist es?«
»Dr. Jacob Ascher.«
Mit seinem schwarzen Homburg und dem schwarzen Anzug, der ihm locker von den gebeugten Schultern hing, sah Dr. Ascher wie ein Invalide aus, der einer besonderen Notlage wegen sein Bett verlassen mußte. Sein Händedruck jedoch war erstaunlich fest.
»Nun, ich lasse Sie beide allein«, sagte Van Winaker und zwinkerte vergnügt. »Ich bin sicher, Sie haben sich eine Menge zu erzählen.«
»Ich bin nur auf einen Moment gekommen«, sagte Ascher, »und bitte, bleiben Sie doch dabei.«
Schelmisch mit dem Finger wedelnd, sagte Van Winaker in gedehnter Sprechweise: »Nein, nein. Zwei sind eine gute Gesellschaft, drei schon ein Massenauflauf, ta-ta.« Damit tanzte er fröhlich zwinkernd hinaus.
Dr. Ascher nahm schwerfällig auf dem Stuhl Platz, den Slote ihm anbot. »Vielen Dank. Wir gehen doch früher nach Amerika als geplant – genau gesagt, nächsten Donnerstag. Daher war es nötig, in aller Eile ein paar komplizierte internationale Verträge zur Ausführung zu bringen. Deshalb hatte ich mit Mr. Van Winaker zu tun.«
»Konnte er Ihnen behilflich sein?«
»Oh ja.« Der Blick unter Dr. Aschers buschigen Brauen war verschleiert. »Sehr sogar. Nun!« Ascher blickte Slote eindringlich an. »Ich bitte selten jemand um einen persönlichen Gefallen. Trotzdem bin ich gekommen, um Sie um etwas zu bitten, Sir. Und das, obgleich ich Sie kaum kenne.«
»Bitte«, erwiderte Slote.
»Wir verlassen Bern in knapp acht Tagen. Falls meine Tochter Selma Sie während dieser Zeit anrufen sollte, bitte ich Sie, sich nicht mit ihr zu treffen.«
Slote wäre am liebsten vor dem alten Juden im Erdboden versunken. »Erbitte ich damit zuviel von Ihnen?«
»Wie die Dinge liegen, habe ich sehr viel zu tun, Dr. Ascher. Ich könnte mich ohnehin nicht mit ihr treffen.«
Mühselig erhob sich Dr. Ascher und reichte ihm die Hand.
»Ich wünsche Ihnen Glück in den Vereinigten Staaten«, sagte Slote.
Ascher schüttelte den Kopf. »Es hat mich sechzehn Jahre gekostet, mich in

Bern heimisch zu fühlen. Jetzt gehe ich nach Baltimore, in eine Stadt, die ich überhaupt nicht kenne, und das mit dreiundsiebzig Jahren. Trotzdem – zuerst kommt Selma. Sie ist ein brillantes und gutes Mädchen, obwohl es mit Mädchen zuzeiten nicht einfach ist. Mein Sohn ist ein eingefleischter Junggeselle. Deshalb ist ihre Zukunft die einzige, die ich noch habe. Auf Wiedersehen, Sir.«
Slote machte sich wieder an die Arbeit. Ihm unterstand in der Gesandtschaft die Abteilung Vichy-Frankreich. Man arbeitete an einem Abkommen, um trotz des Krieges Dreiecksgeschäfte zwischen der Schweiz, den Vereinigten Staaten und dem besetzten Frankreich zu ermöglichen. Aus Gründen, die nur sie allein kannten, gestatteten die Deutschen das. Aber es war ein Geschäft voller Fallstricke, und ein Berg von Papier hatte sich angehäuft. Slote quälte sich gerade durch die Tagesordnung für eine Sitzung, die am Nachmittag stattfinden sollte, da klingelte das Telephon.
»Mr. Leslie Slote?« Die alte, sehr hohe Stimme klang außerordentlich britisch. »Hier spricht Treville Britten. Wir haben uns bei den Aschers kennengelernt.«
»Aber gewiß doch. Wie geht es Ihnen?«
»Großartig. Das war schon eine interessante Unterhaltung neulich abend, finden Sie nicht auch? Äh, Winston Churchill spricht heute abend im Radio, wissen Sie, und, äh, meine Tochter Nancy und ich, wir dachten, vielleicht hätten Sie Lust, heute abend zum Essen zu uns zu kommen – ein frugales vegetarisches Mahl, aber Nancy macht das sehr gut. Wir könnten uns Winnies Rede zusammen anhören und uns über die neueste Entwicklung unterhalten.«
»Das wäre wirklich reizend«, sagte Slote und dachte, daß nur wenige Einladungen noch weniger verlockend sein könnten, »nur muß ich heute abend unbedingt durcharbeiten, oder jedenfalls so ziemlich.«
Das Räuspern hörte schlagartig auf. »Mr. Slote, ein Nein ist keine Antwort.« Slote spürte, wie die Stimme eine gewisse professionelle Härte annahm. Jetzt merkte man doch, daß man es mit einem Mann vom Foreign Service zu tun hatte. »Wie reizend von Ihnen, darauf zu bestehen.«
»Pension Grafen, Tellenstraße 19, Apartment 3A. Gegen sieben.«
Vielleicht gab es zwei graue Fiat-Zweisitzer in Bern, dachte Slote an diesem Abend, als er den Wagen vor der Pension geparkt sah, einem ziemlich trist aussehenden Gebäude in einem der weniger vornehmen Viertel von Bern. Frage: verpflichtete ihn das Versprechen, das er Selmas Vater gegeben hatte, nicht, hinaufzugehen und sich zu überzeugen? Rasch im Geiste kasuistische Haarspaltereien treibend, nahm er zwei Stufen auf einmal und stieg die Treppe hinauf. Selma hatte ihn nicht angerufen. Er konnte nicht wissen, ob sie im Apartment der Brittens war oder nicht. Er hatte die Einladung guten Glaubens

angenommen. Kurz, sollte der besorgte jüdische Vater sich doch zum Teufel scheren! Was Slote betraf, so gingen seine Absichten dahin, daß Selma Ascher Bern als *Virgo intacta* verließ.
Da stand sie, in einem hausbackenen blauen Rock, kaum mehr als ein Hauskleid, das Haar sorglos hochgesteckt. Sie wirkte müde und unglücklich, und ihre Begrüßung hatte überhaupt nichts mit Flirt zu tun; sie war eher abschätzig, wenn nicht gar feindselig. Sie und die Engländerin hatten in der Küche zu tun, während Britten sich und ihm in einem kleinen, muffigen Arbeitszimmer, das mit alten Büchern und Zeitschriften vollgestopft war, sehr steife Whiskys einschenkte. »Welch ein Segen, daß Whisky kein tierisches, sondern ein pflanzliches Produkt ist, nicht? Würde man ihn aus toten Tieren destillieren, müßte ich alle meine Prinzipien über Bord werfen. Haha!« Slote hatte das Gefühl, daß Britten diesen Witz schon tausendmal gemacht und schon tausendmal auf die gleiche Art darüber gekichert hatte.
Der alte Mann wollte unbedingt über Singapore reden. Da die Japaner nun einmal gelandet seien, erklärte er, habe die einzig vernünftige Strategie darin bestanden, sie bis in den Süden hinunterzulocken und in Rückzugsgefechte zu verwickeln – und zwar bis in die Reichweite der Geschütze von Singapore. Zwar seien die Nachrichten bisher deprimierend gewesen, doch jetzt stehe eine Wende wohl unmittelbar bevor. Winnie habe heute offensichtlich etwas Aufregendes über Singapore mitzuteilen. *Die Weigerung, zu glauben,* dachte Slote; welch schlagendes Beispiel wurde ihm hier vor Augen geführt! Selbst die BBC deutete bereits an, daß Singapore im Begriff stand zu fallen; dennoch war Brittens krächzend vorgetragener Optimismus völlig echt.
Es war eine sonderbare, kärgliche Mahlzeit. Die vier Menschen an dem kleinen Tisch waren bereits zuviel. Die Puddings und Stews, die nach Fleisch schmecken sollten, waren entsetzlich fade. Selma aß nur wenig, blickte kaum auf und zog ein Schmollgesicht. Sie nippten an einem Nachtisch aus sehr saurem gedünsteten Rhabarber, als Churchills Stimme aus dem Kurzwellenapparat erklang. Lange erwähnte der Premierminister Singapore in seiner düsteren Rede mit keinem Wort. Britten gab Slote augenzwinkernd und mit ermunternden Gesten zu verstehen, daß das genau im Einklang stehe mit dem, was er vorausgesagt habe. Die große Enthüllung stehe noch bevor.
Churchill machte eine Pause und holte vernehmlich Atem.

Und jetzt eine schlimme Nachricht. Singapore ist gefallen. Diese mächtige Bastion des Empire, die so lange gegen unüberwindliche Schwierigkeiten ausharrte, hat in Ehren kapituliert, um der Zivilbevölkerung weiteres unnützes Blutvergießen zu ersparen . . .

Das faltige Gesicht des alten Mannes verzog sich zu einem gequälten Lächeln, wurde röter und röter, und seine wässerigen Augen bekamen einen erschreckenden Glanz. Schweigend hörten sie zu bis zum Ende der Rede:

... und so wollen wir weitergehen, in den Sturm hinein, und durch den Sturm hindurch.

Mit zitternder Hand griff Britten hinüber und stellte das Radio ab. »Ja. Da hatte ich mich wohl ein bißchen geirrt, was?«
»Ach, das Empire ist verloren«, erklärte seine Tochter mit säuerlicher Genugtuung. »Allerhöchste Zeit, daß wir uns damit abfinden. Vor allem Winnie. Was für ein Romantiker!«
»Richtig! Es wird Nacht, und eine neue Welt steigt herauf!« Brittens Stimme verfiel in den Rhythmus der Rede Churchills, ein groteskes, krächzendes Echo. »Der Hunne reicht dem Mongolen die Hand. Der Slave, ein geborener Helot, wird neuen Herren dienen, Christentum und Humanismus sind tot. Die tausendjährige Nacht der technologischen Barbarei senkt sich herab! Nun, wir Engländer haben einen guten Kampf gekämpft. Ich habe mein Leben gelebt. Ihr jungen Leute habt mein Mitgefühl.«
Er war so offensichtlich verzweifelt, daß Slote und Selma gleich danach gingen. Auf der Treppe sagte sie: »Ist das denn wirklich so schlimm, daß Singapore gefallen ist?«
»Nun, für ihn ist es das Ende der Welt. Vielleicht bedeutet es das Ende des britischen Empire. Der Krieg geht weiter.«
Auf der Straße nahm sie seine Hand und verschränkte ihre Finger mit den seinen.
»Kommen Sie in mein Auto?«
Sie fuhr auf einen belebten Boulevard und hielt dann mit laufendem Motor am Rinnstein.
»Pater Martin hat mir eine Nachricht für Sie aufgetragen. Hier der genaue Wortlaut: ›*Es ist eingefädelt. Warten Sie am Sonntag abend um sechs auf einen Besucher in Ihrer Wohnung!*‹«
Unendlich überrascht, sagte Slote: »Ich dachte, er wollte nicht, daß Sie damit zu tun hätten.«
»Er war gestern abend bei uns. Papa hat ihm gesagt, nächsten Donnerstag seien wir schon nicht mehr hier. Er muß wohl gemeint haben, ich sei als Bote geeignet, wo ich doch schon so bald nicht mehr hier bin.«
»Es tut mir leid, daß Sie ihrem Vater ungehorsam sein mußten.«
»War Nancys grausliches Essen so schrecklich?«

»Dafür würde ich's gern noch einmal runterwürgen.«
Sie starrte ihn an und stellte den Motor ab. »Ich nehme an, Sie hatten ein Verhältnis mit dieser Natalie?«
»Ja. Das habe ich Ihnen doch gesagt.«
»Nicht so direkt. Sie haben sich sehr diplomatisch ausgedrückt. Könnten Sie sich vorstellen, ein Verhältnis mit mir zu haben?«
»Ich hätte nicht im Traum daran gedacht.«
»Warum nicht? Ich dachte, ich wäre ihr ähnlich. Worin unterscheide ich mich denn von ihr? Bin ich sexuell nicht aufregend?«
»Das ist eine blödsinnige Unterhaltung, Selma. Vielen Dank für die Nachricht.«
»Ich kann es meinem Vater nicht verzeihen, daß er zu Ihnen gegangen ist. Es ist so demütigend.«
»Er hätte es Ihnen nicht erzählen sollen.«
»Ich hab's aus ihm herausgequetscht. Es hat einen ziemlich heftigen Wortwechsel zwischen uns gegeben. Aber Sie haben ganz recht, es ist wirklich eine blödsinnige Unterhaltung. Auf Wiedersehen.« Sie ließ den Motor wieder an und streckte ihm die Hand hin.
»Mein Gott, Selma – mit Ihrem Kreislauf muß was nicht in Ordnung sein! Ihre Hände sind immer wie Eis.«
»Das hat außer Ihnen noch nie jemand erwähnt. Nun, wie sagen die Engländer? *In for a Penny, in for a Pound!* Wenn schon, denn schon.« Sie neigte sich vor und küßte ihn fest auf den Mund. Die Süße des Kusses durchfuhr Slote tief. Ihre Stimme wurde zu einem Flüstern. »Da! Wenn du mich schon so aufregend findest, dann erinnere dich auch ein bißchen an mich. Ich werde immer an dich denken!«
»Und ich an dich.«
Sie schüttelte den Kopf. »Nein, das wirst du nicht. Dazu hast du zuviele Abenteuer hinter dir. Und wirst noch viele mehr haben. Ich habe mein eines gehabt, mein ganz kleines. Ich hoffe, du bekommst deine Natalie zurück. Mit dir wäre sie glücklicher als mit diesem Burschen von der Navy« – Selmas Ausdruck bekam etwas ausgesprochen Dunkles und Boshaftes – »wenn es schon unbedingt ein Goi sein muß.«
Slote machte den Wagenschlag auf.
»Leslie, ich weiß nicht, was du mit Pater Martin zu tun hast«, sagte Selma, »aber nimm dich in acht! Ich habe noch nie einen verängstigteren Menschen gesehen!«
Niemand kam am Sonntag in Slotes Wohnung. Auf der Titelseite des *Zürcher Tageblatts*, das am Montag morgen auf seinem Schreibtisch lag, prangten eine

Reihe japanischer Aufnahmen von der Einnahme von Singapore, die ein deutscher Nachrichtendienst geliefert hatte: die Kapitulationszeremonie, Horden von britischen Soldaten, die in einem Gefangenenlager auf dem Boden hockten, die Siegesparade in Tokio. Die Nachricht über Pater Martin war so kurz, daß Slote sie fast übersehen hätte; aber sie war da, ganz unten auf der Seite. Der Fahrer des Lastwagens behauptete, seine Bremsen hätten versagt; er wurde festgehalten, weil er noch vernommen werden sollte. Der Priester war tot, überfahren.

19

Eines Juden Reise

(Auszug aus Aaron Jastrows Manuskript)

23. April 1942
Amerikanische Bomber haben Tokio angegriffen!
Mein Puls hetzt wie seinerzeit, als ich, frisch eingewandert, in alles Amerikanische verliebt und vom Baseball-Fieber angesteckt, ein Spiel erlebte, bei dem Babe Ruth einen Home-Run schaffte. Für mich ist Amerika der Babe Ruth unter den Nationen. Das gebe ich ohne Scham zu. Und jetzt hat sich dieser Babe aufgerafft und »einen Meisterschuß getan«.
Merkwürdig, daß alliierte Bomben unweigerlich auf Kirchen, Schulen und Krankenhäuser fallen; welch ein Triumph der militärischen Ungenauigkeit! Wenn der Berliner Sender die Wahrheit sagt – und warum, bitte, sollten die Deutschen lügen? –, hat die RAF inzwischen nahezu alle Stätten des Gebets, der Lehre und des Heilens in Deutschland zerstört, alle anderen Ziele dagegen unbeirrt verfehlt. Jetzt erzählt man uns, Tokio sei unversehrt aus dem Bombenangriff hervorgegangen, bis auf ein paar Schulen, Krankenhäuser und Tempel, die von den barbarischen Amerikanern zerstört wurden! Höchst merkwürdig!
Meine Nichte nennt dieses Unternehmen »Doolittle-Attacke« (ein Colonel dieses Namens von der Air Force hat den Angriff befehligt) – eine kümmerliche Sache, einen Scheinangriff. Für den weiteren Verlauf des Krieges völlig ohne Belang, *sagt* sie. Was sie jedoch *getan* hat, als die Nachricht in der BBC durchkam: sie drückte ihr Baby der Köchin in den Arm, stürmte zum Excelsior Hotel hinunter, in dem unsere Journalisten-Kollegen untergebracht sind, und hat sich vor lauter Freude mit ihnen betrunken. Sie sind zwar fast immer angesäuselt, aber Natalie habe ich schon seit Jahren nicht mehr betrunken gesehen. Ich muß schon sagen, als ihr Hauptverehrer hier in Siena, ein ziemlich banal eingestellter Reporter von Associated Press, sie zurückbrachte, war sie zwar voll von lustigen Sticheleien, konnte aber kaum noch gerade gehen.

Sie war so fabelhaft gelaunt, daß ich drauf und dran war, ihr das böse Geheimnis zu enthüllen, das ich seit nunmehr vierzehn Tagen in meinem Busen bewahre und noch nicht einmal diesen Seiten anvertraut habe. Ich ließ es dann trotzdem. Sie hat meinetwegen schon genug gelitten. Es ist immer noch Zeit, ihr diese Bombe zu zeigen, wenn die Zündschnur bis zum Gefahrenpunkt abgebrannt ist – was vielleicht nie geschieht.
Das Abreisedatum für die amerikanischen Internierten in Siena ist auf die erste Maiwoche festgesetzt. Wir sollen uns in Neapel oder Lissabon auf einem schwedischen Luxusdampfer einschiffen und dann nach Hause fahren. Am ersten April (mir fiel sehr wohl auf, daß es ausgerechnet der *erste April* war) stattete mein alter Freund, der Polizeichef von Siena, mir einen Besuch ab. Unter viel toskanischem Gestöhn und Geseufz und wortreichen Umschreibungen deutete er an, daß die Sache vielleicht doch einen Haken hätte. Sich darüber näher auslassen wollte er nicht.
Ausführlicheres kam dann nach ein paar Tagen von unserer Botschaft in Rom. Der Kern der Sache ist dieser: die Nazis behaupten, bei drei in Rio de Janeiro internierten italienischen Journalisten, die als verkappte deutsche Agenten auf ihren Prozeß warten, handle es sich tatsächlich um Journalisten, die auf Anweisung der Alliierten von den brasilianischen Behörden festgehalten würden. Da die Deutschen nur sehr wenige Brasilianer zu fassen bekommen, haben sie die Italiener gebeten, zur Vergeltung drei Amerikaner zurückzubehalten, um unser Außenministerium zu zwingen, Brasilien zu bewegen, diese Männer freizugeben. Das ist selbstverständlich nichts anderes als ungeschminkter Teutonismus, eine Machenschaft, um ungeschickte Spione zurückzubekommen, die sich haben erwischen lassen. Unseligerweise könnte es sich – falls es überhaupt soweit kommt – bei den drei Geiseln um mich, meine Nichte und ihr Baby handeln, zumal wir uns, wenn überhaupt, nur mit größter Mühe als Journalisten ausweisen können. Das internationale Hin und Her hat übrigens schon angefangen, und wir gehören zu denjenigen, die möglicherweise zurückbehalten werden sollen. Soviel ließ die Botschaft uns wissen.
Daß es so kommt, ist unwahrscheinlich. Brasilien wird sich wahrscheinlich der Intervention unseres Außenministeriums beugen. Außerdem setzt unser Freund und Retter, Dr. Werner Beck, Himmel und Hölle in Bewegung, um uns freizubekommen oder zumindest drei andere Amerikaner für die Vergeltungsmaßnahme vorzuschlagen. Wahrscheinlich sollte ich das nicht zulassen, aber ich habe bereits gelernt, mich im Krieg in ein reißendes Tier zu verwandeln. »Rette sich, wer kann« ist die Parole.
Bis jetzt habe ich Natalie diese Nachricht vorenthalten. Ihre Angst vor den Deutschen und dem, was sie ihrem Baby antun können, grenzt an eine

Psychose. Was mich betrifft, so bin ich nicht alarmiert. Ich würde ebensogern bis zum Ende hier weiterarbeiten und – falls es zum Schlimmsten kommt – meine Asche hier im Garten verstreuen lassen. Die Zeit, zu Asche zu werden, ist für mich so oder so nicht sonderlich fern. Ich kann nicht sagen, woher ich das weiß. Mein Gesundheitszustand läßt nichts zu wünschen übrig. Trotzdem weiß ich es. Und dieses Wissen macht mir weder Angst noch stimmt es mich traurig. Es stärkt höchstens meine Entschlossenheit, aus den vergänglichen Tagen soviel wie möglich an Arbeit herauszuholen und meinen Luther abzuschließen.

Um Natalies willen muß ich jedoch alles tun, was in meiner Macht steht, um ihre Abreise sicherzustellen. Sobald ich mit meiner Morgenarbeit fertig bin, gehe ich und rede ein Wort mit dem Erzbischof. Er ist beim italienischen Außenministerium nicht ohne Einfluß. Die Zeit ist gekommen, jeden Faden zu ziehen und jeden Stein umzudrehen.

20

Der rote Bart kratzte und kitzelte Janice Henrys Wange. Sie drückte Byron fester an sich, als die Liebe unter Verwandten es gebot, und dachte daran, daß er immerhin recht lange mit diesem Unterseeboot draußen gewesen war. Im übrigen fühlte sie sich – obwohl der Gedanke an Inzest ihr genauso fern lag wie der an Vatermord – sanft zu Warrens jüngerem Bruder hingezogen. Das war schon immer so gewesen. Es machte ihr nichts aus, daß sein Atem nach Rum roch und seine zerknitterte Khaki-Uniform ölverschmiert war; sie wußte, daß er geradewegs von der Siegesfeier auf der *Devilfish* kam. Ein doppelter Lei, eine Blumenkette aus Frangipani-Blüten, hing ihm schwer und süß duftend um den sonnverbrannten Hals.

»Donnerwetter!« sagte sie und fuhr ihm über den Bart. »Willst du den behalten?«

»Warum nicht?« Er nahm den Lei ab und hängte ihn ihr um.

Verwirrt und an den Blüten schnuppernd, sagte sie: »Ich komm' mir so blöd vor – wegen dem Anruf. Weißt du, ihr habt am Telefon fast die gleiche Stimme.«

Janice hatte, als sie seine Stimme vernahm, die sexhungrige, auf ihren Mann wartende Frau gespielt, woraufhin er sie unterbrochen und gesagt hatte: »Moment, ich bin's, Byron.« Nach einer verlegenen Pause waren sie dann beide in schallendes Gelächter ausgebrochen.

Byron grinste verschmitzt: »Du hast wohl Warren erwartet, was?«

»Nun ja, es heißt, Halsey wäre mit den Flugzeugträgern auf dem Rückweg.«

»Ohne die *Lex*, wie ich gehört habe.«

»Ohne die *Lex*.« Traurig schüttelte sie den Kopf. »Versenkt im Korallenmeer. Daran besteht wohl kein Zweifel.«

»Wo ist denn mein Neffe?«

»Im Kinderzimmer. Gebadet, gefüttert und müde – und duftend wie eine Rose.«

»Was man von mir wohl nicht gerade behaupten kann.« Byron roch in der Tat nach altem Schweiß. »Wir sind einfach von Bord und haben gleich angefangen zu feiern. – Hallo, Vic! Guter Gott, Janice, ist der aber gewachsen!« rief Byron aus dem Kinderzimmer.

»Weck ihn nicht wieder auf! Sonst haben wir überhaupt keine Ruhe.«
Nach einer Weile kam Byron in die Küche geschlendert und ließ sich auf einen Stuhl fallen. »Ein Prachtjunge!« sagte er, den Blick unbestimmt in die Ferne gerichtet. Seine Stimme klang nachdenklich.
Janice hockte in Schürze, Hemd und Shorts vorm Herd; der rosa Lei hing ihr locker um den Hals. Sie strich sich das schwere blonde Haar aus dem Gesicht. »Tut mir leid, daß ich so schlampig rumlaufe. Ich glaube, ich ziehe mich überhaupt nicht mehr richtig an, seit Warren so selten zu Hause ist.«
»Ich würde gern in Washington anrufen«, sagte Byron, »aber da ist jetzt Mitternacht. Da ruf ich wohl besser morgen früh an. Natalie und mein Junge sind in Italien interniert; ich nehme an, du weißt das.«
»Briny, sie sind draußen!«
»Was? *Draußen*, sagst du?« Freudig sprang Byron auf. »Jan! Woher weißt du?«
»Ich hab' mit meinem Vater in Washington gesprochen – ach, vor drei, vier Tagen! Er hat keine Ruhe gegeben und immer wieder im Außenministerium nachgehakt.«
»Und er war sich ganz sicher?«
»Ja, auf einem schwedischen Schiff, das von Lissabon aus mit internierten Amerikanern unterwegs ist. Sie und ihr Baby sind an Bord.«
»Phantastisch!« Er packte Janice, drückte sie an sich und küßte sie. »Vielleicht sollte ich ihn doch anrufen.«
»Er ist nicht mehr in Washington. Er geht als Brigadegeneral zu MacArthurs Stab in Australien. Du kannst mit ihm reden, wenn er hier durchkommt – wahrscheinlich am Samstag.«
»Mein Gott, wie lange ich auf diese Nachricht gewartet habe!«
»Das kann ich mir denken! Das gibt ein Wiedersehen, was?« Diesmal grinste sie verschmitzt, als er sie losließ. »Wieviel Zeit hattet ihr für eure Flitterwochen? Drei Tage?«
»Noch nicht mal! Und wie das mit dem Wiedersehen sein wird, weiß ich nicht.« Wieder ließ er sich auf den Stuhl fallen. »Aster will, daß ich auf der *Devilfish* bleibe. Der größte Teil unserer Flottille ist von der Feindfahrt zurückgepfiffen worden. Das ist verdammt ungewöhnlich. Merkwürdige Atmosphäre auf dem Stützpunkt. Da braut sich irgendwas zusammen.«
Besorgt blickte sie ihn an. »So? Beim CincPac auch.«
»Aster hat gehört, daß die Japaner versuchen wollen, die Hawaii-Inseln zu besetzen. Dann steht uns die größte Schlacht des Krieges bevor. Nicht ganz der richtige Zeitpunkt, um Urlaub zu machen, meint er.«
»Hast du denn nicht Order, zu SubLant zu gehen?«

»Er muß mich abstellen. Allerdings könnte ich für eine Schlacht an Bord bleiben, falls sie unmittelbar bevorsteht. Vielleicht sollte ich das, ich weiß nicht.«

»Dann führt Aster jetzt das Kommando?«

»Ja. Er ist jetzt Captain Aster, nicht mehr Lady.«

»Ich mag ihn nicht.«

»Warum nicht?«

»Ach, Gottes Geschenk an die Frauen – ist er das nicht? Und er grinst wie das Gespenst in der Oper.«

Das brachte Byron zum Lachen. »Wie das Gespenst in der Oper. Nicht schlecht.«

Er half ihr, das Essen und den Wein auf die Lanai hinauszubringen und den schmiedeeisernen Tisch mit der Glasplatte zu decken. Sie zündete Kerzen an, obwohl die untergehende Sonne noch hinter den Bäumen glühte. Sie tranken kalifornischen Burgunder zum Hackbraten, den sie in aller Eile gemacht hatte. Byron trank ein Glas nach dem anderen und berichtete über Asters erste Feindfahrt. Sie hatten zwei Schiffe versenkt, bevor sie zum Stützpunkt zurückgerufen worden waren, und Byron glaubte, Aster werde eines der großen U-Boot-Asse des Krieges werden. Seine Augen fingen an zu leuchten.

»Sag mal, Jan, kannst du ein Geheimnis für dich behalten?«

»Das glaube ich doch.«

»Wir haben ein Lazarettschiff versenkt.«

»Mein *Gott*, Byron!« Offenen Mundes starrte sie ihn an. »Aber das ist ja eine Ungeheuerlichkeit, das ist . . .«

»Nun hör doch mal zu, ja? Es war die idiotischste Erfahrung meines Lebens. Ich hab' das Schiff selbst entdeckt, als ich gegen Mitternacht Deckswache hatte. Ohne Geleitschiff, der weiße Rumpf strahlend hell erleuchtet, überhaupt strahlende Beleuchtung, und an der Bordwand ein riesiges rotes Kreuz. Das war in der Meerenge von Makassar, vor Java. Aster kam auf die Brücke, sah einmal hin, befahl zu tauchen und näher ranzugehen. Na, ich dachte, es handelt sich um eine Übungsfahrt. Doch als er sagt: ›Mündungsklappen auf!‹ glaubte ich, mir platzt der Kopf! ›Captain‹, sage ich, ›ist das ein Angriff?‹ Er hört überhaupt nicht auf mich, sondern zielt in aller Ruhe weiter. Ich saß am Vorhalterechner. Bei etwa vierzehnhundert Metern hatte ich eine Lösung, die haute hundertprozentig hin, aber ich hatte Schuldgefühle wie sonstwas, und der I.W.O. kratzte sich nur den Kopf und tat den Mund nicht auf. ›Captain‹, sagte ich, ›das ist ein Lazarettschiff. Wenn es zu einem Kriegsgericht kommt, muß ich das sagen.‹ – ›Ja, tun Sie das, Briny. Ich werde es jetzt versenken‹, sagt er kühl bis ans Herz hinan und kaut weiterhin auf seiner Zigarre. ›Achtung!

Sehrohr ausfahren! Letzter Winkel und Feuer!‹ Und schon flitzten vier Aale durchs Wasser.«
»Byron, der ist ja wahnsinnig!«
»Janice, hörst du mir jetzt endlich zu? Der Kahn explodierte und wurde zu einem Feuerball, den man auf tausend Meilen im Umkreis sehen konnte! Es war ein getarntes Munitionsschiff. Sonst hätte es nie eine solche Explosion geben können. Wir sind aufgetaucht und haben zugesehen, wie es ausbrannte. Hat das geknattert und gezischt und Feuer gesprüht! Es dauerte eine Ewigkeit, bis es versank. Das Feuerwerk nahm und nahm kein Ende. Und als es dann endlich doch absackte, war die See bedeckt mit merkwürdigen schwarzen Dingern, die darauf trieben. Wir blieben bis zum Morgengrauen beigedreht liegen, und da stellte sich heraus, daß es sich um riesige Klumpen Rohgummi handelte, drei bis vier Meter im Durchmesser. Die Dinger trieben auf der Wasseroberfläche bis zum Horizont. Das Schiff hatte Kautschuk auf Java geladen, und außerdem eine gewaltige Menge Munition. Vermutlich holländisches Beutematerial.«
»Und woher hat er das wissen wollen? Was, wenn nun zweitausend Verwundete ertrunken wären?«
»Er hat eben richtig geraten. Daß du das aber nie weitererzählst, Janice!«
»Um Gottes willen, nein!«
Es wurde an der Haustür geklingelt. Sie ging und kam gleich darauf wieder zurück. »Wenn man vom Teufel spricht.«
Carter Aster, ganz in Weiß, frisch rasiert, schlank und aufrecht, die Mütze unterm Arm, folgte ihr.
»Briny, unten am Stützpunkt haben sie keine Jeeps mehr. Ob Sie mich um zehn vom Hügel runterfahren würden? Taxen bekommt man nach der Ausgangssperre nicht mehr.«
»Wo sind Sie denn?«
»Ich komm dann wieder.« Aster wandte sein merkwürdiges Grinsen – gekräuselte Winkel eines harten Mundes – Janice zu. »Falls Sie nichts dagegen haben.«
Janice sagte zu Byron: »Ja, schläfst du denn nicht hier?«
»Daran hatte ich noch nicht gedacht. Ein heißes Bad und ein richtiges Bett? Danke, da sag' ich nicht nein.«
»Wir haben in vierundzwanzig Stunden auslaufbereit zu sein, Byron«, sagte Aster.
»Ich bin um acht an Bord, Captain.«
»Haben Sie sich denn nun entschlossen, doch an Bord zu bleiben?«
»Morgen früh sage ich's Ihnen.«

Janice erriet, warum Byron nichts über Natalie sagte. Wenn Aster davon erfuhr, würde er nur umsomehr darauf dringen, daß Byron auf der *Devilfish* blieb.
»Das letzte Gerücht ist, daß sie in enormer Stärke kommen, um in Alaska zu landen«, sagte Aster zu Janice. »Und wie hört sich's bei CincPac an?«
Ohne zu lächeln, schüttelte sie den Kopf. Er grinste ihr zu und ging.
»Welche Dame beglückt er denn hier oben?« fragte Janice.
Byrons Antwort war ein ausweichendes Schulterzucken.
»Aber das ist gemein, Briny. Jetzt hab' ich jede einzelne Frau im ganzen Viertel in Verdacht.«
»Ich kann deiner schlechten Phantasie nicht weiterhelfen, Janice.«
Als sie sich dann bis weit in den Abend hinein über die Familie und den Krieg unterhielten, schließlich hineingingen und die Verdunkelung vorzogen, fing Byrons Gehabe an, Janice zu irritieren. Er schweifte bei seinen Erzählungen ab, sah sie verlegen und mit düsteren Augen an. Zuviel Wein? Sex, der sich regte? Das erschien ihr bei ihrem Schwager unvorstellbar. Trotzdem, er war ein junger Seemann, frisch zurück von See. Als er baden ging, beschloß sie, angezogen zu bleiben, das Licht nicht auszumachen und den Schnaps wegzustellen.
»Herrgott, das war wunderbar!« In Warrens Pyjama und Bademantel kam er wieder zum Vorschein und rubbelte sich das Haar. »Ich bin seit Albany nicht in der Badewanne gewesen.«
»Seit *Albany?*«
»Seit Albany, Australien.« Locker ließ er sich auf die Rattanliege fallen. »Bezaubernde kleine Stadt, weiter weg, als man auf Gottes grüner Erde gehen kann. Und großartige Bewohner. Unser Begleitschiff lag da. Hast du Bourbon im Hause, Jan?« Er war ganz sachlich.
Janice schämte sich der Dinge wegen, die sie sich ausgemalt hatte. Sie brachte zwei Gläser. Er streckte sich auf der Liege aus, trank einen Schluck und schüttelte mürrisch den Kopf.
»Mein Gott, wenn ich daran denke, ich sehe Natalie wieder! Und das Baby! Unglaublich!«
»Das klingt fast so, als wärst du überhaupt nicht glücklich.«
»Da war ein Mädchen in Albany. Vielleicht hab' ich Schuldgefühle.«
»*Wwwwaaauuu!*« Sie machte eine kleine Schau daraus, wie sie sich auf den Sessel fallen ließ.
»Ich habe sie in der Kirche kennengelernt. Sie sang im Chor mit, einem kleinen Chor, alles ist klein in Albany. Nur drei Sänger und dieses Mädchen. Sie spielte auch die Orgel. Es ist ein winziger Seehafen, dieses Albany – drei Straßen, eine

Kirche und ein Rathaus. Sauber, reizend, viel Rasen und Blumenbeete, und schöne alte Häuser, alte Eichen – total britisch und neunzehntes Jahrhundert. Wirklich eine andere Welt.«
»Und wer ist sie?«
»Sie heißt Ursula Cotton. Ihrem Vater gehört die kleine Bank der Stadt. Sehr süß, sehr anständig. Ihr Freund ist Panzeroffizier in Nord-Afrika. Unser U-Boot mußte zweimal überholt werden, und dazwischen lagen zwei Monate. Wir waren beide Male unzertrennlich, ich war jede Minute bei ihr, wenn ich an Land konnte.«
»Und . . .?«
Byron vollführte mit beiden Händen eine Geste der Verzweiflung. »Und? Was soll schon sein? Wir sind abgedampft, und hier bin ich.«
»Byron, in einem Punkt sehe ich noch nicht ganz klar. Ist irgendwas passiert?«
»Ob was passiert ist?« Zornig runzelte er die Stirn. »Du meist, ob ich sie aufs Kreuz gelegt habe?«
»Naja, das ist ein ziemlich harter Ausdruck.«
»Himmelherrgott! Du auch? Carter Aster hat mich jedesmal gefragt, wenn ich wieder an Bord kam: ›*Na, haben Sie sie aufs Kreuz gelegt?*‹ Zuletzt hab' ich ihm gesagt, wenn er mit an Land käme und mal vergäße, daß er Captain ist, würde ich ihm ein für allemal klarmachen, was Ursula für ein Mädchen ist. Damit war dann endlich Schluß.«
»Aber Briny, es ist doch schließlich ein Unterschied . . .«
»Hör mal, ich hab' gesagt, ihr Freund kämpft in Nord-Afrika. Wofür hältst du mich? Es war zwar eine Qual, aber es war auch wunderschön. Das hat mir das Leben erträglich gemacht. Ich werde ihr nie schreiben. Hat ja doch keinen Sinn. Aber, bei Gott, ich werde Ursula nie vergessen!«
Janice stand auf und legte ihm beide Hände auf die Schultern. Sie lehnte sich vor, so daß ihr duftendes helles Haar über sein Gesicht fiel, und küßte ihn auf den Mund. Sachlich fuhr sie ihm dann mit dem Daumen über den Mund und sagte: »Natalie hat Glück! Brüder können eben grundverschieden sein. Was Warren *mir* alles zugemutet hat!«
»Naja, du hast eben einen Schwerenöter geheiratet. Aber das hast du von vornherein gewußt.«
»Ja, das habe ich gewußt.«
Byron gähnte und schüttelte den Kopf. »Merkwürdig, aber ich war die ganze Zeit über nur noch verrückter auf Natalie als sonst. Ich mußte dauernd an sie denken. Ursula war bezaubernd, aber im Vergleich zu Natalie . . . Natalie ist ein ganzes Kraftwerk! Es gibt niemand auf der Welt, der so wäre wie sie.«
»Ja, da beneide ich Natalie. Und die kleine Miss Ursula auch. Natalie würde dir

und ihr bestimmt verzeihen. Würde ich jedenfalls meinen.« Ein bitteres, verzerrtes Lächeln. »Selbst wenn du sie aufs Kreuz gelegt hättest, wie Lady Aster sagen würde. Es ist schließlich Krieg, weißt du. Gute Nacht, Byron. Vic holt mich schon um fünf aus den Federn.«
Als sie am nächsten Morgen das Baby in der Küche fütterte, hörte sie, wie draußen der Motor eines Jeeps erstarb. Herein kam Warren in frischer Khaki-Uniform. Sie hatte ihn fast einen Monat nicht gesehen. Er war auffallend größer und massiger als Byron, braungebrannt und mit leuchtenden Augen. »Janice, was hat ein zweiter Jeep vor meiner Haustür zu suchen? Hast du jemand im Schrank versteckt, der nur noch dreißig Sekunden zu leben hat?«
Als er sie in die Arme schloß und fast erdrückte, legte sie ihm einen Finger auf den Mund. »Byron schläft noch, im Gästezimmer.«
»Was, Briny ist zurück? Großartig!«
Janice, ihren Mund an dem seinen, stammelte: »Darling, Vic sitzt auf seinem Stühlchen . . .«
Warren ging mit großen Schritten in die Küche. Das Baby wandte ihm ein verschmiertes Gesicht entgegen, sah ihn mit großen Augen an und lächelte dann von einem Ohr zum anderen. Warren küßte ihn. »Er riecht so gut. Und ist jedesmal zehn Zentimeter größer, wenn ich komme! Komm mit, Bürschchen!«
»Wohin willst du mit ihm?«
Der Flieger wischte seinem Sohn das Gesicht ab, trug ihn in ein Laufställchen im Kinderzimmer und drückte ihm seinen Teddybären in den Arm.
»Darling, hör zu«, protestierte Janice leise und folgte ihm. »Byron kann jeden Augenblick kommen und nach Eiern und Kaffee Ausschau halten . . .«
Er legte ihr einen kräftigen Arm um die Taille, trug sie ins Schlafzimmer und schloß leise die Tür zu.

Nackt auf dem Rücken liegend und noch ganz benommen, hörte sie, wie ein Streichholz angerissen wurde. Sie machte die Augen auf und blickte ihren Mann mit traurigen, bedeutungsschweren und verschmitzten Augen an. Er saß im Bett. »Aber ehrlich!« sagte sie mit unerwartet tiefer Bariton-Stimme, so daß sie beide lachen mußten. Die Sonne fiel in goldenen Streifen auf Warrens braungebrannte Brust, und der Rauch seiner Zigarette malte blaue Kringel im Sonnenlicht.
»Du bist nun mal eine Seemannsfrau.«
»Himmel! Aber nicht die von einem der Seeleute Magellans!«
»Jan, ich höre Byron herumrumoren.«
»Ach du liebe Güte! Naja, der Kaffee ist fertig. Ich nehme an, er findet ihn.«

Ein wenig heiser sagte er: »Ich liebe dich.« Sie stützte den Kopf auf den Ellbogen, um ihn anzusehen. Er zog an der Zigarette und stieß den grauen Rauch aus. »Ganz schöne Übung, diese letzten Tage. Um nichts und wieder nichts. Eine Kampfgruppe von zwei Flugzeugträgern, die über dreitausendfünfhundert Meilen ins Korallenmeer gondelt und für den Kampf um drei Tage zu spät kommt. Wären wir rechtzeitig dagewesen, hätten wir die Japse kurz und klein geschlagen, statt die *Lex* zu verlieren. Und die *Yorktown* auch noch kaputt! Siebentausend Meilen für nichts und wieder nichts. Halsey kann von Glück sagen, daß er nicht die Treibstoffrechnung bezahlen muß.«

Janice sagte: »Weißt du denn, was da jetzt ausgeheckt wird? Um was es geht?«

»Ach, Gerüchte, Gerüchte! Irgendwas Großes, soviel steht fest. Jedenfalls laufen wir in zwei Tagen wieder aus.«

»In zwei Tagen schon!«

»Ja. Die Werftleute sind rund um die Uhr auf dem Schiff.« Gähnend legte er den braunen Arm um sie. »Aber mal richtig zu kämpfen, wird was Neues sein. Auf diesen siebentausend Meilen haben wir nichts als Aufklärungsflüge unternommen. Aufklärungsflüge und nochmals Aufklärungsflüge. Zweihundert Meilen hin, zweihundert zurück. Meist über den Wolken. Dann über Wasser, stundenlang, tagelang. Außer Walen habe ich nichts gesehen. Da hat man viel Zeit zum Nachdenken. Jedenfalls bin ich dahinter gekommen, daß die Zeit was Kostbares ist und daß ich aufhören sollte, rumzuvögeln und dir weh zu tun. Das hab' ich schon zuviel getan. Tut mir leid. Damit ist es jetzt aus. Einverstanden? So – ich glaube, jetzt geh' ich mal unter die Dusche und rede mit Briny. Wie sieht er denn aus?«

»Wieso? Naja, wie ein magerer Hering.« Von seiner Zerknirschung überrascht, versuchte Janice, alles ebenso beiläufig klingen zu lassen wie er. »Dicker roter Bart, wie Dad erzählt hat!« Sie berührte sein Gesicht. »Ich möcht' mal wissen, wie du mit Bart aussiehst.«

»Nichts zu machen. Die Hälfte kommt grau raus. Zum Kotzen. Naja, Bart oder nicht Bart, Dad wird sich wahnsinnig freuen, Briny zu sehen. Die *Northampton* ist gleich nach uns eingelaufen.«

»Byron sagt, die *Devilfish* hat zwei Japaner versenkt.«

»Na, da wird sich Dad aber freuen!«

Von der sonnigen Brückennock der *Northampton* aus, die bei kräftigem Ebbsog ein schwieriges Anlegemanöver lief, konnte Pug Henry sehen, wie Spruance tief unter ihm mit weitausgreifenden Schritten über das Hauptdeck wanderte. Die Barkasse lag längsseits, bereit, sie zur *Enterprise* hinüberzubringen, wo Halsey den Admiral erwartete. Dann würden sie die fünf Meilen bis zu

Warrens Haus hinaufmarschieren. Das war schon zur Routine geworden. Während die durchnäßten Matrosen sich unten auf den dümpelnden Bojen mit den Schäkeln der mächtigen Ankerketten abmühten, sprachen Pug und Commander Grigg über dringende Werftreparaturen, die vielleicht ausgeführt werden konnten, bevor sie wieder ausliefen. Die Munitionsmagazine waren immer noch voll vom Vorstoß ins Korallenmeer; Proviant und Treibstoff dagegen mußten ergänzt werden. Achtundvierzig Stunden zum Überholen, nachdem sie siebentausend Meilen mit voller Kraft gefahren waren! Da mußte schon die Hölle über den Pazifik hereinbrechen; doch um was es ging, wußte auch Pug Henry nicht.

Im Hafen wirkte die *Enterprise* ohnehin meist still und öde; ein verlassenes Nest, nachdem die Vögel schon vor Morgengrauen hundert Meilen weiter draußen davongeflogen waren. Doch heute hatte diese Leblosigkeit etwas geradezu Unheimliches; keine Trillerpfeifen bei der Annäherung von Spruances Barkasse, keine über Lautsprecher weitergegebenen Rufe nach Fallreepsgasten und ähnlichen Zeremonien; die Gangway lag verlassen da, nicht einmal ein wachhabender Offizier erschien. Auf dem höhlenähnlichen Hangardeck beschlich einen das Gefühl, auf einem Geisterschiff zu sein. Der Adjutant kam auf sie zu, seine Schritte hallten in der leeren Stahlhöhle. Ohne jede Förmlichkeit faßte er Raymond Spruance am Arm und zog ihn beiseite, wandte aber zuvor noch sein bleiches, unrasiertes Gesicht über die Schulter und sagte:

»Entschuldigen Sie, Captain Henry. Ich habe heute nacht um drei noch mit Ihrem Sohn Kaffee getrunken, bevor er gestartet ist.«

Pug nickte, ließ sich aber nicht anmerken, welch ein Stein ihm von der Seele fiel. Vor den Neuen Hebriden hatte er einen Sturzbomber vom Typ »Dauntless« von der *Enterprise* abtrudeln und ins Meer stürzen sehen; aller Wahrscheinlichkeit nach nicht Warren, aber bis zu diesem Augenblick hatte er sich doch gesorgt und immer wieder daran denken müssen.

»Okay, Henry, gehen wir!« sagte Spruance nach einer kurzen, halblauten Unterhaltung. Die Barkasse bahnte sich schaukelnd und tuckernd den Weg zum Stützpunkt der Unterseeboote. Spruance sprach kein Wort, und Pug fragte nicht. Das Gesicht des Admirals wirkte hölzern in seiner Beherrschung. Als sie an Land gingen, brach er sein Schweigen. »Henry, ich muß noch zum CincPac. Sie wollen gleich zu Ihrer Familie, oder?« Seinem Ton war anzumerken, wie ungern er auf den gemeinsamen Spaziergang verzichtete.

»Ich stehe zur Verfügung, Admiral.«

»Dann kommen Sie mit. Es wird nicht lange dauern.«

Auf einem harten Stuhl vor Nimitz' goldbesternter Tür wartete Pug, die Mütze zwischen den Händen drehend. Um ihn herrschte ungewöhnliche

Geschäftigkeit: Schreibmaschinengeklapper, Telephongeklingel; Ordonnanzen, Stabshelferinnen und jüngere Offiziere eilten hierhin und dorthin. Im Gebäude des CincPac war es so lebendig, wie es an Bord der *Enterprise* still gewesen war. Bedeutende Unternehmungen lagen in der Luft, kein Zweifel. Pug hoffte nur, daß es sich nicht wieder um ein Abenteuer wie den Doolittle-Angriff handelte. Er war ein konservativer militärischer Denker, und er hatte dem Doolittle-Unternehmen von dem Augenblick an, da die Kampfgruppe ausgelaufen war, skeptisch gegenübergestanden.
Gewiß, es war ihm ein Schauder übers Rückgrat gelaufen, als er über die Lautsprecher der *Northampton* Halseys Botschaft vernommen hatte: »*Diese Kampfgruppe läuft nach Tokio aus.*« Sein erster Gedanke war gewesen: wie konnten zwei Flugzeugträger sich in die Reichweite der an Land stationierten japanischen Luftwaffe wagen? Über die Hochrufe der Mannschaft hinweg hatte er kopfschüttelnd zu Spruance hinübergeblickt. Am nächsten Tag, als die *Hornet* zu ihnen stieß, hatte der Anblick der auf Deck festgezurrten B-25-Bomber der Army das Rätsel freilich gelöst. Als sie den herannahenden Flugzeugträger beobachteten, hatte Spruance gesagt: »Na, Captain?«
»Hut ab vor diesen Kampffliegern der Army, Admiral.«
»Ganz meine Meinung. Sie haben monatelang dafür trainiert. Sie müssen nach China weiter, wissen Sie. Auf dem Deck können sie nicht wieder landen.«
»Ich weiß. Tapfere Burschen!«
»Ist das gute Kriegsführung, Captain?«
»Sir, meine untergeordnete Einsicht in die Dinge hindert mich daran, die unbezweifelbare Vernünftigkeit des Einsatzes zu begreifen.«
Zum erstenmal, seit sie sich kannten, hatte Raymond Spruance herzlich gelacht. Sie hatten dann nicht weiter über den Einsatz gesprochen. Erst vor wenigen Tagen hatte der Admiral beim Abendessen in seiner Unterkunft über die Art und Weise gestöhnt, in der sie die Schlacht im Korallenmeer verpaßt hatten – die erste in der gesamten Geschichte, bei der die feindlichen Kriegsschiffe sich nie gegenseitig gesichtet hatten. Es war ausschließlich ein Luftduell gewesen, das fünfundsiebzig Meilen oder noch weiter draußen ausgetragen wurde. »Das ist was Neues in der Seekriegsführung, Henry. Da heißt es, einen Haufen Kriegsschuldenken über Bord zu werfen. Möglicherweise hatten Sie recht mit diesem Überfall auf Tokio. Vielleicht hätten wir die ganze Zeit über weiter im Süden sein sollen, statt über den Pazifik zu rasen – nur, damit es Schlagzeilen gibt. Trotzdem wissen wir immer noch nicht, inwieweit Doolittle die japanischen Kriegspläne durcheinandergebracht hat.«
Spruance blieb etwa eine halbe Stunde im Allerheiligsten von CincPac. Mit einem sonderbaren Ausdruck im Gesicht kam er zurück.

»Wir sind schon unterwegs, Henry.« Als sie das Gelände des Navy-Stützpunktes hinter sich gelassen hatten und auf der geteerten Straße durch verunkrautete und verstaubte Zuckerrohrfelder bergauf gingen, sagte er plötzlich: »Nun, ich verlasse die *Northampton.*«
»Ach? Das tut mir aber aufrichtig leid, Sir.«
»Mir auch, zumal ich ein Landkommando übernehme. Ich soll Admiral Nimitz' Stabschef werden.«
»Aber das ist doch großartig! Ich gratuliere, Admiral.«
»Danke«, sagte Spruance kühl. »Ich erinnere mich allerdings nicht, daß Sie begeistert zugegriffen hätten, als man Ihnen Stabsarbeit angeboten hat.«
Damit war das Thema erledigt. Sie trotteten um eine Kehre. Der Stützpunkt kam unter ihnen in Sicht, weit hingedehnt hinter blühenden Bäumen und terrassenförmig angeordneten Parkplätzen für die Lastwagen; Werften, Trockendocks und zahlreiche Kriegsschiffe an ihren Liegeplätzen, zwischen denen viele kleine Fahrzeuge hin- und hertuckerten. Auf den gesunkenen Schlachtschiffen wimmelte es von Arbeitern, die vorläufige Reparaturen durchführten. Den überwältigendsten Anblick bot die gekenterte *Oklahoma,* von der lange Kabel zum Aufrichten hinüberführten zu Winden auf Ford Island.
»Henry, Sie haben die Schadensmeldungen von der *Yorktown* gelesen. Wie lange, schätzen Sie, werden die Reparaturarbeiten dauern?«
»Drei bis vier Monate, Sir.«
»Captain Harry Warendorf gehört zum selben Jahrgang wie Sie, nicht wahr? Der Werftkapitän?«
»Ja. Ich kenne Harry gut.«
»Kann er sie in zweiundsiebzig Stunden soweit zusammenflicken, daß sie in See gehen kann? Das wird er nämlich müssen. Befehl von Admiral Nimitz.«
»Wenn überhaupt jemand das schafft, dann Harry«, antwortete Pug verblüfft. »Aber selbstverständlich kann es nur Flickwerk sein.«
»Stimmt. Aber drei Flugzeugträger anstelle von zweien bedeuten fünfzig Prozent mehr Schlagkraft, und die werden wir bald brauchen.«

Bei Steak und Eiern auf der rückwärtigen Veranda berichtete Byron seinem Bruder von den Torpedos, die er in Cavite gerettet hatte. Die Brüder, beide barfuß, beide in Shorts und bunten Strandhemden, hatten sich schon seit einer Stunde viel Neues zu erzählen gehabt.
»Sechsundzwanzig Torpedos!« rief Warren aus. »Kein Wunder, daß sie dich zum Atlantik versetzt haben.«
Byron genoß die Unterhaltung – er schwelgte geradezu darin. Es war eine

Ewigkeit her, noch zu Friedenszeiten, daß Warren ihn gewarnt hatte, seinen Kotau vor Branch Hoban zu machen, wenn er seine Delphine haben wollte. Jetzt wußte Warren von Hobans Zusammenbruch, und an Byrons verschwitztem Khaki-Hemd, das im Gästezimmer hing, prangten die Delphine.

»Warren, Aster bearbeitet mich, ich soll unbedingt an Bord der *Devilfish* bleiben.«

»Kannst du dir das denn aussuchen?«

»Ich hab' zwar meine Befehle, aber das ließe sich noch ändern.«

»Merkwürdiger Verwaltungsstil bei den U-Booten, was?«

»Könnte man sagen.«

Warren wußte nicht, was er ihm raten sollte. Sein Selbstvertrauen war nicht angekratzt und saß tief; er hatte Byron seit ihrer Jungenzeit stets überflügelt; dennoch hatte er in Briny immer eine originelle Ader geahnt, die ihm selbst abging. Eine brillante Jüdin zu fesseln und zu heiraten, die Nichte eines berühmten Schriftstellers, das ging über seine Möglichkeiten hinaus; und unter Ausnutzung der Gelegenheiten, die sich im Kriege ergaben, war Byron dabei, die Lücke, die sie als Marineoffiziere trennte, sehr rasch zu schließen.

»Ich will dir was erzählen, Byron. Halsey hat das Geschwader von Doolittle bis zu dem Punkt gebracht, an dem sie gestartet sind. Ich nehme an, das weißt du.«

»Über nichts wird bei uns im Stützpunkt mehr geredet.«

»Es stimmt auch. Als diese Army-Bomber von der *Hornet* starteten, stand ich auf unserem Flugdeck und beobachtete, wie sie in Formation gingen und dann in Richtung Tokio abschwirrten. Dabei sind mir die Tränen übers Gesicht gelaufen. Ich hab' einfach geheult.«

»Das glaube ich dir.«

»Okay! Das war bestimmt eine verdammt tapfere Tat. Und was ist dabei herausgekommen? Ein Scheinangriff, um der Heimatfront den Rücken zu stärken. Es gibt nur eine Waffe, die im Augenblick imstande ist, den Gegner im Pazifik empfindlich zu treffen, und das sind die U-Boote. Eine solche Gelegenheit bietet sich dir nie wieder. Wenn du zum SubLant überwechselst, bist du praktisch draußen. Du hast nach meiner Meinung gefragt – das ist sie. Du weißt, daß mit Natalie alles in Ordnung ist, und . . .«

Janice steckte den Kopf zum Küchenfenster heraus. »Euer Vater und Admiral Spruance kommen gerade um Smiths Terrasse herum – und zwar unter Volldampf.«

Byron warf einen Blick auf sein Hemd und seine Hose und fuhr sich über den Bart. »Spruance?«

Warren gähnte und kratzte sich an seinem schmutzigen Fuß. »Der trinkt nur ein Glas Wasser und macht kehrt, um wieder runterzumarschieren.«

Es wurde geläutet. Janice machte auf. Die Brüder sprangen auf, als der Admiral in weißer Uniform mit schweißüberströmtem Gesicht auf die Veranda heraustrat und ihr Vater ihm folgte.
»Byron!« Pug packte die Hand seines Sohnes, und sie umarmten sich. »Ja, das ist mein U-Boot-Sohn, Admiral. Seit Thanksgiving habe ich ihn nicht mehr gesehen.«
»Mein U-Boot-Sohn fährt auf der *Tambor.*« Spruance betupfte sich das Gesicht mit einem gefalteten Taschentuch. »Und wie war die Jagd, Lieutenant?«
»Zwei bestätigte Versenkungen, Admiral. Elftausend Tonnen.«
Victor Henrys Augen leuchteten, und Spruance lächelte. »Wirklich? Dann sind Sie der *Tambor* ein Stück voraus. Und was ist mit den Mark-Fourteen-Torpedos?«
»Eine Schande, Admiral, die zum Himmel stinkt. Mein Kommandant hat seine drei Schiffe mit Kontaktzündern versenkt. Das war zwar *gegen* die Befehle; aber sie haben funktioniert.«
Angesichts dieser freimütig-frechen Antwort schwand Pugs Freude. »Briny, wenn ein Torpedo vorbeigeht, liegt die Versuchung immer nahe, den Zündern die Schuld zu geben.«
»Tut mir leid, Dad. Ich weiß, du hattest mit den Magnetzündern zu tun.« Victor Henry hatte noch in Friedenszeiten ein Belobigungsschreiben für seine Arbeit daran erhalten. »Die müssen bei der Produktion sauer geworden sein; das ist alles, was ich dazu sagen kann. Selbst mit Kontaktzündern klappt es bei dem Mark Fourteen nicht. Sämtliche Kommandanten und SubPac schreien deswegen Zeter und Mordio, aber BuOrd steckt den Kopf in den Sand. Zum Kotzen ist das, sage ich dir! Da reißt man fünftausend Meilen ab, um einen Torpedoangriff zu laufen, und erlebt dann, daß der Aal beim Ziel anklopft und nichts weiter geschieht.«
Spruance erlöste Pug, indem er sagte: »Mein Sohn berichtet so ziemlich das gleiche. Admiral Nimitz hat die Sache beim BuOrd zur Sprache gebracht.« Er nahm ein Glas Eistee von Janice und wandte sich Warren zu. »Übrigens, welche Reichweite hat Ihre Dauntless, Lieutenant?«
»Wir rechnen mit Flugstunden, Admiral. Dreieinhalb Stunden – mehr oder weniger.«
Die Miene des Admirals war nachdenklich. »Auf dem Papier haben Sie eine Reichweite von siebenhundertfünfzig Meilen.«
Warren setzte ein sarkastisches Grinsen auf. »Sir, schon beim Formieren verbraucht man eine Menge Treibstoff. Und wenn man über dem Zielgebiet ist, verschwindet das Zeug, als wäre ein Loch im Tank. Die meisten von uns

würden den Rückflug von einem zweihundert Meilen entfernten Ziel nicht schaffen.«

»Und die Jagdflugzeuge und die Torpedobomber?« erkundigte sich Spruance und nippte am Tee. »Gleiche Geschwindigkeit und gleiche Reichweite?«

»Annähernd, Sir.« Warren ließ sich seine Verwunderung über diese Frage nicht anmerken und antwortete flott. »Die TBD sind allerdings wesentlich langsamer.«

»Hm!« Spruance leerte sein Glas und erhob sich. »Sehr erfrischend, Janice. Ich mache mich jetzt auf den Rückweg.«

Alle hatten sich erhoben. »Admiral, einer der Jungs kann Sie runterfahren«, sagte Pug.

»Warum?«

»Sie haben Dringendes zu tun, Sir.«

»Nicht nötig.« Beim Hinausgehen winkte Spruance Pug, ihm zu folgen. Er machte die Haustür hinter sich zu und verengte die Augen, als er in der Mittagssonne Victor Henry anblinzelte. Unter der weißen Mütze sah sein Gesicht viel strenger aus. »Ihre beiden Jungen sind zwar höchst unterschiedlich im Charakter, aber trotzdem aus demselben Holz geschnitzt.«

»Byron muß lernen, seine Zunge im Zaum zu halten.«

»U-Boot-Leute sind Individualisten, das weiß ich sehr wohl. Es ist gut, daß sie beide im Hafen sind. Verbringen Sie soviel Zeit bei ihnen, wie nur irgend möglich.«

»Auf dem Schiff wartet ein Haufen Arbeit auf mich, Admiral.«

Unversehens bekam Spruances Gesicht etwas Hartes. »Henry, was ich Ihnen jetzt sage, ist ausschließlich für Sie bestimmt. Die Japaner dampfen mit einer gewaltigen Streitmacht nach Westen. Sie sind schon unterwegs. Ihr Ziel ist es, Midway zu nehmen. Und ein japanischer Stützpunkt, nur tausend Meilen von Hawaii entfernt – das können wir nicht zulassen; deshalb schickt Nimitz alles hin, was wir zusammenkriegen. Wir haben die größte Schlacht des Krieges vor uns.«

Pug suchte angesichts dieser niederschmetternden Enthüllung nach einer Antwort, die weder defätistisch noch alarmiert, betroffen oder schlichtweg töricht klang. Die *Hornet*, die *Enterprise* und möglicherweise noch die leckgeschlagene *Yorktown* samt ihren paar Begleitschiffen gegen diese japanische Armada! Mindestens acht Flugzeugträger, vielleicht zehn Schlachtschiffe und weiß Gott wie viele Kreuzer, Zerstörer und Unterseeboote! Ein solches Mißverhältnis hätte bei einem Planspiel in Friedenszeiten kein Schiedsrichter vorzuschlagen gewagt. Nichts hatte seine Antwort herausgefordert: »Jetzt begreife ich, warum Sie nicht an Land gehen wollen.«

»Das werde ich auch vorläufig nicht.« Die ruhigen Augen leuchteten auf eine Weise, die Victor Henry niemals vergessen sollte. »Admiral Halsey hat sich ins Marine-Hospital begeben. Der unselige Ausbruch einer Hautkrankheit. Er kann diese Schlacht nicht führen. Er hat Admiral Nimitz vorgeschlagen, daß ich das Kommando von Kampfgruppe sechzehn übernehme. Folglich werde ich meine Sachen heute nachmittag in Halseys Flaggquartier schaffen. Meine neue Aufgabe übernehme ich nach der Schlacht.«

Diese zweite Enthüllung war nicht minder verblüffend als die erste. Spruance, ein Nichtflieger, sollte die *Enterprise* und die *Hornet* in die Schlacht führen! Pug versuchte, sich seine Erregung nicht anmerken zu lassen, und fragte: »Und der Geheimdienst ist sich ganz sicher?«

»Das nehmen wir an. Wenn alles gut geht, glückt uns vielleicht die Überraschung. Übrigens, ich habe vor, Sie zur Einsatzbesprechung zu bitten.« Er hielt ihm die Hand hin. »Deshalb, wie gesagt: Verbringen Sie soviel Zeit mit Ihren Jungen wie irgend möglich.«

Auf dem Weg zur rückwärtigen Veranda blieb Pug Henry auf der Türschwelle stehen. Seine Söhne hatten jetzt unten auf dem Rasen die Klappstühle dicht zusammengerückt und unterhielten sich, jeder mit einer Dose Bier in der Hand. *Aus demselben Holz geschnitzt!* Man sah es ihnen an. Worüber mochten sie so ernsthaft reden? Es war ihm nicht eilig, sie dabei zu unterbrechen. Er lehnte sich an den Türrahmen, nahm das Bild in sich auf, das er möglicherweise lange Zeit hindurch nicht wieder sehen würde, und versuchte dabei zu verdauen, was er von Spruance gehört hatte. Er selbst war durchaus bereit, mit der dünnhäutigen und verletzlichen *Northampton* loszudampfen. Dreißig Jahre hindurch hatte man ihn dafür bezahlt, sich auf ein solches Treffen vorzubereiten. Aber Warren und Byron, beide noch in den Zwanzigern, fingen doch gerade erst an, das Leben kennenzulernen. Dabei würde er von allen dreien auf der *Northampton* noch am sichersten sein.

Immer noch sah er in den beiden jungen Männern in den bunten Hemden und den braunen Shorts – der eine mager und mit rotem Bart, der andere groß und massig und mit grauen Strähnen im Haar – die Schatten der Jungen, die sie gewesen waren. Byron hatte dieses Lächeln, das er jetzt aufsetzte, schon mit fünf gehabt. Wie Warren mit beiden Händen emphatisch nach vorn stieß – das war schon seine charakteristische Geste als Teilnehmer am Debattierklub der Akademie gewesen. Pug mußte an Warrens großen Augenblick denken, den gloriosen Abgang von der Akademie mit einem Preis im Fach neuere Geschichte – und an Byrons Abschluß an der Columbia University, aus dem eines überfälligen Referats wegen ums Haar nicht einmal etwas geworden wäre. Er dachte an jenen regnerischen Märztag des Jahres 1939, an dem er seine

Befehle für Deutschland bekommen hatte, und an dem Warren völlig verschwitzt vom Tennis nach Hause gekommen war, um zu erzählen, er habe sich zur Fliegerausbildung gemeldet; und an Byrons ersten Brief aus Siena über Natalie Jastrow. Gleich würde er sich in ihre Unterhaltung einmischen, dachte Pug, und sich nach ihr erkundigen. Noch nicht. Er wollte sie noch ein wenig länger betrachten.

Was Warren betraf, dachte Pug, hätte er nichts machen können. Warren hatte von jeher zur Navy gewollt. Dadurch, daß er dann Flieger geworden war, hatte er den Vater, dem er nachgeeifert hatte, überflügelt. Die Flieger, die überlebten, würden die nächste Generation von Admirälen stellen, soviel stand heute schon fest. Und was Byron betraf, so wußte Pug, daß er ihn zur U-Boot-Waffe gezwungen und dadurch von seiner jüdischen Frau getrennt hatte. Das war ein Gefahrenpunkt, der immer wieder umschifft werden mußte, wenn sie beisammen waren. Byron wäre zwar ohnehin einberufen worden, und möglicherweise hätte er sich auch zu den U-Booten gemeldet. Dennoch konnte Pug sich nie davon freimachen, in Byrons Leben eingegriffen und ihn in die Gefahr hineingestoßen zu haben – und wenn er noch so stolz war auf die Versenkungen, die auf das Konto der *Devilfish* gingen.

Ihn erfaßte ein akutes Gefühl dafür, daß die Zeit verging; nichts konnte rückgängig gemacht werden. Er war sich der leichthin getroffenen Entschlüsse bewußt, der leichtfertigen Fehler, die sich zu etwas Ernsthaftem auswachsen und einem Menschen zum Schicksal werden konnten. Da saßen sie, die kleinen Jungen, die er streng gemaßregelt, schweigend geliebt und zu Navy-Offizieren und kampferprobten Männern gemacht hatte. Es kam ihm vor wie das Gaukelspiel eines meisterlichen Zauberers, der, wenn er wollte, den Trick genausogut umkehren und den rotbärtigen U-Boot-Mann und den breitschultrigen Flieger in streitende Knaben zurückverwandeln konnte, die sich auf dem Rasen vorm Haus in Manila balgten. Doch Pug wußte, daß es diese Jungen nie wieder geben würde. Er selbst hatte sich in einen verbissenen alten Hecht verwandelt, und auch sie würden sich in einer bestimmten Richtung weiterentwickeln. Byron würde endlich jener verantwortungsbewußte Erwachsene werden, der er der Form und der Persönlichkeit nach immer noch nicht war. Warren . . .

Merkwürdigerweise konnte Victor Henry sich nicht vorstellen, daß Warren sich noch weiter verändern würde. Warren, wie er dasaß, die Bierdose in der Hand, die Zigarette schräg im Mundwinkel, mit kräftig entwickeltem Körper, das Gesicht voller Furchen, die Selbstsicherheit und Entschlossenheit verrieten, die blauen Augen funkelnd von unterdrücktem Humor – das war Warren, wie er immer sein würde. Der Vater konnte nicht umhin, das zu denken, und während der Gedanke Wurzel faßte, lief ihm ein kalter Schauer über den Rücken. Er trat unter der Tür hervor. »Sagt mal, ist da noch ein Bier, oder habt ihr Quartalsäufer schon alles ausgetrunken?«

Byron sprang auf und brachte seinem Vater ein großes, vorgekühltes Glas Bier. »Dad, Natalie ist auf einem schwedischen Schiff unterwegs nach Hause. Zumindest hat Janices Vater davon gehört. Was sagst du dazu?«

»Das ist doch eine großartige Nachricht, Briny.«

»Ja. Ich versuche immer noch, zum State Department durchzukommen und eine Bestätigung zu erhalten. Übrigens meint Warren, ich sollte mich nicht versetzen lassen, weil der ganze Ruhm hier beim SubPac liegt.«

»Von Ruhm hab' ich nichts gesagt«, erklärte Warren. »Habe ich von Ruhm gesprochen? Ruhm ist mir scheißegal – entschuldige, Vater. Ich hab' nur gesagt, daß der eigentliche Kampf auf diesem Ozean bei den U-Booten liegt, und daß du hier eine Chance hast, den Lauf der Geschichte mitzubestimmen.«

»Aber worin sonst besteht der Ruhm?« sagte sein Vater.

Byron sagte: »Was meinst du, Vater?«

Da war er wieder, der Gefahrenpunkt, dachte Pug, antwortete jedoch unverzüglich: »Nimm deine Versetzung und geh! Der Krieg im Pazifik dauert noch lange. Du kommst immer noch rechtzeitig zurück und kannst soviel Geschichte machen, wie du willst. Du hast deinen Sohn noch nie gesehen und – na, was soll jetzt dieses schlaue Grinsen?«

»Du überraschst mich, das ist alles.«

Im Haus klingelte endlos das Telefon.

»Bei Gott«, sagte Pug, »das muß gefeiert werden. Natalie kommt nach Hause. Wie lange ist das überhaupt her, daß wir mal so zusammengewesen sind? War das nicht zu Warrens Hochzeit? Mir scheint, auch da haben wir etwas nachzuholen: den Hochzeitstag.«

»Richtig«, sagte Warren. »Ich habe daran gedacht, aber ich machte gerade Aufklärungsflüge vor Samoa.«

Das Klingeln hörte auf.

»Na, ich bin jedenfalls dafür, daß wir morgen abend gemeinsam im Moana-Hotel zu Abend essen und Champagner trinken«, sagte Pug. »Wie steht's?«

»Janice ist bestimmt begeistert, Dad, mal von hier wegzukommen. Vielleicht gehen wir hinterher tanzen . . .«

»Ich bin dabei«, sagte Byron, erhob sich und ging auf die Küchentür zu. »Ich spendiere den Wein. Vielleicht ist das mein Anruf aus Washington.«

Janice kam geröteten Gesichts aus dem Hause. »Dad, das ist für dich, und rate mal, wer? Alistair Tudsbury. Er ruft aus dem Moana an.«

Zweiter Teil

Midway

21

Der Weg nach Midway

(aus ›Welt im Untergang‹ von Armin von Roon)

Anmerkung des Übersetzers: *Die deutsche Ausgabe beginnt mit einer Analyse der sowjetischen Gegenangriffe im Winter 1941–1942. Für amerikanische Leser jedoch bildet von Roons vorzüglicher Prolog zur Schlacht um Midway, in dem auch die Lage in Rußland gestreift wird, einen besseren Ausgangspunkt. Die Geschehnisse auf den verschiedenen Kriegsschauplätzen wirkten sich weit mehr aufeinander aus, als gemeinhin angenommen wird; Roon ist sich über diese Wechselwirkungen durchaus im klaren. – V. H.*

Die japanische Flutwelle

Nach Pearl Harbor traten uns die Vereinigten Staaten als eine in vollem Umfang und mit großem Zorn Krieg führende Nation entgegen. Wir gewannen einen tapferen, aber armen Waffengefährten, ein weit in der Ferne lebendes asiatisches Inselvolk, das über weniger Boden und weniger natürlichen Reichtum verfügte als auch nur ein einziger amerikanischer Bundesstaat, wie etwa Kalifornien; und auf dem Schlachtfeld einen ausgeruhten Gegner, der über das größte kriegerische Potential der Welt verfügte. Wir standen jetzt einer Übermacht gegenüber. Gleichwohl sahen wir im OKW in der Lage noch immer Elemente eines überwältigenden Sieges.

Grundlage des Krieges bilden die geographischen Gegebenheiten, und geographisch war unsere Position noch immer aussichtsreich. Mit einem Fuß an der Atlantikküste und dem anderen im Schnee vor den Toren Moskaus beherrschte der Führer Europa in weiterem Maß als Napoleon zur Zeit des russischen Feldzugs oder als Karl V. von Spanien oder die antoninischen Kaiser. Von der Arktis bis zum Mittelmeer waren die Völker entweder unsere Verbündeten, befreundete Neutrale oder aber unterworfen und gehorsamspflichtig. Unter den Schlägen unserer U-Bootwaffe landete ein Großteil der amerikanischen Pacht- und Leihsendungen und der Hilfsgüter aus den britischen Kolonien auf dem Meeresgrund. Jeden Monat verringerte sich die Zahl der alliierten Schiffe, obwohl ihre Werften auf Hochtouren arbeiteten. Churchill selbst hat in seinen Memoiren gestanden: »Das einzige, was

mir während des Krieges wirklich Sorgen machte, war der U-Bootkrieg.«
Der Sowjet-Union hatte die Gegenoffensive im Winter unter blutigen Verlusten örtliche Terraingewinne eingetragen; doch ihre Stoßkraft ließ nach, und unsere kampfgestählten Truppen hatten den größten Teil Rußlands westlich der Wolga immer noch fest im Griff. Als Volk hatten wir die Brücken hinter uns abgebrochen und uns einmütig für den totalen Krieg erklärt. Trotz englischer Luftangriffe stieg unsere Kriegsproduktion.
Und jetzt tat sich Japan auf dem weltweiten Schlachtfeld mit lodernden Siegen hervor.
Adolf Hitler schloß die wackeren kleinen Asiaten sogleich als Kameraden in die Arme. Der mystische Humbug von der nordischen Überlegenheit war nur für die fanatischen Nazis bestimmt. Wir Wehrmachtsoffiziere verachteten ihn und stellten erleichtert fest, daß Hitler nichts anderes tat. Wenn ein fast zwölftausend Meilen entferntes Volk uns helfen konnte, die Weltherrschaft zu erringen, war dem Führer einerlei, ob es eine gelbe, schwarze oder grüne Haut hatte. Die Theorien der Nazis störten die Japaner nicht – ihrem Shintoglauben zufolge waren sie selber eine ›Herrenrasse‹. Im Gegensatz zu unserem Generalstab scheint das japanische Oberkommando zugelassen zu haben, daß dieser Unsinn ihre Urteilsfähigkeit trübte.
Militärische Entscheidungen sollten sich stets an die Grundfaktoren Zeit, Raum und Kraft halten. Der Schlüssel zu einer Niederlage der Achsenmächte war die *Zeit.* In räumlicher Hinsicht hatten wir den Vorteil, auf starken innereuropäischen Linien zu operieren, wogegen unsere Gegner über die Randgebiete verstreut waren; unser einziger Bundesgenosse von Belang jedoch wohnte genau auf der anderen Seite der Erde. Die kalte Arithmetik der Kraft gestaltete sich nach und nach zu unseren Ungunsten. Gleichwohl waren die Amerikaner im Augenblick schwach; bis sie auch nur halbwegs spürbar eingreifen konnten, sollte noch ein gutes Jahr vergehen. Angesichts ihres Engagements gegen Japan durften wir erwarten, daß die Pacht- und Leihlieferungen an die arg bedrängten Briten und Russen nachließen. Kurz gesagt: noch ermöglichte uns der Zeitfaktor, entweder zu siegen oder einen annehmbaren Frieden zu erzwingen.

Die Erdkugel als Schlachtfeld

Im Dezember 1941, da die industrielle Zivilisation der gesamten nördlichen Hemisphere in Flammen aufging, war ein großes Thema zu erkennen: *das Schlachtfeld war zur Oberfläche einer Kugel geworden.* Daraus ergaben sich bisher nicht dagewesene strategische Möglichkeiten. England und Rußland mußten alle Kräfte aufbieten, um Deutschland im Zaum zu halten; Japan dagegen, die Vereinigten Staaten und das Dritte Reich mußten sich entscheiden, *in welcher Richtung sie zuschlagen wollten.*

Bekanntlich hatten die amerikanischen Streitkräfte sich seit 1918 auf einen gleichzeitigen Krieg gegen Deutschland und Japan vorbereitet. Ihre bekannte Doktrin ›Regenbogen Fünf‹, Jahre vor Hitlers Losschlagen ausgearbeitet, bot eine Antwort auf die Frage: zuerst nach Osten oder ›Deutschland zuerst‹, und zwar nach der Clausewitz'schen Regel, *auf das Herz zu zielen.* Franklin Roosevelt hatte genug Willenskraft und gesunden Menschenverstand, sich angesichts des Sturms, der in seinem Land gegen Japan losbrach, an dieses gesunde militärische Rezept zu halten. Hinter der Maske eines christlichen Menschenfreundes war Präsident Roosevelt ein verschlagener, eiskalter Eroberer und einem Krieg in weltweitem Rahmen viel eher gewachsen als der impulsive, romantische und europäisch gesinnte Führer.

Japans Probleme waren wesentlich verwickelter. Nördlich dieses Inselreiches lag das reiche, der Verteidigung Moskaus wegen halb von Truppen entblößte Sibirien; im Westen war China zwar bereits in die Knie gezwungen, schlug aber immer noch kraftlos um sich; im Südwesten lockten die Schätze Indochinas, Hinterindien und das riesige Indien; im Süden Neuguinea und das weiße Australien; im Südosten streckten sich Inselketten quer über die Verbindungswege zwischen Australien und den Vereinigten Staaten. Im Osten endlich drohte fern und geschwächt Amerika; nur seine Außenposten Hawaii und Midway ragten wie Dornen in den Lebensraum Japans hinein.

Japans Ölreserven verbrauchten sich wie eine brennende Kerze. Vor einem halben Jahr hatte Roosevelt Japan mit einem Öl-Embargo belegt; diese grausame Schikane hatte Japan gezwungen, in den Krieg einzutreten. Japan fehlte es an Stahl und an Lebensmitteln – es mangelte ihm überhaupt an den meisten Grundvoraussetzungen eines langen Krieges. Es mußte alles auf seine Anfangserfolge setzen. Mit seiner begrenzten Kraft, der begrenzten Zeit, die ihm zur Verfügung stand, mußte Japan den entscheidenden Schlag führen. Aber – in welcher Richtung?

Sibirien kam vorderhand nicht in Betracht. Bevor Japan zum Angriff auf die imperialistischen Plutokratien antrat, hatte es klugerweise ein Neutralitätsabkommen mit der Sowjetunion unterzeichnet. Und Hitler hatte darauf verzichtet, als Gegenleistung für seine Kriegserklärung an die Vereinigten Staaten von den Japanern zu verlangen, daß sie dieses Abkommen aufkündigten und sich gleichfalls gegen Rußland wandten. Dadurch konnte Japan sich den Rücken freihalten, und ein gemeinsames Vorgehen gegen die Bolschewiken kam nicht in Frage.

Deutschlands Lage war wahrhaftig grotesk! Sämtliche Angehörigen der weltumspannenden Allianz griffen uns an; nur Japan, unser stärkster Bundesgenosse, lebte mit unserem stärksten Gegner, der Sowjetunion, weiterhin im Frieden. Bereits jetzt zahlte das deutsche Volk teuer für das *Führerprinzip,* das ein geradezu blindes Vertrauen in Hitlers Politik voraussetzte. Italien verfügte über eine beträchtliche Kriegsmarine, Luftwaffe und zahlreiche Truppen; doch mit seinem

Operettendiktator und seinem geringen Talent zur Kriegsführung stellte es nur eine Belastung unserer Treibstoff- und Stahlvorräte dar; außerdem bildete Italiens lange offene Mittelmeerküste unsere schlimmste Schwachstelle.
Alle diese Faktoren zusammen wiesen in eine Richtung. Gegen die Engländer konnten sich alle drei Achsenmächte vereinen; selbst Italien konnte im Mittelmeer und in Nordafrika von einigem Nutzen sein. Welche Strategie die beste war, lag auf der Hand: sich zusammentun, um dem bereits schwankenden Empire möglichst rasch den Todesstoß zu versetzen, und sich gegen den stärkeren Feind vorläufig nur zu verteidigen und ihn sich möglichst vom Leibe zu halten – in unserem Falle Rußland, im Falle Japans Amerika. Das war machbar *und ließ sich auch noch rechtzeitig machen.* Wie nichts sonst, würde die Niederlage Englands eine Wende in der Weltgeschichte anzeigen und die Stoßkraft im Fernen Osten um ein Vielfaches erhöhen.

Die Mittelmeer-Strategie

Um das Britische Weltreich zu Fall zu bringen, mußte man das Mittelmeer schließen und dem Mutterland die lebenswichtige Verbindung mit Indien und Australien abschneiden.
Diesen Plan hatte Admiral Raeder im Jahre 1940 zum ersten Mal aufgestellt. Er forderte die Einnahme Gibraltars, dann eine Landung in Tunis, endlich einen Vorstoß über Libyen und Ägypten in Richtung auf den Suez-Kanal und den Mittleren Osten, wo wir darauf zählen konnten, von den Arabern und den Persern mit offenen Armen empfangen zu werden. Ein Blick auf die Landkarte zeigt, wie verlockend dieses Konzept war. Spanien, Frankreich und die Türkei, die drei schwächsten Stellen unserer Vorherrschaft, gerieten damit automatisch in unser Lager. Hätten wir Französisch-Nordafrika in unserer Hand, so würde das Großdeutsche Reich eine solide Pyramide bilden, deren Basis von Dakar bis Kairo, von Palästina und Syrien bis zum Persischen Golf die Sahara bildete; die Spitze läge in Norwegen unter der Mitternachtssonne; die Westflanke wäre der Atlantische Ozean mit seinen befestigten Küsten, und die Ostflanke (im Jahre 1940) die Grenze der Sowjetunion.
Unser schwacher südlicher Verbündeter, Italien, ruhte damit sicher in einem von der Achse beherrschten Meer. Die Insel Malta, Britanniens kleine Felsenbastion im Mittelmeer, würde ausgehungert werden und damit an uns fallen. Die Reichtümer Afrikas würden nach Deutsch-Europa verschifft. Das Öl des Persischen Golfes und die Rohstoffe Asiens wären ein reiner Zugewinn. Von Dakar aus würden wir das reiche Südamerika beherrschen. Ein Goldenes Zeitalter kündigte sich an, die Morgendämmerung der deutschen Weltherrschaft.
Bereits 1940 und dann wieder im Jahre 1941 hatte Hitler sich ernstlich für diesen weitsichtigen Plan interessiert. Die Araber dieses Bereiches haßten ihre französi-

schen und britischen Herren; die arabische Befreiungsbewegung hieß unsere Propaganda und unsere Agenten willkommen. Hitler hatte mit Franco sogar die Gibraltar-Frage angeschnitten, doch der vorsichtige Spanier hatte Ausflüchte gemacht, und der Führer selbst war mit dem Herzen bereits bei dem bevorstehenden Angriff auf Rußland gewesen; das Unternehmen ›Barbarossa‹ hatte die Mittelmeer-Strategie vorübergehend in den Schatten treten lassen.
Doch jetzt war die Stunde dieser welthistorischen Idee gekommen. Inzwischen war Deutschland in Griechenland, auf Kreta und in Jugoslawien stark präsent. Rommel war in Afrika auf dem Vormarsch. Die sowjetische Bedrohung war fast anderthalbtausend Kilometer zurückgedrängt worden; jedenfalls konnte das Vaterland von dort aus nicht mit Bomben belegt werden. Die Macht der englischen Kriegsmarine war noch gering, und die Versenkung der *Prince of Wales* und *Repulse* hatte im Indischen Ozean ein strategisches Vakuum geschaffen. Australien und Neuseeland wollten ihre Truppen aus Nordafrika zurückziehen, um Singapore und ihre eigenen Territorien zu verteidigen.
Wir wurden in der Tat Zeuge, wie das britische Weltsystem vor unseren Augen zerbrach.
Wenn der Gegner wankt, ist es an der Zeit, ihm den Todesstoß zu versetzen. In diesem Augenblick war die stärkste Kriegsmarine der Welt mit der stärksten Armee der Welt vereint. Wenn Japan das britische Empire über den Indischen Ozean verstärkt angriff, während wir zu Lande an den Küsten des Mittelmeers vorstießen – sollte es da nicht gelingen, das überholte Imperium zu zermalmen wie eine halbvermoderte Haselnuß in einem stählernen Nußknacker?

Die Kuroshima-Strategie

In Kreisen der Kaiserlich Japanischen Kriegsmarine tauchte in dieser Zeit ein brillanter geheimer Kriegsplan auf, die Kuroshima-Strategie. Sie verriet professionelle Einsicht und eine Kühnheit des Denkens, die eines Manstein würdig gewesen wäre. Der rasche Zusammenbruch der britischen Plutokratie und ein anderer Ausgang des Zweiten Weltkriegs waren, unter den Aspekten dieses Plans gesehen, reale Möglichkeiten.
Kapitän zur See Kameto Kuroshima war der oberste Planungschef der japanischen Flotte; ein exzentrischer Intellektueller von unmilitärischen Gewohnheiten und ein blendender strategischer Genius. Er war der Urheber des meisterhaften Angriffs auf Pearl Harbor. Und seither hatte man sich bei der japanischen Kriegsmarine mit längerfristigen Anschlußplänen beschäftigt: Vorstößen nach Osten, Süden und Westen. Der Kampfgeist der Kriegsmarine war großartig, und Kapitän Kuroshimas Konzept von ›Operationen in Richtung Westen‹ bildeten das Gegenstück zu unserer Mittelmeer-Strategie. Seine Ideen sind heute noch erregend:

Die Unternehmen sollten zeitlich auf deutsche Offensiven im Nahen und Mittleren Osten abgestimmt werden.
Ziele dieser Unternehmen sollten sein:
a. die Vernichtung der britischen Flotte,
b. die Einnahme strategisch wichtiger Punkte und die Vernichtung feindlicher Stützpunkte,
c. die Herstellung eines Kontaktes zwischen den japanischen und den europäischen Achsen-Streitkräften.

Kuroshimas Vorgesetzter, Konteradmiral Ugaki, stellte seinen eigenen Plan einer Besetzung von Hawaii zurück und setzte seinen gesamten Stab darauf an, Kuroshimas Vorhaben zu durchdenken. Zu diesem Zeitpunkt wurde in Berlin ein japanisch-deutsches Militärabkommen ausgehandelt. Unglücklicherweise war das Ergebnis ein sehr seichtes Dokument. Die kärglichen zwei Seiten gaben keinerlei Anhalt für eine gemeinsame strategische Planung. Der Erdball wurde in zwei ›Operationsgebiete‹ aufgeteilt, die Trennungslinie verlief quer durch den Westen Indiens. Es folgten bombastische Gemeinplätze: westlich dieser Linie würden Deutschland und Italien den Feind vernichten, östlich davon Japan das gleiche tun usw. Nichtssagende Höflichkeitsfloskeln über Informationsaustausch, Zusammenarbeit in der Versorgung und ›Handelskriegsführung‹ bildeten den Schluß des albernen Vertragswerks. Von diesem diplomatischen Pfuschwerk enttäuscht, gaben die japanischen Marinestrategen den ›Vorstoß in Richtung Westen‹ als unsinnig auf.

Hitler der Berserker

Ironischerweise hatte Hitler sich gerade zu diesem Zeitpunkt nochmals mit Raeders Mittelmeer-Strategie befaßt.
Eine isolationistische amerikanische Zeitung, die *Chicago Tribune*, war an das hochgeheime Regenbogen-Fünf-Kriegsprogramm herangekommen und hatte unter dicken, gegen Roosevelt gerichteten Schlagzeilen den vollständigen Text abgedruckt.*
Dieser merkwürdige Verrat leistete uns natürlich vorzügliche Dienste. Das Dokument war unzweifelhaft echt: Hitler bezog sich in seiner Kriegserklärung an Amerika darauf. Danach war 1943 eine gigantische Invasion Europas durch eine nach Millionen zählende, neu aufgestellte Armee der Vereinigten Staaten vorgesehen, deren Invasionsbasis die Britischen Inseln sein sollten; große britische Verbände sollten unterstützend eingreifen. Admiral Raeder berief sich immer wieder auf diese Information. Wenn man England jetzt den Todesstoß

* *Hier irrt von Roon. Die* Tribune *druckte Auszüge aus dem strenggeheimen ›Siegesprogramm‹ ab, einer Analyse der Rohstoffvorräte. – V.H.*

versetzte, würde damit das ganze Vorhaben zunichte und die Vereinigten Staaten gelähmt werden.
Noch während Hitler darüber nachdachte, zerschlugen die Japaner Pearl Harbor.
Es folgten euphorische Tage. Hitler hörte sich an, wie Kriegsmarine, Wehrmacht* und die Luftwaffe sich für Raeders Plan einsetzten. Er begriff die Hauptidee sehr wohl – den schwächsten Gegner durch einen raschen gemeinsamen Angriff der Achse zu vernichten —, deutete zuletzt zögerndes Einverständnis an, begab sich dann jedoch wieder an die Ostfront. Unser Stab arbeitete in aller Eile den ›Führerbefehl Nummer 39‹ aus, bei dem es darum ging, in Rußland auf reine Verteidigung umzuschalten, die notwendigen Truppen abzuziehen und rückwärtige Stellungen vorzubereiten. Dieser Entwurf ging ins Führerhauptquartier.
Daraufhin war die Hölle los!
Hitler befahl General von Brauchitsch, den Oberkommandierenden des Heeres, sowie seinen Stabschef, General Halder, zu einer mitternächtlichen Besprechung zu sich. Er tobte, warf ihnen Beleidigungen an den Kopf, bezeichnete den ›Führerbefehl Nummer 39‹ als ›blödsinniges Gefasel‹ und erklärte, es würde kein einziger Verband von der Ostfront abgezogen; jeder deutsche Soldat werde sich eingraben, wo er gerade sei, und dort kämpfen oder sterben. Er entließ von Brauchitsch und übernahm persönlich das Oberkommando über das Heer – ein Gefreiter, der einen Feldmarschall ablöste! Die neue Strategie war damit natürlich verpufft, denn ihr Kernstück bestand im Abzug von vierzig bis fünfzig Divisionen aus dem Osten, um das Mittelmeer zu säubern. Zweifellos war das der Grund, warum unser im Januar geschlossenes Abkommen mit Japan so dünn und so nichtssagend ausfiel.
Was war mit Hitler passiert?
Nachdem er in seine düstere, verschneite Wolfsschanze zurückgekehrt war, mußte er ein paar häßlichen Tatsachen ins Auge sehen. Gegen den Rat seines Stabs war er bis in den Dezember hinein auf Moskau vorgestoßen. Wetter und Versorgungsschwierigkeiten hatten unsere frierenden Truppen in exponierten Stellungen erschöpft. Die russischen Gegenangriffe hatten eingesetzt, und in begrenztem Bereich kam es zu Durchbrüchen. All das war höchst beunruhigend für einen Diktator, der ausschließlich an Siegesmeldungen gewöhnt ist.
Hitler wurde von dem Geist Napoleons verfolgt. Das wußten wir alle; Caulaincourts *Memoiren* waren im Hauptquartier ebenso streng verboten wie Pornographie in einem Knabeninternat. Unser erschütterter Führer sah zweifellos bereits den Zusammenbruch der Front, die Wehrmacht in hellen Haufen in die Flucht

* Innerhalb des Heeres war man keineswegs einmütig dafür. Meine Denkschrift zugunsten des Raederplanes befindet sich noch bei meinen Unterlagen. Generale von der russischen Front neigten dazu, die Mittelmeer-Strategie als ›Phantasterei‹ abzutun. Wie sich herausstellte, war sie nicht minder phantastisch als die Vorstellung, die Sowjetunion schlagen zu können. – A.v.R.

geschlagen, die Deutschen von den Kosaken aus dem Lande gejagt. Ein Alptraum, gewiß, aber nicht mehr. Unsere breite und feste Front von Leningrad bis ans Schwarze Meer war etwas ganz anderes als Napoleons dünner Vorstoß, mit bespanntem Troß und noch dünneren Nachschublinien. Hitler war jedoch von dieser falschen Analogie wie besessen, erließ daher seinen drakonischen ›Durchhaltebefehl‹ und übernahm persönlich das Kommando, um dafür zu sorgen, daß er auch befolgt wurde.
Auch wenn man zugesteht, daß jeder Oberkommandierende ein Recht auf die Angst schlafloser Nächte hat, bestand keinerlei Anlaß, den Japanern ein so enttäuschendes Stück Papier zu schicken. Hätte Hitler auch nur eine kleine Militärmission nach Tokio entsandt – Großadmiral Raeder vielleicht, zusammen mit General Warlimont oder mir –, so hätte das möglicherweise schon ausgereicht, daß die Waagschale sich zugunsten der Kuroshima-Strategie senkte. Oder wenn Hitler – nach Pearl Harbor – ein paar höhere japanische Offiziere nach Berlin eingeladen hätte, um über eine gemeinsame Planung nachzudenken, so wäre es vielleicht gelungen, das Mittelmeer abzuriegeln und England in die Knie zu zwingen; die Rußlandfront wäre im Schnee geblieben, wie sie war, während wir uns auf einen sommerlichen Vorstoß auf den Kaukasus vorbereiteten. *Es hatte jedoch kein einziger japanischer Verbindungsoffizier jemals Zugang zum Führerhauptquartier.*

Der ›Durchhaltebefehl‹

Manche Historiker und Militäranalytiker preisen noch heute den ›Durchhaltebefehl‹ für die Ostfront als Hitlers größte Leistung, einen reinen Willensakt, der die Wehrmacht gerettet habe. Die Wahrheit ist, daß der gute Stern des österreichischen Abenteurers mit diesem Befehl zu verblassen begann. Der politische Führer ist im Krieg auf Abstand angewiesen, um das große Bild im Auge zu behalten. Von dem Augenblick an, in dem Hitler selbst die Kriegsführung übernahm, in der er doch nichts weiter war als ein eigensinniger Dilettant, war er verloren.
De facto war der Durchhaltebefehl ein auf Hysterie beruhender militärischer Fehler. Trotzige Zähigkeit bei einer kriegerischen Auseinandersetzung ist eine gesunde Sache; Beweglichkeit in der Verteidigung jedoch nicht minder. Obwohl wir in Rußland einer zahlenmäßig überwältigenden Mehrheit gegenüberstanden, übertrafen wir die slawischen Horden in der Führung an Kampfgeist und Beweglichkeit bei weitem. Hitlers Befehl jedoch ließ die Beweglichkeit erstarren, lähmte die Führung und schwächte den Kampfgeist, indem er ein sinnloses Sterben befahl. Der Geruch der Unbesiegbarkeit, der uns anhaftete, verflüchtigte sich. In der russischen Propaganda tauchte ein neuer deutscher Soldat auf: ›Winter-Fritz‹, eine rührende, helmbewehrte Vogelscheuche mit Eiszapfen an der Nase, die in unhaltbarer Stellung ›bis zum Tode ausharrt‹.

Und so verblaßte Raeders Plan, die letzte überlegene Idee, die Deutschland den Sieg hätte bescheren können. Vielleicht ist es gestattet, sich einmal auszumalen, was hätte geschehen können: japanische Schlachtschiffe und Flugzeugträger, die mit dem Sonnenbanner am Mast durch einen Suezkanal, über dem die Hakenkreuzflagge flatterte, ins Mittelmeer hineindampften: die politischen Auswirkungen wären geeignet gewesen, die Welt zu erschüttern. Und es wäre möglich gewesen! Hätten wir unsere Verteidigungsstellungen in Rußland entsprechend dem Führerbefehl Nr. 39 begradigt und verstärkt ausgebaut, wir würden verbissen durchgehalten haben. Japan hätte seine Vorpostenstellungen im Pazifik im Frühjahr 1942 leicht mit geringen Kräften gegen die schwachen Amerikaner halten können.
Doch all das ist jetzt versponnenes Wunschdenken. Tatsache bleibt – und das geht aus den Churchill-Memoiren hervor –, daß Japan Madagaskar ohne weiteres in seine Hand hätte bringen können; damit hätte es den Briten die Nachschublinien an der ostafrikanischen Küste bis nach Ägypten abgeschnitten. Dann hätte es nie eine Schlacht von El Alamein gegeben. Die nahezu ausgehungerte britische Armee wäre Rommel nach seinem brillanten Handstreich bei Tobruk in die Hand gefallen; damit wäre vermutlich auch Churchills Sturz besiegelt gewesen, und der Krieg hätte eine große Wende zu unseren Gunsten genommen.
Stattdessen trat die Mittelmeer-Strategie mehr und mehr zurück, und es wurde ein trügerischer ›Großer Plan‹ daraus, der weltumspannende Streich, mit dem Hitler den Krieg beenden wollte, nachdem er Rußland geschlagen hätte. Darüber erging er sich gern bei seinen Tischgesprächen; aber mehr sollte daraus auch nie werden: Gerede bei Tisch.

Der vergessene Sieg

Die große japanische Kriegsflotte verschwendete ihre Zeit. Erst Ende März bekam Admiral Nagumo, der Held von Pearl Harbor, wieder eine echte Aufgabe. Bis dahin fuhr er über das Meer und teilte mit Hilfe seiner Flugzeugträger kleinere Schläge aus; er ›zertrümmerte Eierschalen mit einem Vorschlaghammer‹, wie der Kommentator Fuchida es ausdrückte. Japans schnelle Schlachtschiffe lagen friedlich an ihrem Stützpunkt in der Nähe von Hiroshima vor Anker; die kostbare Zeit verrann. Im März lief Nagumo dann endlich in westlicher Richtung aus, um den britischen Land- und Luftstreitkräften im Indischen Ozean vernichtende Schläge zu versetzen. Ziel dieses Unternehmens war, den Vormarsch der japanischen Armee in Burma zu unterstützen.
Hier wurde zumindest ein Ansatz der Kuroshima-Strategie verwirklicht, und die Folge war ein gewaltiger Sieg. Nagumos Sturzbomber versenkten einen Flugzeugträger, zwei Schwere Kreuzer und einen Zerstörer. Er zerstörte zwei Stützpunkte auf Ceylon und versenkte eine große Anzahl von Frachtschiffen. Seine *Zero*-Flug-

zeuge richteten unter den *Swordfish-, Hurricane- und Spitfire-Jägern* der Verteidiger ein derartiges Gemetzel an, daß Winston Churchill in seinen Memoiren gesteht, über Europa sei der Royal Air Force niemals eine solche Schlappe zugefügt worden. Die britischen Schlachtschiffe, die noch einmal davongekommen waren, flüchteten nach Britisch-Ostafrika. Nach zwei Jahrhunderten uneingeschränkter Herrschaft war die britische Seemacht vom Indischen Ozean hinweggefegt worden. Westliche Historiker übergehen dieses überragende Ereignis – bis auf Churchill, der kein Hehl daraus macht, welch einen Schock das damals für ihn bedeutete und welche Angst es ihm einjagte.
Auf diese Weise erwies sich die Richtigkeit der Kuroshima-Strategie. Madagaskar, die afrikanische Küste, der Suez-Kanal, der Persische Golf und das Mittelmeer – all das lag für den Vormarsch der japanischen Flotte offen. Aber es war schon zu spät. Nagumo wurde zu anderen Unternehmungen zurückgerufen. Der für die Achsenmächte günstige Faktor Zeit blieb ungenutzt.

Der Doolittle-Überfall

Ein mutiges, wiewohl unbesonnenes Propagandaunternehmen der Yankees, der berüchtigte Terrorangriff auf Tokio unter der Leitung des Obersten Doolittle, rüttelte das Kaiserlich-Japanische Hauptquartier auf und zwang es, die immer vertagte Entscheidung zu fällen: ›In welche Richtung?‹ Fast in Panik entschieden sie sich für die denkbar ungünstigste Richtung.
Die Amerikaner zu unterschätzen, ist ein Fehler, der ihren Feinden oft unterläuft. Die Amerikaner machen einen leichtfertigen und bequemen Eindruck; dabei haben sie von Natur aus sehr viel Sinn für alles Technische und können, einmal gereizt, erstaunlich tapfer sein. Zu diesem Zeitpunkt waren die Yankees im Pazifik viel zu schwach, um mehr zu unternehmen als kleinere Luftangriffe von ihren Flugzeugträgern aus. Immerhin heckten sie den Plan aus, auf die gleiche Art Bomber ihrer Army-Luftwaffe starten zu lassen und Tokio zu bombardieren – ein spektakuläres, wenn auch nicht sonderlich wirkungsvolles Unternehmen. Da japanische Aufklärer nur innerhalb der Reichweite von Flugzeugträgern operierten, gelang den Amerikanern eine vollkommene Überraschung. Außer der Zufallsermordung von Zivilisten – eine Praxis, die Amerika in Dresden und Hiroshima beibehielt – wurde keinerlei nennenswerter militärischer Nutzen erzielt. Ziel dieses Unternehmens war es, bei der Zivilbevölkerung daheim Eindruck zu machen und den Gegner zu erschrecken.
Technisch gesehen war das Unternehmen keine Kleinigkeit. Aber die Amerikaner modifizierten ihre Bomber und stellten den Routinedienst ihrer Flugzeugträger auf typisch amerikanische Weise um. Eine Gruppe von Freiwilligen unter dem Befehl des fähigen Piloten Doolittle flog einen Überraschungsangriff. Aus heiterem Himmel fielen Bomben auf Tokio. Amerika jubelte, die Welt war wie vom Donner

gerührt und Japan bis in die Grundfesten erschüttert. Bereits nach vier Monaten Krieg war der Sohn des Himmels amerikanischen Bomben ausgesetzt!
Yamamoto, der kühne Oberbefehlshaber der Kaiserlich Japanischen Flotte, der die Entscheidung über Pearl Harbor getroffen hatte, war fest entschlossen, derlei nie wieder vorkommen zu lassen; den frechen Amerikanern mußte ein Denkzettel verabreicht, sie mußten für immer aus dem Flugzeugträgerbereich vertrieben werden. Folglich stellte sich die Antwort auf die Frage ›in welche Richtung?‹ jetzt ganz natürlich ein und lautete fatalerweise: *›nach Osten‹*! Nach Osten, wo nichts Handfestes gewonnen werden konnte; aber auch nach Osten, wo man die amerikanische Flotte möglicherweise zwingen konnte, sich zu stellen, um sie zu vernichten. Außerdem würde Japan einen feindlichen Außenposten erobern, von dem aus man alle künftigen Ungeheuerlichkeiten à la Doolittle von vornherein ausschalten konnte. Folglich fielen die Würfel und Nagumo wurde zurückbeordert.
Nach Osten!
Auf diese Weise, unter derartig fehlgeleiteter Führung, wandten wir und die Japaner uns gegenseitig den Rücken zu. Das Britische Empire blieb bestehen. Jeder für sich stieß auf dem Schlachtfeld, das die Erdkugel bildete, in die falsche Richtung vor. Die Wehrmacht begab sich auf den langen Marsch nach Stalingrad, und die japanische Kriegsflotte nahm Kurs auf Midway.

Anmerkung des Übersetzers: *Diese Analyse gehört heute zum Unterrichtsstoff der Navy-Kriegsschule. Ich selbst habe Vorlesungen darüber gehalten. Als Heeresoffizier neigt von Roon dazu, die logistischen Probleme von Nachschubrouten über den ganzen Indischen Ozean sowie die Bedrohung der Flanke durch See- und Luftstreitkräfte von Indien her zu gering einzuschätzen. Dennoch wäre es im Frühjahr 1942 möglicherweise der beste Kurs für die Achsenmächte gewesen, sich Rußland und uns möglichst vom Hals zu halten und die Briten von beiden Seiten hart in die Zange zu nehmen. Die Verluste im U-Bootkrieg erreichten damals ihren Höhepunkt. Ein japanischer Vorstoß in Richtung auf Suez im Verein mit Rommels Vormarsch in Nordafrika hätte für die Regierung Churchill möglicherweise bittere Konsequenzen gezeitigt. Der Sturz Churchills hätte ein großer Schritt zu einem Separatfrieden sein können.*
Doch Roon übersieht andauernd, daß totalitäre Regierungen von gemeinsamen Unternehmungen nicht viel halten. Sie werden von Extremisten und Fanatikern gegründet, die durch Verschwörung und Verbrechen an die Macht kommen. Diese Wesenszüge bleiben auch dann bestehen, wenn man an der Macht ist und aus den Verschwörern Regierende werden. Wie Diebe dazu neigen, miteinander in Streit zu geraten, so geben totalitäre Regimes schlechte Bundesgenossen ab. – V.H.

22

Brigadegeneral Lacouture war über Natalies Aufenthaltsort falsch informiert worden.

Ein schwarzer Wolkenbruch ging mittags über Siena hernieder. An einem Fenster, an dem das Wasser herunterströmte, arbeitete Jastrow lustlos bei Lampenlicht. Wenn es regnete, tat ihm die Schulter weh, und seine alten Finger wurden steif; außerdem flossen die Worte besser, wenn er draußen in der Sonne sitzen konnte. Daß Natalie nur leise anpochte, hieß: »*Nichts Wichtiges. Wenn du gerade beschäftigt bist, tu so, als hörtest du mich nicht.*«

»Ja? Herein!«

Der Absatz, an dem er gerade schrieb, machte erforderlich, daß er sich noch einmal eingehend mit Luthers Ansichten über das Zölibat beschäftigte. Jastrow spürte die Last der Jahre und war sich der Endlosigkeit seiner Aufgabe wohl bewußt; deshalb war ihm eine Unterbrechung lieb. Im Schatten des Lampenlichts wirkte ihr knochiges Gesicht blaß und traurig. Sie hatte den Schlag, daß sie nun noch länger festgehalten wurden, noch immer nicht verwunden, dachte er.

»Aaron, kennst du Mosé Sacerdote?«

»Den Juden, dem das Kino gehört und die Hälfte der Grundstücke auf den Banchi di Sopra?« Verdrießlich nahm er die Brille ab. »Schon möglich. Jedenfalls weiß ich, wer er ist.«

»Er ist am Telephon. Er sagt, ihr wärt euch im Palazzo des Erzbischofs begegnet.«

»Was will er denn?« Jastrow vollführte mit der Brille eine unwillige Geste. »Wenn er derjenige ist, an den ich mich erinnere, ist er ein schieläugiger, sauertöpfischer alter Herr.«

»Er möchte, daß du ihm seine Ausgabe von *Eines Juden Jesus* signierst.«

»Was? Nachdem ich elf Jahre hier lebe, kommt er mit einer solchen Bitte?«

»Soll ich sagen, du hast zu tun?«

Mit einem berechnenden kleinen Grinsen hauchte Jastrow auf seine Brillengläser und putzte sie. »›Sacerdote‹, verstehst du, ist das italienische *Cohen*, ›Priester‹. Also versuchen wir genau herauszubekommen, was Signor Moses

Cohen wirklich will. Ich erwarte ihn nach meinem Mittagsschlaf.«
Der Sturm war vorübergegangen, die Sonne schien wieder, und Regentropfen funkelten auf den Blumen auf der Terrasse, als ein uraltes Auto durch die Einfahrt hereinkam. Natalie suchte sich einen Weg um die Pfützen herum und begrüßte einen dicklichen, schwarzgekleideten älteren Mann. Jastrow, der auf einem Liegestuhl saß und Tee trank, forderte Sacerdote mit einer Handbewegung auf, auf der Bank neben ihm Platz zu nehmen.
»Ach ja. Die italienische Ausgabe – *Il Gesù d'un Ebreo*«, sagte Jastrow, als der alte Mann ihm den schlicht blau gebundenen Band reichte – eines der beiden Bücher, die er mitgebracht hatte. Jastrow setzte die Brille auf und blätterte die Seiten aus billigem dicken Papier um. »Ich habe nicht einmal selbst mehr ein Exemplar. Wird es nicht sogar von Sammlern gesucht? 1934 wurden nur etwa tausend Stück gedruckt.«
»Oh ja. Sehr selten. Sehr kostbar – gern, vielen Dank, ohne Milch und ohne Zucker.« Natalie schenkte an einem tragbaren Tischchen Tee ein. Sacerdote sprach ein reines Toskanisch, und es klang wunderbar fließend und klar. »Ein kostbarer Besitz, Dr. Jastrow. Und ein wunderbares Buch. Ihre Auseinandersetzung mit dem Abendmahl zum Beispiel hat auf unsere jungen Leute eine große Wirkung ausgeübt. Sie sehen Abendmahlsdarstellungen an den Wänden der Kirchen und nehmen selber – wenn auch nicht immer gern – an Passah-Feiern teil, aber sie haben die beiden Dinge nie miteinander in Verbindung gebracht, bis Sie den Anstoß dazu gegeben haben. Ihre Beweisführung, daß die Römer Jesus hingerichtet haben, weil er ein politischer Radikaler war und die einfache jüdische Bevölkerung ihn liebte, ist sehr bedeutsam. Wenn das nur besser verstanden würde! Unser gemeinsamer Freund, der Erzbischof, hat gerade diese Stelle mir gegenüber einmal erwähnt.«
Lächelnd neigte Jastrow den Kopf. Er liebte es, gelobt zu werden, und wenn auch auf noch so plumpe Art; in letzter Zeit bekam er kaum noch Lobendes zu hören.
»Und das andere Buch?«
Sacerdote reichte Jastrow ein abgegriffenes Bändchen. »Auch eine Seltenheit. Ich habe mich in letzter Zeit viel damit beschäftigt.«
»Ach, ich wußte nicht einmal, daß es sowas überhaupt gibt.«
Er hielt es Natalie hin, damit auch sie es sehen konnte. »*La Lingua Ebraica Contemporanea*. Stell dir vor!«
»Das ist vor langer Zeit von der Zionistischen Vereinigung in Mailand herausgebracht worden. Eine kleine, aber gut fundierte Gruppe.« Sacerdote senkte die Stimme. »Meine Familie geht vielleicht nach Palästina.«

Natalie hörte auf, Kuchen zu schneiden, und räusperte sich.
»Und wie um alles in der Welt wollen Sie das anstellen?«
»Mein Schwiegersohn macht das schon. Ich glaube, Sie kennen ihn. Doktor Bernardo Castelnuovo. Er behandelt Ihr Baby.«
»Natürlich! Das ist *Ihr* Schwiegersohn?«
Mit einem etwas gequälten Lächeln, das seine Goldzähne aufblinken ließ, reagierte Sacerdote auf den verwunderten Ton.
»Ist er Jude?«
»Das sagt man heutzutage nicht gern laut, Mrs. Henry.«
»Nun, da bin ich aber erstaunt. Ich hatte keine Ahnung . . .«
Jastrow reichte ihm das Lehrbuch zurück, schraubte die Kappe seines Füllfederhalters ab und schickte sich an, eine Widmung auf das Vorsatzblatt von *Il Gesù d'un Ebreo* zu schreiben. »Fühlen Sie sich hier nicht sicher? Die Reise, an die Sie denken, könnte ziemlich riskant werden. Wir wissen das aus Erfahrung.«
»Sie meinen Ihre Zeit auf der *Izmir*? Mein Schwiegersohn und ich haben die Reise der *Izmir* teilweise finanziert.« Natalie und Jastrow wechselten verwunderte Blicke. »Heute ist Sabbath-Abend, Dr. Jastrow. Wollen Sie und Ihre Nichte zum Essen zu uns kommen? Bernardo wird auch da sein. Wie lange ist es her, daß Sie kein richtiges Sabbath-Essen mehr gegessen haben?«
»An die vierzig Jahre. Das ist sehr freundlich von Ihnen, aber ich nehme an, Ihre Köchin hat mit den Vorbereitungen bereits angefangen, und deshalb . . . «
Klipp und klar erklärte Natalie: »*Ich* ginge gern.«
»Und Louis?« fragte Aaron.
»Ach, das Kind müssen Sie mitbringen«, sagte Sacerdote. »Meine Enkelin Miriam wird entzückt von ihm sein.«
Jastrow schrieb die Widmung zu Ende. »Nun, dann kommen wir. Vielen Dank.«
Sacerdote preßte das Buch an sich. »Jetzt haben wir einen Familienschatz.«
Natalie fuhr sich mit der Hand über das streng nach hinten gekämmte und zu einem Knoten zusammengenommene Haar. »Was ist mit der *Izmir* geschehen? Und was ist aus Avram Rabinovitz geworden, wissen Sie das? Lebt er noch?«
»Bernardo wird Ihnen alles erzählen.«

Die Sacerdotes und die Castelnuovos lebten im modernen Teil von Siena, außerhalb der alten Stadtmauern, im obersten Stock eines häßlichen, stuckverzierten Wohnhauses, das Mosé Sacerdote gehörte; er nannte es seinen ›Palazzo‹. Der Aufzug funktionierte nicht, sie mußten fünf düstere Treppen hinaufsteigen. Sacerdote benutzte eine ganze Reihe von Schlüsseln und schob etliche Riegel zurück, bis er sie in eine geräumige Wohnung eintreten ließ, in der es appetitlich nach Essen roch. Die Räume standen voll glänzend polierter Möbel; es gab ganze Wände voller Bücher, elegantes Silber und Porzellan in massiven Vitrinen.

Dr. Castelnuovo begrüßte sie auf dem Flur. Natalie hatte nie besonders viel von ihm gehalten: ein Kleinstadtarzt, allerdings der beste, den Siena aufzuweisen hatte. Seine ritterlichen Umgangsformen in seiner Praxis hatten ihr gut gefallen. Sein volles schwarzes Haar, die schimmernden, schwarzen Augen und sein dunkles Gesicht verliehen ihm jenes toskanische Aussehen, das an sienesische Bilder erinnert. Daß dieser Mann Jude sein könnte, wäre Natalie nie in den Sinn gekommen.

Im Eßzimmer stellte der Arzt sie seiner Frau und Schwiegermutter vor, die gleichfalls italienisch wirkten: beide waren rundlich-untersetzt, trugen schwarze Seidenkleider, hatten schwere Lider, ein ausladendes Kinn und ein liebenswürdig-argloses Lächeln. Die Mutter war grauhaarig und trug keinerlei Make-up, die Tochter hatte braunes Haar und einen Hauch von Lippenrot aufgetragen. Im Licht des Sonnenuntergangs, der die hohen Fenster rötete, waren sie dabei, auf einem üppig gedeckten Tisch die Sabbath-Kerzen anzuzünden. Als sie schwarze Spitzenhauben aufsetzten, kam leichtfüßig ein blasses, kleines Mädchen in braunem Samtkleid herein. Sich am Rock seiner Mutter festhaltend, lächelte die Kleine zu dem Baby hinauf, das Natalie auf dem Arm hielt. Die Kerzen flackerten auf vier schön gearbeiteten Silberleuchtern. Die Frauen bedeckten die Augen und murmelten Gebete. Das Mädchen setzte sich auf einen Stuhl, streckte die Arme aus und zwitscherte in kristallklarem Italienisch: »Ich mag ihn. Darf ich ihn, bitte, haben?«

Natalie gab Miriam das Baby auf den Schoß. Die blassen dünnen Ärmchen schlossen sich auf komisch-gekonnte Weise um das Baby. Louis betrachtete Miriam von oben bis unten, schmiegte sich dann an sie und hing an ihrem Hals.

Sacerdote sagte zögernd: »Dr. Jastrow, hätten Sie Lust, mit uns in die Synagoge zu kommen?«

»Ach ja, der Erzbischof hat mir vor Jahren erzählt, es gäbe hier eine Synagoge, unten in der Nähe der Piazza del Campo.« Jastrow tat überrascht und amüsiert. »Ist sie architektonisch interessant?«

»Es ist nur eine alte Synagoge«, sagte Castelnuovo. »Wir sind nicht besonders fromm. Vater ist Gemeindevorsteher. Es ist nie ganz einfach, zehn Männer zusammenzubekommen, deshalb gehe ich hin. Und manchmal hört man dort auch Neues.«

»Werden Sie mir verzeihen, wenn ich nicht mitkomme?« sagte Jastrow

lächelnd. »Es würde den Allmächtigen allzusehr aufregen und seine Sabbathruhe stören. Ich würde mir statt dessen gern Ihre Bibliothek ansehen.«
Während die beiden Frauen in der Küche die Kinder fütterten, plauderte Anna Castelnuovo unbefangen von Frau zu Frau mit Natalie. Sie sei alles andere als gläubig, gestand sie fröhlich, halte jedoch ihren Eltern zuliebe an den Ritualen fest. Auch der Zionismus ihres Mannes lasse sie kalt. Ihre Leidenschaft sei das Lesen von Romanen, zumal amerikanischen. Und daß sie heute einen amerikanischen Schriftsteller als Gast im Hause hätten, auch wenn er nicht gerade Romane schreibe, finde sie furchtbar aufregend. Als Natalie die Geschichte ihrer Ehe mit einem U-Boot-Offizier zum besten gab, war die Frau des Arztes begeistert. »Aber das ist ja wie in einem Roman«, sagte sie. »Wie in einem Roman von Ernest Hemingway. Romantisch!« Als Miriam das Füttern des Babys übernahm und beide Kinder todernste Mienen machten, mußten beide Frauen lachen. Dann steckten sie das Mädchen und das Baby in Miriams mit Spielzeug überfülltes Zimmer. »Sie kümmert sich bestimmt besser um ihn als jedes Kindermädchen«, sagte Anna. »Ich höre Vater und Bernardo. Kommen Sie zum Essen.«
Sacerdote und Dr. Castelnuovo machten nach ihrer Rückkehr bedrückte Gesichter. Der ältere Mann setzte ein abgegriffenes weißes Käppchen auf, sprach die Segenssprüche über den Wein und setzte es dann wieder ab. Halblaut geführten Wortwechseln innerhalb der Familie entnahm Natalie, daß sich offenbar jemand verspätet hatte. »Nun, dann fangen wir an«, sagte Sacerdote. »Setzen wir uns.« Ein Platz blieb leer.
Das Essen war weder italienisch noch koscher, wie Natalie mehr oder weniger erwartet hatte. Es gab ein würziges Fischgericht, eine Fruchtsuppe, ein Hühnergericht, safrangelben Reis und Auberginen mit Fleisch. Die Unterhaltung schleppte sich hin. Als man mit dem Essen fertig war, trat ein Sohn namens Arnoldo ein; mager und klein, um die zwanzig, und mit seinem schmutziger Pullover, dem langen, zerzausten Haar und dem offenen Hemd, ein krasser Gegensatz zu der Förmlichkeit seiner Familie. Er aß schweigend und mit Heißhunger. Solange er am Tisch saß, kam die ohnehin stockende Unterhaltung ganz zum Erliegen. Sacerdote setzte sein Käppchen wieder auf und stimmte einen kleinen hebräischen Gesang an, in den alle bis auf Arnoldo einstimmten.
Natalie fing schon an zu bedauern, daß sie Aaron gedrängt hatte, die Einladung anzunehmen. Er trank den Wein so rasch, wie die Frau des Arztes ihm einschenkte. Verlegene Blicke gingen zwischen den Familienmitgliedern hin und her; und unbestimmte Angst schien die bedrückte Stimmung noch zu vertiefen. Natalie starb vor Neugier, den Arzt nach Rabinovitz und der *Izmir*

zu fragen, doch er hatte ein so abweisendes Gesicht aufgesetzt, daß sie es nicht wagte.

Jüdische Feierlichkeiten deprimierten Natalie ohnehin; die Sabbath-Kerzen, die immer noch auf dem Tisch brannten, waren ein besonders wunder Punkt. Als sie Miriam beobachtet hatte, war ein alter, tiefsitzender, fast vergessener Schmerz wieder in ihr aufgebrochen. Vor zwanzig Jahren hatte sie ebenso neben ihrer Mutter gestanden und sie gefragt, warum Mama die Kerzen bei Tageslicht anzündete. Die Antwort – es sei verboten, an einem Sabbath nach Sonnenuntergang Feuer zu entzünden – hatte durchaus einleuchtend geklungen; für ein kleines Mädchen war das Leben voll willkürlicher Verbote. Doch dann hatte ihr Vater nach dem schweren Sabbath-Mahl ein Streichholz angezündet und sich eine lange Zigarre angesteckt. In aller Unschuld hatte sie gesagt: »Aber Papa, das ist nach Sonnenuntergang nicht erlaubt.« Die Eltern hatten einen verlegenen und amüsierten Blick getauscht. Sie konnte sich nicht erinnern, was ihr Vater gesagt hatte – jedenfalls hatte er weitergeraucht; doch den Blick, der zwischen ihren Eltern hin- und hergegangen war, hatte sie nie vergessen. Ihr ungebärdiges Benehmen in der Sonntagsschule hatte an diesem Tag angefangen, und obgleich ihr Vater einer der Gemeindevorsteher gewesen war, hatten ihre Eltern sie nicht bewegen können, die Sonntagsschule weiter zu besuchen.

Den schmutzigen Pullover geradeziehend, erhob Arnoldo sich, während die anderen noch aßen. In flinkem Italienisch und mit einem gewinnenden Lächeln, bei dem seine Zähne weiß strahlten, sagte er zu Jastrow: »Tut mir leid, daß ich gehen muß. Ich habe Ihr Buch gelesen, Signore! Ein tolles Buch.«

Seine Mutter sagte bekümmert: »Kannst du denn nicht einmal am Sabbath ein Weilchen bleiben, wenn wir Gäste haben?«

Das Lächeln in seinem Gesicht schwand und wurde trotzig. »Francesca wartet auf mich. Ciao.«

Er hinterließ ein bedrücktes Schweigen, bis Dr. Castelnuovo sich an Jastrow und Natalie wandte. »Nun ja! Ich habe eine gute Nachricht für Sie. Die *Izmir* hat Palästina erreicht, und die Engländer haben die Landung der Passagiere nicht verhindern können.«

»Oh, mein Gott!« rief Natalie aus, und eine Woge von Dankbarkeit stieg in ihr hoch. »Sind Sie ganz sicher?«

»Ich stehe mit Avram Rabinovitz in Verbindung. Es hat gefährliche Momente gegeben, aber alles in allem war es ein Erfolg.«

Jastrow legte seine kleine feuchte Hand auf die Natalies. »Eine wunderbare Nachricht.«

»Die Fahrt hat uns einen Haufen Geld gekostet.« Sacerdote strahlte. »Aber

man freut sich, wenn es sich gelohnt hat. Das ist nicht immer so.«
Natalie sagte zum Arzt: »Aber in der Zeitung und im Radio hat es geheißen, das Schiff sei verschwunden. Ich habe fast davon geträumt, daß sich das Unglück der *Struma* wiederholen könnte.«
Castelnuovos Miene wurde bitter. »Ja, man hört so manches von diesen Katastrophen. Die Weltpresse ist nicht ohne Anteilnahme den Juden gegenüber, wenn sie tot sind. Da redet man besser nicht zu viel über die Erfolge.«
»Und Rabinovitz? Was ist mit ihm?«
»Er ist wieder in Marseille. Das ist seine Ausgangsbasis.«
»Welcher Art ist Ihre Beziehung zu ihm – wenn ich Sie danach fragen darf?«
Castelnuovo zuckte mit den Achseln. »Warum nicht? Mein Schwiegervater hat früher seine Filme von diesem Herbert Rose geliehen, der mit auf dem Schiff war. Als Rabinovitz in Neapel das Geld ausging – wegen der Aufenthalts- und Reparaturkosten – meinte Rose, daß wir vielleicht helfen könnten. Avram kam mit dem Zug her, und wir haben ihm viel Geld gegeben.«
»Aber man muß mit solchen Dingen vorsichtig sein«, bemerkte Sacerdote unbehaglich. »So unglaublich vorsichtig. Unsere Lage hier ist heikel, *äußerst* heikel.«
Der Arzt sagte: »Nun ja, mehr ist dazu nicht zu sagen. Seither sind wir mit ihm in Verbindung geblieben. Es ist gut, ihn zu kennen.«
Castelnuovo berichtete über die wachsende Gefahr für die italienischen Juden. Juden hätten nirgends in Europa noch eine Zukunft, sagte er. Zu dieser Einsicht sei er schon damals gekommen, als er hier in Siena Medizin studierte. Dieser ständige Kampf gegen übermächtige Schwierigkeiten habe ihn zum Zionismus geführt. Ganz Europa sei von nationalistischem Haß vergiftet, der sich gegen die Juden richte. Selbst im liberalen Frankreich sei die Affaire Dreyfus ein warnendes Zeichen gewesen. Unter den antisemitischen Gesetzen Mussolinis könne er seinen Beruf nur ausüben, weil das Gesundheitsamt in Siena ihn für unersetzlich erklärt habe. Sein Schwiegervater halte das Familienvermögen nur durch Strohmänner zusammen; er sei seinen Geschäftspartnern auf Gedeih und Verderb ausgeliefert. Ausgerechnet heute abend hätten sie in der Synagoge gehört, das faschistische Regime bereite Konzentrationslager für die italienischen Juden vor; für ausländische Juden existierten sie bereits. Die Häscher wollten zu Jom Kippur losschlagen, also in vier Monaten; dann habe man in den Synagogen alle Juden auf einen Schlag in der Hand. Habe man sie erstmal beisammen, werde man sie an die Deutschen übergeben, die sie dann nach dem Osten transportieren würden, wo furchtbare Massaker stattfänden. Sacerdote unterbrach ihn und erklärte, das alles sei nur Panikmache. Der

Mann, der diesen Bericht überbracht habe, sei ein notorischer Gerüchtemacher ohne jede Beziehung zu hochgestellten Persönlichkeiten. Die Geschichten von geheimen Massakern seien doch Unsinn. Der Erzbischof persönlich habe ihm, Sacerdote, versichert, das Informationsnetz des Vatikans sei das beste in ganz Europa; und wenn an diesen Geschichten auch nur das geringste wahr sei, hätte der Papst Nazideutschland längst öffentlich angeprangert und Hitler exkommuniziert.

»Ich habe die Untersuchungen des Erzbischofs mit erheblichen Summen unterstützt.« Sacerdote wandte Jastrow feuchte und beklommene Augen zu. »Ich bin Vorsteher des Waisenhauses, das sein ganzer Stolz und seine Freude ist. Er würde mich nicht hinters Licht führen. Sie kennen ihn doch auch! Sind Sie nicht meiner Meinung?«

»Seine Exzellenz ist ein italienischer Ehrenmann und eine gute Seele.« Wieder leerte Jastrow sein Glas. Er war rot im Gesicht, sprach jedoch völlig klar. »Ich bin ganz Ihrer Meinung. Obwohl dieser Wahnsinnige an ihrer Spitze steht – ich bin fest davon überzeugt, daß Hitler geisteskrank ist –, schließt die hohe Kultur der Deutschen, ihre leidenschaftliche Ordnungsliebe und ihre juristische Gewissenhaftigkeit völlig aus, daß an diesen Gerüchten etwas Wahres ist. Allerdings, die Nazis sind Antisemiten, und das in brutaler Offenheit; auf solchem Boden können schauerliche Hirngespinste allzu leicht gedeihen.«

»Dr. Jastrow«, sagte Castelnuovo, »und was ist mit Lidice? Ist auch das ein Werk fortschrittlicher Kultur?«

»Dieser Heydrich war SS-Führer. Vergeltungsmaßnahmen sind in jedem Krieg gang und gäbe.« Jastrows Antwort klang kühl und distanziert. »Ich habe nicht vor, die militärischen Grausamkeiten des Boche zu verteidigen. Er will gar nicht, daß sie gerechtfertigt werden. Er proklamiert sie geradezu. Die Vernichtung dieses armen tschechischen Dorfes ist doch mit großen Fanfarenstößen in die Welt hinausposaunt worden.«

Mit einem Schwall von trockenem, flinkem Italienisch erklärte Castelnuovo, der Erzbischof sei nicht in alles eingeweiht, was der Papst wisse. Und der Papst habe seine Gründe, Schweigen zu wahren – vor allem, um Besitz und Einfluß der Kirche in den von den Deutschen besetzten Ländern zu schützen. Außerdem sei da der alte christliche Glaube, die Juden müßten an der Geschichte leiden, um endlich einzusehen, daß sie an Christus unrecht gehandelt hätten und ihn eines Tages anerkennen müßten. Miriam dürfe nicht länger dem deutschen Zugriff ausgesetzt sein; zu dieser Einsicht seien er und seine Frau gekommen. Er verhandle bereits mit Rabinovitz und suche nach Mitteln und Wegen, um aus Italien herauszukommen.

Und wieder argumentierte der alte Mann dagegen. Der Entschluß, fortzugehen, sei für ihn wie für seine Frau schrecklich. Siena sei ihre Heimat, Italienisch ihre Muttersprache. Ja, schlimmer noch, Arnoldo sei entschlossen, zu bleiben; er liebe ein italienisches Mädchen. Die Familie werde auseinandergerissen werden, das Vermögen, das man in lebenslanger Mühe zusammengetragen habe, verloren gehen.

Louis und Miriam lachten in einem entfernten Zimmer. »Unglaublich, daß das Kind wach ist«, sagte Natalie. »Er genießt es zwar von Herzen, aber ich muß nach Hause und ihn zu Bett bringen.«

»Signora Henry, warum haben Sie nicht mit den anderen Amerikanern das Land verlassen?« Der Arzt stellte die Frage mit unvermittelter Schärfe. »Rabinovitz kann sich das nicht erklären und macht sich größte Sorgen. Er hat sich mehrfach nach Ihnen erkundigt.«

Sie sah ihren Onkel an und spürte, wie ihre Wangen sich rot färbten. »Wir sind vorläufig zurückgehalten worden.«

»Aber warum?«

Jastrow antwortete. »Auch das ist eine Vergeltungsmaßnahme. In Brasilien sind drei deutsche Agenten verhaftet worden, die sich als italienische Journalisten ausgaben, und daher . . . «

»Deutsche Agenten in Brasilien?« fiel Castelnuovo ihm mit gerunzelter Stirn ins Wort. »Was hat das mit Ihnen zu tun? Sie sind doch Amerikaner.«

Seine Frau sagte: »Das ergibt keinen Sinn.«

»Durchaus keinen«, erklärte Jastrow. »Unser Außenministerium übt über Bern Druck auf die italienische Regierung aus, uns sofort in die Schweiz zu bringen. Gleichzeitig wird über die Freilassung der Agenten in Brasilien verhandelt, falls dieser Druck nicht ausreicht. Ich mache mir da keine Sorgen.«

»Ich schon«, sagte Natalie.

Jastrow meinte leichthin: »Meine Nichte kann sich nicht damit abfinden, daß unsere Regierung neben unserer Freilassung noch ein paar andere Dinge im Kopf hat. Wie etwa die Tatsache, daß sie im Augenblick an allen Fronten verliert. Aber wir stehen noch unter einem anderen Schutz. Einem Schutz ganz ungewöhnlicher Art.« Er bedachte Natalie mit einem aufreizenden, trunkenen Lächeln. »Was meinst du, meine Liebe? Sollen wir unsere neuen Freunde einweihen?«

»Wie du willst, Aaron.« Natalie stieß ihren Stuhl zurück. Die herablassende Art, mit der er diese wohlhabenden, gleichwohl jedoch unglücklichen Menschen behandelte, ärgerte sie. »Die Kinder sind so merkwürdig ruhig. Ich muß einmal nach Louis sehen.«

Sie fand ihn in seiner Lieblingslage schlafend auf Miriams Bett: das Gesicht nach unten, die Knie angezogen, das Hinterteil hochgestreckt, die Arme

ausgebreitet. Er sah aus, als läge er höchst unbequem da. Sie hatte ihn schon oft anders hingelegt, nur um zu erleben, daß er immer wieder in die alte Stellung zurückkehrte und dabei fest weiterschlief – wie eine Gummipuppe, die immer wieder in ihre ursprüngliche Stellung zurückspringt. Die gefalteten Hände auf dem Schoß, saß Miriam neben ihm; sie hatte die Füße übereinandergelegt und schaukelte mit beiden Beinen.
»Wie lange schläft er denn schon, mein Liebes?«
»Seit ein paar Minuten. Soll ich ihn wecken?«
»Nein. Ich bringe ihn bald nach Hause.«
»Wenn er doch hierbleiben könnte!«
»Komm doch morgen zu uns und spiel mit ihm!«
»Ach, darf ich?« Leise klatschte das kleine Mädchen in die Hände. »Würden Sie das, bitte, meiner Mama sagen?«
»Aber sicher. Du solltest noch ein Brüderchen haben. Hoffentlich bekommst du eines Tages eines.«
»Ich hatte eins. Aber es ist gestorben«, sagte das Mädchen so ungerührt, daß Natalie erschrak.
Sie kehrte an den Tisch zurück. Aaron beschrieb Werner Becks Intervention, um die Meldepflicht bei der Geheimpolizei zu umgehen, damals, als alle Juden erfaßt worden waren. »Seither hat man uns in Ruhe gelassen«, sagte Jastrow. »Werner könnte nicht fürsorglicher sein. Er bringt uns sogar Post von Zuhause, die illegal übermittelt wird. Man stelle sich das vor! Ein hoher Beamter des deutschen Außenministeriums bewahrt zwei Juden vor der Internierung durch die Faschisten, weil ich einmal einem ernsthaften Geschichtsstudenten bei seiner Doktorarbeit geholfen habe. Kleine Ursache, große Wirkung.«
Die alte Dame ließ sich vernehmen. »Aber Dr. Jastrow, warum hilft er Ihnen denn nicht bei dieser Brasilien-Geschichte?«
»Hat er ja, hat er ja. Er hat Brandtelegramme nach Berlin geschickt und versichert uns, daß unsere Auslieferung an die Schweiz nur eine Frage der Zeit ist.«
»Glauben Sie das?« wandte Castelnouvo sich an Natalie.
Sie nagte an ihrer Unterlippe. »Nun, wir wissen, daß diplomatische Gespräche im Gange sind und daß er sich eingeschaltet hat. Ich habe einen Freund an der amerikanischen Gesandtschaft in Bern, der mir das angedeutet hat.«
»Ich glaube fast«, sagte der Arzt, »daß dieser Dr. Beck Sie daran hindert, Italien zu verlassen.«
»Das ist ja lachhaft!« rief Jastrow.
Doch in Natalie rührten Castelnuovos Worte eine schwarze Übelkeit auf.

»Aber wieso denn? Was hätte er davon?«

»Die Frage ist berechtigt. Es ist von Vorteil für ihn, den berühmten Dr. Jastrow in Italien in der Hand zu haben und von sich abhängig zu wissen. Inwiefern, das werden Sie eines Tages erfahren.«

»Sie sind wirklich ein Zyniker«, sagte Jastrow, den das Ganze zu ärgern anfing.

»Was mein Judentum anbelangt, so glaube ich hier und heute nur das Allerschlimmste. Das ist kein Zynismus, sondern gesunder Menschenverstand. Aber ich habe eine Nachricht von Avram Rabinovitz an Sie beide«, wandte der Arzt sich an Natalie. »Er läßt Ihnen bestellen: ›Machen Sie, daß Sie Italien verlassen, solange Sie noch können!‹«

»Aber wie?« Natalies Stimme klang fast schrill. »Glauben Sie etwa, ich bliebe freiwillig hier?«

Jastrow sah auf seine Uhr und sagte steif zu den Sacerdotes: »Sie haben uns in den Schoß Ihrer Familie aufgenommen. Ich danke Ihnen von Herzen dafür. Wir müssen gehen. Gute Nacht.«

23

Die große Rasenparty fand im Park des Gouverneurspalastes statt. Pug Henry stand zusammen mit seinen Söhnen, Janice und Carter Aster in der Empfangs-Schlange. Zwischen Palmen und farbenprächtig leuchtenden tropischen Büschen und inmitten der sehr lauten und aufgedonnerten Gästeschar stand der Ehrengast sichtbar im Mittelpunkt. Das Abenteuer, das Alistair Tudsbury im offenen Boot auf hoher See durchgestanden hatte, hatte ihn keineswegs schlanker gemacht; oder wenn doch, dann war er seither mit Reingewinn zu seiner früheren Fülle zurückgekehrt. Er trug einen gelben Seidenanzug mit kanariengelber Krawatte und einen Lei aus gelben Blüten um den Hals. Außerdem stützte er sein Gewicht auf einen Spazierstock aus gelbem Rohr; so bot er im gelben Sonnenschein eines hawaiianischen Spätnachmittags einen butterfarbenen Anblick, der den Betrachter blenden konnte. Über dem linken Auge trug er eine schwarze Klappe.

Als Pug an die Reihe kam, schloß Tudsbury ihn kraftvoll in die Arme. »Awrr-hawrr! *Pug Henry*, ist das die Möglichkeit! Ehemals Berlin, London und Moskau! Gibt es das denn! Pug, wie geht es Ihnen?«

Als er einen Schritt vortrat, um Pug zu umarmen, gab er den Blick auf seine Tochter frei, die in einem grauen Kleid hinter ihm stand. Bis zu diesem Augenblick hatte Pug nicht gewußt, ob er sie auf dieser Party treffen würde, obwohl die Zeitungen gemeldet hatten, daß sie zusammen mit ihrem Vater eingetroffen sei. War es Zurückhaltung oder Bosheit, daß der Korrespondent sie am Telephon nicht erwähnt hatte? Von ihm umarmt, tauchte Pug in den Duft der zerdrückten Blüten ein und verlor Pamela aus den Augen. Wie klein sie doch ist, dachte er, und wie weiß ihre schlanken, nackten Arme; war sie denn in all den Monaten, die sie schon in den Tropen verbracht hatte, überhaupt nicht in die Sonne gekommen? Sie trug ihr braunes Haar entgegen der herrschenden Mode hoch auf dem Kopf aufgetürmt.

»Nun, Yank«, dröhnte Tudsbury ihm jetzt heiß und feucht ins Ohr, »jetzt steckt ihr zusammen mit uns drin, nicht wahr? Und zwar bis zum Hals! Auf Gedeih und Verderb!« Er gab Pug frei. »Awr, hawrrr, hawr! Und nicht zu früh, keinen Tag zu früh! Bei Gott! Hm! Sie kennen Pam noch, nicht wahr? Oder haben Sie sie schon vergessen?«

»Hallo!« Ihre Stimme klang leise, der Druck ihrer Hand war fest. Ihr blasses Gesicht, ihre distanzierte Miene verriet ebensowenig Wiedererkennen wie damals auf der *Bremen*, als sie einander zum ersten Mal begegnet waren. Freilich, die Illusion, daß sie winzig sei, hielt nur im Kontrast zu der überwältigenden Massigkeit ihres Vaters stand. Pamelas grau-grüne Augen befanden sich fast auf derselben Ebene wie die seinen, und der Busen unter dem dünnen grauen Kleid war voller, als er ihn in Erinnerung hatte.

Tudsbury sagte: »Gouverneur, darf ich Sie mit Captain Victor Henry bekanntmachen, dem Kommandanten der *Northampton*. Captain Henry ist, ich sagte es Ihnen schon, der Vertraute von Präsidenten und Premierministern.« Doch die überschwengliche Vorstellung war beim Gouverneur, einem verrunzelten, müde aussehenden Mann in blau-weiß gestreiftem Leinenanzug, verschwendet; er bedachte Pug mit einem Lächeln, das bestensfalls dem Rang eines kleinen Kreuzerkapitäns entsprach. Über den Partylärm hinweg bellte Tudsbury: »Was sehe ich, Pug – *drei* stramme Söhne? Ich dachte, es wären nur zwei. Und hallo, da ist ja auch die hübsche Tochter des Senators.«

Als Pug Lieutenant Commander Aster vorstellte, kam Leben in die Augen des Gouverneurs. »Ah, der Kommandant der *Devilfish*? Wirklich! Nun, von *Ihnen* habe ich gehört! Sie haben es den Japanern gezeigt, was, Käpt'n? Gut gemacht!«

»Vielen Dank, Gouverneur.« Ein bescheidenes Kopfnicken.

Tudsburys gesundes Auge flammte lebhaft auf. »Ein U-Boot-Held, was? Wir müssen uns nachher unbedingt in Ruhe unterhalten.«

Aster antwortete mit einem kühlen Grinsen.

Unter einer Palme im hinteren Teil des Gartens stand Spruance mit Admiral Nimitz zusammen, der die Arme verschränkt hatte. Spruance dagegen hatte die Hände auf die Hüften gestützt, als wüßte er nicht, wohin mit ihnen. Beide Admirale trugen ein etwas gequältes Lächeln zur Schau. Spruance winkte Pug heran, der sich dem CincPac mit einigem Herzklopfen näherte; er war Nimitz noch nie begegnet.

»Sir, das ist Captain Henry.«

»Erfreut! Wir sehen uns heute abend bei der Einsatzbesprechung, Captain.«

Über Nimitz' Brusttasche mit den leuchtenden Ordensspangen blinkten Delphine. Weißes, kurzgeschorenes Haar, rötliche Haut, ruhige blaue Augen, ein kantiges Kinn und nicht die Spur von Bauch; hier stand ein gesunder, alter U-Boot-Mann mit freundlicher Miene und trotzdem hinreichender Ausstrahlung von befehlsgewohnter Autorität. Nimitz wies mit einem Kopfnicken auf die Schlange der Wartenden. »Ich höre, Sie sind mit diesem Zeitungsmenschen befreundet.«

»Ich habe ihn kennengelernt, als ich in Europa Dienst tat, Admiral.«
»Man hat mir geraten, mich hier sehen zu lassen, weil die Army in voller Stärke aufkreuzen würde.« Nimitz' Geste umfaßte die Khaki-Uniformen, die sich um General Richardson, den Militärgouverneur, drängten, schloß aber die lebenslustige Meute der High Society von Hawaii mit ein. »Ist der Mann denn all das hier wert?«
»Er hat ein weltweites Publikum, Sir.«
»Meine Pressestelle möchte außerdem, daß ich mich morgen mit ihm unterhalte.« Die Feststellung verbarg eine Frage. Die Verantwortung der kommenden Schlacht lastete bereits auf Nimitz, dachte Pug. Die Frage ließ ihn an Madelines kleine Beweihräucherung in *Variety* denken.
»Admiral, wenn Sie überhaupt Zeit für einen Korrespondenten haben – er ist ein guter.«
Nimitz verzog schmerzlich das Gesicht. »Eben! Zeit haben, das ist das Problem. Aber man reibt mir immer wieder unter die Nase, daß wir etwas tun müßten, um die Moral daheim zu stärken.«
»Dafür, Admiral, wäre ein Sieg das beste Mittel.«
Nimitz entließ ihn mit einem Aufblitzen der Augen und einem Kopfnicken. Ein paar Minuten später sah Pug die Admiräle sich den Weg durch die Menge bahnen und aus dem Garten verschwinden. Tudsbury prangte massig, groß und gelb neben General Richardson an der Zeltbar, umringt von einer buntgekleideten Schar eifrig auf ihn einredender Frauen.
Pug stand allein und trank nichts. Um zu vermeiden, daß die vielen Gäste ihn anrempelten, stellte er sich mit dem Rücken zum Palmenstamm, stemmte unbewußt, wie Spruance es getan hatte, die Knöchel in die Hüften und blickte mit dem gleichen gequälten Lächeln um sich. Pamela Tudsbury stand, das Glas in der Hand, mit Janice und seinen Söhnen zusammen und erzählte – eine Geschichte über Singapore, dem gespannten Zuhören der anderen nach zu urteilen. Es freute ihn, zu sehen, daß Byron das Ganze zu genießen schien. Den Nachmittag über war er in Trübsal versunken gewesen, er hatte zweimal mit dem Außenministerium telefoniert, wo man ihn mit ausweichenden Antworten abgespeist hatte. Ob Natalie nun auf der Heimfahrt war oder nicht, hatte man ihm nicht eindeutig sagen können. Wenn Pug auch begierig darauf war, mit Pamela zu sprechen, er würde sich dieser Gruppe von jungen Leuten nicht aufdrängen. Seit sie in Moskau Abschied voneinander genommen hatten, war ein halbes Jahr vergangen. Ein paar Minuten mehr machten da nichts aus. Wie jung sie trotz allem aussah! Sie war einunddreißig, und damit älter als seine Söhne. Aber nicht viel, nicht viel.
Das Bewußtsein, daß die japanische Flotte das Meer durchpflügte und Kurs auf

Midway genommen hatte, lastete schwer auf Pug. Im Vergleich dazu eine lächerliche Kleinigkeit, deprimierte ihn zugleich die distanzierte Art, mit der Pamela Tudsbury ihn begrüßt hatte. Er hatte keinen leidenschaftlichen Ausbruch erwartet, doch selbst in einer Schlange von Anstehenden konnte eine Frau durch ein Zucken des Mundes, durch einen Händedruck oder einen Blick Zuneigung verraten. Nichts von alledem! Auf den ersten Blick hatte Pam nicht so attraktiv ausgesehen, wie er erwartet hatte; keineswegs außergewöhnlich, farblos sogar und ziemlich mitgenommen. Doch jetzt, da sie sich in ein paar Metern Entfernung angeregt mit jungen Leuten unterhielt, gewann sie etwas von jenem schillernden Hauch zurück, den sie in seiner Erinnerung und in seinen Phantasien gehabt hatte. Er empfand die gleiche Frustration, die ihn gepeinigt hatte, wenn er auf See Tagträumen über sie nachhing; dabei stand sie jetzt greifbar und lebendig vor ihm.

Die ganze zwitschernde festliche Zusammenkunft hatte in seinen Augen etwas von einem Spiel verkleideter Kinder. Lebhaft stand ihm die Szene des Vorabends der Schlacht von Waterloo vor Augen, jener festliche, in Epen, Romanen und Filmen immer wieder nacherzählte Ball in Brüssel: schöne Frauen, schmucke Offiziere, Musik, Wein, der Herzog von Wellington beim Tanz; dann das ferne Grollen der französischen Artillerie und die Auflösung des ausgelassenen Festes – Panik, eiliges Getrippel, Tränen, Abschied und der hastige Griff zu den Waffen. Dem lauten Gedränge dieser eleganten Gesellschaft mangelte es vielleicht an dem üppigen Glanz der napoleonischen Zeit, doch die Schlacht kündigte sich in Victor Henrys Vorstellung ebenso leise grollend an wie vor Waterloo. Und die Konsequenzen, so dachte er, konnten für die Verlierer womöglich noch katastrophaler sein als für das Reich Napoleons.

»Was seh' ich da, was seh' ich da, Pug Henry?« Alistair Tudsbury verließ die Bar und kam auf ihn zugehinkt. »Sie stehen abseits und allein und tragen den Kummer der Welt auf Ihren männlichen Zügen?«

»Hallo! Genießen Sie Ihre Party?«

»Ach, manchmal kann man einfach nicht nein sagen.« Tudsbury schnitt eine groteske Grimasse. »Ein verschwendeter Nachmittag. Ist das Dinner zum Hochzeitstag immer noch für heute abend angesagt?«

»Jawohl, das ist es.«

»Toll!«

»Was ist mit Ihrem Auge, Talky?«

»Ach, nur eine Kleinigkeit, aber sie stört. Ich laß das morgen in Ihrem Marine-Hospital untersuchen, nach dem Interview mit Nimitz.«

»Sind Sie auch sicher, daß er Sie empfangen wird?«

»Aber Pug, der Mann war sich doch nicht einmal zu gut, zu dieser dummen Fete zu kommen. Solche Leute haben nie zuviel zu tun, wenn sie mit mir sprechen können. Sie lecken sich alle Finger danach, sich der Öffentlichkeit und der Geschichte zu präsentieren. Denken Sie doch, Air Marshal Dowding hat auf dem Höhepunkt von Görings Luftangriff am siebten September mit mir gesprochen! Wäre ich bei Waterloo dabeigewesen, dann hätte Napoleon mir noch auf der Flucht vom Pferd herab Fragen beantwortet, da können Sie Gift drauf nehmen, ob seine Hämorrhoiden ihn juckten oder nicht. Ah, hawr, hawr!«

Pug wies auf die heitere Menge ringsum. »Ich mußte auch gerade an Napoleon denken. An den Ball in Brüssel, am Vorabend der Schlacht.«

»Ah ja. *Am Abend hob ein festlich' Raunen an* . . . Aber im Augenblick hört man noch nichts vom Donner der Kanonen.« Er zwinkerte. »Oder etwa doch?«

»Nicht, daß ich wüßte.«

»Ach, nun kommen Sie schon, Pug!« Ein durchtriebener, scharfer Zug trat in Tudsburys feistes Gesicht. »Irgendwas braut sich auf dieser Insel zusammen. Irgendwas Ungeheuerliches. Sagen Sie mir, was Sie wissen.«

»Ich kann Ihnen nicht helfen.«

»Sie machen aber ein verdammt besorgtes Gesicht!«

Ein blondes Mädchen in einer Wolke aus weißem Organdy mit einem Autogrammbuch und dem gezückten Federhalter in der rosigen Hand, trat schüchtern auf Tudsbury zu. »Würden Sie bitte, Mr. Tudsbury?« trällerte sie. Schnaubend kritzelte er seinen Namen hin, und kichernd entschwebte die Wolke.

»Ich will Ihnen sagen, woran *mich* das erinnert«, knurrte Tudsbury. »An *Pahits* und Tanzereien, an denen ich in Singapore teilgenommen habe, während die kleinen gelben Teufel die Halbinsel heruntermarschiert oder heruntergeradelt kamen. Und an all diese versunkenen Kolosse draußen in Ihrem Hafen und eine ganze amerikanische Armee, die auf den Philippinen in japanische Gefangenschaft geriet. Und jetzt schwärmen die Gelben über ganz Südostasien und Hinterindien aus, um die Mittel zusammenzuraffen, die sie brauchen, um für ein ganzes Jahrhundert die Führung zu übernehmen. Jetzt, da Singapore verloren ist, das Empire schwer angeschlagen, Australien schutzloß daliegt, um entjungfert zu werden wie eine Braut, und die japanische Flotte vier- oder fünfmal so groß ist wie alles, was Ihnen im Pazifik geblieben ist, sollte man hier auf Hawaii, nun, sagen wir, so etwas wie Besorgnis erwarten, einen Hauch von Dringlichkeit, eine Spur Entschlossenheit, wie wir sie in England während der Schlacht um England gezeigt haben. Aber die Tropen machen den weißen Mann unfähig für den modernen Krieg.« Mit seiner Patschhand hob Tudsbury seinen Lei ein wenig in die Höhe. »Die Eingeborenen sind ja so mühelos lenkbar – da bekommt man leicht das falsche Gefühl, unbesieglich zu sein. In Australien macht man sich in der Beziehung nicht soviel vor. Dort ist man höllisch alarmiert. Dort weiß man, daß der Doolittle-Angriff auf Tokio zwar ein waghalsiges Yankee-Unternehmen war, aber im Verhältnis zum japanischen Kriegspotential nicht einmal ein Mückenstich. Jeder Dritte hier hat mich auf den Doolittle-Angriff hin angesprochen, und zwar mit stolzgeschwellter Brust. Himmelherrgott, die RAF schickt mehrmals im Monat Hunderte von Bombern nach Deutschland hinüber – in einer Nacht haben wir tausend Bomber nach Köln geschickt –, aber den Kriegswillen des Gegners hat das überhaupt nicht berührt. Vielleicht sind meine Nerven überreizt, aber was ich hier um mich herum sehe, ist mehr oder weniger Singapore, nur daß die Leute mit amerikanischem Akzent sprechen, und daß hier Ananas wachsen.«

»Das hört sich an wie der Text Ihrer nächsten Sendung, Talky.«

»Das ist es auch, mehr oder weniger. Diese Leute müssen mal wachgerüttelt werden. Glauben Sie, es hätte mir Spaß gemacht, unter dem Artilleriefeuer der Asiaten aus einer fallenden britischen Bastion zu fliehen? Diesen Leuten hier würde es auch keinen Spaß machen. Und mich von ihnen torpedieren ließe ich noch weniger gern. Ich hätte mit Freuden darauf verzichtet, eine Woche lang in einem Walfängerboot unter der sengenden Äquatorsonne übers offene Meer zu fahren.«

»Wenn Sie es schaffen, mit Nimitz zu sprechen, werden Sie Ihr Zutrauen wiederfinden.«

Pamela kam an Carter Asters Arm her vorübergeschlendert; beide unterhielten sich höchst angeregt. »Wie, finden Sie, sieht meine Pam aus?«

»Ein wenig abgespannt, würde ich sagen.«

»Sie hat eine verdammt schwere Zeit hinter sich. Wir wurden getrennt, als sie eine Schar Frauen auf einem alten griechischen Kahn nach Java evakuierten. Pam bekam an Bord die Ruhr und mußte auf Java gleich ins Krankenhaus, und dann landeten dort auch noch die Japse! Also mußte sie wieder zurück aufs Schiff, und das, obgleich sie kaum kriechen konnte. Aber Pam ist nicht unterzukriegen und kommt bestimmt wieder auf die Beine. Übrigens, dieser U-Boot-Held – kommt er auch zu Ihrem Hochzeitstagsdinner?«

»Er ist nicht eingeladen.«

»Würden Sie ihn einladen, altes Haus? Ich brenne darauf, ein Wort mit ihm zu reden. Gut, jetzt muß ich aber noch ein bißchen mit General Richardson sprechen. Ein furchtbar hölzerner Kerl, finden Sie nicht?«

Als Tudsbury davonhinkte, blieb Pug eigensinnig dabei, Aster nicht einzula-

den. Er mochte den Kommandanten der *Devilfish* nicht. Hinter seiner wedelnden Höflichkeit spürte er ein eisenhartes Ego, nicht ganz frei von Herablassung einem älteren Mann gegenüber, der einen schweren Kreuzer befehligte. Die Navy trieb einem Empfindlichkeiten schon aus, und Pug Henry war es gewöhnt, daß andere den Applaus einheimsten. Doch daß der Gouverneur von Hawaii ihm in Pamelas Gegenwart die kalte Schulter gezeigt und ihm einen der jüngeren Offiziere vorgezogen hatte, wurmte ihn doch.
Mit einem Riesenglas Planter's Punch in der Hand kam Byron auf ihn zugesegelt. »Hallo, Dad. Soll ich dir einen Drink besorgen?« In seinen Augen blitzte es, und sie waren gerötet; sein Grinsen hatte etwas Einfältiges. »Tolle Party, was? Was soll ich dir holen?«
Mit einem Blick, der vom Glas zum Gesicht seines Sohnes wanderte, sagte Pug: »Was gibt es denn noch?«
Byron lachte. »Dad, du schaffst es nicht, mich zu deprimieren – nicht heute nachmittag. Dazu fühle ich mich viel zu gut. So wohl habe ich mich schon seit einem Jahr nicht gefühlt. Hör mal, Dad, laß uns doch Lady Aster zum Essen dazuladen, einverstanden? Er ist zwar ein komischer Kauz, aber auf einem U-Boot muß man schon ein bißchen komisch sein. Er ist aber ein großartiger Käpt'n.«
Durch eine Lücke in der Menge konnte Victor Henry Pamela und Aster immer noch in fröhlicher Unterhaltung an der Bar stehen sehen. Na schön, dachte Pug. Mal angenommen, dieser fähige Offizier, gerade von erfolgreicher Feindfahrt zurück, mag Pam und sie mag ihn. Was wäre dagegen einzuwenden? Welches Recht habe ich auf sie, und wie könnte ich ein solches Recht geltend machen, wenn ich es hätte?
»Ja, warum nicht? Lad ihn ein, nur zu! Und wenn du irgendein nettes Mädchen für dich findest, lad sie auch ein.«
»Ich hab' schon eins.«
»Schön! Und wenn ich's mir recht überlege – warum bringst du mir nicht einen Rum Collins – aber einen mit Haaren auf der Brust?«
»*So* gefällst du mir!« Byron zog seinen Vater mit einem Arm kurz an sich und erschreckte Victor Henry mit einem undeutlichen »Ich liebe dich« oder »Gott liebe dich«. Der Vater war sich nicht sicher, welches von beiden.
Byron verschwand in Richtung auf die lange Bar unter dem gestreiften Zeltdach, wo Janice sich mit einem Army-General mit dichtem weißen Haar unterhielt. Pug sah, daß sie Byron aufgeregt zuwinkte. Neben ihr strahlten Pamela und Aster sich an. Victor Henry lächelte über den albernen Schmerz, den er empfand; dann erkannte er in dem weißhaarigen Offizier Senator Lacouture. Er ging mit großen Schritten zur Bar hinüber.

»Hallo, General! Herzlich willkommen, und herzlichen Glückwunsch!«
»Ach, vielen Dank, Pug.« Die Uniform des Brigadiers war brandneu, die Messingknöpfe noch viel zu blank. Das rote Gesicht des Senators verriet gute Laune. »Ja. Ich muß mich immer noch dran gewöhnen. Himmel, General Richardsons Fahrer holte mich auf dem Flugplatz ab und verfrachtete mich geradewegs hierher auf diese Party. Ich glaube, die Army wird mir gefallen – ha, ha!«
Mit unbewegter, kalter Stimme sagte Byron zu seinem Vater: »Sie ist nicht auf dem Schiff.«
»Was?«
»Sie haben sie und Jastrow zurückbehalten. Sie ist noch in Siena. Alle anderen Amerikaner kommen nach Hause, nur sie nicht.«
»Gewiß, aber keine Sorge, junger Mann«, sagte Lacouture fröhlich. »Irgendwer im Außenministerium muß sich vertan und Ihnen das nicht per Kabel mitgeteilt haben. Tut mir leid – ich hatte die falsche Information. Das Ganze ist nur eine vorübergehende Sache, hat mir das Außenministerium versichert, höchstens ein paar Wochen. Irgendwie hat das mit ein paar italienischen Journalisten in Brasilien zu tun.«
»Senator, zwei wunderschöne Damen möchten Sie unbedingt kennenlernen«, rief General Richardson.
Lacouture eilte davon.
»Ein Rum Collins mit Haaren auf der Brust«, sagte Byron ruhig, aber aschgrau im Gesicht. »Kommt gleich, Dad.«
»Byron . . . «
Doch Byron hatte ihm schon den Rücken gekehrt und schob sich durch die khakibraunen Leute von der Army bis zur Bar vor.

Der große Speisesaal des Moana Hotels war ein kaleidoskopischer Wirbel von Uniformen und bunten Kleidern, gedrängt voll, ein Tumult von Unterhaltung und blechernem Jazz. Junge Offiziere, in der Mehrzahl aus dem Erholungsheim des SubPac im nahegelegenen Royal Hawaiian Hotel, wirbelten aufgeregte Mädchen immer und immer wieder im Lindy Hop. Die Sängerin, in einem trägerlosen roten Kleid, das ihre üppigen Brüste hüpfen ließ, wand sich und krähte ihr »*and the boogie-woogie washerwoman washes away*« einem Publikum vor, das an dichtbesetzten Tischen rund um die Tanzfläche saß: vor allem Uniformierte und hübsche, lachende, juwelengeschmückte, angemalte und in freizügigste Abendkleider gezwängte Mädchen. An einigen Tischen auch ältere Zivilisten, dem Aussehen nach reich und im Ruhestand, die wehmütig dieses ganze verliebte Treiben in Kriegszeiten beobachteten, auf

das die untergehende Sonne durch die Fenster ihren rosigen Schimmer warf. Obwohl es noch Tag war, summte es im Restaurant wie im Ballsaal um Mitternacht: die ganze Ausgelassenheit, die bereits früh begonnen hatte, mußte um zehn enden. Um zehn führte an der Ausgangssperre nichts mehr vorbei.
Pug hatte einen langen Tisch an der Tanzfläche reservieren lassen. Carter Aster saß allein daran. Als Pug mit den Tudsburys eintrat, sprang der U-Bootmann auf.
»Wo ist denn Byron?« erkundigte sich Pug.
»Sir, ich dachte, er ist bei Ihnen. Ich hab' ihn nirgends entdecken können.« Aster zog mit kühner Geste einen Stuhl für Pamela zurück. »Ich hab' sogar im Haus des Gouverneurs nachgesehen, aber dann dachte ich, Sie müßten ihn im Wagen mitgenommen haben.«
»Nein, durchaus nicht.«
Warren tanzte an ihnen vorüber und rief: »Wo ist Briny, Dad?«
Pug breitete die Hände.
»*And the boogie-woogie washerwoman washes away . . .*« Andere Tänzer schoben sich zwischen ihn und seinen Vater. Aster und Pamela gerieten sogleich in eine lebhafte Unterhaltung. Wenn das so weiterging, dachte Pug, kam er nie dazu, ein Wort mit ihr zu reden. Die Einsatzbesprechung beim CincPac war für zehn Uhr festgesetzt. Die Flotte sollte am Morgen nach Midway auslaufen. Im Wagen hatte Tudsbury sich unablässig über Singapore, die russische Front, Rommel, den japanischen Vormarsch auf Indien und ähnlich erhebende Themen ausgelassen; Pamela hatte stumm wie ein Fisch auf dem Rücksitz gehockt. Jetzt hatte Tudsbury praktisch seinen Mund an Pugs Ohr und löcherte ihn abermals nach Informationen über das, was sich da zusammenbraute. »*The boogie-woogie washerwoman*« wich einem gänzlich unverständlichen Text der schlenkernden Sängerin: »*Hut-Sut rawlson on the riller-ah and a braw-la braw-la soo-it.*« Dieses Götterdämmerungsgeheul im einen Ohr und Tudsburys vertrackte Fragen im anderen, während Aster und Pamela sich erhoben, um zu tanzen, und er sich über Byrons Verschwinden Sorgen machte, endlich das ständige Bewußtsein der herannahenden japanischen Flotte – all das machte Pug nicht sonderlich viel Freude.
Byron kam in Sicht. Er hatte einen großen braunen Umschlag in der einen Hand, mit der anderen führte er ein Mädchen heran. »Hallo, Dad, hallo, Mr. Tudsbury. Das hier ist Ursula Thigpen. Kennen Sie Ursula noch, Mr. Tudsbury? Sie haben ihr ein Autogramm gegeben. Finden Sie nicht auch, daß Ursula ein besonders hübscher Name ist?«
Bevor der Korrespondent auch nur ein Wort dazu sagen konnte, ließ Ursula

sich auf den Stuhl neben ihm fallen. »Es heißt übrigens *Thigpen*, Mr. Alistair Tudsbury«, sagte sie, tippte ihm mit einem steifen rosigen kleinen Finger auf den Arm und buchstabierte dabei »*T-h-i-g-p-e-n*! Nicht etwa ›Pigpen‹, verstehen Sie? Nur, falls Sie im Radio meinen Namen erwähnen sollten. Hihihi!«

»Aha, Briny, also wieder aufgetaucht«, sagte Aster, der mit Pamela an den Tisch zurückkam. »Wohin sind Sie denn nur so plötzlich verschwunden?«

Warren und Janice kamen gleichfalls zurück. »Das ist ja geradezu, als wollte man während der Hauptverkehrszeit in der U-Bahn tanzen«, sagte Warren.

»*Hut-Sut rawlson on the riller-ah . . .*« Ursula erkundigte sich, ob Janice oder Pamela ihre Schnürsenkel bügelten. Byron habe sie über die gesamte Insel gefahren, sagte sie. Er habe sie sogar an Bord der *Devilfish* mitgenommen, nur gäbe es auf U-Booten keinen Extraraum ›für kleine Mädchen‹. »Ich bin immer noch ganz zappelig«, ließ sie sich weiter über dieses Thema aus.

Janice brachte sie fort und überlegte, wieso Byron ausgerechnet diese törichte Gans im Schlepptau hatte. Während sie auf der Damentoilette ihr Make-up überprüfte, fiel Ursula ein Präservativ aus der Pudertasche; sie spedierte es ungerührt wieder zurück und ließ sich kichernd darüber aus, auf Hawaii wisse man ja nie, wenn es regnete, oder? »Obwohl – das muß ich schon offen sagen – dein Schwager eigentlich nicht der Typ zu sein scheint«, sagte sie. »Er ist süß, aber komisch.«

»Was habt ihr denn im U-Boot gemacht?«

»Ach, er hat nur eine große Kiste rausgeholt. Sie steht jetzt auf dem Jeep. Sie diese Leitern raufzubringen, war schon ein Problem, aber nichts im Vergleich zu *meinem* Problem, *Honey*! Diese unverschämten Matrosen auf dem U-Boot! Die konnten alles *sehen*! Was die für Stielaugen gemacht haben! Ich bin überzeugt, einige haben sie jetzt noch.« Über all dies erging Ursula sich angeregt auf dem Rückweg zum Tisch, wo der Kellner gerade Drinks servierte.

Byron versuchte mittlerweile, draußen auf der Tanzfläche mit Pamela einen Lindy Hop zu tanzen, wobei Pamela ihn sich auf Armeslänge vom Leib hielt und seine eleganten Kapriolen halbverzweifelt und halbamüsiert beobachtete.

Warren sagte zu Janice: »Briny fliegt heute abend noch nach San Francisco. Deshalb hat er seine Kiste mitgebracht. Um halb zehn bringen wir ihn zum Naval Air Transport-Terminal und begießen seinen Abflug.«

Janice sagte zu Aster: »Haben Sie ihm denn Urlaub gegeben?«

»Da liegen seine Befehle.« Aster wies mit resignierter Geste auf den Umschlag auf dem Tisch. »Ich hab' sie eben unterschrieben.«

»Aber wie ist das denn mit den Buchungen?«

»Er hat einen Platz bekommen. So was schafft Byron spielend.«

»Byron hat zwei Gangarten«, erklärte sein Vater. »Entweder Schneckentempo oder Lichtgeschwindigkeit im luftleeren Raum.« Er beobachtete Byron beim Tanzen; er legte den besten Jitterbug ringsum hin und verlieh dem modischen Lindy Hop-Gezappel etwas Fließendes und Gleitendes, dem zuzusehen eine Freude war. Pamela Tudsburys gesetzte Bewegungen, wobei ihre ausgestreckte Hand kaum die seine berührte, standen dazu in lächerlichem Gegensatz.

»Ursie Thigpen!« Ein dicker Lieutenant mit Schweißtropfen auf der Stirn, dessen Delphine bereits Grünspan angesetzt hatten, legte seinen fetten Arm um ihre Taille. »Die gute alte Ursie! Wie steht's – tanzen wir einen, Ursie? Ihr entschuldigt doch, Freunde, oder?« Und damit walzten sie davon.

Janice eine Hand hinreichend, sprang Warren auf. »Dann mal los, die Dame mit dem Hochzeitstag. Der heutige Abend ist dein Abend.«

»Dieser ewige Lindy Hop«, prustete Janice. »Gibt es denn nie was für gesetzte Ehepaare?«

»Es ist hoffnungslos«, sagte Pamela zu Pug, ließ sich auf den Stuhl neben ihm fallen und betupfte sich mit einem hauchdünnen grauen Taschentuch die Stirn. Lächelnd sah sie zu Byron auf. »Es war reizend von Ihnen, mich ertragen zu haben.«

»Tut mir leid, daß Sie aufgehört haben.« Byron kehrte zu seinem Platz zurück, trank ein großes Glas Rum Collins herunter wie Wasser und winkte dem Kellner nach einem neuen.

Aster und Tudsbury waren in ein ernstes Gespräch vertieft, das in der Musik völlig unterging. Das war endlich Pugs Chance, mit Pamela zu sprechen. Aber wie beginnen? Sie schaute von ihm weg, zur Tanzfläche hinüber. Er hatte so viel über sie nachgedacht, daß sie jetzt, da sie in Fleisch und Blut neben ihm saß, etwas Unwirkliches bekam, das ihn völlig verwirrte; eine kleine Schauspielerin, die die gewaltige Pamela-Rolle seiner Sehnsucht und seiner Träume nicht ausfüllte. Aus dieser Nähe betrachtet, hatte ihr Gesicht etwas Verhärmtes; ihre Wangen waren eingefallen, der Lippenstift recht sorglos aufgetragen, und auf der Oberlippe hatte sie einen Anflug von feuchtem Flaum. Er berührte ihren nackten weißen Unterarm.

»Tut mir leid, daß du krank warst, Pam.«

Sie sah ihn an und sprach genauso leise wie er. »Aber man sieht es mir doch nicht an, oder?«

»So habe ich es nicht gemeint. Du siehst phantastisch aus.« Schlechter Anfang! Verlegen schlidderte er weiter. »Du hast nicht zufällig einen Brief bekommen, den ich dir vor Monaten von hier aus geschrieben habe?«

»Einen Brief? Nein. Ich habe nie einen Brief von dir bekommen.«

»Ich aber einen von dir.«

»So, hat das Sendschreiben dich tatsächlich erreicht? Geschrieben in einem anderen Zeitalter, nicht wahr?«
»Ich habe mich sehr darüber gefreut.«
»Wie geht es deiner Frau?«
»Sie will sich scheiden lassen.«
Pamela wurde ganz steif. Sie ballte die Hände zur Faust, schob ihre nackten blassen Arme auf dem Tisch herüber und funkelte ihn mit gehetzten Augen an.
»Wie kann sie nur! Du hast ihr doch sicher keinen Grund dafür gegeben.«
»Sie schreibt, sie hätte sich in einen anderen verliebt.«
»Wie scheußlich für dich.«
»Nun, in gewisser Weise hat sie auch ihr Bedauern darüber ausgedrückt. Es ist alles noch völlig offen.«
Geradewegs zu Byron hinüberblickend, der gerade hersah, murmelte sie: »Wissen deine Söhne davon?«
»Sie haben keine Ahnung.«
»Es tut mir schrecklich leid, das zu hören. Und dann hast du auch noch dein Schlachtschiff verloren!«
Victor Henry wollte antworten: *Jetzt, wo du hier bist, ist alles okay.* Doch ihre kühle, beiläufige Art machte ihm das unmöglich.
»Wie lange bleibst du mit deinem Vater in Honolulu?«
»Ich weiß es nicht genau.«
Janice und Warren glitten vorbei – ein gemessen tanzendes Paar inmitten einer Menge, die mit Armen und Beinen in der Luft herumfuchtelte. »Hast du mir nicht auf der *Bremen* vorgeschlagen, mich mit einem deiner Söhne zu verkuppeln?«
»Was, das weißt du noch?«
»Du hast dabei an Warren gedacht, oder?«
»Ja. Aber inzwischen hat Janice ihn an die Kette gelegt.«
Pamelas Mund kräuselte sich, und sie schüttelte den Kopf. »Niemals! Byron, vielleicht. Als du mir damals von ihm und Natalie Jastrow erzähltest, war ich offengestanden überrascht. Ich dachte, Donnerwetter, Natalie, eine Frau, die so alt ist wie ich, und ein Sohn von dir – ein *Sohn* . . .«
»So denke ich heute noch.«
Sie betrachtete Byron sinnend, der in sich zusammengesunken vor seinem zweiten Rum Collins hockte. Das rote Haar fiel ihm in die Augen. »Ach, heute verstehe ich sie. Sein Charme ist umwerfend. Unbeirrt, mühelos, tödlich! Warren ist schon in Ordnung – ein wenig erdrückend vielleicht. Sind Natalie und ihr Baby wirklich in Gefahr?«
»Ich hoffe doch, daß sie heil herauskommen.«

»Warum geht denn Byron auf den Atlantik? Was kann er für sie tun?«
»Frag mich nicht!«
Kellner kamen mit Champagnerflaschen und Krabbencocktails. Ursula, die in der Nähe Mühe hatte, bei einem angeregten Wirbel ihren Rock unten zu halten, winkte ihrem Tanzpartner mit erhobenem Finger ab und sagte: »Oh, Champagner, hmhmhm! Wiedersehen, Kleiner!« Byron ordnete an, daß der Campagner sofort aufgemacht wurde.
»Na, Spender des Gastmahls«, sagte er zu Pug, »wie wär's mit einem Toast?«
»Okay. Hebt euer Glas. Janice, herzlichen Glückwunsch! Möge alles immer wiederkommen – dieser Tag und dein Mann. Warren, gute Jagd!«
Als nächster hob Byron sein Glas. Zufälligerweise hörte gerade in diesem Augenblick die Musik auf. »Auf Mom!« sagte er. Die beiden Wörter trafen Victor Henry wie aus heiterem Himmel.
Warren hob sein Glas. »Und auf Madeline.«
Janice sagte: »Und auf Natalie und ihr Baby – daß sie heil wiederkommen!«
Byron bedachte sie mit einem vielsagenden Blick, hob ihr das Glas entgegen und trank.
Beim Krabbencocktail verlor Pug Pamela wieder an Aster. Der U-Bootmann riß einen Witz, den Pug nicht hören konnte, Pamela warf herzlich lachend den Kopf in den Nacken, und dann standen sie auf, um wieder zu tanzen. Die anderen taten es ihnen nach. Er blieb mit Tudsbury allein zurück. Der Korrespondent lehnte sich zu ihm herüber. »Sagen Sie, Pug, wie gut kennen Sie diesen U-Bootmann? Kann man ihn ernst nehmen?«
»Pamela kann auf sich selber aufpassen.«
»Pamela? Was, zum Teufel, hat Pam damit zu tun? Er hat mir gerade eine ungeheuerliche Geschichte von seiner letzten Feindfahrt erzählt.«
»Und zwar?«
Tudsbury schüttelte den Kopf. »Kommen Sie nach dem Essen zu uns rauf, ja? Es gibt Dinge, über die man bei Tanzmusik nicht reden kann.«
Eingedenk der CincPac-Besprechung, sagte Pug: »Wenn ich kann, gern.«
Mit den gebratenen Hähnchen kam noch mehr Champagner. Pug fragte sich, wie Byron diese raren Flaschen kalifornischen Schaumweins aufgetrieben haben mochte. Als die Uhr neun schlug, erfaßte eine Art Raserei die Menge auf der Tanzfläche. Der Kellner hatte Mühe, mit der Torte zu ihnen durchzukommen. Auf dem weißen Zuckerguß schrieb ein verschwommenes blaues Flugzeug mit roter Schrift die Worte: *Janice und Warren.*
»Wunderbar«, sagte Janice.
»Der falsche Krieg«, sagte Warren. »Doppeldecker.«
Der Kellner schenkte den Wein aus, und Warren schnitt den Kuchen an.

Tudsbury ergriff sein Glas und erhob sich. »Nun, da dieses glänzende Fest seinem Ende zugeht«, erklärte er mit dröhnender Stimme, »möchte ich auf unseren Gastgeber und seine beiden Söhne anstoßen. Gentlemen, Ihre Verkleidung als schlichte amerikanische Seeleute ist zwar überzeugend, aber der Marmor Homers schimmert durch. Sie sind drei Gestalten aus der *Ilias*. Ich trinke auf Ihre Gesundheit, und auf Ihren Sieg!«
»Josaphat, das nenne ich mal einen Trinkspruch!« sagte Pug.
»Drei Gestalten aus was?« wandte Ursula sich an Byron.
»Aus dem *Idioten*«, sagte er. »Ein russischer Roman.«
Pamela brach in ein schrilles Lachen aus und verschüttete etwas von ihrem Champagner.
Der Saal wurde dunkel für die Vorführung auf der Tanzfläche. Der Conferencier tat sein Bestes, um Bob Hope zu ähneln, und erzählte Witze über die Rationierung, Hitler, Tojo und das Ausgehverbot. Zwei Männer aus Hawaii spielten Gitarre und sangen dazu. Dann schob sich ein Dutzend Hula-hula-Mädchen hüftschwenkend in das rosa Scheinwerferlicht; ihre Seegrasröcke raschelten vernehmlich. Sie tanzten und sangen und lösten dann ihre Gruppe auf, um über die leere Tanzfläche zu eilen und an den Tischen sitzende Gäste aufzufordern, mit ihnen zu tanzen. Einer nach dem anderen sprang auf und machte mutig mit, einige streiften sogar die Schuhe von den Füßen. Die meisten spielten den Clown. Das schönste der Mädchen, das mehr wie eine Eurasierin aussah als eine Hawaiierin, kam hüftschwenkend auf den Henry-Tisch zu. Als sie die Festtorte vor Warrens Platz stehen sah, schenkte sie ihm ein strahlendes Lächeln und streckte lockend die Hände aus.
»Los, Darling«, sagte Janice. »Zeig ihnen mal, wie man das macht.«
Mit ernstem Gesicht stand Warren auf und stellte sich dem Mädchen mit dem Grasschurz gegenüber. Er zog die Schuhe nicht aus. Sich anmutig bewegend und dabei die Würde seiner goldgesäumten weißen Uniform wahrend, tanzte er einen korrekten Hula-hula; Pug mußte unwillkürlich an den Schiffsoffizier aus *Madame Butterfly* denken, den ungerührten, hochmütigen weißen Mann, der mit einer asiatischen Schönheit spielt.
»Ich wußte gar nicht, daß auch Männer diesen Tanz tanzen«, sagte Pamela zu Pug.
»Er scheint es aber zu tun.«
Das mechanische Grinsen der professionellen Tänzerin verwandelte sich in ein süßes, freudiges Lächeln. Sie sah Warren voll in die Augen und hängte ihm impulsiv ihren Lei um den Hals. Ihr Tanz wurde sinnlicher. Gäste an anderen Tischen sahen herüber und flüsterten. Als er sich am Tisch umblickte, sah Pug, daß Janice, Pamela und Ursula mit bewundernden Blicken an Warren hingen,

während Aster und Tudsbury die Augen nicht von der Tänzerin ließen. Byron sah nicht zu ihr hin. Das Gesicht in einem trunkenen Ausdruck wie versteinert, starrte er zu seinem Bruder hinüber, und Tränen rannen ihm über die Wangen.

24

Wie vorauszusehen, bewohnte Tudsbury die Präsidenten-Suite mit dem üblichen riesigen Salon, vollgestopft mit hypermodernen Sofas und Sesseln, und mit einer Tapete, auf der große rote Hengste um den Raum herumstoben. Das Schönste an der Suite, sagte Tudsbury, sei der Verdunkelung wegen nicht zu sehen: ein breiter Balkon, von dem man aufs Meer und auf Diamond Head hinaus blicken könne. »Bei Mondschein ein hinreißender Anblick«, sagte er, als er mit Pug hineinging, während Pamela in ihr Zimmer eilte. »Was darf's sein, Victor? Brandy? Oder ein warmer Whisky-Soda? Es gibt zwar einen Kühlschrank, aber er funktioniert nicht. Schatten von Singapore.«

Seit der Übernahme der *Northampton* bis zum heutigen Abend hatte Pug nichts getrunken. Er bat um Brandy. Der Geschmack weckte flüchtig die Erinnerung an den Schmerz, den ihm Rhodas Scheidungsbrief bereitet hatte. Tudsbury ließ sich in einen Sessel fallen und trank dunklen Whisky und Wasser. »Ein bezauberndes Essen, Victor, wirklich. Ihre Söhne haben mir Spaß gemacht. Soviel Familiensinn erlebt man heute nur noch selten. Nun, einerlei, altes Haus! Was ist denn nun wirklich die große Neuigkeit? Nun mal raus mit der Sprache! Es kommt eine große Schlacht auf Sie zu, ist es das?«

»Zuerst, bitte, Asters schockierende Geschichte.«

»Die kennen Sie wirklich nicht? Aber mein Lieber! – Das zweite Schiff, das die *Devilfish* versenkte, war ein Lazarettschiff.«

Sich kerzengerade aufrichtend, stieß Pug Tudsbury mit dem Zeigefinger auf die Brust. »Das hat er Ihnen nie erzählt!«

»Aber doch, bestimmt!«

»Dann müssen Sie ihn falsch verstanden haben.«

»Langsam, langsam. Hinterher stellte sich heraus, daß es ein getarnter Munitionstransporter war. Er hat Photos, die das beweisen. Bevor das Schiff sank, knatterte es eine halbe Stunde wie eine Fabrik für Feuerwerkskörper. Außerdem hatte es massenweise Rohgummi geladen. Er hat Muster mitgebracht.«

»War Aster sehr betrunken?«

»Nein. Vielleicht hat Pam ihn dazu gebracht, so mitteilsam zu sein. Sie hat sich ziemlich für ihn erwärmt, fand ich.«
»Vergessen Sie, daß Sie diese Geschichte jemals gehört haben!«
»Aber warum denn? Einen Munitionstransporter mit dem Roten Kreuz zu tarnen, ist ein verdammt schmutziger Trick. Ein Beweis dafür, daß sich die Japse nicht an zivilisierte Kriegsregeln halten. Sie sind eben Barbaren, Pug.« Eine zur Faust geballte Patschhand fuhr durch die Luft. »Lieutenant Commander Aster ist der typische weiße Kämpfer, der, wenn es sein muß, auch rücksichtslos sein kann – ein gewinnender junger Yankee mit einem Killer-Herzen. Vorzüglicher Stoff für Journalisten.«
»Wollen Sie, daß er weitermacht?«
»Natürlich.«
»Dann tilgen Sie die Sache aus Ihrem Gedächtnis. Geschwätz unter Alkoholeinfluß. Was haben Sie vor, Talky? Wohin wollen Sie von hier aus?«
»Nach San Francisco, Washington, dann zurück in die gute alte Heimat, und von dort zur Wüstenarmee in Nordafrika.« Er lehnte sich vor, sein gesundes Auge quoll fast aus der Höhle, sein Bauch spannte sich unter der gelben Seide; seine Stimme wurde zu einem Geflüster. »Nun hören Sie zu, Pug Henry – *was ist los?* Ich frage Sie von Mann zu Mann: *Was ist los?* Verdammt noch mal, ich bin Ihr Freund und ein Freund Ihres Landes.«
Ein angenehmer Brandynebel durchzog Pugs Gehirn. Die Schlacht steht bevor, dachte er. Tudsbury war zufällig da und würde den Alliierten einen schlechten Dienst erweisen, wenn er ausgerechnet jetzt abreiste. Die übertriebene Geheimhaltung ließ sich in diesem Fall vielleicht modifizieren. »Okay. Sie vergessen das Lazarettschiff, und ich erzähle Ihnen was.« Er streckte ihm die Hand hin. »Einverstanden?«
»Ich soll die Katze im Sack kaufen?«
»Ja.«
»Also gut – einmal will ich einem Yankee glauben.« Tudsbury drückte ihm die Hand. »Einverstanden. Und jetzt lassen Sie hören.«
»Verlassen Sie Honolulu nicht!«
»Nicht? Hmhm! Warum nicht? Weiter! *Weiter*! Erzählen Sie mir, warum, Mann! Ich hänge atemlos an Ihrem Mund!« Dabei schnaufte Tudsbury; sein Atem kam pfeifend aus dem letzten Loch.
»Das ist alles.«
»Was denn?«
Die Worte gleichmäßig skandierend, als kämen sie aus dem Nebelhorn eines Kriegsschiffes, wiederholte Henry: »*Verlassen ... Sie ... Honolulu ... nicht!*«
»Das ist alles? Sie sind ein ausgemachter Schwindler!« Tudsburys Gesicht

verzerrte sich vor Zorn. »Das weiß ich *selbst,* daß ich jetzt nicht abreisen sollte. In Ihrem CincPac-Gebäude summt es wie in einem Bienenkorb, das habe ich gemerkt. Was also habe ich von Ihnen Neues erfahren?«
»Eine Bestätigung«, sagte Pug.
Das zornige Funkeln in Tudsburys gesundem Auge wich einem widerwilligen Ausdruck der Kapitulation. »Na schön, altes Haus. Aber *Sie* sind hier der Hereingefallene, nicht ich! Ich habe Aster mein Ehrenwort gegeben, seine Geschichte nicht zu verwenden, bevor er mir auch nur ein Sterbenswörtchen erzählt hat. Das Thema ist nichts für alliierte Korrespondenten. Heh heh! Sie sind leicht aufs Glatteis zu führen.« Er neigte sich vor und klopfte Henry auf den Arm. »Eine Riesenschlacht, die da auf uns zukommt, was? Das Trafalgar des Pazifik oder so? Sind sie schon unterwegs, die gelben Scheißer? Werden sie versuchen, hier auf Hawaii zu landen?«
Pamela kam herein. Wassertropfen hafteten an ihrer Stirn und in ihrem Haar. Sie sah sehr blaß aus. Pug stand auf, und ihr Vater schwenkte das Glas.
»Ach, da kommt ja meine bezaubernde rechte Hand. Kein Mensch wird jemals erfahren, Victor, wieviel ich ihr verdanke. Ich habe sie in den letzten sechs Monaten durch Himmel und Hölle geschleift. Sie hat nie schlapp gemacht und sich nie beklagt. Schenk dir ein Glas ein, Pam, und gib mir noch einen tüchtigen Whisky-Soda.«
»Talky, geh zu Bett!«
»Wie bitte?«
»Du hast einen langen Tag hinter dir. Geh zu Bett!«
»Aber Pam, ich möchte mich mit Victor unterhalten.«
»Das möchte ich auch.«
Tudsbury starrte in das eisige, nervös zuckende Gesicht seiner Tochter und stemmte sich widerstrebend aus dem Sessel hoch.
»Du gehst hart mit mir um, Pam, sehr hart«, wimmerte er.
»Ich muß ihm noch helfen, sein Auge zu verbinden«, sagte sie zu Pug. »Das geht schnell. Sieh dir solange unseren Ausblick an.«
Victor Henry schlüpfte durch die wehenden Verdunkelungsvorhänge. Der Nachthimmel war bestirnt, der niedrig hängende Mond warf ein goldenes Band auf die stille See. In acht oder neun Tagen würden sie Vollmond haben; der Schlachtplan der Japaner schien mit dem Mondschein zu rechnen. Ein trügerisch friedfertiger Anblick: das leise Rauschen der schimmernden Brandung, Blumendüfte aus den Gärten, der mondbeschienene Kegel des Diamond Head hinter dem sorgsam verdunkelten Royal Hawaiian Hotel. Unter dem gleichen Mond, der tausend Meilen weiter westlich nur noch niedriger überm Horizont hing, näherte sich die japanische Armada in diesem

Augenblick Midway, teilten sich schäumende Bugwellen vor Hunderten eiserner Schiffe: Schlachtschiffe mit pagodenförmigen Aufbauten, Flugzeugträger, deren Flugdecks von nackten Stahlträgern gehalten wurden, unförmige Truppentransporter, bis zum Rand beladen mit Landungseinheiten, und Nachschubfahrzeuge, die wie Wasserwanzen von einem Horizont bis zum anderen schwärmten.

»Ich habe oft darüber nachgedacht, wohin es dich wohl verschlagen haben mochte.« Eine Berührung an seiner Schulter. Pamelas Stimme, kühl und tief.

»Hallo.« Er drehte sich nach ihr um. »Das ging aber schnell. Ist es schlimm mit seinem Auge?«

»Eure Navy-Ärzte nennen es eine Geschwulst. Sie sagen, es heilt wieder.« Pause. »Daß deine Frau sich scheiden lassen will, ist eine sehr schlimme Nachricht.«

»Ach, das haben andere Dinge damals ganz in den Hintergrund gedrängt – zum Beispiel, daß ich die *California* verlor. Und daß ich Pearl Harbor aus der Luft unter mir liegen sah – ein rauchender Trümmerhaufen.«

»Ungefähr wie Singapore, als ich es verließ.«

»Ich habe dich im Radio sprechen hören. Über die Mills-Bombe.«

»Ach, wirklich?« Wieder eine verlegene Pause. Die Arme vor der Brust verschränkt, schaute sie auf die See hinaus.

»Als wir das letzte Mal auf einem solchen Balkon standen, bot sich uns ein anderer Anblick.«

»Das kann man wohl sagen. Der Londoner Hafen brannte, die Scheinwerfer strichen über den Himmel, Sirenen, Flakfeuer. Abstürzende deutsche Maschinen . . .« Sie drehte sich um und sah ihn an. »Und dann mußtest du mit einem Bomber nach Berlin fliegen!«

»Du warst wütend.«

»Und ob ich das war! Ach, ich glaube, ich hab' den Geschmack an Tropennächten so ziemlich verloren. Das Kreuz des Südens bedeutet für mich nur noch Übelkeit und Angst – und wird es wohl immer bedeuten. Gehen wir hinein.« Sie traten durch die verglaste Tür, die Verdunkelungsvorhänge rauschten. Ein Streifen gelben Lichts schien unter der Schlafzimmertür hindurch.

Ein gedämpfter Ruf: »Bist du das, Pam?«

»Ja, Talky. Warum schläfst du noch nicht?«

»Ich seh' noch meine Notizen durch. Wo ist Victor?«

»Er will gerade gehen.«

»Ach, wirklich? Dann gute Nacht, Victor.«

»Gute Nacht, Talky«, rief Pug.

»Pamela, kommst du mit Block und Bleistift und nimmst noch ein kleines Diktat auf?«
»Nein, das tue ich nicht. Mach das Licht aus. Du bist erschöpft.«
»Na, wenn du unbedingt ins Bett willst, nur zu!« Der gelbe Streifen verschwand. »Träum was Schönes, Pam«, rief Tudsbury in neckendem Ton.
»Er ist wie ein kleiner Junge«, sagte Pamela leise. »Gehen wir in mein Zimmer.«
Auf dem Korridor roch es nach Hotel. Das Licht war grell. Als sie den Zimmerschlüssel aus ihrem kleinen grauen Täschchen grub, öffnete sich die Aufzugstür, und Pug Henrys Herz machte einen Satz, als er seinen Sohn Warren heraustreten sah. Der Schreck dauerte nur Sekunden – es war nicht Warren, sondern ein fremder junger Mann in weißer Uniform mit goldenen Schwingen, der Pamela im Vorübergehen bewundernd anblickte.
Sie schloß die Tür auf, und sie traten ein. Das Zimmer war klein und schäbig, wie Pug es auf der Landseite des Hotels erwartet hatte: das Grau der Wände war verblichen, die roten Vorhänge mußten dringend gereinigt werden, und das messingene Doppelbett verbarg einen fadenscheinigen Teppich.
»Ich nehme an, es ist ein Dienstbotenzimmer«, sagte Pamela. »Aber ich wollte mich nicht streiten. Das Hotel war voll, und sie hatten ihm die Königssuite gegeben. Ich hatte ohnehin nicht vor, hier Gäste zu empfangen.« Sie warf Schlüssel und Tasche beiseite und breitete die Arme aus. »Aber jetzt tue ich es wohl doch.«
Pug schloß sie in die Arme.
»Oh, allmächtiger Gott, es wird aber auch allerhöchste Zeit«, keuchte Pamela. Sie küßte ihn leidenschaftlich, und es durchfuhr ihn wie Feuer. Pugs Wissen um andere Dinge – die Einsatzbesprechung, der nahende Feind, seine Söhne, seine Frau –, all das war ausgelöscht durch eine Empfindung, die er seit seinen Flitterwochen vergessen hatte: die beseligende Erregung, eine Frau im Arm zu haben, die einem mit ihrem Mund und ihrem ganzen Körper ihre Liebe und ihre Bereitschaft zur Hingabe zu verstehen gibt.
Der zermürbte, einsame, verletzte Mann erwiderte ihre Küsse, drückte sie fest an sich. Endlich verlangsamte sich das Tauschen von Zärtlichkeiten, das abwechselnde Aufflammen von Küssen und Worten. Sie holten Atem. Da war das schäbige kleine Zimmer wieder, und das Bett.
»Das ist eine große Überraschung für mich«, flüsterte er, ihrem fragenden Mund ganz nahe.
»Überraschung?« Sie bog sich in seinem Arm nach hinten, und in ihren Augen tanzten kleine Funken. »Wieso? Warum? Habe ich mich in Moskau nicht unmißverständlich erklärt?«

»Heute abend hatte ich schon gedacht, es wäre alles aus.«
»Aber Liebling – deine *Söhne* waren da!«
»Und ich dachte, der junge Aster gefiele dir.«
»So? Er kam mir nur gerade gelegen.« Zärtlich fuhr sie ihm mit den Fingern übers Gesicht. »Ich hatte zu tun, dich nicht dauernd anzustarren. – Was ist das für eine Besprechung heute abend?«
»Ich muß in einer halben Stunde fort.«
»In einer halben Stunde! Großer Gott! Können wir denn morgen wenigstens den ganzen Tag zusammensein?«
»Pam, die Flotte läuft morgen aus.«
»NEIN! Verdammt! Ach, verdammt!« Sie riß sich los und zeigte erregt auf einen kleinen verschlissenen Sessel. »Was für ein Pech! Setz dich! Verdammt nochmal! Ausgerechnet morgen! Wir haben aber auch nie Zeit füreinander, oder? Nie! Ich hätte gleich nach unserer Ankunft zu dir fliegen sollen.« Sie setzte sich aufs Bett und hieb mit der geballten Faust auf das Messinggestell. »Natürlich habe ich daran gedacht, aber ich wußte nicht genau, wie dir zumute war. Schließlich ist es ein halbes Jahr her, verstehst du, und ich habe kein einziges Mal von dir gehört! Was steht denn in dem Brief, den du mir geschickt hast?«
Kläglich sagte Pug: »Ich hab' dich darin aufgegeben.«
»Hattest du schon von deiner Frau gehört, als du ihn schriebst?«
»Nein.«
»Da bin ich ja noch einmal davongekommen! Ach, wie *konnte* diese törichte Frau das nur tun? Weißt du, wer der Mann ist?«
»Du hast ihn in unserem Hause kennengelernt. Der große Ingenieur, Fred Kirby. Kein übler Mann.«
»Auf mich hat er keinen Eindruck gemacht. Eine halbe Stunde! Oh verdammt! Verflucht und zugenäht!«
Sie zog die Knie hoch, schlang die Arme darum und lehnte sich gegen das Bettgestell. Die kindliche Pose verwirrte Pug. Madeline saß manchmal so. Pam sah unendlich süß und begehrenswert aus, aber so jung, so unendlich jung, wie sie zusammengekauert dasaß, die weißen schlanken Arme um Beine und Schenkel gelegt, die sich unter der grauen Seide abzeichneten.
»Jetzt hör zu, Liebling«, sagte sie und sprach sehr schnell. »Vor unserer Abreise aus London habe ich mich nach Mitteln und Wegen erkundigt, hier in Honolulu zu bleiben. Der Chef der britischen Verbindungsstelle hier, Commodore Alexander Pike, mag mich ganz gern. Außerdem habe ich einen hochkarätigen Brief von Lord Burne-Wilke mitgebracht, der mir vermutlich Tür und Tor öffnet. Milord ist ein todlangweiliger Mann, der alles für mich tun

würde. Mit einem Wort, Liebster, man hat mir hier einen Job angeboten. Heute morgen habe ich eine Monatsmiete hinterlegt, um mir eine kleine Wohnung zu sichern. Du siehst . . .« Sie ratterte all dies herunter wie eine Chefsekretärin, doch als er den Kopf schüttelte, hielt sie inne und grinste. »War ich ein wenig zu voreilig, *mon vieux*? Ich wollte mich dir auf einem silbernen Tablett präsentieren, alles erledigt und keinerlei Probleme. Daß wir heute abend so wenig Zeit haben würden, konnte ich nicht ahnen. Oder daß deine Frau verrückt spielt. Wie steht es denn damit nun eigentlich, Pug?«

Er zitierte Passagen aus Rhodas Scheidungsbrief, die sich in sein Gehirn eingebrannt hatten, berichtete von dem forschen Ton, in dem sie seither schrieb, und von den anonymen Briefen, die er bekam.

»Ach, solchen Dreck darfst du nicht zur Kenntnis nehmen!« Entsetztes Kopfschütteln. »Zählen tut nur, was Rhoda schreibt.«

»Sie führt mich an der Nase herum, Pam. Davon bin ich ziemlich überzeugt. Vielleicht hält sie das für ihre Pflicht, weil ich hier draußen bin und weil Krieg ist. Vielleicht auch, weil sie den anderen noch nicht ganz kirre gemacht hat. Jedenfalls ist irgendwas faul mit ihren Briefen.«

»Du kannst dir aber nicht sicher sein. Jedenfalls ist es ihr peinlich, Pug. Sie hat sich in eine unmögliche Lage gebracht. Siehst du das denn nicht? Verurteile sie nicht zu früh!« Pamela warf einen Blick auf ihre Armbanduhr. »Himmel, die Zeit brennt ab wie eine Zündschnur. Du gehst also in See, und Talky wird in die Staaten wollen. Was hat Rhoda da nur angerichtet! Gewiß, für mich ist es *die* Gelegenheit; aber würde es dein armes Leben komplizieren, wenn ich hier bliebe?«

»Talky wird nicht abreisen. Ich habe ihm geraten, hierzubleiben.«

»Wirklich?« Sie wartete. Doch er sagte nichts weiter. »Hm. Interessant. Trotzdem sollte ich dem guten Alex Pike wegen des Jobs Bescheid geben.«

Dieses bezaubernde Geschöpf war kein Traum, dachte Pug. Sie war fast ebenso zäh und zielstrebig wie ihr Vater. Da saß sie leibhaftig vor ihm, zum Greifen nahe, sah blaß und sehnsüchtig aus und wartete auf eine Entscheidung. Was zwischen ihnen war, drängte einem Höhepunkt entgegen – nach den langen, langsam vergehenden leeren Monaten.

»Der Ball ist also bei mir,« sagte er.

Zorn huschte über ihr Gesicht. »Nichts da! Dies ist kein Spiel!« Sie straffte sich, setzte die Füße auf den Boden. »Ich bin hier. Wenn du mich willst, bleibe ich. Wenn du nicht willst, gehe ich. Ist das klar? Ich möchte da sein, wo du bist. *Ich liebe dich*! Du bist für mich das Leben. Du bist verzweifelt wegen Rhoda, und das kann ich dir nicht verdenken. Gut, sag' mir deine Bedingungen, ich werde mich nach ihnen richten. Aber es gibt für mich keinen anderen Platz auf

der Welt, Victor; es sei denn, du schicktest mich weg. Verstehst du das oder verstehst du es nicht?«
Wieviele Männer würden nicht alles darum geben, solche Worte von einer Frau zu hören! Das war für ihn die Chance, sein ruiniertes Leben wieder aufzubauen. Er stand auf und riß sie an sich. Überwältigt von der Macht des Augenblicks und der Freude über ihren Körper, der den seinen suchte, konnte er nur herausbringen: »Aber ich bin doch viel zu alt für dich!«
»Eines muß ich dir noch sagen«, flüsterte sie und barg ihr Gesicht an seiner weißen Uniform. Ihre Worte kamen schnell wie ein Sturzbach. »In Singapore war ich noch einmal mit Phil Rule zusammen. Warum, weiß ich nicht. Es war wie das Ende der Welt! Er ist immer noch das alte Ferkel. Trotzdem war ich bei ihm. Es geschah nun mal. Ich habe es nicht gewollt, und mir ist jetzt noch übel.« Sie hob das Gesicht. Es sah blaß und krank aus wie zuvor.
Quälenden Zorn und Gekränktheit in sich erstickend, sagte Pug: »Du warst mir nichts schuldig. Aber du hast nach Bedingungen gefragt. Bedingung Nummer eins: Bring mich nie dazu, mich bei einer Navy-Besprechung zu verspäten.«
»Herrgott, diese verdammte Besprechung! Ist es schon soweit?« Ihre Stimme bebte. »Dann fort mit dir! Nein, warte. Hier.« Sie griff hastig nach ihrem Täschchen und drückte ihm eine weiße Karte in die Hand. »Hier wirst du mich finden, wenn du zurückkommst. Es ist ein Apartment-Hotel.«
»›Dillingham Court‹«, las er. »Ach, das gibt es immer noch?«
»Ja. Ziemlich schäbig und – was soll dieses Lächeln?«
»Rhoda und ich haben da mal gewohnt, bevor wir die Kinder hatten.«
Sie sah ihm offen in die Augen. »Wann kommst du wieder? Weißt du das schon?«
Sein Gesicht wurde ernst. »Was ich jetzt sage, ist nur für dich bestimmt. Wir laufen aus und werden wohl eine höllische Schlacht vor uns haben, Pam. Gegen eine große Übermacht. Ich gehe jetzt ins Hauptquartier von Admiral Nimitz!«
Ihr Gesicht erstarrte, ihre Augen waren groß und leuchtend. Sie nahm sein Gesicht in ihre Hände und küßte ihn lange auf die Lippen. »Ich liebe dich, Pug. Und das wird sich nie ändern. Wenn du zurückkommst – *und du kommst zurück* – werde ich hier auf dich warten.«
Sie machte ihm die Tür auf.

Dünner, brauner Rauch stieg aus den Schornsteinen der *Northampton*, die an der Boje lag. Durch den Rauch hindurch sprenkelte die Morgensonne ein Deck, auf dem die Besatzung unter den langen Geschützrohren und den Flugzeug-Katapulten den Kreuzer seeklar machte. Victor Henry verzehrte in seiner

Kabine ein Frühstück, das aus frischer Ananas, Gerstengrütze, Eiern und Schinken sowie gebräuntem Kartoffelpüree bestand. Sein Steward schenkte ihm eine Tasse Kaffee nach der anderen ein.

»Sie haben einen guten Appetit heute morgen, Captain!«

»Ich habe ein gutes Frühstück«, sagte Pug.

Das Sonnenlicht, das in einem strahlenden Oval durch das Bullauge auf das gestärkte weiße Tischtuch fiel, durchdrang gleichsam auch ihn. Er hatte nur zwei oder drei Stunden geschlafen. Trotzdem fühlte er sich großartig; ein halbes Jahr Angst und Verzagtheit war verschwunden wie Nebel vor einem frischen Seewind. Bevor er aus seiner Koje sprang, um seine Morgengymnastik zu machen und kalt zu duschen, hatte er im Dunkeln gelegen und sich alles noch einmal gründlich durch den Kopf gehen lassen. Eine freundschaftliche Regelung mit Rhoda, eine zweite Ehe, vielleicht sogar noch einmal Kinder – warum nicht, *warum nicht*? Er kannte Männer seines Alters, die mit ihren jungen Frauen (von denen keine einzige Pamela Tudsbury das Wasser reichen konnte!) glücklich waren und sogar noch einmal Kinder bekamen. Die Träume waren vorbei; die Wirklichkeit war besser.

Die Hochstimmung, in der er sich befand, verwandelte seine Besorgnis wegen der bevorstehenden Schlacht in eine Art nervöser Vorfreude; er wußte, was geschehen würde – sofern die Codeknacker vom CincPac recht behielten. Selbst bei der Vorgabe, die sie durch ihr Geheimwissen hatten, sprach alles gegen das Überleben der amerikanischen Pazifikflotte. Und doch lag in der Art des japanischen Angriffsplans eine ganz bestimmte Hoffnung. Die japanischen Einheiten würden nämlich von den Aleuten bis zu den Marianen auseinandergezogen sein. Zumindest in der ersten Phase, in der Flugzeugträger gegen Flugzeugträger standen, war ihre Übermacht noch zu ertragen, obgleich die beschädigte *Yorktown* und die nicht ganz so rassige *Hornet* schwächliche Schwestern waren im Vergleich zu den kampferprobten schwimmenden Flugplätzen der Japaner. Aber wie auch immer – er suchte mit seinem Schiff den Kampf, und er war eine Kämpfernatur; das Wissen um Pamelas Liebe setzte ihn instand, es mit jedem Gegner aufzunehmen.

Das Klingeln des Telephons riß ihn aus seinen Träumereien.

»Sir, hier spricht der Wachhabende Offizier. Ihr Sohn kommt an Bord.«

»Schicken Sie ihn zu mir.«

Warren in Arbeitskhaki, die goldenen Schwingen an seinem verblichenen Hemd, tauchte unter der Tür auf. »Hallo, Dad. Wenn du keine Zeit für mich hast, sag das nur.«

»Komm rein. Du kannst noch was vom Frühstück abhaben.«

»Danke, nein.« Warren hielt abwehrend die Hand hoch und ließ sich in einen

Sessel fallen. »Janice hat mich gerade mit einem königlichen Abschiedsfrühstück traktiert. Steak und Eier!« Er sah sich in der sonnigen Kabine um. »Hm. Ich hab' dich noch nie in deinem Allerheiligsten besucht. Schöne Unterkunft.«
»Na, eingeladen habe ich dich oft genug!«
»Ich weiß. Meine Schuld.«
»Ist Byron gut weggekommen?«
»Er müßte inzwischen in San Francisco sein.«
»Mit einem historischen Kater, wenn ich mich nicht irre.«
Pug sah zum Steward hinüber, der seinen Kopf zur Tür hereinsteckte und dann wieder verschwand. Warren zündete sich eine Zigarette an und sagte leise: »Es geht nach Midway, nicht, Dad? Gegen die ganze japanische Flotte?«
»Wo hast du das her?«
»Von jemand aus Halseys Stab.«
»Ich höre nicht gern, daß Halseys Stab nicht dicht hält.«
»Was ist eigentlich mit diesem Admiral Spruance? Du bist doch schließlich monatelang mit ihm herumgedampft.«
»Was soll mit ihm sein?«
»Nun, erstens ist er doch ein Schlachtschiffmann, nicht wahr? Man erzählt sich, von Haus aus sei er Elektro-Ingenieur; der typische Kriegsschul-Theoretiker. Ein Mann, der nicht einmal fliegen kann wie Halsey. Es heißt auch, er sei mit Halsey befreundet, und deshalb sei er auch zu dem Job gekommen. Der Stab macht sich Sorgen.«
»Wen der CincPac zum Befehlshaber einer Kampfgruppe bestellt, geht weder dich noch den Stab etwas an.«
Auch Warrens Ton bekam etwas Stahlhartes. »Dad, der Mann, der bei dieser Show den Ton angibt, muß Verständnis für Flieger haben. Daß Halsey seine Flugprüfung gemacht hat, ist schon was – immerhin ist er hingegangen und hat sie abgelegt. Aber er denkt nicht wie ein Flieger. Als wir bei den Marshall-Inseln waren, wollte er Bomber ohne Jagdschutz über die normale Reichweite hinaus losschicken; außerdem stimmte es mit seiner Navigation nicht. Die Hälfte von uns wäre beim Rückflug im Bach gelandet. Ums Haar hätten wir gestreikt, und daraufhin sind die Befehle geändert worden.« Pug schüttelte streng und mißbilligend den Kopf. Warren warf resigniert die Hände hoch. »Das ist immerhin passiert! Sturzbomber kann man nicht abschießen wie Vierzig-Zentimeter-Granaten. Die müssen nämlich umkehren und zurückfliegen können. Das ist ein großer Unterschied. Den Admirälen fällt es verdammt schwer, das nicht zu vergessen.«
»Spruance wird es nicht vergessen.«
»Hoffentlich hast du recht! Er braucht nur bis auf unsere Reichweite

ranzugehen. Dann wird er sich über uns nicht zu beklagen haben.« Warren blies einen dicken Rauchring in die Luft. »Zwei Flugzeugträger gegen die gesamte japanische Flotte! Da darf man gespannt sein.«
»*Drei* Flugzeugträger«, fügte Pug ein wenig pikiert hinzu. »Und an die neun Kreuzer, Warren.«
»Drei? Die *Saratoga?* Die ist doch in Kalifornien, oder?«
»Die *Yorktown.*«
»Aber Dad, der *Yorktown* hat man doch das ganze Innenleben rausgepustet. Die Reparatur dauert doch mindestens ein halbes Jahr.«
»Die Werft hat versprochen, sie binnen zweiundsiebzig Stunden wieder klar zu machen.«
Warren stieß einen Pfiff aus. »Das glaub' ich erst, wenn ich es sehe. Übrigens, hast du die Morgennachrichten gehört? Von dieser Schlacht um Charkow?«
»Nein.«
»Die größte Panzerschlacht aller Zeiten. Das behaupten beide Seiten. Warst du jemals in Charkow?«
»Da saßen die Deutschen, als ich in Moskau war. Inzwischen hat die Stadt mehrmals den Besitzer gewechselt. Wer sie jetzt hat, weiß ich nicht.«
Warren nickte. »Und in Afrika schlägt Rommel gleichfalls eine Panzerschlacht. Wo kriegen die Deutschen eigentlich die vielen Panzer her? Ich denke, die RAF hat ihre Fabriken längst plattgewalzt?«
Pug fiel auf, daß das Gespräch in Gemeinplätzen versandete; das war sonst nicht Warrens Art.
»Hör mal, es ist acht Uhr vierzehn. Um neun laufen wir aus. Soll ich dich in meiner Gig nach Ford Island bringen lassen?«
»Gleich.« Warren drückte seine Zigarette aus und stieß vernehmlich grauen Rauch aus. »Eigenlich wollte ich das Byron geben, aber der ist schon weg.« Er zog einen weißen Umschlag aus der Hüfttasche. »Es geht nur um ein paar finanzielle Dinge. Janice kann zwar kochen, wie du weißt, aber vor Arithmetik streckt sie die Waffen.« Victor Henry nahm schweigend den Umschlag und ließ ihn in eine Schublade fallen. »Dad, wenn ich von einem Feindflug zurückkomme, fliege ich über die *Northampton* und wackle mit den Tragflächen. Wenn nicht, hat das weiter nichts zu sagen. Vielleicht sind wir gerade in Formation, oder ich habe zu wenig Treibstoff, oder sonst was. Aber ich will es versuchen.«
»Ich verstehe. Ich würde mich freuen, Warren, aber ich rechne nicht damit.«
Warrens Blick, der dem seines Vaters auswich, fiel auf ein Schreibtischfoto von Rhoda neben Bildern von ihm, Byron und Madeline. »Mom und Madeline haben mir gestern abend gefehlt.«

»Es gibt noch viele Familienfeiern, Warren. Und du wirst auch nochmal Hula für uns tanzen.«
»Hula! Ha! Bis dahin sind längst andere Tänze Mode.«
Als sie zur Gangway gingen, konnte Pug nicht der Versuchung widerstehen, zu fragen: »Wie fandest du die Tudsburys?«
»Ich fand ihn ziemlich laut. Aber die Tochter hat mir gefallen.«
»Ach, wirklich? Warum denn?«
»Na, weil sie so zu ihrem Vater hält. Außerdem finde ich sie verdammt sexy, obwohl sie so still ist.«
Diese Worte weckten in Victor Henry ein längst vergessen geglaubtes Gefühl männlichen Stolzes und die Freude eines Oberfähnrichs, der hört, wie andere in höchsten Tönen von seiner Freundin reden.
In der grellen Sonne auf dem Oberdeck blinzelte Warren, setzte eine dunkle Brille auf und ließ dann den Blick vom Bug zum Heck des zweihundert Meter langen Schiffes schweifen. »Ein schönes Schiff, Dad.«
»Aber kein Flugzeugträger.«
»Achtung an Deck!« Der Wachhabende Offizier bellte den Befehl heraus. Matrosen, die eben noch beschäftigt waren, erstarrten. Als Victor Henry und sein Sohn sich an der Gangway die Hand schüttelten, sah Warren seinem Vater in die Augen und lächelte. Nie zuvor hatte er seinen Vater auf diese bestimmte Weise angelächelt; es war ein ebenso zurückhaltendes wie beruhigendes Lächeln, einem Schulterklopfen nahe, als wollte er ihm sagen: *»Ich bin nicht mehr dein kleiner Junge, wenn du das auch nicht so recht wahrhaben willst. Ich bin Pilot eines Sturzbombers, und ich mache meine Sache gut.«*
»Gute Jagd, Warren.« Der Sohn drückte ihm die Hand, machte dann kehrt und grüßte den Wachhabenden.
»Bitte das Schiff verlassen zu dürfen.«
»Erlaubnis erteilt, Sir.«
Auf seine schlaksige und doch eckige Art kletterte Warren die Leiter hinunter.
»Weitermachen!« sagte Pug, und die Männer lösten sich aus ihrer Erstarrung. Er stand an der Gangway, sah der Gig nach, die abstieß und auf Ford Island zufuhr. Die Arme auf die Hüften gestemmt, stand sein Sohn am Heck, und die kabbelige See machte ihm nichts aus.
Die Zerstörer der Kampfgruppe dampften den Kanal hinunter, klar zum Auslaufen. Ihre Signalflaggen flatterten. Die lange graue Silhouette eines Zerstörers schob sich zwischen Warren und seinen Vater. Pug genierte sich ein wenig, zu lange auf dem Achterdeck geblieben zu sein, nur um seinen Sohn noch einmal zu sehen. Er stieg auf die Brücke, um die *Northampton* hinauszuführen auf See.

25

Werner Beck hatte Probleme.
Auf seinem Schreibtisch war ein Brief vom Reichssicherheitshauptamt, Abteilung IV B–4, gelandet, in dem er um einen Bericht über Möglichkeiten ersucht wurde, italienische Juden nach dem Osten zu deportieren. Für derlei heikle Dinge unterhielt Beck enge Beziehungen mit Mussolinis verschlafener Bürokratie. Unter anderem war er zuständig für die Aufgebote von italienischen Arbeitern, die in deutsche Fabriken verschickt wurden. Beck verstand sich darauf, mit den römischen Beamten umzugehen, jenen lächelnden aalglatten Typen, deren Spezialität es war, mit Charme, Papierkrieg und Gerede jede vernünftige Aktivität zu verhindern. Ein elektrischer Schlag von der OVRA jedoch brachte auch so einen lächelnden Aal dazu, aufzuhören zu lächeln und sich zu winden, sich aufzurichten, ein Mensch zu werden und die geforderte Arbeit zu tun.
Freilich, auch Beck konnte keine Wunder wirken; und diese Sache mit den Juden hielt er für hoffnungslos. Kein Italiener bis hinauf zu Mussolini selbst würde seine Hände dazu leihen, die Juden einem ungewissen Schicksal zu überantworten. Selbst fanatische Faschisten lachten über die Nürnberger Gesetze. Die meisten Italiener mochten die Juden oder hatten zumindest Mitleid mit ihnen. Also bediente Beck sich der erprobten Verschleierungstaktik; er richtete offizielle Anfragen an die richtigen Stellen, erhielt ausweichende Antworten, traf offiziell Verabredungen für unnütze Geheimgespräche und verfaßte offizielle Protokolle darüber. Zusammen mit einer dicken Mappe solcher negativer Antworten schickte er offiziell eine völlig unergiebige Zusammenfassung an das Reichssicherheitshauptamt und verließ sich darauf, daß die Angelegenheit damit erledigt wäre.
Doch es kam ein weiterer Brief jenes Obersturmbannführers aus dem Reichssicherheitshauptamt, dem die Abteilung IV B–4 unterstand; er schrieb, er werde persönlich nach Rom kommen. Für einen Obersturmbannführer hatte der Mann schon einen recht anmaßenden Ton. Ein SS-Führer war etwas ganz anderes als ein Offizier der Wehrmacht. Als Ableger von Hitlers Schläger-Abteilungen, der jetzt zu einer aufgeblähten Privatarmee von

Nazi-Getreuen gediehen war, stellte die SS in Becks Augen nur eine windige »Elite« regierungstreuer Polizeiterroristen dar – obwohl der Status des »Ehrenführers« der SS zu einem Unterpfand unverbrüchlicher Nazi-Treue geworden und Beck selbst Sturmbannführer war. Doch dieser Obersturmbannführer Eichmann schien einiges Gewicht zu besitzen, denn als nächstes erhielt der Botschafter ein kurzes und bündiges, strenggeheimes Schreiben von Heydrich – einem SS-Obergruppenführer von beängstigendem Ruf, der gleich nach Himmler kam –, aus dem mehr oder weniger unmißverständlich hervorging: »Tun Sie, was Eichmann sagt.« Einigermaßen verwirrt, verlangte der Botschafter von Beck einen detaillierten Bericht über Obersturmbannführer Eichmanns Abteilung IV B–4, was Beck zwang, sich mit dem gesamten leidigen und undurchsichtigen Gewirr von Sicherheitsdiensten zu beschäftigen, das selbst die ältesten Beamten des Auswärtigen Dienstes nicht durchschauten.

Das Ganze war eine Folge des Strebens nach politischer Hausmacht. Bei der Abteilung IV des Sicherheitshauptamtes handelte es sich um die alte Gestapo, die Göring aus der Preußischen Politischen Polizei umgeschmiedet hatte in einen Zweig des Geheimdienstes. Himmler und Heydrich hatten die Gestapo dem Reichssicherheitshauptamt angegliedert, einem bürokratischen Kraken, der sämtliche Berliner Behörden durchzog und die Geheimdienst- und Polizeifunktionen von Regierung und Partei miteinander verband. In keinem anderen Zweig des Staatsapparats hatten die Nazis ein größeres Durcheinander angerichtet. Das RSHA war eine unheimliche, schwer zu fassende, allumspannende Behörde, offensichtlich aber genau das, was die Partei wollte: eine geheime Polizeiorganisation, die außerhalb der Justiz operierte und nur Hitler persönlich verantwortlich war.

Die Abteilung B der Gestapo befaßte sich mit den ›Sekten‹. Als vierte ›Sekte‹ galten die Juden. Abteilung IV B-4 des RSHA war also das Referat für Judenangelegenheiten. Als dessen Leiter bestimmte Obersturmbannführer Eichmann das Schicksal sämtlicher Juden in den von den Deutschen besetzten Gebieten; die Juden galten als Sicherheitsangelegenheit. Sein anmaßender Ton wurde damit verständlicher; er herrschte über acht bis zehn Millionen Seelen – mehr als die gesamte Bevölkerung Schwedens. Beck entwickelte in bezug auf ihn so etwas wie beklommene Neugier.

Eichmann traf kurz nach der Ermordung Heydrichs in Rom ein. Trotz der Benzinknappheit kam er mit dem Wagen aus Berlin. Eine seiner ersten Bemerkungen im feudal ausgestatteten Empfangssalon des Botschafters war, daß er nie fliege; auf Flugzeuge sei zu wenig Verlaß. Im übrigen wurde zwischen den drei Männern beim Kaffee nur unverbindlich geplaudert. Trotz seiner unheilverkündenden, auffällig schwarz-silbernen SS-Uniform sah Obersturmbannführer Eichmann durchaus annehmbar aus und benahm sich auch so; kaum militärisch, eher mit der spritzig-intelligenten Art eines Oberbuchhalters. Er schlürfte beim Kaffeetrinken. Der Botschafter war ein aufrechter, rotgesichtiger älterer Herr, der mit erlesenen Manieren hohe Politik machte und von einem Feldmarschall abstammte; dennoch war er es, der vor dem sachlichen Bürokraten von noch nicht vierzig katzbuckelte. Der Botschafter versicherte Eichmann, die Botschaft stehe ihm zur Verfügung, bat ihn, dem Reichsführer sein aufrichtiges Bedauern über das traurige Ende von Obergruppenführer Heydrich zu übermitteln, und delegierte den Obersturmbannführer im übrigen an Werner Beck.

In Becks Büro wurde Eichmann wieder anmaßend. Die negativen Reaktionen der römischen Beamten brachten ihn in Zorn. Italiener könne man eben nicht ernst nehmen, sagte er; das seien alles nur Operettenfiguren und eitle Pfauen, ohne jede Einsicht in das Judenproblem. Aber zusammen mit dem Auswärtigen Amt werde die Sicherheitspolizei die Sache mit den Juden trotz der Regierung schon in Ordnung bringen. Denn in den Augen des Führers, sagte Eichmann mit schulmeisterlich gerecktem Zeigefinger, gäbe es für das Judenproblem keine Grenzen. Ob man denn etwa einer Pestepidemie, die ganz Europa überziehe, Herr werden könne, wenn man den Keimen gestatte, sich jenseits unsichtbarer Linien, die man ›Grenzen‹ nenne, unbehindert zu vermehren? Der unerschütterliche Wille des Führers gehe dahin, den Kontinent von den Juden zu säubern. Und deshalb müsse Herr Dr. Beck als politischer Sekretär in Rom schon etwas mehr leisten, als ausschließlich negative Berichte einzureichen.

»Aber Italien ist kein besetztes Gebiet«, hielt Beck ihm sanft entgegen. »Es ist ein souveräner Staat und, ich brauche das wohl kaum zu betonen, ein vollwertiger militärischer Verbündeter. Diese Juden sind immer noch italienische Staatsbürger.«

Eine Spur erfreuter Zustimmung umspielte Eichmanns dünnlippigen Mund. Herr Dr. Beck sei eben doch Realist! Jawohl, in den Hauptstädten der besetzten Länder sei es einfacher. Dort könne das Reichssicherheitshauptamt in den Botschaften des Reiches Leute einsetzen, die sich mit der jüdischen Frage befaßten. In Rom dagegen verletze man damit zweifellos empfindliche Nationalgefühle. Aber gerade diese Schwierigkeit mache die Aufgabe um so verlockender.

Er, Eichmann, sei gekommen, um Beck Richtlinien zu vermitteln. Schließlich habe er schon vor dem Krieg mit Judenangelegenheiten zu tun gehabt, und zwar in allen ihren Aspekten. Keine Regierung außerhalb des Reiches verstehe die weitsichtige Politik des Führers, erklärte Eichmann mit erhobenem Zeigefinger. Sie seien sämtlich mehr oder minder durch christliche und liberale Vorstellungen verwirrt. Zwar seien sie bereit, die antijüdischen Gesetze wiederaufleben zu lassen, die einst in der Rechtsprechung ganz Europas gegolten hätten; auch hätten sie nichts dagegen, die Juden aus der Regierung, den akademischen Berufen und den besseren Wohngebieten zu vertreiben und sie bis an den Bettelstab zu besteuern. Doch wenn es um radikalere Maßnahmen gehe, neigten die Politiker zum Rückzug.

Einen entscheidenden Punkt, sagte Eichmann, der sich für sein Thema erwärmte und eine Zigarette nach der anderen rauchte, solle Beck sich stets vor Augen halten: *daß man Italien unbedingt dazu bringen müsse, ein paar Juden, und seien es auch noch so wenige und auf welcher Basis auch immer, sofort an Deutschland auszuliefern.* Sei dieser Schritt getan, der Grundsatz festgeschrieben und das Eis gebrochen, werde der Widerstand gegen die deutsche Politik nach und nach zusammenbrechen. Diese Erfahrung habe er mehrfach gemacht. Denn trotz schwerster Besteuerung gäbe es Tricks, den Juden ihren Besitz zu erhalten – da helfe nur, sie selbst wegzubringen; dann bleibe ihr Reichtum zurück und könne konfisziert werden. Wenn eine Regierung erst einmal ein paar Juden ausliefere und dann merke, wie lohnend das für sie sei, ändere ihre Haltung sich gewöhnlich, und sie werde zum warmen Befürworter dieses Vorgehens. Das sei in einem Land nach dem anderen so gewesen. Die kleinmütigen Politiker müßten nur erst einmal selbst lernen, wie leicht es sei, wie wenig ihre Bevölkerung im Grunde dagegen hätte, wie bereitwillig die Juden sich fügten, wie ungerührt der Rest der Welt zusehe und welcher Gewinn in der weisen Politik des Führers liege.

Zum Beispiel, sagte Eichmann, sei er gerade dabei, ein Abkommen mit Bulgarien auszuhandeln. Bulgarien sei ein erbärmliches Staatsgefüge, ein wankelmütiger Satellit, bereit zu jeder Treulosigkeit. Jetzt jedoch, da die Sommeroffensive der Wehrmacht rolle, werde der bulgarische *Zar* weich. Rommels Triumphe und der Vormarsch auf der Krim hätten ihn dazu gebracht, daß er es ernst meine. Der Schlüssel dazu, sämtliche bulgarischen Juden in die Hand zu bekommen, liege in einer Handvoll von ihnen, die jetzt in Deutschland lebte. Jetzt sei es so weit, sie alle zusammenzufassen. Man werde Bulgarien dafür die Kontrolle über sämtliche Juden zugestehen, die aus Deutschland dorthin geflohen seien; Deutschland hingegen werde sich der bulgarischen Juden auf dem Boden des Reiches annehmen. Was den Profit betreffe, so führen die Bulgaren dabei noch besser als die Deutschen; *doch dafür müßten sie sich offiziell mit der radikalen deutschen Politik einverstanden erklären und bulgarische Staatsbürger, die Juden seien, den Deutschen ausliefern.* Damit sei alles gewonnen. Italien sei auch nicht wesentlich anders als Bulgarien, ein Haufen verräterischer Politiker, die ein schwaches Land regierten. Dr. Beck solle es nur auf die gleiche Art versuchen.

Im Grunde, fuhr Eichmann fort, gehe es um den jeweiligen Status der Juden. An die in Italien geborenen und jetzt in Italien lebenden Juden sei wohl am schwersten heranzukommen. Mit ausländischen Juden sei es schon leichter; nur hätten die noch ein gewisses Asylrecht. Drum müsse man den Anfang mit *italienischen Juden machen, die in Deutschland lebten.* Davon gäbe es glücklicherweise genau einhundertundachtzehn, erklärte Eichmann. Er werde Dr. Beck Unterlagen über Geburtsort, augenblicklichen Wohnort, Alter, Gesundheitszustand, wichtige Beziehungen und Vermögenseinschätzung dieser italienischen Juden in Deutschland zuleiten. Dann solle Dr. Beck den großen Tieren unter den Faschisten einmal die bulgarische Formel vorschlagen. Er könne sich dabei eines feinsinnigen humanistischen Arguments bedienen. Wenn die deutsche Politik den Juden gegenüber wirklich so hart sei – was er selbstverständlich in Abrede zu stellen habe –, so könne diese Abmachung den Juden nur helfen, oder etwa nicht? Immerhin würden mehr von ihnen der deutschen Herrschaft entschlüpfen als unter sie geraten; schließlich lebten viele hundert deutsche Juden in Italien. Mit dem listigen Schmunzeln des geriebenen Geschäftsmannes fügte Eichmann hinzu, über die abgeschriebenen deutschen Juden in Italien brauche er sich weiter keine Gedanken zu machen; deren werde man so oder so doch habhaft werden.

Um es noch einmal zusammenzufassen, sagte Eichmann, es komme auf den ersten Keil an, den man hineintreibe. Ob Dr. Beck schon einmal eine Frau entjungfert habe? Genau so mache man es: zu Anfang beschwichtigende Worte und entwaffnendes Gerede, und dann, im richtigen Augenblick – bis ans Heft hinein! Danach gäbe es keine Probleme mehr! Die Situation der italienischen Juden erfordere einen überzeugenden Diplomaten. Das Auswärtige Amt habe Herrn Dr. Beck wärmstens empfohlen, und der Reichsführer-SS erwarte zuversichtlich positive Ergebnisse.

Je klarer Eichmanns Gedankengang wurde, desto weniger gefiel er Werner Beck. Er hatte genug Andeutungen über die jüdischen Lager im Osten gehört. Antisemiten – willige Geschöpfe Ribbentrops – waren im Auswärtigen Dienst in der Überzahl. Einer der schlimmsten von ihnen war ein Unterstaatssekretär, der ausgerechnet auch noch Martin Luther hieß und eine strenggeheime Abteilung des Auswärtigen Amtes leitete, die irgendwie mit jüdischen Angelegenheiten zu tun hatte. Beck hatte sich mit diesem Trunkenbold auf einem Empfang in Berlin unterhalten. In ziemlich angesäuseltem Zustand hatte Luther vertraulich zwinkernd preisgegeben, den Juden werde es in den

Lagern im Osten ›endlich mal gezeigt‹ – so, wie der Führer es vorhergesagt habe. In Deutschlands besseren Kreisen überging man das Thema mit Schweigen. Werner Beck hatte nie nach Einzelheiten gefragt; er hatte versucht, die ganze unangenehme Sache nicht an sich herankommen zu lassen. Sein Bruder, der bei der Wehrmacht war, hatte in letzter Zeit auch nicht mehr davon gesprochen.
Und jetzt schlug dieser unbekannte Funktionär mit den abfallenden Schultern, dem langen hageren Gesicht, der füchsisch spitzen Nase, der hohen Stirn und den flotten Manieren, dessen schwarze Uniform die Blässe des Schreibtischmenschen nur betonte, ihm vor, sich bis zum Hals in diesen Sumpf zu stürzen. Eines vergaß Werner Beck, der gereifte Diplomat, der in Geschichte promoviert hatte, nie: alle Kriege haben einmal ein Ende, und Nachkriegsabrechnungen konnten höchst unangenehm sein. Er fühlte sich schon nicht wohl in seiner Haut, wenn er italienische Arbeiter requirierte. Die Vorwürfe, man gehe dabei zu hart vor, hatten ihm schon oft zu schaffen gemacht. Aber Krieg war Krieg, und Befehl war Befehl; nur, diese Geschichte mit den Juden war überhaupt nicht zu überblicken.
Um die ganze Angelegenheit im Keim zu ersticken, sprach er daher mit großer Entschiedenheit. »Auf eines muß ich Sie allerdings hinweisen. Beim Requirieren von Arbeitskräften mußte ich in schriftlicher Form Garantien über Bestimmungsort, Entlohnung und Arbeitsbedingungen der Arbeiter abgeben.«
»Selbstverständlich. Aber das waren Italiener. Hier handelt es sich um Juden.«
Der Ton, mit dem dies gesagt wurde, verwirrte Beck; Eichmann hätte ebensogut sagen können: ›Hier handelt es sich um Pferde.‹
»Die Regierung betrachtet sie aber immer noch als italienische Staatsbürger. Man wird haargenau wissen wollen, wo diese einhundertachtzehn Juden angesiedelt werden, was sie dort tun werden und unter welchen Umständen. Ich werde den Unterlagen ein offizielles Schreiben vom Auswärtigen Amt beifügen müssen.«
»Schön!« Eichmann zuckte mit den Achseln und lächelte ungerührt. »Schreiben Sie, was Sie wollen. Und was kommt bei der ganzen Scheiße raus?«
Beck wand sich innerlich, versuchte jedoch, sich in Geduld zu fassen. Er war die ordinäre Art der Nazis gewöhnt und mußte sich auch diesmal damit abfinden. »Aber so arbeitet das Auswärtige Amt nicht, verstehen Sie? Beim Einziehen der Arbeitskräfte haben wir uns an die Tatsachen gehalten. Wir konnten für unsere Darstellung eintreten. Daher auch die günstigen Ergebnisse.«
Die beiden Männer starrten sich an. In Obersturmbannführer Eichmanns Gesicht vollzog sich eine Veränderung. Alle Linien erstarrten, seine schmalen

Augen bekamen einen merkwürdig leeren Ausdruck. »Wenn Sie wollen«, erklärte er in sarkastischem Ton, »sage ich Ihnen gern, wohin die Juden kommen und was auf Befehl des Führers mit ihnen geschieht. Danach können Sie entscheiden, welche Geschichte Sie den Italienern auftischen wollen.« In den Augen dieses Mannes schienen sich zwei dunkle Höhlen aufzutun, und in diesen Höhlen sah Werner Beck die Vision von Leichenbergen. Kein Wort wurde zwischen ihnen gewechselt, doch dieser Augenblick des Schweigens verriet dem politischen Sekretär, was mit den deportierten Juden geschah. Es war entmutigend, sich dem stellen zu müssen. Ein Schauder nach dem anderen lief ihm über den Rücken, und er griff nach dem rettenden Strohhalm. »Der Herr Botschafter müßte eingeweiht werden.«

»Oh, ich verstehe, was Sie meinen.« Das lange, fahle Gesicht entspannte sich. In belustigt-vertraulichem Ton sagte Eichmann: »Er ist genau der rückständige alte Knabe, der uns Knüppel zwischen die Beine werfen könnte, nicht wahr? Nun, der Außenminister persönlich wird ihn ins Bild setzen. Dann ist ihm ein für allemal das Maul gestopft, da können Sie sicher sein. Er wird Ribbentrop gegenüber keinen Ton sagen.« Eichmann stieß einen erfreuten Seufzer aus und hob wieder den Zeigefinger. »Lassen Sie sich gesagt sein, Sie können darauf zählen, daß Ihre Laufbahn einen sehr positiven Verlauf nimmt, wenn Sie das hier über die Bühne ziehen. – Ach, haben Sie zufällig einen Schluck Kognak in Ihrem Büro? Ich bin heute morgen zweihundert Kilometer gefahren und habe nicht gefrühstückt.«

Werner Beck brachte zwei Gläser und eine Flasche zum Vorschein und stellte, während er einschenkte, rasch ein paar Überlegungen an. Er brauchte nicht zuzustimmen; aber wenn er nicht spurte, konnte das höchst unangenehme Folgen für ihn haben. Ausliefern würden die Italiener die Juden niemals; dessen war er ziemlich sicher. Vielleicht trieben sie sie in Lagern zusammen und behandelten sie schlecht; aber sie zur Deportation an die Deutschen ausliefern – nein! Die Männer stießen an und tranken. Dann sagte Beck: »Nun, ich will's versuchen. Aber das letzte Wort haben die Italiener. Das ist nicht zu umgehen – es sei denn, wir besetzten Italien.«

»So? Das ist nicht zu umgehen?« Brüsk wie einem Barmann hielt Eichmann ihm das leere Glas hin. Beck schenkte nochmals ein. Der Obersturmbannführer trank abermals aus und faltete dann die Hände im Schoß. »Und jetzt erwarte ich von Ihnen«, sagte er, »eine Erklärung des Falles Jastrow.«

»Des Falles Jastrow?« stammelte Beck.

»Herr Dr. Beck, Sie halten in Siena einen staatenlosen Juden namens Aaron Jastrow mit seiner Nichte und ihrem Kind nahezu unter Hausarrest. Der Mann ist fünfundsechzig Jahre alt und ein bekannter amerikanischer Schriftsteller.

Sie haben die Jastrows besucht. Sie haben ihnen geschrieben. Sie haben mit ihnen telephoniert. Stimmt's?«
Beim Umgang mit Jastrow hatte Beck wiederholt seine Kontakte zur Gestapo benutzt. Diese, so wurde ihm jetzt klar, mußte Eichmanns Informationsquelle sein. Er hatte kein Hehl daraus gemacht, folglich hatte er nichts zu fürchten. Der Obersturmbannführer hatte ihn durch den unvermittelten Themenwechsel und durch ungewöhnliche Detailkenntnis schlicht erschreckt. Eichmann saß jetzt kerzengerade da und runzelte nicht nur argwöhnisch die Stirn, sondern gleichsam das ganze Gesicht – die Verkörperung eines bösartigen Geheimpolizisten.
So unbekümmert wie nur irgend möglich erklärte Beck, was er mit Aaron Jastrow vorhatte.
Eichmann schüttelte eine Zigarette aus der Schachtel und steckte sie in den Mund. »Aber Dr. Beck, das ist doch alles höchst merkwürdig. Sie erwähnen den Dichter Ezra Pound und seine Kurzwellensendungen für Radio Rom. Das ist eine feine Sache, eine sehr feine sogar. Das Propagandaministerium nimmt diese Sendungen auf und verwertet sie. Aber der Dichter Ezra Pound ist ein ganz seltener Vogel – ein außergewöhnlich feinsinniger amerikanischer Antisemit. Er gibt es den jüdischen Bankiers und Roosevelt mehr und besser als unsere eigenen Kurzwellensender. Wie können Sie diesen Jastrow mit ihm vergleichen? Jastrow ist Volljude.«
»Ezra Pounds Vorträge sind nichts für amerikanische Hörer. Bitte, lassen Sie sich das von mir gesagt sein. Ich kenne die Vereinigten Staaten. Für Amerikaner ist er entweder ein Verräter oder ein Irrer. Was ich mit Jastrow vorhabe . . .«
»Wir wissen, daß Sie in den Vereinigten Staaten studiert haben. Wir wissen auch, daß Jastrow Ihr Lehrer war.«
Obwohl er das Gefühl hatte, daß er mit seiner Sicht der Dinge über die SS-Mentalität hinausging, mußte Beck weiterpflügen. Er erwarte, sagte er, eine weitsichtige, versöhnliche Sendung oder Sendereihe auf hohem Niveau, in denen die Deutschen und die Japaner als stolze, aber benachteiligte und mißverstandene Völker geschildert würden, die Alliierten dagegen als die fetten Katzen, die sich an den mit Waffengewalt gewonnenen Reichtümern festkrallten, und den ganzen Krieg als unnützes Blutvergießen, das sofort beigelegt werden könnte, wenn man die ›Vorherrschaft aufteile‹. Diese brillante Formulierung stamme von Jastrow selbst. Und als Aussage eines prominenten jüdischen Autors könne sie sich in Amerika als höchst wirkungsvoll erweisen, um die Kriegsanstrengungen zu schwächen und die Friedensbewegung zu stärken. Vielleicht würden andere amerikanische

Intellektuelle vom Range eines Santayana oder Berenson dem Beispiel Jastrows folgen.
Eichmann schien nicht überzeugt. Der Name Santayana sagte ihm offensichtlich nichts. Bei ›Berenson‹ bekamen seine Augen etwas Stechendes. »Berenson? Das ist ein schwerreicher Jude. Er genießt sehr hohe Protektion. Also gut. Wann macht dieser Jastrow seine erste Sendung?«
»Das steht noch nicht fest.« Unter Eichmanns fragendem Blick fügte er hinzu: »Man muß ihn noch endgültig rumkriegen, und das dauert seine Zeit.«
Der Obersturmbannführer setzte ein sanftes Lächeln auf. »Wirklich? Warum? Einen Juden zu etwas herumzukriegen, ist einfach.«
»Wenn das Ganze seine Wirkung nicht verfehlen soll, muß er es aus freien Stücken tun.«
»Juden tun alles aus freien Stücken. Aber ich glaube, ich verstehe Sie jetzt. Er ist Ihr alter Lehrer, ein feiner Mann. Sie haben im Grunde Ihres Herzens eine Schwäche für ihn. Sie wollen ihn nicht beunruhigen oder erschrecken. Es ist nicht so, daß Sie einen Juden verhätscheln oder beschützen« – Eichmann lächelte heiter, hob abermals oberlehrerhaft den Zeigefinger und wedelte damit hin und her – »nein, das ist es nicht. Sie glauben vielmehr, daß Sie mit Honig mehr Fliegen fangen können als mit Essig, stimmt's?«
Dr. Beck fühlte sich in die Enge getrieben. Der Mann hatte etwas von einem Schauspieler, und es war nicht einfach, mit seinen wechselnden Launen fertigzuwerden. *Dabei war er nur ein SS-Obersturmbannführer!* Er, Beck, durfte sich nicht ins Bockshorn jagen und zu Versprechungen nötigen lassen, die er später nicht halten konnte. Seine Antwort klang so unbeschwert und zuversichtlich, wie es ihm nur möglich war. »Ich bin sicher, daß meine Art, an das Problem heranzugehen, die richtige ist und die gewünschten Resultate zeitigen wird.«
Eichmann nickte und ließ ein kurzes Kichern vernehmen. »Ja, ja. Vorausgesetzt, Sie erhalten diese Resultate, bevor der Krieg vorbei ist. Übrigens, ist Ihre Familie hier bei Ihnen in Rom?«
»Nein, sie sind zu Hause.«
»Und wo sind Sie zu Hause?«
»In Stuttgart.«
»Wieviele Kinder haben Sie?«
»Vier.«
»Jungen? Mädchen?«
»Drei Jungen, ein Mädchen.«
»Mädchen sind so süß. Ich habe nur drei Jungen. Kein Glück mit Mädchen.« Eichmann seufzte und hob den Zeigefinger. »Was auch immer ist, ich

versuche, einmal in der Woche zu den Kindern zu kommen. Und wenn es nur für eine Stunde ist – einmal in der Woche muß ich die Kinder sehen. Das hat sogar Obergruppenführer Heydrich verstanden, und der war ein verdammt harter Vorgesetzter.« Abermals seufzte Eichmann auf. »Ich nehme an, Sie lieben Ihre Kinder nicht weniger als ich.« Jedesmal, wenn Eichmann ›Kinder‹ sagte, bekam das Wort etwas Eiskaltes und Drohendes.

»Ich liebe meine Kinder«, sagte Beck und versuchte, seine Stimme unter Kontrolle zu behalten, »aber ich sehe sie nicht einmal die Woche, ja, nicht einmal im Monat.«

Eichmanns Gesicht nahm einen straffen, abwesenden Ausdruck an. »Genug, Dr. Beck. Sprechen wir offen miteinander. Kann der Reichsführer bald mit einem positiven Bericht hinsichtlich dieser hundertachtzehn Juden rechnen? Die Unterlagen, von denen ich sprach, erhalten Sie morgen durch Kurier.«

»Ich werde mein Bestes tun.«

Mit einem breiten, freundlichen Grinsen sagte Eichmann: »Ich bin froh, daß ich gekommen bin und wir uns gründlich ausgesprochen haben. Diese Jastrow-Geschichte ist nicht koscher.« Eichmann wiederholte das jüdische Wort mit roher Belustigung. »Nicht *koscher*, Dr. Beck. Wenn man durch Dreck geht, bleibt was an den Schuhen. Machen Sie dem alten Jidden klar, daß er seine Sendung so bald wie möglich halten soll. Danach soll die OVRA ihn und seine Nichte mit den anderen Jidden wegschaffen.«

»Aber sie haben eine Zusage für freies Geleit im Rahmen des Journalistenaustauschs.«

»Wieso? Die amerikanischen Journalisten haben Italien doch schon verlassen. Im übrigen ist er kein Journalist; er schreibt Bücher.«

»Ich habe ihre Abreise verzögert. Vorübergehend – wir haben die Angelegenheit mit einer schwer durchschaubaren Sache in Brasilien verbunden, die bestimmt bald aufgeklärt wird.«

Das schmale Gesicht des Obersturmbannführers hellte sich auf. »Immerhin, Sie haben es fertiggebracht, die Abreise zu verzögern! Sehen Sie? Wenn Sie wollen, können Sie ein Bündel Energie sein. Tun Sie also mal was für den Führer.«

Eichmann ließ sich noch ein Glas Kognak einschenken. Als Werner Beck durch die Halle mit ihm zum Ausgang der Botschaft hinausging, tauschten sie Belanglosigkeiten über den Verlauf des Krieges. Der Gang des Obersturmbannführers in den schwarzen Stiefeln war ein wenig säbelbeinig; und wie er da knarrend über den Marmorfußboden stapfte, war er wieder ganz der besorgte Staatsdiener. An der Tür drehte er sich um und grüßte. »Sie tragen hier eine große Verantwortung, Dr. Beck. Viel Glück. Heil Hitler!«

Dieser Gruß und der dazu ausgestreckte Arm waren in der Botschaft nicht eben üblich. Folglich kam er von Beck auch nur rostig. »Heil Hitler«, sagte er.
Die schwarze Gestalt klapperte die Treppe hinab und scheuchte zwei Pfauen, die auf dem Gelände der Botschaft gehalten wurden, in die blühenden Büsche. Beck eilte in sein Büro und rief Siena an.

Zufällig ruhte Natalies Hand gerade auf dem Telephonhörer, als es klingelte. Das Baby auf dem Arm, stand sie neben Jastrows Schreibtisch. Signora Castelnuovo, an deren Rock sich Miriam klammerte, bewunderte die Madonna mit Kind über dem Kaminsims, und das kleine Mädchen sah immer wieder von dem gemalten Baby zu dem lebendigen hinüber, als überlegte es, warum das falsche den Heiligenschein trüge. Forsch-fröhlich ließ sich Dr. Beck in der Leitung vernehmen: »Guten Morgen, Mrs. Henry! Ich hoffe, es geht Ihnen gut. Ist Dr. Jastrow da?« Beck hatte die merkwürdige Angewohnheit, in Augenblicken der Spannung oder der Erregung zu lispeln. Natalie war es zum ersten Mal aufgefallen, als ein Streifenwagen der Polizei den Mercedes auf der Fahrt von Neapel nach Rom angehalten hatte.
»Ich rufe ihn, Dr. Beck.« Sie trat auf die Terrasse hinaus, wo Jastrow im Sonnenschein schrieb.
»Werner? Selbstverständlich. Klingt es fröhlich?«
»Ach, puppenlustig.«
»Nun, vielleicht gibt es Neues über unsere Freilassung.« Mühselig stemmte er sich aus dem Liegestuhl hoch und hinkte auf das Haus zu. »Du lieber Gott, mir sind beide Beine eingeschlafen! Ich wanke wie Methusalem.«
Natalie brachte Miriam und Anna ins Schlafzimmer, in dem die rosa Seidenvorhänge und die Tagesdecke auf dem Bett vor Alter fadenscheinig wurden und die gemalten Putten an der verfallenen Stuckdecke leprös und verschwitzt aussahen. Sie legte Louis in sein Laufställchen, doch er stellte sich sofort wieder auf und hielt sich mit seinen kleinen Fäusten am Gitter fest. Miriam spielte mit ihm, die Frauen setzten sich hin und plauderten.
Natalie hatte Anna Castelnuovo zunehmend liebgewonnen. Was sie während des langen italienischen Exils ihrer warmen und aufgeweckten Gegenwart beraubt hatte, war nur überhebliche Absonderung gewesen. Welch vertane Zeit! Weder sie noch Aaron hatten daran gedacht, daß es sich lohnen könnte, sich um die wenigen im Schatten lebenden Sieneser Juden zu bemühen. Dr. Castelnuovo hatte das gespürt und ihr nicht gesagt, daß er Jude war.
Aaron schaute herein. »Natalie, er kommt mit dem Nachtzug und ißt morgen mit uns zu Mittag. Er hat Briefe aus Amerika für uns. Außerdem deutete er an, er habe wichtige Nachrichten, über die er am Telephon nicht reden könne.«

Jastrows verrunzeltes Gesicht war von einem Hoffnungsschimmer belebt. »Sprich mit Maria übers Mittagessen, meine Liebe, und sag ihr, ich würde jetzt gern auf der Terrasse Tee trinken und etwas Kompott essen.«

Als Louis in seiner üblichen Haltung eingeschlafen war, begleitete Natalie Anna Castelnuovo und ihre Tochter zur Bushaltestelle. Sie saßen in der schiefen hölzernen Schutzhütte und warteten, bis der uralte Bus qualmend am Kamm des Hügels zwischen den Weinbergen in Sicht kam. Anna sagte: »Nun, hoffentlich sind es wirklich gute Nachrichten. Es ist schon sonderbar, daß ausgerechnet ein deutscher Beamter Ihr Wohltäter sein soll.«

»Ja, das ist wirklich sehr sonderbar.« Die Frauen tauschten skeptische Blicke. Der Bus fuhr ab, und als Natalie zur Villa zurückkehrte, kam sie sich sehr verlassen vor.

Dr. Beck, der am nächsten Tag eintraf, hatte zwei Briefe für Natalie und einen für Dr. Jastrow. Sie saßen auf der Terrasse und warteten auf ihn. »Keine falsche Höflichkeit, bitte! Gehen Sie nur und lesen Sie Ihre Post.« Wohlwollend lächelnd, setzte er sich in der Sonne auf eine Bank, während sie die Umschläge aufrissen.

»*Der Konstantinsbogen!* Er ist heil angekommen!« entfuhr es Jastrow. »Das müssen Sie Pater Spanelli und Botschafter Titman erzählen, Werner . . . Natalie, hör nur, Ned Duncan schreibt: ›*Wir können dem Vatikan gar nicht genug danken . . . Der ›Konstantinsbogen‹ ist bis jetzt Ihr bestes Buch . . . ein bleibender Beitrag zum Allgemeinverständnis von Judaismus und Christentum . . .*‹ Ich muß schon sagen, das trifft die Sache! ›. . . *Es zeugt von großer geistiger Weite . . . ganz bestimmt Hauptvorschlagsband der Buchgesellschaft . . . glänzendes Panorama des dekadenten Rom . . . uns geehrt, ein so frisches und richtungsweisendes Buch zu verlegen . . .*‹ Ja, ja. Ist das nicht eine fabelhafte Nachricht, Natalie?«

»Es ist eine gute Nachricht«, sagte Dr. Beck, »aber es ist nicht die einzige gute Nachricht.«

Natalie sah von Slotes entmutigendem Brief auf. Der deutsch-italienische Papierkrieg über die brasilianische Angelegenheit scheine kein Ende zu nehmen, schrieb er; zwar werde zuletzt alles in Ordnung kommen, aber er könne nicht mehr sagen, wann. Sie reichte den Brief an Beck weiter, der einen Blick darauf warf und ihn dann achselzuckend zurückgab. Er sah sehr bleich aus, und seine Augen waren blutunterlaufen; dennoch schien er zu Späßen geneigt. »Ja, ja, aber das ist längst überholt. Sollten wir nicht erst essen? Wir haben soviel zu besprechen, daß wir das Essen darüber vergessen könnten.«

Natalie überflog einen auf Mikrofilm aufgenommenen Brief von Byron, schlecht abgezogen und kaum lesbar, der aus einem Drei-Seiten-Schrieb ihrer

Mutter herausgefallen war. Nichts wirklich Neues in beiden Briefen. Byron schrieb in trübselig-einsamer Stimmung aus Australien, und ihre Mutter beklagte sich über das seit Jahren kälteste Frühjahr in Miami-Beach und über die Tatsache, daß ihre Tochter festgehalten wurde. Sie sprang auf. »Es gibt nur ein Omelett und Salat zu Mittag, Dr. Beck.«
»Oh, ich habe nicht erwartet, daß Sie mich zum zweiten Mal mit Kalb traktieren.«
»Aber den Rest von Berensons Kaffee«, sagte Jastrow, »werden wir miteinander teilen.«
Nach dem Essen bat Beck Natalie um die Erlaubnis, sich eine schwere schwarze Brasil anzuzünden. Als sie endlich brannte, lehnte er sich zurück, seufzte und wies auf das offene Fenster. »Nun, Dr. Jastrow, wird es Ihnen denn nicht leid tun, diesen Ausblick zurückzulassen?«
»Lassen wir ihn denn zurück?«
»Deshalb bin ich ja gekommen.«
Er sprach sehr lange. Becks Bericht floß leicht dahin, oft von langem Saugen an der Zigarre unterbrochen, doch fing er nach und nach an zu lispeln. Der italienische Rundfunk, erklärte er, wolle eine Sendung von Dr. Jastrow. Die Kurzwelle plane Gespräche mit berühmten feindlichen Ausländern, um das Bild intellektueller Toleranz im faschistischen Italien zu propagieren. Die Redner sollten *carte blanche* haben. Der Plan erfordere große Namen: Bernard Berenson, George Santayana und selbstverständlich Aaron Jastrow. Die OVRA habe sich Beck gegenüber schriftlich verpflichtet, daß Jastrow, seine Nichte und das Baby unmittelbar nach der Sendung in die Schweiz ausreisen dürften. Dies sei eine rasche Lösung des endlosen Hin und Her. Wenn Jastrow mit Mrs. Henry und ihrem Kind nach Rom käme und man dort in aller Ruhe ein zweistündiges Interview aufnehmen könne – oder vier halbstündige Interviews, was er persönlich vorziehen würde –, könne man die Brasilienangelegenheit vergessen. Er selbst werde sich schon vorher um drei Ausreisevisa kümmern und Tickets für den Flug Rom–Zürich buchen. Sie brauchten gar nicht erst nach Siena zurückzukehren. Und je rascher das geschehe, desto besser. Der Rundfunk in Rom lege großen Wert auf diese Sache.
Beck lehnte sich entspannt zurück und lächelte. »Nun, Professor? Wie finden Sie das?«
»Ach, du lieber Gott! Ich gestehe, ich bin ganz durcheinander. Wollen sie, daß ich über mein Arbeitsgebiet spreche, etwa über Konstantin?«
»Oh nein, nein. Das kommt überhaupt nicht in Frage. Was sie wollen, ist eine philosophische Darstellung des Krieges, aus der hervorgeht, daß das Recht nicht einfach auf einer Seite liegt. Erinnern Sie sich an das, was Sie hier in

diesem Raum gesagt haben, Dr. Jastrow, bei unserem herrlichen Kalbsessen? Das wäre genau das Richtige.«
»Aber Werner, an dem Abend hatte ich viel zuviel getrunken! Ich kann doch unmöglich im Rundfunk des Feindes so über mein eigenes Land herziehen! Das müssen Sie doch einsehen.«
Beck schürzte die Lippen um die Zigarre und legte den Kopf zur Seite. »Professor, Sie machen Schwierigkeiten, finden Sie nicht auch? Sie sind ein Genie im Gebrauch der Worte und verstehen es wunderbar, ihre Gedanken zu formulieren. Sie vertreten eine höchst originelle Ansicht über diese Weltkatastrophe, sehen das Ganze gleichsam von höherer Warte aus. Ihre Idee einer Aufteilung der Vorherrschaft ist das Ei des Kolumbus. Wenn Sie sich darauf konzentrieren, müßten Ihnen die Worte nur so zufliegen. Ich bin sicher, das würde nicht nur Radio Rom gefallen, sondern auch Ihre Landsleute beeindrucken. Und um es rundheraus zu sagen: Sie würden Italien sofort verlassen können.«
Jastrow wandte sich an seine Nichte: »Nun?«
»Ja, du und Ezra Pound«, sagte Natalie.
Ein verdrießlicher Ausdruck huschte über Becks Gesicht mit den Hängebacken. »Vergleiche sind immer gefährlich, Mrs. Henry.«
»Wie steht es denn mit Berenson und Santayana?« fragte Jastrow. »Haben sie sich damit einverstanden erklärt?«
Beck sog lange an seiner Zigarre. »Die italienischen Radioleute halten Sie in dieser Angelegenheit für die Schlüsselfigur, auf die es ankommt. Santayana ist alt und lebt, wie Sie wissen, mit seiner Theorie der Wesenheiten und dem ganzen philosophischen Mumpitz in einem Wolkenkuckucksheim. Er würde die Leute bloß mystifizieren. Trotzdem, ein großer Name. Und Berenson, nun ja, Berenson ist launisch und sehr unabhängig. Bei Radio Rom meint man, man könnte *ihn* gewinnen, sobald *Sie* ja sagen. Er gibt große Stücke auf Sie!«
»Dann wissen also bis jetzt beide nichts von der Sache«, sagte Natalie.
Zögernd schüttelte Beck den Kopf.
»Nein, nein, nein!« kam es unversehens von Jastrow. »Es geht nicht, daß man mich mit Ezra Pound in einem Atem nennt. Seine kritischen Schriften sind unleugbar brillant. Er ist ein origineller Denker; seine Dichtungen jedoch sind gewollt obskur. Ich kenne ihn kaum und halte ihn für einen unordentlichen, anmaßenden Mann, der nur sich selbst sieht; aber davon mal ganz abgesehen. Es ist folgendes, Werner: Ich habe seine Sendungen im Rundfunk gehört. Seine Angriffe auf die Juden übersteigen alles, was selbst Radio Berlin sich leistet, und sein Gekläff gegen Roosevelt ist schlichtweg Verrat. Nach dem Krieg wird man ihn aufknüpfen oder in eine Irrenanstalt sperren. Ich ahne

nicht, was in ihn gefahren ist, aber ich würde lieber hier in Siena vermodern, als ein zweiter Ezra Pound zu werden.«
Die Lippen schürzend und lispelnd erwiderte Beck: »Aber es geht nicht nur darum, daß *Sie* hier vermodern, sondern auch Mrs. Henry und ihr Kind. Außerdem stellt sich dann ernstlich die Frage, wie lange Sie hier in Siena bleiben können.« Er zog eine goldene Taschenuhr. »Ich habe eine lange Fahrt hinter mir, um Ihnen diesen Vorschlag zu überbringen. Eine so brüske Zurückweisung habe ich nicht erwartet. Ich glaubte, ich hätte Ihr Vertrauen.«
Natalie mischte sich ein: »Wieso ist es denn fraglich, daß wir in Siena bleiben können?«
Mit Bedacht drückte Beck die Zigarre aus, zerquetschte sie im Aschenbecher und sagte dann: »Nun, die OVRA übt immer noch Druck auf mich aus, Mrs. Henry. Sie wissen, daß Sie wie die anderen ausländischen Juden eigentlich in ein Konzentrationslager gehören. Darauf hat man mich sehr deutlich hingewiesen, als die Sache mit der Radiosendung an mich herangetragen wurde, und . . .«
»Aber das verstehe ich nun wirklich nicht«, protestierte Jastrow, und seine braungesprenkelten Hände auf dem Tisch vor ihm bebten. »Man hat uns *garantiert*, daß wir in die Schweiz ausreisen dürfen! Das stimmt doch, oder? Selbst Leslie Slotes neuer Brief bestätigt das. Wie kann Radio Rom mich erpressen, meinen eigenen Ruf zu zerstören? Bleiben Sie nur fest, Werner. Sagen Sie ihnen, sie sollen sich das aus dem Kopf schlagen. Es kommt für mich überhaupt nicht in Frage.«
Beck richtete seine blutunterlaufenen Augen auf Natalie. »Ich muß schon sagen, das ist eine ernsthafte Entscheidung, Professor.«
»Trotzdem lautet meine Antwort nein«, rief Jastrow, der immer erregter wurde. »Und zwar endgültig.«
Draußen ertönte eine Autohupe.
»Dr. Beck, erwarten Sie ein Taxi?« Natalie legte ihre Serviette auf dem Tisch zusammen. Sie sprach leise und ruhig. Ihr Gesicht schien nur aus Wangenknochen und Augen zu bestehen.
»Ja.«
»Ich bringe Sie hinaus. Nein, Aaron, komm bitte nicht mit!«
»Werner, wenn ich störrisch erscheine, so tut mir das leid.« Jastrow erhob sich und hielt Dr. Beck unsicher die Hand hin. »Martin Luther hat das einst sehr gut ausgedrückt: *Ich kann nicht anders!*«
Steif verneigte Beck sich und verließ hinter Natalie das Zimmer. Auf der Terrasse sagte sie: »Er wird es machen.«
»Was wird er machen? Die Sendung?«

»Ja. Er wird sie machen.«
»Mrs. Henry, sein Widerstand war sehr stark.« Becks Augen waren hart, fragend, begierig.
Hinter dem Tor hupte es abermals.
»Ich kenne ihn gut. Seine Ausbrüche gehen vorüber. Ich hätte Ezra Pound nicht erwähnen dürfen. Damit habe ich ihn nur verprellt. Das tut mir leid. Wann möchte Radio Rom ihn haben?«
»Das steht noch nicht genau fest«, sagte Beck eifrig. »Aber was ich unbedingt brauche, ist eine schriftliche Zusage, diese Sendung zu machen. Damit bin ich die Bluthunde los, die mir auf den Fersen sind, und damit kommen die Räder ins Rollen – für Ihre Freilassung, Mrs. Henry.«
»Sie haben diesen Brief bis zum Ende der Woche.«
Sie waren inzwischen am offenen Tor angelangt, hinter dem ein großer alter Tourenwagen wartete. »Ich nähme den Brief am liebsten schon jetzt mit nach Rom. Damit würde mir eine Zentnerlast von der Seele fallen. Ich würde sogar meine Rückkehr verschieben.«
»Ich kann ihn nicht unter Druck setzen, wenn er in dieser Stimmung ist. Ich verspreche Ihnen, sie bekommen den Brief.«
Er starrte sie an und streckte ihr dann mit entschiedener Geste die Hand hin. »Ich verlasse mich auf Ihre Vernunft und Einsicht.«
»Sie können sich auf die Angst verlassen, die ich um mein Baby habe.«
»Das größte Vergnügen für mich wird es sein«, sagte Beck und blieb stehen, die Hand auf dem Griff der Wagentür, »wenn ich Sie in das Flugzeug nach Zürich setzen kann. Ich erwarte den Brief mit größter Ungeduld.«
Sie eilte in die Villa zurück. Jastrow saß immer noch am Eßtisch; das Weinglas in der Hand, starrte er zur Kathedrale hinüber. Dann sah er sie betreten an und sagte mit einer Stimme, die immer noch zitterte: »Ich konnte einfach nicht anders, Natalie. Das Ansinnen ist ungeheuerlich! Werner kann sich nicht in einen Amerikaner hineinversetzen.«
»Eben – das kann er nicht. Aber du hättest es ihm nicht glattweg abschlagen sollen, Aaron. Bei solchen Dingen muß man schnell denken und Zeit gewinnen.«
»Möglich. Aber die Sendung, die er mir da vorschlägt, mache ich nie! Nie! Er hat meine verdrehte, nur zur Hälfte ernst gemeinte Tirade beim Essen viel zu wörtlich genommen. Da sieht man's wieder: der typische Deutsche. Du hattest mich provoziert, ich hatte eine Menge getrunken, und im übrigen spiele ich gern den *advocatus diaboli*. Das weißt du. Ich verabscheue die Diktaturen der Achsenmächte. Ins Exil gegangen bin ich doch nur, um Geld zu sparen und in Ruhe zu leben. Heute weiß ich, daß das der größte Fehler meines Lebens war.

Aber so schlecht mich das State Department auch behandelt hat, ich liebe die Vereinigten Staaten. Wenn ich jetzt im Rundfunk für die Achsenmächte rede, ruiniere ich nur meinen Ruf und stemple mich zum Verräter.« Der alte Mann hob sein bärtiges Kinn, sein Gesicht schien zu versteinern. »Und wenn sie mich umbringen – ich tue es nicht.«
Alarmiert und gleichfalls erregt, sagte Natalie: »Dann sind wir in Gefahr.«
»Kann sein. Vermutlich tust du gut daran, dich mit Dr. Castelnuovo über seine Fluchtpläne zu unterhalten.«
»Wie, bitte?«
»Du brauchst nichts zu übereilen, meine Liebe, aber es könnte sich als notwendig erweisen.« Er schenkte sich ein Glas Wein ein und sprach heiter und zuversichtlich: »Rabinovitz ist ein sehr fähiger Mann. Und dieser junge Arzt scheint auch zu wissen, was er will. Man sollte darauf vorbereitet sein. Vielleicht kommt unsere Freilassung in der Zwischenzeit durch – aber ich kann nicht sagen, daß das neue Lied, das Werner da singt, mir gefiele.«
»Grundgütiger Himmel, Aaron, das ist eine Wendung!«
Müde stützte Jastrow den Kopf auf die Hand. »Ich hatte ja auch nicht vor, mich auf meine alten Tage noch auf Abenteuer einzulassen. Aber das wichtigste ist, dich und Louis sicher rauszubekommen, oder? Ich trinke noch dieses Glas Wein und halte dann meinen Mittagsschlaf. Setz doch inzwischen einen Brief an Werner auf, in dem ich mich im Prinzip einverstanden erkläre und für meinen Ausbruch entschuldige. Ich machte mich jetzt daran, vier Sendungen vorzubereiten. Laß den Abschlußtermin ganz im Ungefähren – ich webe am Gewand der Penelope, weißt du. Und danach gehst du und sprichst mal mit diesem jungen Doktor. Möglich, daß die OVRA ihn beobachten läßt – es sollte nach einem Besuch in seiner Praxis aussehen. Nimm Louis mit.«
Wie vom Donner gerührt nickte Natalie. Sie ging in die Bibliothek, um den Brief aufzusetzen, und spürte dabei – halb entsetzt, halb aber auch erleichtert –, daß die Führung wieder auf ihren Onkel übergegangen war. Sie und ihr Kind waren jetzt den dunklen Wogen überantwortet.

26

Überall in Auschwitz blühen die Sommerblumen. Sogar in den von vielen Füßen festgetrampelten Teilen des Lagers, in Nischen zwischen den Baracken, wo die Holzpantoffeln der Häftlinge nicht hinkommen, lugen sie hervor.
Das Gebiet des SS-Lagers Auschwitz erstreckt sich über rund vierzig Quadratkilometer gras- und baumbestandener Gegend am Zusammenfluß von Sola und Weichsel, wo die Weichsel ihren nordwärts gewundenen Weg nach Warschau und zur Ostsee antritt. Überall innerhalb der hohen Stacheldrahtzäune dieses riesigen Areals, an dem in gleichbleibenden Abständen Schilder auf deutsch und polnisch Eindringlinge mit augenblicklichem Tod bedrohen, bilden Wildblumen bunte Flecken; nur dort nicht, wo Bautrupps das morastige Grasland in braunen Schlamm verwandeln und Baracken errichten. Berel Jastrow gehört zu einem dieser Trupps.
Die Bauern, die einst in diesem Gebiet gelebt haben, sind fort. Ein paar der von ihnen verlassenen strohgedeckten Häuser stehen noch. Die meisten hat man abgebrochen und das Material beim Bau der Lagerbaracken verwendet. In der Nähe der häßlichen Löcher, wo einst die Häuser standen, verströmen blühende Obstgärten ihren Duft in den warmen Juniwind. In den Reihen der Häftlingsbaracken mit ihren schrecklichen Latrinenhütten vergehen die süßen Düfte. Aber draußen, wo Berel arbeitet, duften die Obstblüten noch. In den letzten sechs Monaten hat Berel etwas von seiner alten Kraft wiedergewonnen. Als Stellvertreter von Samuel Mutterperl trägt er die *Vorarbeiter*-Armbinde und ißt und schläft besser als die meisten Insassen von Auschwitz, wenn auch immer noch elend genug.
Mutterperl trägt eine Armbinde mit der Aufschrift *Unterkapo.* Aber er ist mehr als das. Das *Arbeitskommando* unter dem Befehl von Hauptscharführer Ernst Klinger ist im Grunde ein Bautrupp, den Mutterperl leitet – sechshundert Häftlinge aus zwei Baracken im Lager B–I. Ihre Aufgabe ist es, in Windeseile das Lager B–II–d Birkenau hochzuziehen, eines von insgesamt sechs Nebenlagern mit jeweils zweiunddreißig Baracken. Wenn alles fertig ist, wird die ganze Abteilung einhundertundfünfzig Baracken nördlich der Hauptstraße umfassen; so ist es vom Zentralen Planungsstab zum Bau

vorgesehen. Zusammen mit der Zwillingsabteilung B–III, mit deren Errichtung noch nicht einmal angefangen wurde, und B-I, die bereits steht, soll nach den Vorstellungen der Planungsstelle das größte Häftlingslager der Erde entstehen. Über hunderttausend arbeitsfähige Häftlinge sollen in Birkenau als Sklaven für die SS-Fabriken untergebracht werden.

Samuel Mutterperl tut im Lager von Oswiecim das gleiche, was er als freier Mann einst im Städtchen Oswiecim getan hat. Er war Bauunternehmer; und wenn man so will, ist er auch jetzt wieder Bauunternehmer. Sein Auftraggeber ist jetzt der Kommandant von Auschwitz, und Hauptscharführer Klinger ist auf der Baustelle der Stellvertreter des Kommandanten. Theoretisch und in letzter Instanz ist der Reichsführer-SS Himmler sein Auftraggeber, aber Himmler ist in Auschwitz der Gott, den man nie zu sehen bekommt. Selbst die SS-Leute sprechen seinen Namen nur selten und mit einer Mischung aus Ehrfurcht und Schrecken aus. Der von einem Fahrer gelenkte schwarze Mercedes des Kommandanten mit dem SS-Stander dagegen ist ein vertrauter und einschüchternder Anblick im Lagerbereich. Berel hat ihn schon oft gesehen. Der Kommandant gibt viel darauf, alles persönlich zu überwachen – mit dem »Auge des Herrn«, wie er es ausdrückt.

Das Kommando Klinger leistet seit Monaten gute Arbeit; es schuftet bei jedem Wetter, immer in größter Eile, schweigend und gefügig. Die Angehörigen des Kommandos lassen routinemäßig Flüche und Schläge von den SS-Männern und Kapos über sich ergehen. Gefangene, die geschwächt sind und zusammenbrechen, werden wegen Drückebergerei von den Kapos blutig geschlagen. Sieht es so aus, als könnten sie wirklich nicht mehr, geben die Kapos ihnen mit Schaufeln oder Knüppeln den Rest, und andere Arbeiter schleppen zum Abendappell ihre Leichen zurück. Bei der nächsten Schicht werden sie durch neue Häftlinge ersetzt; an ihnen herrscht kein Mangel.

Für Auschwitzer Verhältnisse, findet Mutterperl, ist es ein Vorteil, unter Klingers Kommando zu arbeiten. Er ist seit anderthalb Jahren in Auschwitz. 1941 kämmte der Kommandant in seiner Verzweiflung über die wahnsinnigen Befehle zum beschleunigten Ausbau des Lagers die ganze Gegend nach Bauunternehmern und Technikern durch und stellte sie zur Arbeit ab – egal, ob sie nun Polen, Tschechen, Kroaten, Rumänen oder Juden waren. Zu ihnen gehörte Mutterperl. Jetzt lebt er, was Unterbringung, Verpflegung und Disziplin betrifft, verglichen mit der Außenwelt unbeschreiblich schlecht, für Auschwitzer Verhältnisse dagegen im Luxus.

Samuel kennt sich in Auschwitz mittlerweile gut aus. In seiner privilegierten Lage kam er gut über die Runden. Weil der Beginn der Bauarbeiten drängte, blieb ihm das Quarantäne-Lager erspart, jene schrecklichen Wochen der

Isolierung, der Mißhandlung und des Hungers, die so viele Häftlinge zu Automaten aus Haut und Knochen machen, die für nichts anderes mehr Sinn haben als für das nackte Überleben. Klinger als SS-Aufseher und Mutterperl als jüdischer Vorarbeiter arbeiten zusammen, seit sie vor einem Jahr die SS-Unterkünfte gebaut haben. Beide sind gewiefte, stämmige Burschen Ende fünfzig, denen viel daran liegt, greifbare Ergebnisse vorzuweisen: Klinger, um bei seinen Vorgesetzten gut angeschrieben zu sein, und Mutterperl, um am Leben zu bleiben. Zu seinem eigenen Nutzen hat Klinger dem Juden nach und nach zum informellen Status eines Bauführers verholfen. In dieser Eigenschaft kann Samuel Häftlinge für das Kommando anfordern. Auf diese Weise hat er Berel gerettet. Ausgerechnet einen russischen Gefangenen zu sich zu holen, entspricht nicht gerade der Vorschrift; aber Vorschriften sind in Auschwitz da, um übertreten zu werden. Offiziere und Mannschaften der SS lassen sich ständig irgendwelche Gefälligkeiten erweisen und legen die Vorschriften nach ihrem Gutdünken aus. Und keiner versteht sich besser darauf als Hauptscharführer Ernst Klinger.

Klinger ist ein alter Hase unter den Aufsehern, ein untersetzter, blonder Bayer, dessen Haar anfängt grau zu werden. Wie der Kommandant, ist er ein Veteran von Dachau und Sachsenhausen; der Kommandant hat ihn persönlich für Oswiecim angefordert. Als einstiger Polizeibeamter in München, der während der Weltwirtschaftskrise »abgebaut« und deshalb Nazi wurde, fand Klinger in der SS einen sicheren Hafen. Härte war gefordert, und dieser Mann, einst ein gutmütiger Familienvater, wurde hart. Weil es seine Pflicht war, hat Klinger Häftlingen den Rücken blutig geschlagen und, wenn das Opfer zusammenbrach und das Bewußtsein verlor, die bluttriefende Peitsche mit gleichmütigem Grinsen saubergewischt. Er ist mit Erschießungskommandos angetreten und hat Verurteilte erschossen. Sein normaler Ton im Umgang mit den Häftlingen ist ein drohendes Brüllen. Mit einem einzigen Keulenschlag kann er einen Mann zusammenschlagen wie eine Vogelscheuche. Trotzdem findet Samuel Mutterperl ihn ›ganz in Ordnung‹. Im Gegensatz zu vielen SS-Leuten und Kapos bereitet es Klinger kein heimliches Vergnügen, lebenden Skeletten Furcht einzuflößen, sie zu quälen oder sie zu töten. Außerdem ist er korrupt bis in die Knochen, und das hilft sehr. Mit Klinger kann man Geschäfte machen.

Klinger seinerseits findet auch den Juden ›ganz in Ordnung‹ – für einen Juden. Wenn er sich mit seinen SS-Kumpanen besäuft, prahlt er gelegentlich sogar mit ›meinem beschnittenen Sammy‹. Bei der Zentralen Planungsstelle im Hauptlager, wo mehrere hundert deutsche Architekten, Ingenieure und Bauzeichner in aller Bequemlichkeit an den nie endenden Erweiterungsplänen für Auschwitz arbeiten, heißt es einfach: »Das laß nur Klinger machen«, wenn es gilt, etwas vorweisen zu können, was sich auch sehen lassen kann. Klingers Ruf, besonders tüchtig zu sein, ist gewachsen, seit er Sachsenhausen verlassen hat. Die Beförderung zum Untersturmführer winkt am Horizont – ein gewaltiger Sprung in seinem Alter; vom Unteroffizier zum Offizier; das bringt ein beträchtliches Mehr an Ansehen und Besoldung. Wie seine Frau und seine Kinder sich freuen werden, wenn daraus einmal etwas wird! Und er weiß, daß er all das Samuel zu verdanken hat; infolgedessen liegt es in seinem ureigensten Interesse, daß diesem Juden nichts passiert.

Im Augenblick ist Klinger mit einem größeren Eilauftrag beschäftigt: so schnell wie möglich die tragenden Teile der zweiunddreißig Baracken des Lagers Birkenau B-II-d hochzuziehen. Kümmere dich vorläufig nicht um Wände und Dächer, hieß es in seiner Anweisung – zunächst nur die Balkenkonstruktionen, Balkenkonstruktionen und nochmals Balkenkonstruktionen, so weit das Auge reicht. Ein hohes Tier kommt zur Besichtigung. Klingers Bautrupp arbeitet am Rand des neuen Lagers Birkenau. Weiter im Westen säubert eine Schar kahlgeschorener Häftlinge in gestreiftem Drillich, knietief im Sumpfgras stehend, mit Spaten und Hacken den Boden, um den Platz für den Bau weiterer Lager vorzubereiten. Doch die stehen bis jetzt nur auf dem Reißbrett. B-II-d dagegen ist im Bau, und je mehr Baustellen tatsächlich zu sehen sind, desto besser für den Kommandanten.

In Auschwitz kann jeder Tag Überraschungen bringen, und heute kommt es auf der Baustelle, wo das Kommando Klinger arbeitet, zu einer erschreckenden Überraschung. Sieben mit Planen bedeckte Lastwagen halten an der Straße. Klinger befiehlt, daß Berels Untergruppe von siebzig Mann – SS-Wachen, Kapos und Häftlinge – in die Wagen steigen, um auf dem Holzplatz Pfosten und Balken aufzuladen. Das ist ungewöhnlich! Menschliche Arbeitskraft und Arbeitszeit stehen in Auschwitz im Überfluß und kostenlos zur Verfügung. Die Häftlinge schleppen das Bauholz, wenn es sein muß, kilometerweit zu den Bauplätzen. Dafür verschwenden die Deutschen kein Benzin. Was also geht vor? Angst verzerrt ihre Gesichter, als die Häftlinge die Lastwagen besteigen; manche tun es nur zögernd, doch die fluchenden Kapos treiben sie mit Schlägen hinauf.

Aber die Lastwagen fahren tatsächlich zum Holzplatz. Unter den Schreien und Schlägen der Kapos eilen die Gefangenen hin, um aufzuladen, springen dann selbst hinauf und fahren zurück zu B-II-d. Berel nimmt an, daß irgendein bestimmter Termin näherrückt und jetzt wirklich Eile geboten ist. Für gewöhnlich ist Auschwitz eine langsame, maschinenlose Welt, deren Tempo vom menschlichen Körper bestimmt wird. Obersklaven schlagen Untersklaven, beamtete Antreiber schlagen beide, und alles ist – das hat er schon so

manches Mal gedacht – wie im Ägypten des Pharao, wie es in der Thora geschildert wird. Nur, daß in diesem Ägypten des zwanzigsten Jahrhunderts gelegentlich Lastwagen vorbeibrummen, die Aufseher Maschinenpistolen tragen und der Tod nicht nur den männlichen Kindern der Juden droht.
Als die Lastwagen an ihrem Bestimmungsort ankommen, gibt es eine neue Überraschung. Der Kommandant ist da, mit ein paar feldgrau uniformierten Adjutanten, die angesichts des ungewohnten Anblicks lastwagenfahrender Sklaven verblüfft ins Sonnenlicht blinzeln. Sein Mercedes parkt am Straßenrand. Klinger scharwenzelt um ihn herum. Kapos und Wachen übertreffen einander beim Entladen mit Flüchen und Schlägen. Gehetzt eilen Häftlinge, mit Holz beladen, mehrere hundert Meter zu den nördlichsten Baustellen und kehren dann im Laufschritt zurück, um die nächste Ladung zu holen. Ein alter froschgesichtiger Kapo, der es längst auf Berel abgesehen hatte, ein ehemaliger Wiener Bankräuber mit dem hochangesehenen grünen Winkel des Berufsverbrechers, versetzt Berel unversehens einen Hieb über den Schädel. *»Wofür hältst du dich eigentlich, du stinkender Haufen Scheiße, bloß weil du eine beschissene Armbinde umhast? Greif dir ein Brett und beweg dich! Sonst mach ich dir Beine!«* Berel schwankt, geht fast zu Boden, ergreift jedoch einen Balken, macht sich auf und überlegt benommen, daß der Kapo den Zeitpunkt gut gewählt hat. Wo der Kommandant zusieht, gibt es in Auschwitz keinen Schutz. Aber der Kommandant bleibt nie lange.

Der Kommandant ist in schlechter Verfassung, obwohl seinem unbewegten Gesicht nichts anzumerken ist. Seit der Einzelhaft, die er in der Weimarer Zeit wegen eines politischen Attentats in einem Brandenburger Gefängnis absitzen mußte, hat er keine derartig stechenden Magenschmerzen mehr gehabt. Die Qual läßt sich weder durch Schnaps oder Beruhigungspillen noch durch andere Medikamente beheben, die er ausprobiert hat. Er muß sie aushalten und weitermachen.
Geschäftig redet er halblaut auf einen Adjutanten ein. Nach einer Weile nimmt der Adjutant Klinger beiseite. Neue Befehle: die ganze Nacht durcharbeiten, bei Scheinwerferbeleuchtung! Der Kommandant pfeift auf die Verdunkelungsvorschriften. Mit dem Bau der Balkengerüste aufhören! Wände hochziehen und Dächer draufsetzen! Wandbretter nur an der Seite, die zur Straße zeigt, und auch nur bei jeder zweiten Baracke!
Der Kommandant besteigt seinen Mercedes. Nach Hause, zum Mittagessen, sagt er seinem Fahrer. Mittagessen! Er kann von Glück sagen, wenn er davon etwas bei sich behält. Den ganzen Vormittag ist er die Route abgefahren, die sie morgen fahren werden. Er hat sich alle Baustellen selbst angesehen: in

Erwartung der Fragen, die an ihn gestellt werden, hat er den SS-Aufsehern Fragen an den Kopf geworfen, um sie ein bißchen auf Vordermann zu bringen. Der wunde Punkt ist die Dammbaustelle. Bis jetzt ist Berlin weder mit Facharbeitern noch mit Material und Aufsichtspersonal übergekommen. Die IG-Farben hat für ihre Buna-Werke im Nebenlager Monowitz alles für sich gebraucht. Halbverhungerte, ungelernte Polen und Juden bringt man nicht dazu, einen Damm zu bauen, und wenn man sie noch so sehr prügelt. Man kann sie zu Tode prügeln, aber das hindert die Weichsel nicht daran, weiterzufließen. Wenn der Reichsführer-SS den Weichseldamm unbedingt will, soll er selbst sehen, wie wenig man mit diesem Projekt vorangekommen ist, und das Nötige veranlassen. Dr. Kammler, der Chefarchitekt, ist Brigadeführer – nicht nur ein einfacher Sturmbannführer wie der Kommandant. Berlin kann zwar unmögliche Befehle erteilen, aber Kammlers Leute in Auschwitz müssen sie in die Tat umsetzen. Auf Kammler wird Himmler hören. Der Kommandant fühlt sich, was den Damm betrifft, ziemlich sicher. Seine Hauptsorge bei diesem Inspektionsbesuch gilt diesem verdammten Judentransport. Himmler will einen Vorgang von Anfang bis Ende sehen. Der Kommandant hat versucht, alle Pannen einzukalkulieren, die passieren könnten und in den ersten Monaten auch passiert sind: die Unruhestifter, die zu schreien anfangen und Panik auslösen, die Idioten von der Hygieneeinheit, Schwachköpfe, die nicht genug von dem Zeugs reinwerfen, so daß die Leute nicht sterben, und was sonst nicht noch alles! Inzwischen ist das Verfahren jedoch soweit eingespielt, daß normalerweise alles glatt läuft. Wenn aber irgendwo Sand ins Getriebe kommt, ist er es, auf den das Donnerwetter niedergeht.
Und dann noch ein Problem: die Beseitigung der Leichen. Mit den Massengräbern geht es nicht mehr lange so weiter; zumindest nicht in Auschwitz. Hier werden nicht ab und zu ein paar Juden beseitigt wie in Chelmno oder Sobibor. Diese Federfuchser in Berlin ahnen ja nicht, was für ein Problem die Beseitigung von Tausenden und Abertausenden von Leichen sein kann. Das kümmert sie nicht. Denen geht es um Zahlen, mit denen sie bei ihrem Chef Eindruck schinden können. Aber die großen Mengen – Tonnen und Abertonnen – von organischem Material, das sich Woche für Woche auf Auschwitzer Boden stapelt, bereiten einem verdammtes Kopfzerbrechen und stellen eine große Gefahr für die Gesundheit dar. Dabei ist das erst der Anfang! Soll der Reichsführer-SS es doch selbst sehen!
Diesen Berliner Weichlingen geht jetzt natürlich der Arsch mit Grundeis, was den Besuch des großen Chefs betrifft. Sie haben ihm rosige Berichte gegeben und von den verzweifelten Bitten des Kommandanten um Personal und

Material und von seinen Klagen über unmögliche Zeitplanungen abgelenkt. Jetzt können sie nur hoffen, daß der Kommandant sie alle deckt. Sie kämen nicht im Traum darauf, sich ihre blanken Stiefel mit Auschwitzer Schmutz dreckig zu machen; die nicht, diese Schreibtischhengste, Standarten- und Obersturmbannführer, die in der Heimat ein üppiges Leben führen. Und er, er ist bloß ein kleiner Sturmbannführer, der eine Einrichtung leitet, die größer ist als jedes Heerlager, wahrscheinlich größer als irgendeine militärische Einrichtung auf der ganzen Welt, und die immer noch weiter wächst! Aus Berlin heißt es, er soll mit seinen Beschwerden ein bißchen zurückhaltend sein und lieber die positiven Dinge herausstellen. Zum Teufel mit ihnen!
Der Kommandant windet sich vor Schmerzen, als der Mercedes vor dem hübschen, blühenden Vorgarten seines Hauses hält, in dem seine Frau mit einem Sonnenhut arbeitet. Er weiß ganz genau, was diese Krämpfe veranlaßt. Seine ganze Karriere hängt von den nächsten zweiundsiebzig Stunden ab. Er kann in Ungnade entlassen und aus der SS ausgestoßen werden; er kann auf der Stelle zum Obersturmbannführer befördert werden – eine Anerkennung, die längst überfällig ist. Das sind die Extreme; dazwischen gibt es vielerlei Möglichkeiten. Ein Besuch des Reichsführers-SS kommt nicht alle Tage vor. Seine Frau möchte ihm zeigen, wie schön sich die Rosen machen. Er geht brüsk an ihr vorbei. Sein Adjutant steht am Erkerfenster. Sie sieht, wie sie im Hause miteinander reden. Ihr Mann blickt interessiert auf ein Stück Papier, das der Adjutant ihm reicht. Er sieht zufrieden aus, doch dann, unversehens, funkeln seine Augen. Er wirft dem Adjutanten das Papier ins Gesicht, schüttelt vor Wut beide Fäuste und stößt ein Gebrüll aus, daß sie es durch die geschlossenen Fenster hindurch hören kann. Er vollführt die altvertraute zornige Geste: *nach oben!* Das bedeutet: hochgeheime Unterredung in der Kammer hinterm Schlafzimmer. Sie eilt ins Haus, um der Köchin zu sagen, sie soll das Fleisch nicht anbrennen lassen.
Auf den ersten Blick hatte das schöne Papier und der klare Druck dem Kommandanten in der Tat Freude gemacht. Auch der Anfang des Besichtigungsplans hatte ihn befriedigt:

BESUCH DES REICHSFÜHRERS-SS IM KONZENTRATIONSLAGER AUSCHWITZ

Erster Tag

8.00 – 8.30 *Flugplatz: Landung und Begrüßung. Fahrt unter Kradbegleitung ins Hauptlager.*

8.30 – 8.45 *Appellplatz: Flaggenparade. Spiel der Lagerkapelle. Abnahme des Vorbeimarsches.*

8.45 – 9.30 *Kasino: Frühstück. Dabei Darstellung des Lageraufbaus mittels Lagerplan.*

9.30 – 10.00 *Architektenbüro: Zentrale Planungsstelle. Der Reichsführer-SS bekommt Modelle vorgeführt. Weichseldamm, neues Entwässerungssystem, Tierzuchtzentrum, Lager Birkenau.*

10.00 – 11.00 *Autofahrt: Monowitz, Raisko, Budy. Überblick: IG-Farben-Bau, Dammbaustelle, Landwirtschaftliche Einrichtungen, trockengelegtes Land, botanische Laboratorien, Baumschulen, Zuchtstation.*

11.00 – 13.30 SONDERBESICHTIGUNG.

13.30 – 15.00 *Mittagessen.*

Der Anblick dieser letzten beiden Posten hatte den Kommandanten dazu gebracht, dem Adjutanten den Tagesplan ins Gesicht zu werfen und ihn nach oben zu scheuchen.

Mit einer Lautstärke, daß der ganze Haushalt ihn durch die geschlossenen Türen hören kann, seine Kinder in ihren Zimmern zittern und seine Frau und die Köchin in der Küche verängstigte Blicke tauschen, verlangt der Kommandant eine Erklärung. Der schlotternde Adjutant erklärt stotternd, die Eisenbahndirektion Oppeln habe die Ankunft des Zuges vorm Mittagessen festgesetzt und ausdrücklich Anweisung gegeben, wann der entladene Zug zurückgeschickt werden solle. Wenn der Kommandant Oppeln anrufen wolle, um zu erreichen, daß die Waggons noch ein paar Stunden länger auf den Gleisen von Auschwitz stehen können, könnten die Juden vielleicht darin warten und nach dem Essen aussteigen.

Der Ausbruch, der daraufhin folgt, ist der schlimmste, den die Frau des Kommandanten jemals erlebt hat. Dieser Himmler-Besuch, denkt sie, macht aber auch alle fertig. Wie froh sie sein wird, wenn er erst vorüber ist! Ihr Mann hat sich seit einer Woche jeden Abend betrunken und starke Beruhigungsmittel geschluckt; trotzdem hat er nicht schlafen können. Die Aufgabe überfordert ihn einfach. Was die Kinder und sie betrifft – nun, je eher sie von hier wegkommen, desto besser. Die tägliche Flut von Bilderbüchern und neuem Spielzeug für die Kleinen, die schönen Sachen zum Anziehen für den älteren Jungen, das geschulte Personal für Haus und Garten, die Stapel hinreißend teurer Unterwäsche und Negligés für sie – alles schön und gut, aber ein richtiges Zuhause und Familienleben wären besser als das.

Oben tobt der Kommandant, der ganze Tagesplan sei sofort neu zu drucken. Und die SONDERBESICHTIGUNG komme, wie befohlen, *nach* dem Mittagessen. Das befehle er, der Kommandant, ausdrücklich. Der Zug werde solange auf dem Güterbahnhof bleiben, wie nötig! Und wenn die Herren von der Eisenbahndirektion Oppeln Zweifel hätten, könnten sie ja für ein paar Monate in das Quarantänelager von Auschwitz kommen und es sich überlegen! Das hier ist *Sache des Reichsführers-SS!* Verstanden? Alles, aber auch alles müsse reibungslos klappen! Welches Arschloch könne überhaupt auf die Idee kommen, dem Reichsführer die Sonderbesichtigung *vorm* Mittagessen zuzumuten! Welchen Appetit er danach wohl noch haben könne? Darauf läuft es während dieser zehn Minuten hinaus; der heruntergeputzte Adjutant, ein hartgesottener Hauptsturmführer, der schon seit Sachsenhausen dabei ist, ist käseweiß im Gesicht und zittert wie ein Jude vor einer Prügelstrafe im Quarantänelager. Noch nie ist der Kommandant so in die Luft gegangen. Er zittert am ganzen Leib, als er den Adjutanten endlich entläßt: der macht, daß er hinauskommt, und schafft es kaum bis in den Garten, bis er sich übergeben muß und seinen ganzen Mageninhalt ausspuckt, mit Blutspuren im Erbrochenen.

Der Kommandant kippt ein halbes Wasserglas Kognak. Das beruhigt ihn. Als er zum Essen hinuntergeht, nagt es nicht mehr in seinem Magen. Er ißt gut und ist zu seiner Frau und seinen Kindern freundlicher als schon seit einem ganzen Monat. Das Besichtigungsprogramm sieht schließlich sehr gut aus! Aber Himmelherrgott, wenn er nicht darauf bestanden hätte, den gedruckten Tagesplan zu sehen! Seine alte Regel erweist sich doch immer als richtig: mit den *Augen des Herrn.*

Der Zug hat außer Sichtweite hinter einer Kurve gewartet. Jetzt ertönt sein trauriges Pfeifen; es ist fünf Minuten vor drei.

Wartend stehen der Reichsführer-SS und sein Stab mit dem Kommandanten auf der langen hölzernen Plattform. Glücklicherweise ist es wieder ein wunderschöner Tag. Die belaubten Bäume neben den Rangiergleisen gewähren angenehmen Schatten in der heißen Nachmittagssonne. Alle haben im Kasino nach Herzenslust gegessen, und bis jetzt ist die ganze Besichtigung reibungslos verlaufen. Himmler hat sich, was den verzögerten Dammbau betrifft, äußerst einsichtig gezeigt. Das explosive Wachstum des Lagers hat ihn offensichtlich tief beeindruckt. Von den landwirtschaftlichen Einrichtungen – von jeher sein Lieblingsprojekt beim gesamten Auschwitzunternehmen – war er, der gelernte Landwirt, hellauf begeistert. Auch das noch nicht fertige IG-Farben-Werk von Monowitz hat seinen Beifall gefunden. Der Kommandant steht wie auf Kohlen. Wenn die Vorführung jetzt reibungslos verläuft, darf er sich von diesem Besuch zuversichtlich positive Resultate erhoffen.

Über den Bäumen wird der Rauch der Lokomotive sichtbar. Der Zug kommt in

Sicht. Es handelt sich um einen kleinen Transport, der vom Kommandanten absichtlich für diesen Zweck ausgewählt wurde: zehn Güterwagen mit rund achthundert Menschen. Die Polizei von Kattowitz hat sie zusammengetrieben und ein paar Tage unter Bewachung gehalten. Der Bunker kann gerade um die achthundert aufnehmen, allerdings stehen sie dann wie die Ölsardinen. Himmlers persönlicher Brief an den Kommandanten ließ keinerlei Zweifel zu: *»eine ganze Aktion, vom Anfang bis zum Ende.«* Zwei Schichten hätten die Angelegenheit nur unnötig in die Länge gezogen und sich bedrückend auf die Stimmung des Reichsführers ausgewirkt. Es wird auch so schon schlimm genug sein!

Der Kommandant hat den Vorgang – getreu seiner Devise: *mit den Augen des Herrn* – oft genug beobachtet, aber er hat sich nie ganz daran gewöhnen können. Er ist hart. Er weiß, daß auch der Reichsführer hart ist. Er weiß von einem Besuch Himmlers bei der Aktion einer Einsatzgruppe in Rußland, bei der eine Anzahl von Juden vernichtet wurde. Zimperlich geht's dabei nicht zu, soweit er gehört hat: man läßt sie ihr eigenes Massengrab ausheben, mäht sie dann nieder und begräbt sie dann samt Kleidern und allem. Die Auschwitzer Methode ist viel humaner, praktischer, *deutscher*! Trotzdem, auf ihre Weise ist sie schon traurig. Der Kommandant weiß, wie schwer sich seine eigenen Männer damit tun; er ist jetzt außerordentlich gespannt, zu sehen, wie Himmler damit fertig wird. Schließlich ist es ein verdammt heikles Verfahren. Was, wenn Deutschland den Krieg verliert? Selbstverständlich läßt der Kommandant derlei Zweifel nie laut werden und unterdrückt auch die kleinste Andeutung bei seinen Untergebenen. Trotzdem beunruhigen ihn derlei Gedanken hin und wieder.

Der Zug hält. Die ersten Juden kommen herunter. SS-Wachen neben dem Gleis treten zurück, vermeiden jeden Eindruck von Drangsalierung und Bedrohlichkeit. Es sind Juden aus einer großen Stadt; sie machen einen wohlhabenden Eindruck. Sie blinzeln im hellen Sonnenlicht, während sie aus den Viehwagen herausquellen, alten Leuten, Behinderten und den kleinen Kindern herunterhelfen. Angstvoll sehen sie sich um; die Frauen halten die Kinder eng an sich gedrückt. Aber sie zeigen keinerlei Erregung und hören aufmerksam Untersturmführer Hösslers glatten Worten zu, wo sie untergebracht werden, welche Berufe am gefragtesten sind, und so weiter und so fort. All das klingt sehr überzeugend. Hössler und sein Helfershelfer Aumaier feilen immer weiter an dieser Komödie herum und vervollkommnen sie.

Danach stellen sich die Juden ohne Schwierigkeiten zur Selektion auf. Bald marschieren die wenigen Männer, die fürs Arbeitslager ausgesucht werden, zu Fuß durch die dicht stehenden Bäume in Richtung Birkenau ab. Der Rest

klettert ruhig auf die wartenden Lastwagen. Auf der leeren Plattform steht ihr Gepäck: schöne Sachen zum Teil, viel echtes Leder. Das wird ein hübscher Fischzug, wenn die Aufräumtrupps die Sachen aussortieren. Die Juden scheinen alles zu glauben, was Hössler ihnen gesagt hat, sogar, daß ihr Gepäck in die Unterkünfte gebracht wird. Ihre Gutgläubigkeit hat schon etwas sehr Menschliches. Niemand glaubt gern, daß er sterben muß, zumal an einem so schönen Junitag, an dem die Sonne scheint und die Vögel in den Bäumen zwitschern. Einige Juden werfen furchtsame Blicke auf die Handvoll SS-Führer, die das Ganze beobachten; aber dem Kommandanten scheint, daß keiner von ihnen den Reichsführer erkennt. Vielleicht haben sie andere Sorgen.
Die vollbeladenen Lastwagen warten, und die SS-Gruppe fährt voraus zum Bunker, um sich dort noch rasch umzusehen. Der Kommandant ist stolz auf das harmlose Aussehen des Ganzen. DESINFEKTION steht auf einem großen hölzernen Schild am Straßenrand. Man sieht nur ein großes, strohbedecktes Bauernhaus mitten in einem Obstgarten, ein Haus, wie sie zu Tausenden in polnischen Dörfern stehen. An der Haustür nochmals ein Pfeil: ZUR DESINFEKTION. Die Entkleidungsräume, neu errichtete Holzhütten ein paar Meter abseits, haben gleichfalls nichts Bedrohliches. Die Gruppe der SS-Führer tritt in eine Hütte, an der FRAUEN UND KINDER steht. Bänke stehen an der Wand, darüber numerierte Kleiderhaken, an denen die Juden ihre Kleider aufhängen sollen. Auf einem Schild an der Wand steht in mehreren Sprachen:

MERKEN SIE SICH IHRE HAKENNUMMER, DAMIT SIE NACH DER
DESINFEKTION IHRE SACHEN WIEDERFINDEN!
LEGEN SIE IHRE KLEIDUNG ORDENTLICH ZUSAMMEN!
UNNÖTIGES REDEN VERMEIDEN!

Die heiße Sonne sorgt dafür, daß es in der Hütte stark nach frischem Holz riecht; darunter mischt sich der Duft der Apfelblüten, der von draußen hereindringt. Himmler enthält sich jeden Kommentars. Sein charakteristisch knappes Nicken zeigt, daß er genug gesehen hat: weiter!
Die SS-Führer durchqueren den Obstgarten und betreten das Haus. Hier die schweren Holztüren in den vier großen, leeren, weißgekalkten Räumen; die Tür hinten mit der Aufschrift WASCHRAUM sieht etwas merkwürdig aus. Ein SS-Mann in weißem Kittel steht auf dem Gang neben einem Tisch mit ganzen Stößen von Handtüchern und Seifenstücken. Es riecht nach einem starken Desinfektionsmittel. Die Türen zu den Kammern sind aufgehakt. Der Kommandant hakt eine los und zeigt Himmler die schweren Riegel, mit denen die Türen luftdicht verschlossen werden. Wortlos zeigt er auf die Öffnungen in

den Wänden, durch welche die Gaskristalle hereingeschüttet werden. Der Reichsführer nickt. Mit einer fragenden Gebärde zeigt er auf die Aufschrift WASCHRAUM. »Führt nach draußen«, sagt der Kommandant, »Leichenbeseitigung.«

Knappes, ruckhaftes Nicken.

Die Lastwagen kommen herangerumpelt. Die Besichtigungsgruppe verläßt den Bunker und versammelt sich unter ein paar Apfelbäumen, um die Vorgänge aus einiger Entfernung zu beobachten.

Im ersten Lastwagen befinden sich wie gewöhnlich etwa ein Dutzend Angehörige der Sonderkommandos: jüdische Häftlinge, die an der Prozedur teilnehmen müssen. Die kleine Gruppe besteht aus Leuten, die verschiedene Sprachen sprechen. Sie springen vom Wagen und helfen ihren jüdischen Brüdern aus den anderen Fahrzeugen. Sie sind anständig in Zivil gekleidet: bei diesem warmen Wetter gute Hemden, Hosen und Lederschuhe. Keine gestreifte Häftlingskluft und keine Holzpantinen, versteht sich; nur die obligatorische Lagermütze aus dem gestreiften Stoff. Sie helfen den Frauen und Kindern herunter und reden auf Jiddisch oder Polnisch über den Desinfektionsvorgang, die Unterkünfte im Lager und die Arbeitsbedingungen. Die Juden des Transports haben nur noch wenige Minuten zu leben, und da will man kein Risiko eingehen. Die SS-Bewacher stellen sich von den Lastwagen bis zur Umkleidehütte, mit Maschinenpistolen und Schlagstöcken bewaffnet, in einer Doppelreihe auf. Den Juden bleibt gar keine andere Wahl, als geradewegs zur Hütte zu gehen; die Leute von den Sonderkommandos reden inzwischen übers Essen, über die Post und über Besuchsregelungen. Sie werden sogar mit ihnen in die Bunker hineingehen und den Anschein von Menschlichkeit bis zum letzten Augenblick aufrechterhalten, wie der Kommandant dem schweigenden Himmler erklärt. Erst wenn die SS-Wachen hineingehen, um die gasdichten Türen zu verriegeln, kommen sie rasch heraus.

Der Kommandant erwähnt weder Aumaier noch Hössler, die beiden SS-Leute, auf die der geschickte Einsatz der Sonderkommandos zurückgeht. Schließlich trifft nicht sie, sondern ihn der Tadel, falls etwas schiefgeht. Dennoch haben diese beiden das ganze Konzept entwickelt. Sie bilden die Sonderkommandos gruppenweise aus. Von Zeit zu Zeit vergasen sie sie und bilden neue aus. Die Sonderkommandos werden unter den Neuankömmlingen im Quarantäne-Lager ausgewählt. Die Schwachen, die leicht einzuschüchtern sind, die völlig Gebrochenen, die den Schock der Verhältnisse in Auschwitz nicht ertragen – unter ihnen muß man sich umsehen. Hössler und Aumaier suchen sie aus, isolieren sie in einer besonderen Baracke und erläutern ihnen in unmißverständlichen Worten ihre Aufgabe. Entweder sie tun, was man von ihnen verlangt, dann bleiben sie am Leben, oder sie werden sofort erschossen. Eine andere Wahl haben sie nicht. Es gibt immer genug Leute für die Sonderkommandos, obwohl viele den Genickschuß vorziehen, und wenn sie noch so sehr von Entsetzen gepackt sind. Sie bekommen, was sie verlangen. Aber selbst danach gibt es noch welche, die es nicht schaffen; die versuchen, die Neuankömmlinge zu warnen, oder die sich zusammen mit ihnen ausziehen und wissentlich in den Tod gehen. Auf solche Kandidaten achtet die SS besonders; gewöhnlich werden sie erwischt. Ihnen blüht eine besondere Strafe, die dazu dienen soll, die anderen abzuschrecken; sie werden bei lebendigem Leibe verbrannt. Sehr vernünftig, das.

Wenn der Kommandant diese Unglücklichen beobachtet, wie sie den Frauen und Kindern helfen, ihrem Schicksal entgegenzugehen, fragt er sich immer wieder, was für Menschen das nur sein müssen. Wie können sie nur so vollkommen unempfindlich sein, besonders ihren Glaubensgenossen gegenüber? Juden sind ein Rätsel. Er wirft Heinrich Himmler einen verstohlenen Blick zu und erlebt einen unangenehmen Schock. Himmler starrt ihn glasigen Blicks und unbewegten Auges an. Den Kommandanten überläuft es kalt; er begreift, daß dies der entscheidende Augenblick der ganzen Besichtigung sein kann. Der Reichsführer ist gekommen, um sich mit eigenen Augen – *dem Auge des Herrn* – davon zu überzeugen, ob der Kommandant von Auschwitz den Mumm hat, den man hierzu braucht. Wenn er jetzt zusammenzuckt, auch nur die geringste Nervosität oder Gewissensbisse zeigt, ist es um seine Karriere geschehen, vielleicht sogar um ihn selbst. Wie lange könnte man ihn leben lassen, da er doch weiß, was er weiß, wenn er diesen Mumm nicht aufbringt? Er hat schließlich erlebt, wie auch SS-Leute – selbst hohe Dienstränge – die Kugel bekommen haben.

Die Juden eilen jetzt in dichtem Zug zur Entkleidungshütte. Plötzlich sieht er etwas, das unversehens alle seine Nerven anspannt. Ein Hund schießt vor und bellt ein Kind an, nicht mehr als fünf Jahre alt, ein kleines Mädchen in kurzem blauen Rock, seiner jüngsten Tochter nicht unähnlich: blond, blauäugig, rundes deutsches Gesicht – nicht im geringsten ›jüdisch‹. Das kleine Ding drückt sich schreiend an seine Mutter. Die Mutter nimmt es auf den Arm und bricht, um es abzulenken, einen kleinen blühenden Zweig von einem Apfelbaum und hält ihn der Kleinen unter die Nase. Dann verschwinden sie mit den anderen Juden in der Hütte. Der Kommandant hat Dutzende von rührenden Szenen hier erlebt; aber da war etwas Besonderes im Anblick dieses kleinen Mädchens und in der Art, wie die Mutter es auf den Arm genommen hat; auch die Mutter sah nicht aus wie eine Jüdin. Die Propagandakarikaturen sind barer Unsinn; die Todfeinde des Reiches sehen genauso aus wie alle

anderen Europäer auch, zumindest die meisten von ihnen. Das weiß er längst. Der Kommandant spürt seinen Magen; die Krämpfe setzen wieder ein. Er setzt sein steinernstes Gesicht auf.
Auf jeden Fall geht es jetzt schnell.
Die Doppelreihe der SS-Leute nimmt abermals Aufstellung, diesmal von der Hütte zum Bunker. Zuerst kommen die nackten Männer heraus. Wie immer bieten sie einen erbärmlichen Anblick – Dicke und Dünne, Krüppel, Graue und Glatzköpfige –, das beschnittene Glied geschrumpft, zweifellos vor Angst. Man bekommt hier nur selten einen Juden mit einem großen Glied zu sehen. Vielleicht sind die arbeitsfähigen Leute männlicher. Die bekleideten Angehörigen des Sonderkommandos sind immer noch unter ihnen, reden immer noch auf sie ein und versuchen, ihnen Mut zu machen. Aber jetzt sind diese Juden dem Tod so nahe, daß es sich doch auf ihren Gesichtern zeigt. Auch der Ausdruck der Leute vom Sonderkommando hat etwas Krankes. Der Kommandant ist zwar abgebrüht, aber es hat ihn noch nie gereizt, die Gesichter der Juden auf dem Gang zum Bunker zu betrachten, besonders die der Männer nicht.
Irgendwie haben die Frauen mehr Mut. Vielleicht lenkt aber auch der Schock, sich ausziehen zu müssen, und die Sorge um ihre Kinder sie ab. Sie sehen nicht so gespenstisch aus, wie sie nackt durch die beiden Reihen von jungen uniformierten Deutschen hindurchgehen. Die SS-Leute haben strengste Anweisungen, Schweigen und Ernst zu bewahren; trotzdem können sie nicht umhin, die eine oder andere Schöne anzugrinsen. Es gibt immer ein paar Hübsche darunter, und schließlich ist nichts bezaubernder als der Anblick einer nackten Frau; und wenn sie ein nacktes Kind an der Hand führt, unterstreicht das sogar noch ihre Schönheit.
Das ist für den Kommandanten immer der Höhepunkt des ganzen Vorgangs in seiner ganzen Schönheit, seiner Traurigkeit und seinem Grauen gewesen: der Gang der nackten Frauen mit ihren Kindern zum Bunker. Er möchte einen Blick auf Himmler werfen, hält sich aber zurück. Er bemüht sich, sich keine Regung zu gestatten, verliert aber fast die Fassung, als er unter den letzten Frauen, die aus der Hütte kommen, die Mutter erblickt, die den Blütenzweig abgebrochen hat. Sie hat eine reizende Figur, die Arme. Wie viele andere hat sie ihre Brüste nicht bedeckt, weil sie mit einer Hand das Kind führt und sich mit der anderen die Scham bedeckt. Sie geben die Brüste unweigerlich frei, wenn sie ein Kind an der Hand haben und sich die Scham bedecken – ein sonderbarer Zug der weiblichen Natur. Was den Kommandanten jedoch völlig durcheinanderbringt, ist der Anblick des nackten kleinen Mädchens. Es hält den Apfelblütenzweig noch immer in der Hand.

Der letzte rosige Frauenrücken verschwindet im Bunker. Die SS-Männer stürzen hinein, die Sonderkommandos springen heraus, zusammen mit dem weißbekittelten Mann, der bei Seife und Handtüchern gestanden hat. Die Besichtigungsgruppe hört das Zuschlagen der Türen und das Knirschen der Riegel, mit denen sie luftdicht verschlossen werden. Aus dem Krankenwagen mit dem Roten Kreuz, der inzwischen herangefahren ist, springen die Männer von der Hygieneabteilung mit ihren Gasmasken; sie tragen die Kanister mit den Zyanidkristallen. Nach den nackten Frauen nicht gerade ein erhebender Anblick. Aber es ist ein scheußliches Zeug, mit dem sie da umgehen. Die Vorsichtsmaßregeln sind streng. Sie bringen ihre Aufgabe in wenigen Minuten hinter sich, schrauben die Kanister auf und schütten den Inhalt in die Wandschlitze. Danach steigen sie wieder in den Rot-Kreuz-Wagen und fahren davon.
Mit unbewegter Stimme fragt der Kommandant, ob der Reichsführer an der Bunkertür lauschen und einen Blick hineinwerfen möchte. Himmler geht mit dem Kommandanten hinein, lauscht und späht. Innen hört sich ein Transport von Juden ganz anders an: traurige, resignierte Klagelaute, die fast wie Gebete klingen; keine Spur von dem tierischen Gekreisch der russischen Gefangenen oder der Polacken. Als Himmler das Auge an das Guckloch hält, verzerrt sich sein Gesicht; ob Grimasse des Abscheus oder amüsiertes Lächeln – der Kommandant ist sich nicht sicher.
Himmler tut etwas sehr Überraschendes. Er bittet einen seiner Begleiter um eine Zigarette. Wie der Führer, raucht auch Himmler nicht; zumindest wird das gesagt. Doch jetzt zündet er sich eine Zigarette an und pafft gelassen vor sich hin, während der Kommandant ihn zur Rückseite des Bunkers führt, wo sie darauf warten, daß das Gas seine Wirkung tut. Er zeigt Himmler das enorme Ausmaß der sich ständig ausdehnenden Massengräber und erklärt ihm das immer dringlicher werdende Problem. Hunderte von Metern erstrecken sich in jeder Richtung Erdhügel im grasbewachsenen Gelände. Ein Gleis verläuft mitten darin; es endet in der Nähe eines Riesenlochs, neben dem die Erde hochgetürmt ist und an dem die Sonderkommandos immer noch graben. Himmlers Gesichtsausdruck strafft sich zusehends. Seine Lippen verschwinden fast, als er die Backen auf seine charakteristische Weise aufbläst: ein sicheres Zeichen dafür, daß er außerordentlich interessiert ist.
Zum erstenmal seit ihrer Ankunft beim Bunker spricht er, mit tiefer, ruhiger Stimme, und nicht zum Kommandanten, sondern zu einem seiner Begleiter, einem großgewachsenen, gutaussehenden Standartenführer, der seine grauen Handschuhe abstreift und sich rasch ein paar Notizen macht.
Das Tor des hinteren Zauns schwingt auf. Aus der offenen Tür des Bunkers

kommt eine Lore heraus, die hoch mit nackten Körpern beladen ist und auf die Gruppe von SS-Führern zugerollt kommt; geschoben und teils gezogen wird sie von Leuten eines weiteren Sonderkommandos, das für das Wegschaffen der Leichen zuständig ist. Als die Lore vorüberrollt, riecht es nach einem Desinfektionsmittel, ähnlich wie Karbol. Die nackten Menschen sehen nicht viel anders aus als vor einer halben Stunde, nur daß sie sich jetzt überhaupt nicht mehr rühren, mit Kot beschmiert sind und regellos durcheinanderliegen; manchen steht der Mund offen, andere haben die Augen starr und weit aufgerissen – alte Männer, kleine Kinder und hübsche Frauen wirr durcheinander. Die Schönheit der Frauen und der Zauber der Kinder wirkt immer noch. Die jüdischen Sonderkommandos könnten nicht sachlicher mit ihrer Aufgabe fertigwerden. Wo die Gleise enden, lassen sie die Loren kippen, so daß die Leichen herunterrutschen. Ein paar Juden schieben die Loren zum Bunker zurück. Der Rest zerrt und schleift die Leichen zusammen mit den Leuten vom Gräberkommando, die aus dem Loch heraufgeklettert sind, an Armen und Beinen bis an den Rand der Grube – manche benutzen dabei auch lange Fleischerhaken, was der Kommandant persönlich widerwärtig findet – und stoßen die Leichen dann hinunter. Das erregt Himmlers Interesse. Er tritt an den Rand der Grube und sieht zu, wie die Angehörigen des Kommandos die warmen Leichen auf dem Boden der Grube in langen Reihen nebeneinanderlegen und ein weißes Pulver über sie streuen. Das, erklärt der Kommandant, sei ungelöschter Kalk. Man müsse in dieser Hinsicht etwas tun, denn das Grundwasser der ganzen Gegend sei in Mitleidenschaft gezogen. Bakterienzählungen hätten ergeben, daß selbst das Trinkwasser in den Unterkünften der Wachmannschaften bis in den Gefahrenbereich verseucht sei. Auf die Dauer sei, wie er Berlin schon mehrmals dargelegt habe, das Vergraben der Leichen keine Lösung; zumindest dann nicht mehr, wenn der von Obersturmbannführer Eichmann ins Auge gefaßte Pegel von hunderttausend Juden alle paar Wochen erreicht werde.

Das ganze System werde zusammenbrechen – in diesem Punkt ließ er nicht locker –, wenn nicht sofort drastische Schritte unternommen würden. Der Bauernhaus-Bunker sei nur ein Notbehelf. In der Nähe werde ein zweiter fertiggestellt, aber auch der reiche nicht aus. Die Krematorien blieben in der Zentralen Planungsstelle nur Modelle; Berlin habe an das Problem der Leichenbeseitigung bisher keinen einzigen Gedanken verschwendet. Ehrlich besorgt über dieses ernste Problem schüttet der Kommandant dem Reichsführer-SS sein Herz aus, während die Sonderkommandos immer mehr Leichen herauskarren, sie in die Grube rutschen lassen und dort in Reihen nebeneinanderlegen. Er ist so sehr damit beschäftigt, daß, als er das kleine Mädchen mit

dem zerknickten Blumenzweig in der Hand aus der Lore rutschen sieht, ihm das überhaupt nichts mehr ausmacht.
Aufrichtigkeit zahlt sich aus. Er merkt, daß er Eindruck macht. Himmler bedenkt ihn mit seinem knappen, ruckhaften Kopfnicken; er läßt seinem Munde Rauch entquellen, bläst die Backen auf, so daß die Lippen fast verschwinden, und sieht sich nach seinen Begleitern um.
»So!« sagt der Reichsführer-SS. »Und was jetzt?«

»Die Krematorien werden gebaut«, erklärt er am nächsten Tag kurz vor der Abfahrt zum Flugplatz.
Die Besprechung ist nahezu beendet. Der letzten ernsthaften Bitte, man möge gestatten, Juden zu Sterilisationsexperimenten zu benutzen, die der Kommandant nur zögernd vorgebracht hat, wird fröhlich entsprochen. Sie sitzen im Büro der Baugruppe. Nur Obergruppenführer Schmauser, verantwortlich für ganz Südpolen und damit auch für Auschwitz, ist dabei.
»Der Bau der Krematorien hat Vorrang selbst vor IG-Farben«, erklärt Himmler. »Sie werden vor Ende des Jahres fertig sein, Schmauser. Alle anderen Projekte in diesem Teil Polens, was Arbeitskräfte und Baumaterial betrifft, sind zurückzustellen.« Himmler stößt dem Gruppenführer mit dem Finger vor die Brust. Schmauser beeilt sich zu nicken. »Was das Problem der Leichenbeseitigung betrifft, hören Sie noch von mir. Sie haben mir Ihre Schwierigkeiten dargelegt und mir ungeschminkt gezeigt, wie es hier in Auschwitz aussieht. Ich freue mich, daß sie unter härtesten Bedingungen Ihr Bestes tun. Es ist Krieg, darauf muß man sich einstellen. Setzen Sie Ihre besten Arbeitstrupps zum Bau der Krematorien ein. Und wenn sie fertig sind, liquidieren Sie sie. Verstanden?«
»Jawohl, Reichsführer, verstanden.«
»Ich befördere Sie zum Obersturmbannführer. Herzlichen Glückwunsch. Und nun muß ich los.«
Obersturmbannführer! Außerplanmäßige Beförderung!
Eine Woche später wird auch Ernst Klinger befördert – zum Untersturmführer. Gleichzeitig bekommt seine Arbeitsgruppe einen neuen Auftrag. Sie trägt fortan eine neue Bezeichnung: *Arbeitskommando, Krematorium II.*

27

Midway

(aus ›Welt im Untergang‹ von Armin von Roon)

Zu den großen Entscheidungsschlachten der Weltgeschichte gehört eine Seeschlacht, die auf der anderen Seite der Erde geschlagen wurde und die man in Deutschland und im Führerhauptquartier kaum zur Kenntnis nahm. Daß unsere japanischen Verbündeten uns über Midway nicht reinen Wein einschenken konnten, beweist, wie wenig Vertrauen zwischen den beiden Mächten herrschte. Aber Hitler haßte schlechte Nachrichten und hätte die ungeschminkte Wahrheit vermutlich einfach ignoriert. Der ernsthaft interessierte deutsche Leser muß jedoch wissen, was im Juni 1942 bei Midway geschah, um den Gang des Krieges überhaupt zu begreifen.

Merkwürdigerweise zogen die Alliierten selber aus Midway kaum publizistischen oder propagandistischen Gewinn. In den Vereinigten Staaten waren die Nachrichten über die Schlacht nur spärlich und dazu noch ungenau. Bis heute haben nur wenige Amerikaner begriffen, daß ihre Flotte bei Midway eine Schlacht gewonnen hat, die es verdient, neben den berühmtesten Schlachten der Weltgeschichte wie Salamis und Lepanto genannt zu werden. Zum drittenmal in der Geschichte unseres Planeten machte sich Asien daran, den Westen auf See mit großer Macht anzugreifen und mit ihm um die Weltherrschaft zu ringen. Bei Salamis schlugen die Griechen die Perser zurück, und bei Lepanto brachten die Venezianer und ihre Verbündeten den Siegeszug des Islam zum Stillstand; bei Midway geboten die Amerikaner, zumindest für unser Jahrhundert, der Flut asiatischer Flaggen Einhalt. Seeschlachten im pazifischen Raum *nach* Midway waren durchweg vergebliche japanische Versuche, die bei Midway verlorene Initiave zurückzugewinnen.

Vor Midway hingen die Waagschalen des Krieges trotz aller verpaßten Chancen und Fehlrechnungen Hitlers und der japanischen Führung immer noch im Gleichgewicht. Hätten die Vereinigten Staaten diesen Waffengang verloren, so wäre Hawaii möglicherweise nicht mehr zu halten gewesen. Hätte die Westküste der USA plötzlich nackt und bloß, dem japanischen Zugriff preisgegeben, dagelegen, wäre Roosevelt vielleicht gezwungen gewesen, seine berühmte ›Deutschland-zuerst-Politik‹ umzustoßen. Der ganze Krieg hätte einen anderen Verlauf nehmen können. Warum also wird dieses folgenreiche Ereignis dermaßen unterschätzt? Diese Anomalie ist auf das Wesen der Schlacht selbst zurückzuführen. Der Sieg bei Midway beruhte zum Teil auf der Entschlüsselung chiffrierter japanischer Funksprüche. Diese Tatsache konnte während des Kriegs nicht publik gemacht werden.* Die Berichterstattung der US-Navy über die Schlacht um Midway war verschwommen und vorsichtig formuliert und kam überdies mit etlichen Tagen Verspätung. Viel Zeit verging, bis die Auswirkungen auf die japanischen Kriegspläne voll und ganz begriffen wurden. Der wirkliche Hergang von Midway blieb im Dunkel. Der Krieg ging weiter, und die Schlacht entschwand dem Blick, wie der Mount Everest hinter einer Staubwolke verschwinden kann, die von einem und einzelnen Lastwagen aufgewirbelt wird. Doch je mehr Zeit vergeht, desto größer und deutlicher zeigt sich dieser Wendepunkt in der Kriegsgeschichte der Menschheit.

Flugzeugträger-Strategie

Der fast ausschließlich an den Landkrieg gewöhnte deutsche Leser ist auf eine kurze Einführung in die strategischen Probleme der Seekriegsführung angewiesen. Wasser hat bekanntlich keine Balken. Das Schlachtfeld ist praktisch ein grenzenloses, ebenes Gebiet. Das vereinfacht einerseits Kämpfe, wie der Landsoldat sie kennt; andererseits bekommen dadurch einige grundlegende Elemente wesentlich mehr Gewicht. Der Flugzeugträger brachte einen entscheidenden Wandel hinsichtlich der Reichweite der Waffen.
Bei den Seeschlachten der Antike rammten die Kriegsschiffe einander; man zertrümmerte die Ruderreihen, schoß Pfeile ab und schleuderte Steine, Eisenklumpen oder Brandgeschosse ein paar Meter übers offene Meer. Bisweilen ging man mit Hilfe von Enterhaken längsseits, und die Besatzungen sprangen hinüber und kämpften an Deck. Noch lange nachdem Kriegsschiffe mit Kanonen ausgerüstet waren, kämpfte man auch auf See Mann gegen Mann. John Paul Jones gewann die erste größere Seeschlacht für die Vereinigten Staaten, indem er das britische Kriegsschiff *Serapis* ebenso entern ließ, wie der Kapitän einer römischen Kriegsgaleere es mit einem karthagischen Schiff getan hätte.
Doch die großen wissenschaftlichen und technischen Fortschritte des neunzehnten Jahrhunderts brachten das *Schlachtschiff* hervor, ein gigantisches, dampfgetriebenes, eisengepanzertes Fahrzeug mit drehbaren Geschütztürmen auf der Mittellinie, mit denen sich nach beiden Seiten tonnenschwere Geschosse fast zehn Meilen weit abschießen ließen. Alle modernen Nationen bauten oder erwarben so schnell wie möglich Schlachtschiffe. Der Wettlauf unserer eigenen deutschen Werften mit denen Englands, bei dem es darum ging, immer größere Schlachtschiffe zu bauen, war einer der Hauptgründe für den Ausbruch des Ersten

** In Wirklichkeit hat eine Chicagoer Zeitung den Umstand, daß dieser Code geknackt wurde, sehr wohl ausgegraben und veröffentlicht. Die Japaner wußten offenbar nichts davon. Präsident Roosevelt war gut beraten, diesen Geheimnisverrat weise zu übersehen, statt ihn an die große publizistische Glocke zu hängen und zu verfolgen. – V.H.*

Weltkrieges. Vorher hatten die englischen Kapitalisten eine ganze Flotte von diesen Ungetümen für die Japaner gebaut, die sie im Jahre 1905 einsetzten, um bei der Meerenge von Tsushima dem zaristischen Rußland einen Schlag zu versetzen. Seither hat nur eine einzige weitere Schlacht zwischen Schlachtschiffen stattgefunden. In der Skagerak-Schlacht des Jahres 1916 blieb unsere Hochseeflotte der britischen Navy in einer klassischen Begegnung überlegen. Fünfundzwanzig Jahre später, bei Pearl Harbor, erlebte dieser Typ seinen letzten Höhepunkt und zugleich auch schon seinen Abstieg.
Das Schlachtschiff war der Dinosaurier des Seekriegs, eine kurzlebige Mißgeburt. Jedes einzelne von ihnen bedeutete einen finanziellen Aderlaß für das betreffende Volk, der gut und gern für die Ausrüstung vieler Armee-Divisionen ausgereicht hätte. Aber es brachte die große Artillerie-Reichweite in die Seekriegsführung. Die Geschoßbahnen der großen Schiffsgeschütze mußten *der Krümmung der Erdoberfläche wegen* korrigiert werden. Auf diese Weise brachte das Industriezeitalter den Menschen dazu, sich mit den physikalischen Gesetzen unseres kleinen Planeten abzufinden.
Nach dem Ersten Weltkrieg ging ein paar weitschauenden Marineoffizieren auf, daß das Flugzeug eine bei weitem größere Reichweite besaß als die größten Geschütze der Schlachtschiffe. Ein Flugzeug konnte Hunderte von Meilen zurücklegen, und der Pilot konnte seine Bombe unmittelbar auf jedes Ziel abwerfen. Gegen die starre Ablehnung von Schlachtschiff-Admirälen setzten sie sich dafür ein, daß Flugzeugmutterschiffe, also schwimmende Flugplätze, gebaut wurden, und gewannen diesen Kampf. Pearl Harbor entschied binnen einer Stunde diesen zwanzig Jahre währenden Streit, und der Konflikt im Pazifik wurde zum Flugzeugträger-Krieg.

Anmerkung des Übersetzers: *Ich war zeitlebens ein Schlachtschiffmann. Von Roon übersieht die Rolle, die das Schlachtschiff spielte, als es ein sehr turbulentes halbes Jahrhundert lang um das Gleichgewicht der Kräfte ging. Daß es in Pearl Harbor versagt hat, wird freilich niemand leugnen. Seine beiläufige Behauptung, Deutschland habe in der Skagerak-Schlacht einen Sieg errungen, ist lächerlich. Die Kaiserliche Marine ist nach dieser Schlacht nie wieder zum Kampf ausgelaufen. Ein Großteil dieser Flotte wurde in Scapa Flow durch Öffnen der Bodenventile versenkt. Der Rest wurde schließlich von Hitler verschrottet, nachdem die* Bismarck *versenkt wurde und die anderen Schlachtschiffe durch RAF-Bomben an ihren Liegeplätzen manövrierunfähig gemacht wurden. – V. H.*

Flugzeugträger-Taktik

Sämtliche im Pazifik operierenden Flugzeugträger, Japaner wie Amerikaner, führten drei Typen von Flugzeugen.

Das *Jagdflugzeug* diente der Verteidigung. Es begleitete die angreifenden Maschinen bis zum Ziel und schützte sie vor feindlichen Jägern, die sie abfangen sollten. Außerdem verteidigten die Jagdflugzeuge die eigene Flotte gegen feindliche Angriffe, indem sie über ihr kreisten.

Es gab zwei Typen von Angriffsflugzeugen: *Sturzbomber* und *Torpedoflugzeuge*. Der Sturzbomber warf sein Geschoß aus einiger Höhe ab. Das Torpedoflugzeug versuchte, unter der Wasserlinie einen Treffer zu landen; seine Angriffstechnik war riskanter, seine Geschosse schwerer. Ein Torpedoflugzeug muß minutenlang dicht überm Wasser einen schnurgeraden Kurs fliegen und beim Abwurf des Torpedos die Geschwindigkeit verringern. Während dieses Anfluges ist der Flugzeugführer in selbstmörderischer Weise dem Flakbeschuß ausgesetzt und muß mit dem Angriff feindlicher Abfangjäger rechnen. Er war daher auf starken Jagdschutz angewiesen.

Die Prinzipien des Einsatzes von Flugzeugträgern waren auf beiden Seiten die gleichen. Die drei Flugzeugtypen wurden zum Feindflug mittels Startschleudern staffelweise gestartet. In der Luft formierten sich Jäger, Sturzbomber und Torpedoflugzeuge und flogen gemeinsam das Ziel an. Die Jäger stürzten sich auf die zur Verteidigung aufgestiegenen Jagdflugzeuge des Gegners, die Sturzbomber griffen an, und wenn der Gegner am meisten abgelenkt war, attackierten die Torpedoflugzeuge ihr Ziel dicht über der Wasserlinie. Das Ganze nannte man einen *koordinierten Angriff*.

Innerhalb dieses Musters gab es Variationen. Ein Jagdflugzeug konnte zum Beispiel eine leichte Bombe mitführen; die Japaner entwickelten ihr Torpedoflugzeug, den Bomber vom Typ 97, von Anfang an als Mehrzweckflugzeug. Statt eines Torpedos konnte es eine sehr große Sprengbombe tragen und so mit nachdrücklichem Erfolg auch gegen Landziele eingesetzt werden.

Um diesen japanischen Mehrzweckbomber ging es bei der ganzen Schlacht.

Code C

Eine entscheidende Rolle spielte auch die Abwehr. Durch das Auffangen chiffrierter Funksprüche und durch teilweise Entschlüsselung des Codes kamen die Amerikaner dem feindlichen Schlachtplan auf die Spur. Das hätten die Japaner voraussehen und vermeiden müssen. Im modernen Krieg müssen sämtliche Codes und Chiffren häufig ausgewechselt werden. Diese Regel haben wir bei der Wehrmacht ständig befolgt. Man muß davon ausgehen, daß der Gegner den gesamten Funkverkehr auffängt, und daß, was der Mensch ersonnen hat, von anderen Menschen aufgedröselt werden kann. Innerhalb des japanischen Funkverkehrs hätte Code C, der Vorschrift entsprechend, ersetzt werden müssen; doch die Vorbereitungen der Kaiserlich Japanischen Kriegsmarine für Midway litten sowohl unter übertriebener Zuversicht also auch unter Eile. Die Eile wiederum war eine Folge des Doolittle-Angriffs.

Der Code C war seit Pearl Harbor in Gebrauch. Mit Hilfe allererster IBM-Apparate hatten amerikanische und britische Teams seit einem halben Jahr an seiner Dechiffrierung gearbeitet. Vom ersten April an sollte eigentlich Code D verwendet werden. Hätte man diese Vorschrift beachtet, so wären die japanischen Signale für den Angriff auf Midway unentschlüsselt geblieben. Aber die Verwendung des neuen Codes wurde in der Verwirrung nach dem Doolittle-Angriff auf den ersten Mai verschoben. Am ersten Juni endlich fiel der undurchsichtige Vorhang von Code D; doch nun blieben bis zum Schlachtbeginn nur noch drei Tage, und der japanische Angriffsplan war dem Gegner weitgehend bekannt.

Die beschädigten Flugzeugträger

Die japanischen Fehler übertriebener Zuversicht und überstürzter Eile zeigten sich erstmals nach der Schlacht im Korallenmeer, einem Flugzeugträger-Gefecht, ausgelöst durch den japanischen Versuch, Port Moresby auf Neuguinea zu nehmen, um Australien von der Luft aus zu bedrohen. Das Expeditionskorps traf auf zwei amerikanische Flugzeugträger. Die Japaner kamen bei diesem zwei Tage währenden Hin und Her besser davon als die Amerikaner; alles in allem war es eine Komödie von Fehlentscheidungen und blinden Schlechtwetterschlägen, in deren Verlauf die gegnerischen Schiffe sich gegenseitig nicht zu Gesicht bekamen. Die Japaner versenkten den großen Flugzeugträger *Lexington* sowie ein Tankschiff und beschädigten die *Yorktown* schwer. Sie selbst verloren einen kleineren Flugzeugträger, und die Flugzeugträger *Shokaku* und *Zuikaku* erlitten Bombenschäden und Verluste an Flugzeugen.

Die Flugzeugträger beider Seiten schleppten sich vom Korallenmeer schwer angeschlagen nach Hause. In Pearl Harbor arbeiteten vierzehnhundert amerikanische Arbeiter rund um die Uhr und flickten die schwer beschädigte *Yorktown* innerhalb von drei Tagen so zusammen, so daß sie schon bei Midway wieder in den Kampf eingreifen konnte. Die beiden japanischen Flugzeugträger dagegen *beteiligten sich nicht an diesem Unternehmen.* Das Oberkommando lehnte einen Aufschub auf einen späteren Zeitpunkt, um ausgefallene Flugzeugmannschaften auszubilden und zu ersetzen, ab und befahl nur dringlichst, alles zu unternehmen, damit die Reparatur vorrangig durchgeführt werde. Nur, um sicher zu gehen, daß bei dem Landeunternehmen auch wirklich Vollmond herrsche oder aus irgendeinem ähnlichen läppischen Grund verzichtete man auf den Einsatz der beiden Flugzeugträger.

Plan und Gegenplan

Yamamotos Schlachtplan für Midway war von Kapitän zur See Kuroshima ausgearbeitet worden, demselben Mann, der die fallengelassene ›West-Strategie‹ entwickelt hatte. Sein Urteilsvermögen schien nachgelassen zu haben. Der Midway-Plan war zwar groß, was das Ziel, und blendend, was seine Kompliziertheit betraf, doch mangelte es ihm an zwei militärischen Tugenden: *Einfachheit* und *Kraftkonzentration*. Es handelte sich – was immer eine gefährliche Sache ist – um ein Doppelunternehmen und bezweckte
1. die Einnahme des Midway-Atolls und
2. die Vernichtung der amerikanischen Pazifik-Flotte.

Der Plan sah zu Anfang eine Wiederholung von Pearl Harbor vor, einen Überraschungsschlag mit Flugzeugträgern gegen das Atoll. Vier von ursprünglich sechs Flugzeugträgern sollten sich unter Admiral Nagumo heimlich von Nordwesten nähern. Die Luftverteidigung sollte mit einem Schlag ausgeschaltet werden; Landungstruppen sollten das Atoll besetzen, bevor Nimitz sie daran hindern konnte. Man ging (durchaus zutreffend) davon aus, daß Nimitz herauskommen und kämpfen würde, einerlei, wie schwach er war. Yamamoto selbst hatte vor, mit seinen Schlachtschiffen etliche hundert Meilen hinter Nagumo und außerhalb der Reichweite von Flugzeugen liegen zu bleiben und erst einzugreifen, wenn es galt, jene Teile der Nimitz'schen Flotte zu vernichten, die nach Nagumos Luftangriff noch entkommen sein mochten.

Zu diesem Plan gehörte außerdem ein Scheinangriff auf die vor Alaska liegenden Aleuten. Dort sollten andere Flugzeugträger amerikanische Navy-Sützpunkte zerstören und eine Invasionsstreitmacht landen. Dieser Ablenkungsangriff konnte Nimitz' ohnehin geringe Streitkräfte verleiten, weit nach Norden zu laufen und Yamamoto Gelegenheit geben, sich zwischen die Pazifik-Flotte und Hawaii zu schieben. Falls das fehlschlug, würde Japan immerhin die Aleuten besetzen und behalten und auf diese Weise die nördliche Ankerkette der amerikanischen Pazifikfront kappen.

Trotz seiner handfesten Überlegenheit entschloß sich Yamamoto, sein Unternehmen auf Täuschung und Überraschung aufzubauen; nur war es keine Überraschung. Nimitz verließ sich darauf, daß das, was seine Code-Knacker ihm sagten, der Wahrheit entsprach, und daß er gegen die Übermacht siegen konnte, indem er die Überrascher überraschte. Damit spaltete er den gordischen Knoten militärischer Theorie. Sollte man bei seinen Unternehmungen von dem ausgehen, was der Gegner *wahrscheinlich* tun wird oder von dem *Schlimmsten*, das er tun könnte? Nimitz setzte sich achselzuckend sogar über die Mahnungen von Flottenadmiral King aus Washington hinweg, der immer wieder darauf hinwies, daß die japanische Flotte möglicherweise nach Hawaii vorstoßen würde. Hätte Nimitz unrecht gehabt, er wäre noch tiefer in Ungnade gefallen als der Befehlshaber von Pearl Harbor, der entlassen worden war.

Aber Chester von Nimitz war aus gutem Holz. Er stammte direkt von einer deutschen Offiziersfamilie ab; und der Apfel fällt nicht weit vom Stamm. Seine in Texas ansässige Familie führt ihre Herkunft direkt auf Ernst Freiherrn von Nimitz zurück, einen adligen deutschen Major des achtzehnten Jahrhunderts. Dieser Ahne wiederum stammte aus einer Soldatenfamilie, die sich bis zu den Kreuzzügen zurückverfolgen läßt. Jüngere Generationen von Nimitz, denen es an Mitteln fehlte, einen aristokratischen Lebensstil weiterzuführen, hatten das ›von‹ vorm Namen fallen lassen, das in Texas ohnehin hinderlich gewesen wäre.

Nimitz fällte eine einfache, aber grandiose Entscheidung: er wollte im Hinterhalt auf Yamamoto warten. Er beschloß, seine Flugzeugträger nordöstlich von Midway zu stationieren, da Nagumos Flugzeugträger von Nordwesten herunterdampften. In diesem tödlichen Spiel, bei dem es um ein vom Meer umspültes kleines Eiland ging, hing viel davon ab, wer wen zuerst entdeckte. Indem er seine Asse auf diese Weise einsetzte und sie durch schieres Fernbleiben vor dem Gegner verbarg, verschaffte Nimitz sich einen großen Vorteil.

Die Landflugzeuge von Midway konnten einen Umkreis von siebenhundert Meilen absuchen: Yamamotos Flugzeugträger dagegen konnten mit ihren Aufklärern bestenfalls dreihundert Meilen überwachen. Außerdem konnte Nimitz die Berichte der Aufklärer in Hawaii über ein Unterwasserkabel von Midway empfangen; kein verstärkter Funkverkehr von dem Atoll brauchte Yamamoto zu warnen, daß die Amerikaner auf der Hut waren. Von Hawaii aus konnte Nimitz die Berichte der Aufklärer verschlüsselt an seine Flugzeugträger weitergeben, während Yamamotos Streitkräfte nichtsahnend innerhalb ihrer Reichweite navigierten.

So sah Nimitz' Falle aus. Yamamotos Flotte dampfte geradewegs in sie hinein. Freilich, nicht mit jeder Falle hat man Erfolg. Die Überraschung ist ein großer, wenngleich flüchtiger Vorteil. Yamamotos kampferprobte Streitkräfte erholten sich rasch von Nimitz' Täuschungsmanöver, und in der Eröffnungsphase der Schlacht um Midway sah es nach einem überragenden japanischen Sieg aus.

Anmerkung des Übersetzers: *Flottenadmiral Nimitz war ein stiller, überlegt handelnder Mann mit einem ausgeprägten Sinn für Humor. Kurz vor seinem Tode las er im Manuskript meine Übersetzung dieses Kapitels. Über Roons ›von‹ Nimitz konnte er herzlich lachen; allerdings bemerkte er, daß die Einzelheiten seiner Genealogie, wie von Roon sie beschreibt, zuträfen.*

Bei der Navy heißt es: »Wenn's klappt, ist man ein Held, wenn nicht, ein Trottel.« Tatsächlich war die Abwehr trotz des entschlüsselten Codes auf bloßes Raten angewiesen. Durch trügerische Signale mußten den Japanern Schlüssel entlockt werden. Admiral Nimitz' Entschluß, sich auf derart unbewiesene ›Informationen‹ zu verlassen, war sehr kühn. Er kannte den japanischen Plan nicht, sondern hatte nur Hinweise auf das, was sich möglicherweise abspielen könnte. Er verließ sich auf Ahnungen, die sich als richtig erwiesen.

Die Vorsichtsmaßnahmen der Wehrmacht bei der Verschlüsselung waren keineswegs so gut, wie von Roon meint. Ich kann mich hier nicht weiter darüber auslassen; Tatsache ist jedoch, daß das deutsche Nachrichtenwesen von uns infiltriert war. – V. H.

28

Die Staffeln der Jäger, Sturzbomber und Torpedoflugzeuge starteten von Oahu aus, um bei ruhigem Wetter auf den auslaufenden Flugzeugträgern zu landen. Beim Ansetzen zur Landung geriet das erste Torpedoflugzeug der *Enterprise* ins Trudeln, prallte auf und torkelte über Bord, daß die Fetzen flogen. Für Warren, der hoch darüber in einem neuen Sturzbomber kreiste, sah es aus, als zerbräche ein Spielzeug. Ein Zerstörer rauschte an die Unglücksstelle, stieß dabei dicke schwarze Rauchschwaden aus wie eine Lokomotive und hinterließ weiß schäumendes Kielwasser. Die Besatzung der Maschine wurde gerettet, wie er nach der Landung erfuhr. Solche Unfälle waren zwar nichts Ungewöhnliches; dennoch empfand er es als ein schlechtes Vorzeichen.

KAMPFGRUPPE SECHZEHN HAT AUFTRAG JAPANISCHEN LANDUNGSVERSUCH BEI MIDWAY ABZUFANGEN

Als diese Nachricht kurz nach der Landung der Piloten über die Fernschreibschirme lief, hob sich die Stimmung in den Bereitschaftsräumen. Doch im Verlauf einer langen Woche, während der sie im Zickzackkurs und bei gleichbleibender Geschwindigkeit nordwärts dampften, legte sich die Hochstimmung wieder, und es entstand eine unbehagliche Mischung aus Langeweile und zunehmender Spannung. Langsam liefen die *Enterprise* und die *Hornet*, von Kreuzern und Zerstörern umringt, aus dem sonnigen Tropenmeer in graue Dünung, grauen Himmel und kühle Winde. Unterm Schutzschirm der Luftaufklärung von Hawaii gab es für die Flieger nichts zu tun. Die Neuankömmlinge – Reservefähnriche und Leute, die drei Jahre Marine-Akademie hinter sich hatten – sonnten sich wie Primadonnen in ihrer Freiheit von jeglicher Schiffsroutine: sie schliefen lange, würfelten und spielten Karten, vernebelten die Bereitschaftsräume mit Tabakqualm, tranken literweise Kaffee und Limonade, verdrückten ungeheure Portionen Essen und Berge von Eis, vertrieben sich die Zeit zwischen Übungen und Vorträgen mit Gerede über Sex, Landurlaubserlebnisse und Flugzeugpannen, spielten einander plumpe Dummejungenstreiche und taten ihr Bestes, in ihrer ahnungslosen Verlegenheit dem Klischee zu entsprechen, das Hollywood von Kampffliegern malte. Gewöhnlich machte Warren mit Vergnügen bei dem allgemeinen Bereitschaftsraum-Geplänkel und den kameradschaftlichen Frozzeleien mit; bei diesem Einsatz nicht. Zu viele der Staffelkameraden, mit denen er bei Kriegsausbruch zusammengewesen war, waren inzwischen tot, vermißt oder versetzt worden. Die Neueinberufenen, zumeist Junggesellen, gaben ihm das Gefühl, alt zu sein, und machten ihn gereizt. Die andauernde Untätigkeit nagte an ihm. Er war Einsatzoffizier und versuchte, sich zu beschäftigen; er wälzte wieder Handbücher über Taktik, rechnete Navigationsprobleme und Angriffsübungen an der Wandtafel aus, machte auf dem Flugdeck bis zum Umfallen Freiübungen und streifte immer wieder durch das Hangardeck, um die Flugzeuge der Staffel zu überprüfen und nochmals zu überprüfen.

Müßiggang ist Nährboden für Gerüchte. Müßiggang plus Spannung ist ein übles Gebräu. An diesen langen Tagen wurde Konteradmiral Spruance zum Thema der Bereitschaftsräume. Von oben her sickerte durch, daß Halseys Stab nicht mit ihm warm werden konnte. Halsey hatte ihnen den früheren Geleitschutzkommandeur, seinen alten Freund, als brillanten Intellektuellen vorgestellt. Jetzt fand der Stab, er sei eher ein verdammt komischer Kauz: kühl, still und unzugänglich – das genaue Gegenteil des ›Alten‹. Bei den Mahlzeiten saß er nahezu schweigend da. Er deprimierte Halseys ergebenes Gefolge, dessen Stil sich an dem temperamentvollen ›Alten‹ orientierte. Warum hatte Halsey diesen verschlossenen Nicht-Flieger vorgeschoben, um eine Flugzeugträgerschlacht zu schlagen, obwohl in der Wolle gefärbte Flieger wie John Towers zur Verfügung gestanden hätten? Aus Freundschaft? Beim Mittagessen am ersten Tag der Feindfahrt, so hieß es, hatte Spruance nach langem, lähmendem Schweigen gesagt: »Meine Herren, Sie sollten wissen, daß ich mir Ihretwegen keine Sorgen mache. Wenn Sie nichts taugten, hätte Bill Halsey Sie nicht behalten.« Daß er von allen besorgt beobachtet wurde, schien er nicht zu merken.

Seine Art war schon seltsam. Stundenlang tigerte er übers Flugdeck, schien sonst jedoch eher träge. Er ging früh zu Bett und schlief lange und gut. Bei einem Alarm anläßlich eines nächtlichen Überwasserkontakts hatte er sich nicht einmal gezeigt, sondern nur ein Ausweichmannöver befohlen und dann weitergeschlafen. Sein Frühstück war jeden Morgen das gleiche: Toast und Büchsenpfirsiche; dazu trank er nur eine Tasse Morgenkaffee, den er sich – eigen wie eine alte Jungfer – selbst aus besonderen Bohnen bereitete, die er mit an Bord gebracht hatte. Wenn es regnete oder an Deck stürmte, saß er in der Admiralsmesse und las alte Bücher aus der Schiffsbibliothek. Er tat, als sei er ganz allein auf der Welt. Halseys Stabschef, Captain Browning, führte die

Kampfgruppe, und Spruance tat nichts weiter, als Brownings Befehle abzuzeichnen.
Alles in allem gab der Stab wenig auf Spruance. Browning würde die Schlacht schlagen, und wenn die zusammengeflickte *Yorktown* rechtzeitig zu ihnen stieß, würde Frank Jack Fletcher als dienstältester Offizier das Kommando übernehmen. Fletcher hatte sich im Korallenmeer nicht besonders hervorgetan, war aber zumindest schon bei einem Flugzeugträgereinsatz dabeigewesen. So lief das Gerede im Bereitschaftsraum; es ärgerte Warren, bedrückte ihn aber auch.
An der vorgesehenen Stelle, einem Punkt in der weg- und steglosen See, der ›Point Luck‹ getauft worden war, dampfte die Kampfgruppe Sechzehn nochmals zwei lange Tage hin und her und wartete auf die *Yorktown*. Dies war der Ort, wo sie im Hinterhalt liegen bleiben wollten, dreihundertfünfundzwanzig Meilen vom Atoll entfernt; außer Reichweite der gegnerischen Trägerflugzeuge, und dennoch nahe genug, um rasch anzugreifen, sobald Flugzeuge von Midway den Feind sichteten. Die Delphine, die zwischen den langsam laufenden Schiffen ihre Sprünge vollführten, fanden kein Futter; den Mannschaften war verboten, auch nur einen Pappbecher über Bord zu werfen.
Endlich kam mit voller Fahrt die *Yorktown* in Sicht.
Äußerlich war ihr nicht das geringste von den Schlägen anzumerken, die sie im Korallenmeer hatte einstecken müssen. Wie das Schiff selbst, waren auch seine dezimierten Staffeln Flickwerk. Die Besatzungen bestanden aus Überlebenden vom Korallenmeer und Fliegern von der *Saratoga*, die man eilends zusammengeholt hatte; aber ein weiterer Flugzeugträger, ob nun zusammengeflickt oder nicht, war eine willkommene Verstärkung. Jetzt, da Fletcher das taktische Kommando übernahm, kam es zu häufigerem Flottenalarm. Warnungen der *Yorktown* vor feindlichen Unterseebooten oder Flugzeugen lösten immer wieder hektische Routinemanöver aus: abrupte Kursänderungen sämtlicher Schiffe, wobei die Flugdecks sich wie wahnsinnig neigten, Geschützbedienungen, die losspritzten, um ihre Geschütze zu bemannen und zu laden, und Zerstörer, die mit schäumender Bugwelle hin- und herliefen. Doch dann setzte wieder die langweilige Warterei ein, die ständige Bereitschaft, das Anbordnehmen der aufgestiegenen Flugzeuge und die Alltagsroutine. Keiner dieser Alarme erwies sich als gerechtfertigt. Die Kampfgruppen liefen bei Point Luck immer wieder im Kreis: die *Yorktown* bildete mit ihrem Geleitschutz aus Kreuzern und Zerstörern die Kampfgruppe Siebzehn, während *Hornet* und *Enterprise*, immer noch als Kampfgruppe Sechzehn bezeichnet, unter Spruance und dem Oberbefehl von Fletcher standen.
Warren meldete sich für den ersten Aufklärungsflug bei Morgengrauen. Als

seine neue Dauntless zwischen den Reihen der gelben Leitlichter auf Deck vorwärtsdonnerte und in die kalte Nacht hinausschoß, den Sternhaufen und der Milchstraße entgegen, hob sich auch seine Stimmung. Die neuen Piloten hatten, als er sie bei der kurzen Einsatzbesprechung im Bereitschaftsraum darüber aufgeklärt hatte, daß sie Befehl hätten, absolute Funkstille zu bewahren, ernste Gesichter gemacht; die Flugzeugträger würden keinerlei Leitsignale ausstrahlen, und wenn sie notwassern müßten, seien auch Hilferufe verboten. Auf diese Weise wurden sie mit der ernüchternden Wirklichkeit bekanntgemacht, daß der Feind herannahte. Warren hatte noch nie einen Aufklärungsflug in einer SBD-3 unternommen; auch ihm war alles andere als wohl bei diesen strengen Anordnungen. Aber die neue Maschine schnurrte gleichmäßg und mühelos ihre zweihundert Meilen; und dann, bei blaß violettem Frühmorgenlicht und einem schönen Sonnenaufgang, brachte das neue elektronische Leitgerät ihn sicher zum Ausgangspunkt zurück. Ein erhebender Anblick, diese beiden schwimmenden Flugplätze, die dort am Horizont auftauchten! Er landete sauber in Fangleine Drei. Kein Zweifel: ein phantastisches Flugzeug! Verbessertes Navigationsgerät, fabelhaftes Triebwerk, Tanks, die sich von selbst versiegelten, wenn sie durchlöchert wurden, zusätzliche Bordkanonen, dickere Panzerung! Selbst sein Bordschütze, ein trübsinniger Bursche namens Cornett aus den Bergen von Kentucky, der selten redete, und wenn er es tat, eine Fremdsprache zu sprechen schien, kletterte lächelnd aus dem Rücksitz.

»Keine schlechte Kiste«, sagte Warren.

Cornett spuckte Tabaksaft aus und äußerte etwas völlig Unverständliches.

»Warren! Warren! Es geht los! Sie bombardieren Dutch Harbor.«

»Himmel!« Warren setzte sich in seiner Koje auf, rieb sich die Augen und griff nach der Hose. »Das mußte ja kommen! Alaska! Sind wir doch wieder hereingefallen.«

Die Augen seines Kabinengenossen leuchteten. Peter Goff war Fähnrich und neu beim Geschwader; er war noch ziemlich jung, stammte aus dem Staate New York und hatte einen roten Bart wie Byron. Eifrig sagte er: »Vielleicht fahren wir nach Norden, schneiden ihnen den Rückzug ab und machen sie fertig.«

»Bis dahin brauchen wir drei Tage.« Barfuß sprang Warren auf das kalte Eisendeck.

Als sie den Bereitschaftsraum von Aufklärung Sechs betraten, waren alle großen Lehnsessel besetzt. Schweigend starrten die Flieger auf die Nachrichten, die über den gelben Schirm des Fernschreibers krochen:

ABLENKUNGSMANÖVER ALASKA HATTEN WIR ERWARTET HAUPTVORSTOSS GILT MIDWAY DUTCH HARBOR VORBEREITET UND GUT VERTEIDIGT

Der Kommandeur von Aufklärung Sechs, ein stämmiger alter Hase namens Earl Gallaher, hängte die große Pazifik-Karte über die Wandtafel, um Zeit- und Entfernungsprobleme eines möglichen Angriffs auf die Japse im Norden durchzusprechen. Die jüngeren Piloten lauschten begierig; jetzt endlich wurde es ernst. Warren jedoch fiel auf, daß ein neuer Flottenkurs eingezeichnet war: *120 Grad* Südost – also weg von den Aleuten, weg von Midway, raus aus dem Wind. Nur ein Routinekurswechsel, um sich nicht zu weit von Point Luck zu entfernen; kein Einsatz.
Es war noch keine Stunde vergangen, da glitten wieder Meldungen über den Bildschirm:

AUFKLÄRER PBY MELDET VIELE SCHWERE FEINDLICHE SCHIFFE PEILUNG 237 ENTFERNUNG 685 MEILEN VON MIDWAY ENDE

Das Wort ›Midway‹ löste im Bereitschaftsraum helle Erregung aus. Alle redeten durcheinander. Der Kommandeur sprang zur Karte und zog einen roten Kreidekreis um die Stelle, an der die gegnerischen Einheiten gesichtet worden waren. »Okay, jetzt wissen wir Bescheid. Entfernung etwa tausend Meilen. Folglich werden sie in sechzehn, siebzehn Stunden soweit rangekommen sein, daß sie kämpfen könnten.«
Die Piloten drängten sich noch um die Karte, schätzten mit den Fingern Entfernungen ab und stritten sich, als der Fernschreiber wieder zu rattern begann:

VON CINCPAC DRINGEND ES HANDELT SICH NICHT UM HAUPTKAMPFGRUPPE DES GEGNERS SONDERN UM LANDUNGSSTREITKRÄFTE KAMPFGRUPPE WIRD MORGEN BEI TAGE VON NORDWESTEN AUS ANGREIFEN

»Verflucht nochmal!« sagte Pete Goff zu Warren. »Woher *wissen* die das bloß alles in Pearl Harbor?«
Die Nacht brach herein, es wurde Mitternacht. Nur wenige der Piloten von Aufklärung Sechs suchten die Koje auf. Sie lasen, schrieben Briefe oder redeten endlos über Frauen und Fliegerei; doch das Wortgesumm hatte eine andere Tonfarbe: es klang tiefer und gespannter. Immer wieder fielen Andeutungen aus Stabskreisen. Spruance empfange die Meldungen nicht im Navigationsraum, sondern auf einer Couch in der Admiralsmesse; er lese eine

halbverschimmelte Biographie von George Washington und zeichne die Funksprüche nur ab. Captain Browning dagegen bereite in der Navigationszentrale bereits die vorläufigen Einsatzbefehle vor.
Der Fernschreiber gab hin und wieder einen Schwall von Nachrichten über Dutch Harbor und über die näherkommenden japanischen Landungsstreitkräfte von sich; Bomber vom Army Air Corps auf Midway behaupteten, bei Angriffen aus großer Höhe Schlachtschiffe, Kreuzer und was nicht noch alles versenkt zu haben. Darauf gab niemand etwas. Die Sturzbomber-Piloten hatten einen Ausdruck für Bombenabwürfe aus großer Höhe auf See: das sei, als versuche man, eine verängstigte Maus aus großer Höhe mit einer Murmel zu treffen. *»Was ist mit den Flugzeugträgern? Wo stecken sie? Gibt es irgendwelche Meldungen darüber?«* Diese Fragen wurden in den Bereitschaftsräumen immer wieder gestellt.
Warren ging hinauf, um nochmals nach dem Wetter zu sehen. Nahezu Vollmond; Sterne, aufgelockerte Bewölkung, böiger Seitenwind, steuerbords der Große Bär. Weit unten das laute Rauschen, dem man entnehmen konnte, daß man mit voller Kraft lief. Also möglichst schnell heran an den Feind! Auf dem Flugdeck achteraus blinkte das Mondlicht auf den Tragflächen dicht nebeneinanderstehender Maschinen; hier und da blinkten bleistiftdünne rote Taschenlampenstrahlen bei irgendwelchen Reparaturarbeiten. Die Flugzeugführer standen in kleinen, dichtgedrängten Gruppen beieinander; Seemannsunterhaltung ging hin und her: man redete über bessere Torpedoflugzeuge, die man im August bekommen solle, über die Religion, den Sport, die Familie, die Bordelle in Honolulu; nur nicht über das, woran jeder von ihnen vor allem dachte: die Schlacht, die bei Morgengrauen bevorstand.
Hellwach marschierte Warren auf dem windigen Deck auf und ab. Die See ringsum tanzte im Mondlicht. Als er das Hangardeck durchquerte, wurde ihm mit ganz besonderer Klarheit bewußt, welche Mengen an explosivem Material das Schiff mitführte – Bomben, vollgetankte Flugzeuge, Munitionskisten, Torpedosprengköpfe. Die *Enterprise* war eine stählerne Eierschale, zweihundertfünfzig Meter lang, bis zum Rand beladen mit Menschen und Sprengstoff. Er war sich dieser Tatsache brennender bewußt denn je zuvor. Und japanische Eierschalen, genauso wie diese hier, waren vermutlich nur ein paar hundert Meilen entfernt und kamen näher.
Wer würde wen überraschen? Angenommen, ein feindliches U-Boot hätte die Kampfgruppe gesichtet? Durchaus nicht unwahrscheinlich. Dann war bei Sonnenaufgang mit einem Überfall japanischer Flugzeuge zu rechnen. Und selbst wenn die Kampfgruppe den ersten Schlag gegen die Japse führte – würde sie damit Erfolg haben? Selbst bei Flottenmanövern ohne feindlichen

Widerstand hatte ein koordinierter Angriff von Jägern, Sturzbombern und Torpedoflugzeugen noch nie geklappt. Irgendwelche Kommandeure hatten den entscheidenden Angriffsbefehl nicht bekommen, irgendwer hatte die Navigation verpatzt, oder das schlechte Wetter hatte die Formationen auseinandergerissen. Unter den Piloten der *Enterprise* gab es zu viele Neulinge wie Pete Goff. Das fliegende Personal der *Yorktown* bestand aus Leuten, die von Landbasen kamen und nach den Verlusten im Korallenmeer von überallher zusammengeholt worden waren. Was sollte ein so zusammengewürfelter Haufen schon gegen kampferprobte japanische Flieger ausrichten, die Pearl Harbor in Schutt und Asche gelegt und die britische Flotte vom Indischen Ozean verjagt hatten?

Und doch würde es jetzt keine Manöver, keine Einsatzübung mehr geben. Es wurde ernst. Wenn der Überraschungsangriff nicht hundertprozentig klappte, würden die Japaner blitzartig Gegenangriffe starten und die *Enterprise* in einen Glutball verwandeln. Dann würde er entweder in den Flammen umkommen, oder – falls er gerade aufgestiegen war – ins Wasser fallen, wenn der Kraftstoff zu Ende ging. Die Aussichten standen nicht gerade fünfzig zu fünfzig.

Dennoch fand Warren sich damit ab; er sah das Ganze als eine Art Tagespensum, das es zu bewältigen galt. Daran, daß er in der bevorstehenden Schlacht den Tod finden könnte, dachte er ebensowenig wie ein Passagier, der sich ein Flugticket von New York nach Los Angeles kauft. Er war Berufspilot. Er hatte schon eine Menge Feindbeschuß erlebt und glaubte, darüber genug Bescheid zu wissen, um den Tag mit einigem Glück lebend zu überstehen. Am achteren Ende des Flugdecks, noch hinter der letzten dunklen Reihe von Flugzeugen, wo der Wind seine Hosenbeine flattern ließ, stand er und sah zu, wie das aufschäumende Kielwasser im hellen Mondschein zurückblieb. Es gab keinen Ort, wo er lieber wäre, dachte er, und es gab nichts, was er lieber täte, als morgen gegen die Japaner zu fliegen.

Er hatte Lust auf eine Zigarette. Als er sich zum Deckaufbau wandte, um nach unten zu gehen, blickte er zum Himmel hinauf und blieb, das Gesicht nach oben gekehrt, stehen. Ihm fiel eine Szene ein, an die er seit Jahren nicht mehr gedacht hatte. Er war ein Junge von sieben Jahren, der nachts unter genau so einem Himmel an der Hand seines Vaters über eine Pier ging, auf der frischer Schnee gefallen war; und sein Vater hatte ihm von den Riesenentfernungen und von der unterschiedlichen Größe der Sterne erzählt.

»Dad, wer hat die Sterne da hingetan? Gott?«

»Ja, Warren, wir glauben, der Herrgott hat das getan.«

»Soll das heißen, Jesus Christus selbst hat sie da oben am Himmel festgesteckt?« Der Junge versuchte sich den sanften Mann mit langem Haar

und in weißem Gewand vorzustellen, wie er die riesigen Feuerkugeln im schwarzen All aufhängte.
Er wußte noch, daß sein Vater lange geschwiegen hatte, bevor er zögernd antwortete: »Nun, Warren, da gerätst du in ziemlich gefährliche Gewässer mit Riffen und Untiefen. Jesus ist unser Gott. Stimmt schon. Aber außerdem ist er auch der Sohn Gottes, und Gott hat die Welt und alles darin geschaffen. Das wirst du besser begreifen, wenn du größer bist.«
Warren wußte, daß nach diesem Gespräch seine Zweifel eingesetzt hatten. Bei einer ihrer seltenen Auseinandersetzungen über Religion, viele Jahre später, hatte sein Vater den bestirnten Himmel als Beweis dafür angeführt, daß es Gott geben müsse.
»Dad, ich will dir nicht zu nahe treten, aber für meine Begriffe machen die Sterne den Eindruck, als wären sie recht willkürlich da oben hingestreut. Und dann die Entfernungen zwischen ihnen, und ihre Größe! Wie soll da irgendwas auf unserer Erde von Bedeutung sein? Wir sind Mikroben auf einem Staubkorn. Das Leben ist ein dummer und bedeutungsloser Zufall, und wenn es vorbei ist, sind wir nichts weiter als totes Fleisch.«
Sein Vater hatte nie wieder über Religion mit ihm gesprochen.
Die Sterne schwankten majestätisch über den Radarantennen. Nie waren sie Warren Henry schöner vorgekommen. Und trotzdem machten sie immer noch den Eindruck, als seien sie willkürlich dort oben verstreut.
Er lag in der Dunkelheit seiner Kabine und rauchte eine Zigarette nach der anderen. Pete Goff schnarchte leise in der anderen Koje. Ihr dritter Kabinengenosse, der Staffelkapitän, saß im Bereitschaftsraum und schrieb. Warren sehnte sich danach, wenigstens ein paar Stunden zu schlafen. Doch dann beschloß er, noch ein wenig zu lesen, und schaltete die Kojenbeleuchtung an. Gewöhnlich übersah er die schwarzgebundene Bibel, als stünde Dads Geschenk nicht im Bücherregal. Genau das richtige zum Einschlafen, dachte er jetzt. Er stützte sich auf den Ellbogen und schlug, einem Impuls nachgebend, das Buch aufs Geratewohl auf. Sein Blick fiel auf einen Vers im Zweiten Buch der Könige:
So spricht der Herr: Beschicke dein Haus; denn du wirst sterben, und nicht leben bleiben.
Das versetzte ihm einen Stich. Er hatte nie ganz aufgehört, an Gott zu glauben, obwohl er ihm mehr Nachsicht und Sinn für Humor zutraute als dem wetternden und gestrengen Gott der Prediger. »Ja, das sind wohl dumme Fragen, die ich da stelle, was?« dachte er. »Das Beste ist, ich kümmere mich um meine Angelegenheit und überlasse Dir den Rest.«
Er las die Schöpfungsgeschichte, dann die Berichte über Noah und über den

Turmbau zu Babel. Seit seiner Schulzeit hatte er sie nicht mehr angesehen. Überraschenderweise fand er sie nicht langweilig, sondern klar und bündig. Wie Adam sich um die Verantwortung drückte – dergleichen erlebte er jeden Tag in der Staffel. Und Eva war eine bezaubernde Unruhestifterin, wie nur allzuviele der Frauen, mit denen er sich eingelassen hatte; Kain glich jedem Neidhammel in Uniform, der sich vor Haß verzehrte; und die Beschreibung des Sturms während der Sintflut war schon verdammt realistisch. Bei den Erzvätern las er sich fest, und Jakobs Scherereien mit Laban schafften es denn endlich, daß er vollständig angekleidet einschlief; seine goldenen Schwingen blinkten im Schein der Lampe, doch er war zu müde, um das Licht zu löschen.

»Gefechtsalarm! Gefechtsalarm! Alle Mann auf Gefechtsstationen!«
Als dieser Ruf bei Morgengrauen über das windige Flugdeck dröhnte, funkelten noch die Sterne am schwarzen Himmel. Im Osten schimmerte eine rosige Wolke. Seeleute schlüpften in Schwimmwesten, stülpten ihre Helme über und eilten über das düstere Deck, um die Geschütze zu bemannen, in ihre Maschinen zu klettern, oder um die Feuerlöschgeräte in Bereitschaft zu bringen. Warren saß in seiner Maschine und überprüfte das Schiebedach, das geklemmt hatte. Die meisten Piloten waren noch in den Bereitschaftsräumen; sie hatten längst gefrühstückt und warteten. Warren, der gewöhnlich ein kräftiges Frühstück zu sich nahm, hatte nur eine Scheibe Toast gegessen und eine Tasse Kaffee getrunken, um vor seinem Magen sicher zu sein. Der Fernschreiber hatte sich in den frühen Morgenstunden in Schweigen gehüllt. Von feindlichen Flugzeugträgern immer noch kein Wort.
Das Schiebedach ließ sich mühelos bewegen, doch Warren blieb in der Maschine. Die Sterne verblaßten, der Himmel verfärbte sich von Indigo zu Blau, die See wurde heller. Erstaunlich klar und bildhaft stand Warren Henry vor Augen, was in dieser Stunde geschah. Vermutlich standen die japanischen Flugzeugträger – sofern die Nachricht aus Pearl Harbor zutraf – rund zweihundert Meilen westlich der *Enterprise.* Aus der Vogelperspektive bildeten die beiden Kampfgruppen und das unbewegliche Midway auf dem Meer ein gleichschenkliges Dreieck, und dieses Dreieck wurde in dem Maße kleiner, in dem beide Kampfgruppen sich dem Atoll näherten. Irgendwann im Laufe des Vormittags mußte sich die Entfernung zwischen den beiden Flottenverbänden soweit verringert haben, daß ein Kampf möglich war; und in diesem Augenblick begänne die Schlacht. Natürlich war es auch möglich, daß die Japaner überhaupt nicht da waren. Es war denkbar, daß sie auf Hawaii zuliefen; in diesem Fall wäre Admiral Nimitz einem Schwindel von welthistorischem Ausmaß aufgesessen.

Die Sonne schob einen flammenden gelben Halbkreis über den messerscharfen Horizont. Also kein japanischer Angriff bei Morgengrauen; das war schon eine Gefahr weniger. Im stillen hatte Warren darauf gewartet. Er kletterte aus der Maschine und ging in den Bereitschaftsraum. Gerade als er eintrat, kam es krächzend über den Lautsprecher: *»Piloten, in die Maschinen!«*

»Endlich! Es ist so weit! . . . Also los . . .!«

Die Flieger sprangen auf, die Tritte ihrer Stiefel hallten dumpf auf dem eisernen Deck. Ihre Gesichter waren gestrafft und verrieten Eifer. Einer gemeinsamen Regung folgend, schüttelten sie sich diesmal die Hände. Sich gegenseitig auf die Schulter klopfend und Witze reißend, war etwa die Hälfte von ihnen bereits zur Tür hinaus und draußen auf dem Gang, als es abermals im Lautsprecher krächzte: *»Kommando zurück! Piloten in die Bereitschaftsräume!«*

Aufgebracht und nervös wie Rennpferde, die nach einem schlechten Start zurückgepfiffen werden, trabten die Flieger wieder zurück, warfen sich in ihre Sessel und schimpften wütend über »die Idioten da oben«. Schlecht gemacht, dachte Warren; irgend jemand in der Kommandozentrale hatte vorschnell Alarm gegeben.

Passiert war »da oben« folgendes: Captain Miles Browning hatte den Befehl gegeben, und Konteradmiral Spruance hatte ihn wieder rückgängig gemacht. Spruance hatte Halseys Stabschef schon lange vor Morgengrauen aus der Fassung gebracht. Noch vor dem Gefechtsalarm waren Browning und sein Operationsoffizier zu Halseys Kommandostand hinaufgestiegen, einem kleinen stählernen Krähennest hoch über der Kommandobrücke; und da Spruance nichts hinterlassen hatte, hatte Browning ihn nicht stören wollen. Doch vor dem Befehlsstand hatte eine untersetzte, schattenhafte Gestalt sie im Sternenlicht begrüßt. »Guten Morgen, Gentlemen!«

»Ah – Admiral?«

»Ja. Sieht aus, als bekämen wir gutes Wetter.«

Als der Tag anbrach, lehnte sich Spruance aufs Schanzkleid und sah zu, wie Leben ins Schiff kam. Captain Browning war sehr nervös und hatte den Kopf voll von allerlei möglichen Plänen; die frühe Anwesenheit des gelassenen Spruance irritierte ihn. Halsey würde jetzt wie eine eingesperrte Raubkatze auf- und abtigern. Der Stabschef trug eine lederne Windjacke, wie Halsey sie getragen hatte; und er war es jetzt, der auf- und abtigerte, mit Halseys Gesten eine Zigarette nach der anderen rauchte, über den Mangel an Meldungen schäumte und mit dem Operationsoffizier die Frage erörterte, wo die japanischen Flugzeugträger wohl stehen könnten.

Unvermittelt ergriff er das Mikrophon und gab den Befehl für die Piloten

heraus, den Warren beim Betreten des Bereitschaftsraums gehört hatte. Spruance steckte den Kopf herein und fragte: »Warum das, Captain?«
»Würden Sie bitte mal hersehen, Admiral!«
Spruance trat an den Kartentisch. »Die Japaner sind jetzt bestimmt gestartet. Es ist heller Tag. Wahrscheinlich sind sie schon vor Tagesanbruch los. Wir kennen die Reichweite ihrer Maschinen. Sie *müssen* irgendwo an diesem Bogen sein, plus minus zwanzig Meilen.« Mit steifem Zeigefinger beschrieb er einen Halbkreis um Midway. »Sie können jeden Augenblick gesichtet werden, und ich möchte bereit sein, sie gebührend zu empfangen.«
»Wie lange brauchen unsere Piloten, um ihre Maschinen zu besetzen?«
Browning blickte den Operationsoffizier an, der nicht ohne einen gewissen Stolz sagte: »Auf der *Enterprise* zwei Minuten, Sir.«
»Sollten wir sie dann nicht in ihren Bereitschaftsräumen lassen? Sie werden heute noch lange genug in ihren Cockpits sitzen müssen.«
Spruance trat wieder auf die sonnenbestrahlte Plattform hinaus, und Browning machte wütend seinen Befehl rückgängig.
Der Kommandostand war nur ein kleiner Raum, beengt durch einen Kartentisch und ein paar Sitzgelegenheiten. Ein Schrank für das Geheimmaterial, eine Kaffeemaschine, Mikrophone, Telephone und Lautsprecher vervollständigten die Einrichtung. Ein Funkgerät, auf die Frequenz der Aufklärer von Midway eingestellt, gab ein dauerndes Summen und laut knatternde Geräusche von sich. Etwa eine halbe Stunde nach Sonnenaufgang meldete der Lautsprecher in gurgelnden Tönen: *»Feindliche Flugzeugträger. Meldung von Aufklärer 58.«*
»Okay, das *wär's!«* Abermals griff Browning nach dem Mikrophon. Spruance trat ein. Die drei Offiziere starrten auf den knisternden Lautsprecher. Browning explodierte und knallte die Faust auf den Kartentisch. »Na und, du Scheißer? *Was ist denn nun mit der Position?«* Wütend und verlegen zugleich sah er zu Spruance hinüber. »Himmelherrgott! Der Kerl muß uns doch die Position melden. Was für Schwachköpfe fliegen eigentlich in diesen Catalinas?«
»Vielleicht ist er von Jägern angegriffen worden«, sagte Spruance.
»Admiral, jetzt haben wir die gelben Halunken gesichtet. Lassen Sie uns unsere Piloten in die Maschinen beordern.«
»Solange der Gegner noch außer Reichweite ist, müssen wir weiter ran, oder? Vielleicht noch eine Stunde, wenn nicht mehr.«
Mit verärgerter Miene knallte Browning, nachdem Spruance wieder hinausgegangen war, das Mikro in seine Halterung.
Die Zeit zog sich endlos hin. Dann, wesentlich klarer diesmal, ertönte durch

das Summen und Knistern des Lautsprechers dieselbe Stimme: »Viele feindliche Flugzeuge, Peilung 320, Entfernung 150. Meldung von Aufklärer 58.«
Wieder nur Knistern und Summen.
Womöglich noch mehr außer sich, fluchte der Stabschef auf den PBY-Piloten, der die Position nicht angegeben hatte. Er schenkte sich Kaffee ein, ließ ihn dann stehen und kalt werden, rauchte, tigerte auf und ab, studierte die Karte, tigerte wieder auf und ab, blätterte in einer alten Illustrierten, feuerte sie dann in eine Ecke; sein Operationsoffizier, ein stämmiger Flieger, maß mit Zirkel und Lineal auf seiner Karte herum. Spruance wartete draußen, die Ellbogen auf dem Schanzkleid.
»*Meldung von Maschine 92.*« Eine jüngere, aufgeregtere Stimme ertönte jetzt aus dem Lautsprecher. »*Zwei Flugzeugträger und Schlachtschiffe Peilung 320 Grad von Midway, Entfernung 180, Kurs 135, Geschwindigkeit 25 Knoten.*«
»Ah! Endlich mal ein vernünftiger Bursche!« Browning stürzte zur Karte, in die der Operationsoffizier hastig die Position eintrug.
Spruance kam herein, zog eine aufgerollte Koppelkarte aus dem Wandregal und breitete sie auf dem Sitz neben sich aus. »Wie war die Position, bitte? Und wo stehen wir augenblicklich?«
Browning maß eilends, kritzelte ein paar Berechnungen hin, schrie Fragen in die Gegensprechanlage zur Operationszentrale ein paar Decks unter ihnen, und ratterte Spruance dann Längen und Breiten herunter.
»Ist die Meldung bestätigt?« fragte Spruance.
»Bestätigt? Ist sie das?« schnappte Browning.
Der Operationsoffizier schlug in einer Loseblattsammlung nach, während Spruance auf seiner kleinen Karte mit Daumen und Zeigefinger Entfernungen überschlug. »Der Code stimmt, Captain«, meldete der Operationsoffizier. »Der Pilot hat uns das richtige Zeichen gegeben.«
»Ist bestätigt, Admiral«, sagte Browning über die Schulter hinweg.
»Dann geben Sie Befehl zum Angriff«, sagte Spruance.
Wie vom Donner gerührt, fuhr Browning am Kartentisch herum und starrte Spruance an. »Sir, wir haben noch keinen Befehl von Admiral Fletcher.«
»Den kriegen wir schon! Los jetzt!« Am Kartentisch hob der Operationsoffizier ein besorgtes Gesicht. »Admiral, ich habe eine Zielentfernung von hundertachtzig. Dabei schaffen unsere Torpedoflugzeuge den Rückflug nie. Ich empfehle, mindestens bis auf hundertfünfzig ranzugehen.«
»Da haben Sie völlig recht. Ich dachte, wir wären schon so weit.« Der Admiral wandte sich an Browning. »Lassen Sie einen neuen Flottenkurs angeben, Captain Browning, und mit voller Kraft auf den Gegner zulaufen. Und geben

Sie der *Hornet* Bescheid, daß wir bei hundertfünfzig Meilen starten.«
Ein Matrose im Kampfanzug mit Schwimmweste und Helm kam mit einem Meldebrett die Leiter heraufgeklappert. Spruance zeichnete ab und gab die Meldung an Browning weiter. »Da sind die Befehle von Fletcher.«

DRINGEND KAMPFGRUPPE 17 AN KAMPFGRUPPE 16 SÜDWESTLICHEN KURS HALTEN UND FEINDLICHE FLUGZEUGTRÄGER ANGREIFEN SOBALD POSITION DEFINITIV FESTSTEHT FOLGE WENN MEINE AUFKLÄRER WIEDER AN BORD SIND

Miles Browning war der geborene Kämpfer, das wußte jeder, und er hatte den größten Teil seines Berufslebens auf einen solchen Befehl gewartet. Seine schlechte Laune verflog. Ein einnehmendes männliches Grinsen (er war auch ein bekannter Frauenheld) erhellte sein hageres, wettergegerbtes Gesicht. Er legte förmlich die Hand an die Mütze und grüßte Raymond Spruance. »Auf geht's, Admiral!«
Spruance erwiderte den Gruß und trat in die Sonne hinaus.

Als die Nachricht, daß die japanischen Flugzeugträger gesichtet seien, in den Bereitschaftsräumen über den Bildschirm der Fernschreiber ging, legten sich Nervösität und Verwirrung der Piloten rasch. Der falsche Alarm war vergessen, sie brachen in Freudenrufe aus und machten sich daran, Berechnungen anzustellen und ihren Kurs festzulegen. Schätzungen über die wahrscheinliche Startzeit schossen hin und her. Die geringere Reichweite der Torpedoflugzeuge war das große Problem. Die Chancen, daß sie Hin- und Rückflug schafften, wurden äußerst gering eingeschätzt, obwohl ihre Besatzungen die Chance verdienten, vom Feindflug zurückzukehren.
Als Warren, um die Zeit totzuschlagen, dem Bereitschaftsraum von Torpedostaffel Sechs einen Besuch abstattete, traf er dort seinen Freund, Commander Lindsey, dessen Maschine am ersten Tag des Unternehmens zerschellt war. Er war ohne Verband, hatte blutverkrustete Narben auf der Hand und in seinem bleichen, eingefallenen Gesicht, trug aber bereits wieder Fliegerkombination und Schwimmweste. »Du lieber Gott, Gene, hat Doc Holiwell dich wieder zum Leben zurückerweckt?«
Ohne zu lächeln, sagte Commander Lindsey: »Für das hier bin ich ausgebildet worden, Warren. Ich führe die Staffel.«
Im Bereitschaftsraum der Torpedostaffel war es ungewöhnlich still. Einige der Flieger schrieben Briefe; andere kritzelten auf ihren Flugkarten; die meisten rauchten. Wie die Sturzbomberpiloten hatten sie aufgehört, Kaffee zu trinken, um auf dem langen Flug keinen Ärger mit der Blase zu haben. Auch hier

herrschte gespannte Erwartung, wie vor einem Operationssaal, wenn drinnen jemand operiert wird. An der Wandtafel trug ein Seemann mit Kopfhörer neue Zahlen ein: *Zielentfernung 153 Meilen.*
Lindsey warf einen Blick auf seine eigene Karte und sagte zu Warren: »Es haut hin. Wir kommen rasch näher ran. Ich vermute, wir werden bis hundertdreißig Meilen rangehen. Also starten wir in etwa einer Stunde. Diesmal ist es ernst. Wir müssen diese kleinen Hunde das Fürchten lehren; und wenn wir uns ein bißchen anstrengen . . .«
»Piloten in die Maschinen!«
Mit einem Blick auf ihren bleichen Staffelkapitän stemmten sich die Piloten von *Torpedo Sechs* aus ihren Sesseln. Ihre Bewegungen hatten etwas Schwerfälliges, nichts Eifriges, aber sie bewegten sich. Der Ausdruck fester Entschlossenheit war auf allen Gesichtern so ähnlich, daß sie neunzehn Brüder hätten sein können. Warren legte Lindsey den Arm um die Schulter. Sein alter Ausbilder zuckte leicht zusammen.
»Hals- und Beinbruch, Gene! Gib's ihnen!«
»Gute Jagd, Warren!«
Die Piloten von *Aufklärer Sechs* kamen den Gang entlanggetrampelt und versuchten, ihre Spannung mit rauhen Späßen zu tarnen. Warren schloß sich ihnen an. Als die Staffel auf das von Windstößen durchfegte, besonnte Flugdeck hinauslief, bot sich ihm ein Schauspiel, das ihn immer fasziniert hatte. Die gesamte Kampfgruppe drehte in den Wind: die *Enterprise*, die *Hornet*, die ringsum verstreuten Kreuzer und Zerstörer, alle bewegten sich parallel zueinander; die *Northampton* von seinem alten Herrn da drüben auf Backbord drehte jetzt in eine Position, daß sie im grellen Sonnenlicht nahezu vor ihnen lief. Sich zum Abschied zurufend und zuwinkend, kletterten die Piloten in ihre Maschinen. Cornett nickte vom hinteren Sitz, als Warren einstieg, und kaute gelassen mit seinen langen knochigen Kinnladen Kaugummi; sein rotes Haar flatterte im Wind.
»So, Cornett, jetzt holen wir uns einen Flugzeugträger von den Japsen. Fertig?«
»Hat auch lange genug gedauert« – das oder ähnliches gab Cornett von sich, um dann unversehens in völlig klarem Englisch zu sagen: »Die Haube läuft wieder wie geschmiert.«
Fünfunddreißig Sturzbomber standen mit dröhnenden Motoren auf dem Flugdeck und spien dichte blaue Abgaswolken aus. Warrens Maschine, eine von denen, die am weitesten hinten standen, trug eine Tausend-Pfund-Bombe; als Operationsoffizier der Staffel hatte er dafür gesorgt. Für andere Maschinen war das Startdeck zu kurz, sie hatten eine Fünfhundert-Pfund-Bombe sowie

zusätzlich noch zwei Hundert-Pfund-Bomben geladen. Warren startete unbeholfen und rumpelnd. Die SBD-3 rollte bis zum Ende des Decks, sackte fast bis aufs Wasser hinunter und gewann dann nur langsam an Höhe. Der Strahl warmer Seeluft, der ins Cockpit kam, tat der Seele wohl. Eine professionelle Ruhe erfaßte Warren, als er das Fahrgestell einfuhr, die Klappen schloß, die zitternden Nadeln seiner Meßgeräte kontrollierte und in einem Schwarm blauer Bomber aufstieg. Die Sturzbomber der *Hornet* flogen, etwa eine Meile entfernt, gleichfalls einer nach dem anderen steil in die Höhe. Hoch über einigen Wolkenstreifen kreisten wie glitzernde Punkte die Jäger.

In sechshundert Meter Höhe, als die Staffel in die Gerade ging und kreiste, legte sich Warrens Hochstimmung ein wenig. Er sah, daß der Start der Maschinen auf der *Enterprise* ins Stocken geriet. Die Aufzüge senkten sich, kamen aus den viereckigen Deckschächten wieder hoch, winzige Flugzeuge bewegten sich hin und her, aber die Zeit verrann. Es wurde sieben Uhr dreißig, sieben Uhr fünfundvierzig. Bald hatten sie fast für eine Stunde Treibstoff verbraucht, und immer noch waren weder Jagdbegleiter noch Torpedoflugzeuge in der Luft. Und immer noch dampften die beiden Flugzeugträger in südöstlicher Richtung fort vom Atoll und vom Feind, beim Starten und Landen der Flugzeuge wie die alten Segelschiffe voll und ganz auf den Wind angewiesen.

Ein Signal flammte auf der *Enterprise* auf, strahlte senkrecht in den Himmel. Buchstaben um Buchstaben las Warren den Befehl an den neuen Gruppenführer, Commander McClusky: *Ab zum Einsatz, Auftrag ausführen!*

Ein zweiter Schock nach dem frühen Start in so großer Entfernung – plötzlich kein koordinierter Angriff mehr! Was war da los? Kein Jagdschutz, keine Torpedoflugzeuge für den Todesstoß: die Sturzbomber der *Enterprise* hatten Befehl, allein den japanischen Abfangjägern entgegenzufliegen! Konteradmiral Spruance warf offenbar von Anfang an den ganzen Schlachtplan über Bord – oder ließ zu, daß sein Stab ihn über Bord warf! Und dazu hatte man nun ein ganzes Jahr lang trainiert! Dafür war die gesamte Flotte jahrelang gedrillt worden! Das widersprach allen Grundsätzen aus dem Handbuch der Flugzeugträger-Taktik.

Warum?

Ein inneres Barometer registrierte in Warren einen beträchtlichen Anstieg der Gefahr, die mit diesem Unternehmen verbunden war, und der Chancen, daß er dabei den Tod fand. Er konnte natürlich nicht wissen, was »diese Idioten da unten« vorhatten. Aber er argwöhnte sehr, daß es zwischen dem unerfahrenen Spruance und dem übereifrigen Browning – der unter den älteren Piloten als Witzfigur galt – zu einem Kurzschluß gekommen war, durch den die sechsunddreißig Sturzbomber der *Enterprise* voreilig aufs Spiel gesetzt wurden.

Warren Henry kannte sich für einen Flieger zu gut in der Militärgeschichte aus. Für seine Begriffe roch all dies nach der Schlacht von Balaclava:

Nicht ihre Sache war's, zu fragen,
sie mußten's tun und ihren Tod ertragen . . .

Resigniert gab er seinen Staffelkameraden Zeichen mit der Hand. Aus den Maschinen, die ein paar Meter unter und hinter ihm herdonnerten, grinsten sie und winkten ihm zu. Beide waren frischgebackene Fähnriche: der eine von ihnen, Pete Goff, hatte eine kalte Maiskolbenpfeife zwischen den Zähnen. McClusky wackelte mit den Tragflächen und schwenkte dann auf Südwestkurs. Warren kannte McClusky nur vom Sehen. Er kam von den Jägern, und kein Mensch konnte wissen, wie er sich als Gruppenführer machen würde. Die anderen fünfunddreißig Maschinen schwenkten ein, um McClusky zu folgen. Als er seine Schleife über der Kampfgruppe flog, sah Warren aus dem schräg geneigten Cockpit die winzige *Northampton* direkt unter sich, die mit langem weißem Kielwasser vor der *Enterprise* herlief. »Siehst du, Dad«, dachte er, »nun sitzt du da unten, und ich, ich fliege.«

Auf der Brücke der *Northampton* stand Pug Henry, umringt von Offizieren und Seeleuten in grauen Helmen und Schwimmwesten. Seit dem Morgengrauen hatte er die *Enterprise* beobachtet. Als die startenden Bomber immer kleiner wurden, starrte er mit dem Fernglas hinter ihnen her. Jeder auf der Kommandobrücke des Kreuzers wußte, warum.

Der Wind ließ die Signalflaggen knattern. In der Tiefe brachen sich am Rumpf brodelnde Wogen. Pug hob die Stimme, um sich dem Ersten Offizier verständlich zu machen: »Abtreten von Gefechtsstationen, Commander Grigg. Alarmbereitschaft bleibt! Die Flakbedienungen bleiben an den Geschützen. Die Piloten der Wasserflugzeuge bleiben bei den Startschleudern in Bereitschaft. Verdoppeln Sie die regulären Ausgucks nach Flugzeugen und U-Booten. Alle Mann achten besonders auf feindliche Flugzeuge. Wo die Männer auf Gefechtsstation bleiben, lassen Sie Kaffee und Sandwiches austeilen!«

»Aye, aye, Sir.«

In verändertem Ton fuhr Pug fort: »Übrigens, sagen Sie mal – die Sturzbomber werden die Funkstille erst unterbrechen, wenn sie überm Ziel sind. Wir haben doch Empfang auf den Flugzeugfrequenzen, oder?«

»Der Erste Ingenieur Connors sagt, wir haben, Captain.«
»Okay. Falls Sie was hören, rufen Sie mich.«
»Aye, aye, Sir.«
In seiner Kabine warf Victor Henry Helm und Schwimmweste auf die Koje. Seine Augen brannten. Seine Beine fühlten sich an wie Blei. Er hatte die ganze Nacht nicht geschlafen. Warum waren die Sturzbomber ohne Jagdschutz gestartet, wo sie sich doch bestimmt mit einer Wolke japanischer Abfangjäger herumschlagen mußten? Sein eigener Spitzenausguck, Traynor, ein junger Neger aus Chicago mit unwahrscheinlich scharfen Augen, hatte gesehen, wie ein japanisches Flugboot mehrere Male aus den Wolken herausgeschossen und wieder darin verschwunden war. War das der Grund? Pug kannte die Befehle nicht, die an die Staffeln der *Yorktown* und *Hornet* ergangen waren: er konnte nur hoffen, daß das Gesamtbild mehr Sinn ergab, als er bis jetzt darin zu erkennen vermochte. Der Tanz hatte begonnen, soviel stand fest.
Aus dem alten Dreifachrahmen auf dem Kartentisch sah Warren ihn zwischen Madeline und Byron auf dem Abgangsphoto der Marineakademie streng an: ein ernst dreinblickender Fähnrich mit weißer Offiziersmütze und eingefallenem Gesicht. Nun, dachte Pug Henry, ein verdammt guter Mann, der da gegen die Japaner fliegt; einer mit Kampferfahrung und einer Reihe von Eignungszeugnissen, in denen immer wieder die Note ›überragend‹ vorkam. Seine nächste Aufgabe war bestimmt die eines Flugausbilders in den Staaten, daran war wohl kaum zu zweifeln. Die Schulen für das fliegende Personal suchten händeringend nach kampferprobten Piloten. Danach würde er wieder zu einer Fliegergruppe im Pazifik zurückversetzt werden, um Erfahrungen im Befehlen zu erlangen und Orden und Auszeichnungen einzuheimsen. Seine Zukunft sah strahlend aus, und der heutige Tag war bestimmt ausschlaggebend dafür. Sich selbst innerlich wappnend, damit er es aushielt, bis die Funkstille unterbrochen werden durfte, nahm Pug einen Krimi zur Hand, lehnte sich auf seiner Koje zurück und versuchte zu lesen.

Ja, warum hatte Spruance die Sturzbomber losgeschickt?
Die Entscheidungen, die ein Befehlshaber im Verlauf einer Schlacht trifft, sind nicht leicht zu analysieren; er selber kann es oft nicht einmal, selbst hinterher nicht, wenn er in aller Ruhe darüber nachdenkt. Im übrigen fällt es nicht allen hohen Offizieren leicht, sich in Worten auszudrücken. Die Ereignisse verschwimmen, vor allem die flüchtigen Augenblicke einer Schlacht. Die Memoiren, die hinterher geschrieben werden, sind oft ebenso irreführend wie erhellend. Einige wahrhaft stolze Männer reden oder schreiben kaum. Raymond Spruance hinterließ nur wenig über das, was er vor Midway tat.

Er stand während der Schlacht ständig unter einer Direktive von Nimitz, die aktenkundig ist: »*Sie sollten sich vom Grundsatz des kalkulierten Risikos leiten lassen; ich bitte darunter zu verstehen, daß Sie nach Möglichkeit Ihre Schiffe keinem Angriff durch einen überlegenen Gegner aussetzen sollten, sofern nicht eine gute Chance besteht, dem Gegner dabei größeren Schaden zuzufügen.*« Diese Anweisung bedeutete mit schlichten Worten gesagt: »Versuchen Sie mit herkömmlicher Taktik zu gewinnen!« Nur wenige militärische Befehle sind schwieriger zu befolgen. Außerdem hatte Spruance ungeschriebene Order von Nimitz, seine Flugzeugträger nicht aufs Spiel zu setzen, selbst wenn das bedeutete, Midway aufzugeben. »Das holen wir uns später zurück«, hatte Nimitz gesagt. »Schonen Sie die Flotte.«

Außer diesen Anweisungen, die ihm in mancher Hinsicht die Hände banden, gab es für Spruance noch andere harte Wahrheiten. Er war ein Fremder für Halseys Stab und kannte sich überdies in Luftunternehmen nicht aus. Er konnte eine Beschleunigung der erschreckend langsamen Starts auf der *Enterprise* oder der *Hornet* nicht dadurch erzwingen, daß er einen Admirals-Veitstanz aufführte. In dieser Sache war er in der Tat hilflos. Die *Yorktown* war bei dem Versuch, ihre Aufklärungsflugzeuge wieder an Bord zu nehmen, weit hinter den Horizont zurückgefallen, und so konnte er sich auch bei Fletcher keinen Rat holen. Ein japanisches Flugboot war gesichtet worden, und jener Nachrichten-Experte, der Japanisch verstand, sagte, es habe eine Positionsmeldung abgegeben. Damit sank das Überraschungsmoment immer mehr in sich zusammen. Von Midway kam die Meldung, man werde von feindlichen Flugzeugen angegriffen. Seine Sturzbomber kreisten über ihm und verbrauchten Kraftstoff.

Angesichts der Entfernungen im Kampfdreieck sowie der bekannten Reichweiten der Flugzeuge durfte Spruance hoffen, daß seine Sturzbomber, wenn sie jetzt angriffen, den Gegner in einem Augenblick relativer Schwäche erreichten – dann nämlich, wenn seine Flugzeuge mit leergeschossenen Magazinen und fast leeren Treibstofftanks von Midway zurückkehrten. Nur hatte das Ganze möglicherweise einen Haken. Das Aufklärungsflugzeug hatte nur zwei Flugzeugträger gesichtet. Nimitz' Codeknacker hatten vier oder fünf vorausgesagt. *Wo steckten die fehlenden Flugzeugträger?* Liefen sie etwa von Norden auf Südkurs – oder vielleicht sogar aus östlicher Richtung – auf die Kampfgruppe Sechzehn zu? Würde man womöglich auf sie stoßen, wenn alle seine Bomber die ersten beiden Flugzeugträger angriffen?

Er stand vor einer äußerst schwierigen Entscheidung: entweder die Bomber zurückhalten, bis ein koordinierter Angriff möglich war, und zu hoffen, daß bis dahin Nachrichten über die fehlenden Flugzeugträger eintrafen – oder jetzt

zuschlagen und sich darauf verlassen, daß sie schon in der Nähe der beiden gesichteten auftauchen würden.
Spruance schlug zu. Ein »kalkuliertes Risiko« konnte man das kaum nennen. Er setzte damit die Zukunft seiner Flotte und seiner Nation auf eine Karte. Solche Entscheidungen, die man im Leben nur einmal fällt, sind es, an denen man einen Befehlshaber mißt. Es sollte keine Stunde vergehen, und sein weit erfahrenerer und stärkerer Gegner, Vizeadmiral Chuichi Nagumo, würde vor einer ebenso schweren Entscheidung stehen.

29

Eines Juden Reise
(aus Aaron Jastrows Manuskript)

Siena, 4. Juni 1942, Mitternacht
Ich habe gerade die BBC und Radio Berlin gehört, immer in der Hoffnung auf – nun, ich weiß nicht was; vielleicht auf eine Wende des Kriegs in letzter Minute, etwas, das den Aufschub einer verzweifelten Entscheidung rechtfertigen könnte. Unter der Schminke der Propaganda – bei den Deutschen grell wie eine Hure, bei den Briten dezent wie eine Lady – erkennt man immer nur das gleiche grausame Antlitz der Ereignisse: *Deutschland und Japan gewinnen den Krieg.*
Als ich heute den Erzbischof aufsuchte, erlebte ich eine subtile Veränderung. Seine Exzellenz hat etwas von einem Bauern: gerötetes Gesicht, kräftiges Kinn, gedrungener Körperbau, höchst erdhaftes Vokabular. Er ist gebildet und tolerant. Ich mag ihn und neige dazu, ihm zu vertrauen. Diesmal empfing er mich nicht in seinem behaglichen, holzgetäfelten Arbeitszimmer, sondern in der kalten Pracht seines offiziellen Büros. Er saß hinter einem erlesen schönen alten Schreibtisch. Als ich eintrat, erhob er sich nicht, sondern bedeutete mir, auf einem Stuhl Platz zu nehmen. Ich verstand. Ich bin nicht mehr der bekannte amerikanische Schriftsteller, in dessen Villa er hin und wieder eine gute Mahlzeit, gute Weine und eine pedantische Unterhaltung genießen kann. Ich bin ein Bittsteller. Das Blatt hat sich gewendet, und der Erzbischof mit ihm.
Immerhin hat er sich mit der Angelegenheit befaßt. Von den italienischen Behörden drohe uns keine unmittelbare Gefahr, dessen könne ich ganz sicher sein. Er wisse von keinem neuen Programm, die Juden zu deportieren. Unser Status als feindliche, unter Hausarrest stehende Ausländer ist natürlich ein Ausnahmefall. Man habe ihm gesagt, wir würden bevorzugt behandelt und sollten in die Schweiz abgeschoben werden, sobald ein paar Probleme geklärt seien. Die Frage, ob wir untertauchen müßten, brauche also gar nicht erörtert zu werden.
Wenn sie sich trotzdem stellen sollte, sei es eine Möglichkeit, uns auf dem Lande zu verstecken, da stimme er zu. Es hier in Siena zu tun, sei unklug. Die Geschichte des *famoso scrittore americano*, den der Krieg hier überrascht habe

und der jetzt in der Falle sitze, sei in Siena stadtbekannt, und daher kein Versteck sicher.
Er habe das Thema vorsichtig beim Bischof von Volterra angeschnitten, einer mauerbewehrten alten Stadt, rund siebzig Kilometer in nordwestlicher Richtung an einer gewundenen Bergstraße gelegen, die nach Pisa hinunterführt. Vor vielen Jahren habe ich die etruskischen Altertümer von Volterra besichtigt. Eine Alabasterschale, die ich dort erstanden habe, steht heute mit Rosen gefüllt auf meinem Schreibtisch. Volterra ist eine Stadt, die von der Zeit vergessen wurde. Die Bewohner, ein gutaussehender dunkler Menschenschlag, sind ziemlich eigensinnig. Seine Exzellenz meinte scherzend, wahrscheinlich seien sie der Herkunft nach Etrusker und im Herzen Heiden. Etliche von den Faschisten gesuchte Leute hielten sich in Volterra verborgen. Sollte es zum Schlimmsten kommen, könne er uns mit dem Bischof von Volterra in Verbindung bringen. Er habe sehr viel Verständnis für uns. Im Moment, meinte er, sollten wir uns jedoch ruhig verhalten und auf unsere Abschiebung warten. Lächelnd erhob er sich, um mich an die Tür zu begleiten; damit war unsere Unterredung zu Ende.
Mich bestürzt, daß er mit dem Prälaten aus Volterra gesprochen hat. Woher soll ich wissen, ob man ihm trauen kann? Bei allen milden Zusicherungen – der Erzbischof selbst bietet uns kein Versteck an; und für zukünftige Notfälle hat er nur die Zusage des Bischofs von Volterra, uns wohlgesonnen zu sein – eines Mannes, den ich nicht kenne und der mir nichts schuldet. Dieses unerquickliche Ergebnis stellt mich vor die Alternative.
(Der folgende Absatz in Eines Juden Reise, *insgesamt achteinhalb handgeschriebene Seiten, besteht im Originalmanuskript aus einer Reihe seltsamer Zeichen. Ähnliche Passagen tauchen nach dem 4. Juni immer wieder im Heft auf. Die Entschlüsselung dieser Geheimschrift ergibt den im folgenden wiedergegebenen englischen Text. Die erste Zeile dieser Aufzeichnungen sieht etwa so aus:)*

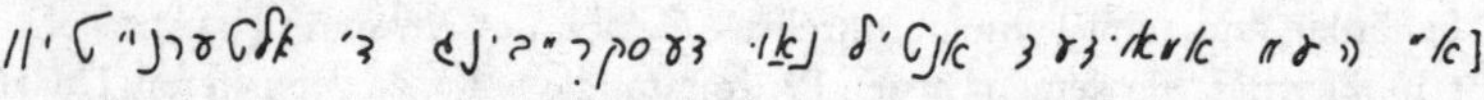

Ich habe es bis jetzt vermieden, die Alternative in diesen Aufzeichnungen zu erwähnen. Sobald mein Heft derlei Dinge enthält, wird es zu einer tickenden Bombe. Mir fiel Leonardos Spiegelschrift ein. Ich beschloß, gefährliche Stellen zwar auf englisch, aber in rückwärts laufender jiddischer Schrift zu Papier zu bringen – reine Krähenfüße für den Nichteingeweihten, aber ein vorläufiger Schutz vor neugierigen Augen oder dem unerwarteten Besuch der italienischen Polizei. Ein einfacher Trick; aber die kurzfristige Sicherheit, die er bewirkt, kann nicht schaden.

Als ich anfing, *Eines Juden Reise* zu schreiben, wäre es mir nicht im Traum eingefallen, daß ich mich dabei billiger Agententricks würde bedienen müssen! Die Kerze meines Lebens sprüht und flackert beim Niederbrennen; melodramatische Schatten umtanzen mich. Gleichwohl werde ich von nun an alles aufschreiben, was passiert und von Belang ist. Ich brauche nur ein Streichholz an die zundertrockenen Reiser im Kamin zu halten, um dieses Heft in Sekunden in Asche zu verwandeln.

Also zur Alternative!

Ein Arzt aus Siena hat sich uns als Jude und heimlicher Zionist zu erkennen gegeben. Er hat vor, Italien mit seiner Familie zu verlassen, und hofft, nach Palästina zu gelangen; nach seiner Überzeugung ist das Schicksal aller Juden in Europa besiegelt. Er steht mit Avram Rabinovitz, dem mit allen Wassern gewaschenen Organisator der Fahrt der *Izmir*, in Verbindung, und seine Fluchtpläne sind jetzt reif. Morgen will er Rabinovitz eine bestätigende Nachricht zukommen lassen. Beide sind bereit, uns in ihre Fluchtvorbereitungen einzubeziehen. Bis morgen muß ich dem Arzt Bescheid geben, ob wir mitwollen oder nicht.

Die vorgeschlagene Fluchtroute geht über Piombino, Elba und Korsika nach Lissabon. Der Angelpunkt ist wieder ein türkisches Schiff, diesmal ein Frachter, der alle zwei Monate mit einer Ladung Orienttabak von Istanbul nach Lissabon fährt. Dieser Tabak ist ein wichtiger Beitrag zu den Kriegsanstrengungen der Alliierten; also lassen die Engländer das Schiff durch. Der Kapitän gewinnt ein Vermögen, indem er im Schutze der Nacht vor Korsika ankert und gegen Gold Juden als blinde Passagiere an Bord nimmt. In Lissabon würden wir uns von unseren zionistischen Freunden trennen. Sie hoffen, von dort aus irgendwie ins Heilige Land weiterzukommen; wir dagegen brauchten nur das amerikanische Konsulat aufzusuchen.

Der Arzt ist sich der Gefahren des Unternehmens durchaus bewußt, will es aber trotzdem wagen. Sowohl italienische als auch französische Untergrundgruppen haben damit zu tun. Rabinovitz unterhält mit beiden Beziehungen. Gefahrenpunkte gibt es mehr als genug – vom Bus-Bahnhof hier in Siena bis zur Pier von Lissabon. Die ganze Angelegenheit könnte kaum weniger einladend sein.

Trotzdem ist es unsere letzte Chance, uns freizukämpfen; andernfalls könnten wir angesichts der immer bedrückender werdenden Kriegslage nur hilflos warten. Wäre ich von der Aussicht, in die Schweiz abgeschoben zu werden, fest überzeugt, so würde ich hier ausharren. Meine Lebensregel: »Wenn du in Zweifel bist – *abwarten!*« hat sich bisher stets bewährt. Aber eines wird mir immer klarer: für einen Juden in Europa gilt keine normale Regel mehr. Die

Kompaßnadel dreht sich wie in einem Magnetsturm. Auch ohne das Damoklesschwert dieser unmöglichen Radiosendung über mir wäre ich in Versuchung, die Flucht zu wagen. Der Erzbischof verharmlost die Geschichten über heimliche Nazimassaker an Juden; keine italienische Regierung, sagt er, würde jemals Juden den Deutschen ausliefern, wie die besetzten Länder es machen. Glaubt er! Er sitzt in seinem erzbischöflichen Palais. Meine Sicherheit hängt an einem seidenen Faden.

Wäre ein Sieg der Alliierten in Sicht, und sei es auch nur als winziger Silberstreif am Horizont – ich würde mich nicht wegrühren. Vor einem Monat noch war ich fest dazu entschlossen. Bei dem gewaltigen Übergewicht der Alliierten an Rohstoffen, Fabriken und Arbeitskräften konnte ich mir Deutschland und Japan nicht als Sieger vorstellen. Ich war sicher, daß die Vision Tocquevilles, der die Welt zwischen Rußland und Amerika aufgeteilt sah, endlich Wirklichkeit werden würde; diese beiden großen Staatenbünde, von einem beherzten, wenn auch im Untergang begriffenen Britischen Weltreich unterstützt, würden Mitteleuropa erstürmen, die irrsinnige Hitlertyrannei zerschlagen und nicht nur die besetzten Länder, sondern auch die verblendeten Deutschen befreien. Japan könnte das Ende Hitlers nicht lange überdauern.

Nun jedoch, nachdem mir ein Schock nach dem anderen versetzt worden ist, geht mir das Beispiel Mazedoniens auf. Rein zahlenmäßig waren Alexanders Streitkräfte klein, verglichen mit den Horden Asiens. Aber seine Phalanx hat gewaltige Reiche zerstört und fast die ganze Welt vor seinem winzigen Staat gedemütigt. Cortez, ein abenteuerlicher Schlächter, hat mit einer Handvoll Desperados das Reich Montezumas geplündert und vernichtet. Der großen Inka-Kultur widerfuhr das gleiche durch Pizarro. Kriege werden durch den Willen gewonnen, durch die Bereitschaft zu sterben und durch die Geschicklichkeit im Töten, nicht durch zahlenmäßige Überlegenheit, und wenn sie noch so groß ist.

Wir hatten gehofft, daß der russische Winter, der den Vormarsch der Deutschen vor Moskau zum Stillstand gebracht hatte, dem *furor Teutonicus* ein für allemal die Spitze genommen hätte. Doch das Ungeheuer stützte sich bloß auf sein Schwert und holte nur Atem, um einen neuen Anlauf zu nehmen. Die italienischen Zeitungen bringen erschreckende Bilder von der Belagerung von Sewastopol. Riesengeschütze, ein Albtraum, schleudern häusergroße Granaten in die Stadt. Ein unablässiges Trommelfeuer von Artillerie und Flugzeugbomben bedeckt Sewastopol mit der Rauchwolke eines ausbrechenden Vulkans. Nach der russischen Niederlage bei Charkow verkündet Dr. Goebbels, dieser grinsende Kretin, astronomische Gefangenenzahlen. Auf

den Weltmeeren sind Hitlers U-Boote so nahe daran, die amerikanischen Nachschubwege für Europa abzuschneiden, daß selbst die alliierte Presse Alarm schlägt und zugibt, daß es sich bei dem versenkten Schiffsraum um Millionen von Tonnen handelt. Und in Nordafrika laufen die britischen Streitkräfte wieder einmal vor Rommel davon.
Japan gewinnt inzwischen eine militärische Statur wie der Geist aus der Flasche. Die Liste der japanischen Eroberungen läßt an Kipling denken: Singapore, Burma, Java! Jetzt bedrohen sie sogar Indien! Die Photos von Weißen, die in die Gefangenschaft der Gelben geraten sind, beschwören das Ende der Zivilisation. In Singapore hocken verzagte britische Gefangene auf dem Boden, soweit das Auge der Kamera reicht. Auf palmengesäumten philippinischen Straßen marschieren ganze Kolonnen von unrasierten, abgerissenen und niedergebeugten Amerikanern unter den Gewehren der zornigen gelben Zwerge von Bataan in die Gefangenschaft.
Dabei hatte Thukydides diese Lehre schon Jahrhunderte vor Christi Geburt niedergeschrieben. Den menschlichen Durst nach Freiheit stillt am besten die Demokratie. Doch die menschliche Natur, ungezügelt, ungestüm und genußsüchtig, wie sie ist, fällt immer wieder strengem, zielstrebigem Despotismus anheim.
Unzulänglich informiert und in unerquicklicher Umgebung, versinke ich vielleicht in Trübsinn. Die nagende, nörgelnde Schäbigkeit des Lebens schwächt Körper und Geist. Seit die amerikanischen Journalisten abgereist sind, habe ich keinen anständigen Wein mehr getrunken und kein richtiges Stück Fleisch mehr über die Lippen gebracht. Gemüse gibt es nur auf Marken; es ist kümmerlich oder angefault. Das schlierige Brot bleibt einem im Hals stecken. Trotzdem, glaube ich, kann ich immer noch vernünftig denken. Ein Sieg der Alliierten in naher Zukunft scheint mir zu absurd, um sich darüber zu streiten. So leicht wendet sich das Geschick in einem Kriege nicht. Das Gegenteil ist viel wahrscheinlicher: Zusammenbruch der Sowjetunion, Vertreibung der Briten aus Asien und der Amerikaner aus dem Pazifik, und unter bestimmten Bedingungen ein Triumph der Achsenmächte, sonst sieht alles nach einem Patt aus. Wenn der Krieg sich lange genug hinzieht, könnte es zu einem qualvoll errungenen alliierten Sieg kommen, wenn den Achsenmächten Rohstoffe, Treibstoff und Lebensmittel ausgehen. Aber mit einer Niederlage Hitlers im Jahre 1945 oder 1946 wäre weder Natalie und ihrem Kind noch mir geholfen. Eine so lange Wartezeit würden wir vermutlich nicht überstehen. Und was noch wichtiger ist: die entscheidende Kraftprobe mit Werner Beck läßt sich nicht monatelang, geschweige denn jahrelang hinausschieben.

Ich habe keine Angst vor einer Apokalypse. Die Armeen der Deutschen und Japaner werden weder in Neuengland noch in Kalifornien landen. Ozeane sind groß und Amerika bleibt nach wie vor volkreich und stark; es ist nur unfähig, seine Kraft im richtigen Moment einzusetzen. Wenn die Despoten ihre Eroberungen erst einmal geschluckt haben, gibt es eine Verdauungspause, eine Art Frieden für zehn, vielleicht auch für zwanzig Jahre. Sollten die Vereinigten Staaten ein Vichy-ähnliches Regime bekommen, so kommt es vielleicht nicht einmal zu einem dritten Krieg; nur wird Amerika nach und nach von den Tyranneien ausgesaugt und seiner Reichtümer beraubt werden. Ich brauche nur noch für fünf, höchstens zehn weitere Lebensjahre zu planen.

Après moi le déluge. Aber wenn möglich, muß ich Natalie und Louis retten. Die Entscheidung scheint in meiner Hand zu liegen. Natalie ist wie gelähmt. Die Wildkatze, die ausgerechnet bei Kriegsausbruch zu ihrem Geliebten nach Warschau mußte und sich mitten im Krieg mit einem anderen Geliebten in Lissabon traf und ihn auf der Stelle heiratete, ist Mutter geworden. Das hat sie verändert. Sie sagt, sie werde mir folgen. Wenn sie bereit ist, diese unbesonnene Reise mit einem kleinen Kind zu machen, so hat das nur einen Grund: Avram Rabinovitz hat ihr soviel Angst eingeflößt, daß sie ihm an Bord der *Izmir* gefolgt ist. Ihr Mann, der U-Boot-Fahrer, ist eine halbe Welt von ihr entfernt, wenn er überhaupt noch lebt. Für einen exzentrischen, nicht ganz durchschaubaren Abenteurer wie Rabinovitz kann sie nur flüchtige Gefühle hegen, aber ich bin froh, daß dieser Hauch von moralischer Sicherheit sie schützt.

Also – auf nach Lissabon! Gott stehe uns bei! Ich wünschte, ich stünde mit Ihm auf besserem Fuß. Aber ach – wie den Bischof von Volterra kenne ich Ihn nicht und Er schuldet mir nichts.

Wenn es zum Allerschlimmsten kommt, wird Natalie erfahren, daß ich kein reiner Tor und kein Strohkopf bin! Wie Hamlet weiß ich bei Südwind sehr wohl einen Falken von einem Fuchsschwanz zu unterscheiden. Und die Diamanten sind immer noch da.

30

Vizeadmiral Nagumos Photo aus der Kriegszeit zeigt einen streng dreinblikkenden, kahlköpfigen, alten japanischen Herrn, der in seiner europäisch geschnittenen Admiralsuniform – dicke goldene Epauletten, Schärpe und große Ordensspange – verkrampft und beengt wirkt. Nagumo stand seinem Rang und seinen Leistungen nach hoch über Spruance. Er hatte im Korallenmeer nicht mitgekämpft – das Debakel ging auf das Konto geringerer Männer. Die Liste der Siege seiner Flotte von Pearl Harbor bis zum Indischen Ozean war fleckenlos. Aus einer alten Samurai-Familie stammend und als Kreuzer- und Zerstörermann von höchstem Ansehen, war er der erfahrenste Veteran der Flugzeugträger-Strategie auf der Welt.

Nagumo war aus dem trübseligen Nebel und Regen, der ihn eine ganze Woche hindurch beschützt hatte, hinausgelaufen und hatte bei Morgengrauen zum Schlag gegen Midway ausgeholt. Die Hälfte seiner Jäger, Sturzbomber und Torpedoflugzeuge vom Typ 97 war gestartet: bei den letzteren handelte es sich um Mehrzweckflugzeuge, die zum Angriff auf Landziele mit Sprengbomben ausgerüstet waren. Dann hatte Nagumo für die restlichen einhundertacht Maschinen auf den vier Flugzeugträgern Startbereitschaft befohlen; sie sollten gegebenenfalls unverzüglich gegen jedes feindliche Schiff aufsteigen können. Die Maschinen vom Typ 97 waren mit den üblichen Torpedos bewaffnet, die Bomber mit panzerbrechenden Bomben. Aber Nagumo und sein Stab erwarteten keine Feindberührung; es handelte sich nur um eine Vorsichtsmaßnahme.

Kurz vor dem Angriff auf Midway hatte Nagumo eigenhändig eine *Lagebeurteilung* zu Papier gebracht:

1. *Bei Beginn der Landung auf Midway wird wahrscheinlich die gegnerische Flotte auslaufen.*
2. *Der Gegner kennt unseren Plan nicht und hat auch unsere Kampfgruppe noch nicht entdeckt.*
3. *Nichts weist darauf hin, daß sich eine gegnerische Kampfgruppe in der Nähe aufhält.*

4. *Wir haben die Möglichkeit, Midway anzugreifen, die dort stationierten Flugzeuge zu vernichten und das Landeunternehmen zu unterstützen. Danach können wir kehrt machen, einer feindlichen Kampfgruppe entgegenlaufen und sie vernichten.*
5. *Mögliche Gegenangriffe der Luftstreitkräfte von Midway können von unseren Abfangjägern und unserer Flak mit Sicherheit abgeschlagen werden.*

Die am Angriff auf Midway beteiligten Flieger fingen an, zahlreiche vertraute und beruhigende Siegesmeldungen zu funken. Das Atoll hatte ihnen eine große Anzahl von Jägern entgegengeschickt, doch die Zeros mähten sie nieder, und die Bomber, von denen nicht ein einziger verlorenging, verwüsteten die beiden kleinen Inseln, aus denen Midway bestand. Flugzeughallen, Kraftwerk und Unterkünfte standen in Flammen, die Geschütze wurden zum Schweigen gebracht, Munitions- und Treibstofflager flogen in die Luft – die militärischen Anlagen auf Midway waren ein rauchendes Trümmerfeld.
Eines war enttäuschend. Die Bomber und Kampfflugzeuge der Yankees waren nicht am Boden überrascht worden wie in Pearl Harbor: sie waren alarmiert worden, gestartet und außer Sichtweite. Hangars und Rollbahnen waren leer gewesen. Natürlich würden diese Maschinen bald wieder landen und auftanken müssen; dann würde man sie vernichten können. Der Kommandeur der Angriffseinheiten hatte gefunkt: »*Ein zweiter Schlag wird erforderlich sein.*«
Das war die erste Schwierigkeit dieses Tages. Die Luftstreitkräfte von Midway mußten vernichtet werden; solange mußte man das Landeunternehmen zurückstellen, oder es würde sehr blutig verlaufen. Aber die startbereiten Maschinen waren für den Angriff auf Seeziele bewaffnet. Die Bomber vom Typ 97 würden ihre Waffen auswechseln müssen; Torpedos taugten nichts für einen Angriff auf Landziele. Auch die panzerbrechenden Waffen der Sturzbomber waren für diesen Zweck weniger geeignet als Brand- und Sprengbomben.
Nagumo und sein Stab berieten noch über dieses Problem, als plötzlich Luftalarm gegeben wurde. Schwarzer Rauch entquoll den Zerstörerschornsteinen, was soviel bedeutet wie: *Flugzeuge gesichtet*, und dröhnend kamen feindliche Maschinen über den Wogenkämmen herangefegt, unverkennbar blaue amerikanische Flugzeuge mit dem weißen Stern auf den Tragflächen. Da sie ohne Jagdschutz angriffen, fielen sie im Feuer der Flak und der Zeros wie Tontauben. Ein paar warfen ihre Torpedos ab, bevor sie in Flammen aufgingen, doch die Waffen sprangen übers Wasser, trieben auf oder brachen beim

Aufprall auseinander. Kein einziger traf oder lief auch nur seinen vorgeschriebenen Kurs. Das Ganze war eine jämmerliche Zurschaustellung amerikanischer Unfähigkeit und eine glänzende Leistung von Nagumos Abwehr. Eine amerikanische Maschine zerschellte direkt vor Nagumos Augen auf dem Flugdeck der *Akagi* und trudelte dann hilflos über Bord. Der Vizeadmiral und sein Stab sahen die beiden Triebwerke, den weißen Stern am blauen Rumpf und unterm Kabinendach den blutüberströmten Piloten, der wahrscheinlich bereits tot war. Dieses Flugzeug war zu groß, um von einem Flugzeugträger zu starten. Es handelte sich um einen mittelschweren Bomber vom Typ B-26, der nur von Midway kommen konnte.

Damit war die Angelegenheit für Nagumo erledigt. Er würde zum zweiten Schlag ausholen müssen. Was gegnerische Flotteneinheiten betraf, die in der Nähe kreuzen mochten, waren seit Morgengrauen Aufklärungsflugzeuge unterwegs; sie hatten jedoch nichts gemeldet. Für übertriebene Vorsichtsmaßnahmen war weder Ort noch Stunde. Die Maschinen, die auf Deck standen, würden Midway angreifen, und um das Ganze zu beschleunigen, würde man nur die Torpedoflugzeuge vom Typ 97 umrüsten. Die beiden großen Flugzeugträger seines Verbands, die *Akagi* und die *Kaga*, mußten diese Aufgabe schnell durchführen. Die Maschinen vom Typ 97 der beiden kleineren Träger *Hiryu* und *Soryu* waren unterwegs über Midway; auf ihren Decks standen nur Jäger und Sturzbomber startklar. Der entsprechende Befehl erging an Nagumos Verband. Die Aufzüge gingen quietschend auf und nieder. Die großen Maschinen vom Typ 97 verschwanden im Hangardeck. Gedrilltes Personal beeilte sich, die Waffen auszuwechseln.

Um halb acht kam es zu einer Überraschung. Der schwere Kreuzer *Tone* übermittelte eine Meldung seines Aufklärungsflugzeuges, zehn Schiffe, »offenbar feindliche Einheiten«, seien etwa zweihundert Meilen weiter östlich gesichtet worden; sie bewegten sich auf einem Kurs fort von Nagumo und vom Atoll. Flugzeugträger waren in dieser Meldung nicht erwähnt. Überwasserfahrzeuge in zweihundert Meilen Entfernung konnten Midway jetzt nicht mehr retten. Nach der Vernichtung der auf dem Atoll stationierten Luftstreitkräfte konnte man sich diese Einheiten vornehmen; eines nach dem anderen.

Der Waffenaustausch der Maschinen vom Typ 97 ging mit Hochdruck weiter.

Doch dann kamen Nagumo oder einem seiner Stabsoffiziere alarmierende Bedenken. Feindliche Einheiten auf Südostkurs – das hieß, sie liefen *in den Wind*. War es möglich, daß der Pilot des Aufklärungsflugzeugs Flugzeugträger gesichtet und versäumt hatte, das zu erwähnen?

Befehl an die Flugzeugträger: *»Umrüstung vorläufig aussetzen! Torpedos in Maschinen vom Typ 97 belassen!«*
Und an das Wasserflugzeug der *Tone*: *»Stellen Sie Schiffstypen fest und bleiben Sie in Kontakt.«*
Nun hingen die Erfolgsaussichten des gewaltigen japanischen Unternehmens ab von der Unbedachtheit eines jungen Piloten im Aufklärungsflugzeug eines Kreuzers. Die Hälfte der 97er stand mit Bomben versehen auf den Flugdecks startbereit. Die andere Hälfte befand sich mit den Torpedos noch unten auf den Hangardecks. Und schon ertönte abermals Fliegeralarm, stießen die Zerstörer schwarze Rauchwölkchen aus, wuchsen die Punkte am Himmel zu Sturzkampfbombern vom Typ Douglas, die sich aus Richtung Midway näherten – abermals ohne Jagdbegleitung –, und zwar im Gegensatz zu den üblichen Taktiken der amerikanischen ›Hell-Divers‹ in extrem niedrigem Anflug.
Diese Maschinen wurden zum ersten Mal von unerfahrenen Marinefliegern geflogen, die man in letzter Minute als Verstärkung nach Midway geworfen hatte, und ihr Kommandeur hatte befohlen, die Bomben im Gleitanflug abzuwerfen. Ein zweites Massaker begann; unter den Hochrufen der japanischen Decksmannschaften und Geschützbedienungen holten die Zeros eine der blauen Maschinen nach der anderen herunter; sie zerplatzten in hübschen Flammenrosetten und stürzten qualmend ins Meer. Nicht eine Bombe erreichte ihr Ziel.
Vielleicht überraschte Nagumo diese kaltblütige und verschwenderische Opferung amerikanischer Piloten bei einem zweiten Angriff ohne Jagdschutz. Dergleichen erwartete man nicht von einer dekadenten Demokratie. Aber vermutlich hatten die Zeros sämtliche auf Midway stationierten Jäger bereits vom Himmel geholt. Wichtig für ihn war vor allem eines: die Luftherrschaft gehörte ihm. Die Amerikaner bewiesen zwar Mut, aber sie waren unterlegen.

Und jetzt kam von dem in weiter Ferne herumgondelnden Aufklärungsflugzeug endlich eine Antwort: *Feindliche Flotteneinheit besteht aus fünf Kreuzern und fünf Zerstörern.* Was also! Keine Flugzeugträger; das Umrüsten der Torpedomaschinen konnte weitergehen. Doch abermals ertönten die Hörner und verkündeten Fliegeralarm. Diesmal kam eine Formation gigantischer Landflugzeuge in großer Höhe herangedröhnt: Maschinen vom Typ B-17, den Silhouetten nach zu urteilen, die gefürchteten »Fliegenden Festungen«. Eine unangenehme Erscheinung: das winzige Midway war als Flugstützpunkt eben besonders geeignet. Aber was konnten die aus großer Höhe abgeworfenen Bomben dieser Ungeheuer schon gegen schnell bewegliche Schiffe ausrichten? Endlich sollte die schon im Frieden lange debattierte

Frage enschieden werden: die riesigen Bomber näherten sich in einer Höhe von sechstausend Metern.
Die Jagdbegleitung fehlte auch hier. Aber die »Fliegenden Festungen« mit ihren furchtbaren Bordwaffen brauchten sie nicht. Die Zeros stiegen nicht auf, um sich mit ihnen zu messen. Schwerfällig liefen die vier Flugzeugträger auseinander; dann rauschten die schweren schwarzen Bomben gut sichtbar auf die beiden kleineren Flugzeugträger, die *Soryu* und die *Hiryu*, hernieder. Dunkle Wasserfontänen hüllten sie immer und immer wieder ein. Die Bomber zogen grollend am Himmel davon, das hochgeschleuderte Wasser legte sich und aus dem Gischt dampften die beiden Flugzeugträger unbeschädigt ins Sonnenlicht.
Das Bewußtsein eines historischen Verteidigungserfolgs nach dem Massaker zweier aufeinanderfolgender Bomberwellen hob Nagumos Stimmung. Offensichtlich wimmelte es auf Midway von Bombern. Der zweite Schlag war wirklich dringend nötig! Er hatte recht damit gehabt, die 97er auf Bomben umzurüsten; dieser Vorgang mußte jetzt noch beschleunigt werden.
Doch noch ehe er handeln konnte, brachten vier fast gleichzeitige Erschütterungen den alten Helden aus dem Gleichgewicht.
Während einer Kampfhandlung herrschte in Nagumos Umgebung stets ein Höllenlärm: das Schrillen der Warnglocken der Aufzüge, das Aufbrüllen der warmlaufenden Motoren, das Geschepper der Lautsprecher auf dem Flugdeck, die Rufe der Signalgasten auf der Kommandobrücke. Lange Gewohnheit befähigte ihn, diesen vertrauten Lärm nicht an sich herankommen zu lassen; doch der Tumult, der diesmal über ihn hereinbrach, war etwas Neues. Er mußte eine Entscheidung nach der anderen fällen – von einigen hing die Zukunft seines Landes, ja, der gesamten Weltordnung ab –, übereilt und in Unsicherheit, in einem Wirbelwind von Krach, Alarm, Bestürzung und sich widersprechenden Ratschlägen. Ein Oberbefehlshaber lebt für solche Augenblicke, und er begann, sich diesem Sturm mit der Ruhe des kampfgewohnten Mannes zu stellen.
Zunächst kam eine weitere Bomberwelle aus den Wolken.
Dann brachte ein Offizier, noch während die Alarmhörner schmetterten und die übriggebliebenen Jagdflugzeuge auf Deck starteten, um die Luftverteidigung zu stärken, mit entsetztem Gesicht eine Meldung vom Aufklärer der *Tone*:
»Gegner scheint von Flugzeugträger begleitet, der Nachhut bildet.«
Drittens ging, während Nagumo diese schockierende Nachricht noch verdaute, ein anderes Signal durch die Kampfgruppe: *»Unterseeboote!«*
Und viertens kehrten genau in diesem Augenblick seine eigenen, zum Angriff

auf Midway ausgeschickten Flugzeuge mit dem letzten Rest an Treibstoff zurück und verlangten dringend, auf den vollstehenden Decks der Flugzeugträger zu landen.

Nagumo erkannte, daß er mit dem Rücken zur Wand stand. Ein zweiter Schlag gegen Midway? Nein! Nicht, solange ein feindlicher Flugzeugträger mit Elite-Piloten in Reichweite war! Der Verlauf seiner beiden Unternehmungen war rigoros umgestülpt: der Angriff auf das Atoll war sinnlos, solange er sich selbst einem Doppelangriff von Flugzeugen ausgesetzt sah, die sowohl an Land als auch auf einem Flugzeugträger stationiert waren. Vor allem anderen mußte er den Flugzeugträger vernichten.

Bei den angreifenden Flugzeugen handelte es sich um ein paar altmodische Bomber, die ein Schlachtschiff seines Begleitschutzes angriffen und dann vor den Zeros in die leichten Wolken entwichen. Die Zerstörer, die über dem gemeldeten U-Boot kreuzten, fanden nichts. Was jetzt? Alles sprach dafür, augenblicklich zum Schlag gegen den Flugzeugträger auszuholen: in den Wind zu drehen, der *Soryu* und der *Hiryu* Befehl zu geben, sämtliche Maschinen, die startklar an Deck standen, ebenso starten zu lassen wie die Torpedoflugzeuge auf seinem eigenen Deck. Freilich waren sie jetzt mit Bomben ausgerüstet und nicht mit Torpedos; die mit Torpedos ausgerüsteten standen noch unten auf dem Hangardeck; aber Bomben waren besser als gar nichts. Außerdem waren dann die Decks frei, um die Maschinen, die den ersten Angriff auf Midway geflogen waren, wieder an Bord zu nehmen; gleichzeitig konnte man sich auf den Feind stürzen.

Doch welch schwache Geste für die große Streitmacht Nagumos! Ein Bruchteil seiner Macht, ohne die Durchschlagskraft der Torpedos, ohne den Schutz der Jäger, die zum größten Teil in der Luft waren und erst aufgetankt werden mußten! Den ganzen Morgen über hatte Nagumo gesehen, wie Bomber ohne Jagdschutz vom Himmel geholt wurden. Und was war mit der taktischen Hauptregel, der Konzentration aller Kräfte?

Doch auch hier brachte er es fertig, Ruhe zu bewahren und nach kühlen Köpfen und flinken Händen zu rufen. Jetzt galt es, *alle* Decks freizumachen, die der *Soryu* und der *Hiryu* eingeschlossen, und die Maschinen in die Hangardecks zu nehmen; sämtliche Flugzeuge von Midway und die zur Verteidigung aufgestiegenen Jäger landen zu lassen; sie aufzutanken und neu zu bewaffnen und währenddessen möglichst nahe an den Gegner heranzugehen; und ihn *dann* mit seiner massierten Luftstreitmacht koordiniert anzugreifen, wie es sich gehörte.

Natürlich brauchte das seine Zeit; vielleicht bis zu einer Stunde. Und Verzögerung beim Kampf mit Flugzeugträgern konnte gefährlich sein.

Als der Vizeadmiral, auf der Kommandobrücke von den eifrigen Gesichtern seines Stabs umgeben, diese gewichtigen Entscheidungen erwog, während auf allen Einheiten der Kampfgruppe Flakgeschütze ratterten, Schiffe krängten und wendeten und auf der bemerkenswert glatten See kreuz und quer Kielwasserspuren aufschäumten, die von Midway heimkehrenden Maschinen in geringer Höhe die *Akagi* umkreisten und die Zeros die letzten schwerfälligen feindlichen Bomber vertrieben – in diesem schicksalsschweren Augenblick und im tausendfältigen Lärm eines Flugzeugträgers im Einsatz erhielt Nagumo von seinem Untergebenen, dem Befehlshaber der *Soryu* und der *Hiryu*, den Funkspruch:

DRINGEND HALTE FÜR RATSAM ANGRIFFSSTREITMACHT SOFORT STARTEN ZU LASSEN.

Der Offizier, der Nagumo dieses Papier reichte, wagte es wahrscheinlich nicht, ihm ins Gesicht zu sehen. Ein solcher Funkspruch eines Untergebenen mitten in der Hitze einer Schlacht wäre in jeder Marine der Welt als Beleidigung aufgefaßt worden; in der Kaiserlich Japanischen Kriegsmarine war es ein selbstmörderischer Affront. Dieser Mann, Yamaguchi, galt als der fähigste Offizier der ganzen Flotte nach Yamamoto, dessen Nachfolger er werden sollte. Bestimmt war er sich über das Schwerwiegende seines Tuns im klaren. Offenbar glaubte er, die Entscheidung über den Ausgang der Schlacht hinge von diesem Augenblick ab und daß es einerlei sei, ob er seine Karriere verspielte oder nicht.

Alte Männer lassen sich nicht auf diese Art drängen. Nagumo tat denn auch augenblicklich genau das Gegenteil: er beorderte alle an Bord befindlichen Flugzeuge – auch die Yamaguchis – unter Deck, um die zurückkehrenden Maschinen der gesamten Kampfgruppe zunächst landen zu lassen. Damit waren die Würfel gefallen; es sollte ein bis ins letzte koordinierter Angriff werden.

Und jetzt durchbrach er zum ersten Mal die Funkstille, um Admiral Yamamoto, der mit sieben Schlachtschiffen und einem Flugzeugträger der Hauptstreitmacht dreihundert Meilen entfernt müßig kreuzte, zu informieren, daß er vorhabe, einen aus einem Flugzeugträger, fünf Kreuzern und fünf Zerstörern bestehenden feindlichen Flottenverband zu vernichten. Bis zu diesem Augenblick, zehn Tage nach dem Auslaufen aus der Bucht von Hiroshima, hatte der Oberkommandierende nicht gewußt, was aus seinem Angriffsplan geworden war.

Und so rollten die 97er abermals zu den Aufzügen; zum zweiten Mal sanken sie hinunter in die Hangardecks; und zum zweiten Mal wurde umgerüstet.

Zuerst waren Torpedos durch Bomben ersetzt worden, und jetzt wurden Bomben gegen Torpedos ausgetauscht, ohne daß die Maschinen die Träger inzwischen verlassen hatten. Möglich, daß die Leute vom Bordpersonal bei ihrer Knochenarbeit so manchen Fluch über »die Idioten da oben« ausstießen, während sie von der Kommandobrücke über Lautsprecher zu allergrößter Eile angetrieben wurden. Aber wenn das der Fall war, geschah es gewiß auf gutmütige und nicht auf verbissene Weise. Die Männer hatten gesehen, wie amerikanische Bomber auseinanderflogen und ins Meer stürzten, eine besiegte Angriffswelle nach der anderen. Sie waren Zeugen gewesen, wie von B-17-Bombern riesige Bomben abgeworfen wurden, Maschinen, die so hoch flogen, daß sie für die Zeros nicht zu erreichen waren, und wie die ohnmächtigen amerikanischen Torpedos beim Wassern auseinanderbrachen. Über sich hörten sie das Dröhnen der Maschinen, die von ihrem triumphalen ersten Schlag gegen Midway zurückkamen. Ein Sieg, noch größer als der bei Pearl Harbor, kündigte sich an! Solche Gefühle mochten diese schwer arbeitenden jungen Männer bewegen, als sie, nackt bis zum Gürtel und schweißüberströmt, die schweren Bomben auf dem Deck herumliegen ließen und fieberhaft daran arbeiteten, die Torpedos einzuklinken. In einer knappen Stunde nahmen die vier Flugzeugträger sämtliche Maschinen wieder an Bord, statteten sie mit Waffen aus, tankten sie auf und stellten sie startklar auf Deck bereit; es konnte jederzeit losgehen. Zweifellos erfreut über diese hervorragende Leistung und über seine eigene unbeugsame Entscheidung, nicht mit halber Kraft loszuschlagen, ging Nagumo auf Nordostkurs, um den lästigen Bombern von Midway aus dem Weg zu gehen und zum entscheidenden Schlag gegen den amerikanischen Flugzeugträger auszuholen. Die Sonne stand jetzt seit viereinhalb Stunden am Himmel.

Die ohne Jagdschutz gestarteten Sturzbomber der *Enterprise* erreichten jene Stelle, an der sie nach Angabe der Navigatoren des Stabs auf den Feind treffen sollten, sahen jedoch fünfzig Meilen im Umkreis nur wolkengefleckte See. Sie flogen weiter nach Westen. Warrens Treibstoffanzeiger schwankte unterhalb der Halbvoll-Marke. Wenn sie innerhalb der nächsten zwanzig Minuten kehrtmachten, überschlug er, schafften sie vermutlich die Rückkehr zur *Enterprise*, die mittlerweile immer näherkam. Aber mit scharfen Bomben zurückkehren! Seit Jahren hatte er sich einen Sturzangriff auf einen feindlichen Flugzeugträger ausgemalt, und jetzt war die Wirklichkeit nahe! Wußten die entscheidenden Leute, von Konteradmiral Spruance bis hinunter zu Lieutenant Commander McClusky, was sie taten? Ließ sich mit einem überstürzten Angriff aus der Wolkendecke heraus gegen den kalten Professio-

nalismus der Japse überhaupt etwas ausrichten? Würde er die *Enterprise* jemals wiedersehen, oder ging es schon vorher in den großen Teich?
War es nicht eine erbärmliche, törichte Falle – eine große Einheit von Sturzbombern in geordneter Formation am Himmel, schwer mit Bomben beladen, um loszuschlagen, und dabei ohne Ziel, es sei denn im Wasser? Der Feind lag in nordöstlicher Richtung hinter ihnen, da war sich Warren ganz sicher. Brownings Stabsnavigatoren mußten davon ausgegangen sein, daß die Japse mit voller Kraft auf das Atoll zuliefen; dabei waren sie ganz offensichtlich auf halbe Fahrt gegangen, um Bombenangriffen von Midway aus zu entgehen, vielleicht aber auch, um Flugzeuge starten zu lassen. Durch die Funkstille zum Schweigen verdammt – wie konnte er das McClusky klarmachen, dessen Maschine den Pulk der blauen Bomber Hunderte von Metern voraus und über ihm anführte? War es seine Pflicht, das zu tun? Und würde der Gruppenkommandeur ihn überhaupt anhören?
Einem Impuls folgend, schob er das von Ölstreifen verschmierte Kabinendach zurück. Die dünne, eisige Luft vertrieb Zigarettenrauch und schale Motorengerüche aus dem geheizten Cockpit. Er atmete schwer, wie auf einem Berggipfel, wollte aber nicht nach der Sauerstoffmaske greifen; die feuchte Maske war ihm lästig, und er rauchte auch lieber. Daß der Treibstoff knapp wurde, regte ihn nicht sehr auf. Auf dem Rückflug nach dem Marcus-Angriff hatte sein Motor versagt, er hatte die Maschine hart in den schäumenden Wellen aufgesetzt, und der Aufprall war so heftig gewesen, wie bei einem Zusammenstoß an Land. Aber er und sein Bordschütze, Cornetts Vorgänger, hatten das Floß aus dem sinkenden Bomber herausbekommen und waren stundenlang umhergetrieben; sie hatten Schokolade gegessen und sich gegenseitig Geschichten erzählt, bis ein Zerstörer sie aufgefischt hatte. Notwassern war zwar eine scheußliche Sache, aber es ließ sich machen.
Aber dieser sinnlose Flug der beiden Bomberstaffeln wurmte ihn. Er hoffte nur, daß zumindest die Maschinen der *Hornet* und der *Yorktown*, vielleicht auch Gene Lindseys Torpedostaffel die verdammten Japse fanden und ihnen die Hölle heiß machten; oder daß McClusky nach Nordosten schwenkte oder zur *Enterprise* zurückkehrte, damit man auftanken und es noch einmal versuchen konnte, statt dreiunddreißig Dauntless in den Bach gehen zu lassen.
In diesem Augenblick schwenkte McClusky nach Nordosten.

Warren wußte nicht – und darüber konnte er nur froh sein –, zu welch jämmerlicher Farce sich der amerikanische Angriff inzwischen entwickelt hatte.
Beim Angriff der Japaner auf Midway hatten hundertacht Flugzeuge – Jäger,

Sturzbomber und Torpedoflieger – von vier Flugzeugträgern sich zum geschlossenen Angriff formiert; sie hatten ihren Auftrag genau nach Zeitplan erfüllt und waren geschlossen zurückgeflogen. Bei dem amerikanischen Angriff dagegen hatte jeder Flugzeugträger seine Maschinen zu einer anderen Zeit aufsteigen lassen. Die Staffeln der langsamen Torpedoflugzeuge hatten bald die Verbindung mit Jägern und Sturzbombern verloren. Kein amerikanischer Pilot wußte, was die anderen Staffeln außer seiner eigenen taten; ganz abgesehen davon, daß er nicht wußte, wo die Japaner waren. Weiter konnte der Mangel an Organisation nicht gehen.

Die Sturzbomber und Jagdflugzeuge der *Hornet* waren für die Schlacht bereits ausgefallen. Als er die Japaner an dem Punkt, an dem er sie hatte abfangen sollen, nicht fand, hatte ihr Gruppenführer sich nach Süden gewendet und war auf das Atoll zugeflogen – fort von Nagumos Streitmacht. Die Gruppe war dann auseinandergebrochen; manche waren nach Midway geflogen, um dort aufzutanken, andere hatten versucht, zur *Hornet* zurückzukehren. Die Mehrzahl der letzteren stürzte mit stehenden Motoren ins Meer.

Während die Bomber der *Enterprise* unter McClusky westwärts flogen, hatte auch die *Yorktown* ihre Maschinen aufsteigen lassen – allerdings nur die Hälfte. Den Rest wollte Konteradmiral Fletcher für den Notfall zurückhalten.

Nagumos Flugzeugträger waren inzwischen auf Nordkurs gegangen. Seine gesamte Luftstreitmacht war aufgetankt und frisch bewaffnet und bereitete sich darauf vor, um halb elf mit einhundertundzwei Maschinen zum koordinierten Angriff zu starten.

Nur ein einziges aus der Reihe tanzendes Element blieb in diesem alles andere als gut gespielten Spiel: die drei langsamen amerikanischen Torpedostaffeln. Sie operierten ohne gegenseitigen Sichtkontakt, wie der Zufall es eben ergab. Keine dieser Einheiten wußte, wo die andere war. Die Führer dieser schwachen, veralteten Maschinen, drei zähe Einzelgänger namens Waldron, Lindsey und Massey, navigierten auf eigene Faust. Und ausgerechnet sie fanden die Japaner.

»Fünfzehn Torpedoflugzeuge, Peilung 130.«

Nagumo und sein Stab waren keineswegs überrascht, obwohl das abermalige Fehlen jeden Jagdschutzes sie verwundert haben muß. Die Peilung bewies, daß die Maschinen von dem Flugzeugträger kommen mußten, auf den Nagumo zulief, um ihn zu vernichten. Fünfzehn Maschinen, eine Staffel; natürlich würde der Yankee-Flugzeugträger versuchen, den ersten Schlag zu führen. Doch der Vizeadmiral, im Glauben, dem Gegner vier zu eins überlegen zu sein, machte sich keine Sorgen. Er ahnte nicht, daß er auf drei Flugzeugträger

zulief. Der Pilot des Aufklärungsflugzeugs von der *Tone* hatte von den beiden anderen kein Wort verlauten lassen.
Dieser Pilot war ein Unglücksrabe. Er war eine halbe Stunde zu spät gestartet, und so war es zu spät zu seiner wichtigsten Entdeckung gekommen. Zuerst hatte er nicht erkannt, daß es sich bei dem, was er sah, um einen Flugzeugträger handelte; dann hatte er die beiden anderen Flugzeugträger nicht gemeldet. Nach der Rückkehr von seinem Flug verschwand er aus der Geschichte; ein kleines Tier wie die Natter der Kleopatra, war er verantwortlich dafür, daß sich das Glück eines großen Reiches kurz und traurig wendete.
Bei den fünfzehn Torpedoflugzeugen, die auf Nagumo zuflogen, handelte es sich um die Staffel Acht von der *Hornet*. Ihr Staffelkapitän, John Waldron, ein entschlossener und unbeirrbarer Pilot, führte seine Leute schnurgerade und knapp über der Meeresoberfläche auf das Ziel zu, durch Stahlgewitter aus Rauch und Schrapnells und einen Hornissenschwarm von Zeros; welche Gefühle ihn erfüllten, weiß man nicht, denn er gehörte zu den ersten, die den Tod fanden. Während sie sich auseinanderzogen, um beide Flugzeugträger anzugreifen, fingen Waldrons Maschinen Feuer, flogen auseinander und landeten aufspritzend im Meer. Nur wenige hielten lange genug durch, um ihre Torpedos auszuklinken. Und auch der Einsatz blieb erfolglos, denn kein einziger Torpedo traf. Binnen weniger Minuten war es vorbei – wieder ein vollständiger japanischer Sieg.
Doch als die fünfzehnte Maschine knapp vor dem Bug der *Akagi* Feuer fing und qualmend ins blaue Wasser taumelte, fuhr allen, die sich auf der Kommandobrücke befanden, eine Meldung von einem der Begleitfahrzeuge in die Glieder:
»Vierzehn Torpedoflugzeuge im Anflug!«
Noch vierzehn? Die Gefallenen, auferstanden aus der See wie in gruseligen alten Heldensagen, Männer, die in ihren zerschossenen Maschinen nochmals für ihr Vaterland antraten? Das japanische Gemüt ist empfänglich für Poesie, und so wäre es durchaus denkbar, daß ein solcher Gedanke Nagumo durch den Kopf schoß; die Wirklichkeit jedoch war einfach und erschreckend genug. Amerikanische Flugzeugträger verfügten jeweils nur über eine Torpedostaffel; folglich bedeuteten die gemeldeten Maschinen, *daß mindestens ein weiterer Flugzeugträger in der Nähe war.* Die Meldung des gottverlassenen Aufklärers von der *Tone* war wertlos. Ebensogut konnten vier weitere Flugzeugträger im Anmarsch sein, oder gar sieben. Wer weiß, welche Teufelei diese einfallsreichen Amerikaner vorhatten? Die japanische Abwehr hatte schlichtweg versagt. Sollte der Gegner ebenso heimlich, wie Nagumo sich einst an Pearl Harbor herangeschlichen hatte, mehrere neue Flugzeugträger in den Pazifik verlegt haben?

»Sämtliche Vorbereitungen beschleunigen! Klar zum Alarmstart!«
Der in Panik gegebene Befehl, der den Plan eines koordinierten Angriffs ausschloß, erging an alle vier Flugzeugträger. Hornsignale warnten vor dem Luftangriff, über allen Begleitschiffen standen schwarze Flakwölkchen. Die Flugzeugträger scherten auseinander, um den Angreifern auszuweichen, und die Zeros tauchten hinab auf die neue Angriffswelle, die abermals ohne Jagdschutz herangebraust kam. Diesmal handelte es sich um Gene Lindseys Staffel von der *Enterprise*. Der verwundete Staffelführer, kaum genesen, hatte seine Maschinen direkt gegen den Feind geführt, während McClusky sich nach Westen vorgetastet hatte. Zehn Maschinen stürzten ab, darunter Lindseys eigene. Vier entgingen dem Feuer der Zeros und der Abwehrgeschütze, klinkten ihre Torpedos aus und drehten ab. Doch kein Torpedo detonierte. Ein weiterer überwältigender Sieg! Doch die Flugzeugträgerflotte lief jetzt nicht mehr in geordnetem Verband. Ausweichmanöver hatten die *Hiryu* so weit nach Norden getrieben, daß sie kaum noch auszumachen war; die *Akagi*, die *Kaga* und die *Soryu* lagen weit auseinandergezogen auf einer von Westen nach Osten verlaufenden Linie. Die Begleitschiffe waren von Horizont zu Horizont verstreut und stießen dicke Rauchschwaden aus; eines kreuzte das Kielwasser des anderen. Auf den Flugdecks waren Mannschaften und Offiziere unermüdlich am Werk. Sie hatten schon den feurigen Absturz Dutzender von Bombern bejubelt, die von Midway aufgestiegen waren, und jetzt hatten die Zeros zwei Angriffe von Torpedoflugzeugen erfolgreich abgewehrt. Nahezu startbereite Maschinen standen dichtgedrängt auf den vier Flugdecks, aufgetankt und mit Bomben beladen; schwitzend, aber fröhlich versuchten die Decksmannschaften das Durcheinander von Treibstoffschläuchen, Bomben und Torpedos beiseitezuschaffen, damit die Piloten zu weiteren Siegen aufsteigen konnten. Warren Henry hatte sich die *Enterprise* als eine dünnwandige Eierschale vorgestellt, zweihundertfünfzig Meter lang, beladen mit Sprengstoff und Menschen. Hier lagen vier solcher Eierschalen, gewaltige schwimmende Treibstoff- und Munitionslager, an die man nur ein Zündholz zu halten brauchte!
»Feindliche Torpedoflugzeuge, Peilung 095.«
Diese dritte Meldung kam nach einer kurzen Ruhepause. Die Zeros sammelten sich in jener Höhe, von der aus sie sowohl Sturzbomber, die aus großer Höhe angriffen, als auch dicht über der Wasseroberfläche heranbrausende Torpedoflugzeuge zurückschlagen konnten. Die vier Flugzeugträger drehten in den Wind, um die Maschinen zu starten, mußten jedoch alle Augenblicke den Kurs ändern, um den Angreifern auszuweichen. Alle Augen folgten den niedrig fliegenden Angreifern und den Abfangjägern, die im Sturzflug herabstießen, wie um sich im Tontaubenschießen zu üben. Zwölf Torpedoflugzeuge von der

Yorktown kamen dröhnend näher. Diese nun waren endlich von ein paar Jägern begleitet, die verzweifelt über ihnen kurvten; doch das machte kaum einen Unterschied. Zehn Torpedoflugzeuge wurden abgeschossen; zwei überlebten, nachdem sie vergebens ihre Torpedos ausgeklinkt hatten. Alle drei Torpedostaffeln waren vernichtet; Nagumos Geschwader dagegen war unbeschädigt geblieben. Es war zwanzig Minuten nach zehn.
»*Starten zum Angriff!*«
Dieser Befehl erging auf allen vier Flugzeugträgern. Das erste Jagdflugzeug raste über das Deck der *Akagi*.
Genau in diesem Augenblick stieß die verzerrte Stimme eines Stabsoffiziers einen Schrei aus, der Nagumo im Ohr gellen mochte, bis er zwei Jahre später bei einem Angriff von Raymond Spruances Kampfgruppe auf Saipan den Tod fand: »*Sturzbomber!*«
In zwei schrägen Bahnen, die sich bis hoch in die Wolken streckten, stürzten sie sich – unbehelligt von Jägern – auf das Flaggschiff und auf die *Kaga*. Die Zeros befanden sich fast alle in Wasserhöhe, schossen ein Torpedoflugzeug nach dem anderen ab und hielten Ausschau nach weiteren. Ein zweiter Schrei kam von einem Ausguck, der nach Osten zeigte: »*Sturzbomber!*« Eine zweite gepunktete Linie dunkelblauer Flugzeuge schoß auf die *Soryu* hinab.

Der perfekt koordinierte Angriff, der fast auf die Sekunde genau zur richtigen Zeit kam, war zugleich ein grotesker Zufall.
Wade McClusky hatte einen einsamen japanischen Zerstörer auf Nordkurs gesehen. Er mußte von irgendeinem Einsatz zurückkehren, hatte er gefolgert; wenn das stimmte, dann zeichnete er einen langen weißen Pfeil in die See, der direkt auf Nagumos Flotte wies. McClusky hatte die ebenso einfache wie kluge Entscheidung getroffen, umzukehren und dem Pfeil zu folgen.
Inzwischen waren die Torpedoangriffe von Waldron, Lindsey und Massey einander direkt gefolgt, was ein Glücksfall gewesen war. Der nächste glückliche Zufall war, daß McClusky fast unmittelbar darauf die japanische Flotteneinheit sichtete; und noch ein weiterer glücklicher Zufall, daß die Sturzbomber der *Yorktown*, die eine ganze Stunde später aufgestiegen waren, zur gleichen Zeit am Zielort eintrafen.
Bei einem vorausgeplanten koordinierten Angriff bestand die Aufgabe der Sturzbomber eigentlich darin, die Abfangjäger des Gegners abzulenken, damit die verwundbaren Torpedoflugzeuge ihr Ziel anfliegen konnten. Statt dessen hatten hier die Torpedoflugzeuge die Zeros heruntergelockt und den Himmel freigemacht für die Sturzbomber. Kein glücklicher Zufall, sondern Ausdruck amerikanischen Kampfgeistes dagegen war die fraglose Bereitschaft der

Torpedoflugzeugbesatzungen, den Angriff trotz aussichtsloser Übermacht zu fliegen. Durch sie senkte sich innerhalb weniger entscheidender Minuten die Waagschale der Geschichte dramatisch zugunsten der Vereinigten Staaten. Solange Menschen bereit sind, geschichtliche Auseinandersetzungen durch den Tod junger Männer zu entscheiden – aber auch noch in einer besseren Zukunft, wenn diese Form des Menschenopfers abgeschafft sein wird – sollte die Erinnerung an diese drei amerikanischen Torpedostaffeln nicht verblassen. In alten Heldengesängen würde jetzt innegehalten, würden die Namen und die Geburtsorte der Männer aufgezählt werden, die so tapfer gekämpft haben. Folgen wir dieser Tradition; nennen wir hier die Namen der jungen Männer der drei Staffeln, aus bereits vergilbenden Papieren ermittelt.

U.S.S. YORKTOWN

Torpedostaffel Drei

Flugzeugführer

Lance E. Massey, Staffelführer
Descanso, Kalifornien
Richard W. Suesens
Waterloo, Iowa
Wesley F. Osmus
Chicago, Illinois
David J. Roche
Hibbing, Minnesota
Patrick H. Hart
Los Angeles, Kalifornien
John W. Haas
San Diego, Kalifornien
Oswald A. Powers
Detroit, Michigan
Leonhard L. Smith
Ontario, Kalifornien
Curtis W. Howard
Olympia, Washington
Carl A. Osberg
Manchester, New Hampshire

Bordschützen-Funker

Leo E. Perry
San Diego, Kalifornien
Harold C. Lundy, Jr.
Lincoln, Nebraska
Benjamin R. Dodson, Jr.
Durham, North Carolina
Richard M. Hansen
Lakefield, Minnesota
John R. Cole
La Grange, Georgia
Raymond J. Darce
New Orleans, Louisiana
Joseph E. Mandeville
Manchester, New Hampshire
William A. Phillips
Olympia, Washington
Charles L. Moore
Amherst, Texas
Troy C. Barkley
Falkner, Mississippi
Robert B. Brazier
Salt Lake City, Utah

Überlebende

Harry L. Corl
Saginaw, Michigan

Wilhelm G. Esders
St. Joseph, Missouri

Lloyd F. Childers
Oklahoma City, Oklahoma

U.S.S. ENTERPRISE

Torpedostaffel Sechs

Flugzeugführer

Eugene E. Lindsey, Staffelführer
San Diego, Kalifornien

Severin L. Rombach
Cleveland, Ohio

John T. Eversole
Pocatello, Idaho

Randolph M. Holder
Jackson, Mississippi

Arthur V. Ely
Pittsburgh, Pennsylvania

Flourenoy G. Hodges
Statesboro, Georgia

Paul J. Riley
Hot Springs, Arkansas

John W. Brock
Montgomery, Alabama

Lloyd Thomas
Chauncey, Ohio

Bordschützen-Funker

Charles T. Grenat
Honolulu, Hawaii

Wilburn F. Glenn
Austin, Texas

John U. Lane
Rockford, Illinois

Gregory J. Durawa
Milwaukee, Wisconsin

Arthur R. Lindgren
Montclair, New Jersey

John H. Bates
Valparaiso, Indiana

Edwin J. Mushinski
Tampa, Florida

John M. Blundell
Fort Wayne, Indiana

Harold F. Littlefield
Bennington, Vermont

Überlebende

Albert W. Winchell
Webster City, Iowa

Robert E. Laub
Richland, Missouri

Edward Heck, Jr.
Carthage, Missouri

Douglas M. Cossitt
Oakland, Kalifornien

William C. Humphrey, Jr.
Milledgeville, Georgia

Doyle L. Ritchey
Ryan, Oklahoma

Irvin H. McPherson
Glen Ellyn, Illinois
Stephen B. Smith
Mason City, Iowa
William D. Horton
Little Rock, Arkansas
Wilfred N. McCoy
San Diego, Kalifornien

U.S.S. HORNET

Torpedostaffel Acht

Flugzeugführer

John C. Waldron, Staffelführer
Fort Pierre, South Dakota
James C. Owens
Los Angeles, Kalifornien
Raymond A. Moore
Richmond, Virginia
Jefferson D. Woodson
Beverly Hills, Kalifornien
George M. Campbell
San Diego, Kalifornien
William W. Abercrombie
Merriam, Kansas
Ulvert M. Moore
Bluefield, West Virginia
William W. Creamer
Riverside, Kalifornien
John P. Gray
Columbia, Missouri
Harold J. Ellison
Buffalo, New York
Henry R. Kenyon, Jr.
Mount Vernon, New York
William R. Evans, Jr.
Indianapolis, Indiana
Grant W. Teats
Sheridan, Oregon
Robert B. Miles
San Diego, Kalifornien

Bordschützen-Funker

Horace F. Dobbs
San Diego, Kalifornien
Amelio Maffei
Santa Rosa, Kalifornien
Tom H. Pettry
Ellison Ridge, West Virginia
Otway D. Creasy, Jr.
Vinton, Virginia
Ronald J. Fisher
Denver, Colorado
Bernard P. Phelps
Lovington, Illinois
William F. Sawhill
Mansfield, Ohio
Francis S. Polston
Nashville, Missouri
Max A. Calkins
Wymore, Nebraska
George A. Field
Buffalo, New York
Darwin L. Clark
Rodney, Iowa
Ross E. Bibb, Jr.
Warrior, Alabama
Hollis Martin
Bremerton, Washington
Ashwell L. Picou
Houma, Louisiana
Robert K. Huntington
South Pasadena, Kalifornien

Überlebender

George H. Gay, Jr.
Houston, Texas

Natürlich hatte Warren Henry von diesem taktischen Wunder keine Ahnung. In sein Cockpit eingeschlossen, durch die Funkstille isoliert, eingefügt in die Formation blauer Bombenflugzeuge, die über einer dichter werdenden Wolkendecke dahinröhrten, wußte er nur eines: McClusky hatte – aus welchem gesegneten Grunde auch immer – den Kurs gewechselt und war nach Nordosten geschwenkt; die Funkstille war durch den schwachen Sender einer Maschine und dann noch durch einen anderen gebrochen worden, was darauf hindeutete, daß irgend jemand den Feind gefunden hatte. Die nächste Unterbrechung kam durch einen wesentlich stärkeren Schiffssender, von dem unverkennbar die erregte Stimme von Miles Browning an sein Ohr drang: »Greift an! Ich wiederhole: ANGREIFEN!«
Und dann hörte Warren zum erstenmal seit über zwei Stunden den Bariton von McClusky: ruhig, klar verständlich, mit einem leicht sarkastischen Unterton, der junge Berufsflieger, der den alten Hitzkopf besänftigt: *»Wird gemacht, wird gemacht! Wir müssen die Kerle nur erst finden!«* In diesem Augenblick wallte etwas wie Vertrauen zu McClusky in ihm auf. Nach wenigen Minuten kam plötzlich die japanische Flotte unter ihnen in Sicht: ein Riesenpanorama von Schiffen, die von einem Ende des Horizonts zum anderen durch die Löcher in der Wolkendecke sichtbar wurden.
Es sah nicht anders aus als die Pazifik-Flotte bei einem großen Manöver. Das war der erste Gedanke, der Warren durch den Kopf schoß; jetzt im Sturzflug auf sie hinabzustoßen, wollte ihm wie Mord vorkommen. McClusky gab Befehl, auf Angriffshöhe hinunterzugehen. Die Bombergruppe senkte sich auf die gleißenden weißen Wolken, durchbrach die oberste Schicht und sah dann unter den durchsichtigen Schleiern noch tiefer treibender Wolkenfetzen die Schiffe des Gegners unter sich.
Der Flottenverband war ziemlich in Unordnung geraten. Lange Kielwasserspuren schäumten auf und durchfurchten die See in allen Richtungen, als malte ein Kind mit den Fingern weiß auf blauem Grund; die Begleitschiffe schossen hierhin und dorthin; überall trieben die schwarzen Rauchwölkchen über dem blassen Mündungsfeuer der Flakgeschütze. Zuerst hatte Warren nur einen Flugzeugträger wahrgenommen, doch dann waren es drei, die nahezu in

Kiellinie in den Wind hineinliefen, schwarzen Rauch ausstießen und schnurgerade, langgezogene Kielwasser hinter sich herzogen. Ganz weit im Norden war noch ein weiteres großes Schiff zu sehen – vielleicht der vierte Flugzeugträger, umringt von zahlreichen Geleitschiffen.
Ein Schwarm winziger Flugzeuge flitzte nahe über der Wasseroberfläche zwischen den Schiffen hin und her. Warren sah, wie einer eine Rauchfahne hinter sich herzog, ein anderer plötzlich in Flammen aufging: ein Kampf war dort unten im Gange – aber wo blieb die Abwehr? Der Himmel war unheimlich leer. McClusky erteilte bereits Angriffsbefehle. Eine Staffel auf je einen Flugzeugträger; Aufklärer Sechs sollte sich auf den hintersten stürzen, Bomber Sechs auf den zweiten; der dritte sollte vorläufig unbehelligt bleiben. Alles spielte sich sehr schnell ab, denn schon setzte McClusky mit seiner Maschine zum Sturzflug an, und Warrens Staffelführer folgte ihm.
Von jetzt an war ihm alles vertraut: alles verlief wie bei den normalen Angriffsübungen nach dem ABC der Sturzbomber. Der einzige Unterschied – und das sagte er sich in diesen letzten Sekunden, während seine Hand auf dem Sturzflughebel lag und er anfing, sich wohler zu fühlen als jemals in seinem ganzen Leben – der einzige Unterschied bestand darin, daß das längliche Ding, das er aus viereinhalbtausend Meter Höhe treffen sollte, kein Schleppziel war, sondern ein Flugzeugträger! Das machte den Schuß verdammt viel leichter, denn das Flugdeck war hundertmal größer als ein Schleppziel. Mehr als einmal hatte er den Rand eines solchen Schleppziels mit einer Übungsbombe zersplittert.
Und dennoch – *wo steckten die Abfangjäger?* Ihnen hatte die ganze Zeit seine Sorge gegolten, zumal sie selbst ganz ohne Jagdschutz angriffen. Immer wieder blickte er sich suchend nach Zeros um, die aus den Wolken kommen mochten. Doch keine Spur von ihnen. McClusky und die ersten Bomber waren bereits weit unten, eine Maschine nach der anderen folgte ihnen; selbst die Flak schien sie nicht zu belästigen. Warren hatte sich oft ausgemalt, wie ein Angriff auf einen Flugzeugträger wohl aussehen würde – doch was hier geschah, war ein Spaziergang dagegen!
Hochgestimmt sagte er über Bordfunk: »Ja, dann wollen wir mal, was, Cornett? Alles klar?«
»Jawohl, Mr. Henry.« Sachlich, südstaatlich-gedehnt. »Sagen Sie bloß, Mr. Henry, wo zum Teufel stecken die Zeros?«
»Was fragen Sie mich? Beklagen Sie sich etwa?«
»Nein, Sir! Legen Sie ihm nur schön unser Ei aufs Deck!«
»Werd's versuchen! Die Sonne haben wir steuerbord stehen. Von da werden sie vermutlich auftauchen.«

»Okay, Mr. Henry. Ich paß schon auf! Toi, toi, toi!«
Warren zog am Hebel für die Sturzflugklappen. Das perforierte, metallene V spreizte sich an seinen Tragflächen. Sanft wurde die Maschine abgebremst. Der Flugzeugträger entschwand neben dem Rumpf unter der Tragfläche. Die Nase kam hoch, die Maschine zitterte wie ein lebendes Wesen, das ihn warnen wollte; dann schob Warren die Knüppel vor, ließ die Nase direkt auf das Wasser hinunterweisen, das sich tief, tief unter ihnen dehnte, und stürzte hinab wie in der Achterbahn.
Und da – wahrhaftig – hatte er den Flugzeugträger in seinem Zielfernrohr, genau unter dem Fadenkreuz. Wenn jetzt das Fernrohr bloß nicht beschlug, sobald sie in wärmere Luftschichten eintauchten! Die Sicht durch die ölbeschmierte Kanzel war dann nicht besonders gut.
Es war ein hervorragender Sturzflug. Die Gefahr bestand immer darin, übertrieben steil hinunterzugehen und sich nahezu auf den Kopf zu stellen, so daß der Flug praktisch nicht mehr zu kontrollieren war; aber er raste in einer wunderschönen Neigung auf den Flugzeugträger zu, vielleicht in einem Winkel von fünfundsechzig, siebzig Grad, fast ganz von achtern, ein wenig nach backbord, es konnte nicht besser sein. Es saß jetzt nicht auf seinem Sitz, sondern hing mit dem Gesicht nach unten in den Gurten – es war das reine Gefühl des Stürzens. Er hatte es immer mit einem Sprung vom Zehnmeterturm verglichen: man hatte das gleiche Kopf-voran-Gefühl, das gleiche Sich-Zusammenziehen von Eingeweiden und Hoden, das man nie überwand. Der Sturz dauerte lange, fast eine Minute; Warren hätte jedes Durchsacken und Zittern, jeden Ansatz, ins Trudeln zu geraten, abfangen und ausgleichen können, doch bei diesem Sturzflug war es nicht nötig. Mit ganz durchgetretenem Pedal, um das übliche Scheren der Maschine auszugleichen, glitten sie sanft hinunter, der gedrosselte Motor schnurrte, und die Luft rauschte vernehmlich an den Bremsklappen – und das Flugdeck dort unten stand haargenau in der kleinen Linse, die nicht im geringsten beschlug, wurde immer größer und deutlicher erkennbar: das Hartholzdeck in der Sonne gelb leuchtend, der rote Sonnenball deutlich erkennbar auf dem länglichen weißen Feld vor den Decksaufbauten, achtern ein Durcheinander von Flugzeugen, und winzige Japse, die wie die Insekten um sie herumliefen. Der Zeiger seines Höhenmessers glitt über die Skala, seine Ohren dröhnten und es wurde heiß in der Maschine.
Jäh sah er die Wasserfontäne einer nur knapp vorbeigegangenen Bombe neben den Aufbauten hochschießen, und dann zerriß eine gewaltige feurige Explosion die weiße Farbe um den roten Sonnenball; Qualm schoß in die Höhe. Also schon ein Treffer! Er sah, wie zwei Bomber davonrasten. Seine Ohren

schmerzten plötzlich; er schluckte und es knackte in ihnen. Jetzt war der Flugzeugträger in Gefahr; noch ein guter Treffer konnte ihm den Garaus machen. Warren flog in einer Höhe von fünfzehnhundert Metern. Nach den Vorschriften mußte er die Bombe in ungefähr neunhundert Metern Höhe ausklinken. Aber er war entschlossen, mindestens noch bis auf siebenhundertundfünfzig Meter hinunterzugehen. Es war eine Lust, die Maschine zu beherrschen und alle Skalen zugleich, aber auch das immer größer werdende Deck dort unten im Auge zu haben – und vor einer Entscheidung zu stehen, die im Bruchteil einer Sekunde gefällt werden mußte. Er hatte vor, die Bombe mitten in die Flugzeuge hineinzujagen, die er in seinem Zielfernrohr sah. Doch wenn der Flugzeugträger vorher noch einen Treffer abbekam, würde er, statt seine kostbare, eine halbe Tonne schwere Bombe an ihn zu verschwenden, im allerletzten Augenblick über ihn hinwegrutschen und versuchen, den dritten Flugzeugträger weiter draußen zu treffen.

Aber welch ein Ziel, dieses Flugzeuggewirr, das da im Fernrohr auf ihn zugerast kam, so klar erkennbar, daß er deutlich weiße Nummern an den Rümpfen sah und die Japse, die mit den Armen fuchtelnd hin- und herrannten. Keine anderen Treffer bis jetzt; *also ausklinken!* Jetzt raste sein Herz, sein Mund war trocken und seine Trommelfelle knackten. Er riß am Auslösehebel, spürte, wie die Maschine einen kleinen Satz machte, als die Bombe sich löste, wußte, daß er noch ein Stück weiterstürzen mußte, um die Bombe nicht aus der Bahn zu reißen, und dann zog er die Maschine hoch!

Sein Körper sackte auf den Sitz zurück, in seinem Kopf drehte sich alles, er hatte das Gefühl, als klatschte sein Magen gegen die Wirbelsäule, der graue Dunst kam und schwand; er zwang die Maschine in eine Kurve und blickte zurück . . . OH GOTT!

Ein weißes Flammenmeer wogte über die Flugzeuge hinweg, schwarze Qualmwolken darüber; und noch während Warren hinsah, breitete das Feuer sich aus, lief in Windeseile übers Deck, explodierte und schoß in wunderbaren Farben in die Luft: rot, gelb, violett, rosa, und ein farbiger Rauch, der hoch in den Himmel hinaufstieg. Welch ungeheuerliche Verwandlung von einem Augenblick zum anderen! Trümmer flogen in alle Richtungen, Flugzeugteile, Decksteile, Menschen, die hochgewirbelt wurden wie Puppen – welch ein grauenhafter, unglaublich prächtiger Anblick! Und dann eine Riesenflamme, die brüllend himmelwärts stieg und schräg achteraus zurückblieb, denn der schwer angeschlagene Flugzeugträger lief immer noch mit voller Kraft in den Wind.

»Mr. Henry, eine Zero – Winkel acht, Höhe ungefähr dreihundert.« Cornett über Bordfunk. »Sie kommt auf uns zu.«

»Roger.« Warren kippte ab und ging wild kurvend und schleudernd aufs Wasser nieder. Die Wellen brachen sich mit langen weißen Schaumkronen, und er raste durch Gischt, die gegen das Kabinendach prasselte wie Hagel, schoß immer wieder in andere Richtungen und war dankbar, wie gut die Dauntless auf diese verrückten Manöver reagierte. So stand es im Lehrbuch: fast bis aufs Wasser runtergehen, dem Gegner ein möglichst schlechtes Ziel bieten und ihn ins Meer locken. Die Maschine ruckte, und er biß die Zähne zusammen, als Cornett wütend mit seinem MG losratterte. Warren sah, wie nur wenige Meter vor seiner Nase eine Geschoßserie aufspritzend ins Wasser fuhr, und als er aufblickte, sah er, wie die Zero, gelbe Flammen und weißen Rauch spuckend, auf ihn herunterstieß. Der Jäger, der ihn über Pearl Harbor abgeschossen hatte, hatte noch das friedensmäßige Silber gehabt; dieser hier war von einem schmutzigen, verquollenen Grün-Braun; nur die großen roten Kreise auf den Tragflächen waren die gleichen. Die Zero ging unmittelbar über dem Wasser in die Höhe und verschwand im Rauch von Flakbeschuß; Gott, waren diese verdammten Dinger wendig!

Dann bot sich Warren ein tragischer Anblick, den er freilich nur aus den Augenwinkeln heraus wahrnahm: eine blaue Tragfläche mit einem weißen Stern, die aus dem Wasser ragte; nur die Tragfläche, sonst nichts. Sie verschwand, und ein riesiges graues Schiff mit vierzig gelben Lichtern, die ihn anblinkten, tauchten vor ihm auf – ein Schlachtschiff oder ein schwerer Kreuzer. Flakgeschosse detonierten schwarzbraun um ihn herum und schüttelten die Maschine. In Sekundenschnelle war das Schiff unmittelbar vor ihm und versperrte ihm den Weg: eine riesige graue Stahlwand. Warren riß die Maschine hoch, so steil es ging, und die Dauntless brauste unter der Höhe des Pagodenmasts über das Vordeck hinweg; fast hätte er den vorderen Geschützturm mit den grauen Rohren gestreift.

Also war er jetzt außerhalb der Geleitzone. Wenn es ihm gelang, aus der Reichweite der Flak herauszukommen, die das Wasser rund um ihn herum mit Schrapnells eindeckten . . .

»Mr. Henry, da *ist* er wieder. Er war die ganze Zeit hinter uns her.«

»Roger.«

Warren versuchte wieder, in Zickzacksprüngen so dicht wie nur irgend möglich über der Wasseroberfläche zu fliegen, doch jetzt reagierte die Maschine launisch. Die rote Leuchtspur der Zero schoß jetzt backbords vorbei und ließ das Wasser kurz und weiß aufspritzen. Er scherte hart nach rechts aus und hätte ums Haar mit der Spitze einer Tragfläche einen Wellenkamm geschnitten. Die Maschine reagierte anders als zuvor.

»*Yippiiee!* Mr. Henry, ich glaube, ich hab' ihn erwischt.« Cornett krähte wie ein kleiner Junge bei einem Wettspiel seiner Schulmannschaft. »Ich schwör', der geht jetzt nach Hause! Sehen Sie doch, Mr. Henry, er liegt klar achteraus. Er stinkt mächtig!«

Die Dauntless wendete und gewann an Höhe. Der Angreifer wurde immer kleiner; er hielt auf die gegnerische Kampfgruppe zu und zog in der Tat eine rußige Rauchfahne hinter sich her; und hinter ihm, jenseits der Geleitschutzeinheiten, spuckten alle drei Flugzeugträger Flammen und schwarzen Rauch in den blauen, sonnigen Himmel. Wer mochte sich den dritten Flugzeugträger geholt haben? Warren überlegte. Hatte ein anderer Pilot getan, was er sich vorgenommen hatte? Auch der dritte Flugzeugträger stand in Flammen, daran gab es nicht den geringsten Zweifel. Die drei schwarzen Rauchsäulen stiegen hoch über die Kampfgruppe wie drei schwarze Federbüsche am Pferdegeschirr eines Leichenwagens.

Er warf einen Blick auf die Uhr, auf den Kraftstoffanzeiger und auf die Flugkarte. Es war zehn Uhr dreißig; um zehn Uhr fünfundzwanzig hatte er zum Sturzflug angesetzt; ein beträchtlicher Teil seines Lebens ballte sich in diesen fünf Minuten! Der Kraftstoffpegel war zu niedrig, als daß es Sinn gehabt hätte, darüber nachzudenken. Warren war überzeugt, daß die Position der eigenen Kampfgruppe, die der Stab angegeben hatte, falsch war. Diese Trottel hatten sich vermutlich gedacht, daß Spruance volle Fahrt voraus weiterlaufen und den gleichen Fehler begehen würde, den auch die Japaner begangen hatten. Alle Wahrscheinlichkeit sprach dafür, daß er in den Wind gedreht war, um die Jäger der Abwehr oder zurückkehrende Flugzeuge wieder an Bord zu nehmen. Warren flog auf die Peilung 1000 zu und bemerkte, daß die Maschine immer noch recht träge reagierte.

»War das ein Treffer, Mr. Henry! Himmel, ist das Ding in die Luft gegangen!«

»Cornett, beobachten Sie mal das Leitwerk. Ich probiere mal, ob noch alles klappt. Sagen Sie mir, ob an den Flächen was nicht in Ordnung ist.«

»Jawohl, Mr. Henry! Ach du liebe Güte – wir haben kein Seitenruder mehr – nur noch'n kleiner ausgefranster Rest!«

»Na schön!« Warren unterdrückte die Angst, die in ihm aufstieg. »Wir fliegen ja ohnehin zu Mama zurück.«

»Schaffen wir es, Mr. Henry?«

»Warum nicht«, sagte Warren mit mehr Zuversicht, als er wirklich empfand. »Vielleicht müssen wir ein paar Tafeln Schokolade in den Tank tun.«

»Egal wie, Mr. Henry«, sagte Cornett mit einem Lachen, das ganz und gar nicht zu ihm paßte, »es hat sich gelohnt! Was auch immer geschieht, es hat sich gelohnt, diesen Treffer zu landen und zu sehen, wie die Japse da unten schmoren.«

»Richtig.«

Und plötzlich fiel Warren ein, daß die Funkstille beendet war. Er setzte den Kraftstoff aufs Spiel, um auf sechshundert Meter hochzugehen und das Leitsignal der *Enterprise* aufzufangen. Laut und deutlich kam aus Position 1000 voraus das Zeichen Y-E, das er erwartete. Er drosselte den Motor auf Spargeschwindigkeit und ging wieder hinunter zu den weißen Schaumkronen der Wellen. Mit Mühe und Not würden sie es wohl gerade noch schaffen. Außerdem gab es die Rettungszerstörer. Er war dermaßen überdreht, daß selbst eine Notwasserung ihn nicht schreckte. Immer noch sah er die Flammen hochschlagen, die Flugzeuge explodieren, die Menschen auf dem japanischen Flugzeugträger in die Höhe wirbeln. Er hatte es geschafft, *geschafft*, und er lebte noch und kehrte ruhmbekränzt zurück.

Viele Meilen achteraus wurde Vizeadmiral Nagumo von seinen Stabsoffizieren von der brennenden und mit starker Schlagseite treibenden *Akagi* heruntergeholt. Auf seinem Weg zwischen den Leichen der Gefallenen hindurch, die verkrümmt auf dem rotglühenden Flugdeck lagen und nach verbranntem Fleisch rochen, über Decksplatten, die immer noch unter Detonationen erbebten, wollte er nicht wahrhaben, daß man das Schiff verlassen müsse. Er hatte seinen Untergebenen Yamaguchi auf der unbeschädigten *Hiryu* nicht ermächtigt, das Kommando zu übernehmen oder seine Staffeln nach eigenem Ermessen aufsteigen zu lassen. Selbst als er die Jakobsleiter zum Rettungsboot hinunterkletterte, blieb der völlig verwirrte alte Herr immer noch Oberkommandierender der Flugzeugträger-Kampfgruppe. Aber Yamaguchi wartete nicht mehr auf Befehle Nagumos, der vermutlich den Krieg für Japan verloren hatte. Als er sah, daß die ersten Bomben auf der *Kaga* Rauch und Feuer emporschießen ließen, hatte er sofort einen Gegenangriff befohlen.

31

Midway (Schluß)

(aus ›Welt im Untergang‹ von Armin von Roon)

Die zweite Phase

Die Eröffnungsphase der Schlacht zog sich fast über den ganzen Vormittag des 4. Juni hin.

Die Mittelphase dauerte fünf Minuten.

Das Ende brauchte vier Tage.

In den Annalen der Kriegsgeschichte von ihren unsicheren Anfängen in chinesischen und ägyptischen Berichten bis in die moderne Zeit gibt es nichts, das sich mit der welthistorischen zweiten Phase, den fünf Minuten von Midway, vergleichen ließe.

Zwischen 10.25 Uhr und 10.30 Uhr dieses schicksalsschweren Tages, in einem außerordentlich geringen Zeitraum also, wurden drei japanische Flugzeugträger mit ihren Flugzeugen in rauchendes Treibgut verwandelt. Diese gigantischen Opfer verkörperten die Kraft des japanischen Volkes, den Höhepunkt eines heroischen Bemühens, in die Reihe der führenden Militärmächte aufzusteigen. In diesen fünf explosiven Minuten wurde Japans Ansehen in der Welt, um das es von Tsushima bis Singapore, Manila und Burma emsig bemüht gewesen war, zerschlagen; dennoch mußte Japan noch drei Jahre lang Niederlagen und zum Schluß die Schrecken des Atomschlages über sich ergehen lassen, ehe es sich mit dieser Tatsache abfand.

Nach Midway »führten wir den Krieg im Pazifik so, wie wir ihn zwanzig Jahre lang auf der Kriegsschule erarbeitet hatten« – so Admiral von Nimitz; seine Bemerkung zeigt, wie lange die angloamerikanischen Plutokratien schon aggressive Absichten hegten. Der Rest dieses Krieges ist für deutsche Leser nur von untergeordnetem Interesse; doch dieser brillante Klassiker der Seekriegsführung lohnt die Analyse.

Der Zufall wollte es, daß mitten in der Auseinandersetzung der Befehl über die vereinigten amerikanischen Kampfgruppen einem unbekannten jüngeren Stabsoffizier zufiel. Vizeadmiral Halsey – wenn man will, ein General Patton zur See, ein kühner Draufgänger – war kurz vor Auslaufen der Flotte erkrankt, sonst hätte er den Kampf geführt. Der Vertreter, den er vorschlug, war sein Freund Raymond A. Spruance, ein stiller, in sich gekehrter Mann, der Halseys Geleitschutz befehligte. Konteradmiral Frank Jack Fletcher, Kommandeur der Kampfgruppe Siebzehn, war dienstälter als Spruance und sollte nach Nimitz' Absicht die Schlacht leiten. Wie das Glück es wollte, fiel diese Aufgabe jedoch Spruance zu, und er erwies sich als

einer der großen Admirale der Weltgeschichte. Das Glück, das die Vereinigten Staaten schon immer begünstigt hatte, war ihnen an diesem 4. Juni 1942 besonders gewogen. Wie lange es noch anhalten wird, mögen die Götter wissen, die diesem Krämervolk, das aus einer Blutmischung ohnegleichen hervorgegangen ist und eine Cowboy-Kultur hat, einen jungfräulichen Kontinent mit fast unerschöpflichen Rohstoffen bescherten.
Spruance traf vor Midway drei Entscheidungen von historischem Ausmaß. Dieser scheue, zurückhaltende Mann, der weder aus einer besonderen Familie stammte noch über eine besondere Ausbildung verfügte, zeigte im Gewirr der Schlacht eine erstaunliche Fähigkeit, zu denken und zu handeln. Nach Midway errang er noch viele Siege, bei denen er weit größere Flottenverbände befehligte; doch für die Geschichte wird er, wie Nelson der Sieger von Trafalgar, für immer der Sieger von Midway sein.

Die erste Entscheidung

Spruances erste wichtige Entscheidung war, alle Maschinen der *Hornet* und der Enterprise um sieben Uhr morgens in großer Entfernung vom Gegner starten zu lassen, um den ersten Überraschungsschlag zu führen. Das Risiko war außerordentlich groß. Einige seiner Staffeln konnten den Gegner nicht einmal finden. Fast der Hälfte seiner Flugzeuge ging der Kraftstoff aus; sie landeten im Meer, kehrten mit ihrer Bombenlast zurück oder flogen, ohne überhaupt einen Schuß abzufeuern, nach Midway. Dennoch erreichten genug Sturzbomber Nagumos Kampfgruppe und flogen einen Blitzangriff, bei dem die *Akagi,* die *Kaga* und die *Soryu* brennend auf der Strecke blieben. Gerade darauf kam es an. Spruance gewann dieses welthistorische Pokerspiel.
Auch hier wurde er vom sprichwörtlichen Glück der Amerikaner begünstigt; seine umherirrenden Staffeln trafen sich ausgerechnet über der japanischen Flotte. Daß ein kombinierter Angriff zustande kam, war Zufall. Den Schaden richteten die Sturzbomber an; sämtliche Torpedoflugzeuge wurden abgeschossen. Im Gegensatz dazu flogen später an diesem Tage die Torpedoflugzeuge der *Hiryu* einen Angriff, bei dem die *Yorktown* schwer beschädigt wurde. Sowohl technisch als auch zahlenmäßig waren die Amerikaner bei Midway unterlegen; was Spruances Führungseigenschaften nur um so strahlender hervortreten läßt.
Konteradmiral Fletcher verzögerte den Start der Maschinen der *Yorktown* vorsichtig um über eine Stunde. Und dann ließ er auch nur die Hälfte seiner Flugzeuge aufsteigen. Als die schwer angeschlagene *Yorktown* aufgegeben werden mußte, wechselte Fletcher mit seinem Stab auf einen Kreuzer seines Geleitschutzes über und legte das Kommando beider Kampfgruppen in Spruances Hände. Dies ist in Fletschers seemännischer Karriere die einzige Handlung von Bedeutung, die der Autor feststellen konnte.

Anmerkung des Übersetzers: *Als Fletcher die* Yorktown *verlassen mußte, signalisierte er Spruance: »Schließe mich allen Ihren Bewegungen an«, und gab damit großmütig die Führung einer bedeutenden Schlacht ab. Das war mehr, als Nagumo je erreichte. Fletcher wußte, daß Spruance den Stab, die Nachrichtenmittel und die Flugzeugträger hatte, um die Schlacht weiterzuführen. Er tat das einzig Vernünftige. – V.H.*

Nagumos Unschlüssigkeit

In noch krasserem Gegensatz steht Spruances Leistung zu der von Nagumo. Nagumo war ein Flugzeugträger-Fachmann, als Stabsoffizier so erfahren wie Spruance unerfahren; zudem befehligte er die beste Trägerflotte, die es gab. Unter dem gleichen Druck stehend, unter dem auch Spruance stand, mit einem eingearbeiteten Stab, der jeden seiner Wünsche erfüllte, mit Schiffen und Flugzeugen, die mit der Präzision eines klassischen Balletts arbeiteten, verlor Nagumo eine Schlacht, die eigentlich nicht verloren werden konnte.
Abermals waren die Amerikaner vom Glück begünstigt. Die Startschleuder des Kreuzers *Tone* hatte einen Defekt. Die Folge war, daß der Aufklärer, der jenes Gebiet absuchen sollte, in dem sich die Amerikaner zufälligerweise verbargen, nicht rechtzeitig starten konnte. Der Pilot gab unpräzise Meldungen. Doch die Presse übertrieb in ihren Berichten vom berühmten »Aufklärer von der *Tone*«. Nichts kommt im Kriege häufiger vor als unzuverlässige Meldungen von Aufklärern oder Vorposten. Sobald Nagumo von der Anwesenheit amerikanischer Schiffe erfuhr, hatte er davon auszugehen, daß es sich um Flugzeugträger handelte, und so schnell wie möglich einen Angriff befehlen müssen. Statt dessen blieb er unschlüssig. Belästigt von Luftangriffen von Midway, die ihm keinerlei Schaden zufügten, änderte er mehrmals seine Absichten und ließ die Waffen seiner Flugzeuge vom Typ 97 mehrfach auswechseln. Diesem Dilemma bereiteten Spruances Sturzbomber ein Ende, indem sie ihn vernichteten.
Nagumo selbst kam mit dem Leben davon. Es gelang ihm, die *Akagi* zu verlassen, indem er an einem Tau von seiner Brücke herunterkletterte. Anders als Fletcher, wollte er den Befehl nicht aus der Hand geben; dabei hatte er in Konteradmiral Yamaguchi an Bord der *Hiryu* einen fähigen Untergebenen, der in der Lage war, weiterzukämpfen. Man fragt sich, welche Gefühle Vizeadmiral Nagumo beseelt haben müssen, als er im offenen Boot saß und ringsum im Schein der Morgensonne drei Flugzeugträger in Flammen standen – die Scheiterhaufen der ersten Garnitur japanischer Piloten und Trägerflugzeuge, ein unersetzlicher Verlust. Sein Verhalten läßt den Schluß zu, daß er unter Schockeinwirkung stand; er befahl den ungeordneten Rückzug und gab Meldung an Yamamoto, fünf amerikanische Flugzeugträger jagten ihn. Yamamoto entband ihn mitten in der Nacht von seinem Kommando. Yamaguchi, der die Schlacht möglicherweise

gewonnen hätte, zog es vor, mit der *Hiryu* unterzugehen.
Von seiner Unschlüssigkeit abgesehen, beging Nagumo noch einen weiteren unverzeihlichen Fehler. Unmittelbar vor den entscheidenden fünf Minuten befahl er der *gesamten* Abwehr, sich auf die Torpedoflugzeuge zu stürzen. Wo Torpedoflugzeuge auftauchten, konnten Sturzbomber nicht weit sein. Wäre die Hälfte der Jäger in größerer Höhe geblieben – die ganze Schlacht und möglicherweise sogar der gesamte Krieg hätten einen anderen Verlauf nehmen können; doch im Augenblick höchster Gefahr blieben die oberen Regionen des Himmels ungeschützt.

Spruances zweite Entscheidung

Die tragische Meldung von der Katastrophe erreichte Großadmiral Yamamoto dreihundert Meilen vom Schauplatz der Schlacht entfernt und nach langen, gespannten Stunden des Schweigens, in denen er jeden Grund zu der Annahme hatte, daß Nagumo wie üblich Erfolg beschieden sei. Als ahnte er, daß ihm Schwierigkeiten bevorstünden, litt Yamamoto seit Tagen an Magenschmerzen. Als die Katastrophenmeldung eintraf, nahm der kränkelnde alte Herr wieder alle Kraft zusammen.
Er scheint zu dem Schluß gekommen zu sein, daß Japan die erste Runde verloren hätte. Die aggressive amerikanische Seekriegsleitung würde den Bezwinger Nagumos zweifellos die Verfolgung nach Westen antreten lassen. Das wiederum war die goldene Gelegenheit, sich seinerseits in den Hinterhalt zu legen und Nimitz' schwache Flotteneinheiten zu vernichten. Diese Überlegung war keineswegs von der Hand zu weisen; viele berühmte Siege entwickelten sich aus Niederlagen. Yamamoto war dem Gegner mit seinem Flottenverband zahlenmäßig immer noch weit überlegen. Die vier verstreuten Flugzeugträger konnten zusammengerufen werden. Die *Hiryu* war voll einsatzfähig. An die Kaiserlich Japanische Flotte ergingen dringende Befehle, sich bei Yamamotos Schlachtschiffen zu sammeln.
Von diesem Zeitpunkt bis zur Abenddämmerung des 4. Juni wechselte in der Kommandozentrale des Schlachtschiffes *Yamato* die Stimmung mit den eintreffenden Meldungen. Die Antwort der Flugzeugträger vor den Aleuten war bedrückend. Sie konnten nicht vor Ablauf von drei Tagen eintreffen. Die *Hiryu* meldete, ihre Piloten hätten einen Flugzeugträger des Gegners mit Sturzbombern angegriffen; später, ihre Torpedoflugzeuge hätten einen zweiten Flugzeugträger kampfunfähig geschossen. Diese Meldung bereitete große Freude, beruhte aber auf einem Irrtum. Die *Hiryu* hatte die *Yorktown* zweimal angegriffen – einmal mit ihren Sturzbombern, und dann, sehr ernsthaft, mit ihren Torpedoflugzeugen. Aber die vorzügliche amerikanische Schadensbekämpfung hatte die Feuer nach dem ersten Angriff bald gelöscht. Die Hochstimmung bei den Japanern verflog, als die *Hiryu* bei Sonnenuntergang meldete, sie selbst sei getroffen worden und stehe in Flammen.

Trotzdem lief Yamamoto verbissen weiter nach Osten. Sein Ziel war jetzt, ein nächtliches Treffen zu erzwingen. Wenn er nur an die dünnwandigen, empfindlichen amerikanischen Flugzeugträger herankam! Mit seinen großen Geschützen konnte er sie wie Fährschiffe versenken, den Geleitschutz davonfegen und die Niederlage in einen Sieg verwandeln; danach konnte er immer noch Midway nehmen. Seine ganze Hoffnung beruhte jetzt darauf, daß die Amerikaner blindlings in die Reichweite der 45-cm-Geschütze der *Yamato* hineinlaufen würden – und die gewaltige Feuerkraft der anderen Schlachtschiffe und Kreuzer und der verheerenden Langstreckentorpedos der japanischen Zerstörergeschwader.
Hätte Vizeadmiral William F. Halsey die Schiffe der Vereinigten Staaten befehligt, wäre das wahrscheinlich gewesen. In solchen Situationen lag es in Halseys Natur, sich mit kriegerischem Ungestüm auf den angeschlagenen Gegner zu stürzen.
Doch das Kommando lag in Händen von Raymond Spruance. Spruance lief gerade lange genug auf Yamamotos näherkommende Verbände zu, um die *Hiryu* zu erreichen und sie zu vernichten. Sodann nahm er seine Flugzeuge wieder an Bord und ging auf Gegenkurs: in Richtung Osten, also weg vom Gegner. Nach Mitternacht wechselte er abermals den Kurs, und bei Morgengrauen war er wieder in der Lage, Midway mit Hilfe seiner Flugzeuge vor einem möglichen Landeunternehmen zu schützen.
Dieses Manöver ist der Schlüssel des Sieges bei Midway: die beste Kommandoentscheidung des Krieges im Pazifik und eine der besten in der Geschichte der Seekriegsführung überhaupt. Sie war von großer Weisheit diktiert, sie war die Einfachheit selbst – und sie zeitigte Folgen von welthistorischem Ausmaß.
Damals hat man die Dinge nicht gleich so gesehen. Spruance mußte noch während der Schlacht von seinen Vorgesetzten in Pearl Harbor und Washington Vorhaltungen einstecken, weil er es versäumt hatte, den geschlagenen Feind zu verfolgen. Sein eigener Stab – oder vielmehr: Halseys Stab, der seinen neuen Admiral, einen Nicht-Flieger, weder mochte noch verstand – war von seinen Entscheidungen enttäuscht. Hinterher erklärten Stabsoffiziere, die herannahenden Schiffe des Gegners seien vom Radar entdeckt worden, und folglich hätte die Kampfgruppe niemals den Kontakt mit dem Gegner verloren. Diese Ansicht herrscht noch immer in der amerikanischen Militärliteratur vor, und Raymond Spruance gilt noch heute als ein übervorsichtiger Offizier.
Diese Kritik irrt. Nachdem er mit weit unterlegenen Kräften eine Schlacht gewonnen hatte, wollte er seinen Sieg nicht den Risiken eines elektronischen Geräts aussetzen. Vielmehr postierte er seine Flotte da, wo sie sowohl geschützt als auch gefährlich blieb. Weder Spruance noch Nimitz wußten, wo Yamamotos Schlachtschiffe waren. Konteradmiral Spruance entging der Falle Yamamotos, indem er sich auf seinen militärischen Instinkt verließ. Erst viele Monate später rückte der amerikanische Geheimdienst mit den Fakten über Yamamotos Flottenbewegung heraus; sie bestätigten, daß Spruances blind gefällte zweite Entscheidung ein historisches Meisterstück war.

Spruances dritte Entscheidung

Kurz nach Mitternacht wußte Yamamoto, daß er geschlagen war, daß es nicht zu einem Nachtgefecht kommen würde, und daß er bei Tagesanbruch bereits in die Reichweite der auf Midway stationierten Flugzeuge geraten konnte. Quälende Stabsbesprechungen folgten. Für Yamamoto und seine Offiziere, die im luxuriösen Befehlsstand des mächtigsten Schlachtschiffs auf den Weltmeeren zusammensaßen und eine Schlachtflotte von immenser Feuerkraft durch die Nacht führten, muß die Frustration schlimm gewesen sein. Die aus allen wichtigen Schiffstypen zusammengesetzte Flotte war wie ein Gorilla, der sich einer Kobra gegenübersieht; wenn es ihm gelang, den unbedeutenden Feind nur ein einziges Mal zu fassen, er würde ihn zerfetzen! Aber die Kobra hatte zugeschlagen und war davongeglitten.

Yamamotos Operationsoffizier, der bereits bekannte Kapitän Kuroshima, kam mit einem kühnen Vorschlag. Solle die Kaiserlich Japanische Flotte doch geradewegs weiter auf das Atoll zulaufen, die dortigen Flugplatzeinrichtungen mit Geschützfeuer in Schutt und Asche legen und dann die Landung vollziehen! Die auf Midway stationierten Kampfflugzeuge hatten gegen Nagumo nichts ausrichten können, ein Großteil von ihnen war ins Meer gestürzt. Mit denjenigen, die noch übriggeblieben waren, könne nicht viel Staat zu machen sein. Was die amerikanischen Flugzeugträger betreffe, so hätten sie gewaltige Verluste an fliegendem Material erlitten; zwei von ihnen (wie er glaubte) seien kampfunfähig oder gar versenkt. Die konzentrierte Flak des Hauptflottenverbands zusammen mit den Wasserflugzeugen der Kreuzer und den Maschinen der beiden leichten Flugzeugträger werde gewiß mit dem fertigwerden, was von der amerikanischen Flugzeugträgermacht noch übrig geblieben war.

Doch dieser Plan wurde als selbstmörderische Tollheit abgetan. Der Stab verspürte kaum noch Antriebskraft. Yamamoto wies Kuroshimas Vorschlag sofort von sich, und bei allem Respekt vor dem Andenken des großen Kriegsmannes fragt der Autor sich, warum. Spruance war ja durch Flugzeugverluste in der Tat schwer angeschlagen. Die auf Midway stationierte Luftstreitmacht war ein jämmerlicher Mischmasch schwacher Armee- und Marineeinheiten. Aber Schlachten folgen nun einmal einem unerbittlichen Rhythmus. Für die Japaner war die Zeit wagemutiger Unternehmungen vorbei.

Immerhin war Yamamoto bereit, auf seine Weise zu kämpfen. Das Atoll war zwar nicht mehr zu nehmen, aber die kleine amerikanische Pazifikflotte war weit über den Schutz der Luftwaffe von Pearl Harbor hinausgelockt worden. Darin lag eine große Chance. Wenn man sie nur zur Schlacht stellen und vernichten könnte; dann würde das Unternehmen Midway von der Geschichte immer noch als Erfolg bewertet werden.

Yamamoto faßte zwei weitere Fallen für den Gegner ins Auge. Er schickte sich an, auf Westkurs den Rückzug anzutreten. Zweifellos würde der Gegner ihn verfolgen und immer wieder kleinere Störangriffe unternehmen. Jetzt hoffte er, den Gegner in die Siebenhundert-Meilen-Zone um Wake Island, die von Flugzeugen bestrichen werden konnte, zu locken und sich dort mit aller Macht auf ihn zu stürzen – mit Schlachtschiffen, schweren Kreuzern und Zerstörerflottillen. Die gewaltige Streitmacht hatte bis jetzt noch keinen Schuß abgegeben und kein feindliches Flugzeug zu Gesicht bekommen. Daß sie sich jetzt vor zwei vom Kampf zermürbten amerikanischen Flugzeugträgern und ihrem Geleitschutz zurückzog, war grotesk. Gleichzeitig befahl er den Flugzeugträgern bei den Aleuten, ihren Angriff weiterzuführen. Die Besetzung der Inseln Attu und Kiska sollte ihren Fortgang nehmen. Möglich, daß dann die amerikanische Flotte den Befehl erhielt, nach Norden zu laufen, wo sie fünf schweren Kreuzern, einem leichten Flugzeugträger und dem gewaltigen Flugzeugträger *Zuikaku* begegnen mußte, die – endlich repariert und mit frischen Piloten und Flugzeugen ausgestattet – mit Höchstgeschwindigkeit auf die Aleuten zuliefen.

Die beiden Arme des Gorillas sollten die Kobra gleichsam von Westen und von Norden her packen.

Spruance nahm die Verfolgung auf. Marinefachleute sagen: »Eine unerbittliche Jagd ist eine lange Jagd.« Die letzte Phase zog sich zwei Tage hin; Yamamoto zog sich zurück und die amerikanische Flotte machte Jagd auf ihn. Der Rest von Spruances Sturzbombern konnte gegen Ziele, die kleiner waren als Flugzeugträger, kaum etwas ausrichten. Das einzige Schiff, das auf dieser langen Jagd noch auf den Grund des Meeres geschickt wurde, war ein schwer havarierter Schwerer Kreuzer, der bei einem Ausweichmanöver vor eingebildeten Untersee-Booten mit einem Schwesterschiff kollidiert war. Kuroshima hatte vielleicht völlig recht mit seiner Annahme, daß Spruance für die Hauptverbände der Flotte keinerlei Bedrohung darstellte. Doch der Stab der *Enterprise* drängte Spruance immer weiter auf Westkurs. Daß man den Gegner verfolgen und vernichten müsse, war für sie ein geheiligtes Gesetz.

Spruances dritte bedeutende Entscheidung bestand darin, sich über dieses Drängen hinwegzusetzen, eindringliche Mahnungen von Nimitz in den Wind zu schlagen, die Verfolgung abzubrechen und die Schlacht zu beenden. Er wollte nicht in den bedrohten Luftraum von Wake Island eindringen. Das sieht geradezu nach einer Art von Zweitem Gesicht aus. Es wird berichtet, daß er es seinem Stab auf ganz einfache Weise klargemacht habe: »Wir haben ungefähr allen Schaden angerichtet, den wir anrichten können. Machen wir, daß wir hier rauskommen.« Seine Schiffe hatten keine Kraftstoffreserven mehr, seine Flieger waren erschöpft; ein Gegner von unbekannter, aber jedenfalls großer Stärke entzog sich ihm hinter dem Horizont; die bekannte Gefahr, die durch Luftwaffeneinheiten drohte, die an Land stationiert waren, verbot kategorisch, der Lehrmeinung ›Verfolgung um jeden Preis‹ zu folgen. Zu diesem Schluß kam Konteradmiral Raymond Spruance, und damit besiegelte er seinen Sieg bei Midway.

Im allerletzten Augenblick lief seine Leistung noch Gefahr, zunichte gemacht zu

werden, denn Admiral Chester von Nimitz schnappte nach dem Aleuten-Köder und befahl Spruance, nach Norden zu laufen. Glücklicherweise besann Nimitz sich später eines Besseren und nahm den Befehl wieder zurück. Am 11. Juni lief die Kampfgruppe Sechzehn wieder in den Hafen von Pearl Harbor ein und erfuhr dort, Heeresflieger hätten die Schlacht um Midway dadurch gewonnen, daß sie vier Flugzeugträger, etliche Schlachtschiffe usw. versenkt hätten. Diese Geschichte stand in jeder Zeitung. Ganz Hawaii glaubte sie. Eine Zeitlang glaubte ganz Amerika daran. Raymond Spruance gab in der Öffentlichkeit nie einen gegenteiligen Bericht ab. In Fußnoten zu Nachkriegsberichten und Memoiren gab das Heeresfliegerkorps zu, daß es bei Midway keinerlei Schaden angerichtet habe.
Einmal, wesentlich später in seinem Leben, als man Raymond Spruance zu seinem Sieg beglückwünschte, erwiderte er: »Es gab Hunderte von Spruances in der Navy. Daß ich diesen Auftrag erhielt, ist Zufall.« Tatsache ist, daß es nur einen Spruance gab, nur einen, der Amerika in einer schicksalsschweren Stunde geschenkt wurde.
Strategisch hatte der große Nimitz-Spruance-Sieg drei Folgen:

1. Amerikanische Unterseeboote konnten weiterhin mit vollen Treibstofftanks von Midway aus operieren und nicht nur von Pearl Harbor aus – Hin- und Rückweg machen zusammen immerhin 2300 Meilen aus. Dadurch vervielfachte sich ihre Schlagkraft während des gesamten Krieges. William F. Halsey schrieb später, die U-Bootkriegsführung stehe bei den Ursachen für die japanische Niederlage an erster Stelle.
2. Die erstklassigen japanischen Flugzeugträger-Staffeln wurden vor Midway abgeschossen. Der Verlust dieser Kader von Führern und Ausbildern wurde nie wieder wettgemacht.
3. Japan erlebte über Nacht einen Umschlag des Kampfgeistes: aus Elan wurde Verzweiflung. Moralisch gesehen, war Japan vom 4. Juni 1942 10.30 Uhr an auf der Flucht. Gleichwohl hat sich dieses tapfere Volk bis zu allerletzt hervorragend bewährt.

Yamamoto – ein Nachruf

Die geschlagene Kaiserliche Flotte schlich zurück in die Bucht von Hiroshima. Yamamoto wußte immer noch nicht, daß er weder von Nimitz noch von Halsey geschlagen worden war, sondern von einem unbekannten, namenlosen, aus dem Nachwuchs der amerikanischen Konteradmirale stammenden Ersatzmann.
Die Amerikaner hatten nur vier Konteradmirale in die Schlacht geschickt: Fletcher, Spruance und die beiden Befehlshaber der Geleitschutzverbände. Die Kaiserlich Japanische Flotte hingegen segelte unter Großadmiral Yamamoto, dem fünf Vizeadmirale und dreizehn Konteradmirale zur Seite standen. Yamamoto nahm sein Hauptquartier mit auf See, während Nimitz es vorzog, an Land zu bleiben, wo

er über Funk mit seinen Einheiten in Verbindung blieb, Meldungen erhielt und keinen Augenblick die Übersicht verlor. Der Kurs, den Nimitz einschlug, war der vernünftigere.
Yamamoto, der den überwältigenden Sieg von Pearl Harbor zuwege gebracht hatte, verbrachte die Schlacht von Midway auf einem zum Schweigen verdammten Giganten, dem größten Schlachtschiff der Welt. Blickt man heute zurück, sieht es so aus, als hätte er die Lehre von der See-Luft-Kriegsführung, die er der Welt erteilte, selbst nicht begriffen. Seinem Plan zufolge sollten die Flugzeugträger die Bedrohung der auf Midway stationierten Flugzeuge ausschalten; dann wollte er mit seinem Hauptflottenverband in großem Stil losdampfen, auf Nimitz' Flotte stoßen, diese vernichten und die Entscheidungsschlacht im Pazifik gewinnen. Diese trügerische Vision hielt ihn bei Midway davon ab, ins Geschehen einzugreifen.
Radio Tokio verkündete einen gewaltigen Sieg, doch der Name Midway kam seither in der japanischen Kriegsberichterstattung nicht wieder vor. Die Überlebenden wurden zum Schweigen verpflichtet. Viele Berichte wurden unterdrückt oder gingen verloren, so daß die japanische Seite der Schlacht niemals angemessen belegt werden wird. Trotzdem bedeutete die Niederlage nicht Yamamotos Sturz. Er war der größte japanische Kriegsheld. Er war Militärattaché an der japanischen Botschaft in Washington gewesen, hatte Japan bei den Seefahrtskonferenzen der zwanziger Jahre vertreten und dabei erreicht, daß Japan den Seemächten der Weißen als gleichberechtigt anerkannt wurde. Er war gegen den Krieg mit Amerika gewesen; doch nachdem er seine Befehle erhalten hatte, tat er sein Bestes.
Yamamoto führte die Kaiserlich Japanische Kriegsmarine bis zum April 1943. In diesem Monat erfuhr Admiral von Nimitz, daß Yamamoto per Flugzeug eine Inspektionsreise durch den Südpazifik mache; er befahl, sein Flugzeug abzufangen und abzuschießen. Zwischen Hektor und Achilles herrschte wohl mehr ehrenhaftes Verhalten als bei diesem heimtückischen Mord.
Bei Midway wurde der dramatische militärische Aufstieg der Welt der Farbigen im Industriezeitalter gebremst und zurückgeworfen; vielleicht nicht für alle Zeiten, mit Sicherheit jedoch für fünfzig oder hundert Jahre. In der Schlacht um Midway gewann die weiße Rasse nach dem Fall von Singapore wieder die Oberhand.
Doch der Gestalt von Isoroku Yamamoto gegenüber muß der Militärhistoriker innehalten. Wenn Nagumo die typische Reaktionsweise des unter Druck stehenden Farbigen zeigte – sich also ziellos, zögernd und unentschlossen verhielt –, so stellte Yamamoto sich mit einer Festigkeit, einem Edelmut und einer Klarsicht auf die Katastrophe ein, die eines Moltke oder Manstein würdig gewesen wären. Europa und Amerika sollten nie vergessen, daß Asien solche Männer hervorbringen kann.

Midway: die entscheidende Lektion

Die innerhalb von fünf Minuten vollzogene Wende, die das japanische Volk bei Midway erfahren mußte, führt zu einer letzten Überlegung.
Industrielle und wissenschaftliche Entwicklungen ermöglichen es heute, ganze Länder wie durch einen Blitzschlag à la Midway zu vernichten. Das Midway unserer Zeit wäre der atomare Überraschungsschlag und der Gegenschlag mit kolossalen Raketen zwischen dem US-Kapitalismus und dem russischen Bolschewismus. Diese gleichermaßen brutalen, rein materialistischen Weltanschauungen unserer Zeit sind geistige Höllen, unfähig, die Gewalten zu beherrschen, die in ihre Hand gegeben sind. Beide treiben heute die Logik des Flugzeugträgers wesentlich weiter als damals. Ganze Landmassen mit ihren Bevölkerungen sind heute Flugzeugträger und Mannschaft; beide Nationen sind in nie dagewesenem Grade verwundbar und destruktiv.
Die Geschichte muß weitergehen bis zum bitteren Ende. Vielleicht bringt unser niedergerungenes, gespaltenes und verstümmeltes Vaterland kraft seiner im Zweiten Weltkrieg erlittenen Qualen einen neuen Philosophen hervor – einen Kant, Hegel oder Nietzsche –, der der Menschheit seinen Ausweg aus dieser schrecklichen Sackgasse weist. Der deutsche Genius war solch faustischen Dranges, über das Gegebene hinauszugreifen, stets fähig.
Sonst sehen die Aussichten düster aus. Amerikaner und Russen sind Blutsbrüder in kulturloser Härte; dabei machen die Amerikaner bisweilen den Eindruck, als ginge ihnen nichts über das Wohlleben, und die Russen, als seien sie nichts weiter als schafsköpfig. Ihnen bedeutet es wenig, daß bei dem Zweikampf hirnloser Giganten, den sie ausfechten, fast alles Leben bedroht ist und aller menschlicher Fortschritt seit den Römern verdammt zu sein scheint. Wie die Dinge heute liegen, wird dieser oder jener ihrer kleinen Verbündeten sich eines unerwarteten Tages als das Serbien oder Polen eines Dritten Weltkrieges erweisen. Dabei wird es sich jedoch nicht um einen Krieg im herkömmlichen Sinne handeln, sondern um einen Midway-Blitz der Kontinente.

Anmerkung des Übersetzers: *Über von Roons rassistische Ansichten auch nur ein Wort zu verlieren, hieße, ihm zuviel Ehre anzutun. Der Befehl, Großadmiral Yamamoto abzuschießen, stammt vom Marineminister Frank Knox, einem ehemaligen Zeitungsverleger. Chester Nimitz wurde von diesem Vorhaben in Kenntnis gesetzt und hieß es gut, da er Yamamotos militärisches Gewicht, das mindestens dem von vier Flugzeugträgern gleichkam, für unersetzlich hielt. Die Japaner hatten sich Hitlers verbrecherischem Angriff auf die Zivilisation angeschlossen und mußten die Folgen tragen; das galt auch für Yamamoto. – V.H.*

32

Den Kopf in die Hand gestützt, hockte Captain Henry in seiner Kabine über einem Kriminalroman. Die Zigarette drohte ihm die Finger zu versengen.
»Die Flieger haben die Funkstille gebrochen, Captain.« Hines, der Quartermaster, grüßte unter der Tür.
»Danke.« Pug sprang auf und eilte ins Ruderhaus, wo sein Versuch, sich gelassen auf den hohen Stuhl zu setzen, niemanden täuschte. Die Schiffsclowns hatten längst gelernt, seine gebeugte Haltung und die ruckhaften Bewegungen mit der Zigarette nachzuäffen, die er machte, wenn er unter Spannung stand. Die Männer auf Wache tauschten wissende Blicke, als er den Kopf zwischen die Schultern zog, rauchte und auf die See hinausstarrte. Über die Brückenlautsprecher kam kratzend und schlecht verständlich der Sprechfunkverkehr zwischen den weit entfernten Flugzeugen: »*. . . nimm du dir den ganz rechts vor, Earl . . . Jetzt aber ran . . . Achtung, Zeros links voraus . . . Victor sechs, hier ist Tim Satterlee. Ich hab was abbekommen, muß wassern! Drück' mir den Daumen . . . Mann, sieh dir an, wie der Kahn brennt . . .*«
»Klingt, als kämen sie gut voran«, sagte der Erste Offizier und wischte sich auf- und abtrabend den Schweiß vom Gesicht.
Pug nickte nur. Es gelang ihm nicht, die Stimme seines Sohnes herauszufinden. Die jungen Leute da draußen klangen alle gleich. Die Fetzen ihrer Gespräche, mit Kraftausdrücken gepfeffert, weckten Gelächter und Gerede auf der Brücke; Pug überhörte es in seiner Erregung.
Als der Funkverkehr nachließ, blickte Captain Henry um sich, und das Gespräch auf der Brücke erstarb. Langes Schweigen, nur das Knistern und Krächzen der Lautsprecher. Zurückkehrende Piloten gaben gelassen Positionsmeldungen ab, bisweilen, wenn ihr Kraftstoff zu Ende ging und sie sich zur Notwasserung anschickten, mit trockenem Humor; von Warren kein Wort. Nach einer Weile meldete das Radar die Annäherung von ›unseren Maschinen‹; die Flotte drehte gemessen in den Wind. Pugs Ausgucks meldeten Punkte über dem westlichen Horizont, aus denen rasch Flugzeuge wurden, die über die Geleitschiffe hinweg auf die Flugzeugträger zubrausten. Auch die weit im Westen mit Schlagseite liegende *Yorktown* nahm Flugzeuge auf. Als die

Maschinen ruckend im Gesichtskreis von Pugs Fernglas erschienen, nahm er sich vor, sich keine Sorgen zu machen, falls keine Dauntless über ihn hinwegflog und mit den Tragflächen wackelte. Wahrscheinlich hatte Warren Kraftstoffprobleme, wie die anderen auch; vielleicht mußte auch er notwassern. Doch als die Sturzbomber der *Enterprise* landeten, zählte er sie trotzdem. Zweiunddreißig waren gestartet. Zehn . . . elf . . . zwölf . . . Eine lange Pause folgte, zu lang für ihn. Eine Maschine nach der anderen landete auf der *Hornet*; ein paar noch auf der *Enterprise*, nur keine Sturzbomber mehr . . .

»Dauntless Steuerbord voraus, Captain!« Der Ruf kam vom Ausguck auf der anderen Brückennock. Pug schoß durchs Brückenhaus. Mit den Tragflächen wackelnd, brauste die Maschine über seine Back, schwenkte dann zur *Enterprise* hinüber, und der Pilot mit der dicken Brille winkte. Victor Henry blickte unbewegt auf die See hinaus, sah zu, wie die Maschine landete. Er konnte die Hand nicht an die feuchten Augen heben. Keiner auf der Brücke kam in seine Nähe. So vergingen mehrere Minuten.

Aus dem Brückenhaus rief der Erste Offizier: »Die *Yorktown* meldet viele Japse auf dem Radar, Captain. Peilung zweifünfundsiebzig, Entfernung vierzig. Geschwindigkeit zweihundert Knoten.«

Es gelang Pug, normal zu sprechen: »Danke. Alles auf Gefechtsstationen.«

Auf der *Enterprise* vollführte der Mann, der Warren an seinen Platz winkte, mit der Signalkette grinsend die Geste des Halsabschneidens. Warrens Fahrgestell setzte federnd auf. Freude wallte in ihm auf, als das Fangseil ihn gegen die Gurte drückte. *Gelandet!* Er rollte über die heruntergelassenen anderen Fangseile weg, stellte den Motor ab, sprang mit seinem Kartenbrett hinunter und klopfte Cornett, der gleichfalls aufs Deck heruntersprang, auf die Schulter. Rasch schoben die Leute vom Bodenpersonal die Maschine zur Aufzugplattform.

»So, das hätten wir geschafft!« Warren versuchte, den Motorlärm eines weiteren Bombers zu überschreien, der zur Landung ansetzte. Das plötzliche Aufheulen des Gefechtsalarms übertönte ihn. Mannschaften rannten über das Flugdeck, gingen auf Gefechtsstation und wichen dabei einer Dauntless aus, die hüpfend aufsetzte. *(6-5-9, Pete Goff, der Gute!)* Glocken erschollen, und aus dem Lautsprecher ertönte es: *»Flugdeck frei! Jäger starten!«*

Cornett setzte sich in Trab. Warren ließ sich in den nächsten Flakstand fallen. Die behelmte Geschützmannschaft starrte den Flieger in seiner Montur, der da unter sie gefallen war, verwundert an, und der Telephonist wies auf die flache graue Linie am westlichen Horizont. »Feuerleitstand meldet einen Haufen Japse, die die *Yorktown* angreifen, Lieutenant.«

»Klar, auf die stürzen sie sich zuerst. Trotzdem – Augen offen halten!«
»Worauf Sie sich verlassen können«, sagte der Seemann, dessen Stahlhelm die Aufschrift *Geschützführer* trug. »Sir«, sagte er dann noch und bleckte die weißen Zähne; beide mußten lachen.
In seiner übersteigerten Hochstimmung fand Warren, daß dies prächtige junge Amerikaner seien, daß das Wetter überwältigend schön sei, daß nichts auf dieser Welt über einen Kampf gehe, und daß seine siegreiche Heimkehr mit einer angeschlagenen Maschine und dem Kraftstoffanzeiger auf Null so etwas sei wie ein neuer Lebensanfang mit einer Million Dollar in der Tasche. Die Jäger begannen zu starten. Die Finger in den Ohren, spähten Warren und die Flakbedienung zur *Yorktown* hinüber. Ein Jagdflugzeug nach dem anderen raste übers Deck, als von der fernen grauen Silhouette eine Rauchsäule hochstieg. »Verdammt, sie haben sie erwischt«, sagte der Geschützführer.
»Vielleicht nebeln die Geleitschiffe sie nur ein«, sagte ein anderer Seemann.
»Das ist keine Vernebelung, du Idiot«, sagte der Geschützführer. »Das ist ein gottverdammter Treffer und – oh, verdammt!« Hektisch schwenkte er das Geschütz auf einen Schwarm von Punkten am sonnigen Himmel. »Da kommen die Gangster – geradewegs auf uns zu!«
»Alle Geschützbedienungen, Achtung!« Die Stimme aus dem Lautsprecher hatte etwas Drängendes. *»Bei den Flugzeugen, die sich uns von Backbord nähern, handelt es sich nicht – wiederhole: NICHT – um Japse, sondern um Maschinen von uns! Nicht schießen! Es sind Maschinen von der Yorktown; sie haben kaum noch Sprit und bitten um Erlaubnis zur Notlandung. Die Yorktown ist getroffen worden. Wiederhole: NICHT SCHIESSEN! Alles klar zum Anbordnehmen dieser Maschinen!«*
Leute vom Landepersonal spritzten an Deck; sie trugen rote, gelbe und grüne Pullover unter den Schwimmwesten. Warren sprang vom Geschützturm, rannte über das windige Deck und ging nach unten. Ein Blick in den Bereitschaftsraum der Torpedostaffel ernüchterte ihn. Der Fernschreiber tickerte vor sich hin, und über den Bildschirm, den kein Mensch beachtete, krochen die Worte:

YORKTOWN MELDET DREI BOMBENTREFFER SCHWERE SCHÄDEN AUF DEN UNTEREN DECKS

Würfelbecher, Kartenspiele, Illustrierten mit halbnackten Mädchen darauf und Sportzeitschriften lagen auf den leeren Ledersesseln. Aschenbecher, die von Zigaretten- und Zigarrenstummeln überquollen, verströmten einen strengen Geruch. Guter Gott, Lindseys Staffel mußte schwere Verluste erlitten haben! Aber vielleicht waren sie ja auch anderswo, in der Messe oder auf der Krankenstation, zumindest diejenigen, die zurückgekehrt waren . . .

Im Bereitschaftraum seiner eigenen Staffel ging es hoch her. Unter den zehn Fliegern, die dort saßen, waren zwei Reserveleute, die nicht mitgeflogen waren. Von den achtzehn, die gestartet waren, waren acht zurückgekehrt. Nur acht! Sie redeten, lachten, hielten Kaffeebecher oder Brote in der einen Hand und führten mit der anderen Flugmanöver vor. Über ihnen setzten die Maschinen von der *Yorktown* auf dem Deck auf; der Fernschreiber brachte weitere Schadensmeldungen. Die *Yorktown* brannte, lag bewegungsunfähig im Wasser; die Besatzung war dabei, den Brand unter Kontrolle zu bringen, aber die *Enterprise* würde auch ihre Aufklärer an Bord nehmen müssen.
Warren erstattete dem Einsatzoffizier Meldung über das, was er getan hatte, und zeichnete sein Sturzflugmanöver an die Wandtafel, während die Piloten ringsum weiterredeten – wer einen Treffer erzielt hatte, wer vorbeigetroffen hatte, wer von Zeros angegriffen worden war, wessen Maschine sie brennen gesehen hatten oder wer ins Wasser gestürzt war, wer wohl auf dem Rückflug hatte notwassern müssen. Warrens Bombentreffer stand eindeutig fest: solide, deutlich erkennbar, von anderen bestätigt. Über den Rest des Angriffs herrschten die unterschiedlichsten Meinungen; nicht einmal über die Zahl der Flugzeugträger, die man gesichtet hatte, war man sich sicher – fünf, zwei, drei, vier; es war kein Einvernehmen zu erzielen, weder über die Treffer noch über die Fehlwürfe; manchmal grenzte die Debatte an offenen Streit.
Ein Anruf vom Staffelkapitän beorderte Warren in den Flugleitstand. Er eilte in den dunklen, niedrigen, überfüllten Navigationsraum, voll von Ozongeruch und metallischem Lautsprechergeplärr. Zwischen grün flackernden Radarscheiben und großen Kompaßrosen aus Plexiglas, auf denen mit gelbem Fettstift die Spuren des japanischen Angriffs eingezeichnet waren, hockte Gallaher zusammen mit einem Lieutenant von der *Yorktown*. McClusky sei mit einer Verwundung zurückgekehrt, sagte er; er müsse deshalb beim Angriff auf den vierten Flugzeugträger das Kommando übernehmen. Aufklärer seien unterwegs, um seine Position festzustellen. McCluskys Stellvertreter werde vermißt; und er, Warren, sei der nächste in der Rangliste. Er müsse sofort aus den überlebenden Besatzungen von Bomber Sechs, Aufklärer Sechs und den Piloten von der *Yorktown* eine Bomberstaffel zusammenstellen. Von einem Augenblick auf den anderen zum Staffelkapitän befördert zu werden, kam Warren an diesem strahlenden Tag völlig normal vor. Gallaher ging nach einem Anruf von Miles Browning. Zusammen mit dem Staffelkapitän von der *Yorktown*, einem hartgesichtigen Südstaatler, der darauf brannte, an dem

japanischen Flugzeugträger, der sein Schiff kampfunfähig gemacht hatte, Vergeltung zu üben, skizzierte Warren einen Angriffsplan.
Wieder im Bereitschaftsraum von Aufklärer Sechs, rief Warren die Dauntless-Piloten von der *Enterprise* und die Flüchtlinge von der *Yorktown* zusammen. Die Arme in die Hüften gestemmt, erklärte er vor der Wandtafel die neuen Befehle und ermahnte sie, nicht mehr darüber zu streiten, wer beim morgendlichen Angriff mehr Treffer erzielt habe, Bomber Sechs oder Aufklärer Sechs. »Jetzt kann jeder noch einmal sein Können beweisen«, sagte er. »Es geht um unseren Hals, wenn wir nicht wie alte Kameraden zusammenarbeiten; also spart eure Streitlust für die Japse auf.«
Die Besprechung verlief reibungslos. Die Leute von Bomber Sechs und die Fremden von der *Yorktown* erkannten Warren vom ersten Augenblick als Führer an. Die Piloten und ihr neuer Staffelkapitän einigten sich rasch über neue Gruppierungen und Positionen innerhalb des Verbands. Warren spürte, wie sie schon jetzt zu einer einsatzfähigen Staffel zusammenwuchsen. Er vergaß seine Müdigkeit. Beinahe hätte er sogar die vermißten Piloten vergessen. Fast noch mehr als das Fliegen, liebte er es, die Führung zu übernehmen. Seit der Kriegsschule hatte er kein Kommando mehr gehabt.
Selbst die Meldung, daß die *Yorktown,* nachdem man mit den Bränden an Bord fertig geworden und wieder auf Verbandskurs war, von neuem torpediert worden sei, daß sie wieder brenne, manövrierunfähig sei und vielleicht sogar aufgegeben werden müsse, wurde rasch überwunden. Hauptsache war, daß man die Position des vierten japanischen Flugzeugträgers kannte und zum Angriff übergehen konnte. Warrens letzte Einsatzbesprechung mit der hastig aufgestellten Staffel verging wie im Traum; dann saß er – Cornett, wie immer, als Bordschützen hinter sich – wieder im Cockpit der Dauntless. Ein Gefühl der Benommenheit, das allerdings alles andere als unangenehm war, erfüllte ihn. Er war jetzt seit Stunden im Einsatz, immer in Hochspannung, hielt sich mit reiner Willenskraft munter, verspürte keinerlei Angst und war glücklich. Große Ereignisse rauschten über ihn hinweg, und er mußte den Kopf klar behalten für seinen Anteil daran: seine Maschine fliegen, seine Staffel führen, den Flugzeugträger finden und einen Bombentreffer erzielen.
Als er startete, war das Gefühl, auf etwas Unbekanntes zuzugehen, fast ganz geschwunden; es hatte, dachte Warren, etwas vom zweiten Mal mit einer Frau. Torpedoflugzeuge und Jäger, auf die man warten mußte, gab es nicht. Die Jäger mußten zum Schutz der *Enterprise* und der brennenden *Yorktown* zurückbleiben. Und die Torpedostaffeln waren erledigt. Eine Sturzbomberstaffel von der *Hornet* sollte sich an diesem Angriff beteiligen; doch auf der *Hornet* war nichts von Starts zu erkennen. Gallaher beschloß, sich auf den Weg zu machen und

nach Westen vorzustoßen. Es war ein ruhiger Flug, sonnenwärts über einer wolkenlosen blauen See. Nach einer Stunde erschien der japanische Flugzeugträger am Horizont, genau an der angegebenen Position, umgeben von einem dichten Ring von Geleitschiffen. Weit im Süden trieben immer noch die rauchenden Wracks der drei anderen Flugzeugträger; abgestochene Stiere, die man aus der Arena geworfen hatte. Gallaher beschrieb einen weiten Bogen um den vierten Flugzeugträger, um ihn aus der sinkenden Sonne heraus anzugreifen. Mit vollen Tanks und nur einem Angriffsziel konnte er es sich leisten, ganz nach Vorschrift vorzugehen, dachte Warren, statt sich regel- und wahllos auf das Ziel zu stürzen wie beim Angriff am Vormittag.
Auf der See zuckte das Mündungsfeuer der Flak wie ein Rasen voller Leuchtkäfer. Schwarze Rauchwölkchen standen in der Luft. Zeros stürzten sich ihnen entgegen. Das war schon was anderes diesmal! Der Flugzeugträger, weißbrodelndes Kielwasser hinter sich, krängte in einer wahnsinnigen Seitenwendung bei Höchstgeschwindigkeit. Beim unregelmäßigen Abkippen der Sturzbomber zeigte sich doch, daß die Staffel neu zusammengestellt und noch nicht aufeinander eingespielt war. Warren sah eine Fontäne nach der anderen aufspritzen: Fehltreffer. Er kippte selbst ab und versuchte, sich nicht ablenken zu lassen – weder von den Salven aus Cornetts MG noch von den braun-grünen Zeros, die wie Hühnerhabichte herabstießen und mit roter Leuchtspurmunition schossen, dem wilden Rattern der Flaksplitter in seinen Tragflächen und dem verdammten Zickzackkurs des Flugzeugträgers. Es gelang ihm, das Schiff beim Sturz über Hunderte von Metern im Fadenkreuz zu behalten, wobei ihm die Ohren knackten und der Schweiß ausbrach; doch die ungewohnte Maschine vibrierte, und der Flugzeugträger rutschte ihm immer wieder weg. Er entschloß sich zum Ausklinken. Gleich darauf bedauerte er den Entschluß. Noch während seine Hand den Bombenhebel umlegte, wußte er, daß es kein Treffer war. Als er die Maschine dann mit sinkendem Magen und schmerzenden Lenden hochriß und sich umsah, schoß vor dem Bug des Schiffes eine weiße Wasserfontäne hoch. Doch noch während sie zusammenfiel, sprang auf dem Achterdeck, einer giftigen rot-gelben Blüte gleich, ein riesiges Feuer auf, eine zweite qualmende Explosion riß vorn den ganzen Aufzug aus dem Deck und schleuderte ihn gegen die Aufbauten, Flammen und Schrott prasselten. Ein anderer hatte es also geschafft, Gott sei Dank! Wieder ein Träger weniger!
Flaksplitter quirlten die schäumenden blauen Wellen auf, als Warren dicht überm Wasser durch die dunklen Sprengwölkchen hindurchschoß, direkt auf die Lücke zwischen zwei großen, gelbblitzenden Schiffen zu – einem Schlachtschiff und einem Zerstörer, wie er meinte –, und mit Vollgas auf die

offene See zuraste. Trotz des Flakgewitters und der aufgescheuchten Zeros zählte Warren, nachdem die Angreifer sich wieder hinter Gallaher formiert hatten, nur drei fehlende Maschinen. Der schwarze Qualm über dem Flugzeugträger war von innen durch die hochleckenden Flammen erleuchtet und von außen durch die tiefstehende Sonne. Der Funkverkehr zwischen den Piloten sprach von vier sicheren Treffern, vielleicht sogar fünf. Das entsprach schon mehr seiner Vorstellung von einem Kampf: Gefahren und Verluste, trotzdem Sieg und ungebrochene Disziplin. Wie bei der Attacke auf eine Insel. Der Angriff am Vormittag war, mit diesem verglichen, eine einzige Katastrophe gewesen, bei der aber auch alles schiefgelaufen war. Natürlich war dieser vierte Flugzeugträger nur deshalb ein so leichtes Ziel gewesen, weil schon beim ersten Angriff so viele japanische Flugzeuge vernichtet worden waren. Erst der Anblick der Sturzbomber von der *Hornet*, die eine halbe Stunde zu spät hoch über ihnen in das Rot der untergehenden Sonne hineinflogen, erinnerte an die Unordnung vom Vormittag.
Warren entdeckte die *Northampton* innerhalb des weit auseinandergezogenen Geleitschutzes und flog mit wackelnden Tragflächen über sie hinweg. Als seine Maschine im letzten Sonnenlicht auf dem Deck aufsetzte, spürte er, wie ausgepumpt er war. Bei der Einsatzmeldung konnte er kaum die Augen offen halten; gleich danach wankte er in seine Kabine. Er dachte, er würde, kaum daß er in seiner Koje lag, einschlafen; stattdessen lag er lange wach. Dabei hatte er förmlich Schmerzen vor Erschöpfung. Er starrte auf die sauber gemachte Koje seines stellvertretenden Staffelkapitäns. Auf der Wolldecke lag eine angebrochene Packung *Camel*. Am Schott lächelte das Photo seiner Freundin Lois, einer Marinehelferin. Der stämmige, dunkelhaarige, blasse Ken Turner aus Front Royal, Virginia, war gefallen. Er würde die Rinderfarm seines Vaters nicht übernehmen; oder trieb er womöglich irgendwo draußen auf einem Floß und war noch am Leben? Als Warren sich mühsam zwang, die Augen zu schließen, rasten gelbe Decks auf ihn zu, und Flugzeuge explodierten in allen Regenbogenfarben.
»Ach, zum Teufel«, sagte er und ging in Gallahers Kabine, wo andere Piloten, die gleichfalls keinen Schlaf finden konnten, über die Einsätze des kommenden Tages redeten. Vermutlich würde man heute nacht mit aller Kraft hinter dem Feind herlaufen; dann Aufklärungsflüge bei Morgengrauen, und bei Sonnenaufgang Start zum Angriff. Den Japanern durfte keine Ruhepause gegönnt werden. Ohne den Schutz der Trägerflugzeuge waren ihre Schlachtschiffe und Kreuzer ebenso verwundbar, wie die *Prince of Wales* und die *Repulse* es gewesen waren. Dies war die Chance, Nippons gesamte Kriegsflotte ein für allemal zu vernichten, und folglich war für die Sturzbomber morgen bestimmt

freie Jagd. Das war das Thema der Unterhaltung; und zwischendurch immer wieder die Freude darüber, daß man vier Flugzeugträger vernichtend getroffen hatte. Niemand hatte sie sinken sehen, folglich konnte es sein, daß man ihnen morgen noch den Rest geben mußte. Doch Ganlaher meinte, damit würden auch die Torpedos der Zerstörer fertig.

Flieger kamen und gingen. Die Piloten von der *Yorktown* und von Bomber Sechs gesellten sich zu den Überlebenden von Warrens Staffel. Nach einer Weile schlug irgendwer einen Sturm auf die Messe vor, um sich mit kaltem Fleisch und Kaffee zu stärken, und in bester Laune marschierten sie ab. Warren setzte sich ab, legte sich wieder in seine Koje und war gleich darauf eingeschlafen. Als er wieder aufwachte, glaubte er ein wenig benommen, es müsse früher Morgen sein; er fühlte sich erfrischt und ausgeschlafen. Doch als er auf die Uhr sah, war es erst viertel vor elf. Er hatte kaum eine halbe Stunde gedöst.

Das hatte keinen Sinn, fand er. Er duschte, zog Uniform und Windjacke an und ging nach oben. Ein heller Mond ließ die Sterne verblassen. Ihm fiel ein, daß er vor vierundzwanzig Stunden überlegt hatte, ob er die Sterne wohl noch einmal sehen würde. Nun, da waren sie und da war er. Als er mit langen Schritten über das windige Flugdeck ging, eröffneten sich ihm große Ausblicke. Diese Schlacht war eine Zäsur in seinem Leben. Er war ein dummer Junge gewesen, ein Schürzenjäger, zugleich aber auch ein überragender Student, ein hervorragender Ingenieur und ein erstklassiger Decksoffizier; und er trug die goldenen Schwingen des Fliegenden Personals. Dann und wann war er von Dads prüden Vorstellungen abgewichen, gewiß, aber im großen und ganzen hatte er seinem Vater nachgeeifert. In den letzten vierundzwanzig Stunden jedoch war er über all das hinausgewachsen.

Fliegen war eine phantastische Sache; noch ein paar solche Einsätze und er hätte genug von Ruhm und Leistung. In Friedenszeiten war die Marinelaufbahn ein steriles, verkrampftes Angehen gegen widrige Umstände. Dad hatte sein Leben und seine Fähigkeiten ziemlich verschwendet. In fünf Kampfminuten hatte er, Warren, mehr für sein Land getan als Victor Henry in seinem ganzen Leben. Nicht, daß er auf seinen Vater herabgesehen hätte – er hielt ihn für einen Mann, der den meisten anderen weit überlegen war. Aber er tat Warren leid. Das Vorbild, das er darstellte, paßte nicht mehr in diese Zeit. Sein Schwiegervater war womöglich ein besseres Vorbild. Ike Lacouture bewegte sich in der realen Welt des Geldes und der Politik. Damit verglichen war die Navy ein verschrobener kleiner Planet für sich, der in leerer Disziplin rotierte. Sie diente zwar einem Zweck, aber für die wirklichen Führer war sie nur ein Werkzeug.

Der frische Wind und sein rhythmischer Gang entspannten Warren, während diese Gedanken ihm durch den Kopf gingen. Diese Schlacht war noch nicht vorbei. Sie würde sein Stehvermögen und sein Glück noch erheblich beanspruchen. Das wußte er. Doch nach dem schlimmen ersten Tag schienen die Sterne immer noch auf ihn herab. Er blieb stehen, reckte sich, gähnte, und erst in diesem Augenblick ging ihm auf, daß der Große Wagen und der Polarstern backbords leuchteten und der gelbe Mond achteraus versank.
Ja, war das möglich? Die Kampfgruppe lief nach Osten. Admiral Spruance zog sich vor dem geschlagenen Feind zurück!
Diese Entdeckung war die bisher größte Überraschung in Warrens Leben. Sie verstieß gegen das oberste Gesetz der Navy: niemals vor einem möglichen Kampf zurückweichen, sondern ihn stets zu suchen. Außerdem verstieß sie gegen den Grundsatz aller Kriegsführung, einem geschlagenen Gegner keine Atempause zu gönnen. Sollte man von gigantischen japanischen Verstärkungen erfahren haben – sechs Flugzeugträgern etwa oder ähnlichem –, die sich Midway näherten?
Er eilte in den Bereitschaftsraum hinunter, fand dort jedoch nur Pete Goff, der mit finsterem Gesicht in einem Sessel hockte, an seiner Maiskolbenpfeife sog und den leeren Fernschreiberschirm betrachtete. »Wo sind denn die anderen, Pete?«
»Ach, die schlagen sich immer noch in der Messe den Bauch voll, nehme ich an.«
»Irgendwas Neues?«
Der Fähnrich bedachte ihn mit einem säuerlichen Blick. »Neues? Nur, daß wir einen Admiral haben, der Schiß hat. Wissen Sie, daß wir auf dem Rückzug sind?«
»Ja. Was ist los?«
»Wer will das wissen! Oben im Kommandobereich ist die Hölle los. Sie sollten mal hören, was in der Messe darüber geredet wird. Sie sagen, Spruance könnte deshalb vors Kriegsgericht gestellt werden.«
»Aber was gibt er denn als Grund an? Er muß doch einen Grund haben?«
»Ach, diese Pfeife hat einfach keinen Mumm, Warren«, sagte der Fähnrich mit zorngerötetem Gesicht. »Der Stab hat ihn heute kaum dazu bringen können, uns starten zu lassen. Heißt es jedenfalls. Er hat es immer wieder hinausgeschoben. Ohne Captain Browning hätten wir das Deck überhaupt nicht verlassen, um den ersten Angriff zu fliegen. Die Japse hätten uns die Hucke vollgehauen, statt wir ihnen. Himmel, mußte Halsey denn ausgerechnet jetzt krank werden!«
»Wohin laufen wir? Darüber was bekannt?«

»Nicht genau. Ich glaube, gegen Morgen gehen wir auf Gegenkurs, um Midway von der Luft aus beschützen zu können. Bis dahin sind diese gelben Affen doch schon fast wieder in Japan.«
Warren gähnte, nahm sich ein belegtes Brot von einem hochbeladenen Teller und ließ sich in den Sessel neben Goff fallen. Er war enttäuscht, irgendwie aber auch erleichtert. »Nun, immerhin haben wir die Flugzeugträger erwischt. Vielleicht will er abbrechen, solange er im Vorteil ist. Das wäre nicht schlecht gepokert.«
»Warren, er verpaßt die Chance, die ganze japanische Flotte ein für allemal zu vernichten.«
Warren war viel zu erschöpft, um sich mit diesem grünen Fähnrich anzulegen. »Ach, vielleicht versuchen sie morgen trotz allem, Midway zu nehmen. Dann gibt's nochmal einen großen Tag. Eine Mütze voll Schlaf könnte Ihnen nicht schaden.«
»Warren, was war das eigentlich für ein Gefühl, denen die Bombe reinzusetzen?« Pete Goff rieb sich den roten Bart und setzte ein leicht verlegenes Grinsen auf. »Ich hab' zweimal vorbeigeworfen – meilenweit.«
»Ach, das ist schon ein tolles Gefühl. Wirklich toll!« Warren gähnte und streckte sich. »Aber ich will Ihnen was sagen, Pete. Auf dem langen Rückflug hab' ich an die Japse denken müssen, die da unten verschmorten und durch die Luft flogen, an die Flugzeuge, die wie Kanonenschläge auseinanderflogen, an das phantastische Schiff, das wir da zerstört haben, und an die Leute, die da verbrannten oder ertranken. Und da hab' ich gedacht, daß wir für das Geld, das wir von der Navy kriegen, doch schon höchst merkwürdige Dinge tun.«

Als es tagte, war der Himmel bedeckt. Es gab keinen Früheinsatz; auch bei Tage kam es nicht zum Angriff. Als die Sonne aufging, pflügte die Kampfgruppe mit gemessenen fünfzehn Knoten durch eine eisengraue Dünung. Keinerlei Lufteinsätze. Auf dem Hangardeck ging das Gehämmer der Reparaturarbeiten weiter, die nun schon die ganze Nacht über andauerten; in den Bereitschaftsräumen verbreitete sich Niedergeschlagenheit. Die tatendurstigen Piloten, die um drei Uhr gefrühstückt hatten, warteten und warteten, daß irgend etwas geschah. Gegen zehn kam die Sonne durch. Immer noch keine Einsatzbefehle; aber auch kein Alarm. Ein paarmal drehte die Flotte in den Wind, um die Geleitjäger zu starten oder an Bord zu nehmen; sonst war es wie eine Fahrt in tiefstem Frieden. Die Behauptung, der Admiral habe die Japse entkommen lassen, wurde immer lauter und aufsässiger.
Der Fernschreiber gab unterdessen widersprüchliche Meldungen von sich. Aufklärungsflugzeuge von Midway hätten den ersten Flugzeugträger gefun-

den; er qualme zwar, sei aber nicht gesunken und mache noch Fahrt.
Nein, das sei ein *fünfter* Flugzeugträger, den die B-17-Bomber der Heeresflieger getroffen hätten.
Nein, der vierte Flugzeugträger sei verschwunden.
Nein, die japanische Flotte teile sich: eine Kampfgruppe dampfe auf Westkurs nach Japan, die andere ziehe sich mit einem brennenden Flugzeugträger nach Nordwesten zurück.
Die Positionen auf der Karte veränderten sich sprunghaft und ergaben keinen Sinn. Unter den Piloten machte sich das Gefühl breit, jetzt, nach einem phantastischen ersten Tag, laufe »da oben« irgend etwas völlig schief.

Und in der Tat gab es zwischen Konteradmiral Spruance und seinem Stab keinerlei Einigkeit.
Für die Stabsoffiziere war Raymond Spruance immer noch der Kommandeur der Geleitschiffe, dem durch einen dummen Zufall die Leitung einer Schlacht zugefallen war, die eigentlich Halsey hätte führen müssen. Der »Alte« hatte von Spruances überragenden Fähigkeiten gesprochen; doch der nächtliche Rückzug hatte sie alle erschüttert. Ausgerechnet jetzt, wo es darauf ankam, schien er sich einen Sieg von historischem Ausmaß entgehen zu lassen.
Spruance seinerseits verlor zunehmend sein Vertrauen zu ihnen. Er war davon ausgegangen, daß sie ihre Aufgaben mit reifem Können ausführen würden; dabei war dies ihre erste echte Kampferfahrung. Bis jetzt hatte Vizeadmiral Halsey stets nur Überraschungsangriffe auf Atolls durchgeführt und sich gleich danach wieder zurückgezogen. Die Verzögerung des ersten Starts, die Fehleinschätzung der gegnerischen Bewegungen, die falsche Errechnung des Rückkehrpunktes, all das waren enttäuschende Pannen gewesen. Die Beschädigung von vier feindlichen Flugzeugträgern (Versenkungen waren bisher nicht gemeldet) war ein großartiges Ergebnis; aber durch Kraftstoffmangel hatten sie mehr Maschinen verloren als durch Feindeinwirkung. Drei Torpedostaffeln, die ohne Jagdschutz angriffen, waren praktisch vernichtet. Bis auf die selbstmörderische Torpedostaffel Acht hatten die Piloten der *Hornet* überhaupt nicht an der Schlacht teilgenommen. Das war eine miserable Leistung. Und beim zweiten Schlag hatte der Stab – war es zu glauben? – es versäumt, der *Hornet* den Angriffsbefehl zu übermitteln; daher deren verspäteter und völlig unnützer Flug. Jetzt wollte der über den nächtlichen Rückzug noch verärgerte Stab mit Volldampf hinter dem Feind herlaufen und sofort Aufklärungs- und Angriffsflüge starten, ob der Himmel nun wolkenverhangen war oder nicht. Spruance dagegen wollte Midway nicht ohne Schutz lassen, bis er wußte, daß die Japaner es auch mit Flugzeugen nicht mehr erreichen konnten; außerdem

hielt er die Maschinen und die Piloten, die ihm geblieben waren, zurück, um sie nur zu Angriffen einzusetzen, bei denen er wußte, wo der Feind stand. Das war die Situation in seinem Befehlsbereich. Die Piloten in ihren Bereitschaftsräumen, um deren Köpfe es schließlich ging, vermuteten mit Recht, daß »da oben« etwas faul war.

Es war bereits nach ein Uhr, als die Befehle endlich kamen. Die Flotte nahm Fahrt auf und lief jetzt fünfundzwanzig Knoten. Die Staffeln sollten den japanischen Flottenverband jagen, der sich, wie gemeldet wurde, »mit einem rauchenden Flugzeugträger« auf dem Rückzug befand. Die Dauntless sollten der kalten Fährte folgen, ein weiteres Gebiet absuchen und alles angreifen, was sie fanden; und noch vor Einbruch der Dunkelheit zurückkehren, da sie nächtliches Landen noch nicht geübt hatten. Die Piloten fingen an, Blicke zu tauschen, als sie ihre Einsatzbefehle in die Flugkarten einzeichneten. Ihr Schweigen war beredt genug.

Warren Henry wurde in Earl Gallahers Kabine gerufen. Bleich und übermüdet saß Wade McClusky in Gallahers Sessel; seine Khakibluse bauschte sich über den Verbänden. Gallaher kaute an einer kalten Zigarre und schloß die Tür.

»Schon Gelegenheit gehabt, den neuen Angriffsplan aufzuzeichnen, Warren?«

»Jawohl, Sir.«

»Was halten Sie davon?«

»Wir gehen dabei baden.«

Das Gesicht sorgenvoll in Falten gelegt, meinte McClusky: »Sie kennen Spruance, nicht wahr?«

»Mein Vater kennt ihn, Sir.«

»Das genügt.« McClusky raffte sich hoch. »Reden wir mit dem Kommandanten.«

Der Kommandant der *Enterprise* empfing sie an seinem Schreibtisch; durch die Bullaugen fiel helles Sonnenlicht herein. McClusky legte knapp das Problem dar, bat ihn, bei Browning und nötigenfalls bei Spruance ein Wort einzulegen. Der Kapitän starrte ihn an, nickte dann, dehnte ein Gummiband zwischen den Fingern und ließ es wieder zusammenschnellen. Er befand sich in keiner beneidenswerten Lage, eingeklemmt zwischen den Fliegern und dem Stab des Admirals. »Na schön, Wade«, sagte er mit einem Seufzer, der fast ein Stöhnen war. »Ich nehme an, Sie verstehen mit Zirkel und Lineal umzugehen und können auch rechnen. Vielleicht sind die Herren vom Stab dazu nicht in der Lage. Gehen wir rauf zum Kommandostand.«

Breitbeinig auf Halseys Lieblingssessel sitzend, vertiefte Captain Miles Browning sich in die große Karte mit dem Angriffsplan. Zum ersten Mal, seit Halsey das Schiff verlassen hatte, war der Stabschef glücklich. Der Admiral

hatte gezögert und gezögert; er hatte darauf gewartet, von den auf Midway stationierten Aufklärern gemeldet zu bekommen, daß der Gegner irgendwo gesichtet worden war. Zuletzt hatte Browning in seiner Verzweiflung darauf hingewiesen, Sonnenuntergänge ließen sich nicht verschieben, und wenn man jetzt nicht startete, verginge ein ganzer Tag ohne jeden Einsatz und das werde man in Pearl Harbor rechtfertigen müssen – von *Washington* ganz zu schweigen.
Gelassen, als ginge es nur darum, allen einen kleinen Sonderwunsch zu erfüllen, hatte Spruance das Handtuch geworfen. »Also gut, Captain! Entwerfen Sie einen Angriffsplan und führen Sie ihn durch.«
Das Ergebnis war diese Karte. In aller Eile vom Stab erarbeitet, wunderschön mit blauer und orangefarbener Tinte aufgezeichnet, sah es einem majestätischen Rundflug über das immer größer werdende Meeresdreieck vor, in dem man die auf der Flucht befindlichen Japse vermutete. Das Gebiet hatte sich während der vergangenen Stunden fächerartig vergrößert. Hätte Spruance nur früher auf ihn gehört! Aber vielleicht erwischten die Jungs den Feind noch! Konteradmiral Spruance stand draußen auf der Plattform, die Ellbogen auf dem Schanzkleid, und sah zu, wie die Flugzeuge startklar gemacht wurden. Jedenfalls war der Mann nicht nachtragend, wenn man ihn überfuhr. Auf seine stille Weise konnte Spruance sogar noch sturer sein als Halsey; aber wenn er einmal nachgegeben hatte, nahm er es nicht übel. Das mußte Browning ihm lassen.
Jemand kam die Leiter heraufgeklappert. Die drei Flieger und der Kommandant des Schiffes betraten den Befehlsstand. McClusky erklärte Browning nüchtern und ohne Umschweife, nach dem vorliegenden Einsatzplan würde jeder Sturzbomber, den es auf der *Enterprise* noch gäbe, in den Bach gehen. Selbst wenn man nur Fünf-Zentner-Bomben mitnähme, käme es mit der vorgegebenen Entfernung, der Zeit und dem Treibstoff nicht hin; dabei seien Zehn-Zentner-Bomben vorgesehen. Kraftstoffreserven für den Fall, daß es zum Kampf käme, seien nicht vorgesehen. Der Kommandant gestatte sich die Frage, ob der Stab nicht noch einmal nachrechnen wolle.
Es gäbe nichts nachzurechnen, erwiderte Browning, der Plan sei ein Befehl. Sollten die Piloten sparsam mit dem Kraftstoff umgehen und vor allem richtig navigieren, dann ginge schon niemand baden. In wesentlich schärferem Ton erklärte McClusky daraufhin, er werde seine Gruppe nach diesen Befehlen nicht führen, und wenn man ihn vors Kriegsgericht stellte. Die beiden Männer begannen sich anzuschreien.
Konteradmiral Spruance kam ohne besondere Eile herein und fragte, um was es gehe. Browning und McClusky legten aufgebracht ihren Fall dar. Mit einem

Blick auf die Uhr ließ Spruance sich auf den Sessel nieder und kratzte sein stoppeliges Gesicht. Sich während eines Einsatzes nicht zu rasieren, war eine Gewohnheit von Halseys Stab; er hatte sich ihr angeschlossen, obwohl die grauen Stoppeln mit seiner makellos gestärkten Khakiuniform und den blanken schwarzen Schuhen in seltsamem Widerspruch standen.
»Lieutenant Henry, Sie haben Ihre Befehle erhalten!« Daß Spruance ausgerechnet Warren anfuhr und wütend anblickte, überraschte sie alle. »Was zum Teufel hat diese Kleinmütigkeit zu bedeuten? Was ist Ihr Problem? Glauben Sie etwa, der Stab hätte den Plan nicht mit allergrößter Sorgfalt ausgearbeitet?«
Unter Spruances kaltem Blick erwiderte Warren mit zitternder Stimme: »Admiral, der Stab fliegt nicht.«
»Das ist eine unbotmäßige Antwort! Würde Ihr Vater an Ihrer Stelle nicht einfach seinen Befehl ausführen? Würde er nicht in seine Maschine steigen und tun, was man ihm befohlen hat?«
»Jawohl, Admiral, das würde er. Aber wenn man ihn fragte – so wie Sie mich jetzt fragen, Sir –, dann würde er Ihnen antworten, daß Sie keines Ihrer Flugzeuge wiedersehen würden. Und das werden Sie nicht!«
Die breiten, wohlgeschnittenen Lippen aufwerfend und die Männer mit nüchternem Blick musternd, rieb Spruance sich das Kinn und verschränkte dann die Hände hinterm Kopf. »Nun«, sagte er und wandte sich an McClusky, »ich werde tun, was ihr Flieger wollt!«
»Was?« Dieses Wort kam von Browning wie der Schrei eines Mannes, der einen Dolch zwischen die Rippen gerammt bekommt. Er feuerte seine Mütze auf den Tisch, stapfte mit hochrotem Gesicht aus dem Kommandostand und klapperte rasch die Leiter hinunter. Die Mütze rollte Spruance vor die Füße; er hob sie auf, legte sie auf den Sessel neben sich und sagte in aller Seelenruhe: »Rufen Sie den Operationsoffizier, Wade!«
Bei zunehmend bewölktem Himmel starteten die Sturzbomberstaffeln von *Enterprise* und *Hornet* um drei Uhr nachmittags. Sie sahen bei ihrem weit ausholenden Rundflug nur weiße Wolken und graue Wasserflecken. Als sie bei Sonnenuntergang zurückflogen, sichteten sie einen einsamen japanischen Zerstörer und stürzten sich auf ihn. Das Fahrzeug lief unter dem Bombenhagel im Zickzackkurs, spie rote Leuchtspurmunition und schoß sogar eine Maschine ab, bis die Dunkelheit den Gruppenführer zwang, ihn unbeschädigt entkommen zu lassen. Als die Maschinen durch die rasch dunkler werdende Nacht davondröhnten, überlegte Warren, wie zum Teufel sie wieder an Bord kommen sollten. Außerdem wurmte ihn, daß die ganze Staffel nicht einen einzigen Treffer hatte landen können.

Auf der *Enterprise* hatte Browning sich eines Besseren besonnen. Er hatte bedauert, so aus der Haut gefahren zu sein, und war gelassen in den Kommandostand zurückgekehrt. Spruance war ebenso freundlich zu ihm wie immer. Als es Abend wurde, meldete McClusky, die Aufklärungsstaffel sei auf dem Rückflug. Zum ersten Mal seit Beginn der Schlacht tigerte Spruance auf und ab wie Halsey. Beide Männer gingen nebeneinander her, bis Browning im Dämmer ausrief: »Admiral, wir müssen die Scheinwerfer anschalten.«
Die schattenhafte Gestalt von Spruance blieb stehen. »Und was ist mit Unterseebooten?«
»Sir, wir fahren mit Geleitschutz. Wenn es einem von diesen Halunken gelungen sein sollte, hindurchzuschlüpfen, wäre das schlimm. Aber die Jungs müssen landen.«
»Danke, Captain Browning. Ganz meine Meinung. Lassen Sie sofort die Beleuchtung einschalten.«
In späteren Jahren erklärte Raymond Spruance in einem seiner seltenen Kommentare zu seinen Erfahrungen im Krieg, er habe nur ein einziges Mal Angst gehabt: damals, als die Flugzeuge vor Midway im Dunkeln vom Feindflug zurückgekehrt seien.
Folglich leuchtete zu Warrens Erleichterung weit vor ihnen auf der See eine gleißende Helle auf. Die Flugzeugträger waren deutlich zu erkennen, wie kleine Modellschiffe. Der Operationsoffizier meldete sich über Funk mit den Notinstruktionen. Übermüdet und nervös vollführten die Piloten zum ersten Mal in ihrem Leben eine Nachtlandung auf einem Flugzeugträger. Die helle Scheinwerferbeleuchtung machte das Ganze zu einer Art Zirkusnummer. Warren setzte auf und erwischte Fangleine Zwei, als sei es heller Mittag; dann eilte er auf die Plattform des Landungsoffiziers, um zu sehen, wie die anderen Maschinen ankamen. Als der letzte Bomber auf Deck aufsetzte – sie hatten nur eine Maschine verloren, die ins Meer gestürzt war; die Besatzung war von einem Suchzerstörer geborgen worden –, erloschen die Lichter.
Schiffe und Flugzeuge verschwanden, und der nächtliche Himmel wurde wieder sichtbar.
»Hat man sowas schon mal gesehen?« sagte Warren zum Landungsoffizier. »Sterne!«

Auf der abgedunkelten Brücke der *Northampton* befahl Victor Henry frohen Herzens dem Ersten Offizier, den Gefechtsalarm aufzuheben. Die erstaunliche, jäh einsetzende Beleuchtung, die sofort auf dem Kreuzer U-Boot-Alarm ausgelöst hatte, hatte ihm eine Zentnerlast von der Seele genommen. Pug glaubte nicht, daß das eine abgestürzte Flugzeug ausgerechnet Warrens

Maschine war. Auch spürte er, daß die spektakuläre nächtliche Landung das Ende der Schlacht bedeutete. Möglich, daß man für ein, zwei Tage noch mit ein paar Nachzüglern zu tun hatte, aber im großen und ganzen waren die Japaner verjagt. Spruance folgte ihnen bestimmt nicht weit. Bei den Geleitzerstörern wurde der Treibstoff knapp, und er würde sie in diesen Gewässern bestimmt nicht zurücklassen. Pug hatte Spruances Manöver mit größter Bewunderung verfolgt. Der Rückzug in der ersten Nacht und die vorsichtigen Verfolgungstaktiken hatten ihm einen beträchtlichen Sieg über die japanische Flotte eingebracht. Er hatte sie gebeutelt, daß ihnen Hören und Sehen verging, und dabei selber kaum Schläge eingesteckt.

Jetzt, da er unter den Sternen auf seiner Brückennock stand, gestattete Pug Henry sich wieder, an Warren zu denken. Die zweitägige Wache hatte ihn altern lassen; er spürte es an seinen Nerven, ja, an seiner Art zu atmen. An diesem entsetzlichen ersten Morgen war ihm immer wieder ein Bibelvers durch den Kopf gegangen, über dem er einst zusammengebrochen war. Jeden Morgen war ein Mitglied der Familie mit einem Kapitel an der Reihe gewesen, und die letzte Schlacht zwischen David und Absalom war ihm zugefallen:

O, mein Sohn Absalom! Mein Sohn, mein Sohn Absalom! Wollte Gott, ich wäre für dich gestorben! O Absalom, mein Sohn, mein Sohn!

Unter den klaren Augen seiner drei Kinder war er an diesem Vers fast erstickt; er hatte die Bibel zugeschlagen und eilends das Zimmer verlassen. Gestern morgen, als seine Vatergefühle wieder in ihm aufgestiegen waren, hatte er den Vers ständig wiederholt wie ein altes Lied, und wie eine zerbrochene Schallplatte hatte es aufgehört, als Warren mit seiner Dauntless über sein Vorschiff brauste. Seither hatte Pug jeden Gedanken an den gefährdeten Sohn ebenso ausgeschaltet, wie er die schmerzende Erinnerung an seine Frau aus seinem Denken ausschloß. Er hatte sich sogar gezwungen, die Operationen der Flieger von der *Enterprise* nicht zu verfolgen. Daß Warren dann noch ein zweites Mal über sein Schiff hinweggeflogen war, hatte ihn beruhigt. Dennoch wußte Pug, daß er keinen ruhigen Atemzug mehr tun würde, bis er seinen Sohn in Pearl Harbor wiedersah. Er war sich nicht ganz sicher, daß Warren lebte; es gab auch keinen gangbaren Weg, das herauszufinden. Doch die großen Gefahren lagen hinter ihnen. Nun galt es nur, abzuwarten.

Victor Henry hoffte, nie eine quälendere Zeit durchstehen zu müssen als diese beiden Tage, in denen er als Kommandant eines großen Kriegsschiffes, dessen Geschütze schwiegen, vergeblich dahindampfte, während sein Sohn vor seinen Augen die gefährlichsten Aufgaben der Schlacht auf sich nahm.

Im Befehlsstand des Admirals waren die Spannungen abgeklungen. Als

Spruance die Geschwindigkeit für die nächtliche Verfolgung auf nur fünfzehn Knoten festlegte, erhob niemand Einwände. Er und sein Stabschef verstanden sich. Browning brannte darauf, die Verfolgung aufzunehmen, einerlei, ob es Kraftstoff kostete oder nicht; schließlich liefen Tanker in der Nachhut, falls ihnen der Sprit ausging. Spruance sparte Treibstoff, um eine Ausweitung des Kampfes, die ein Auftanken ausschloß, überstehen zu können. Das Urteil darüber hatten ihre Vorgesetzten und die Geschichte zu sprechen.
Im Morgengrauen des nächsten Tages gab ein Funkspruch von Nimitz Miles Browning einen süßen Vorgeschmack auf dieses Urteil: der Cincpac war seiner Meinung. Er beeilte sich, Spruance, der sich in seiner Unterkunft gerade Kaffee kochte, diese Meldung persönlich zu überbringen. Nimitz sagte in dem Funkspruch, der einzige Überlebende von Torpedo Acht sei gerettet worden und habe bestätigt, daß drei japanische Flugzeugträger schwer beschädigt worden seien. Es sei deshalb an der Zeit, näher an den Gegner heranzugehen und ihn anzugreifen. Beide Männer verstanden die verschleierte Sprache von Funksprüchen aus hohen Kommandostellen. Dies war ein Rüffel wegen übertriebener Vorsicht und gleichzeitig eine Warnung, den angeschlagenen Gegner nicht entkommen zu lassen; dafür werde man zur Rechenschaft gezogen werden. Der Bericht des geretteten Piloten war gleichsam die Watte, in die der Schlag verpackt war.
Während er die Meldung in aller Ruhe abzeichnete, fragte Spruance: »Und was haben Sie in dieser Richtung unternommen?«
»Unsere Frühaufklärer können jederzeit aufsteigen, Admiral. Die Bomber der *Hornet* stehen startklar; sie sind mit Zehn-Zentner-Bomben beladen und bereit, bei Sichtkontakt anzugreifen.«
»Ausgezeichnet!« Das war ein Wort, das Spruance selten benutzt hatte. »Sorgen Sie dafür, Captain, daß die Aufklärer von den Kreuzern alles, was gesichtet wird, im Auge behalten!«
Warren meldete sich für den Früheinsatz. Ob er nun müde war oder nicht – es war angenehmer, zu fliegen, als im Bereitschaftsraum herumzusitzen und die Zeit totzuschlagen. Der Start bei Sternenlicht, der lange Flug im Morgengrauen und bei Sonnenaufgang gaben ihm neuen Auftrieb. Er sichtete zwar nichts, hörte jedoch, wie Peter Goff über Funk aus dem südöstlichen Sektor eine lange, aufgeregte Meldung abgab. Zwei große Schiffe, Kreuzer oder Schlachtschiffe, seien in der Nacht offenbar kollidiert. Von Zerstörern abgeschirmt, bewegten sie sich in einem riesigen Ölfleck langsam vorwärts. Der Bug eines der Schiffe scheine eingedrückt. Armer Pete, ohne Bomben über ein paar riesigen, kaum manövrierfähigen Krüppeln dahinzufliegen! Das war eine phantastische Chance für die Piloten der *Hornet*, ihr mageres Ergebnis ein wenig

aufzubessern. Als er sich beim Rückflug dem Geleitschutz näherte, ging er nochmals tiefer, um über die *Northampton* hinwegzufliegen. Sein Vater winkte von der Brücke. Die Bomber der *Hornet* starteten bereits.
Im Bereitschaftsraum der *Enterprise* lauschten die Piloten begierig der spielerischen, bisweilen auch mit saftigen Ausdrücken gespickten Unterhaltung zwischen den Flugzeugbesatzungen, als die Maschinen der *Hornet* die beiden angeschlagenen Schiffe fanden und mit Bomben bepflasterten. Nach Beendigung des Angriffs meldete ein Aufklärer, die Schiffe seien jetzt schwer beschädigt und in Brand, machten aber immer noch langsame Fahrt. Auf dem Schirm des Fernschreibers las sich das so:

SIEHT NACH WEITEREN ZIELÜBUNGEN FÜR DIE ENTERPRISE AUS

Auf Pete Goffs Siegesgeschrei antwortete schallendes Gelächter, aber auch hier und da ein Kopfschütteln.
»Ja, Pete, das ist Ihre Chance!« Warren grinste müde. »Legen Sie ihm das Ei nur in aller Ruhe aufs Deck!«
»Ich werde es ihm den Schornstein runterjagen«, sagte Pete Goff mit bleichem Gesicht.
Als sie den Bereitschaftsraum verließen, tippte Warren Goff auf die Schulter. »Hören Sie, Pete, vergessen Sie den Quatsch mit dem Schornstein. Das ist nur eine Zielübung wie jede andere auch. Sie haben in diesem Krieg noch hundertmal eine Chance.«
Sich den Helm aufsetzend, verzog der Fähnrich mit dem roten Bart das Gesicht zu einem eigensinnigen Grinsen, das Warren stark und traurig an Byron erinnerte. »Ich habe es einfach satt, meine Heuer nicht zu verdienen.«
»Die verdienen Sie schon, wenn Sie nur fliegen.«
Der Wind hatte auf West gedreht. Glatt und unbehindert führte McClusky – trotz seiner Verwundung wieder dabei – seine Gruppe zum Angriff. So zerschlagen die Flieger auch waren, Warren bemerkte sehr wohl, daß sie beim Aufschließen besser und besser wurden. Der Krieg war schon eine verdammt gute Schule.
Nach einer halben Stunde Flug wies ihnen eine Rauchwolke den Weg zu den Opfern. McClusky hatte noch drei überlebende Torpedoflugzeuge in seiner Gruppe; sie sollten jedoch nur dann eingesetzt werden, wenn die Flak nicht mehr feuerte. Aus einer Höhe von tausend Metern wirkten die beiden Schiffe im Fernglas fast völlig zerstört – schiefe Geschützrohre, herunterhängende Brücken, Torpedorohre und Startschleudern unter treibendem Rauch und leckenden Flammen verkantet. Die Aufklärer der *Hornet* hatten sie als

Schlachtschiffe gemeldet, doch für Warren nahmen sie sich eher aus wie zwei zerschlagene *Northamptons*. Beide Fahrzeuge versuchten sich in kläglichen Flaksalven; ein paar schwarze Detonationswölkchen platzten am Himmel.
»Ja, dann wird's nichts mit den Torpedoflugzeugen.« McCluskys Stimme war deutlich zu verstehen. Er verteilte die Maschinen auf die beiden Kreuzer, und der Angriff begann.
Der erste Verband unter Gallahers Führung absolvierte das Ganze nüchtern: mindestens drei Volltreffer ließen Flammen und schwarzen Rauch hochschießen. Das Flakfeuer erstarb. Bevor Warren seinen Verband an die brennenden Wracks heranführte, sah er sich nach Pete Goff um und hob ihm die Handfläche entgegen – eine freundliche Aufforderung, die Ruhe zu bewahren. Dann kippte er ab und ging zum Sturzflug über. Der brennende Kreuzer erschien deutlich in seinem Zielfernrohr.
Nach etwa dreihundert Metern Sturzflug durch schwächliche Feuerstöße der Flak wurde Warrens Maschine getroffen. Bei dem erschreckenden Ruck, dem durch Mark und Bein gehenden Knirschen zerreißenden Metalls und dem Anblick eines zerfetzt davonfliegenden Teils seiner blauen Tragfläche, aus deren Stumpf kirschrote Flammen hervorschossen, war er zuerst wie vom Donner gerührt. Obwohl er die Risiken kannte, hatte er nie daran gedacht, jemals abgeschossen zu werden. Nun hatte er sein Todesurteil vor Augen und konnte es immer noch nicht fassen. Seine Zukunft lag doch vor ihm, auf Jahre hinaus – so sorgfältig geplant, so wirklich, so bedeutend! Dabei blieben ihm nur noch wenige Sekunden, um so etwas wie ein Wunder zu vollbringen. Doch als diese Gedanken den Schock durchbrachen und er vergeblich am Steuerknüppel riß, stand der Rest der Tragfläche in Flammen; im Kopfhörer hörte er Cornett schreien, angstvoll, aber unverständlich. Die Maschine kippte zur Seite, stürzte trudelnd und kreiselnd in die Tiefe; auch aus dem Motor schlugen die Flammen heraus. Die blaue See drehte und drehte sich, von Feuer umrahmt, vor Warrens Augen. Nicht weit unter sich sah er weiß brechende Wogenkämme. Gehetzt versuchte er, das Dach der Kanzel zu öffnen; es gelang ihm nicht. Er rief Cornett zu, abzuspringen, erhielt jedoch keine Antwort. Immer heißer wurde es im Cockpit; in den Gurten hängend, wand er sich in der sengenden Hitze. Zuletzt entspannte er sich, ohne es zu wollen. Er konnte nichts mehr tun. Er hatte sein Bestes getan, und es war Zeit, zu sterben. Es würde hart sein für Dad, aber Dad würde stolz auf ihn sein. Sein letzter Gedanke galt seinem Vater.
Das Wasser warf sich ihm in wirbelnden, gischtigen Wellen entgegen. *Alles schon vorbei?*
Ein furchtbarer Schmerz durchfuhr ihn, Flammen schlugen ihm übers Gesicht

und blendeten ihn in den letzten Augenblicken seines Lebens. Der Aufprall auf dem Wasser war ein gewaltiger Schlag im Dunkeln. Das letzte, was Warren spürte, war lindernde Kühle: die See, die ihm das versengte Gesicht und die Hände netzte. Die Dauntless explodierte, doch er spürte davon nichts mehr, und sein zerfetzter Körper begann den langen, langsamen, friedlichen Abstieg zu seinem Ruheplatz auf dem Grunde des Meeres, das alle Spuren verwischt. Ein paar Sekunden lang markierte eine dünne schwarze Rauchwolke die Stelle, an der er abgestürzt war. Dann löste sich der Rauch wie sein Leben im Wind und war verschwunden.

O mein Sohn Absalom! Mein Sohn, mein Sohn Absalom! Wollte Gott, ich wäre für dich gestorben! O Absalom, mein Sohn, mein Sohn!

Dritter Teil

Byron und Natalie

33

Mitte Juli fuhr Rhoda, die den schweren Schlag immer noch nicht überwunden hatte, mit der Bahn an die Westküste. Madeline war in Hollywood, und Byron nahm in San Diego an einem U-Boot-Sonderlehrgang teil; folglich würden sie immer, zumindest wenn er frei hatte, zusammen sein können. Eisenbahnfahrten waren selbst in Kriegszeiten irgendwie ermunternd; schon dafür zu packen, linderte vorübergehend ihren Schmerz. Die erste Mahlzeit im Speisewagen brachte das in ihren Adern erstarrte Blut wieder in Fluß. Sie wußte, daß sie in dem schwarzen Leinenkostüm, dem dunklen Hut und den schwarzen Strümpfen sehr elegant aussah. Nach dem Essen, im Bar-Wagen, wanderten die Blicke der Männer immer wieder zu ihr. Ein schnurrbärtiger Air-Force-Colonel mit breiten Ordensspangen versuchte sein Glück damit, sie zu einem Drink einzuladen. Welche Geschmacklosigkeit! Sah der Mann denn nicht, daß sie Trauer trug? Ein bekümmerter Blick vertrieb ihn.

Im Bett, unter den frischgewaschenen, schweren Pullman-Decken, dauerte es lange, bis sie einschlief. Das Rattern der Räder, das rhythmische Schwingen des Bettes, das Fauchen und Pfeifen der Lokomotive, der muffige Eisenbahngeruch in der Polsterung und den grünen Vorhängen, die ganze vibrierende Fahrt durch die Nacht weckte viele, viele Erinnerungen. Genau so war sie mit neunzehn als Pugs Verlobte, vor Liebe und erotischen Tagträumereien zitternd, nach Charleston gefahren; genau so hatten sie während ihrer kurzen, ekstatischen Flitterwochen in der unteren Koje zusammengelegen; und genau so als Mutter eines kleinen Kindes, dann von zweien, und zuletzt von dreien, wenn die Familie von einer Garnison zur anderen zog. Und jetzt lag sie wieder allein da, auf der Fahrt zu ihren beiden erwachsenen Kindern, die ihr noch geblieben waren.

Ach, Warrens Hochzeit, die Lieder und der Champagner im Wagen auf der Fahrt zum Flugplatz von Pensacola! Ach, der letzte Blick, damals, als sich die kleine Familie zum unwiderruflich letzten Mal zusammenfand! Wie schmuck er ausgesehen hatte am Steuer des großen Cadillac, und wie fröhlich er eingestimmt hatte in die Lieder der gesamten Familie, die zusammen mit seiner blonden Braut und Byrons brünetter jüdischer Freundin ein Herz und eine Seele war.

Bis wir uns sehn, uns wieder sehn,
bis wir zu Jesu Füßen stehn . . .

Rhoda empfand den Tod ihres Sohnes wie eine persönliche Strafe. Seit Wochen empfand sie eine marternde, reinigende, zerknirschte Reue. Sie war entschlossen, den Seitensprung aus ihrem Leben herauszuschneiden wie eine Geschwulst. Dieser Entschluß verwandelte den Tod ihres Ältesten in eine versöhnliche Erfahrung der Buße; sie verbrachte viel Zeit in der Kirche und vergoß dort so manche Träne. Wie die meisten Offiziersfrauen hatte Rhoda gedacht, sie sei gewappnet gegen schlimme Nachrichten, doch als es ein paar Tage nach der Schlacht um Midway morgens um sieben an der Haustür läutete, hatte es sie in Angst und Schrecken versetzt, und die Nachricht auf dem gelben Telegrammformular hatte sie zutiefst erschüttert. Warren! Der strahlende Sieger, der Klassenerste, der immer Preise und allerbeste Noten mit nach Hause brachte, der genau das richtige Mädchen geheiratet hatte und in der Navy schneller befördert worden war als sein eigener Vater – Warren gefallen! *Tot!* Ihr erstgeborener Sohn verloren auf dem Meeresgrund, meilentief, im Wrack seines Flugzeugs! Ob ein Begräbnis und ein letzter Blick auf ihn im Sarg schlimmer oder weniger schlimm gewesen wäre als diese nüchterne Benachrichtigung, daß ihr Sohn, den sie seit zwei Jahren nicht mehr gesehen hatte, gefallen sei? Sie wußte es nicht. Die Begräbnisse ihrer Mutter, ihres Vaters und ihres älteren Bruders hatten sie nicht so getroffen. Eine Beerdigung bot immer die Möglichkeit, seinem Kummer und seinem Gram freien Lauf zu lassen. Hier hatte die einzige Möglichkeit, diesen Kummer und diesen Gram zu verströmen, darin bestanden, heiße Tränen über Pugs Brief zu vergießen.

Ursprünglich hatte sie einen Nachtflug buchen und in Chicago Zwischenstation machen wollen, um dort mit Kirby Schluß zu machen; aber er war nicht in seinem Büro gewesen, und so mußte sie das auf dem Rückweg erledigen. Im majestätischen Schatten von Warrens Tod kam ihr ihre Liebelei in mittleren Jahren weniger schändlich und verrucht vor als vielmehr lächerlich. Sie hatten sie beide nötig gehabt oder sich eingebildet, sie nötig zu haben, und so hatten sie sich gegenseitig benutzt. So sah es in Wirklichkeit aus! Alles andere war doch nur romantische Illusion. Doch nun war Schluß damit. Sie gehörte Pug bis zum Tode. Vielleicht war er zu gut für sie, vielleicht auch zu großmütig, aber sie hoffte, seiner im Laufe der Jahre, die ihr noch blieben, immer würdiger zu werden.

Verschüttet unter dieser aufrichtigen Reue lag die Ahnung, daß die Sache mit Kirby ohnehin ihren Höhepunkt überschritten hatte. Verbotene Früchte haben immer faule Stellen, die man vor lauter Appetit nicht wahrnimmt; erst beim Hineinbeißen merkt man, wie unangenehm mulmig es schmeckt. Ihr Liebhaber, der Zivilist, war gar nicht so ungeheuer anders gewesen als ihr Mann, der Offizier. Er hatte zwar weniger Entschuldigungen, sie zu vernachlässigen; doch wie Pug hatte er sie bisweilen wochenlang allein gelassen. In seiner Antwort auf ihren fatalen Scheidungsbrief hatte Pug sie davor gewarnt; Fred Kirby sei ihm viel zu ähnlich, als daß die Geschichte gut gehen könne. Der weise alte Pug! Wirklichkeit war überhaupt, daß Palmer sie verachtete. Das hatte sie immer gewußt, wenn sie dieser Tatsache auch erst seit Warrens Tod offen ins Auge zu schauen gewagt hatte. Wenn sie es darauf anlegte, würde er sie vielleicht heiraten, aber damit würde nur eine Falle zuschnappen. Alles in allem, darüber gab es keinerlei Zweifel, hatte sie die Törin in mittleren Jahren gespielt. Das passierte vielen Frauen; nun war es ihr passiert. Jetzt wollte sie die Sache zu Ende bringen und ihre Ehe retten. Ihre Gedanken kreisten um nichts anderes, bis sie schließlich im schaukelnden Bett, dem traurigen Heulen der Lokomotive und dem rhythmischen Geratter der Räder eingeschlafen war.

Junge Männer in Weiß und Khaki schwärmten drei Tage später durch die Menge des Bahnhofs von Los Angeles. Rhoda hielt nach einem roten Bart Ausschau; ein schwitzender Gepäckträger folgte ihr mit den Koffern.

»Hier bin ich, Mom.«

Der Schock, den sie erlitt, als sie sich umdrehte und ihn erblickte, schwächte sie so sehr, daß sie ihrem Sohn einfach in die Arme fiel. Er war glatt rasiert und trug eine weiße Uniform mit ein paar Ordensbändern; die goldenen Delphine über der Brusttasche – das Abzeichen des U-Bootfahrers – hatten viel Ähnlichkeit mit den Goldschwingen des Fliegers; sein Gesicht war voller geworden, und die Zigarette, die ihm aus dem Mundwinkel hing, vervollständigte die Ähnlichkeit mit Warren nur noch. Bisher hatten die beiden sich nie sonderlich ähnlich gesehen, aber diese braungebrannte Erscheinung stellte eine erschreckende Mischung der beiden dar. Sie barg ihr Gesicht an seiner gestärkten Uniform und ließ den Tränen freien Lauf. Als sie sich wieder faßte, wischte sie sich die Augen und brachte mit halberstickter Stimme hervor: »Ich habe von Dad einen wunderbaren Brief bekommen. Hast du von ihm gehört?«

»Nein. Laß uns gehen! Ich habe Madelines Wagen.«

Am Steuer saß er wieder schlaksig da, ganz Byron, und lächelte sie mit einem Mund an, der sich seit seiner Kinderzeit nicht verändert hatte. »Du hast abgenommen. Du siehst fabelhaft aus, Mom.«

»Ach, was spielt das noch für eine Rolle, wie ich aussehe!« Die Augen flossen ihr wieder über, und sie legte ihre Hand auf die seine. »Es ist so heiß hier. Ich schwitze wie ein *Nigger*. Ich habe seit drei Tagen nicht mehr anständig gebadet, Byron. Ich komme mir ganz *schleimig* vor.«

Er verzog das Gesicht zu einem breiten Lächeln, beugte sich vor und gab ihr einen Kuß. »Alte Mom!« Dann fuhr er auf eine breite, palmengesäumte Prachtstraße mit riesigen Gebäuden – und in das dickste Verkehrsgewühl, das sie jemals erlebt hatte.

»Irgendwas Neues von Natalie?« Rhoda bemühte sich um einen natürlich liebevollen Ton. Der Name ihrer jüdischen Schwiegertochter kam ihr immer noch nicht mühelos über die Lippen.

Aus einer Innentasche holte er einen zerknitterten und mit roten Stempeln übersäten Luftpostumschlag hervor und reichte ihn ihr. »Von diesem Slote. Möglich, daß ich in die Schweiz muß.«

»Aber, Byron – in die *Schweiz*? Wie denn das? Wo wir doch Krieg haben und du Soldat bist!«

»Es läßt sich schon machen. Einfach ist es bestimmt nicht, aber es geht. Ich kann mit dem Zug quer durch das unbesetzte Frankreich, oder von Lissabon aus mit dem Flugzeug nach Zürich. Sobald dieser Lehrgang zu Ende ist, stehen mir dreißig Tage Urlaub zu.«

»Aber selbst dann, mein Lieber? Wenn du erstmal da bist, was dann?«

Byrons Gesicht wurde hart. »Niemandem liegt soviel an Natalie und dem Kind wie mir. Also gehe ich hin und kümmere mich um sie.« Wenn er so aussah wie jetzt, war es Zeit, das Thema zu wechseln, dachte seine Mutter, obwohl sie meinte, er müsse vollständig den Verstand verloren haben. Slotes Brief war ein verwirrendes Durcheinander über Ausreisevisa und Brasilien, dem sie nicht folgen konnte.

Rhoda war noch nie in Hollywood gewesen. Als sie den üppig-grünen, mit Hibiskus und Bougainvilleen gesprenkelten Hotelgarten durchquerte, sah sie einen richtigen Filmstar, Errol Flynn, der in einer Badehose zusammen mit einem bildschönen Mädchen am Rande des Swimmingpools saß. Sie war ganz aufgeregt. »Ehe ich irgendwas anderes tue«, sagte sie, als Byron ihre Koffer in das geräumige Häuschen trug, das Madeline für sie gemietet hatte, »muß ich duschen. Ich meine *sofort*!«

»Wo ist Dads Brief?«

»Du möchtest ihn gleich lesen?«

»Ja.«

Der Umschlag war zerknittert, die Kniffe des Briefpapiers der *U.S.S. Northampton* fast durchgeschabt. Byron ließ sich in einen Sessel sinken und las die Seiten, die sein Vater mit der vertrauten klaren Navy-Handschrift geschrieben hatte.

Liebe Rhoda –
inzwischen wirst Du die offizielle Nachricht haben. Ich habe ein paarmal versucht, Dich telephonisch zu erreichen, aber wahrscheinlich war es besser, daß es nicht geklappt hat. Es wäre vielleicht für uns beide sehr schmerzlich gewesen.
Unser Sohn hatte den schlimmsten Teil der Schlacht überstanden. Wenn er von Einsätzen zurückkam, flog er über mein Schiff und wackelte dabei mit den Tragflächen. Warren hat einen Volltreffer auf einem japanischen Flugzeugträger erzielt. Wahrscheinlich wird er posthum noch das Navy Cross bekommen. Das hat mir Konteradmiral Spruance gesagt. Spruance ist ein sehr beherrschter Mensch, aber als er von Warren sprach, hatte er Tränen in den Augen. Er sagte, Warren »habe eine glänzende, heldenhafte Leistung« vollbracht; das sind Worte, mit denen Raymond Spruance sehr sparsam umgeht.
Gefallen ist Warren am letzten Tag bei einem Routineflug, beim Angriff auf einen schwer angeschlagenen Gegner. Seine Maschine erhielt einen Flaktreffer. Drei Staffelkameraden sahen, wie sie brennend abstürzte. Deshalb besteht auch keine Hoffnung mehr, daß er notwasserte und auf einem Schlauchboot treibt oder an einem Atoll an Land gespült wird. Warren ist tot, wir sehen ihn nie wieder. Wir haben Byron und wir haben Madeline, aber Warren ist dahingegangen, und es gibt ihn nicht mehr.
Kurz vor der Schlacht kam er zu mir und gab mir einen Umschlag. Als ich erfuhr, daß er gefallen war (und das geschah erst, als wir schon wieder im Hafen lagen), machte ich ihn auf. Er enthielt eine Aufstellung über seine Finanzen. Nicht, daß Janice sich Sorgen zu machen brauchte, aber er wollte nicht von seinem reichen Schwiegervater abhängig sein. Er hatte alles in die Wege geleitet, um den Trustfonds Deiner Mutter auf sie zu überschreiben; außerdem ist da noch eine Versicherungspolice, die Vics Ausbildung sicherstellt. Was sagst Du dazu? Vor der Schlacht war er die Zuversicht und die Fröhlichkeit in Person. Er ging fraglos davon aus, daß er durchkommen würde. Und trotzdem hat er das getan. Ich sehe ihn noch in der Tür meiner Kabine stehen, die eine Hand an der Türfüllung, den Fuß auf der Lukenkimming, und wie er mit seinem unbeschwerten Grinsen sagte: »Wenn Du zuviel zu tun hast, sag's nur!« Zuviel zu tun! Gott verzeih mir, wenn ich jemals diesen Eindruck erweckt haben sollte! Nichts im Leben hat mir mehr Freude bereitet, als mit Warren zu reden, ja, ihn auch nur anzusehen!
Es ist ziemlich lange her, daß ich von Dir gehört habe, und fast sechs Monate, seit Madeline das letztemal geschrieben hat. Deshalb komme ich mir ziemlich abgeschnitten vor; ich weiß nicht, was ich Dir raten soll. Vielleicht wäre es gar nicht so schlecht, wenn Du eine Zeitlang bei Madeline in New York wohntest.

Das Mädchen braucht jemanden, und für Dich ist es auch nicht das Wahre, allein in der Foxhall Road herumzusitzen. Janice trägt es gefaßt, wirkt nur irgendwie geschlagen. Byron wird seine Gefühle vermutlich – wie immer – verbergen, aber ich mache mir Sorgen um ihn. Er hat immer viel auf Warren gegeben.

Ich habe gerade eben den Gefechtsbericht für mein Schiff geschrieben. Er ist eine Seite lang. Wir haben nicht einen einzigen Schuß abgefeuert, ja, nicht einmal ein feindliches Schiff zu sehen bekommen. Warren muß in drei Tagen ein Dutzend Aufklärungsflüge und Angriffseinsätze geflogen sein. Er und ein paar hundert wie er haben die Hauptlast des erfolgreichen Kampfes getragen. Ich habe nichts getan.

Irgendwo sagt eine Figur bei Shakespeare: »Wir sind Gott einen Tod schuldig.« Selbst wenn wir die Zeit zurückdrehen könnten bis zu jenem verregneten Märzabend 1939, an dem er Urlaub von der *Monaghan* hatte und uns davon in Kenntnis setzte, er habe sich zur Flugausbildung gemeldet – es war typisch für ihn, daß er uns einfach vor vollendete Tatsachen stellte –, ja, selbst wenn wir gewußt hätten, was die Zukunft bringen würde: Was hätten wir anders machen sollen? Er war der Sohn eines Offiziers. Jungen eifern ihren Vätern nach. Er entschied sich, was die Effektivität gegen den Feind betrifft, für den besten Zweig der Navy; das hat er ohne Zweifel bewiesen. Nur wenige Männer in Uniform werden für ihr Vaterland mehr tun können, als er getan hat. Das zu tun, hat er sich aufgemacht. Sein Leben war erfolgreich und hat Erfüllung gefunden. Daran möchte ich glauben, und in gewisser Hinsicht tue ich es auch. Aber ach, was hätte aus Warren noch werden können! Ich bin eine unbekannte Größe. Es gibt tausend Männer mit vier Goldstreifen am Ärmel, einer mehr oder weniger spielt keine Rolle. Ich habe meine Familie gehabt; Du könntest auch sagen, ich hätte mein Leben gelebt. Wie soll ich mich mit dem vergleichen, was Warren hätte sein können?

Ja, Warren ist nicht mehr. Er wird keinen Ruhm ernten. Wenn der Krieg vorbei ist, wird keiner sich mehr an die erinnern, die das Mörderische des Kampfes am meisten zu spüren bekamen. Wahrscheinlich wird man sogar die Namen der Admirale vergessen, selbst die Namen der Schlachten, die unser Land gerettet haben. Ich weiß, daß wir trotz aller entmutigenden Nachrichten den Krieg gewinnen werden. Die Japaner können sich nicht mehr von der Schlappe erholen, die sie bei Midway einstecken mußten, und ganz allein kann Hitler die Welt nicht erobern. Unser Sohn hat dazu beigetragen, daß das Blatt sich gewendet hat. Als es darauf ankam, war er zur Stelle. Er hat sein Leben in die Hand genommen und als Soldat seine Pflicht getan. Ich bin stolz auf ihn. Dieser Stolz wird mir bleiben. Warren wird in meinen letzten Gedanken bei mir sein.

Anderes wird bis zum nächsten Brief warten müssen. Gott schütze Dich!

Alles Liebe
Pug

Rhoda kam in einem seidenen Morgenrock aus ihrem Zimmer und sagte: »Ist es nicht ein wunderbarer Brief?« Byron antwortete nicht. Er saß da, rauchte, starrte, den Brief auf dem Schoß, leeren Blicks vor sich hin. Unsicher gemacht durch sein Schweigen und sein Aussehen, plapperte sie vor sich hin und kämmte sich vorm großen Spiegel das Haar. »Den hebe ich mir auf. Ich hebe alles auf – das Telegramm, den Brief vom Marineministerium, all die anderen Briefe, selbst die Einladung der *Gold Star Mothers* und den Artikel im *Washington Herald.* – Was ist das eigentlich für eine Party, Byron? Arbeitet Madeline nicht mehr für Hugh Cleveland? Ich bin ganz durcheinander und – ach, zum *Teufel* mit dem Haar! Kein richtiges Licht, und keine Zeit, und überhaupt – es ist mir *wirklich* einerlei!«
»Doch, sie arbeitet für ihn. Bei dieser Party geht es um was ganz anderes – es geht um Freiwillige.« Byron erhob sich, nahm ein rot-gelbes Rundschreiben vom niedrigen Tisch und reichte es ihr. »Übrigens gibt es ein kaltes Buffet, bevor der Zirkus losgeht.«

AMERIKANISCHES KOMITEE

FÜR

DIE ERRICHTUNG EINER ZWEITEN FRONT *JETZT*

SEKTION HOLLYWOOD

MASSENKUNDGEBUNG

IM

STADION VON HOLLYWOOD

Es folgte eine lange alphabetische Liste der Teilnehmer: Filmstars, Produzenten, Regisseure, Drehbuchautoren, Schriftsteller.
»Ach, du meine Güte! Was für eine Starbesetzung! Sogar Alistair Tudsbury – *der* ist hier! Das ist ja ein höchst erlauchter Kreis, nicht Byron? ›*Programmfolge: Madeline Henry.*‹ Du lieber Himmel, hat die kleine Range sich hochgearbeitet in der Welt!«
Genau in diesem Augenblick platzte Madeline herein. »Ach, Mutter!« Die Intensität ihres Ausrufs, die heftige Umarmung war eine Brücke, die ihrer

beider Kummer verband. Madeline trug ein Kleid in gedeckten Farben, ihr Haar war elegant frisiert, und ihre Art zu sprechen hatte etwas von einem Wirbelwind. »Ach, bin ich *froh*, daß du gekommen bist! Himmel, ich hatte gehofft, du bist fertig – aber ich geh' wohl besser und schicke Hughs Wagen zurück, dich abzuholen. Ach, Mom, es gibt soviel zu erzählen! Diese Monsterparty ist Gott sei Dank heute abend vorbei; dann hab ich wieder Luft!«

»Aber Liebling, wir kennen diese Leute doch gar nicht. Ich bin müde, und ich habe nichts zum Anziehen . . .«

»Mama, ihr kommt *beide!* Die Tudsburys sitzen in eurer Loge. Deshalb sind sie doch überhaupt geblieben, sie wollten dich unbedingt wiedersehen. Bei der Party selbst sind sie nicht dabei, aber du wirst all die Filmstars kennenlernen – im Haus von Harry Tomlin auf dem Lookout Mountain, hinreißend, sage ich dir! Harry ist der größte Agent im Filmgeschäft. Zieh irgendwas an! Du hast doch bestimmt ein schwarzes Kostüm.«

»Sicher, aber das habe ich auf der Bahnfahrt zu Tode getragen . . .« Rhoda ging hinaus.

Byron deutete auf die gestapelten Rundschreiben. »Mad, sind das nicht lauter Kommunisten?«

»Wie um alles in der Welt kommst du denn darauf? Es kommt doch ganz Hollywood. Die Bewegung ist ungeheuer populär. Solange Sowjetrußland den ganzen Kampf gegen Hitler allein trägt, brauchen wir die Zweite Front und müssen dafür soviel Dampf machen wie irgend möglich. Jeder weiß, daß Churchill die Bolschewiken haßt und sich zurückhalten möchte, damit die Sowjetunion allein gegen die Deutschen kämpft und sich dabei ausblutet.«

»So, jeder weiß das? Ich weiß es zum Beispiel nicht. Woher weißt du es denn?«

»Gott, Byron, lies doch nur die Zeitung! Ich will mich nicht mit dir streiten, Sweetie, das lohnt sich nicht. Ich hab' die Sache nur übernommen, weil ich dachte, es müßte Spaß machen – und auf höchst schaurige Weise *hat* es ja auch Spaß gemacht. Ich habe ein paar phantastische Leute kennengelerm. Schließlich will ich nicht für alle Ewigkeit das kleine Mädchen bleiben, das für Hugh Cleveland Kaffee holt!«

»Freut mich zu hören.«

Madeline führte gerade ein langes Telephongespräch über die Kundgebung mit einem Mann, den sie mit »Lenny, Darling« anredete, als Rhoda hereinkam und sich die Jacke zuknöpfte. »Gehen wir? Kein Mensch wird sich auch nur im geringsten um mich kümmern. Ich sehe aus wie eine Lehrerin aus Kansas City.«

Harry Tomlins Haus war ein breit hingelagertes Gebäude aus Rotholz, das sich um eine plattenbelegte Terrasse mit blaugekacheltem Swimmingpool gruppierte. Es lag am Ende einer beängstigend steilen Betonstraße, die eine Schlucht hinaufführte, und bot einen atemberaubenden Blick auf Los Angeles, das jetzt aussah wie eine untergegangene Stadt auf dem Grund eines braunen Sees. Madeline verschwand in der laut durcheinanderschwatzenden Menge der Gäste, nachdem sie Mutter und Bruder an der Tür einem Mann namens Leonard Spreregen vorgestellt hatte, dem Leiter der Kundgebung, der – wie sie ihnen erzählte – zweimal für Drehbücher mit einem Oscar ausgezeichnet worden war. Rhoda erkannte, daß ihre Kleidersorgen völlig unbegründet waren; Spreregen trug keine Krawatte, und sein orangefarbener Hemdkragen legte sich über den Kragen seiner schwarzweiß gemusterten Jacke. Dann kam Madeline wieder zum Vorschein und stellte ihre Mutter und ihren Bruder einem Star nach dem anderen vor; alle gaben sich sehr herzlich und kamen Rhoda merkwürdig geschrumpft vor, jetzt, da sie sie als Menschen erlebte und nicht als überdimensionale Leinwandfiguren.

»Wie um alles in der Welt hast du die nur alle kennengelernt, Kind?« rief sie, nachdem sie sich von einem freundlichen Wort und einem Lächeln von Ronald Colman erholt hatte.

»Ach, das kommt ganz von allein, wenn man sich auf eine solche Sache einläßt. Das ist ja gerade das Schöne. Ah, jetzt geht's los!«

Butler in weißen Jacken schoben hohe chinesische Paneele in Wandschlitze hinein und gaben den Blick auf ein langgestrecktes Eßzimmer frei und auf ein außerordentlich üppiges Buffet, hinter dem zwei Küchenmeister über dampfenden Schinken und Truthähnen die Messer wetzten. Als die Gäste darauf zuströmten, stellten sich ein paar Männer in straff-geschneiderten knappsitzenden Army-Uniformen hinter Madeline an. Madeline flüsterte Byron zu, es handle sich dabei um eine Art Edelkomparsen, die Schulungsfilme für die Army drehten. Hugh Cleveland bemühe sich darum, sagte sie. Er habe einen Einberufungsbefehl bekommen; falls die Sache brenzlig werde, wolle er lieber vorher aussteigen. All das sprudelte sie völlig naiv heraus, bemerkte dann jedoch den Ausdruck, der sich auf ihres Bruders Gesicht malte. »Sicher, ich weiß, wie das auf dich wirken muß, aber . . .«

»Wie wirkt es denn auf dich, Madeline?«

»Briny, Hugh hat, was alles Mechanische betrifft, zwei linke Hände. Er kann sich nicht mal einen Bleistift anspitzen. Es wäre vollkommen idiotisch, wenn er mit einem Gewehr herumlaufen müßte.«

Sie trugen ihre Teller auf die Terrasse hinaus und setzten sich an einen kleinen Tisch. Leonard Spreregen gesellte sich zu ihnen und redete mit Madeline über die Kundgebung; Madeline warf immer wieder kurze Notizen auf einen Block. Spreregens Art war geistreich und knapp, seine Aussprache verriet den New

Yorker. Plötzlich sprang Madeline auf und rief: »Du lieber Gott, die Fanfaren für das Massensingen, *natürlich!* Tut mir leid, Lenny. Ich wußte doch, daß da noch was war. Bin gleich wieder da.«

»Eine bezaubernde Party«, sagte Rhoda zu Spreregen und ließ den Blick über die französischen Impressionisten wandern, die an den Wänden hingen, »und was für ein phantastisches Haus!«

Er lächelte freundlich, ein kleines, dürres Männchen mit dichtem lockigem Blondhaar und einem Habichtsgesicht. Seine Stimme klang tief, fast ein Baß. »Nun ja, Mrs. Henry, darin stecken auch zehn Prozent von meinem Herzblut, aber es macht mir nichts aus. Harry ist ein toller Agent. Sagen Sie, Lieutenant, wie stehen Sie zur Zweiten Front?«

»Nun, ich weiß nicht recht, was ich von diesem Unternehmen halten soll«, sagte Byron und aß von seinem hochgehäuften Teller, »immerhin gibt es im Augenblick doch mindestens vier oder fünf Fronten, nicht wahr?«

»Ah, da spricht der militärische Genauigkeitsfanatiker!« Spreregen nickte und bedachte Byron mit einem eindringlichen Blick, der Ordensbänder und Delphine mit einbezog. »Das Komitee für die Errichtung einer Zweiten Front gegen Deutschland in Frankreich – das wäre wohl exakter. Aber die Leute wissen auch so, was wir meinen. Sie sind doch auch dafür, oder?«

»Ich weiß nicht, ob das im Augenblick schon zu machen ist.«

»Aber es gibt doch jede Menge von Militärexperten, die lautstark danach verlangen.«

»Die Militärexperten, auf die es ankommt, sind immer noch die alliierten Stabschefs.«

»Richtig«, sagte Spreregen, als spräche er zu einem klugen Schüler, »und die Stabschefs können sich bei der politischen Führung nicht durchsetzen. Wirtschaftliche und politische Rücksichten können zu törichten militärischen Entscheidungen führen, Lieutenant. Und das müssen Sie an der Front dann ausbaden. Die Reaktionäre wollen, daß Hitler die Sowjetunion kaputtmacht, ehe sie ihn vernichten. Sie verfügen über großen Einfluß, aber die Stimme des Volkes ist lauter. Nur deshalb sind Veranstaltungen wie diese so wichtig.«

Byron schüttelte den Kopf und erwiderte nachsichtig: »Ich bezweifle nur, daß sie die militärische Strategie beeinflussen können. Warum machen Sie nicht mal eine Großkundgebung für die Juden in Europa? Denen könnten solche Propagandaveranstaltungen wirklich etwas nützen.«

Rhoda blickte ihren Sohn an und blinzelte ungläubig. Bei dem Wort ›Juden‹ verschleierten sich Leonard Spreregens Augen, sein Mund wurde schmal, er straffte sich und legte Messer und Gabel auf einer dicken Scheibe heißen Schinkens ab. »Wenn Sie das ernst meinen . . .«

»Natürlich meine ich es ernst.«
Spreregens Worte überstürzten sich förmlich. »Nun, ich weiß nicht, was da drüben geschieht, mein Freund. Ich glaube nicht, daß irgend jemand hier das weiß. Aber wenn man dem ganzen Elend dort ein Ende bereiten könnte, so doch nur, indem man Hitler durch die Errichtung einer Zweiten Front in die Knie zwingt.«
»Ach so«, sagte Byron.
»Entschuldigen Sie. War nett, Sie kennenzulernen«, wandte Spreregen sich an Rhoda, ging und ließ seinen Teller stehen.
Bald darauf erschien Madeline und sah Byron stirnrunzelnd an. »Hör mal, Briny, sollen wir dich auf dem Weg zur Kundgebung in deinem Hotel absetzen?«
»Warum denn das, um alles auf der Welt?« rief Rhoda.
»Er hat Lenny Spreregen gegenüber eine antisemitische Bemerkung gemacht.«
Rhoda blinzelte fassungslos. »Wie bitte? Der Mann hat ja einen Vogel. Briny hat doch nichts weiter gesagt als . . .«
»Vergiß es, Mom«, sagte Byron. »Ich komme mit.«

Ein gigantisches, rotbedrucktes gelbes Banner wehte über dem Haupteingang des Stadions von Hollywood:

DIE YANKEES KOMMEN NICHT ZU SPÄT!

Wagen rollten hinein, und aus den Zufahrtsstraßen kamen Trauben von Menschen hervor und strebten dem Stadion zu. Doch obwohl man sich am Eingang drängte, waren die Zuschauerbänke nur in der Nähe der überdachten Bühne unterhalb der Tribünenlogen besetzt. In den oberen Rängen fiel das Sonnenlicht auf viele Reihen leerer Sitze. Über dem muschelförmigen Dach, das mit drei großen Fahnen geschmückt war – dem Union Jack, dem Sternenbanner und der roten Flagge mit dem gelben Hammer-und-Sichel-Emblem –, bildeten riesige Buchstaben die dachförmige Inschrift:

E
T F
I R
E O
W N
Z JETZT T

Alistair Tudsbury, mit schwarzer Augenklappe und in einem leichten Baumwollanzug, der seine Fülle kaum bändigte, stand unbeholfen auf und küßte Rhoda, als sie die Loge betrat. Pamela lächelte zwar freundlich, aber ihre Augen waren geschwollen, ihr Gesicht aufgedunsen und ohne jedes Make-up; sie machte einen geradezu ungepflegten Eindruck. Rhoda fand, sie sähe aus, als wäre es ihr völlig gleichgültig, ob sie lebte oder tot sei. Madeline kam wie ein Wirbelwind herein. Große Aufregung hinter den Kulissen! Zwei Stars hatten im letzten Moment abgesagt, ein dritter hatte eine Halsentzündung, und so sei Tudsbury durch eine eilige Programmänderung an den Schluß gerutscht und komme jetzt nach dem Massensingen. Ob das in Ordnung sei? Tudsbury erklärte sich einverstanden und bemerkte nur, was er zu sagen habe, werde die Leute bestimmt nicht vom Stuhl reißen.
»Ach, das kommt schon, das kommt schon. Sie verfügen über die nötige *Autorität!*« sagte Madeline. »Tut mir leid, daß wir es nicht geschafft haben, ein größeres Publikum zusammenzutrommeln. Es war offenbar doch falsch, Eintritt zu verlangen.« Und damit war sie schon wieder fort.
Es war ein ziemlich zähflüssiges, eilig zusammengeschustertes Programm: Singen und Tanzen, begleitet von zwei Pianos, Ansprachen und gequälte Komik. Höhepunkt des Abends war ein Song: *The Reactionary Rag* – eine Art Ballade, in deren Verlauf Schauspieler als schmerbäuchige Nabobs in Zylinder und Gehrock und mit Dollarzeichen auf den weißen Westen auftraten, ihre Possen rissen, ihre Kapriolen schlugen, ihre Sympathie für die Sowjetunion lautstark bekundeten und dabei immer neue komische Ausflüchte fanden, militärische Hilfe zu verweigern. Beim Massengesang handelte es sich um ein Zusammenspiel vieler, die von überall her im riesigen Rund des Stadions ihre Stimme erhoben – ein Stahlarbeiter, ein Farmarbeiter, ein Lehrer, eine Krankenschwester, ein Neger, und so weiter –, und die allesamt natürlich die Errichtung der Zweiten Front forderten; diese Soloparts wurden abgelöst durch das feierliche gemeinsame Ablesen vervielfätigter Texte durch das ganze Publikum; es handelte sich um Auszüge aus Perikles, Shakespeare, Lincoln, Booker T. Washington, Thomas Paine, Lenin, Stalin und dem amerikanischen Nationalbarden Carl Sandburg, während das Orchester feierlich den ›Schlachtgesang der Republik‹ spielte. Absoluter Höhepunkt war ein ungestüm skandierter Sprechgesang, der unter Fanfarenklang mit steigender Lautstärke wiederholte:

Wir fordern die zweite FRONT!
Wir fordern die zweite FRONT!
Wir fordern die zweite FRONT!
JETZT! JETZT! JETZT!

Das Ganze endete mit Beifallsklatschen und Hochrufen.
Unter donnerndem Applaus betrat Tudsbury die Bühne, nachdem Leonard Spreregen ihn vorgestellt hatte.
»Am 23. Juni 1941 ist Nazi-Deutschland in die Sowjetunion eingefallen!« Durch Lautsprecher verstärkt, dröhnte seine Stimme durch das große, halbleere Amphitheater, das jetzt im Schein eines blassen Halbmonds lag.
»Am 23. Juni 1941 lautete die Überschrift meiner Kolumne im Londoner *Observer:* JETZT DIE ZWEITE FRONT ERÖFFNEN!«
Das riß die Menge zwar von ihren Plätzen, doch als er weiterredete, wurde es still im Stadion. Militärische Realitäten, so begann er, seien nicht leicht zu begreifen, und es sei auch nicht einfach, ihnen ins Auge zu blicken. Auf dem Höhepunkt des deutschen Ansturms auf Moskau habe er dort mehrere Monate verbracht; sodann einen Monat im gefährdeten Singapore, und vor und nach der Schlacht um Midway eine Woche auf Hawaii – erst danach habe er diesen globalen Krieg wirklich in den Griff bekommen.
1942 sei eine größere Landung an der französischen Küste, das wisse er jetzt, überhaupt nicht in Frage gekommen. Damals seien nur ganz wenige frische amerikanische Einheiten in England gewesen. Die U-Boote hätten einen raschen Ausbau dieser Streitkräfte erbarmungslos verhindert. Mit dieser Bedrohung habe man nur nach längeren Kämpfen fertig werden können. Folglich müßte ein Angriff über den Kanal hinweg von den Briten ganz allein getragen werden. England aber könne seine Kräfte nicht massieren, dazu seien seine Stützpunkte zu weit über die Welt verstreut. Singapore sei ein Beweis dafür. Jedes britische Engangement in Frankreich würde die Engländer auf dem chinesisch-birmanisch-indischen Kreigsschauplatz dermaßen schwächen, daß die Vereinigten Staaten ihre Stelle würden einnehmen müssen – und zwar unverzüglich, und mit dem größten Truppenaufgebot, das sie an der japanischen Flotte würden vorbeibringen können. Denn wenn Indien oder Australien an Japan fielen, wäre mit einer Niederlage Nazi-Deutschlands der Krieg ebensowenig gewonnen wie das Überleben der Sowjetunion sichergestellt.
»Ostasien ist das Gravitationszentrum des Krieges, meine Freunde«, erklärte Tudsbury in müdem, aber festem Ton. »Der Zweite Weltkrieg hat an der Marco Polo-Brücke angefangen, nicht in Polen. China ist inzwischen länger an diesem Kampf beteiligt als irgendein anderer Staat. Wenn Japan dort gewinnt, wäre es eine Katastrophe für Rußland. Japan würde die unglaublichen Bodenschätze Indiens, Chinas und Ostindiens gegen die Sowjetunion einsetzen. Eine neue Goldene Horde würde über die sibirische Grenze hinwegstürmen, ausgerüstet mit Panzern, Zeros, menschlicher Arbeitskraft und Boden-

schätzen, die denen des Westens zehnmal überlegen sind. Der chinesisch-birmanisch-indische Kriegsschauplatz ist in Wahrheit die vergessene Zweite Front. Und die gilt es zu halten, wenn die Zivilisation überleben soll.«
An dieser Stelle kam es zu deutlichen Mißfallensbekundungen.
»Auf lange Sicht stehen die Aussichten *gut!*« erklärte Tudsbury mit dröhnender Stimme. »Unsere Soldaten, die in Singapore gefallen sind, und eure Soldaten, die auf den Philippinen fielen, haben ihr Leben nicht umsonst geopfert. Sie haben den Zeitplan durcheinandergebracht, nach dem die Japaner Indien und Australien in ihren Besitz bringen wollten. Jetzt geht es in diesem Krieg nur darum, Zeit zu gewinnen. Die Produktivität Ihres Landes ist enorm, aber es braucht Zeit, sie anzukurbeln. Es hat mich überrascht, welch geringes Interesse man Ihrem Sieg bei Midway entgegengebracht hat. Hätte die amerikanische Flotte diese Schlacht verloren, so könnte es sein, daß Sie noch heute abend aus Kalifornien fliehen müßten. Die Flieger und Seeleute, die dort gefallen sind, haben ihr Leben für die ganze Menschheit gelassen.«
Im Publikum wurde gehüstelt; die Leute gähnten und sahen auf die Uhr.
»Eine Zweite Front in Frankreich? Ja, ich bin von ganzem Herzen dafür. Die Lage der Sowjetunion wird von Tag zu Tag schlechter. Aber die Russen sind stark. Sie werden sich nicht kleinkriegen lassen! Es ist herzerhebend, sich vorzustellen, wie Millionen tapferer anglo-amerikanischer Soldaten den Ärmelkanal überqueren. Doch noch ist das ein leerer Traum. Wenn es soweit ist, werden wir die Achsenmächte mit einer Flut von Menschen und Material überrollen. Bis dahin gilt es, Zeit zu gewinnen; es gilt, auf eine Wende an vielen Fronten zu warten, nicht zuletzt auch an der Heimatfront. Mein letztes Wort an diese Heimatfront ist: *Glaubt an die Ehre eurer Führer und vertraut auf sie! Es sind bedeutende Männer, und sie kämpfen einen großen Kampf!*«
Als er hinkend von der Bühne kam, wurde hier und da geklatscht, aber auch gepfiffen. Die Menge ging murrend auseinander. Ein glatzköpfiger Mann in einer grellfarbenen Jacke sagte, als er mit einer hübschen Frau die Loge neben Byrons verließ:
»Sie wollen ihr Empire eben immer noch nicht verloren geben. Ist das nicht einfach rührend?«
Als er mit Madeline in die Loge zurückkam, sagte Tudsbury fröhlich: »Nun, war das nicht ein Reinfall mit Pauken und Trompeten?«
»Gut gemacht«, sagte Byron.
Rhoda sprang auf, küßte ihn und sagte mit bebender Stimme: »Ich werde nie vergessen, was Sie über Midway gesagt haben. Nie!«
»Was Sie gesagt haben, hatte doch durchaus Hand und Fuß«, sagte Madeline erbost. »Die Masse ändert sich eben nicht und wird sich nicht ändern.

Vielleicht hat es hier und da einem verbohrten Kopf eingeleuchtet. Ich muß los und die Scherben einsammeln.«
Als Madeline davonstob, stand Pamela auf. »Na? Hat es Spaß gemacht, Talky?«
»Doch, das hat es: zu sehen, wie ihnen allmählich aufging, daß ich nicht einer der ihren war, sondern nur ein Engländer. Das hat mir Spaß gemacht.«
»So mutig«, sagte Rhoda. »Pug hätte diese Ansprache halten können – allerdings nicht in so wohlgesetzten Worten wie Sie.«
»Pug wäre gar nicht erst hergekommen, und genau das hätte ich auch tun sollen«, erklärte Tudsbury. »Aber wir wollten Sie gern sehen, Mrs. Henry. Wie wär's mit einem Drink in unserem Hotel? Einverstanden? Pam und ich fliegen morgen nach New York.«
Beim Hinausgehen wurde Rhoda an Pamelas Seite gedrängt, die leise zu ihr sagte: »Mrs. Henry, könnten wir morgen früh zusammen frühstücken – wir beide ganz allein?«

Also saßen sie sich am nächsten Morgen neben dem Swimming-Pool bei Melonen, Toast und Kaffee an einem gedeckten Tisch auf Rädern gegenüber. Es war ein wunderbarer kalifornischer Tag: heiße Sonne, durchsichtiger blauer Himmel, Gras- und Palmenduft, dazu eine kühle Brise, die die grellroten Blüten der Hibiskushecken leicht schwingen ließ. Zwei Jünglinge und drei Mädchen tauchten, schwammen und lachten im Pool, ihre gebräunte Haut schimmerte, und ihre Witze waren genauso einfältig wie die Balzlaute der Vögel. Pamela sah heute besser aus; sie hatte ihr Gesicht sorgfältig hergerichtet, und das Haar fiel ihr in großen schimmernden Wellen über die Schultern. Das ärmellose graue Kleid ließ den Ansatz ihrer Brüste erkennen. Rhoda erinnerte sich, daß diese merkwürdige junge Frau, die wie eine Möwe hinter einem Ozeandampfer ihrem Vater nachflatterte, stets zwischen Unscheinbarkeit und Auffälligkeit schwankte. Vielleicht, dachte Rhoda, war sie heute morgen auf dem Weg zu einem Mann. Zumindest erweckte sie den Eindruck höchster Nervenanspannung.
Im Laufe ihres Geplauders sagte Rhoda, sie wünschte, sie hätte Tudsburys Ansprache, um sie Pug zu schicken.
»Nichts einfacher als das; ich sorge dafür, daß Sie ein Exemplar bekommen«, erklärte Pamela rasch mit ihrer gebildet klingenden britischen Aussprache, die so großen Eindruck auf Rhoda machte. »Ich habe sie ja geschrieben.«
»Wieso das? Das war doch er, wie er leibt und lebt?«
»Gewiß doch; trotzdem schreibe ich manchmal für ihn, wenn er nicht in Stimmung oder zu faul ist.«

»Und warum die Augenklappe, Pamela?«
»Er hat ein Geschwür im Auge. Es muß operiert werden. Wir wären schon längst wieder in London, aber Madeline sagte, daß Sie in den Westen kämen; deshalb sind wir noch geblieben. Ich muß unbedingt mit Ihnen sprechen.«
»Ach, wirklich? Worüber denn?«
»Über Ihren Mann. Ich liebe ihn.«
Rhoda riß ihre Sonnenbrille herunter und starrte die junge Engländerin an, die aufrecht vor ihr saß, den Kopf erhoben, die Augen geweitet und voll von kämpferischem Glanz. Rhodas erster klarer Gedanke, der den Nebel ihrer Fassungslosigkeit durchstieß, war, daß Pamela schon eine gefährliche Rivalin sei, wenn Pug sie wirklich mochte. Soll sie sagen, was sie zu sagen hat, dachte Rhoda, soll sie enthüllen, was sie enthüllen will. Sie spielte mit der Brille, trank einen Schluck Kaffee und sah Pamela an.
»Ich weiß, daß Sie sich scheiden lassen wollten«, sagte Pamela, »und daß er Sie gebeten hat, es sich noch einmal zu überlegen.«
»Ich *habe* es mir überlegt.« Rhoda ergriff die Möglichkeit einer Eröffnung. »Schon lange. Das ist alles vorbei. Er hat sich Ihnen, scheint's, anvertraut.«
»Oh ja, Mrs. Henry«, erwiderte Pamela mit düsterer Miene. »Er hat sich mir anvertraut.«
»Haben Sie etwas mit meinem Mann gehabt?«
»Nein.« Ihre Blicke begegneten sich. »*Nein*, Mrs. Henry. Er ist Ihnen treu geblieben – leider.«
Rhoda erkannte in Pamelas Augen, daß sie nicht log. »Wirklich? Sie sind wahnsinnig *schön*.«
»Er war ein Idiot.« Pamela tat das Kompliment schulterzuckend ab. »Es wäre der Himmel gewesen. Und was noch mehr zählt – Sie beide wären dann quitt.«
Die Worte und der Ton, in dem sie gesagt wurden, waren wie Peitschenhiebe. Ätzend sagte Rhoda: »Aber ist mein Mann nicht viel zu *alt* für Sie?«
»Mrs. Henry, Ihr Gatte ist in jeder Hinsicht der attraktivste Mann, der mir je begegnet ist – und dazu gehört auch seine Treue zu Ihnen, die für mich eine Niederlage war.«
Die Leidenschaft in ihrer Stimme ließ Rhoda aufhorchen. Sie konnte den Unterschied zwischen Pamelas junger Haut und ihrer eigenen sehen, die schöne schlanke und feste Form von Pamelas Oberarmen bewundern – sie mußte die ihren jetzt einer zunehmenden abstoßenden Schlaffheit wegen verstecken –, und konnte sie um ihren Busen beneiden. Ganz leise sagte eine Stimme in ihr, daß Pug in der Tat ein Idiot gewesen war, wenn sie ihn deshalb auch segnete. »Haben Sie ihn nach – nach Midway gesehen?«
»Ja, sehr oft sogar. Bei all seiner Trauer um Warren machte er sich immer noch

Sorgen, wie Sie es wohl ertragen würden. Er hat mich abgeschoben, obwohl ich bleiben wollte. Er ist nun mal ein Familienmann, bis auf die Knochen. Wenn Sie nach Hawaii kommen können, tun Sie das! Er braucht Sie! Wenn ich jemals eine Chance hatte – seit dem Tod Ihres Sohnes ist es aus damit.«

Sich die Augen mit dem Taschentuch tupfend, konnte Rhoda gerade noch hervorbringen: »Armer Pug!«

»Es war töricht, daß Sie es darauf ankommen ließen, ihn zu verlieren. Ich kann Sie nicht verstehen, und ich meine, es war schrecklich dumm von Ihnen. Tun Sie es nie wieder!« Pamela nahm ihr Täschchen. »Sie sagen, jetzt ist alles aus und vorbei.«

»Ja, ja. Absolut und für immer!«

»Gut! Sie haben eine wohlmeinende Freundin, die Ihrem Mann ein paar anonyme Briefe über Sie und diesen Mann geschrieben hat. Falls Sie keinen besseren Grund wissen, alles wieder ins Reine zu bringen – da haben Sie einen.«

»Oh mein Gott!« stöhnte Rhoda. »Was hat denn in diesen Briefen gestanden?«

»Nun, raten Sie mal!« Dieser Hieb saß. Wesentlich weicher sagte Pamela: »Es tut mir leid, daß ich Sie in Ihrer Trauer auch noch verletzt habe; aber ich möchte nicht, daß Sie fortfahren, ihm wehzutun. Deshalb mußte ich unbedingt mit Ihnen sprechen. Den Text von Talkys Rede schicke ich Ihnen durch Boten. Unser Flugzeug geht in ein paar Stunden.«

»Versprechen Sie mir, meinen Mann nie wieder zu sehen?«

Häßliche Linien zeichneten Pamelas Gesicht. Sie betrachtete die Hand, die Rhoda ihr hinstreckte – eine schlanke, magere, faltige Hand mit kräftigen Fingern – und funkelte Rhoda an: »Das ist unmöglich! Die Zukunft läßt sich nicht kontrollieren. Aber im Augenblick bin ich Ihnen nicht im Wege, da können Sie ganz sicher sein.« Sie sah sich nach den jungen Leuten um, die sich am Rande des Beckens in der Sonne trockneten und kicherten; dann wurde sie ganz sanft. »Das war schon eine groteske Unterhaltung, nicht wahr? Aber was soll's – wir haben Krieg.«

»Ich bin noch wie vor den Kopf geschlagen«, sage Rhoda.

Beide erhoben sich.

»Noch etwas«, sagte Pamela. »Ich habe Ihren Sohn Warren nur ein einziges Mal gesehen – in Hawaii, kurz vor der Schlacht. Er war von einer merkwürdigen strahlenden Aura umgeben, Mrs. Henry. Das war keine Einbildung von mir; mein Vater hat sie auch wahrgenommen. Er hatte fast etwas Göttliches! Sie haben einen furchtbaren Verlust erlitten. Aber Sie haben noch zwei großartige Kinder. Ich hoffe, Sie und Ihr Mann werden einander trösten und irgendwann wieder einmal glücklich sein.« Mit einer raschen, katzenhaften Bewegung küßte Pamela Rhoda auf die Wange und eilte dann aus dem Hotelgarten.

Rhoda ging zu einem Liegestuhl, der in der Sonne stand, und ließ sich halb von Sinnen vor Überraschung hineinfallen. Wann hatte Pug Pamela Tudsbury in seinen Briefen erwähnt? Aus London im Sommer 1940; aus Moskau Ende 1941; dann in letzter Zeit aus Hawaii. Natürlich hatte er Vater und Tochter Tudsbury in Washington treffen können. In einem Brief über die Party im Moana-Hotel kurz vor der Schlacht hatte Pug das kränkliche Aussehen »der Tudsbury-Tochter« erwähnt, das auf Ruhr zurückzuführen sei.

Armer Pug! Verstellung? Das Bemühen, romantische Gefühle, die sich in seinem eigenen, gehemmten Herzen regten, zu unterdrücken?

Wie in einer Kristallkugel sah Rhoda Bilder in der glitzernden blauen Schale des verlassenen Schwimmbeckens. Pug und Pamela zusammen in fernen Städten, nicht miteinander im Bett, sich vielleicht nicht einmal küssend, nur gemeinsam, Tag für Tag, Abend für Abend, Tausende von Meilen von daheim entfernt. Das bittere wissende Lächeln auf dem Gesicht dieser Frau hatte etwas von einer Eva, die es auf Adam abgesehen hatte. Pamela Tudsbury hatte eine gute Geschichte erzählt, dachte sie, aber ein so keuscher Joseph, wie sie ihn hingestellt hatte, konnte Pug nun doch nicht sein. Das wußte Rhoda besser. Eine Leidenschaft, wie sie in Pamela Tudsbury brannte, entzündete sich nicht von selbst. In irgendeiner Weise, indirekt oder direkt, hatte Pug ihr den Hof gemacht und sie umworben. Vielleicht hatte er das Ganze wirklich platonisch belassen – einerseits, um nicht die Achtung vor sich selbst zu verlieren, aber auch um der Gesellschaft dieser jungen Frau willen. Vielleicht hatten sie doch miteinander geschlafen. Schwer zu sagen. Was die Wahrhaftigkeit betraf, die aus Pamelas Augen sprach – nun, in wahrhaftigen Blicken kannte Rhoda sich aus.

Der Gedanke an die anonymen Briefe war entsetzlich. Welche gemeine Schreckschraube konnte das nur gewesen sein? Trotzdem, der Riß zwischen ihrem schuldigen Ich und ihrem Mann war doch nicht so tief, wie sie die ganze Zeit über angenommen hatte. Sie war eifersüchtig auf Pamela, sie hatte Angst vor ihr; außerdem war Pug begehrenswerter denn seit langem. Sie spürte eine warme, ungewohnte erotische Regung für den schweigsamen Mann. Der Verzicht der jungen Frau bedeutete nicht sonderlich viel. Pug hatte Pamela weggeschickt, genauso, wie sie es mit Palmer Kirby vorhatte. Was wirklich zwischen ihnen gewesen war, würde sie vielleicht nie erfahren. Es war ein taktisches Problem, ob sie ihn jemals danach fragen würde oder nicht.

Auf ihrem Liegestuhl erschrocken zusammenfahrend, begriff Rhoda Henry, was sie für eine kurze Zeit ganz vergessen hatte: daß Warren tot war.

34

Louis stand greinend in seinem Laufställchen und rüttelte an den Seitenstäben. Siena im Sommer war ein Backofen, und das vertrug er nicht. Er wurde quengelig und unerträglich, außerdem bekam er überall am Körper kleine Hitzepickel. Eine Windel und ein dünnes weißes Hemdchen lagen auf der Kommode bereit. Wahrscheinlich fing er an zu schreien, wenn Natalie ihn für die Busfahrt anzog; sie ließ es deshalb bis ganz zuletzt. Als sie die Kofferriemen zuzog und dabei vor Anstrengung in Schweiß geriet, schaute Aaron herein.

»Das Auto ist in einer halben Stunde hier, meine Liebe.«

»Ich weiß. Ich bin fertig.«

In einer alten blauen Baskenmütze und einem schäbigen grauen Anzug sah er aus wie jeder andere italienische Busbenutzer. Natalie hatte schon überlegt, ob sie wegen seiner üblichen farbenprächtigen Reisekleidung etwas sagen sollte; glücklicherweise bewies er von Anfang an Vernunft. Er blickte zu der fleckigen Gipsdecke mit den abblätternden Puttenfresken hinauf. »Das Haus sieht wirklich heruntergekommen aus. Das fällt mir erst jetzt auf.« Mit einer Handbewegung zum offenstehenden Fenster und zur fernen Kathedrale sagte er beim Hinausgehen: »Aber einen solchen Blick von deinem Schlafzimmerfenster aus wirst du so bald nicht wieder haben, nicht wahr?«

Für Natalie hatte die Abreise noch etwas Unwirkliches. Wie oft hatte sie diese gottverlassene toskanische Villa nicht schon für immer verlassen; und wie oft war sie nicht mit sinkendem Herzen durch das alte Tor mit dem schmiedeeisernen Pfau zurückgekommen, zu der vor langer Zeit gelbgetünchten, rissigen Gartenmauer und dem Turm mit den roten Dachziegeln, in dem Byron geschlafen hatte. Wie unbeschwert hatte sie im Jahre 1939 dieses Haus betreten! Damals hatte sie vorgehabt, vielleicht zwei oder drei Monate zu bleiben und Leslie Slote wieder einzufangen; doch wie anders war dann alles geworden! Erinnerungen an ihre allererste Nacht in diesem Hause suchten sie immer noch heim – der muffige Geruch des seidenbespannten Himmelbetts, die Ratte, die in der Wand rumorte, das gewaltige Unwetter, und im Fensterausschnitt dieses Siena, von Blitzen unheimlich erleuchtet wie El Grecos Toledo.

In letzter Minute befielen sie noch Zweifel. Taten sie auch wirklich das Richtige? Bisher hatten sie sich mit einem erträglichen Hausarrest abgefunden. Bis auf Werner Beck störte sie niemand. Es gab Milch für Louis – Ziegenmilch, aber er gedieh prächtig dabei – und genug zu essen. Die Bankiers vom Monte di Paschi, die um Aarons Reichtum in New York wußten, ließen ihn finanziell keinen Mangel leiden. Alles schön und gut! Aber sie hatte nach diesem letzten Zusammentreffen mit Werner Beck instinktiv gehandelt, und jetzt waren die Würfel gefallen. Aaron hatte Beck seither mit Fingerspitzengefühl behandelt, ihm Entwürfe für die Sendungen geschickt, ihm geschmeichelt, indem er seine Vorschläge annahm, und sich zuletzt sogar die offizielle Erlaubnis erschlichen, der Sieneser Sommerhitze für ein oder zwei Wochen ans Meer zu entfliehen, als Gäste der Sacerdotes in ihrem Strandhaus in Follonica.

Die Riemen der beiden Koffer saßen stramm. Einer der Koffer enthielt Louis' Sachen, der andere nur das Allernotwendigste für sie. Rabinovitz war in seinen Anweisungen strikt gewesen: »*Nicht mehr, als Sie allein mit dem Baby auf dem Arm zwanzig Meilen tragen können.*« Seit diese Nachricht zu ihr gelangt war, hatte Natalie täglich einen Marsch von sechs Meilen gemacht. Ihre Füße hatten Blasen bekommen, die dann zu Hornhaut geworden waren, und sie hatte das Gefühl, allem gewachsen zu sein. Welch ein Schock war es gewesen, als Castelnuovo ihr das zusammengerollte Zigarettenpapier und ein Vergrößerungsglas gereicht hatte! »Wie im Kino, ja?« hatte er gesagt. Jetzt war es an der Zeit, den ›Brief‹ loszuwerden. Sie nahm das dünne Papier aus ihrer Geldbörse und rollte es auf der Handfläche noch einmal auseinander.

liebe natalie glücklich daß sie kommen sagen sie onkel er soll mit leichtestem gepäck reisen nehmen sie nicht mehr mit als sie allein mit dem baby auf dem arm zwanzig meilen tragen können es geht mir um ihr baby und es geht mir um sie alles gute

Die winzigen, mit bloßem Auge kaum sichtbaren Zeilen erregten sie noch jetzt. Seit Monaten hatte sie von Byron keinen Brief mehr erhalten. Die wenigen, die sie besaß, waren buchstäblich zu Fetzen gelesen. Ihre Erinnerungen an Byron wiederholten sich wie alte Familienfilme. Ihr Leben und seines hatten sich im Laufe der letzten beiden Jahre voneinander getrennt; sie wußte nicht einmal, ob er noch am Leben war. Die letzten Briefe, die das Rote Kreuz ihr übermittelt hatte – geschrieben vor Monaten in Albany, einer winzigen Stadt in

Südwest-Australien –, ließen erkennen, daß der Krieg ihn veränderte; all das klang ganz und gar nicht mehr nach dem unbekümmerten jungen Dandy, der sie so bezaubert hatte. Die Nachricht, daß Castelnuovo mit Rabinovitz in Verbindung stand, und die Botschaft auf Zigarettenpapier hatten sie in einen Aufruhr versetzt, der immer noch anhielt, wiewohl der gesunde Menschenverstand ihr sagte, daß aus Rabinovitz' Worten nur jüdische Güte sprach.

Es fiel ihr schwer, das Stück Papier herzugeben: schließlich rollte sie es zu einem winzigen Kügelchen zusammen und spülte es durch den Abfluß der Badewanne. Sie zog das Baby an; dann sah sie sich noch einmal in dieser großen Pralinenschachtel von Zimmer um und starrte lange auf das breite Bett, in dem sie seit Jahren nicht mehr die Arme eines Mannes, sondern nur leere Träume und Phantasien umfangen hatten.

»Komm, Louis«, sagte sie. »Auf geht's nach Hause!«

Es gab keinen Abschied von den Hausangestellten. Aaron ließ Schränke voller Kleider zurück, eine unangetastete Bibliothek und auf dem Schreibtisch ganze Aktenordner voller Entwürfe für sein Luther-Buch. Natalie hatte dem Mädchen und den Gärtnern zwar Auftrag gegeben, dies und das zu erledigen, bis sie in zwei Wochen wieder da wären. Aber Bedienstete sind klug, und italienische Bedienstete besonders. Die Köchin, das Hausmädchen und die beiden Gärtner standen am Tor. Sie sagten fröhlich Lebewohl, aber ihre Augen waren ernst, und ihr Benehmen hatte etwas Verlegenes. Die Köchin gab Louis einen Zuckerlutscher und weinte, als sie abfuhren.

Am Steuer des Wagens saß der kratzbürstige Sohn der Sacerdotes, der in Siena zurückblieb und – wie seine Familie argwöhnte – wegen seiner christlichen Freundin katholischen Religionsunterricht nahm. Die antijüdischen Gesetze verboten zwar den Glaubensübertritt, aber faschistische Gesetze galten nicht viel in Siena. In einem leichten, offenen Hemd, das dicke Haar ungekämmt, eine Zigarette im Mundwinkel, fuhr der junge Mann sie schweigend zu der nahezu menschenleeren Piazza del Campo und ließ sie dort aussteigen.

Siena war nie eine besonders lebhafte Stadt gewesen; jetzt wirkte sie fast ausgestorben. Die wenigen Verkaufsbuden auf der weiträumigen Piazza standen leer. Wenn später ein Lastwagen mit Gemüse oder Fisch von der Küste heraufkam, wurde vielleicht gekauft und gehandelt, aber viel gewiß nicht; Lebensmittel waren strikt rationiert, bis zu Knoblauch und Zwiebeln. Der lange Turmschatten des Palazzo Pubblico wanderte über das heiße Pflaster, und mit ihm bewegten sich die wenigen plaudernden Menschen wie Spielzeugfiguren auf einer riesigen Sonnenuhr. Natalie und Aaron saßen vor dem einzigen offenen Café und tranken Orangensprudel mit metallischem Geschmack. Natalie dachte an die wogende Menge, die dieses Amphitheater von Renaissance-Palästen während des Palio erfüllte, an den farbenprächtigen Vorbeizug der *contrade*, das wilde Pferderennen; all das hatte aufgehört und war nun zu Ende! Jahre ihres Lebens waren in dieser von der Geschichte übergangenen Stadt dahingeschmolzen. Daß Aaron sich ausgerechnet hier niedergelassen hatte, war schon grotesk; und daß sie sich entschlossen hatte, sein Exil mit ihm zu teilen, war wirklich eine unfaßliche Verirrung.

Das Auto kam wieder, und der junge Mann meldete, der Bus sei im Begriff, abzufahren. Der Polizei wegen hatten sie nicht an der Haltestelle gewartet. Der Passierschein nach Follonica war ein etwas fragwürdiges Dokument aus Rom; je seltener sie es zeigten, desto besser. An der Haltestelle winkte der Busfahrer schon ungeduldig; sie stiegen ein, und unter den Augen eines gähnenden Polizisten fuhren sie davon.

Der Bus rumpelte durch die hohe Stadtmauer hinaus und schaukelte dann auf einem schmalen Feldweg westwärts. Obwohl bescheiden gekleidet, saßen die Sacerdotes mit der Würde reicher Grundbesitzer da; der Ausdruck ihrer Gesichter hatte etwas Abwesendes und Trauriges, und wie viele alte Ehepaare sahen sie sich sehr ähnlich. Louis schlief auf Natalies Schoß ein. Durch die offenen Fenster des Busses wehten Ackergerüche herein und vermischten sich mit den sonderbar angenehmen Düften des Holzvergasers – es hatte etwas vom Geruch eines Meilers. Miriam plapperte fröhlich mit ihrer Mutter, ihr Vater schaute auf die vorüberziehende Landschaft hinaus. Hinreißende Ansichten von Dörfern auf Bergesgipfeln, grünen Bauernhöfen an den Hängen und terrassierten Weinbergen wechselten an jeder Wegbiegung. Der Bus fuhr an Volterra vorbei, hielt schließlich in Massa Marittima, einer winzigen, hoch auf einem Berg gelegenen, verschlafenen Stadt, deren alte graue Steine in der Mittagshitze flimmerten.

Auf der kleinen Piazza wurde die Nutzlosigkeit des Mussolini-Regimes für Natalie von neuem augenfällig, und zwar im Kontrast der grellen Siegesplakate und der alten, verwitterten Fassaden von Kirche und Rathaus. Italien war zu müde, zu weise und zu bezaubernd, um den bewaffneten Räuber und Leuteschinder zu spielen. All das war Talmigeglitzer und Verschwendung. Unseligerweise hatten die Deutschen die blutrünstige Scharade mit teutonischer Gründlichkeit nachgeäfft und waren Amok damit gelaufen; diese Gedanken bewegten Natalie, als sie zur Bahnstation hinüberging, das Kind und einen Koffer schleppend; Aaron trug den anderen Koffer und seinen eigenen.

Ein kleiner Schmalspurzug kam quietschend in den Bahnhof, und der Schaffner prüfte die Fahrkarten, ohne den Fahrgästen dabei ins Gesicht zu sehen. Ihre Papiere wurden weder im Bahnhof noch im Zug kontrolliert. In ganz Massa Marittima hatten sie nur einen einzigen Polizisten gesehen, der gegen sein Fahrrad gelehnt dastand und döste. Als Louis wieder wach war, betrachtete er mit gelindem Interesse die Landarbeiter auf den Hängen, die grasenden Schafe und Rinder und die vielen häßlichen Narben, welche die Bergwerke mit ihren großen braunen Abfallhalden, großen Förderbändern und hölzernen Gerüsten und Fördertürmen in die Landschaft geschlagen hatten. Der Zug umrundete eine Felsnase, und tief unter ihnen glitzerte das Mittelmeer. Natalie mußte die Luft anhalten. Weit draußen, eingehüllt vom Dunst, erkannte sie am Horizont die Tupfen und Buckel von Inseln – ihr Fluchtweg nach Lissabon.

Das Sommerhaus der Sacerdotes in Follonica war ein würfelförmiges, direkt am Strand gelegenes, blau gestrichenes Stuckhaus. Öffentliche Anlagen mit hohen, alten, schattenspendenden Bäumen und ausladenden Palmen auf der anderen Straßenseite sorgten für Abgelegenheit. Im Inneren des Hauses, dessen Fenster noch verschlossen waren, herrschten Dunkelheit, erstickende Hitze und muffige Luft, bis Castelnuovo und seine Frau die Sturmläden abgenommen und die Fenster aufgestoßen hatten und von der See eine kühle Brise hereindrang. Natalie legte Louis in einem Bettchen schlafen, das einst Miriam gehört hatte; dann brachte Sacerdote sie und Aaron zur Revierwache der Carabinieri. Der schlafmützig dreinschauende Polizeichef schien tief beeindruckt von den Dokumenten aus Rom; er drückte die nötigen Stempel darauf und erhob sich, um ihnen die Hände zu schütteln. Er habe einen Bruder in Newark, sagte er, einen Blumenhändler, der gutes Geld verdiene. Italien habe im Grunde ja gar nichts gegen Amerika. Das seien die Deutschen. Aber was könne man tun, wenn diese verdammten Deutschen es so und nicht anders wollten?

Eine Woche verging. Keine Nachricht von Rabinovitz. Natalie genoß gedankenlos den Strand und unterdrückte ihre wachsende Besorgnis. Louis, der den ganzen Tag über mit Miriam im Sand spielte und hin und wieder ins Wasser geriet, bekam Farbe und streifte Quengeligkeit und Hitzepickel ab. Am Sabbat-Abend saßen sie gerade am kerzenerhellten Tisch, da klingelte es, und ein völlig verdreckter Mann mit bläulichem Dreitagebart kam herein. Er heiße Frankenthal, sagte er, und komme von Avram Rabinovitz. Er gab sich kurz angebunden, müde und sprunghaft, bis die Sacerdotes ihn zum Abendessen einluden. Daraufhin nahm er die zerschlissene Mütze ab, lächelte und stand ein wenig verlegen da. Auf die Kerzen auf dem Tisch deutend, sagte er: »*Sabato?* Das habe ich seit dem Tod meiner Großmutter nicht mehr gesehen.«

Er sei Hafenarbeiter aus Piombino, dem Erzhafen nördlich von Follonica, berichtete er beim Essen. Schon sein Vater habe dort im Hafen gearbeitet. Sein Großvater sei Talmud-Gelehrter gewesen, doch seine Familie habe das alles aufgegeben. Er selbst wisse nur, daß er Jude sei. Als die Kinder ins Bett gebracht worden waren, kam er zur Sache. Die Nachrichten waren schlecht. Der türkische Frachter, der illegal Flüchtlinge von Korsika nach Lissabon brachte, habe sein britisches Zertifikat verloren und könne Gibraltar nicht mehr passieren. Mit der Route sei es aus.

Trotzdem sollten sie, wie geplant, über Elba nach Korsika weiterreisen. Rabinovitz leite alles in die Wege, um sie von Korsika nach Marseille zu bringen. Um von dort nach Palästina oder Lissabon weiterzukommen, gäbe es mehrere Möglichkeiten. So lautete Rabinovitz' Botschaft. Doch Frankenthal berichtete ihnen von einer weiteren Möglichkeit, nach Marseille zu gelangen. Schiffe mit Eisenerz aus den Bergwerken von Elba und Massa Marittima, das ins Ruhrgebiet weiterverschifft werde, liefen fast jede Woche von Piombino aus. Die britische Navy kümmere sich wenig um die Erzschiffe. Er kenne einen Kapitän, der sie für fünfhundert Dollar direkt nach Marseille bringen würde.

Sie saßen immer noch am Tisch und tranken im Licht der herunterbrennenden Kerzen Zichorienkaffee. Jastrow sagte trocken: »Für fünfhundert Dollar bin ich schon Erster Klasse von New York nach Paris gefahren.«

»*Professore*, das waren noch Friedenszeiten. Wenn Sie die Gelegenheit nicht wahrnehmen – wer weiß, wie lange Sie dann auf Elba oder auf Korsika festsitzen. An Bord des Schiffes würden Sie in Betten schlafen, keinen Umweg machen, drei Tage brauchen, und die Kinder wären in Sicherheit.«

Er ging, um den letzten Bus nach Piombino zu erreichen, und sagte, er werde in ein, zwei Tagen anrufen und hören, wie sie sich entschieden hätten. »Nehmen Sie das Erzschiff«, waren seine letzten Worte, als er ging.

Als sie wieder allein waren, sagte Jastrow spöttisch amüsiert: »Wenn wir dieses Erzschiff nehmen, bekommt der Bursche bestimmt einen fetten Anteil von unserem Geld!«

»Trauen Sie ihm?« wandte Natalie sich an Castelnuovo.

»Ich weiß, daß er von Rabinovitz kommt.«

»Und wie stehen Sie eigentlich mit Avram in Verbindung?«

»Durch Telegramme mit harmlosem Inhalt. Sonst durch Boten wie diesen Burschen. Warum?«

»Ich denke daran, nach Siena zurückzukehren.«

Sacerdote legte den Arm um seine angsterfüllte Frau und sagte zu seinem Schwiegersohn: »Sie hat recht. Du hast gesagt, wir führen nach Lissabon, und wir haben noch nicht einmal den Fuß auf französischen Boden gesetzt.«

»Ja, Papa, und das ist nun nicht mehr so«, erklärte Castelnuovo übertrieben nachsichtig. »Und deshalb müssen wir uns jetzt ein bißchen unterhalten.«

Natalie wandte sich an Jastrow. »Als ich mich mit Byron in Lissabon treffen wollte, holte mich die Vichy-Polizei aus dem Zug, um meine Papiere zu kontrollieren. Glücklicherweise waren sie in Ordnung. Mir lief es eiskalt über den Rücken, als sie mich fragten, ob ich Jüdin wäre.« Dann wandte sie sich an Castelnuovo. »Auf wen könnten wir uns in Frankreich verlassen – als Juden, die illegal unterwegs sind? Angenommen, sie stecken uns ins Gefängnis? Möglicherweise würden sie mich von Louis trennen!«

»Avram wird uns Transitvisa besorgen«, sagte Castelnuovo. »Papiere kann man immer bekommen.«

»Gefälschte Papiere«, sagte Sacerdote. »Papiere, mit denen man durchkommt.«

Jastrow sagte: »Seien wir doch nicht kleinmütig. Wir haben den Entschluß nun einmal gefaßt. Ich gestehe, daß mir der Weg von einer Insel zur anderen nie recht gefallen hat. Wenn wir nach Marseille wollen, bin ich dafür, daß wir das Erzschiff nehmen. Eine Riesenbestechung, aber eine bequeme Reise. – Ich bin dafür.«

Castelnuovo vollführte mit beiden Händen eine ungeduldige Geste. »Jetzt hören Sie zu! Ich weiß Bescheid über diese Erzschiffe. Sie legen in Marseille in einem besonders streng kontrollierten Hafenbereich an, hinter einem hohen Zaun, der von französischen Patrouillen und von deutscher Polizei bewacht wird. Dem Kapitän ist Ihre Person völlig gleichgültig. Der will nur Ihr Geld. Taucht irgendeine Gefahr auf, versucht er natürlich, seinen Hals zu retten. Wenn wir die Inselroute nehmen, sind wir in der Hand von Leuten, die Rabinovitz kennt.«

»Ich glaube, meine Frau und ich, wir gehen zurück«, sagte Sacerdote ernst zu Jastrow. »Wir müssen natürlich noch darüber sprechen. Aber unser Sohn ist dort, wissen Sie.« Die alte Frau weinte still in ihr Taschentuch.

Jastrow sagte rasch: »Das verstehen wir. Es ist Ihr Zuhause. Für uns ist es sicherer, weiterzugehen.«

Das betagte Ehepaar zog sich zurück. Jastrow und Castelnuovo redeten noch längere Zeit über die Erzschiffe. Castelnuovo haßte es, so sagte er, das Schicksal seiner Familie einem bestochenen Italiener anzuvertrauen. Wer bürgte dafür, daß der Preis nicht unterwegs plötzlich in die Höhe schnellte? Der Mann könne das Geld nehmen und sein Wort doch nicht halten; er könne sie sogar verraten. Bei der Résistance gehe es nicht nur um Geld.

Schließlich sagte Jastrow: »Sagen Sie – ist das Prinzip, nach dem wir hier verfahren, demokratisch oder autoritär? Wenn es autoritär ist, liegt die Entscheidung bei Ihnen.«

Castelnuovo lachte säuerlich auf und tat die Frage mit einer Handbewegung ab. »Gut, dann stimme ich für den Erzfrachter.«

Anna Castelnuovo sagte: »Dafür stimmen zwei.«
»Du bist ein Maulesel«, sagte ihr Mann, freilich in liebevollem Ton. Er wandte sich an Natalie. »Und Sie?«
»Das Erzschiff.«
Castelnuovo schürzte die Lippen, klopfte auf den Tisch und stand auf. »Abgemacht also.«

An einem kühlen, grauverhangenen Nachmittag kehrte Natalie von einem Acht-Meilen-Fußmarsch zurück und bemerkte aus der Ferne ein in der Nähe des Hauses parkendes Auto. Es gab keine Privatwagen in Follonica. Sie beschleunigte ihre Schritte und betete innerlich: »Um Gottes willen, keine Schwierigkeiten!« Als sie näherkam, erkannte sie den Mercedes. Im Hause saßen Jastrow und Werner Beck am Eßtisch bei Tee und einem Teller mit Gebäck. Gelbe Manuskriptseiten, die Entwürfe zu Jastrows Sendungen, lagen auf dem Tisch.
Beck stand auf, lächelte und verneigte sich: »Ich bin entzückt. Es ist so lange her.« Sie konnte kaum eine höfliche Antwort hervorwürgen. Mit einem entschuldigenden Lächeln sah er an seiner SS-Uniform herunter. »Ach ja. Lassen Sie sich durch die kleine Maskerade nicht beirren. Ich bin auf einer Inspektionstour durch die westlichen Häfen, Mrs. Henry, und zwar in Verbindung mit einer unerklärlichen Treibstoffknappheit. Mein Land muß das gesamte Öl für Italien liefern, und wir sind überzeugt, daß alles auf dem Schwarzmarkt versickert. Und die Italiener rücken eher mit der Wahrheit heraus, wenn sie diese Uniform sehen. Daß mein SS-Rang nichts zu bedeuten hat, wissen sie nicht. Nun, die Seeluft hat bei Ihnen ja wahre Wunder gewirkt. Und Ihr Kind? Wie geht es ihm? Ich würde es furchtbar gern sehen.«
In dem gelassensten Ton, den sie nur irgend aufbringen konnte, sagte Natalie: »Soll ich Louis holen? Wie lange können Sie bleiben?«
»Bedauerlicherweise nicht lange. Ich habe in Piombino zu tun. Von der Hauptstraße nach Follonica ist es nicht weit, und da dachte ich, ich fahre schnell vorbei und mache meine Aufwartung.«
»Dann will ich ihn rasch holen.«
Im zweiten Stock saßen die Castelnuovos mit bleichen, versteinerten Gesichtern in ihrem Schlafzimmer; ihre Tür stand weit offen. Der Arzt winkte ihr und flüsterte: »Ist das der Mann?«
»Ja.«
»Er hat Piombino erwähnt.«
»Er ist auf einer Inspektionsreise.«
Im Zimmer nebenan amüsierte Miriam Louis mit einem arg zerschlissenen

Teddybären. Als Natalie ihn aus seinem Ställchen hob, schaute sie auf wie eine besorgte Erwachsene. »Wohin bringst du ihn?«
»Nach unten, nur für einen Augenblick.«
»Aber da unten ist ein Deutscher.«
Natalie legte einen Finger an die Lippen und trug den gähnenden Louis fort. Auf dem Treppenabsatz blieb sie stehen. Sie hörte, wie Werner Beck die Stimme erhob: »Aber Dr. Jastrow, alle vier Sendungen sind wunderbar, so wie sie sind. Es sind kleine Kostbarkeiten. Sie dürfen kein Wort mehr daran ändern. Warum sollten wir sie nicht jetzt gleich mitnehmen? Zumindest die beiden ersten?«
Jastrows Stimme, heiter und ruhig: »Werner, ein Verleger hat mal den Dichter A. E. Housman gedrängt, ein paar Essays zu drucken, die er schon aussortiert hatte. Housman hat darauf nur erwidert: *›Ich sage ja nicht, daß sie nicht gut sind. Ich behaupte nur, sie sind nicht gut genug für mich.‹*«
»Das ist ja alles schön und gut, aber für uns spielt die Zeit eine Schlüsselrolle. Wenn Sie diese Reden nicht vor Kriegsende abschließen können, wäre das Ganze doch ziemlich sinnlos, nicht wahr?«
Jastrow lächelte verständnisvoll und belustigt: »Sehr treffend gesagt, Werner.«
»Aber ich meine es durchaus ernst. Ich bewahre Sie vor ziemlich schlimmen Dingen, Dr. Jastrow. Sie haben mir gesagt, sie brauchten nur eine oder zwei Wochen an der See. Wenn mir diese Sache jemals aus der Hand genommen würde, wird es Ihnen bitter leid tun.«
Schweigen.
Natalie eilte die Treppe hinunter ins Eßzimmer. Beck stand auf und strahlte das Kind an. »Meine Güte, ist er gewachsen!« Er streckte die Arme aus. »Darf ich ihn nehmen? Wenn Sie wüßten, wie Klaus, mein Jüngster, mir fehlt!«
Diesem Mann in Uniform ihren Sohn zu geben, bereitete Natalie ein Gefühl der Übelkeit. Doch die Art, wie Dr. Beck mit dem Kind umging, verriet Übung und Sanftheit. Louis lächelte ihn an. Dr. Beck wurden die Augen feucht, und er sagte mit affektierter Stimme: »Na, wie geht's, kleiner Mann? Ach, glücklicher kleiner Junge! Wir sind Freunde, nicht wahr? Keine Politik zwischen uns, ja? – Ach, du möchtest meine Brille haben, nicht wahr?« Er nahm Louis die Brille aus den kleinen Fingern. »Hoffentlich wirst du nie selber eine Brille brauchen. Und deine Mutter macht ein so angstvolles Gesicht. Geh wieder zu ihr. Sag' ihr, ich hätte noch nie ein Baby fallen lassen.«
Erleichtert nahm Natalie Louis wieder an sich und nahm Platz. Beck setzte seine Brille auf, und sein Gesicht bekam wieder eine gewisse Härte. »Also, in fünf Tagen komme ich von meiner Rundreise zurück. Ich schlage vor, daß ich

Sie beide dann gleich nach Rom mitnehme. Bis dahin, Dr. Jastrow, müssen Sie soweit sein, die Sendungen aufzunehmen. Ich habe das Hotel bereits reservieren lassen, und ich lasse nicht mehr mit mir handeln.«
Mit einer spöttisch resignierten Geste – die Schultern eingezogen, die Hände gespreizt – rief Jastrow: »Fünf Tage! Gut, ich versuche, einiges zu ändern. Aber die beiden anderen Manuskripte kommen überhaupt noch nicht in Betracht, Werner. Das sind doch bis jetzt nur flüchtige Skizzen. Ich kann versuchen, die beiden ersten fertigzumachen, mein Lieber, aber wenn Sie darauf bestehen, daß es alle vier sind, dann muß ich sagen, nein, das geht nicht.«
Beck klopfte dem alten Mann aufs Knie. »Hauptsache, Sie haben die beiden ersten fertig, wenn ich zurückkomme. Danach sehen wir weiter.«
»Ist es wirklich notwendig, daß ich auch nach Rom komme?« fragte Natalie.
»Ja.«
»Kehren wir danach noch einmal nach Siena zurück?«
»Wie Sie wollen«, sagte Beck abwesend und warf einen Blick auf die Armbanduhr. Aaron brachte ihn zur Tür.
Die Castelnuovos kamen die Treppe herunter, und Miriam versteckte sich auf Zehenspitzen hinter ihrer Mutter und hielt sich an ihrem Rockzipfel fest. Dann schaute sie dahinter hervor und flüsterte: »Ist der Deutsche fort?«
»Ja, er ist fort.«
»Hat er Louis was getan?«
»Nein, nein, Louis geht es gut.« Natalie preßte das Baby an sich, als hätte sie es vor einem Sturz gerettet. »Wie wär's, wenn ich euch beide draußen auf der Veranda alleinließe?«
»Kann er einen Keks haben?«
»Ja.«
Die vier Erwachsenen hielten im Eßzimmer ein rasches Konklave ab. Daß dies eine Krise war, daß Jastrow nicht bleiben konnte, darüber waren sie sich einig. Castelnuovo solle bei Frankenthal nachfragen, beschlossen sie, jedoch nicht übers Telephon. In einer halben Stunde fuhr der Nachmittagsbus. Der Arzt nahm seinen Hut und ging. Ein bedrückender Abend folgte. Zur unendlichen Erleichterung seiner Frau, die die ganze Nacht kein Auge zugetan hatte, kam er früh am nächsten Morgen zurück. Frankenthal riet, doch lieber über die Inseln zu reisen; erst vor einer Woche sei ein Erzschiff ausgelaufen. Die nächste Fähre nach Elba gehe übermorgen.
»Dann auf nach Korsika«, sagte Natalie und überspielte ihr Herzklopfen mit übertriebener Fröhlichkeit.
»Auf nach Elba«, sagte der Arzt. »Dort werden wir warten müssen. Für Korsika ist noch nichts in die Wege geleitet.«

»Nun«, sagte Jastrow, »Napoleon hat es von Elba aus geschafft, da werden wir es auch schaffen.«

Es stürmte und regnete an dem Morgen, an dem sie aufbrachen. Die Wellen brandeten an die hohe Kaimauer des Hafens von Piombino und rollten über sie hinweg, als die Passagiere an Bord des kleinen Fährschiffes gingen, das mächtig an seinem Haltetau zerrte. Im Schutz eines Lagerschuppens saßen drei Zollbeamte behaglich im Trockenen, rauchten ihre Pfeifen und tranken Wein. Frankenthal hatte Reiseerlaubnis und Fahrkarten bereit; die Reiseerlaubnis brauchte man wegen des Gefängnisses auf Elba. Aber kein Mensch machte sich die Mühe, sie anzusehen. Die Flüchtlinge gingen wie die anderen Passagiere unter Regenschirmen an Bord; Ketten rasselten, der Dieselmotor rülpste stinkenden Rauch, und die Fähre legte schwankend ab. Frankenthal winkte und rief ihnen ein unbekümmertes Lebewohl nach. Dann waren sie *draußen auf See.*
Als sie zum Festland zurückschauten, das sich hinter Regenschleiern und den Rauchschwaden der Hochöfen von Piombino verbarg, mußte Natalie daran denken, daß die flammenspeienden Mäuler der Hochöfen vor den Zugfenstern Louis gestern abend dermaßen erschreckt hatten, daß er schrie und sich kaum hatte beruhigen lassen. Ein Bahnschaffner, der die Papiere der Reisenden kontrollierte, war aufmerksam geworden. Doch Miriam hatte sowohl Louis als auch den Beamten abgelenkt, indem sie in glockenhellem Toskanisch mit ihm plapperte. Der Beamte hatte gelacht und sich wieder getrollt, ohne sie zu behelligen. Trotz aller Befürchtungen war das der einzige heikle Augenblick ihres Abschieds von Italien gewesen.
Eine langsame, übelkeiterregende Fahrt durch die stürmische See; dann tauchte ein breit hingelagerter, nebelverhangener grüner Buckel im Nieselregen auf. In einem windigen, u-förmig angelegten Hafen stiegen sie aus; der Hafen war gesäumt von alten Häusern und überragt von einer drohenden alten Festung. Auf Frankenthals Anweisung trug Anna ein weißes und Natalie ein blaues Umschlagetuch; Aaron hatte eine Pfeife im Mund. Ein Maultierkarren näherte sich, gelenkt von einem knorrigen, alten Mann. Er forderte sie mit einer Handbewegung zum Einsteigen auf, schloß die schmutzigen Regenplanen des Wagens, und dann ging es rüttelnd und rutschend lange, lange bergauf. Durch die Seitenfenster aus Glimmerglas konnte man die Rebhänge und Bauernhöfe nur verschwommen erkennen. Die Luft unter der Persenning roch muffig, das Maultier überwältigend streng. Der Kutscher sprach nicht ein einziges Wort. Louis schlief während der ganzen Fahrt. Endlich hielt der Wagen an, der Kutscher zog das Verdeck beiseite, und Natalie sprang steif in

eine Pfütze und atmete tief die feuchte Landluft ein. Sie standen auf dem gepflasterten Platz eines Bergdorfes, das an einem Hang klebte. Kein Mensch war zu sehen, nicht einmal ein Hund. Das Zwielicht senkte sich herab, der Regen hatte aufgehört, die regennasse Steinfassade der alten Kirche leuchtete violett, und die Stille war nahezu zum Fürchten.

»Wo sind wir?« fragte Natalie den Kutscher auf italienisch. Ihre normale Stimme klang viel zu laut.

Er sprach sein erstes Wort: »Marciana.«

35

In der Canyon-Reitschule von Bel Air betreuten Stallburschen eine ganze Herde wiehernder, stampfender Pferde; doch außer Madeline und Byron gab es keine Reiter. Madelines Reitanzug war neu: rehfarbene Jodhpurs, sanft schimmernde braune Stiefel, ein Männerhut. Byron dagegen trug Warrens Annapolis-Blazer zu verblichenen Baumwollhosen und Segelschuhen. Ein verrunzelter alter Stallmeister maß ihn mit einem Blick und brachte ihm einen großen feurigen, kohlschwarzen Rappen namens Jack Frost. Byron stellte die Steigbügel ein und saß auf; daraufhin legte Jack Frost die Ohren an, rollte die feurig rötlichen Augen und preschte wie verrückt den Canyon hinunter. Er war ein außerordentlich kräftiges Pferd, das sanft galoppierte, und Byron ließ ihn frei laufen. Vor einem weißen Lappen, der auf dem Weg lag, stieg Jack Frost; er schlug aus, wieherte und schnaubte, als wäre ihm diese Zurschaustellung von Panik auf beste Hollywood-Manier antrainiert worden. Byron hatte einige Mühe, im Sattel zu bleiben, schaffte es jedoch. Das Pferd zog daraus offensichtlich den Schluß, daß er reiten könne; es beruhigte sich und drehte fragend den Kopf nach ihm um. Byron sah weit hinter sich durch den aufgewirbelten Staub Madeline herankommen. »Okay, Pferd«, sagte er und stieß ihm die Fersen in die Flanken, »das war deine Idee. Jetzt lauf weiter.«

Jack Frost preschte abermals los, schoß in einen schmalen Berg-und-Tal-Pfad hinein und donnerte dann in haarsträubendem Galopp an der Seite eines Canyons bis zum höchsten Punkt hinauf; dort blieb er unvermittelt stehen, ließ den Kopf hängen und schnaubte wie ein Wal. Durchgeschüttelt und belustigt, saß Byron ab, band ihn an einen Baum und hockte sich auf einen Felsen. Nach einer Weile hörte er Hufgetrappel, und Madeline kam staubbedeckt in Sicht. »Was ist denn mit deinem Pferd?« rief sie.

»Ich glaube, es brauchte ein bißchen Bewegung.«

Sie kicherte, als er ihr beim Absitzen half. »Ich dachte schon, es hätte eine Verabredung zum Frühstück in San Francisco.«

Seite an Seite saßen sie auf der flachen Felsplatte und schauten über den Canyon hinweg auf sonnige Berggipfel. Eidechsen huschten über die Steine, in der Luft unter ihnen kreisten kreischende Geier. Die Pferde stampften und

schüttelten ihr Kopfgeschirr, daß es klirrte. Das Geräusch unterstrich nur die Stille ringsum.
Byron wartete darauf, daß sie etwas sagte. Sie hatte ihn zu diesem Ritt aufgefordert, ohne einen Grund dafür zu nennen. Nach einer Weile sagte er: »Alles in Ordnung, Maddy?«
»Ach, Briny, ich stecke bis zum Hals in der Tinte! – Aber nein! Nein!« Sie lachte laut auf. »Dein Gesicht! Du siehst aus wie ein Maultier, Sweetie! Herrgott, war das ein Fehlstart! Nein, ich bin nicht schwanger, Briny. Laß den Revolver stecken!«
Er kratzte sich am Kopf und brachte ein Grinsen zuwege.
Sie drohte ihm spöttisch mit dem Finger: »Was für verruchte Gedanken über deine eigene Schwester! Nein, es geht um einen Berufswechsel« – sie zündete sich rasch eine Zigarette an – »und um etwas, worüber ich nicht reden kann, wenn Mom in der Nähe ist.«
»Darfst du hier rauchen? Ich habe ein Schild gesehen über Waldbrandgefahr in diesem Canyon.«
Sie zuckte die Achseln und sog den Rauch tief ein. »Du erinnerst dich an Lenny Spreregen?«
»Und ob ich das tue.«
»Er wird Produzent bei Universal Films und möchte mich als Assistentin haben!«
»Und was ist mit Cleveland?«
»Der spuckt Feuer und geht die Wände hoch.« Sie lächelte Byron an, und ihre Augen leuchteten unternehmungslustig. »Aber ich kann das doch nicht einfach in den Wind schlagen, nicht? Zweihundert die Woche, das ist mehr als die hundertfünfzig, die ich jetzt bekomme.«
»Ein großzügiges Angebot, Mad. Und von Cleveland loszukommen, ist auch schon ein Fortschritt.«
Ihr Gesicht blieb zwar sanft und liebenswürdig, doch in ihrer Stimme kam der harte Henry-Ton durch. »Oh, du hast Hugh immer unterschätzt. Die Zuschauer *lieben* ihn. Klar, richtige Filme zu machen ist was anderes, als Seife und Abführmittel an den Mann zu bringen. Aber bei Hugh weiß ich genau, was ich habe. Er gibt mir sogar ein paar Anteile von seiner Firma. Ich bin sozusagen Teilhaberin. Die Entscheidung ist wirklich nicht einfach!«
»Madeline, nimm den Job bei der Universal.«
»Sag mir – hat Hugh dich eigentlich jemals beleidigt? Wenn das der Fall sein sollte, hat er es nicht mit Absicht getan. Er findet dich toll!«
»Er kennt mich nicht.«
»Weißt du was? Ich wette, es ist der Kuß, den er mir in Janices Haus gegeben

hat. Stimmt's?« Sie grinste durchtrieben. »Ich wette, das wurmt dich immer noch. Mein Gott, als du mir sagtest, du hättest uns gesehen, da blitzte Mordlust in deinen Augen.«
Es war eine Erinnerung, die Byron immer noch am liebsten verdrängte – der schwammige, verheiratete Mann, der Madeline an sich drückte, ihr Rock, der hinten hochgerutscht war und rosige Schenkel und weiße Strumpfhalter sehen ließ. »Du hast mich um Rat gefragt, und ich habe ihn dir gegeben.«
»Briny« – ihre Stimme wurde ganz leise – »Hugh Cleveland möchte mich heiraten.« Byrons Gesicht zeigte keine Reaktion. Puterrot sprudelte sie heraus: »*Das* ist es, was das ganze so kompliziert macht. *Deshalb* mußte ich unbedingt mit jemandem darüber reden. Mom ist so prüde, sie würde auf der Stelle tot umfallen. Außerdem hat sie selber Probleme genug . . . Mein Gott, kannst du verbissen schweigen! Aber du kennst Hugh eben nicht. Er ist *von unserer Art* – ein sehr intelligenter, verletzlicher und einsamer Mann.«
»Eine Frau und drei Kinder fallen wohl nicht ins Gewicht?«
Madeline lachte bitter auf. »Das mußte ja kommen!«
»Hat er dir einen Antrag gemacht?«
»Aber Briny – heutzutage macht doch kein Mensch mehr einen *Antrag!*« Verächtlich wedelte sie mit der Hand. »Oder hast du Natalie einen Antrag gemacht?«
»Das habe ich – und zwar außerordentlich beredt.«
»Naja, du bist eben ein altmodischer Kauz. Wie alle Henrys. Hugh hat schon die ersten Schritte eingeleitet, um sich scheiden zu lassen.«
»Wirklich?« Byron stand auf und trabte über den kiesigen Grund, daß es knirschte. »Du solltest mit Dad sprechen.«
»Dad? Das schlag dir aus dem Kopf. Der würde Hugh mit der Reitpeitsche besuchen.«
»Läßt er sich deinetwegen scheiden?«
»Ach, Claire – so heißt seine Frau – ist einfach grauenhaft: eine verrückte dumme Pute, die er mit einundzwanzig geheiratet hat. Sie hat wahnsinnige Angst, ihn zu verlieren, und behandelt ihn wie den letzten Dreck. Außerdem rennt sie dauernd zum Psychoanalytiker und gibt das Geld aus wie eine Herzogin. Vor einem Jahr hat sie meinetwegen geradezu irrsinnige Szenen aufgeführt und mir alles mögliche angedroht. Er mußte sie mit einem Zobelmantel beschwichtigen. Sie ist total durcheinander, Briny, mein Wort darauf. Natürlich hat sie auch die Kinder gegen ihn aufgehetzt.«
»Weißt du was? Ruf heute noch bei Universal Films an.« Er blieb stehen und beugte sich über sie. »Sag diesem Spreregen, du könntest Montag bei ihm anfangen.«

»Daß du das sagen würdest, hatte ich mir gedacht.« Mit ernster Miene sah sie zu ihm auf, und ihre Stimme drohte ihr zu versagen. »Ich bin bloß nicht sicher, ob ich das kann.«

Ein ehrliches Mitgefühl für seine Schwester stieg in Byron auf, und er sagte: »Es ist also ernst.«

»Ja.«

Leise sagte er: »Wie ernst?«

»Hab ich dir doch gesagt.« Ihre Stimme bekam etwas Eigensinniges. »Nichts, das sich mit Reitpeitsche und Revolver regeln ließe. Aber es ist ernst.«

Er ließ den Blick über ihr Gesicht wandern und seufzte. Ihr sanfter offener Blick war durchsichtig wie eine Ledermaske. »Wie alt ist er?«

»Vierunddreißig.« Sie sah auf die Uhr. »Ach, Briny, du mußt Mom abholen. Wir treffen uns um zwölf im Kasino von Warner Brothers. Reiten wir weiter.«

»Vielleicht rede ich im Studio mal mit ihm.«

Sie schürzte die Lippen. »Mit dem Revolver, Sweetie?«

»Nein. Aber wenn er dich *wirklich* heiraten will, sollte ihm meine Meinung nicht gleichgültig sein.«

»Ich kann dich nicht davon abhalten. Mach, was du willst.« Sie setzte den Fuß auf den Steigbübel. »Hilf mir in den Sattel, Briny, wir sind schon spät dran.«

In der großen, voll besetzten Cafeteria auf dem Warner Brothers-Gelände schaute Rhoda sich mit großen Augen um. Sie rührte ihr Essen kaum an und sagte Sachen wie: »Maddy, Liebling, ist das nicht Humphrey Bogart? – Lauter Stars! Und da ist Bette Davis! Wie *jung* sie wirkt, wenn man sie nicht im Film sieht!«

Hugh Cleveland erklärte, die Stars hätten zwar ihre eigenen üppigen Speisesäle, aber hin und wieder schauten sie doch auf ein Sandwich oder ein Glas Milch hier herein. Wie die Schauspieler, aß auch Cleveland im Bademantel und für Filmaufnahmen geschminkt zu Mittag. Wieder konnte Byron seine Abneigung kaum verbergen; Rhoda dagegen amüsierte sich ganz offensichtlich über Clevelands witzige Einfälle und Schrullen. Das ungezwungene Air des Erfolgs, das er zur Schau trug, beeindruckte sie. Zwei seiner Rundfunkserien, die alte *Amateur Hour* und die militärische *Happy Hour*, fanden viel Anklang, und seine Werbespots spielten eine Menge Geld ein. Mit ihren hundertundfünfzig Dollar die Woche verdiente Madeline fast doppelt soviel wie Byron bei der Navy; und wenn sie das Angebot der Universal annahm, würde sie sogar mehr verdienen als ihr eigener Vater, der immerhin Kommandant eines Schweren Kreuzers war.

Und wofür? Als Byron nach dem Mittagessen bei den Aufnahmen zu *Happy*

Hour zusah, war er entsetzt. Die Soldaten und Matrosen waren nur da, um Cleveland Anlässe zu seinen angeblich spontanen Witzen und Späßen zu geben, die er von großen gedruckten Pappen, die hinter der Kamera standen, ablas. Später, erklärte Madeline, blendete der Regisseur dann Bilder von aufmerksamen, lachenden oder applaudierenden Zuschauern ein. Byron konnte sich nicht vorstellen, daß diese Filme unterhaltsam wären, selbst wenn man den Betrug nicht durchschaute. Cleveland war nicht mehr als ein Radioansager, der sich betont volkstümlich gab und auf herablassende Weise über harmlose grüne Jungen in Uniform lustig machte. Rhoda dagegen bezauberte das Drum und Dran des Schaugeschäftes selbst in seiner niedrigsten Form; Byron war froh, daß sie von ihrem Kummer ein wenig abgelenkt wurde. Doch was ihn selbst betraf, gähnte er, bis ihm die Kinnbacken wehtaten, und fand das alles quälend langweilig.

In einer Drehpause kam Cleveland grinsend mit zwei Pappbechern Kaffee. »Sie scheinen ihn nötiger zu haben als ich, Admiral!«

Auch Madeline erschien. »Mom, Byron! Im Tonatelier nebenan macht Humphrey Bogart jetzt Aufnahmen. Möchtet ihr zusehen?«

»Darf man das denn?« fragte Rhoda begierig.

»Sicher doch.«

»Mir ist ganz *schwindlig*«, sagte Rhoda und folgte ihr. Cleveland sagte zu Byron, der sich nicht rührte: »Kein Interesse?«

»Mr. Cleveland, kann ich Sie einmal sprechen?«

»Um was geht's denn?«

»Madeline hat mir von dem Angebot der Universal erzählt.«

»Ach so! Kommen Sie mit!« Byron folgte ihm in eine winzige Garderobe, und sie nahmen vor lampenumrahmten Spiegeln auf Stühlen Platz.

»Byron, sorgen Sie dafür, daß sie den Job nicht annimmt.«

»Warum nicht? Sie verdient mehr.«

»Lenny Spreregen ist als Drehbuchautor ganz passabel, aber er ist kein Produzent. Er hat sich selbst in diese Sache hineingeredet. Er ist Kommunist und, schlimmer noch, ein berüchtigter. Der hält sich nie bei der Universal, und an dem Tag, wo er seinen Hut nimmt – na, dann heißt es: Bye-bye, Madeline, und sie steht dann ohne einen Pfennig und allein in Hollywood da.«

»Sie sagt, Sie wollen sie heiraten.«

»Soso!« Mit einem warmen, einnehmenden Lächeln zwirbelte Cleveland sein schwarzes Haar. »Übrigens, sagen Sie doch bitte Hugh zu mir.« Er warf einen Blick auf einen billigen Wecker auf dem Ankleidetisch, schluckte Kaffee und stemmte sich vom Stuhl hoch. »Müssen wir diese Geschichte in einer Kaffeepause bereden, Admiral? Wie lange bleiben Sie hier?«

»Mein Urlaub ist heute abend zu Ende.« Byron erhob sich und blockierte die schmale Tür. Das wirkte ganz beiläufig, aber Cleveland konnte nun nicht mehr entkommen. »Sie sagt, Sie ließen sich scheiden.«
Cleveland schickte sich an, auf die Tür zuzugehen, und vollführte dabei eine kleine höfliche Geste, die Byron geflissentlich übersah. Um hinauszugelangen, hätte er den U-Boot-Offizier beiseiteschieben müssen. Sein schwammiges Gesicht wurde ernst, doch dann war das bezaubernde charmante Grinsen mit den hochgeschobenen Augenbrauen plötzlich wieder da. Er setzte sich halb auf den Frisiertisch, rieb sich das Kinn und sah fragend in Byrons ernstes Gesicht. Sich mit beiden Händen durchs Haar fahrend, stöhnte er leise auf. »Okay, Byron. Also von vorn! Claire, das ist meine Frau, ist eine kreuzunglückliche Person. Mehr möchte ich nicht gegen sie sagen. Wir haben drei prächtige Kinder, aber das ist alles an Gemeinsamkeit. Das sexuelle Interesse ist gleich Null – nicht von meiner Seite aus. Von ihrer. Es ist die Hölle auf Erden, und ich hoffe, Sie brauchen es nie durchzumachen. Wir haben beide mit unseren Anwälten gesprochen, aber solche Auseinandersetzungen dauern lange. Heiraten ist leicht, aber wieder rauszukommen, mein Lieber, das ist verdammt schwer.«
»Lieben Sie meine Schwester?«
»Sie haben eine wunderbare Schwester. Sie hat Ihnen nichts vorgemacht. Ich glaube, daß ich es schaffe, aber es ist Schinderei. Ja, so ist das, Byron.« Mit seinem warmherzigsten Mikrophonlachen stand Cleveland auf und klopfte ihm auf die Schulter. »Zurück in die Tretmühle. Vielleicht können wir drei später noch einen Drink nehmen. Sagen Sie ihr, sie soll den Spreregen-Job nicht annehmen, Byron. Die Sache stinkt.«
Madeline eilte draußen geschäftig hin und her. Sie trug ein Klemmbrett mit dem Manuskript in der Hand und sprach gleichzeitig mit verschiedenen Leuten. Sie kam auf Byron zugeschossen, der zwischen Kabeln und Lampen an der Wand lehnte.
»Nun?« Das kam im Ton vorgeblicher Komplizenschaft.
»Was, nun? Wo ist Mom?«
»Ach, sie ist einfach nicht wegzukriegen. Der Regisseur hat sie eingeladen zu bleiben und Bogart kennenzulernen. Du hast mit Hugh gesprochen?«
»Oh ja.«
»Nun komm schon! Was ist passiert?« Sie wirkte besorgt, aufgeregt und neugierig. »Ist er wütend geworden?«
»Nein.«
Sie lächelte. »Dann also ohne Revolver. Darauf hätte er mit dem Maschinengewehr reagiert.«

»Madeline, sag ihm, daß du kündigst. Heute noch. Schieb meinetwegen alles auf mich. Sag ihm, ich hätte einen Höllentanz aufgeführt. Erzähl ihm, was du willst.«
Sie machte ein langes Gesicht. »Hat er abgestritten, daß er mich heiraten will?«
»Er hat drumherum geredet. Steig aus, sag ich dir. Wenn er wirklich derjenige ist, den du willst – vielleicht macht ihm das Beine.«
»Aber Byron Henry!« Verschlagen wurden ihre Augen ganz schmal. »So denken Mädchen. Oder sollten es jedenfalls.«
»Und wenn er dich hinhält, wirst du auch das rausfinden.«
Sie warf den Kopf in den Nacken, und die glatten Hüften im gelben Faltenrock rauschten davon.

Stunden später lag Byron im Bungalow und schlief. Ein sanftes Pochen an der Tür weckte ihn. »Briny!« Madelines Stimme, sanft und erregt. »Bist du angezogen?«
Schräg fallende Sonnenstrahlen warfen große Muster auf die vorgezogenen roten Vorhänge: Cocktail-Zeit. Er setzte sich auf und streckte sich, nackt bis auf die Shorts. »Einigermaßen.«
Sie kam herein und stellte sich mit dem Rücken gegen die geschlossene Tür. »Ob du es glaubst oder nicht – ich hab's getan.«
»Toll. Wo ist Mom?«
»Keine Ahnung. Jedenfalls nicht hier. Briny, ich hätte mir nie *träumen* lassen, daß ich das jemals fertigbrächte. Ich komme mir vor, als wäre ich aus Alcatraz ausgebrochen und an Land geschwommen.« Der rote Schimmer betonte die Lebhaftigkeit ihres Gesichts. »Und wie er das geschluckt hat! Das hätte ich nie für möglich gehalten! Byron, er war ganz einfach lieb und nett. Kein böses Wort. Ich bin immer noch ganz benommen. Hast du was zu trinken?«
Byron zog einen Bademantel über, und sie gingen ins Wohnzimmer. Er ließ sich auf die Couch fallen und rauchte, während sie, das Whiskyglas in der Hand, auf und ab ging; der gelbe Rock wippte. Sie hatte es in der Garderobe getan, vor einer knappen Stunde, nachdem sie das Drehbuch für den nächsten Tag noch einmal durchgesehen hatten. Cleveland sei verständnisvoll, sanft und nicht im mindesten überrascht gewesen. »Er ist wirklich schlau! Weißt du, was er als erstes gesagt hat? ›Ja, Kind, als du deinen Bruder um Rat fragtest, waren die Würfel schon gefallen. Das bedeutete, daß du wirklich gehen willst.‹ Aber – und das haut dich vielleicht doch um – er sagt, du hast *recht!* Es sei viel besser, ich ginge, solange er sich mit seiner Scheidung herumschlägt. Sonst könnte Claire möglicherweise meinetwegen Ungelegenheiten machen. Gott sei Dank, daß du gekommen bist.«

»Dann ist also alles abgemacht? Endgültig? Du bist weg?«
»Absolut. Nicht mehr dran zu rütteln. Ist das nicht toll?«
»Und ab wann arbeitest du für diesen Spargel?«
Madelines Lippen wurden schmal, und dann wollte sie sich ausschütten vor Lachen. »*Spargel!* Ehrlich, Byron, du bist Gold wert! Was stört dich denn an Spreregen?«
»Verzeihung! Wann fängst du bei ihm an?«
Immer noch kichernd, sagte sie: »Nächsten Monat. Ich hab' Lenny angerufen. Er ist einverstanden und sagt ...«
»*Moment* mal! Nächsten *Monat?*« Byron setzte sich auf und schwenkte die behaarten Beine von der Couch.
»Aber natürlich, Sweetie! Ich habe doch monatliche Kündigung! Ich kann doch nicht von einer Stunde auf die andere abhauen – das ist doch kindisch!« Byron hieb mit der geballten Faust auf den Couchtisch, so daß Bücher und Aschenbecher darauf einen Satz machten. Erschrocken wurde Madeline lauter. »Oh, ich kann dich nicht *ertragen!* Wie kann man nur so unvernünftig sein? Könntest du oder Dad denn einfach von einem Schiff verschwinden, ohne daß Ersatz für euch da wäre?«
Byron stand auf. »Verdammt nochmal, Madeline, willst du den Käse, den Cleveland fabriziert, mit dem vergleichen, was ich tue? Oder was Dad macht? Oder was *Warren* getan hat? Ich gehe hin und statte diesem Burschen noch mal einen Besuch ab!«
»Nein! Das möchte ich nicht!« Madeline fing an zu weinen. »Ach, wie gemein du sein kannst! Habe ich etwa Warren erwähnt?«
»Himmel, nein, mit keinem Wort, seit ich hier bin.«
»*Weil ich es nicht ertragen kann!*« schrie Madeline und schüttelte ihre Faust. Eine Tränenflut stürzte ihr aus den Augen. »Und du ebensowenig! Oh Gott, warum hast du das gesagt? Warum?«
Erschüttert durch den Ausbruch, murmelte Byron: »Tut mir leid«, und versuchte, den Arm um sie zu legen.
Sie riß sich los und trocknete sich mit zitternder Hand die Augen. Ihre Stimme bebte, blieb aber unnachgiebig. »Meine Arbeit ist mir wichtig, Byron, und Millionen von Menschen auch. Millionen! Es ist ehrliche Arbeit! Du willst mich bloß bevormunden, und dazu hast du kein Recht! Du bist nicht Dad! Und auch der hat kein Recht mehr dazu! Ich bin nicht mehr sechzehn!«
Die Tür ging auf und Rhoda segelte herein, Pakete schwenkend. »Hallo, Kinder, ich hab' ganz Beverly Hills *leergekauft*! Bin den Wiltshire Boulevard entlanggefegt wie ein Wirbelwind. Die werden *wochenlang* damit zu tun haben, den Schaden auszubügeln, den ich angerichtet habe. Byron, ich

komme um vor Durst! Mach mir einen schönen, großen Gin-Tonic, ja?« Sie rauschte in ihr Schlafzimmer.

»Oh Gott!« flüsterte Madeline und wischte sich die Augen. Sie hatte ihrer Mutter den Rücken zugedreht, als sie hereingekommen war.

»Geh und wasch dir das Gesicht, Maddy.«

»Ja. Und mach mir auch einen Drink! Einen starken!«

In einem neuen, buntbedruckten Kleid schaute Rhoda bald darauf in die Kitchenette, in der Byron gerade die Highballs mixte. »Liebling, mußt du wirklich heute abend zu deinem Lehrgang zurück? Das ist schrecklich! Mir kommt es vor, als hätte ich dich gerade eben erst gesehen.«

»Ich bleibe heute abend noch bei euch und fahre morgen früh. Und nächsten Sonntag bin ich wieder da.«

»Ach, wie wunderbar. Du und Maddy, ihr habt mich von den *Toten* auferweckt, das habt ihr, wirklich! In Washington kam ich mir wie *eingesargt* vor! Ich hab' eine Unmenge von diesen kalifornischen Kleidern gekauft. Sie sind so leicht, und so *anders!* Erstaunlich, wieviel Zeug man hier bekommt, ob nun Krieg ist oder nicht! Eine ganze Garderobe für Hawaii. Dad werden die Augen aus dem Kopf fallen!«

»Meinst du denn, du kommst hin?«

»Ach, bestimmt! Da finden sich immer Mittel und Wege! Und ich bin fest entschlossen – ach, vielen Dank! Aber vielleicht springe ich doch erst noch in den Pool, ehe ich dies Glas hier trinke.«

In beschwichtigendem Ton sagte Madeline, als sie wieder allein waren und an ihrem Drink nippte: »Byron, willst du wirklich nach deinem Lehrgang in die Schweiz? Läßt die Navy das denn zu?«

»Ich weiß nicht. Kommt darauf an, was ich vom Außenministerium erfahre, und von der Botschaft in Rom. Bei der Navy bringe ich das erst vor, wenn ich unbedingt muß.«

Sie setzte sich auf die Lehne seines Sessels und streichelte sein Gesicht. »Geh nicht immer so rauh mit mir um.«

»Kannst du denn nicht wenigstens in zwei Wochen abhauen?«

»Verlaß dich auf mich, Byron. Du hast mir geholfen. Ich komme schon klar, das schwöre ich dir.« Madelines Stimme wechselte unvermittelt zu lauter Fröhlichkeit über, als ihre Mutter im Badeanzug und mit einem Handtuch in der Hand hereinkam. »Hallo, Mom, große Neuigkeiten! Rat mal, was? Ich werde für Universal Films arbeiten!«

36

Anfang August wurde der Jastrow-Henry Fall in der amerikanischen Gesandtschaft in Bern unversehens dringlich.

Dr. Hesse, Slotes Freund im Schweizer Außenministerium, kehrte aus Rom mit der bestürzenden Nachricht zurück, Jastrow und seine Nichte, denen man das unerhörte Vorrecht eines Urlaubs an der See zugestanden hatte, seien wortbrüchig geworden und verschwunden. Ein jüdischer Arzt aus Siena, ein heimlicher Zionist, sei mit in die Sache verwickelt. Die italienischen Behörden schäumten, und Dr. Hesse war in die Deutsche Botschaft gebeten und gefragt worden, was er wisse. Der rundliche kleine Diplomat berichtete Slote all dies in einem kleinen Straßencafé, und die Hälfte eines Schokoladenéclair zitterte auf seiner Gabel, als er beschrieb, wie er dem Ersten Sekretär der Deutschen Botschaft, einem ganz üblen Kunden namens Dr. Werner Beck, gesagt habe, er solle sich zum Teufel scheren. Nach Dr. Hesses Auffassung war die Lage für Jastrow und seine Nichte jetzt hoffnungslos. Wenn sie sich versteckt hielten, würde man sie finden; wenn sie versuchten, Italien zu verlassen, würden sie erwischt werden. Und nach ihrer Ergreifung würde man sie sofort in ein italienisches Konzentrationslager stecken. Die Regierung habe Jastrows Villa, sein Bankguthaben und den Inhalt seines Schließfachs beschlagnahmt.

Oh Gott, dachte Slote, als er die aufregende Geschichte hörte. Natalie hatte sich nicht verändert: sie stürzte sich immer noch in unberechenbare Situationen, diesmal sogar noch mit Baby und allem! Er beschloß, über die bedenkliche Entwicklung der Dinge weder Byron, der ihm einen Brief nach dem anderen schrieb, noch Natalies Mutter zu berichten, bis er mehr herausgefunden hatte; und zu diesem Zweck beschloß er, nach Genf zu fahren. Dort hatten die großen jüdischen Organisationen, die Zionisten eingeschlossen, ihre Schweizer Büros. Das Amerikanische Konsulat hatte dauernd mit ihnen zu tun, es unterhielt sogar Beziehungen mit dem jüdischen Untergrund. Möglich, daß er über die Flucht nichts in Erfahrung brachte. Andererseits erfuhr man von den Juden in Genf erstaunliche Dinge, und im allgemeinen erwiesen sich diese Informationen als zutreffend.

Über diese Kontakte hörte man nach und nach auch die grauenhaftesten Dinge von den deutschen Vernichtungslagern. Aber Slote wollte davon nichts mehr wissen. Nachdem es ihm nicht gelungen war, die Authentizität des Wannsee-Protokolls zu beweisen, und nach dem merkwürdigen Tod von Pater Martin kam er sich hilflos, ja bedroht vor. Sich selbst zu retten und nicht den Verstand zu verlieren, kam zuerst. Wer war er schon, daß er sich einbildete, den Gang der Geschichte ändern zu können? Jenseits der Postkartenschönheit der verschneiten Alpen tobte nicht nur ein gewaltiger Krieg, sondern – dessen war er sich so gut wie sicher – gingen auch heimliche Massenmorde vor sich. Während alledem ging jeden Tag die Sonne auf, man aß und trank, und auf dem Schreibtisch häufte sich die Arbeit. Er mußte diplomatische Cocktail- und Dinnerparties besuchen. Das Leben in Kriegszeiten in Bern war alles in allem so schlecht nicht, und die Stadt selbst so sauber und so ruhig und so voller Zauber. Am Zytglogge-Turm läuteten die kleinen Schalksnarren die Stunden ein, schlug der goldene Riese die Glocke mit seinem Hammer, führten die Puppen ihren Tanz auf; in den Bärengruben tanzten traurige, zahme Bären Walzer, um ihre Möhren zu bekommen. Wenn der Föhn den Alpendunst vertrieb, war die Kette des Oberlands deutlich zu sehen – weiß, rosa und azurblau, nahm sie sich aus wie der Zugang zum Himmel. Die einzige Verbindung zum Schrecken jenseits dieser herrlichen Berggipfel war der ständige Strom von Flüchtlingen mit gehetzten Augen vor der Tür der Amerikanischen Gesandtschaft.

Bedrückt stieg Slote in den Zug nach Genf. Als er drei Tage später nach Bern zurückkehrte, hatte sich ein Haufen Arbeit auf seinem Schreibtisch angesammelt. Mit seiner Sekretärin arbeitete er sich durch den Berg hindurch, froh, sich mit rationalen Dingen befassen zu müssen. Am Ende dieses Tages lehnte er ein gemeinsames Abendessen mit zwei gleichfalls unverheirateten Kollegen ab, die ein paar französische Ballettmädchen aufgetrieben hatten. Als er in seiner Wohnung einen Anruf einer verheirateten Schweizerin bekam, mit der er hin und wieder diskret schlief, vertröstete er auch sie. Nach dem, was er in Genf erfahren hatte, erschienen ihm kleine sinnliche Freuden irgendwie schmutzig. Er aß etwas Brot und Käse und ließ sich dann mit einer Flasche Whisky in einem Sessel nieder. Was er über Jastrow und Natalie erfahren hatte, war nur ein vager Bericht aus dritter Hand; trotzdem klang es glaubhaft und aufmunternd. Unglücklicherweise – und ohne es zu wollen – hatte er aber auch mehr über die Massenvernichtungen herausgefunden. Der Gedanke, den diplomatischen Dienst zu quittieren, ging ihm durch den Kopf wie eine Leuchtreklame. Doch fast gleichzeitig blinkte rot die Erinnerung daran auf, daß er dann sofort eingezogen werden würde.

Leslie Slote ertappte sich dabei, wie er seinen beruflichen Ehrgeiz, seine

Herkunft, seine Moralvorstellungen, seine Hoffnungen Revue passieren ließ wie vor einer wichtigen Entscheidung, ob er eine neue berufliche Laufbahn einschlagen, eine Frau aufgeben oder heiraten sollte. Die Juden bedeuteten ihm nichts. Er war in Connecticut aufgewachsen, in einer jener kleinen Städte, in denen Juden nicht ohne weiteres ein Haus kaufen konnten. Sein Vater, ein stiller, in sich gekehrter Wall Street-Anwalt, hatte keine jüdischen Freunde. An der Yale University hatte Slote sich von der Gesellschaft jüdischer Studenten ferngehalten; in der Verbindung, in die er eingetreten war, hatte es keine Juden gegeben. Daß Natalie Jastrow Jüdin war, hatte er als einen Makel empfunden, nicht ganz so schlimm, als wenn sie Negerin gewesen wäre.

Und er hatte sich auch nicht grundlegend gewandelt. Nach wie vor war er als Einzelgänger auf seinen Vorteil bedacht; nur, daß ihm durch Zufall die Wannsee-Dokumente in die Hand geraten waren. Da er sich in deutscher Geschichte und Kultur auskannte, hielt er das, was andere nur für eine Ausgeburt der Phantasie hielten, für wahr. Durch die Sache mit den Minsker Unterlagen und die Geschichte mit dem Wannsee-Protokoll hatte er sich schon verdächtig gemacht. Wenn er jetzt die neuen Beweise vorlegte, war er im Außenministerium für alle Zeit als Judenfreund abgestempelt. In diesen Bahnen bewegten sich Slotes Gedanken, während der Whisky in der Flasche immer weniger wurde.

Dabei waren auch die neuen Genfer Beweise, so schockierend sie auch waren, nicht unwiderleglich. Wie konnte das sein? *Wo blieben die toten Juden?* Der schlagendste Beweis für Mord war das *corpus delicti* – in diesem Fall Unmengen ermordeter Menschen oder Massengräber! Aber wie bekam man Zugang zu solchen Beweisen? Photographien konnten gefälscht sein. Vor Kriegsende würde es keine unwiderleglichen Beweise geben, und dann auch nur, wenn die Alliierten siegten. Die Genfer Beweise bestanden, wie das Wannsee-Protokoll, nur aus Wörtern: gesprochenen, geschriebenen Wörtern, vermischt mit anderen, die nur hysterischer Blödsinn waren, und noch anderen Wörtern, zum Beispiel dieser Geschichte von den Fabriken, in denen Leichen zu Seife verarbeitet wurden: abgestandene Greuelpropaganda aus dem Ersten Weltkrieg.

Slote konnte niemandem einen Vorwurf machen, der an diese ungeheuerlichen Massaker nicht glaubte. Pogrome waren eine alte Geschichte. Doch bei Pogromen starben nur wenige. Die Nazis machten sich nicht einmal die Mühe, die Verfolgung und Ausplünderung der Juden geheimzuhalten; die immer häufiger auftauchenden Berichte über heimliche Massaker von Hunderttausenden taten sie als alliierte Propaganda oder jüdische Hetze ab. Dennoch wurde gemordet; zumindest glaubte Slote, daß es geschah. Der im Wannsee-

Protokoll niedergelegte Plan wurde jetzt nur ausgeführt, und zwar in einer grausigen Welt von Mördern und Mordopfern, nicht minder unzugänglich als die Rückseite des Mondes.
Ein Glas Whisky-Soda nach dem anderen floß durch seine Kehle und hinterließ ein wohliges Glühen, das ihn entspannte und tröstete. Fast war es so, daß er wie ein Geist auf sein hageres, bebrilltes Ich hinunterblickte – ein Geist, dem dieser kluge Bursche leid tat, dessen Zukunft den verdammten Juden zum Opfer fallen konnte. Was sollte er tun? Er war ein Mensch, und er war durchaus normal. Und wenn ein normaler Mensch, der von etwas Unnormalem erfuhr, nicht dagegen aufstand, dann gab es für die Menschheit nur noch wenig Hoffnung. Wer wollte wissen, was ein Mensch nicht alles zuwege brachte, wenn er nur die richtigen Worte fand, sie aussprach, sie verkündete, sie der Welt zurief? Wie war das mit Karl Marx gewesen? Und mit Christus?
Sobald ein einsames Besäufnis bei Marx und Christus anlangte – das wußte Slote –, wurde es Zeit, ins Bett zu gehen. Und das tat er.
Am nächsten Vormittag saß er in Hemdsärmeln an seiner Schreibmaschine und schrieb einen Brief an Byron Henry, als seine Sekretärin, eine üppige, sehr attraktive Blondine namens Heidi, eintrat. Heidi flirtete ständig mit Slote, doch für ihn war sie ein Sahnebaiser in zu kurzem Rock. »Mr. Wayne Beall vom Konsulat in Genf ist da. Er sagt, Sie erwarteten ihn.«
»Richtig. Bitten Sie ihn herein.« Er verschloß den Brief in einer Schublade und zog sein Jackett an. Als Wayne Beall eintrat, weiteten sich Heidis Augen – ein gutaussehender amerikanischer Vizekonsul, nicht sehr groß, mit hoher Stirn, flachem Bauch, sehr aufrechter Haltung und so leuchtenden Augen, daß man die Stirnglatze übersehen konnte. Eines ganz leichten Herzfehlers wegen war er von West Point abgegangen, hielt sich aber mit dreißig immer noch wie ein Kadett und unternahm manches, um wieder in die Army zurückzukommen. Als Heidi hinausging, sah Beall nachdenklich hinter ihr her.
»Sie haben Ihre Unterlagen nicht mitgebracht?« Slote schloß die Tür.
»Um Gottes willen, nein! Mir stehen die Haare zu Berge bei dem Gedanken, ich könnte sowas im Zug liegenlassen. Wenn der Gesandte etwas unternehmen will, schicke ich ihm alles, was ich habe.«
»Sie sind für zehn Uhr mit ihm verabredet.«
»Weiß er, um was es geht?«
»Selbstverständlich.«
Bealls Stirnglatze legte sich in Falten. »Die Sache übersteigt mein Fassungsvermögen, Les. Sie stoßen doch zu uns, nicht wahr?«
»Nicht zu machen. Ich gelte auf diesem Gebiet als vorbelastet.«
»Ach, Unsinn, Les! Sie haben die Unterlagen gelesen. Sie wissen, wer unsere

Informanten sind. Außerdem gelten Sie als brillanter Kopf, ein Verdacht, in den ich noch nie geraten bin. Kommen Sie, Les!«
Resigniert und mit unguten Ahnungen sagte Slote: »Aber das Reden übernehmen Sie.«
Der Gesandte trug einen Palm Beach-Anzug und frisch geweißte Schuhe. Er sei verabredet, sagte er; die Herren möchten nur gleich zur Sache kommen. Er ließ sich in seinen Drehstuhl fallen und betrachtete aufmerksam die beiden Männer, die nebeneinander auf der Couch hockten.
»Sir, ich bin Ihnen dankbar, daß Sie mir trotz Ihrer vielen Verpflichtungen die Möglichkeit geben, meine Sache vorzutragen«, begann Beall, in Tonfall und Gesten ein wenig zu forsch. Der Gesandte winkte ihm aufmunternd zu.
Beall ließ seinen Bericht vom Stapel. Von sehr hochstehenden Persönlichkeiten, die wirklich nichts miteinander zu tun hätten, seien ihm zwei Bestätigungen eines Massakers zugegangen. Eine dritte Quelle liefere beschworene Augenzeugenberichte über das Massenmorden, das sich vollziehe. Darauf lief es hinaus, unter häufiger Berufung auf die amerikanische Menschlichkeit und die Weisheit des Gesandten.
Den Kopf auf die Hand gestützt, sah der Gesandte aus wie ein gelangweilter Bezirksrichter. »Welche hochstehenden Persönlichkeiten haben Ihnen die Richtigkeit bestätigt?«
Der Vizekonsul sagte, bei dem einen handele es sich um einen bekannten deutschen Industriellen, bei dem anderen um einen hohen Schweizer Beamten des Internationalen Roten Kreuzes. Falls der Gesandte die Namen brauche, werde er versuchen, die Zustimmung der Herren zu erlangen.
»Sie haben persönlich mit ihnen gesprochen?«
»Oh nein, Sir! Keiner von beiden würde sich mit einem amerikanischen Beamten einlassen – es sei denn, sie kennen ihn sehr gut.«
»Wie sind Sie denn an ihre Berichte gekommen? Und woher wissen Sie, daß sie inhaltlich zutreffen?«
Ein wenig verlegen sagte Beall, jüdische Quellen hätten ihm diese Berichte gegeben: der World Jewish Congress und die Jewish Agency for Palestine. Slote entging nicht, daß das Interesse des Gesandten merklich nachließ: sein gesundes Auge schweifte umher, und die Schultern sanken herab. »Wieder Berichte aus zweiter Hand«, sagte er.
»Sir«, sagte Slote und mischte sich zum erstenmal ein, »welche anderen Berichte könnte es über einen Geheimplan Hitlers denn geben?« Er konnte seinen Ärger nicht ganz aus seiner Stimme verbannen. »Was diesen deutschen Industriellen betrifft, habe ich mit diesem Mann vom WJC auch schon gesprochen, und er . . .«

»Was ist das – das WJC?«
»Der World Jewish Congress. Er hätte den Mann beinahe mit Namen genannt. Ich weiß, wen er meint. Der Mann nimmt eine hervorragende Stellung in der deutschen Industrie ein. Augenzeugenberichte habe ich gleichfalls gelesen. Sie haben Hand und Fuß und können einem den Magen umdrehen.«
»Und das ist noch nicht alles, Sir«, sagte Beall.
»Ja, was gibt es denn noch?« Der Gesandte klopfte sich mit einem elfenbeinernen Brieföffner auf die Handfläche.
Beall berichtete, er und der britische Konsul in Genf hätten gleichlautende kodierte Kabel über die neuen Beweise nach Hause geschickt, die führenden Juden vertraulich übermittelt werden sollten. Das Foreign Office in London habe das Kabel sofort an die britischen Juden weitergeleitet. Das State Department in Washington jedoch habe die Nachricht unterdrückt. Jetzt seien die jüdischen Führer in beiden Ländern – ganz abgesehen von ihrer Erregung über die Enthüllungen selbst – auch noch empört über das Vorgehen des State Department, dem man auf die Schliche gekommen sei.
»*Darum* werde ich mich kümmern«, erklärte der Gesandte und warf den Brieföffner auf den Schreibtisch. »Sie hören von mir, Wayne. Ich möchte jetzt noch unter vier Augen mit Leslie sprechen.«
»Gewiß, Sir.«
»Wir sehen uns in meinem Zimmer, Wayne«, sagte Slote.
Als die Tür sich hinter Beall geschlossen hatte, sagte der Gesandte mit einem Blick auf die Uhr: »Ich muß los. Hören Sie, Les – daß da Telegramme unterdrückt wurden, gefällt mir ganz und gar nicht. Ich werde aus der Europaabteilung nicht schlau. Sie hat schon zwei von meinen Briefen einfach ignoriert, einen über Visavorschriften und einen über Ihre Photokopien.«
»Sie haben über die Photokopien geschrieben?« entfuhr es Slote. »Wann?«
»Als die polnische Exilregierung mit ihren Informationen herauskam. Das hat mich nachdenklich gestimmt. Wie zum Teufel sollten sie sich das alles aus den Fingern saugen? Die Statistiken, die Lagepläne, die Wagen mit dem Kohlenmonoxyd, die nächtlichen Überfälle auf die Ghettos? Daß sie in Rektum und Vagina toter Frauen nach – ja um Gottes willen – nach Schmuck suchen? Wie sollte ein Mensch sich solche Dinge ausdenken?« Slote starrte den Gesandten wie vom Donner gerührt an. »Aber gut, gehen wir mal davon aus, daß die Polen unzuverlässig sind. Daß sie die Deutschen anschwärzen, um ihre eigenen Schandtaten zu decken. Was ist dann mit dieser Sache in Paris? Daß die Vichy-Polizei Tausende von ausländischen Juden von ihren Kindern trennen und die Eltern deportieren? Das ist sogar von Photoreportern aufgenommen worden! Nichts von Heimlichtuerei! Ich habe einen YMCA-Bericht mit allen

Einzelheiten. Schlechthin herzzerreißend! Daraufhin habe ich über Ihre Photokopien an das Ministerium in Washington geschrieben, aber es war, als würfe ich einen Stein in einen Brunnenschacht. Und dann noch diese Visa-Angelegenheit! Les, das geht zu weit!«
»Guter Gott, ich hoffe, Sie meinen die Sache mit den Leumundszeugnissen!« entfuhr es Slote. »Gegen diesen Unsinn kämpfe ich schon seit Monaten!«
»Richtig. Ich kann diesen Schweizer Beamten schon nicht mehr ins Auge sehen, Leslie. Die lassen sich doch von uns nichts vormachen; damit bringen wir nur Schande über unser Land. Wie soll ein geflüchteter Jude ein Leumundszeugnis von der Polizei seines Heimatortes in *Deutschland* vorweisen? Das ist doch ein durchsichtiger Trick, um die Juden hier auflaufen zu lassen. Das muß gestrichen werden.«
Bleich starrte Slote Tuttle an und räusperte sich. »Sir, Sie geben mir wieder das Gefühl, ein Mensch zu sein.«
Der Gesandte stand auf, kämmte sich vor einem Spiegel in der Schranktür und setzte sich den breitrandigen Strohhut auf. »Außerdem gibt es da höchst merkwürdige Berichte von der Eisenbahn. Diese meilenlangen Züge bringen wirklich aus ganz Europa Zivilisten nach Polen, machen dann kehrt und fahren leer zurück. Das weiß ich ganz genau. Da geschieht etwas sehr Merkwürdiges, Leslie. Ganz unter uns: ich habe dem Präsidenten einen persönlichen Brief über diese Angelegenheit geschrieben. Aber ich habe ihn dann wieder zerrissen. Wir stehen im Begriff, diesen verfluchten Krieg zu verlieren, und es geht einfach nicht an, Mr. Roosevelt mit Nebendingen zu behelligen. Wenn die Deutschen den Krieg gewinnen, wird die ganze Welt zu einem riesigen Schafott, und zwar nicht nur für Juden.«
»Das glaube ich, Sir, aber trotzdem . . .«
»Okay. Sagen Sie Wayne Beall, er soll seine Sachen zusammenpacken. Fahren Sie nach Genf und helfen Sie ihm. Bringen sie den hohen Herrn vom Roten Kreuz dazu, wenn irgend möglich alles, was er weiß, schriftlich von sich zu geben.«
»Ich kann's versuchen, Sir. Aber diese Leute sind wie erstarrt vor Angst vor den Deutschen.«
»Nun, tun Sie Ihr Bestes. Diesmal schicke ich die Sachen jedenfalls an Sumner Welles persönlich. Vielleicht machen Sie den Kurier.« Das gesunde Auge blitzte Slote anerkennend an. »Na? Was halten Sie davon? Ein hübscher kleiner Urlaub in den Staaten?«
Slote erkannte in einer solchen Mission augenblicklich den Ruin seiner Karriere im Außenministerium. »Wäre Wayne Beall nicht der geeignete Mann dafür, Sir? Er hat das Zeug immerhin zusammengetragen.«

»Dafür mangelt es ihm an dem erforderlichen Ernst. Außerdem weiß er über das Thema längst nicht so gut Bescheid wie Sie.«
»Mr. Tuttle, der Wagen wartet«, krächzte es aus dem Lautsprecher auf dem Schreibtisch.
Tuttle ging. Als Slote in sein Büro zurückkehrte, empfing ihn fröhliches Lachen. Wayne Beall und Heidi standen mit Schafsgesichtern da; dann eilte Heidi hinaus. Slote berichtete Beall von den Anweisungen des Gesandten. »Je schneller wir uns daranmachen, desto besser, Wayne. Der Gesandte hat endlich Feuer gefangen; wir müssen das Eisen schmieden, solange es heiß ist. Nehmen wir den Zwei-Uhr-Zug nach Genf?«
»Ich habe mich gerade eben mit Ihrer Sekretärin verabredet.«
»Ach so, verstehe.«
»Überhaupt, Les, ich dachte, ich bleibe über Nacht und . . .« Er bedachte Slote mit einem Grinsen von Mann zu Mann. »Was dagegen?«
»Oh, bitte, keine Hemmungen. Dann fahren wir eben morgen.«
Bald hörte Slote Lachen aus dem Nebenzimmer. Ein hübsches Mädchen zählte mehr als eine Million Menschen, die irgendwo in der Ferne litten; eine Naturtatsache, die sich nicht ändern würde.
Am nächsten Morgen lag in seiner Post ein formaler Bericht von Dr. Hesse über die Henry-Jastrow-Situation. Slote ließ ihn in eine Ablage mit der Aufschrift *Natalie* fallen und zerriß dann den noch nicht fertiggeschriebenen Brief an Byron. Vielleicht trafen bald von irgendeinem Konsulat im Mittelmeerraum gute Nachrichten ein, vielleicht sogar aus Lissabon. Für schlechte Nachrichten war immer noch Zeit.

37

In einem schmuddeligen Bürogebäude nahe dem Campus der Universität von Chicago saß Palmer Frederick Kirby in Hemdsärmeln an einem alten Schreibtisch und versuchte, vor Rhodas Ankunft mit der Bahn einen Bericht zu Ende zu bringen. Er war deprimiert – teils, weil er vor dieser Begegnung Angst hatte, teils auch, weil Vannevar Bush Fakten verlangte und Trübsal in Berichten verabscheute, es aber, was die Beschaffung von reinem Graphit für einen Uran-Reaktor betraf, sehr trüb aussah. Vom Wetter galt das gleiche. Es war ein drückend-schwüler Augustnachmittag. Wenn man das Fenster öffnete, blies ein Sturmwind vom Michigansee herein, warm wie ein Sandsturm in der Wüste und von der verschmutzten Luft über Chicago mindestens halb so sandig. Schloß man das Fenster, so stellte sich bald das Gefühl ein, voll angekleidet in einem Dampfbad zu sitzen.

Das Graphitproblem war typisch für das groteske Unternehmen, mit dem Dr. Kirby jetzt seine Tage verbrachte. Das bisher spärliche Bemühen um Uran war seit Pearl Harbor zu einem ständig steigenden Fluß hochgeheimer Ideen angeschwollen, der Geld, Menschen und Probleme mit sich riß. Kirby arbeitete für die Abteilung S–1 von Vannevar Bushs Büro für Forschung und Entwicklung. Für die Eingeweihten bedeutete S–1 soviel wie Uran; in der übrigen Welt dagegen – und das war die Wurzel allen Übels – bedeutete es gar nichts. Bei der Suche nach Material und Produktionsstätten kam er nicht um die wenig angenehme Aufgabe herum, großen Gesellschaften und der Army Leute abzuwerben. Die Chicagoer Wissenschaftler führten das ständige Versagen ihres Uran-Reaktors auf den Graphit zurück und verlangten reineres Material; doch das war nirgends aufzutreiben, und die großen Unternehmen der chemischen Industrie, die es hätten herstellen können, waren von gewichtigeren Auftraggebern mit Kriegsaufträgen eingedeckt. Das war der Kern von Kirbys Bericht an Bush; der Rest waren halbherzig-optimistische Vorschläge, um die bittere Pille zu versüßen.

Ein Anruf von Arthur Compton aus der Physik-Abteilung unterbrach ihn. Die Gebrüder Compton waren zwei überwältigend brillante Männer; der eine war Nobelpreisträger, der andere Leiter des Massachusetts Institute of Technology.

Kirby kannte sie beide. Er kannte die meisten der Physiker und Chemiker, die versuchten, mit Hilfe alarmierend kostspieliger Forschungen, die sich zum Teil sogar überschnitten, eine Atombombe zu bauen, bevor die Deutschen es taten. Mit einigen von ihnen hatte er zusammen studiert. Bei endlosen Streitgesprächen, Diskussionen und Tanzereien, ja selbst im Labor, hatten sie nicht den Eindruck gemacht, als wären sie ihm überlegen; es waren hart arbeitende junge Männer, die für Mädchen, Bier und Studentenulk genausoviel übrig hatten wie er auch. Doch als es um Leistungen und Resultate ging, hatten sie ihn abgeschlagen wie Rennpferde einen Milchkarrengaul. Daß er sie alle mit Vornamen anredete, hatte nichts mit Gleichheit zu tun. Im Gegenteil, das war eine ständig schwärende Wunde an seinem Selbstbewußtsein.

»Fred, ich habe hier einen Colonel Peters bei mir.« Compton, trocken und direkt wie immer. »Er würde gern rüberkommen und mit Ihnen sprechen.«

»Colonel Harrison Peters? Army Corps of Engineers?«

»Richtig.«

»Dem habe ich gerade einen Haufen Berichte nach Washington geschickt.«

»Hat er bekommen.«

Kirby warf einen Blick auf seine Schreibtischuhr; zwei Stunden bis zu Rhodas Ankunft. Das hier war wieder mal typisch für das Uran-Projekt. »Schicken Sie ihn rüber, Arthur.«

Peters erschien, windzerzaust und schwitzend. Kirby traf selten auf Männer, die noch größer waren als er; Colonel Harrison Peters war es. Er war hager, mit schmalem Schädel und grauem Haar, hatte breite Schultern und hielt sich betont aufrecht; der Blick seiner Augen war so hart wie sein Händedruck. Kirby wies mit der Hand auf einen übergroßen Sessel. Mit einem dankbaren Seufzer ließ Peters sich hineinsinken, streckte die Beine aus und zupfte seine Khaki-Uniform zurecht, um dann die schlanken, kräftigen Hände im Nacken zu verschränken. »Danke! Sehr angenehm! Bin seit Morgengrauen auf den Beinen. Habe eine Menge gesehen, aber nicht viel begriffen. Sie sind Physiker, nicht wahr?«

»Ich habe meinen Doktor am Cal-Tech gemacht. Von Haus aus bin ich Elektroingenieur. Und jetzt Beschaffungsspezialist.«

»Das liegt mir wenigstens nicht allzu fern. Ich bin Tiefbauingenieur – West Point und Iowa State University.« Peters gähnte, ein Bild entspannter Plauderfreude. »Meine Spezialität ist Brückenbau. Ich habe aber auch schon anderes gemacht. Wasserbau zum Beispiel: wir haben beim Corps viel mit Häfen und Flüssen zu tun. Aber diese hochgezüchtete Physik geht über meinen Horizont. Ich weiß nicht, was ich bei dieser Sache soll. Irgendwann im nächsten halben Jahr landen wir in Europa oder Afrika oder auf den Azoren. Ich hatte mich auf ein Frontkommando gespitzt. Aber lassen wir das.« Er vollführte eine weitausholende Geste mit den Händen. »*Befehl ist Befehl*, wie die Deutschen sagen.«

Kirby nickte kurz. »Wenn Sie Deutsch verstehen, könnte das von Nutzen sein.«

»Wieso? Gibt es viel deutsche Literatur über das Uran? Ich verstehe den Kram kaum auf Englisch. Bin übrigens sehr dankbar für das Material, das Sie mir geschickt haben. Das durchzuackern war so ähnlich, wie eine verdreckte Windschutzscheibe klarzuwischen. Ich bekam sowas wie erste Einblicke.«

»Freut mich, daß ich Ihnen helfen konnte.«

»Trotzdem glaube ich immer noch, daß da jemand total verrückt sein muß, Kirby, wenn er versucht, mit diesem supervorrangigen Material Ratespiele zu treiben. Mitten im Krieg, und angesichts eines wissenschaftlichen Rätsels, das möglicherweise gar nicht zu lösen ist. Für mich sehe ich nichts weiter voraus als einen Kopf voller Beulen, weil ich mit ihm durch die Wand wollte. Und was ist mit Ihrem Kopf?«

»Beulen über Beulen.« Beide lachten. Dann breitete Kirby die Hände aus und fügte hinzu: »Ich stehe zu Ihrer Verfügung.«

Colonel Peters setzte sich auf, legte die langen Beine übereinander, stützte die Ellbogen auf die Sessellehne und verschränkte die Finger. Kirby, die bestrumpften Füße auf dem Schreibtisch, kam sich unter dem forschenden Blick des großen Mannes ein wenig schlampig vor. »Okay, Kirby. Wir beide haben einiges gemeinsam.« Jetzt klang alles, was er sagte, kurz und präzise. »In der Industriechemie und in der Kernphysik sind wir Außenseiter. Man hat uns in die Sache reingezogen. Wir scheinen im wesentlichen den gleichen Auftrag zu haben, ich für die Army und Sie für S-1 von Vannevar Bush. Sie sind schon sehr lange dabei. Ich würde gern ein paar grundsätzliche Dinge von Ihnen erfahren, bevor ich mich hineinstürze.«

»Fragen Sie mich, was Sie wollen.«

»Okay. Ich bin jetzt im ganzen Land herumgereist, um mir über das ganze Unternehmen einen Überblick zu verschaffen. Zunächst scheinen alle Wissenschaftler wie wild das Messer zu wetzen, stimmt's? Compton und seine Leute hier in Chicago sind überzeugt, daß das neue Element 94, das in einem Reaktor gewonnen wird, den kürzesten Weg zur Bombe darstellt. Nur macht ihr Reaktor nicht mit; er läuft warm und geht dann aus. Dr. Lawrences Leute in Berkeley setzen alles auf die elektromagnetische Isolierung von U-235. Riesenhafte Apparaturen, aber kein U-235. Die Leute von der Columbia University – und, wie ich annehme, die Briten auch – halten das Diffusionsprinzip für den richtigen Weg . . .«

»Gasdiffusion, nicht Thermodiffusion«, warf Kirby ein. »Das müssen Sie bitte ganz klar sehen. Das ist ein Riesenunterschied.«
»Richtig. Und dann noch dieses Ding bei Westinghouse – die Ionenzentrifuge. Die macht auf mich noch den vernünftigsten Eindruck. Man hat zwei vermischte Substanzen – natürliches Uran, U-238, und das seltene explosive Isotop U-235. Okay? Die eine Substanz ist schwerer als die andere. Wirbelt man sie herum, fliegt durch die Zentrifugalkraft die schwerere raus. Das ist nichts Neues.«
»Trotzdem ist das Verfahren ziemlich fragwürdig, Colonel. Außerordentlich kompliziert, sobald Sie es in großem Umfang machen wollen. Ionisierte Gasmoleküle verhalten sich nicht wie Butterfett.«
Der Colonel grinste ein wenig und nickte.
»Ich selbst setze auf die Gasdiffusion«, fuhr Kirby fort. »Das Prinzip ist bewährt. Wenn man mit einem korrosiven Gas wie Uranhexafluorid arbeitet, steht man zwar vor ein paar vertrackten Konstruktionsfragen, aber man braucht kein neues Konzept zu testen. Wenn man genug Stufen baut, und man baut sie auch richtig – viele Hektar Trennkammern, Kilometer von Rohrleitungen und sehr enge Toleranzen –, *muß* am Schluß U-235 rauskommen. Der magnetische Trenner von Lawrence ist genial und verkürzt den ganzen Prozeß. Ich bin für Lawrence, und meine Firma liefert ihm hochwertige Apparaturen. Aber vielleicht wird nichts aus der ganzen Sache, wer kann das wissen? Es geht um ein neues Prinzip. Man bewegt sich auf jungfräulichem Gebiet. Das gleiche gilt für Comptons Reaktor. Bis jetzt hat man das noch nirgendwo auf Gottes Erde gemacht – es sei denn, daß die verdammten Deutschen den Durchbruch schon geschafft hätten.«
»Ich habe«, sagte Peters, »heute zwei Stunden in der Reaktor-Anlage verbracht. Häßliches Ungetüm, dieser schwarze Kegel; reicht bis zur Decke und steht einfach nur da. Umhüpft von Technikern – wie kleine Teufel, die vergeblich versuchen, ein Höllenfeuer anzufachen, das partout nicht brennen will.«
»Gut ausgedrückt!« sagte Kirby mit säuerlichem Lächeln. »Wieder das Gleiche. Eine phantastische Idee. Man beschießt Uran mit einer Neutronenquelle und bringt es dazu, wie wild andere Neutronen zu emittieren und sich dabei zu spalten. Wenn die Sache richtig angepackt wird, müßte das theoretisch eine Kettenreaktion zur Folge haben, bei der ganz Chicago in die Luft fliegt – es sei denn, die Sache ist narrensicher unter Kontrolle und man erzeugt gerade nur soviel Hitze und Strahlung, daß dieses neue Element Plutonium entsteht, das mit dem gleichen Knall losgehen kann wie das U-235. Soweit die Vorhersage der Theoretiker. Trotzdem versagt das Ding und geht aus.

Warum? Das weiß kein Mensch. Irgendwie hoffe ich sogar, daß wir da gegen irgendein Naturgesetz Sturm laufen, gegen irgendeine physikalische Unmöglichkeit, auf die bis jetzt noch niemand gestoßen ist. Eine leere Wand, die auch den Deutschen Einhalt gebieten würde. Aber ist die Wand wirklich unüberwindlich? Oder stehen wir nur dumm da, während die Deutschen längst einen Weg gefunden haben? Das ist die Frage, um die es geht.«

»Für Sie steht an erster Stelle die Gasdiffusion.« Harrison Peters stieß mit steifem Finger auf die Sessellehne, als wollte er Kirbys Ansicht aufspießen.

»Ja. Aber ich verstehe auch nicht allzu viel davon. Wir müssen annehmen, daß die Deutschen gleichfalls auf allen diesen Gebieten arbeiten. Deshalb können wir es uns nicht leisten, eines davon unbeachtet zu lassen. So steht das Büro für Forschung und Entwicklung dazu, und folglich ich auch. Bin also auch beim Messerwetzen.«

»Kirby, Sie sehen immer wieder auf die Uhr. Halte ich Sie auf?«

»Ich muß um sechs jemand von der Union Station abholen. Sie haßt es, herumzustehen und zu warten.«

»Ah, eine Frau!« sagte Colonel Peters. Sein Lächeln wurde zu einem faunischen Grinsen; er fuhr sich mit der Hand über das graumelierte Haar; sein ganzes Verhalten war plötzlich wie geladen mit boshaftem Appetit. Der General, der Kirby autorisiert hatte, Peters die Geheimberichte zu schicken, hatte erzählt, ›Big Pete‹ sei ein wilder Junggeselle mit einem für sein Alter recht beachtlichen Erfolg bei schönen Frauen.

»Nun, eine Dame«, sagte Kirby.

»Eine gute Freundin?«

»Die Frau eines guten alten Freundes. Sie haben in der Schlacht um Midway gerade einen Sohn verloren. Er war Marineflieger.«

Diese Worte wischten den lüsternen Ausdruck in Peters' Miene fort wie ein nasser Schwamm die Schrift auf einer Wandtafel. Sein Gesicht wurde ernst, die Augen trübten sich, und er sagte kopfschüttelnd: »Das ist hart!«

»Die Familie ist mit der Navy sozusagen verheiratet. Der Vater ist Kommandant eines Kreuzers, ein zweiter Sohn fährt auf einem U-Boot. Sie war an der Westküste und hat dort den U-Boot-Mann und ihre Tochter besucht.«

»Da will ich Sie aber nicht aufhalten.«

»Es ist noch zu früh.«

»Kann ich Ihr Wissen dann noch in einer anderen Sache anzapfen?«

»Schießen Sie los.«

»Wenn ich es richtig verstehe, kommt die Army wegen der großen Produktionsaufgaben ins Spiel. S-1 macht mit den Experimenten weiter, entwickelt die Pilotanlage und so fort.«

»So ungefähr«, sagte Kirby. »Die Army hätte schon längst dabei sein sollen. Die Lektion habe ich gelernt, als es darum ging, Prioritäten für S-1 herauszuschlagen. Keine Firma schenkt einem Rudel verrückter Wissenschaftler, die an einer mysteriösen Geheimwaffe herumbasteln, irgendwelche Beachtung, solange der Präsident sechzigtausend Flugzeuge im Jahr bestellt, acht Millionen Tonnen Schiffsraum, fünfundvierzigtausend Panzer und Gott weiß wieviel Flakgeschütze und Granaten. Dabei fängt dieses Projekt an, sämtliche Mittel des Landes derart zu belasten, daß nur die Army das verkraften kann.«
In den Augen des Colonels blitzte es. »Möglich. Aber würden die Army und S-1 sich nicht gegenseitig im Weg stehen? Wir wollen doch beide den Stein der Weisen. Müßten wir nicht versuchen, uns gegenseitig das Messer in den Rücken zu rammen – wobei ich gewinnen würde; obwohl dann Ihre Arbeiten lahmgelegt würden, die möglicherweise der Schlüssel zum entscheidenden Fortschritt sind?«
»Das ist eine gute Frage«, erwiderte Kirby. »Aber Vannevar Bushs Uran-Abteilung wird ohnehin nicht mehr lange bestehen. Die Army wird das alles bald voll und ganz übernehmen. Ich rede wie ein Verräter, solange es Compton und Lawrence so großartig geht, weil sie die ganze Sache allein vorantreiben. Aber da, wo wir jetzt stehen, ist das ganze Problem nur noch zwanzig Prozent theoretische Wissenschaft und achtzig Prozent industrielles Bemühen – eine Sache, die forciert werden muß, in gewaltigem Ausmaß, so schnell wie möglich und unter höchster Geheimhaltung.« Erregt von seinen eigenen Worten, stand Kirby auf und hieb mit der Hand auf den Tisch. »Der Tritt in den Hintern, den die Industrie braucht, um auf Trab zu kommen, der muß von der Army kommen. In sechs Monaten sitze ich nicht mehr hier, und ich freue mich schon darauf. – Aber vielleicht gehe ich jetzt doch besser zur Union Station.«
Peters erhob sich und reckte die Arme. »Werden wir eine Bombe bauen?«
Kirby band einen Schlips um und zog sein Jackett an. Dann sagte er: »Danach fragen Sie mich besser ein andermal. Heute sehe ich ziemlich schwarz. Dieser schwarze Kegel, den Sie gesehen haben – die Burschen kriegen ihn einfach nicht in Gang. Das geht schon seit Monaten so. Sie versuchen dies und versuchen das, und jetzt schieben sie die Schuld auf den Graphit. Sie behaupten, Bor-Verunreinigungen absorbierten zuviele Neutronen; und so geht das Ding immer wieder aus. Sie werden noch viel über Neutronen zu hören bekommen, und . . .«
»Davon schwimmt mir jetzt schon der Kopf. Schnelle Neutronen, langsame Neutronen – ganz unter uns: Was ist ein Neutron eigentlich?«
»Wenn Sie das ernst meinen . . .«

»Klar meine ich das ernst. Ich bin in dieser Sache unbedarft wie ein Pferd.«

»Neutronen sind ungeladene Teilchen im Atomkern. Ein Engländer namens Chadwick hat sie schon 1932 entdeckt. Neutronen sind das, was von radioaktiven Substanzen ausgeht. Sie besitzen die Fähigkeit, in einen anderen Atomkern einzudringen und ihn in zwei leichtere Substanzen auseinanderzureißen. Ein paar Deutsche haben das 1939 zum ersten Mal gemacht. Das nennt man Atomspaltung, bei der Masse verloren geht und eine ungeheure Energiemenge freigesetzt wird.«

»Einsteins Gesetz«, sagte Peters und rezitierte dann feierlich wie im Hörsaal: »$E = mc^2$. Soviel weiß ich auch.«

»Okay. Neutronen sind natürlich nicht Ihr Bier. Sie sehen sich bloß Sachen an wie diesen schmutzigen schwarzen Kegel und Lawrences großen Elektromagneten, über und über mit Meßskalen und Ventilen bedeckt. Etliche Professoren und Nobelpreisträger werden Sie wegen reinerem Graphit und größerer Magneten oder irgendwelcher anderer Dinge anpfeifen, die es nirgends gibt. Irgendwann wird irgendwo etwas, das aus Uran oder dem Element 94 hergestellt wurde, mit dem größten Krach losgehen, den man je auf Erden gehört hat. Das jedenfalls glauben die hellsten Köpfe, die wir im Moment haben. Ob das noch zu unseren Lebzeiten passiert und ob wir dieses Ding als erste bauen – das sind die entscheidenden Fragen. Kommen die Deutschen uns zuvor, wird Hitler unseren Bemühungen auf ziemlich unsanfte Art ein Ende bereiten. Wenn sie es nicht schaffen, und auch wir bauen die Bombe nicht rechtzeitig genug, um sie noch in diesem Krieg einzusetzen – eine Möglichkeit, die durchaus besteht, wie ich Ihnen versichern kann –, nun, Colonel, dann stellen Sie sich mal vor, der Frieden kommt, und der Kongress entdeckt, daß die Army ein paar Milliarden Dollar in riesige Produktionsstätten gesteckt hat, die nichts weiter produziert haben als Fliegendreck. Fangen Sie ruhig schon an, Ihre Zeugenaussage vorzubereiten.«

Rhoda hatte in dem schaukelnden Eisenbahnabteil zwei schwierige Stunden damit verbracht, sich für das letzte Treffen mit der einen schuldhaften Liebe ihres Lebens herzurichten. Ihr anthrazitgraues Kostüm aus Shantung-Seide, in Beverly Hills gekauft, brachte ihre Figur bezaubernd und unaufdringlich zur Geltung; der violette Hut fügte noch einen schwermütigen Farbhauch hinzu; Handschuhe und Schuhe waren immer noch schwarz. Ihre Aufmachung paßte durchaus zur Trauer um einen schmerzlichen Verlust, gleichzeitig jedoch auch zu einer attraktiven Witwe, die bereit ist, sich wieder umzusehen. Zwei Wochen kalifornischer Sonne und tägliches Schwimmen hatten ihr Gesicht gebräunt und ihre Augen wieder zum Leuchten gebracht; der bis zur Nase reichende Hutschleier ließ ihre Züge weicher erscheinen; ein Fremder hätte sie für eine Frau von etwa dreißig Jahren halten können.

Wenn eine Frau im Begriff steht, einem Mann den Laufpaß zu geben – oder den Laufpaß von ihm zu bekommen –, möchte sie häufig ganz besonders gut aussehen; sie schmückt sich sozusagen für den letzten Blick in den Sarg einer toten Liebe. Prosaischer gesprochen, ist es ihr schlichtweg lieber, daß ihn Bedauern erfüllt und nicht Erleichterung. Palmer Kirbys Gesichtsausdruck, als er sie am Ausgang erspähte, belohnte sie für ihre Mühe. Die Unterhaltung im Taxi drehte sich um ihre Familie. Die Nachricht, daß Byron Befehl hatte, sich nach Gibraltar in Marsch zu setzen, überschattete den Bericht über Madelines Job in der Filmwelt. Er hatte sie von San Diego aus angerufen und es ihr aufgeregt erzählt. Seine neue Aufgabe, so meinte sie, sei geheim und habe mit Unterseebooten im Mittelmeer zu tun. Er hatte immer noch vor, in die Schweiz zu fliegen und sich für die Befreiung seiner Frau und seines Kindes einzusetzen – von Lissabon aus sei das vielleicht möglich, obwohl Rhoda das für Donquichotterie hielt und hoffte, daß sie nicht mehr in Italien seien, wenn er es versuchte. Wie dem auch sei, Byron habe zum erstenmal seit Warrens Tod glücklich gewirkt. Diese Worte entschlüpften ihr. Danach blickten sie und Kirby einander traurig an, und Rhoda, der die Augen feucht wurden, wandte sich ab.

Der einzige Hinweis auf den Krieg im berühmten Pump Room war die Vielzahl der Männer in Uniform, zum überwiegenden Teil glatzköpfige oder grauhaarige Colonels und Captains. Perfekte Kellner flambierten Gerichte, tranchierten auf raffinierten Servierwagen hereingerollte Braten; schöne, juwelengeschmückte Frauen taten sich an großen Hummern gütlich, und der Weinkellner ließ seine Messingmünzen klirren und eilte mit Flaschen in Eiskübeln von einem Tisch zum anderen.

»Ich denke, wir nehmen einen Wein«, sagte er zu ihr, als der Kellner am Tisch erschien. »Aber wenn du vorher einen Cocktail möchtest?«

»Nein, heute abend keinen Wein«, entgegnete Rhoda kühl, aber gut gelaunt. »Ich hätte gern einen sehr trockenen Martini, bitte.«

Ein langes Schweigen breitete sich zwischen ihnen aus, übertönt vom Stimmengesumm im Restaurant. Die Cocktails kamen. Sie hoben ihre Gläser. Kirby schüttelte den Kopf und sagte stockend: »Rho, ich muß immer wieder an den Flughafen Tempelhof denken, damals, als du mich hinfuhrst. Ich weiß nicht, warum. Die Umgebung heute ist weiß Gott anders.«

Durch ihren Schleier hindurch sah sie ihn an und nippte an ihrem Martini. Behutsam stellte sie das übergroße Glas hin. »Das war ein Abschied.«

»Nun, wir hielten es dafür.«

»Ich war sicher.« Rhoda seufzte.
»Ist dies hier auch ein Abschied?«
Rhoda nickte. Dann schweifte ihr Blick durch das Restaurant. »Weißt du, ich hab' mal mit Pug hier gegessen. Wir waren auf dem Weg von San Francisco nach Annapolis. Er war damals in Mare Island stationiert und hatte mit Geschütztürmen für Schlachtschiffe zu tun. Wir fuhren zurück, um Warrens Abgang von der Severn School mitzufeiern. Das muß zehn Jahre her sein. Oder schon elf? All das verschwimmt jetzt.« Sie schwenkte ihren Martini. »Man weiß eigentlich nie, wann man wirklich glücklich ist, nicht, Palmer? Stell dir vor, damals bildete ich mir ein, Probleme zu haben! Byron kam in der Schule nicht recht mit, Madeline war zu dick, und ihre Zähne standen kreuz und quer. Tragödien! Unser Haus in San Francisco war zu klein und lag dazu an einer lauten Straße. Meine Güte, habe ich Pug wegen solcher Dinge die Hölle heiß gemacht! Aber wie stolz wir auf Warren waren! Schulauszeichnungen in Sport und Geschichte – ach, verdammt!« Die Stimme versagte ihr den Dienst. Sie trank ihren Cocktail aus. »Bitte, bestell mir noch einen, und dann ist Schluß.«
Er winkte dem Kellner und sagte dann langsam und mit belegter Stimme: »Rhoda, laß mich sagen, was es zu sagen gibt; dann hab ich es hinter mir. Ich werde dich nicht in Verlegenheit bringen, indem ich meine Gefühle vor dir ausbreite. Ich habe mich mit deinem Entschluß abzufinden, und das werde ich auch tun: das ist alles.«
Rhodas Lächeln war traurig und liebevoll. »Bist du nicht froh, aus der Geschichte raus zu sein, Palmer?«
»Wenn ich dich so vor mir sehe, kann ich das nicht.«
Ihre Augen blitzten. »Hübsch gesagt, Sir.«
Sie schüttelten sich die Hände, als gälte es, eine Abmachung zu besiegeln. »Ja, jetzt, glaube ich, können wir unser Essen genießen.« Rhoda lachte auf. »Es wäre ja auch ein Jammer, wenn man sich ausgerechnet im Pump Room nicht amüsierte.«
»Ja. Willst du es dir mit dem Wein nicht doch noch mal überlegen?«
»Warum bestellst du uns nicht eine halbe Flasche?«
»Hallo, Kirby!«
Das kam von Colonel Peters, der mit dem Oberkellner und in Begleitung eines großen Mädchens in grünem Kleid an ihrem Tisch vorbeikam. Kirby kannte sie flüchtig: ein farbloses Wesen, das in Comptons Vorzimmer arbeitete. Jetzt leuchteten ihre Augen, das schwarze Haar sah aus, als käme sie geradewegs aus dem Schönheitssalon, und sie war auf recht unakademische Weise geschminkt. Das grüne Kleid war eine Spur zu eng für ihre füllige Figur. Sie nahmen in der Nähe Platz, und Kirby und Rhoda konnten hören, wie Peters das Mädchen zu

erheitern versuchte. Ihr Lachen war aus dem Stimmengewirr im Restaurant deutlich herauszuhören.
Beim Essen und einer halben Flasche Chablis erzählte Rhoda Kirby von ihrem Plan, nach Hawaii zu gehen, und von den Ratschlägen, den die Admirale an der Westküste ihr gegeben hatten; von ihrer Absicht, das Haus in der Foxhall Road zu schließen, es möglicherweise sogar zu verkaufen. Kirby sagte nicht viel dazu; das Thema erschöpfte sich. Eine Weile vertrieben sie sich die Zeit damit, amüsiert zu beobachten, wie rasch Colonel Peters bei dem grünbekleideten Mädchen Fortschritte machte. Offensichtlich verstand er sich auf diese Dinge und verließ sich auf erprobte Taktiken: geräucherten Lachs, Champagner, Schischkebab am flammenden Degen, Crêpes Suzette und Brandy. Das Lachen der beiden hörte nur selten auf; das Mädchen genoß das Ganze erwartungsvoll und in vollen Zügen. Peters besaß nicht nur ein Auge für seine Beute, dachte Kirby, sondern wußte auch, wie man sie ins Netz bekam. Kirby war sich nicht zu gut, wenn er allein war, es auch mit einer Sekretärin zu versuchen; diese Miss Chaney aus Comptons Vorzimmer hatte er jedoch nie in Erwägung gezogen.
Rhodas Zug ging erst um Mitternacht. Gegen zehn waren sie mit dem Essen fertig, und es gab nichts zu tun. Früher wären sie in Kirbys Wohnung gegangen, aber das war jetzt undenkbar. Ihre Beziehung hatte geendet wie eine Schallplatte; ihr Geplauder war wie das Kratzen der auslaufenden Nadel. Rhoda verhielt sich nicht eben abweisend, sie zeigte sich sogar belustigt über das amouröse Vorgehen von Colonel Peters, doch Kirby gegenüber gab sie sich jetzt distanziert wie eine Schwester. Da saß sie, durch die Zeit und durch ihren Kummer noch begehrenswerter als bisher; eine elegante Dame, so korrekt und so gelassen, daß ihm die Bilder, dic immer wieder vor seinem geistigen Auge auftauchten und in denen sie sich nackt der Leidenschaft hingab, wie unanständige Lügen oder heimliche Schlafzimmerschnüffelei vorkamen, die man nur verachten konnte.
Der Colonel beugte sich über Miss Chaney, flüsterte ihr etwas zu, als er ihr beim Aufstehen half, und beide lachten. Sie hatten bestimmt keinerlei Probleme mit der Frage, was sie jetzt tun sollten, dachte Kirby; er hingegen mußte sich noch zwei lange Stunden mit der Frau herumschlagen, die sich ihm entzog.
»Ich möchte dir etwas Merkwürdiges vorschlagen, mein Lieber«, sagte Rhoda, »und wenn du deswegen böse bist, würde mich das sehr bekümmern.«
»Ja?«
»Kennst du das kleine Kino in der Union Station, in dem es nur Wochenschauen und Trickfilme gibt? Laß uns hingehen. Oder wenn du zuviel zu tun

hast, gehe ich allein, und du kannst zu dieser grauenhaften Sache zurück, an der du arbeitest, was immer das sein mag.«
»Nein, nein, ich habe nichts zu tun.« Rhodas Vorschlag überbrückte zumindest die Zeit bis Mitternacht. »Klingt gar nicht schlecht. Ich hab' zuviel von dieser Ente und dem Wildreis gegessen.«
Colonel Peters stand allein in der Vorhalle und lächelte selbstzufrieden. Als er Kirby und Rhoda sah, straffte er sich, und sein Gesicht wurde ernst. Rhoda ging ins Foyer.
»Kirby, ist das die Dame, deren Sohn gefallen ist?«
»Ja.«
Peters verzog ungläubig das Gesicht. »Sie hätten mir ebensogut sagen können, dieser Marine-Flieger wäre ihr Mann gewesen. Ich hätte es Ihnen ohne weiteres geglaubt.«
»Ja, sie sieht gut aus«, sagte Kirby. »Aber Ihre Miss Chaney überrascht mich auch. Ich hätte nie gedacht, daß sie sich so fabelhaft zurechtmachen kann.«
»Oh, Joan ist schon in Ordnung. Sie lacht gern. Wissen Sie, Kirby, mein Neffe Bob ist bei Kriegsbeginn zur Royal Air Force gegangen. Typischer Offizierssohn, einundzwanzig, konnte es nicht abwarten. Fiel in der Schlacht um England. Der einzige Sohn meines Bruders. Damit stirbt die Familie aus. Seine Mutter hat es nie verwunden; sie war seither immer wieder im Sanatorium. Ihre Freundin scheint besser damit fertigzuwerden.«
»Nun, sie hat noch mehr Kinder.«
Miss Chaney kam aus der Toilette; ihre Hüften schwenkten, ihr Busen wogte unter der grünen Seide. Mit einem Wolfsgrinsen streckte Peters Kirby die Hand hin. »War ein gutes Gespräch, das wir heute hatten.«
»Können wir jederzeit fortsetzen, Colonel.«
Miss Chaney drohte Kirby neckisch mit dem Finger. »Nun, Dr. Kirby, so trifft man sich im Pump Room wieder! Ist doch was anderes als das Physikalische Institut, nicht wahr?«
»In jeder Beziehung«, sagte Kirby. Miss Chaney nahm es als leicht anzügliches Kompliment und entfernte sich kichernd an Peters' Arm.
Bald erschien auch Rhoda wieder. Wie verschieden Frauen doch sind, dachte Kirby; wie sich das allein am Gang und an der Kopfhaltung zeigte! Obwohl erheblich älter, war sie doch viel verführerischer als die arme Miss Chaney. In Kirbys Augen wirkte die natürliche Anmut ihres schlanken Körpers mächtig wie immer, vielleicht sogar noch mächtiger. Ein intensives Gefühl drängte ihn, sich mit dem Fortgeschicktwerden nicht abzufinden. Er konnte noch zehn, fünfzehn Jahre vor sich haben. Ohne Rhoda lagen sie vor ihm wie eine arktische Landschaft.

Aber sie gingen ins Kino, saßen nebeneinander und sahen sich *Silly Symphonies* an. Palmer Kirby, der diese Frau so oft nackt in die Arme geschlossen hatte, zögerte jetzt, ihre Hand zu ergreifen. Zuletzt tat er es. Rhoda entzog sie ihm nicht. Sie reagierte nicht einmal pikiert. Nur hatte dieses Händehalten überhaupt nichts Sexuelles; Kirby hielt eine freundliche Hand in der seinen. Nach einer Weile kam ihm das albern vor, und er legte sie wieder in ihren Schoß. Die drei kleinen rosigen Schweinchen tollten auf der Leinwand umher und quäkten: »Wer fürchtet sich vorm bösen Wolf?« und Palmer Kirby wußte, daß er Rhoda Henry für immer verloren hatte.

Sie gab ihm nur einen einzigen Kuß auf der Stufe zum Wagen: einen kühlen Kuß, aber nicht ohne jeden Sex. Sie legte den Kopf in den Nacken, hob den Schleier und sah ihm eindringlich in die Augen. Ihre eigenen waren trocken und glitzerten sogar ein wenig. Er spürte, daß sie sein Bedauern genoß; dies war die Vergeltung dafür, daß er sie monatelang vernachlässigt und bei der Frage, ob er sie heiraten sollte, gezögert hatte. Das Pendel hatte mal so, mal so ausgeschlagen, doch eine Entscheidung war nie gefallen; stets war es unrecht gewesen, einem anderen Mann Hörner aufzusetzen, zumal im Krieg einem Mann, der an der Front stand. Es geschah ihm nur recht, dachte Kirby: ihm blieb nichts anderes übrig, als sich mit seiner arktischen Ödnis abzufinden.

»Leb wohl, Palmer, Lieber!«

»Leb wohl, Rhoda.«

Nachdem Rhoda sich in ihrem Abteil eingerichtet hatte, ging sie in den Speisewagen, um vorm Schlafengehen noch ein Glas zu trinken. Dort stieß sie auf Colonel Harrison Peters.

38

In Hollywood hatte Pamela Rhoda ihre Liebe zu Victor Henry gestanden, weil sie meinte, es wäre das Beste für die beiden leidgeprüften Menschen, wenn sie die Brücken hinter sich abbräche. Jetzt saß sie an ihrer alten Reiseschreibmaschine und versuchte, einen Brief an Viktor Henry zu schreiben. Der Anfang fiel ihr schwer.

Liebster Viktor –
was macht sie nun in Kairo, höre ich Dich rufen. Ich will Dir alles erzählen, vorausgesetzt, daß die Hitze oder ein Anfall von Kairo-Leibweh mich nicht vorher umbringt . . .

In einem kurzen, unförmigen, mit Blumen bedruckten Hawaii-Kleid, unter dem sie heftig schwitzte, las sie diese neckisch gemeinten Zeilen nochmals durch. Die feuchte Hitze schien sie völlig auszulaugen. Sie hatte gerade einen Artikel für ihren Vater geschrieben und fühlte sich wie ein ausgewrungener Lappen. Nachdem sie das gelbe Papier lange angestarrt hatte, riß sie es aus der Maschine, spannte einen anderen Bogen ein und begann von neuem, ihre Sinne nach bestem Vermögen gegen die Schreie der Straßenverkäufer und die fettig-würzigen Gerüche abschirmend, die durch die offenen Fenster hereindrangen. Anfangs zögernd, arbeitete sie sich bald in ein rasches Tempo hinein.

Lieber Viktor!
Wir trafen Deinen Sohn Byron vor fast einem Monat in Gibraltar. Ich wollte Dir längst davon berichten, zumal er mich ausdrücklich darum gebeten hatte. Die Zensur auf seinem Schiff ist sehr streng, und er wollte die Neuigkeiten über seine Frau und seinen Sohn nicht irgendeinem gesichtslosen Schnüffler anvertrauen.
Vielleicht ist es ihm inzwischen gelungen, Dich zu informieren; sollte er sich

jedoch auf mich verlassen haben, tut es mir leid. Seit wir hier in Ägypten sind, gab es keine ruhige Minute. Das Klima zehrt an den Nerven, und je mehr mein armer Vater darunter leidet – er hat die Hitze noch nie gut vertragen –, desto mehr muß ich ihm abnehmen. Wir haben in letzter Zeit eine Menge Arbeit gemeinsam gemacht.

Ich nehme an, daß Du nichts von Byron gehört hast. Er ist vorübergehend zur Royal Navy abkommandiert, und zwar auf die *Maidstone*, ein U-Boot-Begleitschiff (ihr nennt die Dinger ›Tender‹). Zu der Flottille, die es versorgt, gehören auch ein paar alte U-Boote, die wir im Rahmen des Pacht- und Leihvertrags bekommen haben. Für diese Boote hat er mit ein paar anderen Amerikanern zu sorgen. Dabei wird die Besatzung der *Maidstone*, wie er sagt, sehr gut allein mit dieser Aufgabe fertig; sein Dienst, zu dem auch gesellschaftliche Ausflüge auf den spanischen Teil des ›Felsens‹ gehören, ist geradezu sündhaft lasch und angenehm. Verpflegung und Unterbringung auf dem Schiff sind erstklassig. Da die amerikanische Mission in Gibraltar chronisch unter Personalmangel leidet, hat er ein paar Kurierflüge in das unbesetzte Frankreich gemacht. Er sieht braungebrannt und gut aus, nur drängt es ihn, ›in den Krieg‹ zurückzukehren, wie er den Dienst im Pazifik nennt. Das zu tun hat er fest vor, sobald die Situation mit Natalie geklärt ist. Seine Informationen darüber stammen von Leslie Slote, der jetzt politischer Sekretär bei der amerikanischen Gesandtschaft in der Schweiz ist. Natalie und ihr Onkel sind vor einiger Zeit aus dem kleinen Badeort Follonica verschwunden – zum größten Verdruß der italienischen Behörden, die beiden sehr weitgehende Privilegien eingeräumt hatten. Leslie hat durch Kontakte mit jüdischen Organisationen in Genf herausbekommen, daß sie versuchen werden, mit Hilfe von Widerstandsgruppen nach Lissabon oder Marseille zu gelangen. Das hat Byron davon abgebracht, nach Bern zu gehen, wo er nichts erreichen könnte, weil die Vögel sicher längst aus Italien ausgeflogen sind. Vielleicht hat das Ganze inzwischen ein glückliches Ende gefunden. Das jedenfalls war der Stand der Dinge vor einem Monat.

Ich habe mich übrigens immer gewundert, daß einer Deiner Söhne ausgerechnet diese Frau geheiratet hat. Ich kannte sie längst, bevor ich wußte, daß es Dich gibt. Byron ist älter geworden, seit ich ihn das letzte Mal auf Hawaii gesehen habe. Daß er sich den Bart abgenommen hat, trägt dazu bei; sein Mund und sein Kinn verraten eine beträchtliche Entschlossenheit. Der Tod seines Bruders hat ihn härter gemacht. Weniger Quecksilber, mehr Eisen, könnte man sagen.

Auch sollte ich Dir sagen, daß wir in Hollywood Deine Familie getroffen haben. Deine Frau sagte, sie werde versuchen, zu Dir nach Hawaii zu kommen.

Ich hoffe, sie hat das getan, und ich muß annehmen, daß sie Dir von einem Gespräch zwischen uns berichtet hat. Vielleicht bist Du wütend darüber. Ich fand, sie sollte wissen, daß sie Gefahr lief, Dich zu verlieren. Sie hat mich rundheraus gefragt, ob wir ein Verhältnis gehabt hätten. Ich habe ihr gesagt, was war. Ob sie Deine Standhaftigkeit verdient hat, ist eine Frage, über die es nichts zu sagen gibt; aber Du solltest bedenken, daß der Krieg für sie den Zusammenbruch ihrer ganzen Welt bedeutet haben muß.

So war mir in Singapore zumute. Da spielte nichts eine Rolle, überhaupt nichts, außer daß diese gelben Männer zähnefletschend auf uns zukamen. Es war für mich der schlimmste Augenblick des Krieges und meines ganzen bisherigen Lebens – bis zu Deiner Rückkehr von Midway. Da las ich in Deinen Augen, was geschehen war: ich spürte, daß Du mich nicht brauchtest und daß alles aus war. Das war noch schlimmer.

Hier in Kairo sind die Leute immer noch durch die Nähe Rommels verschreckt, aber Eure Flugzeuge, Panzer und Lastwagen, die um das Kap der Guten Hoffnung und mit Geleitzügen an Malta vorbei an unsere Achte Armee gelangen, geben ihnen einigen Auftrieb. Talky hat es direkt von Churchill – Winnie war in diesem Monat zweimal hier und hat viel unsinnigen Staub aufgewirbelt –, daß all das nur ein Tropfen auf den heißen Stein ist, verglichen mit dem Niagara von Ausrüstung, den Ihr nach Rußland lenkt. Wann und wie Deine Landsleute all das produzieren, ist mir unerfindlich. Dein Land ist mir überhaupt schleierhaft; ein mit allem erdenklichen Luxus ausgestattetes, unzerstörtes Land, in dem Horden von prächtigen und energiegeladenen Menschen entweder in Trübsinn versinken, wie aufgeweckte Kinder spielen oder wie der Teufel arbeiten, während die Presse nicht genug tun kann, ständig an der Regierung herumzunörgeln. Ich begreife nicht, wie Amerika funktioniert, aber Frances Trollope oder Charles Dickens haben es auch nicht begriffen; auf jeden Fall ist es ein Wunder.

In London sieht es schlimm aus. Die Beseitigung der Bombenschäden geht nur sehr langsam voran. Bei scheußlichem Wetter ziehen die Menschen mit immer geringeren Rationen durch die Trümmer. Diejenigen, die Bescheid wissen, haben eine Heidenangst vor den U-Booten. Ich weiß, daß ich Dir kein Geheimnis verrate, aber sie haben seit Eurem Eintritt in den Krieg *über drei Millionen* Tonnen Schiffsraum versenkt. Allein im Juni war es nahezu eine Million. Wenn das so weitergeht, könnt Ihr keinen Angriff auf dem Festland starten, und wir können nicht länger durchhalten. Der Atlantik wird unpassierbar. Es ist schon eine höchst merkwürdige Bedrohung, dieser unsichtbare Würgegriff, unter dem die Briten immer magerer, die Autos weniger, die Gesichter kränklicher werden; all das begleitet vom Duft

übelriechenden Verfalls und einem Umsichgreifen von Defaitismus in Whitehall. Man hat schon darüber geredet, sich gütlich mit den Deutschen zu einigen. Nach dem Fall von Tobruk hat Churchill einen Mißtrauensantrag zwar überlebt, aber es war eine deutliche Warnung. Reden à la Macaulay halten ihn nicht mehr lange über Wasser.
Aber so schlimm der Fall von Tobruk London auch traf, es war nichts im Vergleich mit dem, was hier in Ägypten los war. Wir haben noch nicht einmal das Allerschlimmste miterlebt; aber man erzählt sich, es sei wie beim Fall Frankreichs gewesen. Rommel kam an der Küste entlang; mit den Massen an Treibstoff und Material, die er in Tobruk erbeutete, konnte er auftanken und seine Bestände ergänzen. Als sein Vormarsch dann bei El Alamein, zwei Autostunden von Alexandria entfernt, zum Stillstand kam, waren die Regierung, die Hauptquartiere der Army und die großen Tiere längst auf der Flucht nach Palästina und Syrien, in jedem Zug und Gefährt, das aufzutreiben war. Weniger Begünstigte drängten sich zu Fuß auf den Straßen. In den Städten wurde ein strenges Ausgehverbot erlassen; Straßen und Bürogebäude waren leer; Plünderer und schießwütige Patrouillen waren unterwegs. Davon hat die Zensur bisher nichts nach außen dringen lassen. Im Moment ist die Angst hier etwas abgeklungen. Einige der Geflüchteten kommen mit schafsköpfigem Gesicht zurück; die Klügeren dagegen bleiben, wo sie sind. Offensichtlich legt Rommel im Augenblick Treibstoffvorräte an und rüstet zu einem neuen Vorstoß. Daß man hier lange Widerstand leistet, ist kaum zu erwarten; jedenfalls nicht so, wie die Russen die Deutschen vor Moskau sich im Schlamm festfahren ließen. Es schneit eben nicht in Ägypten.
Jetzt noch ein paar Neuigkeiten über mich, dann höre ich auf, Dich zu langweilen. Duncan Burne-Wilke ist in Kairo. Er übernimmt die Logistik der Luftstreitkräfte gegen Rommel. Wenn ich ihm nicht einen diskreten Hinweis gebe, es sein zu lassen, wird er mich vermutlich irgendwann um meine Hand bitten. Ich war in London oft mit ihm zusammen. Lady Caroline ist vor ein paar Monaten an Krebs gestorben. Ich weiß nicht, ob Du sie gekannt hast. Sie war eine tolle Frau, außerordentlich elegant, ein bißchen herrschsüchtig und kratzbürstig, die Tochter eines Earls. Duncan hatte über seinem Stand geheiratet, wie es so schön heißt; er ist ›nur‹ ein Viscount, und den Titel hat sein Vater, ein Automobilfabrikant, auch noch gekauft.
Die Ehe war schon seit langer Zeit nicht mehr in Ordnung. In der Tat hat Duncan mir einmal auf sehr rührende Weise etwas vorgeschlagen, was wir zivilisierten Europäer ein Arrangement nennen. Nun, ich bin nicht sonderlich moralisch, hatte aber immer meine bestimmten Vorstellungen. Bei all meinen unseligen Eskapaden (Singapore bitte streichen) war ich immer leidenschaft-

lich verliebt oder habe zumindest geglaubt, es zu sein. Damals war ich schrecklich in Dich verliebt, Du alter eiserner Mann; und es wäre unanständig gewesen, auf Duncans Angebot einzugehen. Die Mädchen im Operationszentrum von Biggin Hill haben Duncan angeschmachtet wie ein Mädchenchor von Gilbert und Sullivan; ich hegte keine solchen Gefühle für ihn und hege sie auch heute nicht.

Dennoch scheint mir, daß ich anfangen muß, darüber nachzudenken, was ich mit meinem Leben anstellen soll. Ich kann nicht bis in alle Ewigkeit mit Talky weitermachen; außerdem weiß ich, daß seine Kräfte nachlassen. Duncan ist zweifellos ein lieber Mann. Ich sehe nur nicht, wie ich im Augenblick eine solche Bindung eingehen soll, wenn es auch ein höchst nachdrücklicher Schritt nach oben wäre. Unsere Familie braucht sich zwar nicht zu verstecken; von Seiten meiner verstorbenen Mutter gehören wir sogar dem niederen Landadel an. Dennoch bin ich nur eine halbwegs gebildete Bürgerliche, und mein hochnäsiges Gesicht ist mein einziges Vermögen. Nun, einerlei – vorerst braucht mich Talky noch. Wir bleiben hier, solange Rommel Ägypten berennt, und weiter denke ich einfach nicht. Im übrigen wächst hier die Zuversicht, was zum Teil an Tommy Atkins' Schneid liegt, zum Teil aber auch an den herzerwärmend vielen Reihen olivfarben gestrichener amerikanischer Lastwagen und Panzer im Hafen von Alexandria.

Talky schnarcht nebenan; er hat ein Schlafmittel genommen. Churchills zweiter Blitzbesuch hat hier alles rotieren lassen. Auch ich muß schlafen. Morgen früh, noch vor Morgengrauen, fahren wir mit dem Zug nach Alexandria, und von dort aus zu einer Pressekonferenz, die Montgomery in seinem Hauptquartier gibt. Er hat das Kommando erst vor kurzem übernommen, und die Meinungen über ihn gehen auseinander. In der Bar von Shephard's Hotel steht das Getuschel etwa fünfzig zu fünfzig: taktisches Genie oder aufgeblasener und exzentrischer Angeber.

Ich freue mich auf die Fahrt in die Wüste. Es hat Schwierigkeiten gegeben, weil ich eine Frau bin; die Männer ziehen sich dort splitternackt aus, um im Meer zu baden, sich zu waschen oder sich auch nur abzukühlen; auch sonst bewegt man sich dort offenbar sehr ungeniert. Bei Talkys erster Fahrt durfte ich nicht mit. Aber ich habe ihm gefehlt, und so hat er ziemlich viel Wirbel gemacht, und diesmal darf ich. Offenbar wird mein Nahen an der Küste von Kommando zu Kommando weitergegeben: ›Eine Frau! Volle Deckung!‹ Ich bin sicher, daß ich stören werde; aber es ist schön dort draußen: die glitzernde blaugrüne See, die langen weißen Sandstrände, blendend wie Schnee; dann die schiefergrauen Salzebenen, die Brackwasserseen, der hier und da buschbestandene gelbe und rote Wüstensand – und diese Sonnenuntergänge und die sternklaren Nächte!

Diese prachtvollen australischen Soldaten, braungebrannt wie die Inder! Wirklich, einer der widerwärtigsten Aspekte des Krieges ist seine Schönheit. Weißt Du noch, das brennende London? Und die Panzerschlacht im Schnee vor Moskau, die wir aus der Ferne beobachtet haben? Die Flammen, die aus den brennenden Panzern herausschlugen, der violette und orangene Widerschein auf dem malvenfarbenen Schnee?

Wäre der Krieg nicht – was hätte ich wohl in all diesen Jahren angefangen? Irgendwas Langweiliges in irgendeinem langweiligen Londoner Bürohaus, oder etwas Häusliches in irgendeiner Vorstadt – oder, mit ein bißchen Glück, in einer Londoner Wohnung? Und ich hätte Dich nie kennengelernt – eine Erfahrung, die ich bei allem Chiaroscuro für den Höhepunkt meiner Lebensgeschichte halte.

Ich gebe diesen Brief einem Mann von United Press mit, der nach New York zurückkehrt. Er wird ihn weiterschicken an das Navy-Post-Office. Du müßtest ihn also bald haben. Victor, wenn Du es nicht als eine Zumutung empfindest – ich wüßte wirklich gern von Dir, ob ich Deinen Segen habe, wenn ich mit Duncan weitermache. Bisher glaubte ich, Schweigen sei die beste Möglichkeit, unsere wunderbare, aber guillotinierte Beziehung zu beenden. Doch nun mußte ich Dir wegen Byron schreiben; und jetzt fühle ich mich unendlich glücklich und erleichtert. Vielleicht ist auch Dir wohler, wenn Du mir schreibst, und sei es auch noch so kurz. Ich glaube, wir verstehen uns – wenn wir uns auch trennen mußten, bevor wir Gelegenheit hatten, alle Tiefen zu ergründen.

Von Herzen
Pamela

Der Mann von United Press brachte den Brief in der Tat nach New York und schleuste ihn in das außerordentlich verzwickte System der Postverteilung für die weit verstreuten Schiffe auf See. Graue Postsäcke für die *Northampton* folgten dem Kreuzer über den gesamten Mittel- und Südpazifik; doch der Brief holte ihn nie ein, bis das Schiff vor Guadalcanal unterging.

39

Weltweites Waterloo
1 Guadalcanal

(Aus ›Welt im Untergang‹ von Armin von Roon)

November 1942! Kein Deutscher sollte jemals diesen Monat nennen hören, ohne zu erschauern.
In diesem unheilsträchtigen Monat gab es für unser kurzlebiges Reich vier Katastrophen: zwei in Nordafrika, eine in Rußland und eine im Südpazifik. Am 2. November wurde Rommels Afrika-Korps durch die britische Offensive bei El Alamein, die Ende Oktober begonnen hatte, für immer aus Ägypten hinweggefegt. Am 8. November landeten die Anglo-Amerikaner in Marokko und Algerien. Zwischen dem 13. und dem 16. wendete sich das Blatt auf Guadalcanal. Und am 19. November brachen bei Stalingrad die Sowjethorden durch; die Einkesselung unserer Sechsten Armee begann.
Die Historiker neigen dazu, die Gleichzeitigkeit dieser vierfachen Niederlage zu übersehen. Unsere deutschen Geschichtsschreiber beschäftigen sich fast ausschließlich mit Stalingrad, erwähnen den Mittelmeerraum nur beiläufig und übergehen die Geschehnisse im Pazifik mit Schweigen. Die kommunistischen Pseudo-Historiker schreiben, als hätte es damals nur Stalingrad gegeben. Winston Churchill betont El Alamein, eine kleinere Schlacht, entschieden durch die Überlegenheit der Briten an Pacht- und Leih-Material. Die Historiker der Vereinigten Staaten streichen besonders ihren Vorstoß in Französisch-Nordafrika heraus und vernachlässigen merkwürdigerweise Guadalcanal, eine der besten militärischen Leistungen der Amerikaner.
Dieses weltweite Waterloo bedeutete in der Tat eine blitzartige und hochdramatische Umkehrung aller unserer militärischen Positionen: zur See, im Wüstensand, an Küsten, in Dschungeln, in Großstadtstraßen, auf tropischen Inseln und im Schneegestöber. Im November 1942 verlor der Abenteurer Hitler, dem wir Deutsche unsere Seele anvertraut hatten, ein für allemal die Initiative. Hinterher bedrängten die Häscher ihn immer mehr; er kämpfte nicht mehr um die Weltherrschaft, sondern um seinen Kopf.
Militärisch gesehen, hätte man die Lage auch damals noch durch vernünftiges militärisches Vorgehen verbessern können; und wir hatten bedeutende Taktiker. Mansteins klassischer geordneter Rückzug aus dem Kaukasus, um nur ein Beispiel zu nennen, wird eines Tages neben Xenophons Marsch ans Schwarze Meer gestellt werden. Aber als Kriegsherr konnte Hitler in seiner Halsstarrigkeit nur seine eigenen Fehler wiederholen. Da kein Mensch es fertigbrachte, den

Würgegriff, mit dem er unsere Wehrmacht führte, zu lockern, riß er das deutsche Volk mit sich in die Tiefe.

Die Machtfülle des Dritten Reiches

Um Hitlers hochfahrenden Stolz vor seinem Sturz zu begreifen, muß man sich Deutschlands Lage vor dem November 1942 vergegenwärtigen.
Für den deutschen Leser ist das heute schwierig. Wir sind eingeschüchtert, ein Volk, das sich seiner mächtigen, wiewohl faustischen Vergangenheit schämt. Unser besiegtes und geschrumpftes Vaterland ist in zwei Staaten geteilt. Der Bolschewismus beherrscht die eine Hälfte, die andere unterwirft sich dem Dollar. Unsere Wirtschaftskraft ist wiedererstanden, doch unser Platz im Weltgeschehen bleibt zweifelhaft. Zwölf kurze Jahre von Nazifehlern und -verbrechen überschatten die stolze Erinnerung an Jahrhunderte.
Aber im Sommer 1942 waren wir noch auf der Höhe unserer Macht. An der Ostfront trat die Wehrmacht wieder zum Angriff an. Nachdem wir Sewastopol eingenommen und die Halbinsel Kertsch besetzt hatten, traten wir zu zwei Vorstößen im Süden Rußlands an: der eine zielte über den Don zur Wolga, der andere auf die kaukasischen Ölfelder. Stalins Armeen befanden sich überall unter schweren Verlusten auf dem Rückzug. Rommels siegreiche Einnahme der Festung Tobruk öffnete den Weg zum Suez-Kanal und hätte Churchill nahezu sein Amt gekostet.
Unser Waffengefährte Japan hatte Südostasien erobert und näherte sich in Birma der indischen Grenze. Die chinesischen Küstenprovinzen waren fest in japanischer Hand. Daß er bei Midway eine Niederlage hatte einstecken müssen, verlor sich im Nebel des Krieges. Wo die Japaner marschierten, waren sie immer noch siegreich. Ganz Asien zitterte vor der Verlagerung der Weltkräfte. Indien war von Aufruhr zerrissen. Der indische Kongreß stimmte für den sofortigen Abzug der Briten; es bildete sich eine indische Exilregierung, die auf japanischer Seite kämpfen wollte.
Mit der berühmten Zerschlagung des PQ-17-Geleitzugs im Eismeer unterbrachen wir Ende Juni die Pacht- und Leih-Lieferungen nach Murmansk: ein vernichtender Schlag für die bereits wankende Rote Armee und zugleich eine Niederlage, in der sich der Verfall Englands als erster Seemacht spiegelte. Als der Geleitschutz erfuhr, daß sich schwere Überwassereinheiten näherten, erhielten die Frachter den Befehl, sich zu zerstreuen und nach England zurückzukehren. Die Schatten Drakes und Nelsons müssen in Walhall geweint haben. Das Abschlachten, das folgte, war für unsere Flugzeuge und Unterseeboote eine schiere Karnickeljagd. Die kalte See schloß sich über dreiundzwanzig von insgesamt siebenunddreißig Frachtern; hunderttausend Tonnen Kriegsmaterial und zahllose Menschen versanken in den Fluten. Churchills verlogene Nachricht an Stalin, mit der er die Fahrten nach Murmansk abblies, hatte einen wütenden Aufschrei der Slawen zur

Folge. Die groteske Allianz von Kapitalismus und Bolschewismus erfuhr eine schwere Belastung.
Wie man sieht, triumphierten wir im Sommer und Herbst des Jahres 1942 allen Widerständen zum Trotz, selbst nach dem Kriegseintritt der Vereinigten Staaten und trotz aller Fehlkalkulationen Hitlers.

Anmerkung des Übersetzers: *Der Nachschub über die Eismeerroute wurde des langen arktischen Tageslichts wegen in den Sommermonaten unterbrochen, dann jedoch wieder aufgenommen. Im Dezember besiegten britische Zerstörer, die einen weiteren Konvoi schützten, eine deutsche Kampfgruppe, zu der ein Schlachtkreuzer und ein Schwerer Kreuzer gehörten. Hitler schäumte vor Wut und befahl die Verschrottung der Flotte, damit die Geschütze an Land eingesetzt werden könnten. Großadmiral Raeder trat zurück. Admiral Dönitz wurde Oberbefehlshaber der Kriegsmarine; doch die deutsche Überwasser-Flotte erholte sich nie wieder von Hitlers Veitstanz.*
Roons Darstellung der Geschehnisse auf Guadalcanal ist recht objektiv und hält sich an die Tatsachen. Aber dort kämpften keine Deutschen. – V.H.

Der pazifische Kriegsschauplatz

Zwischen Honolulu und Manila könnte man ganz Europa, von der Biskaya bis zum Ural, im Meer versenken, ohne daß auch nur eine Spur davon zurückbliebe; und dennoch ging es beim Krieg im Pazifik um weit größere Entfernungen. Ein riesiger militärischer Operationsraum, ein noch nie dagewesenes Zusammenspiel von Land-, See-, und Luftstreitkräften: das ist das Faszinierende am Pazifikkrieg. Die Geschichtsepoche, die derartige Operationen ermöglichte, kam und ging rasch vorüber. Ein Höhepunkt war das sechsmonatige Hin und Her zu Wasser, im Dschungel und in der Luft um den Besitz eines kleinen Rollfeldes, auf dem sechzig Flugzeuge betreut werden konnten: das *Henderson Field* auf Guadalcanal.
Guadalcanal ist eine unterbewertete Schlacht, ein pazifisches Stalingrad, das sich um einen einzigen Flugplatz entfesselte. Wäre es ein britischer Sieg gewesen, Churchill hätte ihm einen ganzen Band gewidmet. Aber die Amerikaner haben kein Verständnis für ihre Kriegsgeschichte. Ihnen mangelt es an dem europäischen Sinn für die Vergangenheit und an Schriftstellern von umfassender Bildung.
Im Verlauf meiner beschränkten Forschungen* bin ich noch auf keinen adäquaten Versuch gestoßen, die Schlachten um Stalingrad und Guadalcanal miteinander in Beziehung zu setzen; dennoch kann man behaupten, daß der Zweite Weltkrieg sich um diese beiden Pole drehte. Wir erreichten im August nördlich von Stalingrad die Wolga; die Amerikaner landeten gleichfalls im August auf Guadalcanal.

* General von Roon schrieb im Gefängnis. – V.H.

General Paulus streckte am 2. Februar 1943 die Waffen; am 9. Februar hatten die Amerikaner Guadalcanal fest in der Hand. Bei beiden Schlachten ging es um die verbissene und erfolgreiche Verteidigung von Stellungen am Wasser; die Russen mit dem Rücken zur Wolga, die Amerikaner auf einem Brückenkopf mit dem Rücken zur See. In beiden Schlachten prallte der Wille ganzer Völker aufeinander. Das Ergebnis beider Schlachten war eine Wende im Kriegsglück, und die ganze Welt war Zeuge.

Die deutschen Leser sollten niemals vergessen, daß der Krieg globale Ausmaße hatte; in der Regel sind wir ebenso besessen von Europa wie die bolschewistischen Historiker. Unter Hitlers fehlerhafter und dennoch energischer Führung brach unser Volk das Eis des Herrschaftssystems in der ganzen Welt. Sechs Jahre hindurch wütete der Sturm, und alles war im Fluß. Es ging um die Landmassen unseres Planeten, insgesamt 149 Millionen Quadratkilometer. Die asiatischen Samurai verbanden sich mit den nordischen Wikingern, um die bewohnbare Oberfläche der Erde neu und gerechter zu verteilen. Daß es auf zwei Seiten des Erdballs zu zwei Machtproben kam, lag in der Natur dieser alles sprengenden Weltkonvulsion. Dem japanischen Vordringen wurde bei Midway Einhalt geboten; im Dezember 1941 widerfuhr uns vor Moskau das gleiche: zwei eiskalte Warnungen. Die endgültigen Schläge fielen zu einem späteren Zeitpunkt, aber wiederum gleichzeitig: bei Stalingrad und bei Guadalcanal.

Die Unterschiede sind selbstverständlich beträchtlich. Hätten wir die Rote Armee bei Stalingrad geschlagen, so wäre die Geschichte anders verlaufen. Die Amerikaner dagegen wären, wenn Japan sie aus Guadalcanal hinausgeworfen hätte, später mit neuen Flotten-, Flugzeug- und Panzerverbänden zurückgekehrt und hätten die Japaner woanders geschlagen. Die Schlacht um Stalingrad war umfassender und vor allem eine wirkliche Entscheidungsschlacht. Trotzdem sollte man die Parallelen im Auge behalten.

Admiral King

In der amerikanischen Marine kursierte der Witz, daß Admiral Ernest King »sich mit einer Lötlampe rasierte«. Als Seeflieger ebenso erfahren wie erfolgreich – zu seinen Leistungen gehörte die Bergung eines gesunkenen Unterseeboots auf offener See –, war King auf dem Abstellgleis des *General Board* gelandet, eines Beratergremiums für alte Admirale, für die man sonst keine Verwendung fand. Durch sein kaltes, ständig antreibendes Wesen hatte er sich nicht eben beliebt gemacht. Er hatte so manchen Stolz verletzt und so mancher Laufbahn geschadet. Kurz nach Pearl Harbor ernannte Roosevelt ihn zum Oberkommandierenden der amerikanischen Flotte. Von King soll der Ausspruch stammen: »Wenn's brenzlig wird, holen sie die Querköpfe.« Wenn es bei der Wehrmacht brenzlig wurde, holte der Führer die Speichellecker. Nicht nur mit den angreifenden Japanern, sondern auch mit der zwischen Roosevelt und Churchill vereinbarten Politik des »Deutschland zuerst« mußte King sich herumschlagen. Die Vereinigten Stabschefs vernachlässigten »seinen« Krieg zugunsten des größeren Konflikts. Kings kaltblütiger Ausweg aus dieser Situation war der Angriff auf Tulagi, aus dem sich die Schlacht um Guadalcanal entwickelte.

Das japanische Kriegsziel

Trotz großspuriger Reden ging es den Japanern nicht um die Vernichtung der Vereinigten Staaten. Ihr Ziel war bescheidener. Ihres Erachtens hatte Amerika in Südostasien nichts zu suchen. Seit die Deutschen Europa beherrschten, war für Japan die Zeit gekommen, die imperialistischen Ausbeuter hinauszuwerfen und für die Asiaten ein friedfertiges Groß-Ostasien zu schaffen, zu dem auch ein befriedetes China gehören sollte; eine Sphäre des gemeinsamen Wohlstands unter japanischer Führung, die dem kommenden Herrn der Welt, Deutschland, wohlgesonnen war. Militärisch verfolgten sie das Ziel, die erforderlichen Gebiete rasch zu erobern und in ihnen Verteidigungslinien anzulegen. Sie hofften, daß die fernen, wohlhabenden Amerikaner irgendwann des kostspieligen Krieges müde werden und einen Frieden schließen würden, bei dem sie nicht das Gesicht verloren. Es hätte durchaus dazu kommen können, hätte ihr Überfall auf Pearl Harbor nicht bei den stolzen Yankees und besonders in ihrer hervorragenden Navy einen irrationalen Rachegeist geweckt.

Anmerkung des Übersetzers für die dritte Auflage, Oktober 1973: *Unsere Vietnam-Erfahrung bringt mich zu der Frage, ob von Roon damit nicht durchaus den Nagel auf den Kopf trifft. – V.H.*

Amerikas Kriegsziel

Auf der anderen Seite hatte sich die US-Navy zwanzig Jahre lang darauf eingestellt, Japan zu vernichten, falls die amerikanische Vorherrschaft jemals durch die ›gelbe Gefahr‹ herausgefordert werden sollte. In der Annahme, daß die Japaner dazu gebracht werden könnten, zuerst zuzuschlagen, war bei ihren Manövern ein fertiges System von Gegenangriffen entstanden. Wie schon erwähnt, hat Chester von Nimitz nach dem Krieg behauptet, die Vereinigten Staaten hätten den Krieg haargenau nach dem Plan gewonnen, der auf der Kriegsschule der Navy erarbeitet worden sei. Dieser Plan sah vor:
1. Mit den am weitesten vorgeschobenen Stützpunkten in Australien und

Neuseeland Verbindung zu halten und außerhalb der Reichweite japanischer Flugzeuge eine Kette von Inselstützpunkten anzulegen.

2. Den Hauptvorstoß in westlicher Richtung über die Atolle im Zentralpazifik zu führen und von einer Insel zur anderen Luzon und Japan anzugreifen.

Nur hatte King Schwierigkeiten, auf diesem Kriegsschauplatz genug Streitkräfte zusammenzuziehen. General George Marshall, der Stabschef der US-Army, ein fähiger Planer und Organisator, war von dem Prinzip »Deutschland zuerst« und vom Plan einer großangelegten Invasion in Frankreich im Jahre 1943 nicht abzubringen. Ihm ging es nur darum, möglichst bald genügend Truppen und Material nach England zu bringen.

Kings Glück war, daß sämtliche britischen Führer von Churchill abwärts ständig nur von der Invasion faselten. Sie erinnerten sich nur zu gut an die Somme und an Dünkirchen. Im Juli 1942 schlug Marshall in seiner Empörung Präsident Roosevelt vor, die Streitmacht Amerikas auf den Konflikt mit Japan zu konzentrieren. Diesen günstigen Augenblick machte King sich zunutze: er drängte auf die Durchführung eines raschen, relativ begrenzten Angriff auf die kleine Insel Tulagi, eine japanische Wasserflugzeugbasis auf den Salomon-Inseln. Wiewohl im Prinzip bereits genehmigt, war das Tulagi-Unternehmen in einem Streit zwischen Navy und Army um das Oberkommando versandet. Jetzt wurde losgeschlagen, nachdem man sich in einer komplizierten Abmachung geeinigt hatte, die den Engpaß vorübergehend überwand. Bald darauf einigten sich die amerikanischen und britischen Kriegsplaner auf die Landungen in Nordafrika, die unter dem Namen *Torch* – ›Fackel‹ – vonstatten gehen sollten. Unterdessen führte King sein Vorhaben durch. Es wurde *Operation Watchtower* – ›Unternehmen Wachtturm‹ genannt. Seine Streitkräfte waren so dünn, daß es bei der Truppe den Spitznamen ›Unternehmen Schnürsenkel‹ erhielt.

Anmerkung des Übersetzers: *Eine lange Roon'sche Analyse des Streits zwischen Army und Navy über das Oberkommando im Pazifik und das Tulagi-Unternehmen lasse ich hier aus. MacArthur plante einen ehrgeizigeren Schlag: die Einnahme des großen japanischen Luftwaffenstützpunkts Rabaul. Roons Kommentar dazu: »Eitelkeit der Oberkommandierenden kann ganze Feldzüge in eine falsche Richtung lenken oder scheitern lassen. Die Teilung des Oberbefehls zwischen MacArthur und Nimitz lähmte den gesamten Krieg im Pazifik und führte zu der gewaltigen Pfuscherei im Golf von Leyte.« Ein kontrovers geschriebener Essay über die Schlacht am Golf von Leyte aus Roons Feder folgt in einem späteren Kapitel. – V.H.*

Erstes Blutvergießen

Die Vorbereitungen für die Einnahme von Tulagi waren weit fortgeschritten, als ein Bericht der Küstenaufklärung dem Ziel dieser Operation eine neue Bedeutung gab. Nur ein paar Meilen von Tulagi entfernt, waren die Japaner auf der großen Insel Guadalcanal dabei, einen Flugplatz zu bauen. Die Nachricht schlug wie eine Bombe ein. Im Pazifikkrieg spielte die Luftüberlegenheit im jeweiligen Kampfgebiet die entscheidende Rolle, und Luftüberlegenheit bedeutete entweder die Anwesenheit von Flugzeugträgern oder aber das Vorhandensein von Flugzeugen in der Kampfzone. Flugzeugträger waren beweglich und konnten die Luftstreitkräfte dorthin befördern, wo sie gebraucht wurden; außerdem konnten sie starken Bedrohungen ausweichen. Andererseits konnte man Flugplätze nicht versenken; an Land stationierte Flugzeuge hatten eine größere Reichweite als Trägermaschinen und konnten schwerere Bomben an Bord nehmen. Ein Flugplatz an Land war die stärkste Figur im Pazifik-Schach.

Siebenhundert Meilen nordwestlich von Guadalcanal bedrohte der Flugplatz Rabaul die Verbindung nach Australien und sperrte den Weg nach Japan. Daher MacArthurs kühner Angriffsplan, gegen den King Einwände erhoben hatte. Eine Luftbasis auf Guadalcanal jedoch konnte auch King nicht akzeptieren. Wenn er sie dem Gegner entriß, gewann er damit die Luftherrschaft über den Salomonen; und von dort aus konnten amerikanische Flugzeuge den Schlagabtausch mit Rabaul riskieren. Die ›Schnürsenkel‹-Streitkräfte, die sich bereits eingeschifft hatten, erhielten zusätzliche Befehle: *den Flugplatz von Guadalcanal einzunehmen und zu halten.*

Auf diese Weise schlidderte Amerika in die verbissenste Schlacht im Pazifik hinein. Guadalcanal selbst, eine kartoffelförmige Insel, etwa hundertsechzig Kilometer lang und halb so breit, war nicht das eigentliche Ziel. Monatelang wogte der Kampf auf einem schmalen Landstreifen an der Nordküste hin und her; auf Henderson Field, dem neu angelegten Rollfeld. Der Rest des Bergeilands blieb den Moskitos, den Dschungeltieren und den Eingeborenen überlassen, die das flammende und krachende Feuerwerk vermutlich ebensosehr erschreckte wie amüsierte.

Die kleine, schlecht ausgerüstete ›Schnürsenkel‹-Expedition hatte wenig Mühe, Tulagi und das Rollfeld auf Guadalcanal zu nehmen; doch die heftigen Gegenschläge von den nahegelegenen japanischen Stützpunkten ließen nicht lange auf sich warten. Im Verlauf eines nächtlichen Unternehmens, das die ›Schlacht von Savo Island‹ genannt wurde, versenkten japanische Kriegsschiffe vier schwere Kreuzer, die den Artillerieschutz der Landetruppen übernommen hatten, und konnten ungeschoren entkommen. Sie hätten das Unternehmen ›Schnürsenkel‹ völlig zerschlagen und die hilflosen Truppentransporter versenken können, mußten jedoch davon ausgehen, daß amerikanische Flugzeugträger in der Nähe waren und sie bei Morgengrauen angreifen würden. Nur deshalb gewährten sie den Amerikanern eine kleine Atempause, die ihr Unternehmen rettete. Im Krieg ist

man gut beraten, einem starken Gegner, der am Boden liegt, die Kehle zu durchschneiden. Tatsächlich war Vizeadmiral Fletcher mit seinen Flugzeugträgern außer Reichweite und mußte Treibstoff übernehmen. Aus Furcht vor einem Luftangriff war er davongedampft, während die Truppen noch an Land gingen.
Fletcher hatte sich schon früher von King vorwerfen lassen müssen, nicht aggressiv genug zu sein; er hatte seine Chancen in der Korallensee verpaßt und bei Midway seine Flugzeuge nicht sämtlich starten lassen. Die Unterordnung unter Spruance scheint der lichteste Moment seiner Karriere gewesen zu sein. Dadurch, daß er die Truppentransporter vor Guadalcanal allein ließ, hätte er nahezu das ganze Unternehmen zum Scheitern gebracht. In gefährlichen Situationen scheint dieser Admiral stets den unbezwingbaren Drang verspürt zu haben, ein paar hundert Meilen weiterzudampfen und Kraftstoff zu übernehmen. Nach Guadalcanal verschwand er in der Versenkung.

Anmerkung des Übersetzers: *Von Roon fährt fort, sich über Frank Jack Fletcher lustig zu machen. Mein Kreuzer, die* Northampton, *hat die Schlacht um Savo zwar verpaßt, doch weiß ich, daß die japanische Führung, ihre Artillerie und ihre Torpedotaktik bei Savo gut waren, unsere eigene dagegen kläglich. Deshalb verloren wir vier Kreuzer. Daß Fletcher einen Gegenschlag hätte führen können und daß sein Rückzug von der Sorge um die Erhaltung seiner Schiffe bestimmt war, trifft zu. – V.H.*

Landunternehmungen vom August 1942 bis Februar 1943

Wie die Kaiserlich-Japanische Kriegsmarine, scheint auch die japanische Armee von übertriebener Siegesgewißheit erfüllt gewesen zu sein; vermutlich legte man die Niederlage von Midway einfach der Marine zur Last. An Land waren die Japaner bisher noch nie von Weißen geschlagen worden. Mit den Angriffsplänen gegen Neuguinea sowie der Bedrohung Australiens beschäftigt, ließ die japanische Armee ihre Landeinheiten nur in geringem Umfang bei Guadalcanal eingreifen; diese kleinen Einheiten reichten nicht aus und erhielten keinerlei Unterstützung. Außerdem zogen die Amerikaner einen Verteidigungsring um den Flugplatz, den sie zwar eindrücken, aber nie durchbrechen konnten.
Trotzdem stand für die Amerikaner lange alles auf Messers Schneide. Im Grunde war ihr Angriff steckengeblieben. Luftangriffe, Beschießungen durch Schiffsartillerie, feindliche Nachtangriffe und vor allem die Malaria und andere Tropenkrankheiten dezimierten sie. Ihre geschwächte Flotte konnte sie nur unzureichend mit Nachschub versorgen. Sie litten unter Hunger, Durst und dem Gefühl, verraten und verkauft zu sein. Sie lebten von erbeutetem Reis und waren auf japanisches Benzin angewiesen. Die wenigen frischen Flugzeuge und Piloten, die zu ihnen

stießen, waren rasch zermürbt oder wurden bald abgeschossen. An einem besonders schwarzen Tag, das bestätigt Admiral Halseys Bericht, gab es nur *ein einsatzfähiges Flugzeug* auf Henderson Field. Präsident Roosevelt sprach in der Öffentlichkeit bereits von Guadalcanal als einem ›weniger wichtigen‹ Unternehmen – ein vielsagendes Signal der Kleinmütigkeit. Doch die eingeschlossenen Marineinfanteristen und ausgepumpten Flieger verkrallten sich in ihren Stellungen, bis das Blatt sich wendete. Angesichts der sonst nicht gerade erhebenden Leistungen der amerikanischen Soldaten ist die ausdauernde Verteidigung von Henderson Field höchst bemerkenswert. Die Verteidiger waren Marineinfanteristen, eine Elitetruppe der Navy. Vielleicht erklären die Worte des Seekriegshistorikers Samuel Eliot Morison alles: *Amerika kann wahrhaftig von Glück sagen, daß es an diesem Kriegsschauplatz und in diesem Augenblick nicht von Soldaten abhängig war, die man eingezogen und dazu beschwatzt hatte, zu kämpfen, sondern von ›harten Burschen‹, die sich freiwillig gemeldet hatten und sich nur wünschten, endlich mit einem heimtückischen Gegner fertigzuwerden, der ihre primitiven Instinkte geweckt hatte.*

Anmerkung des Übersetzers: *Roons abfällige Bemerkungen über unsere Army sind unerträglich. Die Deutschen haben uns in zwei Kriegen nie besiegt, wenn man von dem Scharmützel am Kasserine Paß absieht. Wir haben sogar die Ardennenoffensive vom Dezember 1944 zurückgeschlagen. Wir sind bis an die Elbe marschiert und hätten Berlin nehmen können, hätten sich die Alliierten nicht bereits darauf geeinigt gehabt, daß Berlin zur sowjetischen Besatzungszone gehören sollte.*
Bedenkt man unsere gesellschaftliche und politische Vergangenheit und die traditionelle Abneigung der Amerikaner gegen den Krieg, so haben sie Initiative bewiesen und, ohne zu hassen, erbittert gekämpft. Ein Mann von Roons Denkweise kann die amerikanische Einstellung nicht begreifen, deren Maxime es ist, so wenig Menschenleben wie möglich zu verlieren und trotzdem Schlachten und Kriege zu gewinnen.
Morison hat sich beim Thema Guadalcanal zu einem unsinnigen Urteil hinreißen lassen; dort hat die Marineinfanterie sich selbst übertroffen. – V.H.

Der Kampf zur See

Auf See nahm der Kampf bizarre Formen an. Die Verbände beider Seiten mußten die Truppen unterstützen, die um Henderson Field kämpften. Die Amerikaner hielten das frisch und in aller Eile angelegte Rollfeld, solange es hell war und ihre Versorgungsschiffe unter einem dünnen Luftschirm operieren konnten. Die Japaner, die über wesentlich stärkere Oberflächenverbände verfügten, durchquer-

ten die Inselgruppe des Nachts mit solcher Regelmäßigkeit, daß die Amerikaner vom ›Tokio-Expreß‹ sprachen. Wenn sie bei diesen abwechselnden Tag- und Nachtmanövern auch nicht aufeinandertrafen, kam es doch zu zahllosen kleineren Gefechten, bei denen die Japaner durchweg besser abschnitten. Die Amerikaner jedoch gewannen die Schlacht um Guadalcanal.
Es war ein verworrenes, vier Tage und Nächte andauerndes Gemetzel. Beide Seiten warfen nahezu alles in den Kampf, was sie hatten; die Japaner, um weit überlegene Verstärkungen an Land zu bringen, und die Amerikaner, um sie daran zu hindern. Augenzeugen berichten von unheimlich malerischen nächtlichen Seegefechten: rote Leuchtspurmunition, blauweiße Scheinwerferstrahlen, die kilometerweit in die Dunkelheit hinausstießen, detonierende Schiffsmagazine, die die Nacht in Tag verwandelten. Die Verluste waren auf beiden Seiten hoch. Doch am Ende zählte nur eines: amerikanische Flugzeuge, die von Land und von Flugzeugträgern aus starteten, versenkten sieben von insgesamt elf japanischen Truppentransportern, während der Rest auf Strand lief, zusammengeschossen wurde und ausbrannte. So endete der letzte japanische Versuch, die Insel zurückzuerobern.
Fortan blieben die Truppen des Tenno im gleichen Maß stecken, in dem die Amerikaner ihre Streitkräfte aufbauen konnten. Zum Schluß brachte der Tokio-Expreß die bedrängten Reste ihrer Truppen in Sicherheit; es war ein tropisches Dünkirchen. Japan hat sich von Guadalcanal nie wieder erholt.
Admiral King hatte geschafft, was er sich vorgenommen hatte. Die Marineinfanteristen, die in tropischer Nacht und japanischem Feuer fluchten und schwitzten, die Flieger, die mit ihren Maschinen in den Tod flogen, die Navy-Offiziere und -Mannschaften, deren Gebeine den Meeresboden vor Guadalcanal bedecken, starben zweifellos mit einem Fluch gegen die Vorgesetzten, die ihnen befohlen hatten, an einem so fernen Winkel der Erde gegen eine solche Übermacht zu kämpfen. In der saftigen Ausdrucksweise der amerikanischen GIs war und bleibt Guadalcanal *that fucking island* – diese ›Scheißinsel‹. Kriegsschauplätze neigen jedoch dazu, sich selbst herzustellen, und nachdem es King gelungen war, Präsident Roosevelt ernsthaft zum Krieg im Pazifik zu bewegen, konnte er auf genug Männer und Schiffe zählen, um gegen die Japaner zu kämpfen, während es mit unserem in die Zange genommenen Dritten Reich zu Ende ging. Möglicherweise hat Admiral King die Japaner damit um jene Beilegung des Konflikts auf dem Verhandlungswege gebracht, die das eigentliche japanische Kriegsziel war.

Anmerkung des Übersetzers: *Von Roon gibt den obengenannten Vulgarismus auf Englisch wieder. Wenn ich an den Sprachgebrauch der heutigen Literatur denke, glaube ich nicht, daß die Leser dieses Bandes entrüstet sein werden. Im übrigen mache ich kein Hehl daraus, daß die genannte Charakterisierung auch meine Meinung über Guadalcanal zum Ausdruck bringt.*

Wenn ich daran denke, mit welch beißender Kritik von Roon Admiral Halsey im späteren Kapitel über die Schlacht am Golf von Leyte überschüttet, wünschte ich, er hätte ihm hier Gerechtigkeit widerfahren lassen. Zur entscheidenden Wende bei Guadalcanal kam es, als Halsey Vizeadmiral Ghormley als Oberkommendierender im Südpazifik ablöste. Erschöpfung hatte Ghormley zum Defaitisten gemacht; auch MacArthur war niedergeschlagen. Halseys mitreißende Führung brachte alles wieder in Gang. – V.H.

40

Unter einer Flucht über eine ›Untergrund-Linie‹ hatte Natalie sich etwas Rasches, Organisiertes, Verstohlenes und Romantisches vorgestellt. Doch in Marciana hieß es, sehr lange zu warten und mit niemandem Verbindung aufzunehmen, nicht einmal mit den Einheimischen. Die kleine, mauerbewehrte Ortschaft aus wenigen alten Steinhäusern, die sich in halber Höhe an den Grat duckten, der zu Elbas höchster Erhebung hinaufführt, war malerisch und angenehm. Die Flüchtlinge hätten ebensogut Sommerfrischler sein können – nur daß sie nichts bezahlten.

Der Aufenthalt zog sich in die Länge. Castelnuovo schien das nicht viel auszumachen. Er hatte Natalie und ihrem Onkel nur wenig über die Leute erzählt, die ihnen helfen würden. Sie hatten Verständnis dafür. Je weniger sie wußten, wenn sie gefaßt wurden, desto besser. Einmal, als sie allein waren – fast einen Monat nach ihrer Ankunft –, hatte er erklärt: »Hören Sie, Natalie, es ist alles in Ordnung. Machen Sie sich keine Sorgen.« Sie versuchte, es nicht zu tun.

Untergebracht waren sie in einer baufälligen Hütte aus Stein und rissigem Gips am Ende einer steil aufwärts führenden Gasse. Hinter der Hütte wurde die Gasse zu einem schmalen Ziegenpfad, der sich durch terrassierte Gemüsegärten und Weinberge schlängelte. Dort arbeiteten von Sonnenaufgang bis Sonnenuntergang wortkarge Einheimische. Sie ernteten und beluden kleine Eselchen mit ihren Erzeugnissen; manchmal ritten sie auch auf ihnen. Die Ausblicke waren prachtvoll, doch die Einheimischen nahmen sie ebensowenig zur Kenntnis wie die Neuankömmlinge. Weit im Westen reckten sich die Schroffen Korsikas übers Wasser, im Osten die im Dunst kaum erkennbare Bergkette des Festlands, im Norden und Süden kleine grüne Inseln wie Capraia und Monte Christo; tief unten brach sich die blaue See an einer bewaldeten, mit Fischerdörfern gesprenkelten Küste. Natalie kletterte oft zwischen den Gemüse- und Obstgärten umher und genoß die Ausblicke, das Vogelgezwitscher, den Duft von Septemberblumen und -früchten.

In der ersten Woche brachte eine dicke, häßliche Frau, die mehr Warzen hatte als Worte, Netze mit Gemüse und Früchten, grobes Brot, Ziegenmilch, Käse und manchmal in Tang eingewickelten Fisch. Später ging Anna Castelnuovo auf dem kleinen Marktplatz einkaufen. Wenn die Lebensmittel auf Elba rationiert waren, so merkte man in Marciana nichts davon; und wenn es Carabinieri gab, so interessierten sie sich offensichtlich kaum für die Bergstädtchen. Natalies Nervosität legte sich. Die Hütte bestand nur aus zwei dunklen, muffigen Räumen – einem für die Castelnuovos und einem für sie und ihren Onkel –, einer Toilette, die man nur von draußen betreten konnte, und einem mit schwarzer Schmiere bedeckten Holzofen. Das Wasser mußten sie mit Eimern von der gemeinsamen Pumpe herbeischaffen, wobei Natalie manchmal in einer Reihe mit barfüßigen Kindern anstand. Sie schlief auf einer Strohschütte. Doch dafür war sie mit ihrem Kind frei von der Bedrohung durch Werner Beck. Und das genügte fürs erste.

Aaron Jastrow ertrug das Warten mit philosophischer Gelassenheit. Der alte Sacerdote hatte ihm zum Abschied eine stockfleckige italienisch-hebräische Bibel aus dem Strandhaus in Follonica geschenkt. Mit dieser Bibel und seinem mit vielen Eselsohren versehenen Montaigne saß er den ganzen Tag auf einer Bank unter einem Apfelbaum. Gegen Abend ging er auf den Ziegenpfaden spazieren. Mit seiner strengen Arbeitsroutine schien er auch jene Gereiztheit abgestreift zu haben, die andere oft irritiert hatte. Er war die Ruhe selbst, war anspruchslos und guter Dinge. Er ließ sich den Bart stehen und wurde einem alternden Bauern immer ähnlicher. Als Natalie an einem besonnten Septembermorgen über ihre Untätigkeit klagte, zuckte er nur die Achseln und sagte: »Hättest du denn was dagegen, den ganzen Krieg hier auf Elba abzuwarten? Ich nicht. Im Gegensatz zu Napoleon mache ich mir nichts vor und rede mir nicht ein, daß die Welt mich braucht.«

Die Bibel lag aufgeschlagen auf seinem Schoß. Natalie warf verstohlen einen Blick auf die hebräischen und lateinischen Lettern, denen Zeit und Meeresfeuchtigkeit schon arg zugesetzt hatten. »Was liest du da eigentlich?«

»Aristoteles hat gesagt« – Aaron setzte ein mattes Grinsen auf –, »er habe sich im Alter mehr und mehr für das Mythische interessiert. Hast du nicht Lust, mitzumachen?«

»Ich habe kein Hebräisch gelernt, seit ich mit elf nicht mehr zur Sonntagsschule gegangen bin.«

Er machte ihr Platz auf der Bank. Sie setzte sich und sagte: »Also gut, warum eigentlich nicht?«

Er blätterte zurück zur ersten Seite des Buches. »Kannst du dich noch an irgendwas erinnern? Lies mal!«

»Laß mal sehen. Das ist ein *B. Beh-ray-shis. Richtig?*«

»Summa cum laude! ›Im Anfang . . .‹ Weiter?«

»Ach, Aaron – ich weiß nicht. Und ich mach' mir auch nicht viel daraus.«
»Komm schon, Natalie. Wenn du auch nicht gern lernst – mir macht es Spaß, zu lehren.«

Kräftiges, mehrfaches Pochen an der Holztür.
Ein junger Mann stand auf der Schwelle, lächelte Natalie an und strich sich den schwarzen Schnauzbart. Das rundliche, olivfarbene Gesicht hatte etwas Keckes und Unverbildetes; die braunen Augen verrieten einen Hauch von Lüsternheit, als er sie ansah; die ausgebeulten Kordhosen und die kurze rote Jacke wirkten wie ein Bühnenkostüm. *»Bonjour, de la part de Monsieur Rabinovitz. Prêts à partir?«* Ein eigentümlicher, schroffer Akzent.
Ein offener Heuwagen versperrte die Gasse; das knochige Maultier, das ihn zog, zuckte mit den langen Ohren.
»Eh? Partir? Tout de suite? Je crois que oui, mais – entrez?«
Er schüttelte den Kopf und grinste. *»Vite, vite, je vous prie.«*
Castelnuovo saß mit den anderen im hinteren Zimmer und löffelte das eintönige, Tag für Tag aus Brot und Gemüsesuppe bestehende Mittagessen. »Gut!« Er wischte sich den Mund und stand auf. »Ich erwarte ihn schon seit einer Woche. Packen wir also!«
Aaron sagte: »Wer ist er?«
Der Arzt machte eine unbestimmte Geste. »Er ist Korse. Bitte, beeilen Sie sich.«
Stundenlang ging es in dem ruckelnden und rumpelnden Wagen mit den Flüchtlingen westwärts bergab. Miriam und Louis hatten ihren Spaß im Heu. Endlich hielten sie in einer Fischersiedlung und stiegen aus: ein paar Häuser am steinigen Strand. Kein Mensch weit und breit. Nur grobe Kleider auf Wäscheleinen und feuchte, über die an den Strand gezogenen Ruderboote gebreitete Netze bewiesen, daß der Ort bewohnt war. Der Korse führte sie an Bord eines mit Fischgerät beladenen Kutters, der an einem knarrenden Anlegesteg vertäut war. Zwei unrasierte Männer in groben Sweatern kamen aus dem blaugestrichenen Deckshaus und setzten ein schmutziges graues Segel. Das Boot krängte und lief dann auf die See hinaus, während die Männer sich rauhkehlig Anweisungen zuriefen. Das an einen Baum gebundene Maultier starrte wie ein ausgesetztes Kind hinter ihnen her.
Natalie stemmte sich gegen das Deckshaus und sah zu, wie Miriam und Louis auf einem Haufen trockener Netze spielten. Der junge Korse, dessen kehliges Patois sie manchmal nicht verstand, erklärte, das Schlimmste sei nun vorbei. Der Polizei seien sie nicht begegnet, und die Küstenwache patroulliere hier selten; folglich seien sie jetzt frei von den Faschisten. In Korsika seien sie und

ihre Freunde in Sicherheit und könnten bleiben, so lange sie wollten. Gegenüber Flüchtlingen bewahre Korsika strenge Traditionen. Sein Heimatort Corte sei eine alte Rebellenzitadelle in den Bergen. Deutsche und italienische Waffenstillstandskommissare schlügen einen weiten Bogen um Corte, wenn ihnen ihr Leben lieb sei. Er heiße übrigens Pascal Gaffori. Sein älterer Bruder Orlanduccio wohne in Marseille und sei mit Monsieur Rabinovitz in Friedenszeiten oft auf französischen Frachtern gefahren. Jetzt habe Orlanduccio einen Posten im Büro des Hafenmeisters. Im Hafen von Marseille wimmele es von Korsen, und die Résistance sei dort sehr stark.

Der Wind drückte Natalies altes braunes Wollkleid gegen ihren Körper, und der junge Korse musterte genüßlich die Wölbungen ihrer Brüste und Hüften. Natalie war es gewöhnt, daß Männer sie wohlgefällig betrachteten, doch diese unverhohlen starrenden Blicke irritierten sie ein wenig. Nun, sein Blick hatte nichts Bedrohliches, er verriet nur große, lateinische Bewunderung; vorerst. Ob er wisse, fragte sie, um ihn abzulenken, wie die weiteren Pläne aussähen? Er habe keine Ahnung. Sie würden bei seiner Familie bleiben, bis eine Anweisung von Monsieur Rabinovitz käme. Ob er mit Rabinovitz gesprochen habe? Nein, den habe er noch nie persönlich kennengelernt; das laufe alles über seinen Bruder. Ob die beiden Männer im Deckshaus auch seine Brüder seien? Er stieß ein verächtliches Schnauben aus. Das seien Fischer aus Bastia, die täten es nur des Geldes wegen. Die Zeiten seien schlecht. Die Waffenstillstandskommission habe befohlen, alle Fischerboote an Land zu ziehen. Jetzt trockneten die Rümpfe aus, es gäbe Risse in den Planken: die beiden Fischer hätten zwei Tage gebraucht, um das Boot heimlich wieder zu kalfatern. Hartgesottene Burschen seien das, doch sie brauche sich nicht vor ihnen zu fürchten.

Nachgerade fragte Natalie sich, ob sie sich wohl vor Pascal fürchten müsse. Immerhin war sie mit drei Halsabschneidern auf hoher See; kein Mensch, und vor allem keine Behörde, wußte, daß sie ausgelaufen waren. Was war mit Aarons wohlgefülltem Geldgürtel? Und was mit dem Reißverschlußtäschchen voller Dollars in ihrem eigenen Koffer? Das Boot rauschte leise auf die Sonne zu, die hinter den korsischen Berggipfeln versank. Die Segel summten und knatterten; all dies geschah wirklich – und doch war es wie ein Traum, diese plötzliche Bootsfahrt nach der langen Untätigkeit in Marciana! Dieser Fremde, der wie ein Brigant aussah, konnte ihr Gewalt antun, wenn er wollte. Wer wollte ihn daran hindern? Der arme Aaron etwa? Der höfliche Arzt oder die beiden rauh lachenden Schreckgestalten im Deckshaus, die jetzt einen Krug zwischen sich hin- und hergehen ließen? Die würden ihm höchstens noch fröhlich witzelnd zureden und warten, bis sie selbst an die Reihe kämen. Natalies lebhafte, verängstigte Phantasie ließ die Szene Revue passieren: wie

dieser Bursche sie auf die Netze stieß, ihr den Rock hochschob, ihre nackten Schenkel mit seinen Pranken auseinanderzwängte . . .
Gischt von den höher gehenden Wellen sprühte übers Deck und Louis ins Auge; er schrie. Sie stürzte zu ihm und tröstete ihn, und da ließ Pascal sie allein.
Die Sonne versank glühend hinter Korsika. Der Wind frischte auf. Das Boot legte sich auf die Seite und machte schnelle Fahrt. Brecher ergossen sich über das Schandeck. Anna wurde seekrank und erbrach sich, während Castelnuovo ihr den Kopf hielt und Miriam mit schreckgeweiteten Augen zusah. Aaron kam steifbeinig herbei, setzte sich in Lee des Deckhauses neben sie, erging sich in Betrachtungen über den schönen Anblick von Elba und fing an, über Napoleon zu philosophieren. Napoleon habe Korsika verlassen, um wie ein Wirbelwind durch Europa zu fegen, sagte er; doch dann habe er die Französische Revolution zur komischen Oper eines Talmi-Kaiserreichs entarten lassen und sei, seine Heimatinsel vor Augen, auf Elba geendet. Das gleiche werde auch Hitler passieren; diese Emporkömmlinge brächten unweigerlich Gegenkräfte auf den Plan, die sie dann vernichteten.
Es war schwer für Natalie, ihm beim Rauschen von Wind und Wellen zuzuhören, doch hatte sie das meiste davon schon bei ihrer Hebräischlektüre gehört und brauchte jetzt nur ab und zu mit dem Kopf zu nicken. Wenn diese unangenehme Fahrt doch nur bald zu Ende wäre! Die Küste Korsikas lag immer noch unterm Horizont, und es wurde dunkel. Louis wimmerte in ihrem Arm. Sie drückte ihn an sich, damit er sich nicht erkältete, und empfand Gewissensbisse, weil sie ihn auf einem winzigen offenen Boot übers aufgewühlte Meer mitgenommen hatte; dabei waren die Fischer gewiß schon hundertmal bei schlechterem Wetter hier draußen gewesen. Pascal kam mit einer Flasche zu ihnen. Sie nahm einen Schluck Cognac und verzieh ihm unter dem wärmenden Einfluß des Alkohols die vorgetäuscht zufällige Berührung ihrer Brust.
Durch den Cognac, das Schwanken des Boots und die Langeweile müde gemacht, ließ sie die Fahrt wie benommen über sich ergehen; die Zeit verging im Schneckentempo, ihre Füße und ihre Beine wurden naß; sie vermochte nicht zu sagen, wie lange das alles dauerte. Zuletzt lief das Boot in ruhigere Gewässer. An der dunklen Küste vor ihnen konnte sie mondbeschienene Bäume und Felsen erkennen. Noch eine halbe Stunde, und das Boot glitt ans Ufer. Ein Fischer holte das Segel ein, ein anderer sprang mit dem Haltetau auf einen großen, flachen Felsen. Pascal half den Reisenden mit ihrem schmalen Gepäck von Bord. Das Boot setzte sofort wieder Segel und glitt hinaus in die Nacht.

»So, jetzt seid ihr in Korsika und damit in Frankreich«, sagte Pascal zu Natalie und ergriff ihre Koffer. »Jetzt müssen wir drei Kilometer zu Fuß gehen.«
Louis auf dem Arm, konnte sie auf dem schmalen Pfad, der durch morastig riechende Felder führte, zwar mit ihm Schritt halten, aber sie mußten der anderen wegen langsamer gehen. Nach der langen Fahrt schwankte der Boden unter ihren Füßen. So ging es fast eine Stunde weiter. Dann führte Pascal sie zu einer Hütte, die hinter einem dunklen Bauernhaus lag. »Hier werdet ihr schlafen. Im Haus gibt es noch Abendessen.«
Die Mahlzeit bestand aus Suppe und Brot, die Pascal austeilte. Sonst ließ sich niemand blicken. Im Schein der Kerze, die auf dem blanken Tisch stand, konnte Natalie in der Suppenterrine Saugnäpfe von Tintenfischen erkennen; sie ekelte sich davor, aß aber dennoch ihren Teller leer. Pascal gab Louis in Ziegenmilch getauchtes Brot, das der Junge wie ein Hund verschlang; dann legten sie sich alle angekleidet auf das Stroh zum Schlafen.
Am nächsten Morgen erhaschten sie, als Pascal sie in einem alten Lastwagen hindurchfuhr, nur einen flüchtigen Blick auf die engen Gassen und alten Häuser von Bastia, die an ein toskanisches Städtchen erinnerten. Ein aus drei Waggons bestehender Zug brachte sie einen steilen Bergpaß hinauf. Die Passagiere – einige gekleidet wie Pascal, andere in schäbiger Stadtkleidung – amüsierten sich über Louis, der in bester Morgenlaune auf dem Schoß seiner Mutter saß, Unverständliches brabbelte, in die Hände klatschte und verständnisvoll um sich sah. Pascal tauschte derbe Späße mit dem Schaffner, als er ihm die Fahrkarten reichte; der Mann übersah die Flüchtlinge. Natalie befand sich in einer nervösen Hochstimmung. Sie hatte wie ein Stein geschlafen; zum Frühstück hatte es Brot, Käse und Wein gegeben. Prachtvolle Ausblicke ergaben sich vorm offenen Fenster; ein köstlicher, strenger Blütenduft kam herein. Pascal erklärte ihr, was sie da rieche, sei der *maquis,* jener berühmte Geruch, den wieder zu verspüren Napoleon auf St. Helena sich trauervoll gewünscht hatte.
»Da kann ich ihn verstehen«, sagte sie. »Es riecht wie das Paradies.«
Pascal bedachte sie mit einem schmachtenden Blick. Sie konnte sich kaum des Lachens erwehren, so sehr glich er Rudolph Valentino in einem alten Stummfilm. Dennoch ängstigte er sie.
Pascals Vater war der um dreißig Jahre ältere Sohn; ein wenig stämmiger, gleichfalls in Kord gekleidet, mit weißem Bart und Haupthaar, dem gleichen ovalen Gesicht und den gleichen ungebärdigen braunen Augen, eingebettet in lederne Altersfalten. Sein Benehmen war förmlich, und sein dreistöckiges Haus an einer steilen Straße unterhalb der auf einer Bergkuppe ragenden Festung von Corte verriet in Aussehen und Einrichtung einen gewissen

Wohlstand. Bei einem festlich-steifen Mittagessen an einem langen, glänzend polierten Eichentisch hieß er die Flüchtlinge willkommen. Seine Frau, eine formlose Gestalt in Schwarz, und zwei schweigende Töchter, gleichfalls ganz in Schwarz, trugen Essen und Trinken auf, und Pascal erklärte mit provinziellem Stolz, daß es sich dabei um Amselpastete, Ziegenragout, Maronenkuchen und korsischen Wein handelte.
Beim ersten Glas Wein hielt Monsieur Gaffori, der sehr aufrecht auf seinem schweren geschnitzten Sessel saß, eine kleine Rede. *Le docteur Jastrow* sei, wie er gehört habe, ein berühmter amerikanischer Schriftsteller auf der Flucht vor den schändlichen *Fascisti*. Amerika werde Korsika eines Tages von seinen Unterdrückern befreien. Die Korsen würden ihr Teil dazu beitragen. Sie würden sich erheben und vielen Deutschen und Italienern ebenso den Hals abschneiden, wie in der Vergangenheit seine Vorfahren hier in Corte Genueser Hälse, spanische Hälse, türkische Hälse, sarazenische Hälse sowie römische und griechische Hälse durchgeschnitten hätten. Der leise Ingrimm, mit dem der alte Herr immer wieder das Wort *gorges* hervorstieß – *»des GORGES espagnoles, des GORGES romaines, des GORGES grecques«* – jagte Natalie einen Schauder über den Rücken. Inzwischen dem berühmten Schriftsteller und seinen Freunden zu helfen, erklärte der alte Gaffori, betrachte er als eine Ehre. Das Haus der Gaffori sei das ihre.
Pascal brachte sie über eine versteckte Treppe zu einer separaten Wohnung hinauf. »Mein Zimmer ist direkt darunter«, sagte er zu Natalie und bedachte sie abermals mit seinem Rudolph-Valentino-Blick, als er sie in ein Zimmer führte, in dem ein Kinderbettchen stand. Doch unter seines Vaters Dach war die Bedrohung geschwunden, die von ihm ausgegangen war; hier war er nur ein plumper, zudringlicher junger Mann mit mediterranen Sexualproblemen; im übrigen war er schließlich ihr Retter. Sie befand sich auf französischem Boden, und darauf kam es an. Sie spürte eine Welle der Dankbarkeit in sich aufsteigen.
»Vous êtes très aimable, monsieur.« Louis auf dem Arm haltend, schüttelte sie ihm die Hand und gab ihm einen flüchtigen Kuß auf die Wange. *»Merci mille fois.«*
Seine Augen glühten auf wie Kohlen. *»Serviteur, madame.«*

Avram Rabinovitz fuhr in dem kleinen Zug aus der entgegengesetzten Richtung – von Ajaccio kommend – nach Corte hinauf. Die eingleisige Strecke galt als szenisches Wunder, doch er hockte mit geschlossenen Augen auf seinem Fensterplatz und rauchte eine abscheuliche Vichy-Zigarette nach der anderen, während die hinreißenden Täler und Schluchten vorüberglitten. Daß er das blendende Sonnenlicht und die sich bewegende Landschaft ausschloß, half ein wenig, die Migräne-Kopfschmerzen zu dämpfen, die im Rhythmus der Räder seinen Kopf zu sprengen drohten. Einige der schönsten Panoramen der Welt waren schon auf diese Art an Avram Rabinovitz vorübergeglitten: die Pyrenäen, Tirol, die Dolomiten, die Alpen, das Donautal, die türkische Küste, das portugiesische Hinterland und die syrischen Berge. In all diesen erhabenen Landstrichen hatte seine Sorge immer genug Nahrung gefunden, wenn es galt, jüdische Flüchtlinge zu retten und zur Standhaftigkeit zu ermuntern.

Nicht nur der Geschmack an schönen Landschaften war ihm ausgetrieben worden; auch über Geographie und Nationalität hatte er seine besonderen Ansichten. Länder, Grenzen, Pässe, Visa, Sprachen, Gesetze, Währungen waren für ihn unwirkliche Elemente eines billigen und gefährlichen Spiels, das in ganz Europa gespielt wurde. In dieser Beziehung war seine Haltung kriminell. Er erkannte einzig das Gesetz der Rettung an, sonst nichts. Er war nicht immer ein solcher Freibeuter gewesen; ganz im Gegenteil. Seine Eltern hatte es nach dem Ersten Weltkrieg aus Polen nach Marseille verschlagen. Sein Vater, ein Schneider, hatte sich auf Uniformen der Kriegs- und Handelsmarine spezialisiert. So war Avram unter französischen Freunden aufgewachsen; er war als Kammersteward in die Handelsmarine eingetreten und hatte sich dann zum Ersten Ingenieur hinaufgearbeitet. Bis weit in die Zwanziger war er ein loyaler Franzose, der sich nur vage seiner jüdischen Herkunft bewußt war.

Mit dem Aufstieg Hitlers und dem anschwellenden Antisemitismus in Marseille, der aufkam wie der Pestgestank aus den Abwässerkanälen, war Rabinovitz widerstrebend zu etwas wie einem jüdischen Bewußtsein erwacht. Ein wohlhabender Schweizer Zionist hatte ihn angeworben, Juden illegal nach Palästina zu schmuggeln. So hatte er in einem Seelenverkäufer ähnlich der *Izmir* dreihundert Menschen die Donau hinunter und übers Schwarze Meer in die Türkei und von dort aus durch das türkische und syrische Hinterland ins Heilige Land gebracht. Diese Tat hatte sein Leben verändert. Danach hatte er nichts anderes mehr getan.

Er ließ sich in Palästina nieder, lernte Hebräisch und heiratete ein Mädchen aus Haifa. Er legte seinen französischen Namen – André – ab und nannte sich wieder Avram. Er versuchte, sich der zionistischen Bewegung anzuschließen, doch ihn langweilte der Parteienstreit. Im Grunde seines Herzens war er immer noch ein französischer Jude, der den Haß auf die Juden nicht begriff und etwas dagegen tun wollte. Im Grunde wollte er nicht mehr, als Menschenleben retten. Damals hörte er die selbstgefällige jüdische Antwort auf Hitlers Drohungen, *Nichts wird so heiß gegessen, wie es gekocht wird,* in vielen Sprachen, doch in seinen Augen meinten die Nazis es ernst. Er hörte auf, sich mit Zionisten über Glaubensfragen und Politik zu streiten und nutzte ihr Geld und ihre Verbindungen dazu, um Juden zu retten, wie er es mit Herbert Rose und den Sacerdotes getan hatte.

Nach dem Fall Frankreichs war er nach Marseille zurückgekehrt und hatte sich dort der Résistance angeschlossen, weil er in ihr die beste Basis sah, sein Rettungswerk fortzusetzen. Nun war er schon seit Jahren im Widerstand tätig; das heißt, er war ein gewiefter Fälscher, Schmuggler, Lügner, Bauernfänger und Dieb. Einmal hatte er, als es darum ging, mehr als vierzig Menschen zu retten, einen Denunzianten getötet, der Schweigegeld von ihm erpressen wollte; er hatte ihm mit einer Eisenstange einen kräftigeren Schlag versetzt, als er vorgehabt hatte, und den Mann dann mit verglasten Augen auf der Straße liegenlassen. Wenn er völlig niedergedrückt war, tauchte diese Episode vor ihm auf – er spürte, wie die Knochen unter der Stange knirschten, er sah, wie das Blut unter dem Haar des Erpressers hervorschoß, aber er empfand deshalb keine Gewissensbisse.

Die Migräne fiel Rabinovitz immer dann an, wenn er übermüdet war oder etwas tat, wovon er wußte, daß es nicht richtig war. Nichts zwang ihn zu dieser Fahrt mit einer korsischen Kleinbahn. Er wollte einfach Mrs. Henry wiedersehen. Obwohl er auf der *Izmir* nur ein paarmal mit ihr gesprochen hatte, stand sie strahlend in seiner Erinnerung. Wie für viele Europäer, hatten amerikanische Frauen für ihn etwas berückend Schönes. Natalie Henry faszinierte ihn: eine Jüdin, unverkennbar, und doch nicht minder amerikanisch als Franklin D. Roosevelt; dazu die Nichte eines berühmten Schriftstellers, verheiratet mit einem U-Boot-Offizier der amerikanischen Flotte. In Friedenszeiten waren amerikanische Kriegsschiffe, die zu Freundschaftsbesuchen in Marseille eingelaufen waren, stets von einer Aura ferner Macht umgeben gewesen. Die jungen Offiziere in Weiß und Gold, die zu zweit oder zu dritt die Boulevards entlangschlenderten, waren Rabinovitz wie eine Art von Übermenschen erschienen. Byron Henry trug viel zu Natalies Zauber bei. Er hatte, was sie betraf, keinerlei Absichten; für ihn war sie eine anständige Frau und Mutter. Nur von ihrem Anblick konnte er nicht genug bekommen. Auf der *Izmir* hatte er sein Bestes getan, seine fruchtlosen Gefühle zu unterdrücken, obwohl er fühlte, daß sie ihn mochte. Die Lage in Neapel war vertrackt genug gewesen; er hatte seine Gedanken nicht noch mit einer törichten Romanze belasten wollen. Trotzdem war es ein Schlag für ihn gewesen, als sie das Schiff verließ.

Die Nachrichten aus Siena – zuerst, daß Mrs. Henry und ihr Onkel immer noch dort seien, dann, daß sie mit den Castelnuovos kämen – hatte ihn tief aufgewühlt. Als er dann wußte, daß Mrs. Henry in Korsika war, hatte er eine ganze Woche lang dem Drang widerstanden, hinzufahren. Dann hatte er nachgegeben. Die Migräne hatte ihn auf der Nachtfähre gepackt; und als jetzt der kleine Zug stöhnend die steilen Hänge hinaufschnaufte und er allein war mit dem Aufruhr in seinem Herzen und dem klopfenden Schmerz in seinem Kopf, wunderte er sich über seine Torheit. Trotzdem war er glücklicher denn je seit dem Tod seiner Frau.

Als er im Haus der Gafforis eintraf, war der Gegenstand seiner Vernarrtheit gerade dabei, in einem alten grauen Morgenrock ihr Kind im Küchenausguß zu baden. Sie hatte sich zuvor das Haar gewaschen und es mit Haarnadeln hochgesteckt. Von ihrem ausgelassenen Sohn über und über mit Seifenwasser bespritzt, war sie alles andere als ein Gegenstand erotischer Träume.
Pochen an der Tür. Aarons Stimme: »Natalie, wir haben Besuch.«
»Wen denn?«
»Avram Rabinovitz.«
»Jesus!«
Sie hörte Jastrow lachen. »Der zu sein, behauptet er zwar nicht; aber eine Art Erlöser ist er schon.«
»Wie lange kann er bleiben? Louis ist von Kopf bis Fuß voll Seifenschaum, und ich praktisch auch. Ich sehe aus wie eine Vogelscheuche. Was gibt's denn Neues? Geht's los?«
»Soviel ich verstanden habe, nicht. Er bleibt zum Mittagessen.«
»Gut, ich bin in einer Viertelstunde unten.«
In aller Eile zog sie das weiße Wollkleid mit dem violetten Gürtel und der Messingschnalle an, das sie in Lissabon für ihr Rendezvous mit Byron gekauft hatte. Nach Louis' Geburt war sie zu dick gewesen, um es zu tragen. Doch als sie in Siena ihre Siebensachen packte, hatte sie es, einem Impuls des Augenblicks nachgebend, noch rasch in ihren Koffer gestopft; *irgendwann* auf ihrer Wanderschaft würde sie vielleicht doch einmal gut aussehen wollen. Sie steckte Louis in einen kleinen Kordanzug, den Madame Gaffori ihr gegeben hatte, und stieg dann, das Kind auf dem Arm, in den Garten hinunter. Rabinovitz erhob sich von der Bank in einer Weinlaube, in der er zusammen mit den anderen saß. Er sah anders aus, als sie ihn in Erinnerung hatte: jünger, nicht so klein und nicht so ausgemergelt.
»Hallo, Mrs. Henry.«
Sie hatte sich das dunkle Haar, das immer noch feucht war, über den Kopf hochgekämmt. Er erinnerte sich an dieses füllige schwarze Haar, an die leicht mandelförmig geschnittenen Augen, die ihn jetzt freundlich anblickten, an die Form ihres vollen Mundes, wenn sie lächelte, und an die Art, wie ihre Wangen

sich rundeten. Ihren kühlen Händedruck zu spüren, war bezaubernd.
»Ich habe eine Überraschung für Sie«, sagte sie und setzte Louis auf dem braunen Gras ab. »Strecken Sie mal die Arme nach ihm aus.«
Rabinovitz tat es. Sie ließ los, und Louis, strahlend und aufgeregt, machte ein paar unsichere Schritte und fiel ihm dann lachend und vor Vergnügen krähend in den Arm. Rabinovitz hob ihn sanft in die Höhe.
»Und zu sprechen fängt er auch schon an«, rief Natalie. »Man stelle sich das vor – praktisch innerhalb einer Woche! Vielleicht liegt das an der korsischen Luft. Ich hatte schon Angst, er wäre zurückgeblieben.«
»Das hast du nie geglaubt!« Jastrow tat empört.
»Sag mal was!« forderte Rabinovitz Louis auf, der ihn mit wachen Augen betrachtete.
Louis zeigte mit einem Finger auf Rabinonvitz' breite Nase. »Daddy!«
Natalie wurde puterrot. Selbst die Castelnuovos, die dasaßen, mußten lachen.
Natalie erklärte verlegen: »Oh Gott, ich hab' ihm einen Schnappschuß von seinem Vater gezeigt.«
Entzückt von seinem Lacherfolg rief Louis: »Dad-dy! Dad-dy!« und zeigte auf Castelnuovo und auf Jastrow.
»Nun hör aber mal auf, das reicht, du kleiner Unhold!«

Der alte Mann und Pascal aßen in ihrer bäuerlichen Arbeitskleidung. Pascal, verdreckt und mit zerzaustem Haar in seiner alten Ziegenfelljacke, warf Natalie wieder einen schmachtenden Valentino-Blick zu. In Gegenwart seines Vaters hatte er sich bisher Zurückhaltung auferlegt. Sein Aufzug, fuhr es ihr durch den Sinn, schien ihm Mut zu machen; sie sah immer wieder zu Rabinovitz hinüber, der offensichtlich nichts davon merkte. Die Unterhaltung drehte sich um das Kriegsgeschehen. Das neueste Gerücht auf Korsika, sagte der alte Gaffori, behaupte, daß alle Hinweise auf Nordafrika nur Täuschungsmanöver seien. Die Alliierten würden in Norwegen landen, quer durch Skandinavien und Finnland vorstoßen und sich mit den Russen treffen. Dadurch werde Leningrad entlastet; gleichzeitig stehe eine gute Eisenbahnverbindung für die Güter aus dem Leih- und Pachtvertrag für die Rote Armee zur Verfügung. Was Monsieur Rabinovitz davon halte?
»Ich glaube nicht an diese Norwegengeschichte. Dafür ist es zu spät im Jahr. Ihr Sohn und ich haben einmal auf einem Frachter Dienst gemacht, der im November Trondheim anlief. Wir steckten wochenlang im Eis fest und konnten nicht wieder auslaufen.«
»Davon hat Orlanduccio uns erzählt«, sagte Gaffori, griff nach einem irdenen Krug und füllte Rabinovitz' Glas. »Er hat uns auch noch von anderen Dingen

berichtet, Monsieur – wie zum Beispiel von dieser kleinen Sache in Istanbul.« Er hob Rabinovitz das Glas entgegen. »Sie sind willkommen in diesem Hause, solange Sie leben. Und Dank dafür, daß Sie uns den großen amerikanischen Schriftsteller und seine Freunde hergeschickt haben.«
Jastrow sagte: »Wir wissen, daß wir Ihnen zur Last fallen.«
»Nein. Sie können bleiben, Monsieur, bis wir alle zusammen befreit sind. Und jetzt müssen Pascal und ich wieder an die Arbeit.«
Alle standen auf und Natalie sagte leise zu Rabinovitz: »Ich muß mit Ihnen sprechen. Haben Sie Zeit?«
»Ja.«
Er stieg mit ihr die steilen Stufen der Gasse hinauf, die zum offenen Tor der verfallenen Feste führte.
»Wollen wir hinauf?« sagte sie. »Der Blick von oben ist hinreißend.«
»Einverstanden.«
»Was war das für eine Sache in Istanbul?« fragte sie, als sie eine schmale steinerne Treppe erstiegen, die an einer Innenmauer entlangführte.
»Ach, nichts weiter.«
»Ich wüßte es aber gern.«
»Also gut – dieser Orlanduccio trank damals ziemlich und stellte alles auf den Kopf, wenn wir im Hafen lagen. Das war, bevor er heiratete und ruhiger wurde. Ich war an Deck, reparierte gerade eine Winsch und sah ihn gegen Mitternacht torkelnd die Pier herunterkommen. Irgendwelche Galgenvögel fielen über ihn her. Diese Hafenratten sind im Grunde Feiglinge, deshalb lauern sie Betrunkenen auf. Da bin ich mit einem Brecheisen runtergesprungen und habe sie auseinandergebracht.«
»Aber dann haben Sie ihm das Leben gerettet!«
»Sein Geld vielleicht.«
»Und die Gafforis sind Ihretwegen so nett zu uns.«
»Nein, nein. Sie sind in der Résistance, die ganze Familie.«
Auf einer ebenen, von braunem Gras und Unkraut überwucherten Terrasse sprangen Ziegen durch die zerfallenen Mauern eines dachlosen Stuckgebäudes mit Eisenstangen vor den Fenstern.
»Das Wachhaus«, sagte Rabinovitz. »Wozu soll das jetzt noch nützen?«
»Erzählen Sie mir von der *Izmir*«, sagte sie und führte ihn zu einer anderen Treppe, die noch höher ging.
»Die *Izmir?* Ach, das ist lange her.« Er schüttelte den Kopf und machte ein trauriges und besorgtes Gesicht. »Zuerst war's nicht mal so schlimm, aber als wir Haifa erreichten, wurde das Wetter schlecht. Wir mußten die Leute nachts beim Sturm ausbooten. Dieser verdammte türkische Kapitän machte Schwie-

rigkeiten und drohte, wieder wegzufahren. Ein paar sind ertrunken, ich weiß nicht, wieviele. Als die Leute an Land waren, haben sie sich sofort zerstreut. Wir haben nie genau nachzählen können.«
Ernst fragte Natalie: »Dann hatte ich also doch recht, von Bord zu gehen?«
»Wer will das sagen? Zumindest sind Sie jetzt in Korsika.«
»Ja, und was geschieht als nächstes?«
Die letzte Treppe, deren Stufen ganz ausgetreten waren, war sehr steil. Er sprach langsam und schnaufte ziemlich dabei. »Der amerikanische Konsul in Marseille weiß, daß Sie hier sind. James Gaither ist ein guter Mann. Ich hatte schon öfter mit ihm zu tun. Er ist in Ordnung. Was man von ein paar anderen Leuten im Konsulat nicht gerade sagen kann. Er hat sich Ihres Falles persönlich angenommen. Natürlich bleibt alles geheim. Wenn Ihre Papiere in Ordnung sind, kommen Sie nach Marseille und fahren am selben Tag weiter nach Lissabon. So stellt Gaither sich das vor.«
»Und wann wird das sein?«
»Die große Schwierigkeit ist das Ausreisevisum. Bis vor kurzem hätten Sie als Touristen per Bahn nach Lissabon fahren können. Aber jetzt geben die Franzosen keine Visa mehr aus. Natürlich stecken die Deutschen dahinter. Ihre Botschaft kann dafür sorgen, daß das in Vichy geregelt wird und Sie Ihre Visa bekommen. Aber das braucht seine Zeit.«
»All das haben Sie schon geschafft!«
»Sagen Sie nicht, das wäre mein Verdienst!« Die Erwiderung war knapp und sauer. »Gaither hat von der amerikanischen Gesandtschaft in Bern ein Kabel bekommen, man solle nach Ihnen Ausschau halten. Als ich erzählte, daß Sie auf Korsika seien, hat er ›Hurra!‹ gerufen.« Sie waren jetzt ganz oben. Über windumtoste Schießscharten hinweg blickten sie in ein Tal mit Bauernhöfen und Weingärten, gesäumt von bewaldeten Hängen. »Ja, ich verstehe, was Sie meinen. Schöner Ausblick!«
»Und wie steht es mit den Castelnuovos?«
Er barg eine Zigarette in den Händen, um sie sich anzuzünden. »Das ist ein schwierigeres Unternehmen. Die deutsche Waffenstillstandskommission hat im September in Bastia eine Razzia gemacht, weil Flüchtlinge über Bastia nach Algerien entkommen sind. Das warf meine Vorkehrungen über den Haufen und hatte zur Folge, daß Sie die ganze Zeit in Marciana festsaßen. Immerhin ist es gut, daß sie nicht mehr in Siena sind. Die OVRA hat im Juli angefangen, die italienischen Zionisten zusammenzutreiben. Sie wären jetzt in einem Konzentrationslager. Ich werde schon etwas für sie finden; verhindern Sie bitte, daß der Doktor ungeduldig wird. Im allerschlimmsten Fall würden die Gafforis sich um ihn kümmern.« Er zog an seiner Zigarette und warf einen Blick auf die Uhr.

»Wir gehen besser wieder zurück. Sie wollten mir mir sprechen? Der Zug nach Ajaccio fährt in etwa einer Stunde ab.«

»Ach ja. Dieser junge Bursche, Pascal . . .« Sie war unschlüssig und biß sich auf die Knöchel.

»Ja, was ist mit ihm?«

»Ach, was soll's! Ich muß es Ihnen sagen, und im Haus geht das nicht. Vorgestern nacht wachte ich auf, und er war in meinem Zimmer, saß auf meinem Bett. Die Hand auf der Bettdecke, auf meinem Bein.« Während sie die windigen Treppen hinunterstiegen, überstürzten sich ihre Worte. »Saß einfach da. Louis' Bettchen war nur einen Meter entfernt. Ich wußte nicht, ob ich träumte! Ich flüsterte: ›Was ist? Was machst du hier?‹ Und er flüsterte: ›*Je t'aime. Tu veux?*‹« Rabinovitz blieb mitten auf der Treppe stehen und wurde zu ihrem Erstaunen puterrot. »Oh, keine Angst, er hat mir nichts getan, und ich bin ihn dann auch wieder losgeworden.« Sie zupfte an Rabinovitz' Ärmel. Stirnrunzelnd stieg er weiter abwärts. »Vielleicht war es meine eigene Schuld. Schon auf Elba hat er mir schöne Augen gemacht. Auf dem Boot wurde er dann ein bißchen zudringlich. Und als wir das Haus erreicht hatten, habe ich etwas sehr Törichtes getan. Die Fahrt lag glücklich hinter uns, wir waren in Sicherheit, und ich war ihm dankbar. Da habe ich ihm einen Kuß gegeben. Er hat mich angesehen, als ob ich den Rock ausgezogen hätte. Seither ist es, als hätte ich ihn nie wieder angezogen. Und jetzt diese Sache . . .«

»Wie sind Sie ihn denn losgeworden?«

»Das war gar nicht so einfach. Als erstes flüsterte ich: ›Es geht nicht, du weckst mein Kind auf!‹« Natalie warf einen raschen Seitenblick auf Rabinovitz. »Vielleicht hätte ich mich aufs hohe Roß setzen, die Empörte spielen und ihn hinauswerfen sollen, oder nach seinem Vater rufen, was weiß ich! Aber ich war verschlafen und müde, und ich wollte Louis nicht wecken; außerdem fühlte ich mich diesen Leuten irgendwie ausgeliefert. Daraufhin flüsterte er: ›Oh nein, wir werden leise sein wie zwei kleine Täubchen.‹« Natalie kicherte nervös. »Ich hatte eine Heidenangst, aber es war einfach zu lachhaft, ›*deux petites colombes!*‹ . . .«

Rabinovitz lächelte, aber keineswegs freundlich. »Und wie haben Sie es dann geschafft?«

»Ach, das Geflüster ging so hin und her, ja, nein. Er wollte nicht gehen. Ich wollte schon an seine Ehre als Korse appellieren, keinem Flüchtling unter seinem Dach etwas anzutun. Oder damit drohen, es seinem Vater zu erzählen. Aber all das erschien mir viel zu umständlich. Deshalb sagte ich: ›Hör zu, es darf nicht sein, ich bin unwohl.‹ Woraufhin er, wie von der Tarantel gestochen, mein Bein losließ und aufsprang, als hätte ich behauptet, aussätzig zu sein.«

Für einen Mann, der zur See fuhr, dachte Natalie, war Rabinovitz merkwürdig schamhaft. Als er dies hörte, machte er ein ziemlich betretenes Gesicht.
»Dann stand er über mich gebeugt da und flüsterte: ›Du sagst die Wahrheit?‹ – ›Selbstverständlich.‹ – ›Wenn du mich einfach zurückweist, machst du einen schweren Fehler. Ich kann dir Ekstase versprechen.‹« Sie ahmte seine tiefe Stimme nach. »›Je peux te promettre l'extase.‹ Wörtlich! Und damit entfernte er sich Gott sei Dank auf Zehenspitzen. Ich fürchte nur, er wird es wieder versuchen. Was soll ich tun? Soll ich mit seinem Vater reden? Der alte Mann hat so etwas Einschüchterndes!«
Rabinovitz rieb sich mit der Hand das sehr besorgte Gesicht. »Ich überlege, wo ich Sie in Marseille unterbringen kann. Es sei denn, Sie wollten es mit der Ekstase versuchen.« Sie sagte nichts, worauf sein ohnehin schon rotes Gesicht noch röter wurde.
»Tut mir leid, ich sollte mich nicht darüber lustig machen. Es ist gewiß schlimm genug.«
Ein wenig neckisch entgegnete sie: »Nun ja, es hat mir das Gefühl gegeben, wieder jung zu sein. Aber auf die korsische Ekstase verzichte ich doch lieber.«
Er bedachte sie mit einem merkwürdigen Lächeln, das Traurigkeit verriet. »Gut. Nichts für anständige jüdische Mädchen.«
»Ach, da kennen Sie mich nicht«, hielt Natalie ihm entgegen, obwohl der Ausdruck sie seltsamerweise nicht ärgerte. Rabinovitz hatte ihm fast einen zärtlichen Klang gegeben. »Ich habe immer getan, was ich wollte; sonst hätte ich Byron Henry weiß Gott nicht geheiratet. Oder mich anderen Freistilringern ausgeliefert, denen anständige jüdische Mädchen gewöhnlich aus dem Weg gehen. Aber einerlei – Sie denken daran, uns nach Marseille zu bringen?«
»Ja. Ich möchte keinen Ärger mit den Gafforis. Sie sind sehr wichtig für mich, besonders Orlanduccio. Und im Augenblick ist ihr Haus der einzige sichere Ort für die Castelnuovos. Orlanduccio hat mir von diesem Pascal erzählt. Er ist ein Tunichtgut. Vielleicht ist es sowieso besser, wenn Sie in Marseille sind. Wenn Ihre Papiere kommen, sind Sie dann blitzschnell weg. Das ist von Vorteil.«
»Und die Castelnuovos?«
»Die bleiben hier.«
»Aber ich möchte sie nicht im Stich lassen.«
»Im Stich lassen?« Rabinovitz' Stimme wurde schrill, als sie zu dem verfallenen Wachhaus hinübergingen. »Lassen Sie bitte diese törichten Ausdrücke! Für Sie tritt der amerikanische Generalkonsul ein, falls irgendwas schief geht. Die Castelnuovos dagegen haben keinerlei Protektion. Nicht die geringste. Marseille wimmelt von Polizei und Denunzianten. Sie dort hinzubringen, ist schlechthin unmöglich. Bitte, bestärken Sie den Doktor nicht

in solchen Vorstellungen! Ich habe auch so schon genug Schwierigkeiten mit ihm.«
»In Ordnung. Seien Sie nur nicht böse. Miriam und Louis sind inzwischen wie Bruder und Schwester.«
»Ich weiß. Hören Sie, das mit der Razzia in Bastia war ausgesprochenes Pech. Wenn der Doktor vernünftig bleibt, wird er es mit seiner Familie schon schaffen.«
»Sehen wir uns ab und zu, wenn wir in Marseille sind?«
»Gewiß.«
»Ach, das wird schön sein.«
Er zögerte und sagte dann sehr barsch: »Ich war sehr enttäuscht, als Sie die *Izmir* verließen.«
Natalie küßte ihn auf die Wange. Sie war stachlig und kalt.
»Mrs. Henry, wenn Sie solche Sachen tun, geraten Sie in Schwierigkeiten.«
»Ich glaube nicht, daß ich aufwache und Sie in meinem Schlafzimmer vorfinde.«
»Für einen Franzosen ist das kaum ein Kompliment.«
Sie lächelten einander unsicher an und stiegen dann hinunter in die Stadt.

An diesem Abend war Natalie mit dem Kochen an der Reihe. Als sie in der kleinen Küche ein aus Resten zubereitetes Ratatouille nach einem Rezept aus ihren Pariser Tagen austeilte, wurde nur wenig gesprochen. Selbst Miriam war ernst. Sie ging ins Bett, während die Erwachsenen noch bei Ersatzkaffee aus geröstetem Getreide sitzenblieben. Castelnuovo sagte: »Nun, für die Kinder wird es schwer sein, nicht wahr?« Es war das erste Mal, daß er auf ihre bevorstehende Trennung anspielte.
Sie hatte aufgehört, sein Aussehen von Tag zu Tag zu verfolgen, doch jetzt fiel ihr auf, wie sehr er sich verändert hatte. In Siena war er ein selbstsicherer, charmanter italienischer Arzt gewesen. Sein gutes Aussehen schwand mehr und mehr, seine Augen lagen tief in den Höhlen, und seine Lider waren geschwollen.
»Auch für mich wird es schwer sein, das weiß ich«, sagte sie.
Aaron Jastrow sagte: »Ist es nicht möglich, daß wir wieder zueinanderstoßen und Frankreich gemeinsam verlassen?«
Castelnuovo schüttelte langsam, entschieden und müde den Kopf.
»Was hat er denn mit Ihnen vor?« Jastrow ließ nicht locker. »Können wir nicht offen miteinander reden?«
»In Marciana hatten wir noch gehofft, per Schiff nach Algier zu kommen«, sagte der Arzt, »und von dort aus weiter nach Palästina. Aber das geht nun

nicht mehr. Offenbar können wir nur illegal nach Spanien oder in die Schweiz. Die Leute machen das in Gruppen, mit Führern, die sie heimlich durch die Wälder bringen. Ich nehme an, Spanien ist besser. Das liegt zumindest auf dem Weg nach Lissabon.«

»Das Schlimme ist«, sagte Anna mit einem hilflosen Lächeln, »daß wir, um nach Spanien zu kommen, zu Fuß über die Pyrenäen müssen. Im November! Es gibt keinen anderen Weg. Kilometerweit durch die Berge, Wildnis, durch Eis und Schnee, und möglichst an den Grenzkontrollen vorbei.«

»Und was ist mit der Schweiz?« wollte Natalie wissen.

»Wenn die einen erwischen, schicken sie ihn nach Frankreich zurück«, sagte Anna, »und übergeben ihn der französischen Polizei.«

»Nicht unbedingt!« Die Stimme ihres Mannes klang gereizt. »Jetzt übertreibe nicht! Jede Gruppe macht da andere Erfahrungen. Auch in der Schweiz gibt es Rettungsorganisationen, die helfen können. Rabinovitz zieht Spanien vor, aber Anna hat Angst um Miriam, wenn sie zu Fuß über die Berge soll.«

»Aber die Schiffe nach Südamerika«, sagte Jastrow, »die Fischerboote nach Marokko – und all die anderen Möglichkeiten, über die wir gesprochen haben?«

Unter Castelnuovos leerem Blick fühlte Natalie sich mehr in einer Falle denn je zuvor. »Rabinovitz wird schon alles in Ordnung bringen«, sagte sie betont fröhlich. »Ich traue ihm.«

»Ich auch«, sagte der Arzt. »Er macht einem nichts vor. Er weiß, was er tut. Schließlich war ich es, der beschloß, Italien zu verlassen. Und es war richtig, das zu tun. Immerhin sitzen wir jetzt nicht in einem Konzentrationslager. Wenn Miriam zu Fuß über die Pyrenäen muß, nun, dann geht sie eben über die Pyrenäen. Sie ist ein kräftiges und gesundes Mädchen.« Damit stand er auf und eilte aus dem Zimmer.

Natalie sagte zu Anna Castelnuovo, der die Tränen in den Augen standen: »Anna, darf ich Miriam heute nacht mit in mein Bett nehmen?«

Anna nickte. Das schläfrige kleine Mädchen kam wortlos zu Natalie ins Bett und war gleich darauf eingeschlafen. Natalie genoß es, daß der kleine warme Körper sich an sie schmiegte. Als die Sonne sie am nächsten Morgen weckte, war Miriam verschwunden. Sie war ins Kinderbettchen geklettert, lag mit Louis im Arm da und schlief.

41

Eine gewaltige Armada war in See gegangen und lief auf Nordafrika zu. Seit die Kaiserlich-Japanische Kriegsflotte nach Midway ausgelaufen war, hatten die Weltmeere keine so gewaltige Streitmacht auf ihrem Rücken getragen. Flugzeugträger, Schlachtschiffe, Kreuzer, Truppentransporter und neuartige Landungsboote, beladen mit Jeeps, Panzern, Lastwagen und Infanteriegeschützen; dazu Zerstörer, Minensucher und Unterseeboote mit ihren Versorgungsschiffen. Aus allen Himmelsrichtungen und in weit auseinandergezogenen Formationen glitten diese einschüchternd wirkenden, grau oder in grellen Tarnfarben gestrichenen Kriegsfahrzeuge über die gekrümmte Wasseroberfläche unseres Planeten. In großer Zahl kamen sie von den Britischen Inseln herunter und als meergetragener, in Form und Reichweite neuer Angriffskeil von Nordamerika. Die Abwehr der Achsenmächte wußte nichts davon. Die Spekulationen an einem korsischen Eßtisch fanden in Hitlers Sonderzug, der zu einer Parteiveranstaltung nach München rollte, ihr Echo. Obwohl in redseligen Demokratien geplant, blieb der Angriff ebenso geheim wie der japanische Überfall auf Pearl Harbor.

Winston Churchill hatte seine trotzige Rede nach Dünkirchen mit dem Gelöbnis geendet, den Kampf fortzusetzen – »*bis, wenn Gott es so will, die Neue Welt mit all ihrer Kraft und all ihrer Macht antritt, um die alte zu retten und zu befreien*«. Jetzt war es soweit; zweieinhalb Jahre später wurden Churchills beschwörende Worte majestätische Wirklichkeit: eine gewaltige neue Flotte, entstanden aus einem Aufbranden amerikanischer Technologie, und an Bord altgediente britische Divisionen sowie die erste Welle der frisch einberufenen amerikanischen Soldaten. Wenn es in einem industrialisierten und technisierten Krieg so etwas wie Romantik gibt, war dies eine romantische Stunde: die Stunde der *Operation Torch*, des ›Unternehmens Fackel‹.

Doch Churchills Pathos hätte die amerikanischen Invasoren angesichts dessen, was sie taten, in große Verlegenheit gebracht. Zwar waren die Berufssoldaten an den Erfordernissen ihres Metiers und am technischen Risiko interessiert, doch sonst betrachteten Generale wie Soldaten das Unternehmen *Torch* und den gesamten Krieg als eine schmutzige Sache, die es hinter sich zu bringen galt. George Marshall war gegen die Operation *Torch*, da sie nur von der großen Aufgabe der Landung in Frankreich ablenke, und der Oberbefehlshaber des Unternehmens, ein neuer Mann namens Dwight Eisenhower, befürchtete, die Entscheidung für *Torch* könne »als schwärzester Tag in die Geschichte« eingehen. Doch gleichviel – er und sein Stab hatten ihre Befehle erhalten, und so machten sie sich methodisch an die Ausführung.

In der entscheidenden Übermacht anzutreten, war zwar wünschenswert, jedoch unromantisch; und wenn man einen Kampf ganz vermeiden konnte, umso besser. So war die Idee aufgekommen, in das vereinigte anglo-amerikanische Oberkommando als eine Art Aushängeschild einen berühmten französischen General aufzunehmen – in der Absicht, die Vichy-Streitkräfte in Nordafrika zu bewegen, nicht zu den Waffen zu greifen, einerlei, was ihre von den Deutschen abhängige Regierung daheim auch befehlen mochte. Und so begann eine Komödie, die – vom Umfang dessen, was auf dem Spiel stand, einmal abgesehen – der Feder eines Autors von Pariser Boulevardkomödien würdig gewesen wäre.

In dieses Intermezzo im sonst so zähflüssigen Verlauf des Krieges wurde Byron Henry verwickelt. Deshalb sei kurz skizziert, um was es bei dieser Posse überhaupt ging.

Für die Rolle eines hochstehenden Handlangers stand in London Charles de Gaulle zur Verfügung, der dort die Stimme der *France Libre* ertönen ließ und seine Landsleute beschwor, ihren Besatzern Widerstand zu leisten. Der Nachteil war, daß die Vichy-Generale und -Admirale ihn samt und sonders nicht ausstehen konnten; auch die Résistance liebte ihn nicht sonderlich. Feierlich-trotzige Reden aus einer Londoner Hotel-Suite waren in diesem Augenblick nicht gerade dazu angetan, die Herzen der Franzosen zu erobern; deshalb verfielen die Alliierten statt seiner auf einen gewissen General Henri Giraud. Giraud hatte 1940 wacker gegen die Deutschen gekämpft, war in Gefangenschaft geraten, aus einem deutschen Gefangenenlager entwichen und hielt sich jetzt in Frankreich versteckt. Der Plan war, ihn aufzustöbern und aus seinem Versteck an die Mittelmeerküste zu locken, um ihn dann an Bord eines amerikanischen Unterseeboots nach Gibraltar zu bringen, wo er sich Eisenhower anschließen sollte.

Das war ein höchst kompliziertes Vorhaben, und als man heimlich an ihn herantrat, machte Giraud es noch komplizierter. Wenn es um seine Ehre ging, war General Giraud äußerst pingelig. Früher im Krieg hatten britische Kriegsschiffe eine französische Flotteneinheit beschossen, um zu verhindern, daß sie in deutsche Hände fiel. Deshalb wollte Henri Giraud sich partout nicht von einem britischen Unterseeboot retten lassen. Nun fuhren aber alle zur

Verfügung stehenden Unterseeboote unter britischer Flagge. Also mußte ein britisches Unterseeboot nominell einem amerikanischen Kommandanten unterstellt werden, dem, um das Ganze glaubwürdiger zu machen, noch ein paar amerikanische Offiziere beigegeben waren, um einen Franzosen herbeizuschaffen. Selbstverständlich befehligte der britische Kommandant nach wie vor das Boot; die Amerikaner fuhren bloß mit und versuchten, einen geschäftigen Eindruck zu machen. Dieses ›amerikanische‹ U-Boot nahm General Giraud in der Nähe von Toulon auf und brachte ihn nach Gibraltar.
Um die Giraud-Posse rasch zu Ende zu erzählen, bevor wir uns der kleinen Rolle zuwenden, die Byron Henry darin spielte: nachdem man den General in Gibraltar zu Eisenhower gebracht hatte, dankte Giraud dem amerikanischen Oberbefehlshaber gelassen für seine bisher geleisteten Dienste und informierte ihn, jetzt werde er, Henri Giraud, ihn ablösen und persönlich die Landung in Nordafrika befehligen. Dies geschah achtundvierzig Stunden vor Beginn des Unternehmens; immerhin näherten sich rund vierhundert Schiffe den Küstenabschnitten, die für die Landung vorgesehen waren. Einzelheiten über das Gespräch der beiden hohen Offiziere fehlen uns zwar, aber wir wissen, daß Giraud keinen Einwand gelten ließ. Daß er das Oberkommando übernehmen müsse, sei für ihn Ehrensache. Eisenhower freilich lehnte es strikt ab, abgelöst zu werden. Der Franzose zog sich daraufhin in einen Schmollwinkel zurück und spielte bei der Invasion keine Rolle.
Wie sich herausstellte, brauchte man ihn auch nicht. In den ersten Stunden des Landeunternehmens fiel ein gewisser Admiral Darlan, der einflußreichste Vichy-Anhänger in Nordwestafrika, der besonders wegen seines Hasses auf England, Amerika und die Juden bekannt war, in die Hämde der Angreifer. Man setzte ihm das Messer an die Kehle und zwang ihn, die Rolle zu übernehmen, die Giraud hatte spielen sollen. Er spielte sie fabelhaft, beruhigte die französischen Streitkräfte, setzte gelegentlichem Widerstand ein Ende und sorgte für Eintracht unter den Alliierten. Auf diese Art verhinderte Darlan den Tod vieler amerikanischer und britischer Soldaten – weit besser, als Giraud es jemals hätte tun können.
Doch in der alliierten Presse erhob sich ein anhaltender, wütender Aufschrei gegen die zynische Art, in der man sich eines schlechten Namens bedient hatte. Es gab politische Schwierigkeiten. General Eisenhower dachte an Rücktritt, und Präsident Roosevelt mußte noch mehr Pressegezeter über sich ergehen lassen als sonst. Schließlich bereinigte ein glücklicher Zufall die Affäre. Ein französischer Student erschoß Darlan. Einige Zeit später, anläßlich der Konferenz von Casablanca, erklärte General Giraud sich widerwillig bereit, sich zusammen mit Churchill, Roosevelt und de Gaulle den Photographen zu

stellen. Nur deshalb wissen wir heute, wie dieser Ehrenmann damals aussah: groß und hager, aber nicht so groß und hager wie de Gaulle. Nur sein Schnurrbart war größer.

Es geschah während dieses hektischen Austauschens von Botschaften, in denen es um Girauds Ehre ging, daß Byron Henry in die Sache hineingezogen wurde. Seine Erfahrung als Unterseebootoffizier hatte damit merkwürdigerweise überhaupt nichts zu tun. Er wurde wie ein Korken in ein Wildwasser geworfen, von Gibraltar nach Marseille, ohne die geringste Ahnung, um was es überhaupt ging – und zwar nur, weil er einen Passierschein der amerikanischen Sicherheitsorgane besaß. In Gibraltar herrschte chronischer Mangel an amerikanischen Kurieren, zumal jetzt, da die Invasion Afrikas unmittelbar bevorstand. Seit seinem Zusammentreffen mit den Tudsburys hatte Byron mehrfach Kurierfahrten unternommen, doch noch nie nach Marseille; sein Kontakt mit dem dortigen Konsulat hatte sich auf Briefe und Telefonate beschränkt, in denen er sich nach Natalie erkundigt hatte. Wie jedermann in Gibraltar wußte er, daß ein großes Unternehmen bevorstand. Das Gesumm der Macht im ganzen Stützpunkt, die Konzentration von Kriegsschiffen und Kampfflugzeugen, das Eintreffen hoher Offiziere mit ihren selbstbewußten Stäben – all das ließ an Pearl Harbor vor Midway denken. Ob jedoch das Ziel des Unternehmens Afrika, Sardinien, Südfrankreich oder gar Italien war, wußte Byron nicht. Er hatte von General Giraud noch nie gehört, ganz abgesehen davon, daß ihm der Name auch jetzt nicht genannt wurde. Um acht Uhr früh hockte er ölverschmiert an Bord eines uralten Unterseeboots, das längsseits der *Maidstone* lag, und versuchte, einen defekten Luftkompressor wieder in Gang zu bringen; gegen Mittag, hastig gesäubert und in Zivil, die lederne Kuriertasche am Handgelenk angekettet und den Diplomatenpaß in der Tasche, war er auf dem Weg nach Marseille.

Von Leslie Slote hatte er seit zwei Monaten nichts mehr gehört. Seine wiederholten Anfragen beim Konsulat waren vergeblich gewesen. Da er nun schon selbst hinfuhr, wollte er nichts unversucht lassen. Sein Auftrag lautete, die verschlossene Aktentasche samt Dokumenten einem gewissen Vizekonsul zu übergeben, auf eine verschlüsselte Antwort zu warten und diese umgehend zurückzubringen. Da blieb ihm, wie er meinte, gewiß Zeit, ein paar Erkundigungen einzuziehen. Und auf diese Weise fand er Natalie, wenn auch die letzte Verbindung einem Zufall zu danken war. Hätte sie Italien nicht verlassen und wäre er nicht nach Gibraltar versetzt worden, hätte das natürlich nicht geschehen können; doch jetzt half ihm das Glück, die letzte Lücke zu schließen.

Byron kam bei strömendem Regen im Konsulat an, übergab die Aktentasche dem Vizekonsul, einem Mann namens Sam Jones mit nichtssagendem Gesicht und in nichtssagender Kleidung – einem unauffälligen Mann, genau richtig, um mit militärischem Geheimmaterial umzugehen. Als Byron seinen klitschnassen Regenmantel ablegte, fragte er Jones: »Ist Lucius Babbage noch hier stationiert?«

»Luke Babbage? Gewiß. Warum?«

»Ich hätte ihn gern gesprochen. Wieviel Zeit habe ich?«

Ein unpassend pfiffiger Ausdruck trat in Jones' Allerweltsgesicht – das war der Geheimdienstmann, der durch den harmlosen Vizekonsul hindurchschimmerte. »Sie haben Zeit. Lukes Arbeitszimmer liegt weiter unten am Gang. Die Tür mit der Milchglasscheibe.«

Hinter der Tür mit der Milchglasscheibe saß eine spitznasige Frau mit straffem Haarnetz an einem Schreibtisch, auf dem sich Behördenformulare häuften. Flüchtlinge warteten im Vorraum; die meisten sahen aus, als warteten sie schon tagelang. Der kalte Blick der Sekretärin zerfloß in ein bezauberndes Lächeln, als sie sein Gesicht und den amerikanischen Sportanzug sah, in dem er seine Kurieraufträge zu erledigen pflegte. Er hatte keinerlei Schwierigkeiten, an ihr vorbeizukommen und mit Babbage zu sprechen.

Durch die breiten Fenster des hinteren Arbeitszimmers fiel blasses, wäßriges Licht auf lebensgroße, gerahmte Photos von Präsident Roosevelt und Cordell Hull sowie auf eine große, schlechte Reproduktion von *George Washington beim Übersetzen über den Delaware*. Hinterm Schreibtisch erhob sich ein dicker, glatzköpfiger Mann und schüttelte Byron die Hand, wobei seine Augen hinter goldgefaßten Brillengläsern funkelten: »Lieutenant Henry, ja? Ich erinnere mich an Ihren Brief. Und an Ihre Anrufe, versteht sich. Verdammt schlechte Verbindung mit Gibraltar. Guter alter amerikanischer Name – Henry. Nicht verwandt mit Patrick? Ha ha! U-Bootfahrer, nicht wahr? Mein Sohn wollte auch zur Navy, hat es aber nicht geschafft. Schlechte Augen. Jetzt ist er bei der Air Force – Bodenpersonal. Wie sieht der Krieg denn in Gibraltar aus? Ich nehme an, diese Kurierfahrten sind interessant, hätte Sie aber eher auf dem Pazifik vermutet. Ja, setzen Sie sich, setzen Sie sich doch.«

Lucius Babbage wollte wissen, wann Byron zum letzten Mal in den Staaten gewesen sei und ob er irgendwelche interessanten Baseball-Oberligaspiele gesehen habe. Auf einem quietschenden Drehstuhl wippend, sagte er, die Diskussion darüber, ob Leute wie DiMaggio und Feller eingezogen werden sollten oder nicht, werde von Leuten mit zweifelhaften Beweggründen genährt. Wenn ein paar Baseballstars Millionen von Arbeitern, die Flugzeuge und Panzer bauten, Entspannung brächten – was hätte es da für einen Sinn, sie mit geschulterter Knarre durch den Dreck zu jagen und die Oberliga Leuten zu überlassen, die die Army nicht hatte haben wollen? Während dieser ziellosen Reden starrten die vorquellenden Augen durch die goldgefaßte Brille, und Babbage rieb sich eine Kinnpartie, die glattrasiert war wie die eines Priesters.

»Nun«, sagte Babbage in jäh verändertem Ton, als habe er plötzlich einen Hebel umgelegt, »das Problem ist Ihre Frau, wenn ich mich recht erinnere. Erzählen Sie mir die Geschichte doch noch einmal, und ersparen Sie mir, Ihren Brief hervorzusuchen. Außerdem ist da auch noch ein Onkel, nicht wahr?«

»Ja. Er heißt Aaron Jastrow. Der Schriftsteller«, sagte Byron. »Sie heißt Natalie. Mrs. Byron Henry. Und mein Sohn heißt Louis – ein Kleinkind. Ich habe ihre Spur verloren, glaube aber, daß sie hier in der Gegend von Marseille sein könnten.«

Babbage nickte, und sein Gesicht strahlte nichtssagend. »Sie sind Amerikaner?«

»Natürlich.«

»Pässe in Ordnung?«

»Ja.«

»Was machen Ihre Leute denn hier im unbesetzten Frankreich? Wir haben doch längst alle nach Hause geschickt.«

»Dann muß ich also davon ausgehen, daß sie nicht aufgetaucht sind?«

Babbage zog einen gelben Block aus einer Schublade und griff mit der Linken nach einem Federhalter. Er nickte Byron freundlich lächelnd zu und kniff die Augen zusammen. »Jetzt geben Sie mir doch bitte alle Fakten, da Sie schon einmal hier sind. Wann und woher haben Sie die letzten Nachrichten über ihren Verbleib bekommen? Je mehr ich weiß, desto gründlicher kann ich mich darum kümmern.«

Eine instinktive Regung mahnte Byron zur Vorsicht. »Dr. Jastrow lebte in Siena. Er ist emeritierter Professor, Historiker an der Yale University, und hat dort seine Bücher geschrieben. Natalie arbeitete als seine Sekretärin. Sie wurden dort überrascht, als wir in den Krieg eintraten. Daher . . .«

»Ich darf Sie gleich hier unterbrechen, Lieutenant. Alle in Italien internierten Amerikaner wurden im Mai ausgetauscht.« Babbage lächelte und kritzelte, die Linke um den Federhalter gekrampft, etwas auf sein Papier. »Sie sollten also längst zu Hause sein. Kein Problem.«

»Nun, ich war damals auf dem Pazifik. Ich weiß zwar nicht, was geschehen ist, aber ausgetauscht wurden sie jedenfalls nicht.«

»Wie merkwürdig.«

»Und die letzte Nachricht war, daß sie versuchen wollten, nach Frankreich zu kommen.«

»Sie meinen illegal?«
»Ich kenne keine weiteren Einzelheiten.«
»Wie heißt ihr Onkel doch noch?«
»Jastrow.«
»Buchstabieren Sie das bitte.«
»J-A-S-T-R-O-W.«
»Bekannter Schriftsteller?«
»Der Book of the Month Club hat eines seiner Bücher herausgebracht.«
»Nicht schlecht! Welches Buch war das?«
»Eines Juden Jesus.«
Das löste bei Babbage eine Reaktion aus. Sein Lächeln strahlte auf, seine Augenbrauen gingen in die Höhe. »Ach? Ist er Jude?«
»Kein praktizierender.«
»Das sind die wenigsten; es ist wohl mehr eine Frage der Nationalität.« Kleine Pause, glückliches Grinsen. »Ihre Frau ist auch Jüdin?«
»Ja.«
»Sie selbst offensichtlich nicht.«
»Nein.«
Die Linke kritzelte, stoppte dann. Mit einem jovialen Nicken stand Babbage auf, ging in den Vorraum und sagte: »Kleinen Moment.« Er blieb etwa fünf Minuten fort, in denen Byron George Washington, Roosevelt, Hull und die schmutzigen, regennassen Häuser auf der anderen Straßenseite anstarrte. Babbage kehrte zurück, setzte sich wieder und faltete die Hände vor sich auf der Schreibtischplatte. »Nein, sie sind nicht in Marseille. Davon, daß sie in der unbesetzten Zone wären, ist nichts bekannt. Aber da sie Juden sind, könnten sie in einem italienischen Konzentrationslager gelandet sein.«
»Angenommen, sie haben es nach Toulon oder Algier geschafft – würden Sie davon erfahren?«
»Sofern sie sich bei den amerikanischen Behörden melden, würde ich das. Ich führe die Liste sämtlicher Amerikaner in diesem Bereich. Aber wenn sie versucht haben sollten, *illegal* durch Frankreich zu kommen – nun, hoffen wir, daß sie es nicht getan haben. Die französische Polizei springt verdammt hart mit flüchtigen Juden um.« Er lächelte unbeschwert. »Aber ich wüßte nicht, warum sie etwas so Törichtes getan haben sollten, wenn ihre Papiere in Ordnung sind. Finden Sie nicht auch?«
»Ja, das finde ich auch.« Unvermittelt erhob Byron sich.
»Nun, es ist ein ungewöhnlicher Fall.« Babbage rieb sich wieder mit dem Handrücken die Kinnpartie. »Sie sind U-Boot-Offizier, Ihre Frau arbeitet für einen Verwandten, der diese linksgerichteten Bücher schreibt und . . .«

»Was? *Eines Juden Jesus* ist nun weiß Gott nicht linksgerichtet.« Byron gestattete sich einen sehr verärgerten Tonfall. »Es ist ein historisches Buch, und zwar ein glänzendes.«
»Ach? Nun, ich hab's nicht gelesen. Ich dachte, es wäre vielleicht eines von diesen Machwerken, in denen versucht wird, unseren Herrn zum Revolutionär zu stempeln. Das ist eine alte Masche der Linken, nicht wahr?«
»Verbindlichen Dank.« Byron marschierte hinaus. Das frustrierende Finale seines langen Trecks von Australien bis hierher verbitterte ihn: eine bürokratische Wand, getüncht mit abfälligem Antisemitismus, in einem Marseiller Konsulat. Er hatte noch die Adressen einer Quäkerniederlassung und einer jüdischen Vereinigung und beschloß, trotz des Regens zu Fuß zu gehen. Er war zum letzten Mal 1939 in Marseille gewesen, im Verlauf seines Herumzigeunerns, nachdem er in Florenz von der Universität geflogen war, und bewahrte noch angenehme Erinnerungen an die Canebière mit ihren üppigen Schaufensterdekorationen und Fischrestaurants und an die fröhlich lauten Leute, die so ganz anders waren als die sauertöpfischen Franzosen überall sonst. Ob bei Regen oder bei Sonnenschein – Marseille war eine Wonne gewesen.
Es hatte sich stark verändert. Die Leute machten einen kränklichen, müden und heruntergekommenen Eindruck. Die lange, breite, stille Canebière sah ohne den einstigen Autoverkehr aus, als sei die Pest ausgebrochen. Die Schaufenster zeigten hinter nassen Scheiben nur verstaubte Dinge: schlecht genähte Kleider, billige Propagandabücher der Vichy-Regierung und Pappkoffer. Die berühmten Lebensmittelmärkte waren jämmerlich geschrumpft. Die wenigen offenen Metzgerstände boten grauenerregende Fleischbrocken an, von schwarzem Blut verkrustet: Schwänze, Augen, Gekröse, Lungen. Das wenige Gemüse, das zum Verkauf stand, war kümmerlich und halb verwelkt. Obst gab es überhaupt nicht. Und erstaunlicherweise keinen Fisch. All die berühmten Fischstände, auf denen einst hoch gestapelt und noch naß vom Seewasser blitzende Fische und alle möglichen Schalentiere in Tangnestern gelegen hatten, waren verschlossen. Der Krebs des deutschen Sieges fraß sichtbar an Marseille.
Vor dem Büro der Quäker geriet Byron auf dem dampfenden Gehsteig in ein Gedränge von Kindern, die den Eingang versperrten; Dutzende von Kindern aller Altersstufen, von solchen, die eben erst laufen konnten, bis zu Halbwüchsigen, die sich unter tropfenden Regenschirmen zusammendrängten. Drinnen klapperten Schreibmaschinen unter erregtem französischem Gerede. Eine dicke Amerikanerin, die versuchte, die Kinder in einer Reihe aufzustellen, sagte, sie habe keine Zeit für ihn; der Kongreß habe eine

Resolution gefaßt, derzufolge fünftausend jüdische Kinder in die Vereinigten Staaten einwandern dürften; nicht die Eltern, sondern nur die Kinder. Die Quäker trommelten sie jetzt so rasch wie möglich zusammen, bevor man es sich in Vichy wieder anders überlegte oder die Deutschen ihrer habhaft würden und sie nach Osten deportierten, oder bevor das Außenministerium ihnen irgendwelche Knüppel zwischen die Beine würfe. Byron verlor alle Hoffnung, hier irgendetwas zu erreichen, und ging wieder.

Das ›Joint‹ genannte Jüdische Büro lag in einem anderen Viertel. Er mußte sich durchfragen. Die ersten beiden Franzosen, an die er sich wandte, ließen ihn ohne Antwort stehen. Er ließ jedoch nicht locker und fand schließlich seinen Weg. Dabei kam er direkt an dem Haus vorüber, in dem Rabinovitz seine Frau und sein Kind versteckt hatte; es war ein normales, graues, vierstöckiges Marseiller Mietshaus, wie es sie zu Tausenden gibt. Er eilte daran vorbei, den Kopf im Regen zwischen die Schultern gezogen – es war, wie wenn zwei Unterseeboote in der Tiefe des Meeres aneinander vorbeilaufen, ohne voneinander zu wissen.

In dem kleinen, überfüllten Vorraum des Büros hämmerte eine hohläugige junge Frau wie wild auf eine Schreibmaschine ein; doch Byron kam nicht an sie heran. Vor ihr wartete eine lange Schlange, die sich durch den ganzen Raum zog – Leute, die auf Stühlen saßen oder auf zerbeulten Koffern hockten und in allen möglichen Sprachen miteinander redeten (zumindest kam es Byron so vor), nur nicht in Englisch. Bedrückende Angst lastete auf dieser Menge, war von den Gesichtern abzulesen und aus den Stimmen herauszuhören. Byron lehnte sich an eine Wand und überlegte, was zu tun war. Ein rundlicher, dunkelhaariger junger Mann im Trenchcoat kam aus der Tür hinterm Schreibtisch, sah sich geschäftig um und bahnte sich den Weg zum Ausgang. Als er an Byron vorüberkam, blieb er stehen und sagte: »Hi!«

Der einsilbige amerikanische Gruß war glockenklar. »Hi«, grüßte auch Byron.

»Irgendwelche Schwierigkeiten?«

»Kann man wohl sagen.«

»Ich bin Joe Schwartz.«

»Und ich Lieutenant Byron Henry.«

Der Mann schob zwei dichte Augenbrauen in die Höhe. »Schon zu Mittag gegessen?«

»Nein.«

»Jemals Kuskus gegessen?«

»Nein.«

»Ist aber gut, dieses Kuskus.«

»Okay.«

Schwartz führte ihn einen Block weiter in einen Laden, der wie eine Schneiderwerkstatt aussah; zumindest stand eine kopflose Kleiderpuppe im schmalen, düsteren Schaufenster; darunter saß eine gähnende Katze. Sie durchquerten den Laden und gelangten in einen Hinterraum, wo an kleinen Tischen mit Wachstuchtischdecken Leute saßen und aßen. Das Kuskus, das von einem unrasierten Mann mit Schädelkäppchen serviert wurde, entpuppte sich als eine Art Grütze mit Gemüse und scharf gewürzter Fleischsauce. Abermals instinktiv reagierend, erzählte Byron dem Fremden seine Geschichte, diesmal auch das, was er dem amerikanischen Konsulatsangestellten vorenthalten hatte. Schwartz nickte ständig und aß dabei mit großem Appetit.
»Leslie Slote, Bern. Schmaler blonder Mann«, sagte er. »Kenne ich. Sehr schlau. Nervöser Typ, sehr nervös, aber in Ordnung. Mit diesem Babbage ist nichts anzufangen. Überhaupt, die Leute hier in Marseille – manche sind so, andere so. Kommt ganz auf den einzelnen an. Manche sind gut. Der Mann, mit dem Sie reden sollten, ist Jim Gaither. Wenn überhaupt jemand was über Ihre Frau weiß, dann ist er es.«
»Wer ist Gaither?«
»Der Generalkonsul. Er ist nur im Moment nicht hier. Er mußte nach Vichy.«
»Und ich muß noch heute nach Gibraltar zurück.«
»Sie können ihm schreiben oder ihn anrufen.«
»Und was machen Sie?«
»Im Augenblick versuche ich, dreißig Schreibmaschinen zu organisieren. Wenn es was gibt, was die Deutschen haben, dann sind es Schreibmaschinen, und deshalb verkaufen sie die Dinger auch an die Franzosen.«
»Und wozu brauchen Sie dreißig Schreibmaschinen?«
»Für das Büro von *Joint* in Lissabon. Da arbeite ich nämlich. Das amerikanische Konsulat in Lissabon hat insgesamt drei Schreibmaschinen. Nicht zu fassen! Aber von jetzt an werden wir reichlich Schreibmaschinen haben. Und Freiwillige, die tippen und Formulare ausfüllen. In Lissabon werden keine Juden mehr festsitzen, wenn ein Schiff zur Verfügung steht, nur weil keine Schreibmaschinen vorhanden sind.«
»Wenn meine Frau durch Lissabon gekommen wäre, wüßten Sie dann davon?«
»Von ihrem Onkel würde ich erfahren.« Schwartz schaute nachdenklich drein. »*Eines Juden Jesus*. Wer hätte das nicht gelesen? Jetzt hören Sie mal, Lieutenant. Es gibt anständige Italiener oder Franzosen, die sie versteckt haben könnten. Verlieren Sie nicht den Mut.«
»Wie schlimm ist die Lage denn?«
»Sie meinen die Lage der Juden?«
»Ja.«

Joe Schwartz' Stimme wurde ganz dunkel, sein Gesicht steinern. »Sehr schlimm. In Polen werden Juden ermordet, darüber gibt es keinen Zweifel, und die Franzosen hindern die Deutschen nicht daran, sie wegzuschaffen. Allerdings« – die freundliche Miene kehrte zurück – »gibt es auch anständige Christen, die bereit sind, ihr Leben aufs Spiel zu setzen, um zu helfen. Machen läßt sich immer was. Die Lage ist kompliziert, aber wir tun, was wir können. Hat Ihnen das Kuskus geschmeckt? Wie wär's mit einem Glas Tee?«
»Gern. Vielen Dank. Das Kuskus war gut.«
»Wie ist er denn so, dieser Aaron Jastrow?«
Byron zögerte. »Er hat sehr strenge Arbeitsgewohnheiten. Eben ein richtiger Gelehrter.«
»Das beweist seine Arbeit. Informativ. *Eines Juden Jesus* ist ein Bestseller – auch für Christen, wußten Sie das? Das Christentum ist schon verdammt hart mit den Juden umgesprungen. Die Kreuzzüge, die Inquisition, und jetzt dies hier. Auch die Deutschen sollen immerhin Christen sein.«
»Ich bin Christ. Oder vielmehr, ich versuche, es zu sein«, sagte Byron.
»Oh, ich wollte Sie nicht kränken.«
»Das haben Sie auch nicht getan. Aber nichts von dem, was Jesus gelehrt hat, führt zu Hitler.«
»Sehr richtig. Aber wenn Jesus nicht auf Erden gelebt hätte, wären dann diese Dinge passiert? Europa ist ein christlicher Kontinent, oder etwa nicht? Ja, und was geschieht? Wo bleibt der Papst? Hier, mitten in Marseille, gibt es einen katholischen Priester, der ist ein Heiliger, ein Ein-Mann-Untergrund. Ich kann nur hoffen, daß die Gestapo ihn nicht umbringt.« Mit einem Blick auf seine Uhr schüttelte Schwartz den Kopf. »Wie sind wir nur darauf gekommen? Ach, richtig. *Eines Juden Jesus*. Nun, einerlei, es ist ein gutes Buch. Es holt Jesus aus der Glasmalerei heraus und aus den berühmten Gemälden, herunter von den riesigen Kreuzen, an denen er immer stirbt oder schon tot ist. Es zeigt ihn in seiner jüdischen Umwelt; ein armer Talmudschüler, ein Wunderkind, ein wirklicher, lebendiger Jude. Das ist wichtig. Vielleicht ist es schon genug. Noch etwas Tee?«
»Ich muß zurück ins Konsulat.«
Der Wind trieb den Regen in Böen vor sich her. Vor der Tür blieben sie stehen, um den Kragen hochzuschlagen.
»Ich weiß, wo Sie ein Taxi bekommen«, sagte Schwartz.
»Ich gehe zu Fuß. Vielen Dank. Aber sagen Sie mir noch«, sagte Byron und blickte Schwartz eindringlich an, »was kann jemand wie ich tun?«
»Sie meinen, für uns, für die Juden?«
»Ja.«

Die harten Linien waren wieder da in Schwartz' Gesicht. »Den Krieg gewinnen!«
Byron reichte ihm die Hand, und Joe Schwartz schüttelte sie. Dann ging jeder seines Weges, hinaus in den Regen.

Wieder in Gibraltar, ging Byron hundemüde an Bord der *Maidstone*, nachdem er seine Kuriertasche im alliierten Hauptquartier abgegeben hatte. Ihm war zumute, als könnte er sich nur noch angekleidet in seine Koje fallen lassen, doch ein Telegramm, das auf dem Tisch lag, machte ihn wieder hellwach.

VON: PERSONALBÜRO
AN: KOMMANDANT HMS MAIDSTONE
VIA: BEFEHLSHABER ATLANTIK
LIEUTENANT BYRON (KEIN ZWISCHENNAME) HENRY USN VORÜBERGEHEND ALS VERBINDUNGSOFFIZIER ABGESTELLT ZUR ROYAL NAVY MELDET SICH IN SANFRANCISCO BEIM KOMMANDANTEN USS MORAY PAREN SS 345 PAREN X FLUG KLASSE ZWEI WEGEN DRINGLICHKEIT GENEHMIGT

Aster!
In einem der letzten Flotten-Rundbriefe hatte Byron eine Liste neugebauter Unterseeboote und ihrer Kommandanten gesehen, darunter USS MORAY (SS 345) – *Carter W. Aster*, LIEUTENANT COMMANDER USN. Das war Asters Stil; er forderte die Offiziere, die er haben wollte, beim Personalbüro an, statt zu nehmen, was man ihm gab. Byron ließ sich auf seine Koje fallen – nicht um zu schlafen, sondern um nachzudenken. Eine erfreuliche, eine erregende Aussicht plötzlich: mit einem neuen Unterseeboot unter Lady Aster wieder gegen die Japse auf Feindfahrt zu gehen.
Die *Maidstone*, das wußte er, konnte er verlassen, wann er wollte. Der Kapitän des Versorgungsschiffes hatte keine amerikanischen Techniker angefordert; er brauchte sie auch nicht, um die Boote instand zu halten, und hatte überhaupt innerlich etwas gegen das ganze Arrangement. Wäre das Telegramm ein paar Tage früher gekommen, so würde Byron gepackt haben und bei Sonnenaufgang abgereist sein. Aber es war noch eine Kurierfahrt nach Marseille für ihn angesetzt, und er entschloß sich zu dieser letzten Fahrt in der Hoffnung, Generalkonsul Gaither zu treffen. Dieser Joe Schwartz schien zu wissen, wovon er sprach.

42

Das Haus und die Wohnung, in der Natalie mit Kind und Onkel Unterschlupf gefunden hatten, gehörten einem Klempnermeister namens Itzhak Mendelson, einem polnischen Juden, der in den zwanziger Jahren nach Marseille gekommen war und hier sein Glück gemacht hatte. Seine Firma betreute die öffentlichen Gebäude; er sprach ausgezeichnet französisch; er kannte Verwaltungsbeamte, Polizeichefs, Bankiers und die wichtigsten Leute der Unterwelt. So hatte Rabinovitz ihn Natalie geschildert. Mendelson gehörte nicht zur Résistance, und die Juden, die in seinem Wohnzimmer in Sesseln oder auf dem Fußboden übernachteten, waren keine Untergrund-Typen, denen die Gestapo oder die französische Polizei auf der Spur war. Es waren Menschen, die sein Mitleid erregten, Leute wie Jastrow und Natalie, die nicht die richtigen Papiere hatten, um in Marseille zu bleiben oder Frankreich legal zu verlassen.
Die Wohnung war riesig. Mendelson hatte Wände herausschlagen lassen und mehrere Wohnungen zu einem einzigen labyrinthischen Bau vereinigt, auf dessen düsteren Korridoren Louis immer wieder mit einer Horde jiddisch sprechender Kinder verschwunden war.
Nebenan wohnten zwei jüngere Familien, geflüchtete Verwandte Mendelsons. Es fiel Natalie schwer, Durchreisende und Mitbewohner zu unterscheiden; doch darauf kam es auch nicht an. Die Umgangssprache in der Wohnung war Polnisch-Jiddisch; der Klempnermeister selbst war stolz darauf, in seiner Jugend in Warschau auf jiddisch einen kleinen historischen Roman über den falschen Messias Sabbatai Zwi geschrieben zu haben. Offensichtlich hatte er ihn auf eigene Kosten ins Französische übersetzen lassen; gelbgebundene Exemplare von *Le Faux Messie* zierten die Wände der kleinen Kammer, in der Jastrow, Natalie und Louis untergekommen waren. Natalie blätterte darin und fand die Geschichte unbedeutend, wenn auch nicht schlecht für einen Klempnermeister. Aaron jedoch mit seinem makellosen Jiddisch fühlte sich in der Mendelson-Menage zu Hause und erfuhr als *groiser shriftshteller* die gebührende Hochachtung. Louis hatte einen ganzen Rattenschwanz von Kindern zum Spielen, Natalie konnte ihr eingerostetes Jiddisch aufpolieren; alles in allem lebte man in einem warmen, lärmerfüllten, traulichen Milieu.

Wenn sie darüber nachdachte, war sie Pascal Gaffori sogar dankbar: er war der Anlaß dafür gewesen, daß sie in dieser kleinen jüdischen Oase in Marseille ihre Befreiung abwarten konnten.
Zuerst war das durchaus nicht so gewesen. In der dritten Nacht ihres Hierseins hatte die Polizei in der Nachbarschaft eine Razzia veranstaltet, um ausländische Juden zusammenzutreiben. Von seinen Freunden gewarnt, hatte Mendelson allen Juden, die er kannte, Bescheid gegeben und Natalie und Aaron versichert, in sein Haus komme niemand. Als sie um Mitternacht erregte Unterhaltung in den Vorderzimmern hörte, war sie aufgesprungen und hingegangen. Mit den anderen durch die Vorhänge spähend, hatte sie zwei Polizeiwagen gesehen, umgeben von einer gefügigen Menge, wie Zuschauer bei einem Verkehrsunfall; nur hatten sie Koffer und kleine Kinder bei sich. Von einigen Gendarmen bewacht, stiegen sie friedlich in die Wagen. Das einzig Besondere waren die Rüschen von Nachthemden, die Hosenbeine von Pyjamas und die bloßen Füße, die bei einigen unter den Mänteln hervorschauten. Mendelson hatte recht, die Polizei betrat sein Haus nicht. Die Autos fuhren davon, die Straße lag wieder in blauer Notbeleuchtung da, und Natalie blieb voller Angst zurück.
Aufatmen konnte sie erst am nächsten Tag, als Rabinovitz mit der Nachricht kam, in ein, zwei Tagen erwarte man den amerikanischen Generalkonsul aus Vichy zurück. Jim Gaither sei ein Mann, auf den man sich verlassen könne, ein anständiger Kerl, sagte Rabinovitz. Er sei ein verantwortungsbewußter Beamter mit Geld und der Vollmacht, mit der Résistance zu verhandeln. Seit er das Konsulat übernommen habe, hätten Hunderte von Leuten Visa bekommen, an deren Ausreise sonst nicht zu denken gewesen sei. Als großer Bewunderer von *Eines Juden Jesus* habe er sich des Falles Jastrow-Henry persönlich angenommen und wolle nicht Gefahr laufen, daß irgendwo etwas durchsickere. Außer ihm wisse niemand im Konsulat etwas davon. Sobald Gaither zurück sei, könnten sie mit baldiger Abreise rechnen.
Was die Castelnuovos betraf, war Rabinovitz weniger zuversichtlich. Der eigensinnige Arzt verhandle wegen einer Überfahrt nach Algier direkt mit den Ganoven aus Bastia, die sie von Elba herübergebracht hatten. Diese Burschen seien unzuverlässig, sagte Rabinovitz, ja sogar gefährlich, es sei denn, man habe es mit dem alten Gaffori zu tun. Die Castelnuovos sollten doch nur bleiben, wo sie seien, bis sich irgendein einfacherer Weg ergäbe. Korsika sei eine gute Zuflucht, wo es auch genug zu essen und zu trinken gäbe. Doch Castelnuovo sei wie besessen von dem Drang, weiterzukommen. »Bis jetzt verlangen die Gauner glücklicherweise mehr Geld, als er hat«, sagte Rabinovitz. »Vielleicht bleibt er deshalb, wo er ist. Ich hoffe es wenigstens.«

Als Byron nochmals mit einer Kuriertasche für Sam Jones nach Marseille kam, sagte ihm der Vizekonsul, Gaither sei wieder da und habe übrigens, als er Namen und Rang des aus Gibraltar erwarteten Kuriers gehört habe, laut »Hurra« gerufen.

»Er möchte, daß Sie sich sofort bei ihm melden. Zweiter Stock. Der Name steht an der Tür«, sagte Jones. »*Unbedingt und nicht vergessen,* hat er gesagt. Ist er ein Freund Ihrer Familie?«

»Nicht, daß ich wüßte«, erwiderte Byron; noch nie war es ihm so schwer gefallen, sich seine Erregung nicht anmerken zu lassen.

»Sagen Sie ihm, ich komme.« Damit stürmte er die Treppe zum zweiten Stock hinauf.

»Na also!« rief der Generalkonsul, stand auf und reichte ihm über den Schreibtisch hinweg die Hand. »D'Artagnan!« In gelbem Pullover und grauer Hose wirkte er wie ein alter Tennisprofi: groß, sehnig, mit kurzgeschnittenem, glattem, weißem Haar.

Byron konnte nicht mehr an sich halten. »Wo sind sie?«

»Wie? Setzen Sie sich doch.« Der Generalkonsul lachte über die ungestüme Frage. »Sie sind in Korsika. Oder waren es jedenfalls, nach den letzten Nachrichten. Es geht ihnen gut, allen dreien. Wie zum Teufel haben Sie das hier geschafft?«

»Korsika!« keuchte Byron. »Korsika! Allmächtiger Gott, so nahe? Wie kommt man dahin? Gibt es ein Schiff? Ein Flugzeug?«

Abermals lachte Gaither freundlich. »Immer mit der Ruhe, junger Mann.«

»Sie sagen, es geht ihnen gut? Sie haben sie gesehen?«

»Ich habe mit ihnen in Verbindung gestanden. Es geht ihnen wirklich gut. Nein, ein Flugzeug nach Korsika gibt es nicht. Das Schiff fährt dreimal die Woche und braucht elf Stunden Sie fahren in ein paar Tagen weiter nach Lissabon und . . .«

»Wirklich? Aber das wäre ja großartig, Sir! Sind Sie sicher? Ich habe Befehl, in die Staaten zurückzukehren. Ich werde mich noch um Aufschub bemühen; vielleicht kann ich sie mitnehmen.«

»Möglich.« Gaither schüttelte den Kopf und lächelte. »Sie sind ein energischer Mann. Sind Sie nicht auf einem Unterseeboot? Wie kommen Sie denn nach Gibraltar?«

»Kann ich mit ihnen telephonieren? Gibt es so etwas wie Telephon auf Korsika?«

»Davon würde ich abraten.« Gaither lehnte sich auf seinem Stuhl zurück und zupfte an seiner Unterlippe. »Hören Sie zu. Sam Jones hat eine sehr dringende Aufgabe für Sie. Sie fahren noch heute abend nach Gibraltar zurück. Sam wird

Sie gegen sechs zum Abendessen in mein Haus bringen. Ist es Ihnen recht? Dann können wir uns ausgiebig unterhalten. Ich wiederhole, daß es ihnen gut geht, einfach gut, und daß sie in ein paar Tagen herauskommen. Übrigens weiß Sam nichts von der ganzen Sache. Kein Mensch weiß davon. Sorgen Sie dafür, daß es dabei bleibt.«

Impulsiv ergriff Byron seine Hand. »Danke!«

»Schon gut! Beruhigen Sie sich. Verlieren Sie jetzt nur nicht die Geduld.«

Jones übergab Byron zwei versiegelte Umschläge, die er persönlich an einem ungenannten Ort übergeben sollte. Ein schweigsamer, geisterblasser junger Mann in abgetragenem Pullover fuhr ihn in einem klapprigen alten Taxi an der Küste entlang und ließ die Augen keinen Moment vom Rückspiegel. Die Fahrt dauerte über eine Stunde und endete auf der holprigen Zufahrt zu einer kleinen, von Gestrüpp und Weinranken überwucherten Villa, keinen Steinwurf vom Strand entfernt. Als Byron klopfte, öffnete eine Frau die Tür nur einen Spalt weit. Hinter ihr sah er einen großen Mann mit Schnurrbart, der gespannt zur Tür blickte, die Hände tief in den Taschen eines roten Hausmantels vergraben. So bekam er General Henri Giraud gut zu sehen, obwohl er erst viel später durch einen Bildbericht über die Casablanca-Konferenz in *Life* erfuhr, um was es bei seinen Kurierfahrten damals wirklich ging und wer dieser Mann war. Kurz nach fünf kehrte er zu Sam Jones ins Konsulat zurück. Gähnend und sich die Augen reibend, sagte Sam Jones: »Bereit, zum Haus vom Chef zu fahren? Er will mit Ihnen essen.«

Natalie zog zum Abendessen am Freitag das weiße Kleid an und steckte Louis in sein saubersten Hemdchen und Höschen. Rabinovitz hatte sich angesagt; hinterher wollten sie in seine Wohnung in der Altstadt gehen. Sie selbst hatte es bei ihrer letzten Unterhaltung im lärmerfüllten Wohnzimmer ganz harmlos vorgeschlagen. Sie wollte mit ihm allein sein, um in aller Ruhe und ungestört mit ihm reden zu können. Als sie sich das letzte Mal bei einem Mann eingeladen hatte, war daraus die Liebelei mit Slote entstanden; ein wenig verspätet, machte ihr der Gedanke daran jetzt zu schaffen. Einer plötzlichen Regung nachgebend, steckte sie noch die Brosche mit den violetten Steinen an, die Byron ihr in Warschau geschenkt hatte.

An diesem Abend tat sie etwas, das sie noch nie in ihrem Leben getan hatte: sie zündete Sabbath-Kerzen an. Sie hielt es für ein Gebot des guten Benehmens, das zu tun, nachdem Madame Mendelson, eine rundliche, unablässig beschäftigte und unablässig gutgelaunte, rotgesichtige Frau, gekommen war, um ihr zu sagen, die Kerzen seien bereit. Gewaschen und feiertäglich angezogen, drängten die Kinder sich mit ihren Müttern um den langen

Eßzimmertisch, wo auf einem frischen weißen Tischtuch acht Leuchter standen. Als sie sich den Kopf mit einem Taschentuch bedeckte, das Streichholz an zwei billige, spritzende Kerzen hielt und den hebräischen Segensspruch murmelte, wobei Louis ihr mit großen Kinderaugen zusah, beschlich Natatalie ein sehr merkwürdiges Gefühl. Madame Mendelson stieß sie mit dem Ellbogen an und sagte gutmütig zu den anderen: »*Zeh, zi vert by unz a ganzer rebbitzin.*« (Seht, sie wird bei uns noch eine richtige Rabbinerfrau.) Etwas belämmert stimmte Natalie in das Gelächter ein.
Während die Kinder abgefüttert wurden, kam Rabinovitz. Über das Plappern der Kinder hinweg sagte er: »Jim Gaither ist wieder da. Im Konsulat habe ich ihn verpaßt, aber ich gehe morgen früh gleich hin. Was für eine schöne Brosche Sie da haben!«
Als die Kinder lärmend das Eßzimmer verließen, nahmen die Erwachsenen am neu gedeckten Tisch Platz. Rabinovitz wollte sich gerade neben Natalie setzen, da klingelte es an der Tür. Mendelson ging, um zu öffnen. Gleich darauf kam er zurück und klopfte Rabinovitz auf die Schulter, der sich wortlos erhob und hinausging. Er hatte es an sich, zu kommen und zu gehen wie ein Geist, ohne daß jemand etwas dazu sagte. Der Stuhl neben Natalie blieb leer. Zwölf Menschen, darunter etliche ausgehungerte Neuankömmlinge auf der Durchreise, fielen über das Essen her. Ganz offensichtlich handelte es sich um Lebensmittel, die auf dem Schwarzen Markt erstanden worden waren: es gab gebratenen Fisch, Fischsuppe und gekochte Hühner, deren Knochen von den Durchreisenden abgenagt wurden, bis nur Splitter übrigblieben. Braune Flaschen mit Kartoffelschnaps gingen herum, dem Aaron Jastrow mehr als recht und billig zusprach.
Von der ersten Stunde seines Hierseins an hatte Aaron sich bei Tisch zurückgehalten und damit sogar Mendelson beeindruckt. Heute abend war er in guter Form. Die Opferung Isaaks kam auf; sie war das Thema der Thora-Lesung zum Sabbath. Mendelson hatte einen Schwiegersohn namens Velvel, der sein Kompagnon im Klempnereigeschäft war und sich durch eine Fülle ungebärdigen roten Haars auszeichnete – ein vehementer Atheist und ein Mann von starken Überzeugungen. Velvel sagte, die Geschichte entlarve den jüdischen Gott als einen fiktiven asiatischen Despoten und den Schreiber als einen Wilden aus der Bronzezeit. Unbewegt ließ Aaron Velvel auflaufen. »In der Geschichte geht es um Abraham, nicht um Gott, sehen Sie das nicht, Velvel? Selbst ein *Goi* wie Kierkegaard hat das erkannt. Sie sollten gelegentlich *Furcht und Zittern* lesen. Die Menschen zur Zeit des Erzvaters Abraham brachten den Göttern ihre Kinder als Brandopfer dar. Das hat die Archäologie bestätigt. Gewiß, Abraham hat zum Messer gegriffen. Warum? Um zu zeigen,

daß Gott ihm nicht weniger bedeutete als den Heiden ihre blutigen Götzen. Er hat darauf vertraut, daß Gott ihm in den Arm fallen würde, bevor er dem Knaben etwas antat. Darum geht es in der ganzen Geschichte.«
»Wunderschön«, sagte Mendelson und rückte sein schwarzes Käppchen auf dem weißen Haar zurecht. »Das ist eine wunderschöne Auslegung. Ich muß Kierkegaard lesen.«
»Und mal angenommen«, wandte Velvel ein, »Gott hätte dem alten Fanatiker nicht befohlen, das Messer fallen zu lassen?«
»Nun, dann würde die Bibel mit dem Ersten Buch Moses, Kapitel zweiundzwanzig enden«, entgegnete Aaron lächelnd. »Dann gäbe es kein jüdisches Volk, kein Christentum, keine moderne Welt. Kindermord mag es noch heute geben. Aber verstehen Sie, ER hat ihm befohlen, das Messer fallen zu lassen. Um diese unleugbare Tatsache dreht sich die ganze westliche Zivilisation. Gott will unsere Liebe, nicht die Asche unserer Kinder.«
»Was für eine gräßliche Unterhaltung«, sagte Madame Mendelson und stand auf, um die Teller einzusammeln. »Kinder verbrennen, einen Jungen ermorden! *Feh!* Velvel, spiel was Lustiges.«
Velvel nahm seine Gitarre und schlug die Akkorde zum Sabbath-Lied *Yah Ribon* an; alle sangen mit. Selbst Natalie wußte, daß dieses Instrument gegen die orthodoxen Gesetze verstieß. Im Haus der Mendelsons ging es immer exzentrisch zu. Die Frauen räumten ab und brachten Tee und Kuchen. Natalie gesellte sich zu ihnen, um in der Küche das Geschirr zu spülen, bevor der Strom abgeschaltet wurde. Im Eßzimmer spielte Velvel ein altes Wiegenlied, *Rozhinkes mit Mandlen* (›Rosinen und Mandeln‹). Dieses Lied war Aarons Solo; er war unbändig stolz darauf, sämtliche Verse zu kennen. Leise von der Gitarre begleitet, sang Aaron den verzaubernden Refrain, der in Natalies Herzen machtvoll Kindheitserinnerungen aufwallen ließ:

Unter meines Lieblings Wiege
liegt eine kleine weiße Ziege.
Zicklein macht einen Laden auf,
und das tust einst auch du:
Rosinen und Mandeln,
schlaf ein, mein Kind, und ruh.

Sie hörten, wie die Wohnungstür aufging und wieder geschlossen wurde. Avram Rabinovitz stand in der Küchentür, ein Lächeln auf dem bleichen Gesicht. »Natalie?« Sie kam und trocknete sich die Hände an ihrer Schürze. Auf dem Flur, auf dem es noch kräftig nach Essen roch, fiel das schwache Licht eines Wandleuchters auf Byron, der in einem grauen Regenmantel dastand, einen großen Koffer in der einen und die lederne Kuriertasche in der anderen Hand. Natalies Beine versagten ihr fast den Dienst, so groß war der Schock. Er sah verändert aus, aber er war es.

»Hallo, Liebling«, sagte Byron.

43

Weltweites Waterloo

2 Unternehmen ›Torch‹

(aus ›Welt im Untergang‹ von Armin von Roon)

Das Unternehmen *Torch*, der Überfall auf Nordafrika, war eine anglo-amerikanische Geste, um Stalin zu beschwichtigen. Seit wir in die Sowjetunion einmarschiert waren, hatte er die Briten gedrängt, in Europa eine »Zweite Front« zu eröffnen. Diese Forderung war nur leeres Gerede, und Stalin wußte das. Englands Kräfte reichten dazu nicht aus. Doch nachdem man Japan zum Angriff auf Pearl Harbor verleitet hatte, was Roosevelt instand setzte, sich voller Wonne in den Krieg zu stürzen, gewann Stalins Forderung an Lautstärke. Die Vereinigten Staaten, die reich und glücklich außerhalb jeder Bombenreichweite saßen, konnten zehn Millionen Mann ins Feld schicken. Ihre Kapazität, Kriegsmaterial zu produzieren, war gewaltig, und die Sowjetunion wurde hart bedrängt.

Dennoch verfügte der kriegslustige Präsident nur über eine schlecht ausgebildete, im Wachsen begriffene Armee frischeingezogener Rekruten, geführt von einem Offizierskorps, das noch kein Blut gesehen hatte. Die Moral der Zivilbevölkerung war leicht zu erschüttern. Schon die behutsamsten Rationierungsmaßnahmen hatten wütendes Protestgeschrei zur Folge; Entbehrungen, die wir Deutschen seit Jahren als selbstverständlich hinnahmen, waren für die verwöhnten Amerikaner das Ende der Welt. Und noch schlimmer war eine grundlegende Tatsache, deren sich Roosevelt durchaus bewußt war: *die Amerikaner waren wie die Italiener unfähig, im Kampf größere Verluste hinzunehmen.* Dieser Umstand beeinflußte sämtliche Entscheidungen Roosevelts im Kriege, darunter auch die Landung in Nordafrika.

Wie Roosevelt mit seinem Problem fertig wurde, ist leicht zu sagen. Amerika gewann ein Weltreich auf der Basis zweier Formeln:

1. Deutschland zuerst.
2. Deutsches Blut vergießen auf Kosten des Blutzolls anderer Völker.

Wie Roosevelt sich damit durchsetzte, ist ein Thema, mit dem sich die Historiker noch lange zu beschäftigen haben werden.

Roosevelt in Bedrängnis

Das amerikanische Volk war mit Roosevelts Devise »Deutschland zuerst« nicht einverstanden. Die Amerikaner wollten vor allem Pearl Harbor rächen. Als Wake Island und die Philippinen an gelbhäutige Angreifer fielen, feierte der Rassenhaß der Amerikaner Triumphe. Tausende von Amerikanern japanischer Abstammung wurden – wie die Juden hinter den deutschen Linien – in Konzentrationslager gesperrt, weil sie im Kriege ein Sicherheitsrisiko darstellten. Von dem weinerlichen Abscheu, mit dem Roosevelt unsere Sicherheitsmaßnahmen gegen die Juden verurteilte, war dabei nichts zu bemerken.

Anmerkung des Übersetzers: *Die amerikanischen Bürger japanischer Abkunft wurden in der Tat schändlich behandelt; der Grund lag in der Kriegshysterie. Aber sie wurden nicht massenweise ermordet. Alle überlebten den Krieg und erhielten ihr Eigentum zurück. Auch diese Maßnahmen sind nicht zu rechtfertigen; aber es gibt Unterschiede, die Roon offenbar nicht sieht. – V. H.*

Überdies sollte der Präsident bald merken, daß Krieg kein Honiglecken ist. Vor seiner Atlantikküste und in der Karibik errangen unsere U-Boote nachts, wenn das Licht der hell erleuchteten amerikanischen Küstenstädte die Ziele deutlich hervortreten ließ, beträchtliche Erfolge. Das Gezeter um Waffen und Hilfe bedrängte Roosevelt von allen Seiten: von den geschlagenen Verteidigern der Philippinen, von den Streitkräften auf Hawaii, von den arg bedrängten Chinesen, von der englischen ›home front‹, von den Briten in Afrika, Birma, Australien, Indien – und am lautesten und unverfrorensten von der Sowjetunion. Dabei lief die amerikanische Kriegsproduktion noch nicht auf vollen Touren, und Roosevelt mußte erst seine eigenen Streitkräfte ausrüsten. Er war in großer Verlegenheit.
Trotzdem mußten die anglo-amerikanischen Strategen Pläne für die Errichtung einer zweiten Front ausarbeiten. Die amerikanischen Generalstabsoffiziere, die noch nie Pulverdampf gerochen hatten, dachten in Kriegsschulbegriffen: sie schlugen vor, so schnell wie möglich über den Ärmelkanal zu setzen und durch die nördliche Tiefebene nach Berlin vorzustoßen. Diese Vorstellung war den Briten jedoch ein Greuel. Sie schlugen Unternehmungen in Norwegen, Nordafrika und im Mittleren Osten vor – überall, nur nicht da, wo stärkere deutsche Kräfte standen. Sollte die Rote Armee die Wehrmacht zermalmen; und wenn man es nach dem Krieg mit einem ausgebluteten Rußland zu tun hatte, um so besser!
Bei dem ›transatlantischen Wettstreit‹ der beiden Generalstäbe ging es nach allem, was man darüber weiß, ständig hin und her. Roosevelt ließ zu, daß sich der Austausch von Briefen und Denkschriften, Besuchen und Konferenzen endlos hinzog. Auch General Marshalls amerikanischen Vorschlag unterstützte er nicht. Dieses Konzept sah vor:

1. auf den britischen Inseln Truppen und Material zu konzentrieren;
2. für den Fall, daß Rußland zusammenbrach, den Plan einer Landung in Frankreich im Jahre 1942 zu erarbeiten;
3. sonst einen Großangriff über dem Ärmelkanal für 1943 vorzubereiten.

Roosevelt unterstützte diese Pläne nicht. Er hatte etwas ganz anderes im Sinn.

Roosevelts Kriegsplan

Die Schlacht um Midway gab ihm die Chance, Deutschland auf seine Weise zu vernichten.
Solange ein triumphierendes Japan ihn im Rücken bedrohte, konnte er nicht mit voller Kraft gegen uns vorgehen. Hätte Yamamoto bei Midway gesiegt – wie es nach dem Stand der Dinge eigentlich hätte geschehen müssen –, so hätte die öffentliche Meinung Roosevelt gezwungen, die Macht Amerikas im Pazifik zu konzentrieren. Doch nach dem großen Sieg, den Nimitz und Spruance errungen hatten, konnte er sich daranmachen, die Weltherrschaft mit dem Blut anderer Völker zu erringen. Dazu galt es nur, die Sowjetunion bei der Stange zu halten, koste es, was es wolle.
Auf eine schlichte Formel gebracht, bestand Roosevelts Plan, den Zweiten Weltkrieg zu gewinnen, nur darin, Deutschland mit dem gewaltigen Menschenmaterial russischer Truppen von hinten her aufzurollen. Alles andere war zweitrangig. Zielstrebig und kalt erkannte er seine Chance. Militärisch gesehen, war es ein klarer, ein brillanter Plan; und leider war dieser Plan durchführbar.
Das erklärt seine starre Haltung, als es um die Verteilung amerikanischen Kriegsmaterials ging. Seine eigenen Verbände im Pazifik hielt er so knapp, daß sie den zermürbenden Kampf um Guadalcanal kaum überstanden; die undankbaren und mit immer neuen Forderungen an ihn herantretenden Russen dagegen belieferte er über den Persischen Golf und die Eismeerroute verschwenderisch mit Material. Auf dem Weg um das Kap der Guten Hoffnung und durch das Rote Meer versorgte er auch die Briten in Ägypten, während Rommels steckengebliebene Verbände, von Hitler sträflich vernachlässigt, an Materialnot zugrunde gingen. Er sorgte auch dafür, daß unser Afrika-Korps, als seine unverbrauchten Truppen gegen eine schwache Vichy-Opposition in Französisch-Nordafrika an Land gingen, bei El Alamein in eine Schlacht gegen einen weit überlegeneren Gegner verwickelt wurde.

Roosevelts Hintergedanken

Darüber hinaus schob er den Briten die Schuld dafür in die Schuhe, daß eine Zweite Front in Frankreich nicht zustandekam.
Er ließ zu, daß der ›transatlantische Wettstreit‹ sich so lange hinzog, bis Marshall ihm von London aus berichtete, beide Generalstäbe seien an einem toten Punkt angelangt. Admiral King hatte seit langem darauf gedrängt, im Pazifik loszuschlagen. Nun war auch Marshall, ein unbeugsamer Autokrat nach dem Bilde George Washingtons, der Meinung, eine entscheidende Verlagerung der Hauptstreitkräfte in den pazifischen Raum sei die einzige Antwort auf die britische Verstocktheit.
Auf diesen Augenblick hatte Roosevelt gesetzt. Auf seine hochmütige Art ließ er

seinen Vereinigten Stabschefs durch seine graue Eminenz Harry Hopkins mitteilen, es sei »falsch, den Koffer zu packen und sich davonzumachen«. Roosevelt liebte diese volkstümliche Ausdrucksweise, die seine Hintergedanken eher verbarg als offenbarte. Die westlichen Alliierten mußten im Jahre 1942, damit die Russen nicht jedes Zutrauen verloren, *irgendwo* gegen die Deutschen antreten. Waren die Briten wirklich so vorsichtig und kampfzermürbt, nun, dann würde er eben nachgeben und einen ihrer Vorschläge annehmen: mit Französisch-Nordafrika sei er einverstanden.
Marshall wandte zwar ein, daß ein größeres Engagement im Mittelmeerraum den Verzicht auf die Invasion von 1943 bedeutete, tat dann jedoch als Soldat, was Roosevelt von ihm verlangte. So gab die *Operation Torch* sich als Zugeständnis an die Briten; im Grund war sie genau das, was Roosevelt wollte.

Anmerkung des Übersetzers: *General von Roon wagt sich hier auf das Gebiet des Gedankenlesens. Mr. Roosevelt war nach meinen Beobachtungen – die ich manchmal aus großer Nähe machen konnte – ein geschickter Improvisator, der Probleme von Tag zu Tag mit gesundem Menschenverstand, historischer Kenntnis und logistischer Einsicht löste. Auf lange Sicht war er klug genug, sich auf Köpfe wie Marshall und King zu verlassen, was genügte. – V. H.*

Churchill übernahm es, Stalin die schlechten Nachrichten zu überbringen; dem Vernehmen nach entsprach Roosevelt ja seinen Wünschen, indem er die amerikanische Armee auf ein Unternehmen ansetzte, das nicht mißlingen konnte. Französisch-Nordafrika war, mit anderen Feldzügen verglichen, ein militärischer Spaziergang. Nicht ein einziger deutscher Soldat stellte sich den Invasoren entgegen. Auch unsere Luftwaffe konnte nicht eingreifen. Grund zur Sorge war für Roosevelt nur die französische Ehre (eine Sorge, die durch die Zusammenarbeit mit dem Erz-Kollaborateur Darlan gegenstandlos wurde) sowie mögliche Launen des Wetters, bei dem sich einige seiner Soldaten nasse Füße und eine Erkältung holen konnten, während sie an Land marschierten. Gewiß, die logistische Leistung, eine Flotte solchen Ausmaßes zusammenzubringen, war eindrucksvoll. Massenproduktion und Massenorganisation waren und sind immer noch eine Stärke Amerikas.
In Moskau ließ Stalin Churchill gegenüber viel Dampf ab; wirklich wütend war er natürlich nicht. Es war nur eine politische Show; Stalin war immer bereit, gute Miene zum bösen Spiel zu machen und sich Roosevelts Ansichten zu fügen. Der größte Massenmörder der Welt beugte sich vor diesem Meisterpolitiker, dem es immer wieder gelang, die grobe Arbeit von anderen verrichten zu lassen.
In einer fesselnden Passage seines Geschichtswerks erzählt Churchill, wie Stalin ihn, nachdem er ihn bei einer langen Kremlkonferenz äußerst rüde behandelt

hatte, hinterher in seine Privatwohnung einlud, Wein und Wodka auffuhr, Molotow hinzubat, um jemanden zu haben, auf dessen Kosten er Witze machen konnte, und um Mitternacht einen Imbiß kommen ließ, der aus einem ganzen Spanferkel bestand; Churchill lehnte es ab, mitzuhalten, weil ihm vor Kopfschmerzen fast der Schädel zersprang. Das Bild bleibt haften: der Erzbolschewist, der genußvoll ein Spanferkel verzehrt, und der alternde Erzimperialist, der an Migräne leidet.
Die Briten waren gut beraten, damals eine Landung in Frankreich verhindert zu haben. Der Überfall auf Dieppe im August, bei dem die meisten der beteiligten Kanadier entweder zu Tode kamen oder in Gefangenschaft gerieten, zeigt, welch heißen Empfang wir den Anglo-Amerikanern bei einem Landungsversuch in Frankreich bereitet hätten. Die Landung in Nordafrika dagegen erwies sich als jenes Kinderspiel, das Roosevelt geplant hatte – zumindest bis Rommel nach El Alamein durch die Wüste brauste und ihnen zum erstenmal zeigte, wie bitter ein richtiger Krieg schmeckt.

Anmerkung des Übersetzers: *Roon verharmlost bewußt das größte, schwierigste und erfolgreichste Landeunternehmen der Geschichte. Wenn das Ganze wie ein Spaziergang aussah, so nur, weil es sorgfältig geplant und sauber durchgeführt wurde. Es hätte sich auch als ein gigantisches Gallipoli erweisen können. – V. H.*

44

Sie stürzte sich in seine Arme. Die an sein Handgelenk gekettete Kuriertasche prallte gegen ihre Hüfte. Der Stoß, die kraftvolle Umarmung, der warme, gierige Kuß auf den Mund, all das bemerkte sie kaum, so verwirrt und benommen war sie.

»Wo ist der Junge?« fragte Byron.

Unfähig zu sprechen, versuchte sie, alle ihre Liebe in den Druck ihrer Hand zu legen, und zog ihn am Eßzimmer vorbei durch die dämmrigen Flure. Im hinteren Teil der Wohnung wurde getobt: lachende und schreiende Jungen scheuchten kreischende Mädchen in einem großen Schlafzimmer. Auf dem Bett saß ein kleines Mädchen und hielt ein Baby in einem sauberen blauen Strampelanzug im Arm.

»Da. Das ist unser Sohn.«

Im Eßzimmer sangen viele Stimmen im Chor:

Zicklein macht einen Laden auf,
und das tust einst auch du:
Rosinen und Mandeln,
schlaf ein, mein Kind, und ruh.

Byron stand da und starrte Louis an. Als die Kinder ihn erblickten, blieben sie stehen, und ihr Geschrei legte sich. Sich mit aller Kraft gegen die Tränen wehrend, sagte Natalie: »Nun, wie findest du ihn?«

»Ich glaube, er sieht mir ähnlich.«

»Und ob er das tut! Das bist du – im Kleinformat.«

»Ob er wohl Angst hat, wenn ich ihn hochnehme?«

»Versuch's doch!«

Byron ging durch die schweigenden Kinder und hob Louis in die Höhe. »Hallo, Junge!« sagte er. »Ich bin dein Daddy.«

Das Mädchen, das Louis losgelassen hatte, verzog das Gesicht, als es die englischen Worte hörte. Louis blickte von seiner Mutter zu seinem Vater und legte dann seine winzigen Hände an Byrons Wangen.

»Er ist ganz schön schwer«, sagte Byron. »Womit hast du ihn denn gefüttert?«
»Du würdest es nicht glauben, wenn ich es dir sagte. Tintenfisch. Schwarzdrosseln. Alles mögliche.« Sie merkte nicht, daß ihr die Tränen aus den Augen liefen, bis sie sich mit der Hand über die Wangen fuhr und die Feuchtigkeit spürte. »Er ist ein weitgereister kleiner Mann. Und massenweise Ziegenmilch und Käse. Byron, gefällt er dir?«
»Er ist in Ordnung«, sagte Byron.
Die anderen Kinder sahen zu und lauschten, kaum, daß sie zu flüstern oder zu lächeln wagten, die Gesichter voll feierlicher Erwartung. Auch Natalie sah Byron gleichsam mit den Augen der Kinder: ein großer, braungebrannter Nichtjude mit straffen Zügen, in fremdartiger Kleidung und mit einer Ledertasche, die an seinem Handgelenk angekettet war; ein Mann, der anders aussah und anders sprach als sie, und der dennoch einen von ihnen in die Höhe hob und auf väterliche Weise mit ihm umging.
»Komm, du mußt Aaron begrüßen. Und dann gehen wir in mein Zimmer und reden miteinander. Mein Gott, was es nicht alles zu bereden gibt! Du mußt mir unbedingt erzählen, wie du das hier fertiggebracht hast; ich bin noch ganz außer mir!« Als sie ihm Louis abnahm, schaukelte die Kuriertasche zwischen ihnen hin und her. »Byron, was ist das eigentlich?«
»Das erzähl ich dir noch.«
Byrons Besuch im Eßzimmer war eine gedehnte, wirre Sensation. Aarons trunkene Fassunglosigkeit, seine Erklärungen – »*Natalies mann fun Amerika, fun Amerikaner flot!*« – das allgemeine Gerede, das Händeschütteln, das Auflegen eines neuen Gedecks neben Rabinovitz, das jiddische Willkommenslied, während Byron ein paar Bissen hinunterwürgte, obwohl er gar nicht essen wollte; all das brauchte seine Zeit, doch wem gelingt es schon, jüdische Gastfreundschaft abzulehnen!
Amüsiert stand Natalie unter der Tür, Louis auf dem Arm. Da saß er nun, Byron Henry, inmitten der Mendelson-Menage an einem Tisch, auf dem acht Sabbatkerzen brannten, von denen sie selbst zwei angezündet hatte – das war der unfaßbarste Anblick ihres Lebens! Wenn er sich auch spürbar fremd fühlte, ging er doch herzlich auf die Komplimente ein, die Jastrow für ihn übersetzte. Diese Menschen nahmen ihn in ihrem Kreis auf. Er war Natalies Mann. Das genügte. Außerdem war er amerikanischer Marineoffizier. Daß das amerikanische Konsulat einige Visa-Anträge abgelehnt hatte, spielte keine Rolle. Sie alle warteten wie die Franzosen auf den amerikanischen Schlag gegen Hitler, wie ihre gläubigen Vorfahren auf den Messias gewartet hatten. Daß Byron wie aus heiterem Himmel hier aufgetaucht war, schien sie nicht zu überraschen; Amerikaner waren Übermenschen. Im übrigen gehörten aufregende Erlebnis-

se zum Alltag dieser Menschen; das Leben war aus den Fugen geraten und alles, was geschah, war auf irgendeine Art verwunderlich.
Der Kontrast zwischen Rabinovitz und Byron bestürzte sie fast, als die beiden Männer im Kerzenlicht nebeneinander saßen – der Strom war inzwischen abgeschaltet worden. Der weißgesichtige, stämmige Avram mit den gebeugten Schultern, in dessen Ausdruck sich Müdigkeit, Trauer und Entschlossenheit mischten – welch ein Gegensatz zu Byron! Ihr Mann hatte das kläräugige, selbstsichere Gebaren des Amerikaners. Sein Gesicht war geprägt von Erfahrungen, in die sie erst eingeweiht werden mußte; doch wenn Byron Henry auch neunzig Jahre alt werden würde und all diese Jahre schwer wären, nie würde er aussehen wie Avram Rabinovitz.
»Tut mir leid, aber jetzt gehe ich.« Byron stand auf. Unter vielen Gutenachtwünschen ließen sie ihn ziehen. Louis auf dem Arm, führte sie ihn in das kleine Zimmer mit den vielen gelben Büchern an den Wänden. Beim Licht einer großen Kerze, die auf einer Kommode brannte, holte Madame Mendelson Aarons Pyjama und seinen Morgenrock aus einem Schrank. Das Doppelbett, in dem Aaron sonst schlief, war frisch bezogen. Natalies Feldbett war zusammengeklappt und beiseitegestellt. »Dein Onkel schläft woanders. Guten Schabbes, und gute Nacht«, sagte sie auf jiddisch und ließ Natalie keine Zeit, zu lächeln, zu erröten oder ihr zu danken.
»Verstanden habe ich kein Wort«, sagte Byron, »aber sie scheint eine prächtige Frau zu sein. Wie verschließt man diese Tür?«
»Mit zwei Riegeln«, sagte Natalie unsicher und legte den gähnenden Louis in sein Bettchen.
»Okay, dann verriegle sie.« Er schloß die Kette auf und ließ die Kuriertasche auf einen Stuhl fallen. »Ich spiele den diplomatischen Kurier, Natalie. Deshalb dieses Ding hier, und auf diese Weise bin ich hergekommen. Ich bin seit August auf einem Versorgungsschiff in Gibraltar stationiert.«
»Und wie hast du es geschafft, herzukommen? Wie hast du mich gefunden? Und – ach, Liebster . . .«
»Alles zu seiner Zeit!« Er schloß sie in die Arme.
Sie ließ sich von ihm umarmen und küssen und versuchte, noch immer benommen, ihm zu gefallen. Unwillkürlich dachte sie an die abscheuliche Unterwäsche, die er zu sehen bekommen würde, wenn sie sich jetzt in aller Eile liebten; graue, dicke Baumwollsachen, in die sie dreimal hineinpaßte – das einzige, was in Siena aufzutreiben gewesen war. Sie besaß zwar noch die hübsche Wäsche aus Lissabon, aber was tat man, um rasch hineinschlüpfen zu können? In ihrer fassunglosen Bewunderung und Dankbarkeit hätte sie sich auf der Stelle nackt auf den Teppich gelegt; dennoch empfand sie keine sexuelle

Erregung. Er war in ihr Leben zurückgekehrt wie eine Kanonenkugel. Unversehens hörten seine Küsse auf, lockerten sich seine Arme. »Natalie, das Kind beobachtet uns!«
Louis stand in der Tat am Geländer des Bettchens und betrachtete sie mit lebhaftem Ausdruck.
»Ach, er ist doch erst ein Jahr alt«, flüsterte sie. »Er ist neugierig wie ein Waschbär.«
»Was heißt hier Waschbär! Er sieht aus, als machte er sich Notizen!«
Natalie konnte nicht umhin, zu kichern. »Wer weiß, vielleicht tut er's wirklich. Irgendwann ist er ja auch mal an der Reihe, weißt du?«
»Wirklich, er macht mich verlegen«, sagte Byron und ließ sie fahren. »Lächerlich, aber es ist so. Er hat Augen wie ein Erwachsener!«
»Ach, Liebling«, sagte Natalie und versuchte, sich ihre Erleichterung nicht anmerken zu lassen, »soll ich ihn nicht erst waschen und zum Schlafen fertigmachen? Hättest du was dagegen? Wir könnten dabei miteinander reden, und ich kann mich ein bißchen an dich gewöhnen.«
»Ja, tu das! Besser als das, was ich vorhatte: ihn zuzudecken wie einen Papagei im Käfig.«
»Ach, Liebster, er sollte dir eher Mut machen!« Sie kicherte; ihre Nerven waren bis zum Zerreißen gespannt. »Es wäre immerhin was völlig Neues für ihn.«
»Das kann ich mir denken. Stimmt es, daß er schon läuft und sprechen kann?«
Sie hob Louis aus dem Bettchen und stellte ihn auf die Füße. Er machte ein paar täppische Schritte und sah Byron beifallheischend an; für Lob war er, wie sich zeigte, stets empfänglich.
»Gut gemacht, Kleiner! Jetzt sag mal was!«
»Ach, du würdest ihn doch nicht verstehen.« Sie hob Louis auf, zog ihn am Waschtisch in der Ecke aus und wusch ihn. »Er redet ein Durcheinander von Jiddisch, Italienisch und Französisch.«
»Ich würde es trotzdem gern hören.«
Mit einem verstohlenen Seitenblick sagte sie: »Du siehst so flott aus.«
»Und du bist noch viel schöner geworden.«
Süße Wärme stieg in ihr auf. »Und dein Vater und Warren? Geht es ihnen gut?«
»Warren? Hat das Rote Kreuz meine Briefe nicht weiterbefördert? Das mit Warren habe ich doch auch an Slote geschrieben.«
Sein Ton war schroff und sie sah ihn angstvoll an. »Deinen letzten Brief bekam ich im Mai.«
»Warren ist tot. Er ist in der Schlacht um Midway gefallen.«

»Oh! Oh, *Liebling . . .*«
»Er hat nachträglich noch das Navy Cross bekommen.« Byron sah auf die Uhr und ging im engen Zimmer auf und ab. »Hör mal, der Zug nach Barcelona fährt um Mitternacht. Wir haben noch viereinhalb Stunden. Du solltest anfangen zu packen, Natalie. Viel wirst du ja wohl nicht mitzunehmen haben. Außerdem kann man in Lissabon immer noch gut einkaufen.«
Ihr war ganz schwindlig. »Packen?«
»Aaron wird warten müssen, bis der Generalkonsul die Papiere für ihn hat. Aber dich und Louis nehme ich mit.«
»Was! Mein Gott, Byron, hat der Konsul dir das *gesagt?*«
»Wir fahren jetzt zu ihm.«

Wie die Bewohner der Mendelsonschen Wohnung war auch James Gaither nicht leicht zu überraschen. Das Marseille der Kriegszeit war ein solcher Wirbel von politischem Doppelspiel, finanzieller Korruption, rassischen und nationalen Widersinnigkeiten, Flüchtlingsängsten und -tragödien und mediterranem Schlendrian, daß alle Schauerromane und Spionagegeschichten vor Gaithers täglicher Erfahrung verblaßten – selbst, wenn man nur an seine legalen Aufgaben dachte. Bei seinen heimlichen Kontakten mit den Résistance-gruppen erlebte er Dinge, mit denen sich das billigste Kino nicht vergleichen ließ. Alles in allem hatte er in seinen beiden Marseiller Jahren, wie er gern betonte, praktisch alles kennengelernt.
Trotzdem war Byron Henrys Erzählung etwas Neues gewesen, und er war, in Schlafanzug und Bademantel, gerade dabei, sie in seinem Tagebuch festzuhalten, als es an der Tür klopfte. Da stand Lieutenant Henry, die Kuriertasche unterm Arm.
»Darf ich Sie noch einmal stören, Sir?«
»Wieder Sie?«
»Sir, meine Frau und mein Kind sind unten.«
»Was! Nachts unterwegs – ohne Papiere?«
»Rabinovitz ist bei ihnen.« Mit einem Blick auf den Aufzug des Generalkonsuls setzte er hinzu: »Tut mir wirklich leid, daß ich zu unpassender Zeit hier eindringe, Sir.«
»Macht nichts. Holen Sie sie alle rauf, aber schnell!«
Mrs. Henry kam mit ihrem Baby auf dem Arm und bedachte ihn mit einem freundlichen, dankbaren Lächeln. Obwohl sie recht abgerissen gekleidet war und ihr Aussehen etwas Aufgelöstes und Verwirrtes hatte, brauchte er nur einmal hinzusehen, um die romantische Rittertat dieses jungen Offiziers zu begreifen. Für diese Frau würde so mancher Mann Weltmeere überqueren. Das

Kind, das sie auf dem Arm trug, war das Ebenbild seines Vaters. Avram Rabinovitz kam hinter Mrs. Henry herein und machte einen ungewöhnlich bedrückten Eindruck.

Byron war immer noch dabei, seinen Plan darzulegen, als Gaither sich schon überlegte, wie man ihn davon abbringen könnte. Es war eine furchtbare Idee, unüberlegt und gefährlich. Doch jetzt, da er Natalie Henry mit dem Baby vor sich sah, begriff er die Ungeduld des jungen Ehemannes. Mit Behutsamkeit schaffst du es, dachte er. »Lieutenant, der Geschäftsträger in Vichy hat die Ausreisevisa. Das ist mir heute per Fernschreiben bestätigt worden. Sie müssen jeden Tag eintreffen. Vielleicht schon morgen.«

»Ja, Sir, das haben Sie mir schon beim Abendessen gesagt. Aber ich sehe nicht ein, warum ich Natalie und Louis nicht einfach mitnehmen soll. Ich glaube, ich könnte sie noch in der Maschine unterbringen, mit der ich in die Staaten fliege.«

Die Frau räusperte sich und erklärte mit bezaubernd belegter Stimme: »Auf solche Dinge versteht er sich.«

»Das bezweifle ich nicht, Mrs. Henry. Aber da ist noch das Problem des Grenzübergangs.«

Byron saß neben seiner Frau auf dem Sofa, angespannt, aufrecht, gesammelt. »Sir, wenn ich mit meinem Diplomatenpaß winke, genügt das bestimmt. Damit kommt man bei den Kontrollen ohne weiteres durch. Das wissen Sie doch selbst.«

»Nicht immer. Mal angenommen, Sie haben es mit einem unangenehmen französischen Grenzbeamten zu tun oder einem deutschen Agenten? Das ist selbst mir schon passiert. Davon gibt es mehr als genug. Sie haben Ihr Transitvisum, aber Ihre Frau und Ihr Kind haben nichts.«

»Ich kann ihnen immer noch was vormachen.«

»Und was, wenn ich bitten darf?«

»Daß das Baby in Gibraltar krank geworden ist. Daß wir mit ihm in aller Eile nach Marseille müssen und uns um die Papiere nicht kümmern konnten. Das erzähle ich denen in gebrochenem Französisch. Ich kann schreien und mich aufführen wie ein überheblicher, wütender Amerikaner. Ich sorge schon dafür, daß es hinhaut, da können Sie Gift drauf nehmen.«

»Aber ihre Pässe haben keine Stempel von Gibraltar, keine französischen Stempel – nur italienische, die Monate alt sind.«

»Sir, all das spielt keine Rolle, das verspreche ich Ihnen. Ich werde schon damit fertig.«

»Und – was für ein Pech, Lieutenant! – trotz Ihrer Geschichte habe ich noch nie ein gesünderes Baby gesehen. Er strotzt förmlich vor Gesundheit.«

Louis auf Natalies Schoß gähnte wie ein Krokodil. Sein Gesicht war rund und rosig und seine Augen leuchteten klar.
»Es könnte ja Blinddarmreizung sein, ein blinder Alarm.«
Gaither wandte sich an Natalie: »Wären Sie bereit, seine Geschichte zu bestätigen?«
Als sie zögerte, hakte Byron rasch ein: »Bis wir in Perpignan sind, haben wir das alles geübt, und es läuft wie geschmiert. Da machen Sie sich nur keine Sorgen, Sir.«
Gaither ging ans Telephon und beorderte den Konsulatswagen mit Fahrer herbei. »Wie wär's mit einem Drink?« fragte er. »Die Nacht ist kühl.«
Byron sagte: »Vielen Dank, aber ich glaube, wir sollten lieber einen klaren Kopf behalten.«
»Ich trinke etwas«, sagte Natalie. »Vielen Dank.«
»Ich auch«, erklärte Rabinovitz.
Gaither mixte die Drinks und dachte immer noch: *mit Behutsamkeit schaffst du es.* Den Whisky in der Hand, das weiße Haar zerzaust, schritt er im Zimmer auf und ab; sein Bademantel flatterte ihm um die Beine. Dann sagte er: »Lieutenant, ich möchte ganz offen mit Ihrer Frau sprechen.«
»Aber bitte, Sir!«
»Mrs. Henry, ich sagte es schon, in den Zügen und an der Grenze sind Leute von der Gestapo. Diese Leute tun, was sie wollen, und kümmern sich einen Dreck um irgendwelche Vorschriften. Rabinovitz weiß das. Es ist möglich, daß es Ihrem Mann gelingt, Sie durchzubringen. Er ist ein findiger Kopf, das steht außer Frage. Andererseits ist die Gestapo besonders hinter illegal reisenden Juden her. Ihre Agenten sind harte, grausame Männer. Man könnte Sie aus dem Zug holen.«
»Das wird man nicht tun«, unterbrach Byron ihn. »Und wenn – dann gehe ich mit.«
»Dann«, fuhr Gaither fort, als hätte Byron kein Wort gesagt, »würde man Sie verhören und Ihnen möglicherweise Ihr Baby wegnehmen. Das ist bei den Deutschen so üblich.« Ein Ausdruck des Entsetzens huschte über ihr Gesicht. Gaither fügte hinzu: »Ich behaupte nicht, daß es so kommen *muß*. Aber es *kann* so kommen. Regeln dafür gibt es nicht. Trauen Sie sich zu, bei einer erfundenen Geschichte zu bleiben, wenn es zum Äußersten kommt?« Ihre Augen röteten sich; sie saß stumm da. Er fuhr fort: »Wenn man Sie und Ihr Baby in Gewahrsam genommen hat, kann ich Sie nicht mehr schützen. Wir haben eine lange Liste von Leuten, die mit nicht ganz einwandfreien amerikanischen Papieren festgenommen wurden. Ein paar sind immer noch in Polizeigewahrsam. Ein paar andere sind leider schon in Rivesaltes.«

»Rivesaltes?« Mit erstickter Stimme wandte Natalie sich fragend an Rabinovitz.
»Ein französisches Konzentrationslager«, sagte er.
Byron stand auf und sah Gaither an. »Sie versuchen, ihr Angst zu machen.«
»Ich versuche, ihr gegenüber ehrlich zu sein. Versuchen Sie das auch, junger Mann? Ihre Papiere sind über jeden Zweifel erhaben. Wenn die Gestapo dahinter kommt, daß Sie bluffen wollen, kann sie sich auf den Standpunkt stellen, daß Sie ein Betrüger sind. Man würde Ihre Kuriertasche beschlagnahmen und öffnen.«
Byrons Gesicht wurde bleich und lang. »Das Risiko ist gering«, sagte er nach einer Pause. »Ich bin bereit, es einzugehen.«
»Darüber haben Sie nicht zu entscheiden.«
Byron wurde stiller, sein Ton bekam fast etwas Flehendes. »Mr. Gaither, Sie malen Schreckgespenster an die Wand. Alles wird glattgehen, das versichere ich Ihnen. Sobald wir die Grenze hinter uns haben, ist das alles vergessen. Wir sollten es darauf ankommen lassen.«
»Das sollten Sie nicht. Als oberster amerikanischer Beamter in diesem Gebiet muß ich Ihnen befehlen, es nicht zu tun. So sehr ich das bedaure.«
»Byron«, sagte Natalie mit versagender Stimme, »es dauert doch nur noch ein paar Tage. Fahr allein! Warte in Lissabon auf uns!«
Er fuhr zu ihr herum. »Verdammt nochmal, Natalie, im Mittelmeer kann jeden Augenblick die Hölle los sein. In Gibraltar stehen Hunderte von Flugzeugen. Beim ersten Anzeichen irgendwelcher Schwierigkeiten schließen sie die Grenzen.« Sie blickte ihn verzweifelt an, als hoffte sie auf ein überzeugendes Wort von ihm. »Guter Gott, Liebling, wir sind von Krakau nach Warschau gefahren, mitten im Krieg, und uns ist nicht ein Haar gekrümmt worden.«
»Aber jetzt haben wir Louis.«
Byron sah Avram Rabinovitz an. »Glauben Sie, wir könnten es schaffen?«
Rabinovitz krümmte sich über seiner Zigarette und sah dann schräg zu Byron auf. »Sie fragen mich?«
»Ja.«
»Ich hätte Angst.«
»*Sie* hätten Angst?«
»Ja. Die Deutschen haben mich schon mal aus dem Zug nach Barcelona geholt.«
Byron starrte ihn lange an. »Ich glaube, Sie haben mich nur deshalb aufgefordert, hierherzukommen.«
»Ja, das stimmt.«

Byron ließ sich in einen Sessel fallen und sagte: »Jetzt hätte ich doch gern einen Drink, Sir.«

»Ich muß gehen«, sagte Rabinovitz. Er sah Natalie noch einmal traurig in die Augen, streichelte Louis die Wange und ging.

Während er einen Whisky-Soda einschenkte, dachte Gaither an einen Leitartikel in *Le Cahier Jaune*, der französischen antisemitischen Zeitschrift, in der er auf der Rückfahrt von Vichy geblättert hatte. Die Photos stammten aus einer von der französischen Regierung in Paris veranstalteten Ausstellung unter dem Titel ›Jüdische Merkmale und Physiognomien‹ – riesige Gipsköpfe mit Hakennasen, aufgeworfenen Lippen und abstehenden Ohren. Louis Henry zeigte keines dieser Merkmale; doch wenn er der französischen Einwanderungsbehörde oder der Gestapo in die Hände fiel, wäre er ebenso ein Jude wie seine Mutter. Mrs. Henry würde wahrscheinlich mit geschicktem Bluff über jede Grenze hinwegkommen, auch ohne ihren Mann. Eine schöne Frau, Mutter, Amerikanerin; das war normalerweise kein Problem. Aber für Juden hatten die Deutschen in Europa jede normale Bahnfahrt ebenso riskant werden lassen wie einen Sprung aus einem brennenden Hochhaus. Ein beliebiger Wisch Papier konnte Leben oder Tod bedeuten; Gaither kannte Juden mit gültigem Paß und Ausreisevisum, die aus bloßer Angst davor, an der Grenze der Gestapo zu begegnen, in Frankreich blieben.

Lastendes Schweigen herrschte im Raum, als Gaither die Gläser herumreichte. Um die Spannung ein wenig zu lockern, erzählte er, wie er als Feuerwehrmänner und Ingenieure verkleidete britische Piloten mit eben diesem Zug nach Barcelona aus Frankreich hinausgeschafft habe. Aber es seien zähe, mit allen Wassern gewaschene Männer gewesen, ausgebildet in der Kunst, zu entkommen, und auf die Begegnung mit der Gestapo vorbereitet; trotzdem sei es dabei zu ein paar traurigen Zwischenfällen gekommen. Als der Konsulatswagen kam, war er wieder ganz der Beamte. Bis zur Abfahrt des Zuges sei es immer noch eine Stunde, sagte er. Byron könne den Bahnhof in zwanzig Minuten erreichen. Ob er noch ein wenig mit seiner Familie allein sein wolle? Der Fahrer könne Mrs. Henrys Gepäck holen; sie bleibe doch besser im Konsulat, bis die Ausreisevisa einträfen. Morgen früh werde er auch Jastrow holen lassen und die drei hüten wie seine Augäpfel, bis sie nach Lissabon abfahren könnten. Er werde sie selbst bis an die Grenze begleiten oder jemanden damit beauftragen, dem er vertrauen könne.

Er führte Byron und Natalie in ein kleines Schlafzimmer und schloß die Tür. Ohne Byron anzusehen, legte Natalie das Baby aufs Bett und deckte es zu.

Byron sagte: »Du hast mich überrascht.«

Sie sah ihn an. Die Hände in den Taschen, die Beine gekreuzt, stand er in der

gleichen Pose an der Tür, in der sie ihn zum ersten Mal gesehen hatte – damals, als sie ihn aus Jastrows Auto heraus auf einer Sieneser Straße ansprach.
»Du bist wütend, ja?«
»Nun, eigentlich nicht. Er hat dir Angst gemacht. Ich glaube trotzdem, wir hätten es schaffen können. Zigarette?«
»Ich rauche nicht mehr.«
»Die Brosche erkenne ich wieder.«
»Warschau – das ist Millionen Jahre her.«
»Ich warte in Lissabon auf dich, Natalie. Ich habe noch dreißig Tage Urlaub und werde einfach warten. Ich frage jeden Tag im Konsulat nach.« Sein Lächeln war gütig, aber abwesend. »Ich weiß nur nicht, ob ich die Flitterwochensuite in Estoril noch mal bekomme.«
»Versuch's.«
»Schön. Ich werde mein Bestes tun.«
Das brachte sie dazu, Erinnerungen auszutauschen. Carter Asters Name fiel. Byron berichtete, daß er sich an Bord der *Moray* zu melden habe, und wie gut die neuen Boote seien. Natalie zeigte sich nach Kräften interessiert; dennoch war es ein totes Gespräch. Er machte keinerlei Anstalten, sie in die Arme zu schließen. Sie hatte Angst, den ersten Schritt zu tun. Sie hatte Angst und schämte sich ihrer Feigheit. In ihr keimte der Verdacht, daß die Heldentat, sie gefunden zu haben, das schlimmste war, das ihnen in diesem Augenblick und unter diesen Umständen hatte passieren können. Doch was hätte sie tun sollen – nach Lage der Dinge? Für die Deutschen und die Vichy-Franzosen war Louis Jude, und das war etwas, das Byron Henry einfach nicht begriff. An diesem Felsen konnte ihre Ehe scheitern; so war es nun einmal.
»Ich glaube, ich mache mich jetzt besser auf den Weg«, sagte er.
Darauf reagierte Natalie. Sie flog auf ihn zu, riß ihn in die Arme und küßte ihn immer und immer wieder auf den Mund. »Byron, es tut mir leid, so furchtbar leid, aber ich kann nicht anders. Ich kann mich über Gaithers Bedenken nicht hinwegsetzen. Ich glaube, er hat recht. In einer Woche, vielleicht noch früher, bin ich bei dir. Warte auf mich! Verzeih mir! Liebe mich, um Gottes willen! Ich werde dich lieben, bis ich tot bin. Zweifelst du an mir?«
Sanft erwiderte er ihre Küsse; dann sagte er mit jenem seltsam schwermütigen Lächeln, das sie vom ersten Augenblick an bezaubert hatte: »Ach, Natalie, du und ich, wir werden nie tot sein. Weißt du das denn nicht?« Er trat zum Bett und betrachtete das schlafende Kind. »Alles Gute, Kleiner. Ich bin froh, daß ich dich endlich gesehen habe.«
Sie gingen gemeinsam ins Wohnzimmer, und er schüttelte Gaither die Hand. Dann war er gegangen.

Inhalt